Dieter Hassler

Indizienbeweise für ein Leben nach dem Tod und die Wiedergeburt

Dieter Hassler

Geh' zurück in eine Zeit…

Indizienbeweise für ein Leben nach dem Tod und die Wiedergeburt

Band 2b: Rückführungen in „frühere Leben"
und deren Nachprüfung

Bände 2 a + 2b:

12 ausführliche Beispiele

37 mit Erfolg geprüfte Fälle

99 Kurzbeispiele

Vorworte von

Trutz Hardo, Jan Erik Sigdell, Günter Baumgart

Shaker Media

Bibliographische Information der Deutschen Nationalbibliothek
Die Deutsche Nationalbibliothek verzeichnet diese Publikation in der Deutschen Nationalbibliografie; detaillierte bibliografische Daten sind im Internet über http://dnb.d-nb.de abrufbar.

Vorworte von Jan Erik Sigdell, Trutz Hardo und einem interessierten Leser.

Bände 2a + 2b:

12 ausführliche Beispiele; 37 mit Erfolg geprüfte Fälle, 99 Kurzbeispiele

Umschlagsgestaltung: Reinhold Knapp

Printed in Germany

ISBN 978-3-95631-360-8

Shaker Media GmbH • Postfach 101818 • 52018 Aachen
Telefon: 02407 / 95964 - 0 • Telefax: 02407 / 95964 - 9
Internet: www.shaker-media.de • E-Mail: info@shaker-media.de

Ausführliche Gliederung (Bände 2a + 2b)

Seiten ab 505 in Band 2b

1 Abkürzungen/Anglizismen/Formatierung (gleich Band 2a)

1.1 Abkürzungen/Anglizismen

AKE	außerkörperliche Erfahrung (engl. OBE)
ARE	Aktionsgruppe Reinkarnationsforschung Erlangen
ASPR	American Society for Psychical Research (amerikanische Parapsychologische Gesellschaft, gegründet 1884)
ASW	außersinnliche Wahrnehmung (engl. → ESP)
ASWH	außersinnlicher Wahrnehmung unter Hypnose
Band 1	Literatur Nr. 185, Hassler (2011)
Berühmt.	**Berühmt**heit wird als frühere Person gesehen.
CORT	Cases of the Reincarnation Type (Fälle vom Reinkarnationsmuster)
Déjà-vu	„schon gesehen" (franz.)
Erken.	**Erken**nung, Wiedererkennen von Dingen od. Personen aus dem FL
ESP	Extra sensory perception (= → ASW)
FAQ	häufig gestellte Fragen (**f**requently **a**sked **q**uestions)
FF	frühere Familie
FL	früheres Leben
FP	frühere Person
(g)	**g**elöster Fall (FP gab es wirklich) (Fettdruck = rel. guter Fall)
HF	heutige Familie
Histor.	**Histor**ie. Historisch zutreffende Äußerungen in Hypnose
HL	heutiges Leben
HP	heutige Person oder Hauptperson
ITK	instrumentelle Transkommunikation (gerätegestützte Kommunikation zwischen Diesseits und Jenseits)
Krypt.	**Krypt**omnesie als Erklärung für einen Fall
NDE	Near Death Experience (= → NTE)

(Ng)   Nachprüfung gelungen (Fall ungelöst, aber viele richtige Angaben)

NNP   nachtodliches nichtlokales Persönlichkeitsfeld

NTE   Nahtod-Erfahrung (engl. → NDE)

OBE   Out of body experience (= → AKE)

Phant.   Phantasie als Erklärung für einen Fall

PK   Psychokinese
                   (unerklärliche Kraftwirkung, deren Ursache der Psyche eines le-
                   benden Menschen zugeschrieben wird)

RSPK   recurrent spontaneous psycho kinesis
                   wiederkehrende spontane Psychokinese (Spuk)

RT   Reinkarnationstherapie

s. a. →   siehe auch

SPR   Society for Psychical Research (engl. Parapsychologische Gesell-
                   schaft, gegründet 1882)

(u)   ungelöster Fall (die Existenz der früheren Person konnte nicht
                   nachgewiesen werden)

Xeno.   Xenoglossie oder Xenographie kommen in einem Beispielfall vor

1.2   Formatierungen

- Literaturhinweise: Bsp. (*185, S. 428*) für die Leseempfehlungen von Band 1.
  Aufbau: (*185=Nummer in Kapitel 10, ab S. 895, wobei S. 428 für die Seitennummer
  428 in der entsprechenden Literatur - nicht hier im Buch - steht; nächste Nummer –
  Schrift kursiv und geändert auf Arial*)

- Querverweise auf Kapitel u. Seitenzahl im Buch z. B.: (s. a. Kapitel x.y.z , S. x in
  enger Schrift)

- **Fettdruck** markiert Text, für den Einträge im Stichwortverzeichnis vorliegen

- Zitate und wörtliche Rede: *kursiv gedruckt*

- [x] Nummer des Zeitabschnitts in Kapitel 7.2.1 Geschichtliche Entwicklung

Beispielfälle: Randlinien links und rechts

(x) = Nummer eines Merkmals innerhalb eines Fallberichts

oder

(1) Nummer des ersten Kurzbeispiels

(x)　* Stern hinter der Klammer kennzeichnet ein Kurzbeispiel Nr. x, in dem auch Aussagen zum Jenseits bzw. aus der Zwischenlebenszeit gemacht werden

(x)　(g) Beispiel Nr. x, das gelöst werden konnte

(x)　(Hg) Beispiel Nr. x mit gelungener Heilung

(x)　(I) Beispiel Nr. x, bei dem die Aussage des Klienten fälschlich zunächst als nicht zutreffend eingestuft wurde

(x)　(K) Beispiel Nr. x, das sich durch Kryptomnesie erklären lässt

(x)　(M) Beispiel Nr. x, bei dem ein Muttermal vorkommt

(x)　(Ng) Beispiel Nr. x mit gelungener Nachprüfung. **(Ng)** fett = gutes Beispiel

(x)　(nx) Beispiel Nr. x mit nicht mehr existierenden Objekten

(x)　(S) Beispiel Nr. x, das als Symboldrama verstanden wird

(x)　(W) Beispiel Nr. x mit unerwartetem Wissen. Es geht um Spezialkenntnisse oder Wissen um sehr private Dinge

(x)　(WE) Beispiel Nr. x mit einer Wiedererkennung

(x)　(X) Beispiel Nr. x mit Xenoglossie

7.2.4   Wiederkehrende Merkmale der Fälle

An dieser Stelle würde ich gern ebenso ausführlich wie in Band 1 über unerklärliche Kenntnisse von Personen und **wiederkehrende Merkmale** der Fälle berichten, bei denen eine Übereinstimmung oder **Ähnlichkeit** zwischen der heutigen und der früheren Person, z. B. in ihrem **Verhalten** oder bezüglich ihres Charakters, besteht. Solche Zusammenhänge sind für die Reinkarnationshypothese von großem Interesse und besonders dann überzeugend, wenn sie sich deutlich genug herausstellen. Dazu muss ein Fall gelöst werden, d. h. die frühere Person muss (in Urkunden oder Zeugnissen Lebender) ausfindig gemacht worden sein, sodass ihre Merkmale mit denen der heutigen Person verglichen werden können.

In ungelösten Fällen können die Merkmale der heutigen Person lediglich mit den in der Rückführung gewonnenen Erinnerungen an die frühere Person verglichen werden. Das ist wesentlich weniger überzeugend, weil man psychologische Erklärungen für auftretende Harmonien finden kann. Wenn beispielsweise ein **Muttermal** der heutigen Person mit der in der Rückführung erinnerten Art des Todes der früheren Person gut zusammenpasst, kann man unterstellen, die Erinnerung sei **Phantasie** und dem Muttermal „angepasst" worden.

Leider ist die Zahl von 26 gelösten und 11 gut verifizierten Fälle aus **Rückführungen** bis heute noch so gering, dass man nur ansatzweise über häufig **wiederkehrende Merkmale** jener Fälle sprechen kann, welche die Reinkarnationshypothese stützen. Es fehlt eine Forschung vergleichbar der zu Spontanerinnerungen kleiner Kinder nach Stevenson, und dementsprechend muss dieses Kapitel viel weniger umfangreich ausfallen, als das entsprechende in Band 1.

Aber auch ungelöste Fälle – und bei Rückführungen sind eben die meisten ungelöst! – verdienen unser Interesse. Denn wenn unerklärliche Kenntnisse und viele stimmige Merkmale in einem einzigen Fall zusammenkommen, kann dieser – wie bei Stevensons ungelösten Kinderfällen auch – als wertvolle Ergänzung zu verifizierten Beispielen dienen. Ein konstruiertes Beispiel hierfür wäre: Eine Amerikanerin erinnert sich unter Hypnose an ein Leben in Schweden, zeigt dabei unerwartete, spezielle Geschichtskenntnisse nur über eine bestimmte Periode dieses Landes, in der sie gelebt haben will, darunter über heute nicht mehr existierende Örtlichkeiten oder Gegenstände, trägt diese Informationen in einem von ihr in diesem Leben nie erlernten, altertümlichen Schwedisch vor und weist noch dazu ein Muttermal auf, das zur erinnerten Todesart der früheren Person passt.

Es gibt einzelne ungelöste Fälle, die eine Häufung von übereinstimmenden Merkmalen oder verblüffenden Kenntnissen aufweisen. Man findet Beispiele dazu in den
vier Kapiteln der „Bestenauswahl" 7.2.3.1.2, S. 238; 7.2.3.1.4, S. 279; 7.2.3.1.5, S.
299; 7.2.3.1.9, S. 359 und Hinweise auf weitere im Kapitel 7.2.1.3, S. 186. Mir ist
jedoch keine Arbeit bekannt, die speziell diesen Aspekt ins Auge fassen würde und
in dem Fälle mit vielen Merkmalen gesucht und im Zusammenhang miteinander
untersucht werden. Das ist verständlich, weil es so gut wie keine in der Grundlagen-
forschung wissenschaftlich arbeitenden Rückführer gibt. Für ihre mehr oder minder
therapeutischen Zwecke benötigen die Rückführer von ihren Klienten keine um-
fänglichen Kenntnisse ihrer Merkmale, erheben diese also nur, soweit das für ihren
begrenzten Zweck notwendig ist, und können so auch die notwendigen Vergleiche
nicht ziehen. Dementsprechend findet man nur sporadisch geeignete Beispiele. Mir
sind keine bekannt, in denen z. B. die Essgewohnheiten, die Art der Kleidung, die
religiöse Bindung, das Spielverhalten usw. von früherer und heutiger Person miteinander verglichen werden.

Bei **Rückführungen** entfallen auch jene Merkmale, die in Fällen spontaner Kindererinnerungen durch reale Begegnung mit den früheren Familien zustande kommen,
und zwar einfach deshalb, weil es bei ersteren diese Art der Konfrontation (bisher
jedenfalls) gar nicht gibt. Beispiele dafür sind die Anrede gemäß der früheren Stellung in der Familie, elterliches Gebaren, Eifersucht, Rachegefühle, Vergleich der
gesellschaftlichen Stellung der Familie u. a. m. Dennoch werden im übernächsten
Kapitel 7.2.4.2, S. 512 schon jetzt erkennbare Merkmale zusammengestellt.

7.2.4.1 Idealtypische Rückführung

Zu den Themen „Technik der Rückführungen", „Rückführbarkeit" und „Zahl der früheren Leben" siehe Kapitel 7.2.2.1.1.1, S. 191.

Normalerweise kommt ein Klient zum Reinkarnationstherapeuten in der Absicht, ein psychisches oder physisches Problem klären und heilen zu lassen, das sehr oft **medizinisch nicht zu kurieren** war. Im besonderen Bewusstseinszustand (**Alphazustand** oder Hypnose), der in etwa 90% der Fälle schon beim ersten Mal oder auch erst nach Wiederholung erreicht wird, wird der Klient gebeten, in eine Situation einzutauchen, die mit dem zu heilenden Problem verbunden oder dafür ursächlich ist. Diese kann durchaus in der **Vergangenheit des heutigen Lebens** liegen, die bekanntlich auch die konventionelle **Psychotherapie** „abklopft", oder eben in vermutlichen früheren Leben. Der Klient kommt im Zuge dieser „geistigen Versenkung" in der Regel nicht sofort zu jenen traumatischen Situationen eines früheren Lebens, die mit seinem Gesundheitsproblem zusammenhängen können, sondern zunächst in unverfängliche Alltagssituationen, die mit neutralen oder angenehmen Gefühlen verbunden sind. Meist handelt es sich um bildhafte Eindrücke. Der Klient mag aber auch eine Stimme hören, einen Gedanken haben oder einfach um einen Sachverhalt wissen (*255, S. 188*). Es werden nur einzelne, oft zeitlich nicht zusammenhängende Szenen aus „früheren Leben" gesehen. Der Klient hat dabei das Gefühl, dass er hier wirklich selbst Erlebtes bzw. Erinnertes sieht (**Identifikation, Kontinuität** der Themen und Muster über die Leben und Zwischenlebenszeit hinweg). Er empfindet sich in der Regel nicht als unbeteiligter Zuschauer, sondern als selbst Betroffener. Nachprüfbare Fakten werden dabei kaum genannt, da sie normalerweise emotional nicht aufgeladen sind und damit schlechter erinnert werden. Fragt der Rückführer gezielt nach Daten und Fakten, so erhält er zwar Antworten, muss aber damit rechnen, dass sie falsch, verfälscht oder unvollständig sein können. Die **Rückführung** kann, muss aber nicht tatsächlich gelebte Leben ans Tageslicht bringen. Es kann sich auch um **Phantasien, Suggestionen** oder **Kryptomnesien** handeln, wie in den Kapiteln 7.2.1[165], S. 109 und 7.2.9.1.3, S. 725 näher ausgeführt wird. Weitere Alternativerklärungen werden in Kapitel 7.2.9, S. 719 behandelt. Die erinnerten früheren Leben sind in der Regel recht unspektakulär. **Bekannte Persönlichkeiten der Vergangenheit** kommen äußerst selten vor. Dies bestätigt die in

---

[165] Zeitabschnitt [31], S. 127 (Phantasie); [49], S. 153 (Kryptomnesie); [64], S. 171 (Suggestion); [68], S. 174 (Kryptomnesie)

Kapitel 7.2.3.2, S. 421 vorgestellte Untersuchung von Frau Prof. Wambach über die soziale Schichtung der früheren Personen.

Der Therapeut lenkt durch geschicktes Fragen zu den kritischen Ereignissen (in Opfer- und Täterleben) hin, die mit dem zu bearbeitenden Leiden zusammenhängen. Da er nicht wissen kann, um welche Geschehnisse es geht, muss er den Klienten die fragliche Situation selbst finden lassen. In der Regel gelingt das durch ergebnisoffene Fragen auch, und der Patient beginnt vor allem die **emotionale Seite** dieser Ereignisse zu erleben. Häufig handelt es sich um lebensbedrohliche Situationen bis hin zum Todeserlebnis im früheren Leben. Daran knüpft dann meist die metaphysische oder symbolische **Heilung der Psyche** an. Einige Rückführer leiten den Klienten auch noch in die **Zwischenlebenszeiten** nach dem jeweiligen Tod (Jenseitserfahrungen). Dort können manche Klienten Einsicht in den inneren Zusammenhang der bisherigen Leben, den Lebensplan, die Verbindung zu anderen Personen bzw. Seelen, den Sinn des Lebens und in die göttliche Ordnung finden.

Die Literatur nennt folgende 12 Punkte als typische Merkmale einer Rückführung in frühere Leben (*230; 93, S. 81*):

- Das Erlebnis ist üblicherweise visuell.
- Rückführungen in frühere Leben scheinen ein „eigenes Leben" zu haben.
- Die bildhaften Eindrücke fühlen sich unheimlich vertraut an.
- Der Rückgeführte identifiziert sich mit einer bestimmten Figur seiner Vision.
- Die Emotionen eines früheren Lebens können wiedererlebt werden.
- Zwei Sichtweisen treten auf: Eine subjektive, in welcher der Klient in die Rolle einer Figur seiner Vision schlüpft, und eine als außenstehender Beobachter.
- Das Erlebnis spiegelt oft aktuelle Probleme des Klienten wider.
- Eine Rückführung kann eine echte Verbesserung der seelischen Verfassung des Klienten bewirken.
- Eine Rückführung kann die medizinische Gesundheit des Klienten beeinflussen.
- Regressionen entwickeln sich gemäß der Bedeutung, die ein Problem für den Patienten hat, nicht entlang historischer Zeitschritte.
- Rückführungen gelingen umso leichter, je öfter sie wiederholt werden.
- Die meisten früheren Leben sind ganz profan (banal).

7.2.4.2 Wiederkehrende Merkmale im Einzelnen

Schauen wir uns nun an, welche Beispiele es auf der Basis heutigen (eingeschränkten) Wissens für jene **wiederkehrenden Merkmale** gibt, die für die Reinkarnationshypothese sprechen. Alle mir bisher vorliegenden Beispiele werden hier vollzählig aufgeführt, damit der Leser erkennen kann, ob bzw. dass hinter jedem der Merkmale mehr als nur ein einziges Beispiel steht. Dies vor dem Hintergrund, dass bisher nur vergleichsweise wenige Fälle zur Auswertung zur Verfügung stehen (s. Kap. 7.2.1.3, S. 186; 7.2.3.1.13, S. 417). Die im Folgenden aufgeführten Merkmale treten allerdings nicht regelmäßig in jeder **Rückführung** auf, d. h. auch nicht alle gemeinsam in den jeweiligen Fällen.

Den folgenden 33 Merkmalstiteln ist (rechts) die jeweilige Anzahl der im Buch vertretenen Beispiele und Literaturstellen beigefügt, die das zugehörige Merkmal enthalten. Diese Zahlen sollen einen Eindruck davon vermitteln, wie gut das Merkmal durch Beispiele untermauert ist.

	Bsp.	Lit.
1. Namen werden genannt, die der Klient eigentlich gar nicht kennen kann, die sich aber geschichtlich oder geographisch als zutreffend erweisen.	35	10

Im Zusammenhang mit vermutlich früheren Leben werden von Klienten **Namen** genannt – Namen von Personen, Orten, Kirchen, Schiffen, aber auch von Institutionen, oft flankiert von geographischen Kenntnissen (s. Punkt 15, S. 521). Es handelt sich um Namen, die der Klient eigentlich gar nicht kennen kann, die sich aber geschichtlich oder geographisch als zutreffend erweisen – dies mitunter auch dann, wenn die betreffenden Lokalitäten und deren Bezeichnungen heute nicht mehr existieren bzw. in Vergessenheit geraten sind (s. nächsten Punkt Nr. 2).

Viele solcher Namensnennungen sind in den vorausgegangenen 10 Kapiteln[166] angeführt worden. Weitere 17 Beispiele dafür finden sich in Kapitel 7.2.1.2[167],

---

[166] Kapitel 7.2.3.1.1, S. 218 (Mary, Mac); 7.2.3.1.2, S. 238 (Punkte 1, 2, 5, 8, 9, 10, 19, 20, 24, 26, 27, 28, 29, 30, 37); 7.2.3.1.3, S. 263 (1, 2, 3, 4, 5, 7, 8, 12, 13, 14, 16, 21, 24, 31); 7.2.3.1.4, S. 279 (ungezählte Namen); 7.2.3.1.5, S. 299 (4, 5, 6, 7, 8, 9, 10, 11, 12, 13, 14, 15, 16, 18, 19, 20, 21, 22, 23, 24, 26, 27, 29, 34, 48, 50, 51); 7.2.3.1.6, S. 318 (1, 2, 3, 5, 9, 14, 15, 16, 18, 21, 22, 28, 29, 30, 31); 7.2.3.1.8, S. 338 (Ardara); 7.2.3.1.9, S. 359 (ein Orts- u. ein Personenname); 7.2.3.1.11, S. 393 (Richard Seymour); 7.2.3.1.12, S. 406 (Thayer)

[167] Zeitabschnitt [30], Fall (8) S. 126 (Segelschiff Annie Jane); [33], Bsp. (11), S. 128 (Jean Donaldson, Duncan, Watter-Street); [37], (13) S. 132 (Massie, Vail's Point, Speedy, Susan Marrow); [38], (14) S. 134 (Jonathan Powel, Jefferson, Ashe County, Clifton, Samuel, Mary,

acht im danach folgenden Text[168] und etliche mehr in der angegebenen Literatur[169]. Mir ist bisher jedoch nicht bekannt, dass das Thema „Nennung von Namen bei Rückführungen" bereits speziell bearbeitet worden wäre, schon gar nicht in Verbindung mit anderen Merkmalen. Zudem fragen Rückführer meist nicht nach Familiennamen oder Ortsnamen, da diese in der Regel für die Therapie keine Bedeutung haben.

2. **Verschwundene Zeitzeugnisse** werden erinnert und z. T. benannt und beschrieben.	Bsp. 25	Lit. 8

Ihrer Natur nach langlebige Dinge, wie Orte, Gebäude, Schiffe, Institutionen, Sprachen u. a. m., die dennoch zum Zeitpunkt der Rückführung nicht mehr existieren und aus dem Bewusstsein der Öffentlichkeit verschwunden sind, werden in der Rückführung erinnert und z. T. benannt.

Beispiele für dieses Merkmal sind in 7 Kapiteln[170] dieses Buches nachzulesen. In Kapitel 7.2.1.2[171] finden wir 14 solcher Fälle, vier im danach folgenden Text[172] und in der dazu angegebenen Literatur[173] weitere acht.

Thomas, Alexander, Pfarrer Brown); [39], (15), S. 138 (Alex Hendry, Banffshire); [40], (16), S. 139 (Rita McCullum); [44], (17), S. 142 (Margaret, Henrichsen, O'Sullivan); [45], Bsp: (19), S. 146 (Jacques Coeur, Agnes Sorel, Mekum-sur-Yèvre, René von Anjou, Margarete von Schottland, Daupin Ludwig, Antoinette); [47], (20), S. 150 (Friedhof, Richard Mant, Mr. Ward, 10 Straßennamen, Cox, Allerheiligenkirche, Sadleir); [57], (22), S. 160 (Sampsons, Albert, The Fairy, Teresa, Huskisson, Schreiner Isaac, Kitty Wilkinson); (23), S. 162 (Andy Hudson); (24), S. 164 (Vater, Adresse, Frederick Jones); [69], Bsp. (27), S. 175 (Evelyn, FP, Galvay, Schiffsname); [71], (29), S. 177 (Name Ehemann, Beichtvater); [74], (30), S. 180 (William Boyd, Watson's Whisky); [76], (31), S. 181 (William Max); [78], (33), S. 183 (John Smith)

[168] Bsp. (36), S. 423 (Polizeichef, Kaufmann, Straße, Angehörige); (37), S. 428 (Name FP); (73), S. 651 (Name FP, Institution); (77), S. 675 (Mary Rose, Adresse); (78), S. 675 (Butler, Krankenschwester); (79), S. 676 (Ivar Johnson); 2 x Name FP, S. 677

[169] *539, S. 145; 346, S. 108; 225, S, 80, 92, 156; 67, S. 105, 107, 111, 112, 165*

[170] 7.2.3.1.2, S. 238 (zwei Lebensmittelgeschäfte, Seilerei, Tabakfabrik, zwei Kollegiumsmitglieder des Queen's College); 7.2.3.1.4, S. 279 (Kolleg in Cuenca (Spanien)); 7.2.3.1.5, S. 299 (Ort „Stone Chapel"); 7.2.3.1.6, S. 318 (5 U-Boote aus dem 2. Weltkrieg, 3 Matrosen); 7.2.3.1.9, S. 359 (Universität in einem 3000-Seelen-Ort); 7.2.3.1.11, S. 393 (Pfarrhaus); 7.2.8.1.2, S. 651 (Edward N. Reynolds)

[171] Zeitabschnitt [30], Fall (8) S. 126 (Segelschiff „Annie Jane"); [37], (13) S. 132 (Ort „Massie"); [38], Bsp. (14), S. 134 (Erzgrube); [40], (16), S. 139 (Kleidergeschäft); [44], (17), S. 142 (Schiff); [47], (20), S. 150 (Straßennamen, Sadleir); [57], (22), S. 160 (Apotheke Sampsons, Armengegend, Begleitschiff The Fairy); (24), S. 164 (Ausweichkirche St. Mary, Hochbahn, Kaffeehaus, Geschäfte); [70], (28), S. 176 (Kirche, Rathaus, Schmiede,

3. Zeitangaben sind richtig, obwohl sie dem Klienten eigentlich unbekannt sein müssten.	Bsp. 18	Lit. 4

Es werden **richtige Zeitangaben** über Geburt, Tod der jeweils früheren Person und besondere Ereignisse gemacht, deren Kenntnis unerklärlich ist.

Sechs Beispiele dafür finden sich verstreut in mehreren Kapiteln[174] dieses Buches, neun in Kapitel 7.2.1.2[175], drei im danach folgenden Text[176] und weitere vier in der Literatur[177].

4. Spezialkenntnisse bzw. „**verstecktes Wissen**" zeigen sich in Rückführungen.	Bsp. 26	Lit. 3

Rückgeführte **wissen um Tatbestände**, die nicht zum Allgemeinwissen zählen oder in Enzyklopädien oder sonstigen, leicht zugänglichen (primären) Quellen nachgeschlagen werden können, sondern nach denen man – um sie als zutreffend oder nicht zu bestätigen – nur sehr aufwändig in seltenen und mühsam zu beschaffenden Büchern (sekundäre Quellen, Spezialliteratur) suchen muss. Wir sprechen dann von **Spezialkenntnissen**, die für den Probanden untypisch sind, oder kurz von „**verstecktem Wissen**".

Bierhaus, Heerlager, Burg Marin); [71], (29), S. 177 (Straßenname); [74], (30), S. 180 („Watson's Whisky"); Zeitabschnitt [73], S. 179 (Stadtteil v. Leeds); [78], (33), S. 183 (Holzhäuser, Schule, Schmiede); [79], S. 184 (Brunnen)

[172] Bsp. (36), S. 423 (Feuerglocke, Straßenname); (69), S. 571 (tote Sprache); (73), S. 651 (Waisenhaus); Kap. 8.3.4, S. 804 (Institution)

[173] *346, S. 108 (Kirche St. James in Northampton, Great Creaton-Schule, Sparkasse am St. Giles Square, London Club, Taverne "Old Man's Club"); 225, S, 80 ("St. Mary's Chapel"), 92 (Korbmacher "Cook's", 156 (Mühle, Stoffgeschäft "Martin"); 67, S. 105 (St. Mary's Chapel), 112 (Korbmacher), 165 (Training College in Byfleet); 317, S. 102.*

[174] Kapitel 7.2.3.1.1, S. 218 (ein Kind ist gestorben); 7.2.3.1.3, S. 263; 7.2.3.1.4, S. 279, 7.2.3.1.6; S. 318; 7.2.3.1.8, S. 338; 7.2.3.1.12, S. 406

[175] Zeitabschnitt [38], Bsp. (14) S. 134 (1850 High Sheriff, 1848 Backsteinhaus, 1863 Tod Jonathan Powel); [39], (15), S. 138 (1878 Examen Alex Hendry); [40], (16), S. 139 (1903 Geb., 1933 Erhängen McCullum); [44], (17), S. 142 (Schiffsreise 1865/66); [57], Bsp. (23), S. 162 (Reuben: Geb., milit. Beförderung, Ausscheiden); [69], (27), S. 175 (1798 Gefecht Schiff Morning Glory u. Tod der FP); [74], (30), S. 180 (Boyd Geb. 1861); [76], (31), S. 181 (Todesdatum); [78], (33), S. 183 (Geburtsjahr)

[176] Bsp. (73), S. 651 (Geburtsdatum); (77), S. 675 (Todesdatum); Text S. 677 (Sterbedatum)

[177] *465, S. 94; 67, S. 107, 182; 162, S. 188*

Ein Musterfall dieser Art ist der klassische Fall der **Bridey Murphy** in Kapitel 7.2.3.1.2 (S. 238). Bridey wusste über 16[178] Sachverhalte Bescheid, die als mehr oder weniger ungewöhnliches Wissen eingestuft werden dürfen und nur schwer nachprüfbar sind. Wir finden dieses Merkmal aber auch in acht weiteren Einzelfällen[179], ferner 15 Mal in Kapitel 7.2.1.2[180], zweifach im danach folgenden Text[181] sowie dazu Ergänzendes in der Literatur (*67, S. 106, 107, 112*).

Auch bei Prof. Wambachs **Gruppenrückführungen** von knapp 1100 gesunden Probanden trat unerwartetes Detailwissen auf (Kapitel 7.2.3.2.4, S. 432).

5.	Anscheinend fehlerhafte Aussagen erweisen sich später durch **versteckte korrigierende Quellen** als korrekt.	Bsp. 9	Lit.

Bei Nachprüfungen kann es vorkommen, dass in leicht auffindbaren (primären) Quellen der Aussage des Rückgeführten zunächst widersprochen wird, nach intensiverer, längerer Suche aber andere, vertrauenswürdigere sekundäre Dokumente (**korrigierende versteckte Quellen**) aufgefunden werden, welche die Aussage dann doch noch bestätigen. Daraus ergibt sich eine Schwierigkeit für die **Erklärung mittels Super-Psi**: Man muss ihr die Fähigkeit zugestehen, die falschen Quellen als falsch zu erkennen und nicht zu verwenden, und stattdessen die richtigen zu finden.

---

[178] Punkte 1, 2, 3, 4, 11, 12, 13, 14, 16, 17, 34, 35, 36, 39, 41

[179] Kapitel 7.2.3.1.1.1, S. 219 (Zeichnung Kirche, gefangener Hase); 7.2.3.1.3, S. 263 (Geburts- und Sterbeurkunden, Mikrofilme von Zeitungen); 7.2.3.1.4, S. 279 (50 - 60 leicht nachschlagbar, 25 - 30 verstecktes Wissen); 7.2.3.1.5, S. 299 (Punkte 17, 29, 30, 36, 37,); 7.2.3.1.6, S. 318 (Punkte 1, 22, 34, 26, 28, 29, 30, 31, 35, 36, 39); 7.2.3.1.7, S. 327 (17.000 Seiten Handschrift); 7.2.3.1.8, S. 338 (Punkte A3, A4, A6, B7, B12, B13, B16, B19, 1, 4); 7.2.3.1.10, S. 365 (Unter 15 Aussagen die Nummern 1, 2, 3, 4, 5, 8, 9, 11, 15)

[180] Zeitabschnitt [33], Bsp. (11), S. 128 (Kongressakten: Jean Donaldson, Duncan); [37], (13), S. 132 (Massie, Susan Marrow, Vail's Point); [38], Bsp. (14) S. 134 (Nachweis FP, Clifton, 8 Einzelheiten aus Jefferson, Erzgrube, Pfarrer Brown); [45], (18), S. 144 (9 Angaben = Fachwissen); [45], (19), S. 146 (Wissen unterstrichen über Jacques Coeur); [47], (20), S. 150 (Mant, Mr. Ward, Cox, Sadlier); [54], (21), S. 157 (Priester); [57], (22), S. 160 (Apotheke, Armengegend, Prinz, Albert, The Fairy, Zeitumstellung, Teresa, Huskisson); [57], (23), S. 162 (Medaillen, Exerzieren, Gehalt, Datum Beförderung u. Ausscheiden, Name Kriegskamerad); [57], (24), S. 164 (Ausweichkirche St. Mary, Docker's Umbrella, Umzug, Friedhofsregister); [60], (26), S. 166 (Catherine, 5 private Dinge); [69], (27), S. 175 (Name Edmund Healy, Galway, Schiff Morning Glory); [70], (28), S. 176 (Rathaus, Schmiede, Bierhaus, Landkarte); [74], (30), S. 180 (William Boyd, Whiskymarke, Kakaotransport, U-Boot, Häuserzeile); [76], (31), S. 181 (Armeenummer, letzte Worte)

[181] Bsp. (36), S. 423 (Namen von Personen u. Straße in Mikrofilmen); (73), S. 651 (Name u. Geburtstag FP, nicht mehr existierende Institution)

Im klassischen Beispiel von Kapitel 7.2.3.1.2, S. 238 war dies bei 12 Aussagen
der Fall. In Kapitel 7.2.3.1.3, S. 263 ging es um das Sterbealter von Ivy, das in
den Zeitungen falsch angegeben war und um die Präzisierung des Namens von
Ivys Sohn. Bei Linda Tarazi in Kapitel 7.2.3.1.4, S. 279 handelte es sich um das
Gebäude des Tribunals der Inquisition in Cuenca (Spanien), um ein Kolleg im
selben Ort und um die Zahl der Inquisitoren, die erst durch Rückgriff auf sekundäre Quellen bestätigt werden konnten. Gwen in Kapitel 7.2.3.1.5, S. 299
wusste von wöchentlichen Treffen der Quäker im Dörfchen Alford, was als sehr
unwahrscheinlich gelten musste. Im Beispiel von Kapitel 7.2.3.1.6, S. 318 beispielsweise hatte Bruce Kelly den Ort des Untergangs des U-Boots „Shark" genauer angegeben als es dem offiziellen Bericht der Navy (US-Kriegsmarine) zu
entnehmen war. In Kapitel 7.2.3.1.7, S. 327 glaubten Galeristen nicht, das Bild
der buckligen Frau jemals finden zu können. Im Kapitel 7.2.3.2, S. 421 über
Prof. **Wambachs Gruppenrückführungen** von 1088 gesunden Probanden
wird von Aussagen berichtet, die völlig im Widerspruch zu deren bewusster
Erwartung oder der von Prof. Wambach standen. Die Nachprüfung ergab damals zu ihrem Erstaunen, dass die gehegten Erwartungen falsch, die hypnotischen Erinnerungen aber richtig waren.

Auch in Kapitel 7.2.1.2 finden sich 3 Beispiele[182].

6.	Viele Sachverhalte aus Rückführungen können nur in vielen, weit **verstreuten Quellen** nachgeprüft und bestätigt werden.	Bsp. 19	Lit.

In guten Fällen wissen die Rückgeführten über mehr als einen Sachverhalt bescheid, der ihnen eigentlich nicht bekannt sein dürfte. Zur Nachprüfung muss
dann in der Regel auf mehrere Quellen zurückgegriffen werden, weil nicht alle
Tatbestände im selben Buch oder derselben Zeitschrift beschrieben sind. Man
spricht dann von „**verstreuten Quellen**". Diese stellen einen „Stolperstein" für
die **Erklärung mittels Super-Psi** dar, weil man hierfür unterstellen muss, dass
diese außergewöhnliche Fähigkeit „intelligent" genug entwickelt ist, um all diese verstreuten Quellen auffinden zu können. Auch für die **Erklärung durch
Kryptomnesie** bieten vielfach verstreute Quellen eine Schwierigkeit.

Als Beispiele können die gleichen Einzelfälle dienen, die unter „verstecktem
Wissen" (Punkt *4 oben)* angeführt sind (mit Ausnahme von Kapitel 7.2.3.1.7).

---

[182] Zeitfenster [28], Bsp. (6), S. 124 (Regentschaft); [57], (24), S. 164 (Hochbahn); [74],
(30), S. 180 (U-Boot)

Dazu kommen noch 11 Fälle in Kapitel 7.2.1.2[183], in denen angenommen werden darf, dass eine Vielzahl von (unterschiedlichen) Quellen zur Bestätigung der Aussagen herangezogen werden musste.

7.	Wissen um **Veränderungen** im Vergleich zu früheren Zeiten.	Bsp.	Lit.
		5	1

Drei Beispiele hierfür gibt es in den Einzelrückführungen[184], zwei in Kapitel 7.2.1.2[185] und eines in der Literatur[186].

8.	Kenntnis **fremdsprachiger** oder **veralteter, heute unverstandener Worte oder Ausdrücke, bis hin zum Sprechen einer ungelernten Sprache (Xenoglossie).**	Bsp.	Lit.
		19	21

Einzelheiten dazu und Hinweise auf Beispiele können in Kapitel 7.2.5, S. 533 nachgelesen werden (Beispiele, die im Buch vorkommen, sind in der Fußnote 233, S. 533 gelistet; Literaturangaben in der Tabelle in Kap. 7.2.5.2, S. 536).

9.	**Wiedererkennungen** von in Rückführungen „erlebten" Personen und Situationen oder in Trance gesehenen Orten und Gegenständen.	Bsp.	Lit.
		16	5

Die **Wiedererkennungen** ereignen sich, wenn bzw. wo entsprechende Nachprüfungen durchgeführt werden.

Illustriert wird das hier anhand von sieben Einzelbeispielen[187], ferner fünf in Kapitel 7.2.1.2[188], vier im danach folgenden Text[189] sowie in der Literatur (*225, S, 80; 67, S. 178, 182, 183, 209*).

---

[183] Zeitabschnitt [33], Bsp. (11), S. 128; [37], (13), S. 132; [38], (14), S. 134; [44], (17), S. 142 (Reisen Engl. u. Frankr.); [45], (19), S. 146 (2 Bücher bringen nicht alles); [47], (20), S. 150; [57], (22), S. 160; [57], (23), S. 162; [57], (24), S. 164; [70], (28), S. 176; [74], (30), S. 180;

[184] Kapitel 7.2.3.1.5, S. 299 (Blawerton, Stone Chapel, Markt in Croscombe, Dorf mit 5 Häusern, Apfelweinschänke, Trittsteine im Bach, Änderungen am Wohnhaus, Pilgrim's Inn, Brown's house, Änderungen an der Glastenbury Abbey); 7.2.3.1.6, S. 318 (Unterschiede des U-Boots „Shark" zum Ausstellungsboot „Pampanito"); 7.2.3.1.11, S. 393 (Pfarrhaus)

[185] Zeitabschnitt [32], Bsp. (10), S. 128 (Garage); [38], (14) S. 134 (Straßenpflasterung)

[186] *225, S, 66 oder 67, S. 44*

[187] Kapiteln 7.2.3.1.1.1, S. 219 (Geschäfte im Norden); 7.2.3.1.5, S. 299 (2 Portraits, Glastonbury Abbey, ehemaliger Ort, Bachlauf, Wohnhaus, Gravierungen, Pilgrim's Inn, Haus von Mr. Brown); 7.2.3.1.6, S. 318 (Arbeits- und Schlafplatz im U-Boot); 7.2.3.1.7, S. 327

10. **Geschichtskenntnisse** spezieller Art, die über das Allgemein- wissen weit hinausgehen und nicht durch Kryptomnesie (Quel- lenamnesie) erklärt werden können.	Bsp. 15	Lit. 12

Obwohl meist nur Alltagssituationen aus einem früheren Leben geschildert werden, kommt es gelegentlich vor, dass die Versuchsperson **Geschichtskennt- nisse** zeigt, die so speziell sind, dass sie weder als normales, bewusstes Wissen erwartet werden können noch für sie eine Erklärung durch **Kryptomnesie** (Quellenamnesie) als erwiesen oder auch nur als wahrscheinlich gelten kann.

Am ausführlichsten hat Frau Prof. **Wambach** diesen Punkt bearbeitet, aller- dings nicht versucht, eine Vergesellschaftung mit anderen Fallmerkmalen auf- zudecken. Wambachs Arbeit wird im Kapitel 7.2.3.2 referiert. Unerwartete Ge- schichtskenntnisse kommen in fünf Beispielen[190] aus den Einzelrückführungen vor, ferner 10 in Beiträgen aus Kapitel 7.2.1.2[191], sowie in der Literatur (*465, S. 53f, 89, insg. 10 Fälle; 346, S. 108; 67, S. 107*).

11. **Verhaltensweisen** in Übereinstimmung mit jenen der früheren Person(en).	Bsp. 16	Lit. 4

Die heutigen Personen zeigen **Verhaltensweisen**, die in guter Übereinstimmung mit jenen der früheren Person(en) stehen. Es geht z. B. um **Gewohnheiten**, un- erwartete Reaktionen auf bestimmte Lebenssituationen, (besondere) Beziehun- gen zu anderen Menschen und anderes mehr.

(Bild der buckligen Frau), 7.2.3.1.10; S. 365 (Foto von sich und dem Bruder, Haus in To- bolsk, Palast von Pawlowsk); 7.2.3.1.11, S. 393 (Flugzeug); 7.2.3.2.4, S. 432 (Nuss)

[188] Zeitabschnitt [32], Bsp. (10), S. 128 (Bilder von Corney, Autos); [44], Bsp. (17) , S. 142 (Theater); [70], (28), S. 176 (Loch Martenham); [71], (29), S. 177 (Zuhause); [78], (33), S. 183 (Taverne)

[189] Bsp. (39), S. 538 (Holzgefäß); (78), S. 675 (Butler); Text S. 677 (Cousin); Kap. 8.3.4, S. 804 (Ashram, Palast des Vizekönigs)

[190] Kapitel 7.2.3.1.2, S. 238 (Brauchtum und Sagen im Irland des 19. Jahrhunderts); 7.2.3.1.4, S. 279 (Holland/Spanien 16. Jahrhundert u. Inquisition); 7.2.3.1.5, S. 299 (Somer- set, London 17. Jahrhundert); 7.2.3.1.10, S. 365 (Russland Anfang 20. Jahrhundert); 7.2.3.1.12, S. 406 (Bayern 1130)

[191] Zeitabschnitt [28], Bsp. (6), S. 124 (Gesch. Frankr.); [30], (8), S. 126 (engl. Hof 19. JH.); [38], (14), S. 134 (Ashe County); [44], (17), S. 142 (Attentat Lincoln, Schiffsreise, Theater- auftritt); [45], (18), S. 144 (York 12. JH.); [45], (19), S. 146 (Leben Jacques Coeur); [54], (21), S. 157 (Kampf Forte de Oro); [57], (22), S. 160 (Leben Engl. 19. JH.); [57], (23), S. 162 (Krimkrieg 19. JH.); [69], (27), S. 175 (Schiffsgefecht 1798)

Dazu gehört auch die (fast regelmäßige) klare **Identifikation** mit der früheren Person. Das Gefühl der Kontinuität des „Ich" vom Früher zum Heute wird in der Literatur nicht immer herausgestellt, ist aber typisch für eine gelungene Rückführung.

Wir finden dazu vier Beispiele in verschiedenen Kapiteln dieses Buches[192], fünf in Kapitel 7.2.1.2[193], sieben im danach folgenden Text[194] und vier in der Literatur[195].

12. **Charakterzüge** der heutigen Person, die mit denen der früheren Person(en) übereinstimmen.	Bsp. 8	Lit. 4

Es geht hierbei z. B. um **Interessensgebiete**, **Vorlieben** oder ästhetischen **Geschmack** (s. Punkt 18 unten), wozu wir zahlreiche Beispiele in 5 Kapiteln[196] dieses Buches, drei in Kapitel 7.2.1.2[197], und in der Literatur[198] finden. Ferner geht es um **Fähigkeiten bzw. Fertigkeiten** (s. Punkt 20 unten) und **Begabun-**

---

[192] Kapitel 7.2.3.1.1, S. 218 (Sodabrot backen, irische Musik lieben), 7.2.3.1.4, S. 279, Kind fühlt sich erwachsen, 7.2.3.1.8, S. 338, Kind malt Schiff mit 4 roten Schornsteinen; 7.2.3.1.10, S. 365, führt Tagebuch, scheut hinknien, Tennisbälle nur einmal benutzen, Briefe kopieren, lehnt Kaviar ab, stellt Blumen in Wohnung

[193] Zeitabschnitt [34], Bsp. (12), S. 130 (Wutausbrüche); [38], (14), S. 134 (Schnupftabak); [47], Bsp. (20), S. 150 (Vierjährige verkleidet sich als Pharao; Wunsch, Schauspieler zu werden); [57], (22), S. 160 (Kratzen); [57], (23), S. 162 (4. Medaille = „türkisches Ding")

[194] Bsp. (38), S. 523 (Unterwürfigkeit); (39), S. 538 (Emotionen bei Dienstherr); (67), S. 568 (Furcht vor Vater); (69), S. 571 (Sorge um Schwester); (71), S. 648 (Konflikt Tochter-Mutter); (72), S. 650 (Waschzwang); (75), S. 669 (Persönlichkeitsänderung durch walkthrough)

[195] *497, S. 161 (Abneigung gegen Luftreisen, fürchtet, ein Bein zu brechen); 147, S. 94 (wiederholt Handtasche packen, Bindung an Ex); 212, S. 114 (liebt Pferde, traut sich aber nicht, eines zu besteigen); 20, S. 104 (Der Filmschauspieler Glenn Ford interessiert sich schon mit 2 Jahren für Pferde, die in seiner späteren Karriere eine große Rolle spielen).*

[196] Kapitel 7.2.3.1.4, S. 279 (Kleidung, Waffen, 16. Jahrhundert, Kochen, Fechten, Lesen, Opern); 7.2.3.1.6, S. 318 (Brot-Endstücke essen); 7.2.3.1.10, S. 365 (Zeichnen, Edelsteine, Buch „The Chestry Oak", bestimmtes Klavier, Krönung Elisabeth II, bestimmte Kutsche, Film „Pikdame", Tennisspielen, Segeln, liebt Glockenspiel); 7.2.3.1.11, S. 393 (Deutsch, Bombenflugzeuge, engl. Uniform; Schieß- u. Morsekünste, Flugangst); 7.2.3.1.12, S. 406, (Antiquitäten)

[197] Zeitabschnitt [59], Bsp. (25), S. 165 (psychische Probleme, darunter Selbstmordgedanken); [60], (26), S. 166 (psychische Probleme); [72], S. 178 (Nachspielen des amerik. Bürgerkriegs)

[198] *67, S. 47 (Nähen); 497, S. 161 (Folter); 252, S. 162 (Fliegen); 237 (Westernheld)*

gen (s. Punkt 19 unten) und auch um die Neigung zu **Selbstmord** (*497, S. 165 =*
Fall Nr. 4 in Kapitel 8.6.1)

13. Wissen um **private Angelegenheiten** der früheren Person oder deren Umfeld.	Bsp. 15	Lit.

Dies ist in gelösten Fällen besonders wertvoll, weil es dann oft nachprüfbar ist.

Beispiele dafür sind in sechs Einzelfällen[199] zu finden, sowie weitere acht in Kapitel 7.2.1.2[200] und eines in Kurzbeispiel (36), S. 423 (Namen von Angehörigen) nachzulesen.

14. Kenntnis über die Existenz und Ausgestaltung von **Objekten** aus dem persönlichen Bereich der früheren Person oder deren Umfeld.	Bsp. 17	Lit.

Beispiele kann man in fünf Kapiteln[201] über Einzelrückführungen nachlesen. Elf weitere dazu gibt es in Kapitel 7.2.1.2[202] und eines im nachfolgenden Text (36), S. 423 (Feuerglocke).

---

[199] Kapitel 7.2.3.1.1, S. 218 (Hase); 7.2.3.1.3, S. 263 (Punkte 8, 10, 11, 13, 14, 16 bis 19, 21, 22, 24 bis 30, 34, 35, 38, 39, 41, 42, 45 bis 49); 7.2.3.1.6, S. 318 (Punkte 8 bis 20); 7.2.3.1.7, S. 327 (Punkte 8, 9, 13, 14, 15, 17, 18, 20, 21, 22, 24, 25, 26); 7.2.3.1.8, S. 338 (Punkte A1, A5, B2, B3, B4, B5, B6, B8 bis B11, B14, B15, B17, B18, 2, 3); 7.2.3.1.10, S. 365 (7 als richtig nachgewiesene Aussagen aus den Einzelrückführungen und die Punkte 7, 10, 12 aus der Aufzählung von 15 nachgeprüften Aussagen)

[200] Zeitabschnitt [38], Bsp. Nr. (14) S. 134 (Personen aus Jefferson); [39], (15), S. 138 (Abschluss Medizinstudium); [40], (16), S. 139 (Schicksalsschläge); [45], (19), S. 146 (Privatleben Jacques Coeur); [57], (23), S. 162 (4 Medaillen, Gehalt, Beförderung, Ausscheiden); [57], (24), ab S. 164 (Umzug); [60], (26), S. 166 (Privatleben Dr. Weiss); [69], (27), S. 175 (Examen)

[201] 7.2.3.1.1 (Zeichnung von der Kirche); 7.2.3.1.3 (blaues Kostüm, schwarzer Koffer, rote Absätze der Schuhe); 7.2.3.1.7 (Gemälde einer buckligen Frau); 7.2.3.1.8 (Ruderboot, Bienenstock, Renault, Gebäck); 7.2.3.1.10 (elektrische Glühbirnen im Ballsaal)

[202] Zeitabschnitt [30], Bsp. (8), S. 126 (Segelschiff); [40], (16), S. 139 (Kleidergeschäft); [44], (17), S. 142 (Schiff); [45], (18), S. 144 (Aussehen Kathedrale York, Coppergate); [45], (19), S. 146 (goldener Apfel, Schloss in Chinon); [47], (20), S. 150 (Transportunternehmen, Allerheiligenkirche, Sadleir-Bank); [57], (22), S. 160 (Apotheke Sampsons); [57], (23), S. 162 (4 Medaillen); [57], (24), S. 164 (Ausweichkirche St. Mary); [69], (27), S. 175 (Schiff); [70], (28), S. 176 (Kirche)

15. Ungewöhnliche Kenntnisse über eine **geographische Gegend**.	Bsp. 11	Lit.

Beispiele hierfür gibt es in Berichten über fünf Einzelrückführungen[203] und weitere sechs in Kapitel 7.2.1.2[204].

16. Muttermale und angeborene Missbildungen, die in guter Übereinstimmung mit der erinnerten Todesart der früheren Person oder deren körperlichen Merkmalen stehen.	Bsp. 3	Lit. 7

Kein Autor hat sich speziell um dieses Merkmal gekümmert. Man findet jedoch Einzelbeispiele, z. B in Kapitel 7.2.3.1.9, S. 359, in der Literatur verschiedener Autoren[205] sowie die Erwähnung von zwei derartigen Fällen in Kapitel 7.2.1.2[206] (s. a. Bsp. (44), S. 550).

17. In einigen Fällen findet man eine verblüffende **Ähnlichkeit** der **Gesichter**, der **Handschrift** oder der **Körpersprache** von heutiger und früherer Person.	Bsp. 4	Lit. 2

Ein Beispiel für Gesichtsähnlichkeit findet sich in diesem Buch in Kapitel 7.2.3.1.10, S. 365 und zwei liegen in Kapitel 7.2.1.2[207]. Speziell **Walter Semkiw** und **Paul von Ward** haben sich mit diesem Thema beschäftigt (*365, 366, 485*). Gleichartige Handschriftenmerkmale und Körpersprache zeigten sich in Kapitel 7.2.3.1.10, S. 365.

---

[203] Kapitel 7.2.3.1.2, S. 238 (Bailings Crossing und 6 weitere kleine Ortschaften, Wohnort „The Meadows"); 7.2.3.1.3, S. 263 (Straßen in Buffalo); 7.2.3.1.5, S. 299 (Orte Blawerton, Stone Chapel und weitere 10 Ortschaften, Hügel und Morast um Glastonbury Abbey, verschwundene Häuser, Bach nahe dem Wohnhaus, Pilgrim's Inn); 7.2.3.1.6, S. 318 (Tule-See, Klamath-Fälle, Untergangsort des U-Boots „Shark"); 7.2.3.1.10, S. 365 (neue Bahnlinie)

[204] Zeitabschnitt [37], (13) S. 132 (Ort „Massie", „Owen Sound", „Vail's Point"); [38], (14) S. 134 (Ashe County, Jefferson, Clifton); [47], (20), S. 150 (Lage des Friedhofs u. der Allerheiligenkirche); [70], (28), S. 176 (Kirche, Schmiede, Bierhaus, Heerlager); [71], (29), S. 177 (Straße Ffm); [78], (33), S. 183 (Schule, Kirche, Hafen)

[205] *147, S. 56; 177, S. 147, 150, 153; 180, S. 140, 211; 465, S. 56*

[206] Zeitabschnitt [47], (20), S. 150 (an der Fußzehe, wie bei Rudolpho Valentino); [69], Bsp. (27), S. 175 (am Bauch, wie von Gewehrkugel)

[207] Zeitabschnitt [47], Bsp. (20), S. 150 (Rudolpho Valentino); [76], (31), S. 181 (Bruder)

	Bsp.	Lit.
18. Der ästhetische **Geschmack** kann sich vom früheren zum heutigen Leben erhalten.	1	

Ein Beispiel gibt **Donald Norsic** mit seinen musikalischen Neigungen ab (Kapitel 7.2.3.1.10, S. 365).

	Bsp.	Lit.
19. Begabungen der heutigen Person können mit Tätigkeiten oder **Fähigkeiten** im früheren Leben korrespondieren.	4	2

Beispiele haben wir in vier Einzelrückführungen[208] vorgefunden. Sie werden durch zwei Literaturstellen[209] ergänzt.

	Bsp.	Lit.
20. Fertigkeiten oder Fähigkeiten der heutigen Person können mit Tätigkeiten, **Fähigkeiten** oder **Fertigkeiten** im früheren Leben korrespondieren.	6	2

Beispiele hierfür sind **Jennys** instinktive Geschicklichkeit im Nähen nach Kapitel 7.2.3.1.1, S. 218, **Antonias** Führungsqualität nach Kapitel 7.2.3.1.4, S. 279, das feine Gehör für Geräusche von **William Barnes** in Kapitel 7.2.3.1.8, S. 338, die besondere **Handschrift**[210] von **Donald Norsic** aus Kapitel 7.2.3.1.10, S. 365 oder die Geschicklichkeit im Zielschießen von **Martin Heald** aus Kapitel 7.2.3.1.11, S. 393. Hinzu kommen **George Fields**[211] instinktiv gekonntes Einschniefen von Schnupftabak sowie zwei Beispiele in der Literatur[212].

Die Fähigkeit der Xenoglossie wird in Kapitel 7.2.5 separat behandelt. (Siehe dazu auch das Merkmal 8, S. 517.)

	Bsp.	Lit.
21. Religiöse Gewohnheiten aus früheren Leben können unter Hypnose wiederkehren, obwohl sie dem Glauben der heutigen Person nicht entsprechen.	3	

In Kapitel 7.2.3.1.4, S. 279 hatten wir ein Beispiel, in dem die Klientin, Laurel Dilmen, schon mit 11 Jahren Bücher über vergleichende Religionswissenschaften las und – als Atheistin – in der Rückführung Gebete in Latein rezitierte, die

---

[208] Kapitel 7.2.3.1.3, S. 263 (Musikalität); 7.2.3.1.4, S. 279 (Kochen, Gesang); 7.2.3.1.8, S. 338 (Mechanik, feines Gehör); 7.2.3.1.11, S. 393 (Morsen, Zielschießen)

[209] *212, S. 274 (Töpfern); 497, S. 144 (Klavierspiel)*

[210] Vergleiche von Handschriften findet man auch in der Literatur bei *424, S. 242* und *67, S. 185*

[211] Zeitabschnitt [38], Bsp. (14), S. 134

[212] Literatur: *67, S. 184 (Nähen), 185 (Handschrift)*

zur Zeit ihres in Hypnose „erinnerten" Lebens die spanische Inquisition von den Gläubigen verlangte.

(38) (Hg) In einem anderen Beispiel sah sich **Anna** in der Rückführung im Mittelalter im Kindbett sterben. Der Priester wollte den Rat des Arztes nicht akzeptieren, das Leben der Frau zu retten, indem das Kind geopfert wird. Der Hypnotiseur **Jarmon** übernahm die Rolle des Priesters, und Anna verhielt sich als **Elisabeth** ihm gegenüber **unterwürfig** und rezitierte das katholische Sündenbekenntnis Wort für Wort. Anna aber war in ihrem aktuellen Leben eine Jüdin, so wie auch ihre ganze Familie, und hatte jenes Bekenntnis noch nie gehört. Ihre abdominalen **Schmerzen** waren seither **auf Dauer verschwunden** (*218, S. 42; 488, S. 86; Anhang 8.6, Fall 79, S. 855*).

In einem anderen Beispiel redete ein (vermutlich amerikanischer) 11-jähriger Junge 11 Minuten lang in einem **chinesischen Dialekt**. Die Tonbandaufzeichnung wurde einem chinesischen Professor vorgeführt, der feststellte, dass der Junge aus dem Text einer verbotenen Religion des alten China rezitierte (*139, S. 197; 424, S. 241*).

	Bsp.	Lit.
22. Eine Vielzahl von oft therapieresistenten **Krankheiten** findet eine Erklärung in früheren Leben. Die Beschwerden lassen sich z. T. durch Rückführungen **heilen**.	42	291

Darüber wird ausführlich in Kapitel 7.2.8 ab S. 638 berichtet. In sieben der 12 Einzelbeispiele der Bestenauswahl[213] kam es zu **Heilungen**. Zahlreiche weitere (35) Beispiele siehe Fußnote 276, S. 653.

	Bsp.	Lit.
23. Geschlechtswechsel vom früheren zum heutigen Leben.	12	94

Rückgeführte berichten immer wieder von einem früheren Leben im anderen Geschlecht als dem heutigen. **Geschlechtswechsel** scheinen häufiger nach einer mehr oder weniger langen Serie von Leben im gleichen Geschlecht vorzukommen (s. u.).

Unter den ausführlich dargestellten Einzelrückführungen ist nur eine (in Kapitel 7.2.3.1.7, S. 327), in der ein Geschlechtswechsel vorkommt. Darin wird Snow aufgefordert, in ein Leben als Frau zu gehen und sieht sich daraufhin als Griechin. In den Kurzbeispielen des Kapitels 7.2.1, Geschichtliche Entwicklung (ab S. 109)

---

[213] Kapitel 7.2.3.1.1, S. 218; 7.2.3.1.3, S. 263; 7.2.3.1.4, S. 279; 7.2.3.1.6, S. 318; 7.2.3.1.8, S. 338; 7.2.3.1.9, S. 359; 7.2.3.1.12, S. 406

finden wir dieses Merkmal in nur drei Fällen[214], im danach folgenden Text noch achtmal[215], immer im Wechsel vom früheren männlichen zum heutigen weiblichen Geschlecht. Auch bei den Kindern mit Spontanerinnerungen an ihr früheres Leben findet sich dieser einseitige Wechsel.

Zusätzlich habe ich alle 291 Fälle mit (angeblich) gelungener Heilung aus Kapitel 8.6 auf **Geschlechtswechsel** hin untersucht und dabei dieses Merkmal in 94 bzw. 34% aller Fälle vorgefunden. (Bei den **Kinderfällen** von Band 1 waren es im Mittel 11,5%, bzw. 15% für US-amerikanische Fälle). Achtzig Fälle davon betreffen Frauen, die in einem früheren Leben auch einmal ein Mann gewesen sein wollen. Nur 14 Männer erinnerten sich an ein früheres Leben als Frau. Das ist ein Verhältnis von 5,7:1 zugunsten der (heutigen) Frauen, während ihr Anteil an allen 291 Fällen dem Verhältnis 2:1 entspricht. Korrigiert man diese „Schieflage", so bleibt ein Verhältnis von 2,85:1 zugunsten heutiger Frauen, die im früheren Leben Männer waren.

Hier wiederholt sich, was wir schon von den Kindern aus Band 1 (dort Kapitel 5.4.4.1.7) kennen. Dort ist das unkorrigierte Verhältnis knapp 3:1 (genau 2,6:1 in Birma) zugunsten heute lebender Frauen mit männlichen Vorleben. In Birma gibt es unter den Kinderfällen einen Überhang von 25% bei den Knaben. Korrigiert man entsprechend, so erhält man 3,25:1 statt der 2,6:1 für den Geschlechterwechsel zu heutigen Mädchen.

Die beiden Werte (2,85:1 und 3,25:1) liegen dicht beieinander. Selbstverständlich können diese Werte nicht generell gelten, weil sich sonst das Geschlechterverhältnis 50:50 nicht auf Dauer einstellen könnte. Die Gründe für den einseitigen Geschlechtswechsel sind nicht erforscht. Folgender Verdacht liegt nahe: Rückführungen werden vorzugsweise bei problembelasteten Menschen gemacht, die (nach einem Täterleben) entweder Nachwirkungen aus Opferleben kurieren möchten oder sich in einem Opferleben befinden. Das bevorzugte Geschlecht für Täterleben ist männlich und für Opferleben weiblich. Bei den Kindern sind gewaltsame Tode im früheren Leben stark überrepräsentiert und betreffen meist männliche frühere Personen. Das heutige weibliche Geschlecht könnte gewählt worden sein, um der Männerrolle zu entgehen, die so häufig mit

---

[214] Zeitfenster [33], Bsp. (11), S. 128 (m/w); [39], (15), S. 138 (m/w); [69], (27), S. 175 (m/w)

[215] Bsp. (37), S. 428; (39), S. 538; (40), S. 542; (46), S. 551; (64), S. 565; (65), S. 566; (67), S. 568; (68), S. 570

Gewalt verbunden ist. Beide Situationen repräsentieren also nicht das allgemeine Verhalten.

Auch die Untersuchungen von Prof. **Wambach** aus Kapitel 7.2.3.2, S. 421 zeigen, dass in ca. 1/3 der Fälle **Geschlechtswechsel** vorkommen können. Bei einem Anteil von 78% Frauen am Untersuchungskollektiv stellte sich dennoch das geschichtlich korrekte Geschlechterverhältnis von 50:50 zwischen Männern und Frauen eines früheren Lebens ein. Demnach müssen mindestens 28% (78% minus 50%) der Teilnehmerinnen angegeben haben, im früheren Leben Männer gewesen zu sein.

Eine Studie von **James** wies unter denjenigen, die überhaupt Angaben dazu machten, einen Anteil von 19%, 34% bzw. 55% Geschlechtswechselfällen aus (*216, S. 198, 203*).

Dass sich geradezu Serien von Vorleben im gleichen Geschlecht bilden, kann man ebenfalls der Statistik aus den 291 Fällen entnehmen[216].

Diese Bildung von Serien aufeinanderfolgender Leben im gleichen Geschlecht passt auch mit der Erfahrung zusammen, dass in **Kriegszeiten** und den Jahren danach vergleichsweise mehr Buben als Mädchen geboren werden als in Zeiten ohne Kriege. In Kriegen starben in der Vergangenheit viel mehr Männer als Frauen einen vorzeitigen, unnatürlichen Tod. Also stehen auch mehr Männer zur Wiedergeburt an, die bei unnatürlichen Todesfällen der früheren Personen sehr frühzeitig und mehrheitlich im gleichen Geschlecht wiederkommen, wie wir von den Kindererinnerungen nach Band 1 wissen. Für diese Anpassung des **Geschlechterverhältnisses** bei **Geburten** sind viele natürliche Erklärungen versucht worden, ohne zu einem definitiven Ergebnis zu kommen (*114; 395*). Die **spiritistische Deutung** liefert zwar eine logische Erklärung, allerdings keine für den stofflichen Ablauf (modus operandi). Wir wissen nämlich nicht, ob vielleicht die Befruchtung der Eizelle vom Jenseits aus beeinflusst werden kann, ob mehr Abgänge von männlichen Feten verhindert werden können oder ob rein physische Vorgänge das Geschehen bestimmen und die noch nicht wieder inkarnierten Seelen sich dem anpassen müssen.

---

[216] Mittelt man nämlich über alle Fälle, so findet man pro Fall 1,88 Vorleben, über welche in der Literatur berichtet wurde. In Geschlechtswechselfällen wird im Mittel über 2,9 frühere Leben und in gleichgeschlechtlichen von nur 1,4 Vorleben geschrieben. Anders ausgedrückt: Je mehr frühere Leben pro Proband angeschaut werden, desto wahrscheinlicher wird es, auf einen Wechselfall zu stoßen.

24. Grenzüberschreitende (internationale) Fälle	Bsp.	Lit.
	22	247

Grenzüberschreitende (internationale) Fälle, also solche, bei denen die frühere Person in einem oft fernen Land mit anderer Kultur gelebt haben will, scheinen bei Rückführungen wesentlich häufiger vorzukommen als bei den Spontanerinnerungen von Kindern an ihr früheres Leben (*nur wenige Fälle von insgesamt ca. 3000, s. Band 1, Kapitel 5.4.6*).

Dies ergibt sich schon aus der relativ hohen Zahl von 8 Einzelrückführungen[217] (67%) von insgesamt 12 und weiteren 15 (45%) von insgesamt 33 Fällen aus Kapitel 7.2.1, Geschichtliche Entwicklung[218], und zwei Beispielen aus dem danach folgenden Text[219], in denen dieses Merkmal vorkommt.

Ich wollte es noch genauer wissen und untersuchte alle 291 Fälle mit (angeblich) gelungener Heilung aus Kapitel 8.6 auf **Grenzüberschreitungen**. Dieses Merkmal tritt hier sogar in 85% aller Fälle auf. Die Studie von James wies unter denjenigen, die überhaupt Angaben dazu machten, einen Anteil von 57% bzw. 61% Grenzüberschreitungsfällen aus (*216, S. 195*).

25. Häufig wird mehr als nur ein einziges früheres Leben in Rückführungen erinnert.	Bsp.	Lit.
	24	547

Sofern der Rückführer danach fragt, ist es sehr wahrscheinlich, dass der Klient **mehr als nur ein einziges früheres Leben** erinnert. In den **Kinderfällen** hingegen bilden mehrere frühere Leben die große Ausnahme.

Mehr als ein früheres Leben wird siebenmal in den Einzelrückführungen angesprochen[220]. Auch in den Kurzbeispielen finden wir dieses Merkmal siebzehn-

---

[217] Kapitel 7.2.3.1.1, S. 218; 7.2.3.1.2, S. 238; 7.2.3.1.4, S. 279; 7.2.3.1.5, S. 299; 7.2.3.1.7, S. 327; 7.2.3.1.8, S. 338; 7.2.3.1.10, S. 365; 7.2.3.1.12, S. 406

[218] Zeitabschnitt [11], Bsp. (3), S. 113 (Hessen/Frankreich); [26], (5), S. 123 (USA/Türkei, Schottland, Irland); [28], (6), S. 124 (USA/Frankreich); [29], (7), S. 125 (England/Irland); [30], (8), S. 126 (USA/Russland); [31], (9), S. 127 (USA/England); [34], (12), S. 130 (England/Frankreich); [45], (19), S. 146 (England/Frankreich); [47], (20), S. 150 (USA/England); [54], (21), S. 157 (USA/Irland); [60], (26), S. 166 (USA/Naher Osten); [70], (28), S. 176 (USA/Irland); [71], (29), S. 177 (Deutschland/Spanien, lettland); [77], (32), S. 182 (USA/England); [78], (33), S. 183 (Schweden/Schottland)

[219] Bsp. (39), S. 538 (USA/Schweden); (40), S. 542 (Japan/Nepal)

[220] Kapitel 7.2.3.1.1, S. 218; 7.2.3.1.2, S. 238; 7.2.3.1.3, S. 263; 7.2.3.1.4, S. 279; 7.2.3.1.5, S. 299; 7.2.3.1.6, S. 318; 7.2.3.1.7, S. 327

mal[221]. Unter den 291 Fällen mit (angeblich) gelungener Heilung aus Kapitel 8.6 werden für jeden Fall im Mittel 1,88 frühere Leben beschrieben. Die Werte schwanken hier zwischen einem und 27 früheren Leben.

Literaturangaben zur maximalen Zahl erinnerter früherer Leben sind in Kapitel 7.2.2.1.1.3, S. 201 gelistet.

26. Karma zeigt sich in aufeinanderfolgenden Leben	Bsp.	Lit.
	29	57

Erinnerung an mehrere, zeitlich voneinander getrennte frühere Leben, kann man daraufhin untersuchen, ob sie in einem sinnvollen Bezug zueinander stehen. Was dabei gefunden wird, diskutieren einige wenige Autoren unter der Überschrift „**Karma**".

Am gründlichsten hat sich der Reinkarnationstherapeut **Trutz Hardo** damit befasst. Verknüpfungen mit anderen Merkmalen tauchen in seinen Beispielen aber nur sporadisch auf (*z. B. 177, S. 147, 150, 153*). Hardos Arbeit und die von Fachkollegen zum gleichen Thema werden in Kapitel 7.2.6, ab S. 544 diskutiert. Beispiele findet man im Buch in den Kapiteln 7.2.6.3, S. 548 (23 Bsp.) und 7.2.6.6, S. 565 (6 Bsp.).

27. Alterssynchronizität zwischen Ereignissen im FL und HL	Bsp.	Lit.
	2	9

Ein (meist einschneidendes) Ereignis in einem früheren Leben wiederholt sich in ähnlicher Weise im heutigen Leben im gleichen Lebensalter der beiden Personen. Man spricht dann von **Alterssynchronizität**.

Sie findet sich in den Beispielen (65), S. 566 (21 J.) und (67), S. 568 (10 J.), sowie in der Literatur[222].

28. Träume von früheren Leben	Bsp.	Lit.
	4	44

Träume können Inhalte aus früheren Leben aufgreifen. Es gibt allerdings keinen Fall, in dem allein die Trauminhalte ausgereicht hätten, diesen zu lösen.

---

[221] [26], Bsp. (5), S. 123 (3 FL); [43], S. 141 (5 FL); [45], (18), S. 144 (6 FL); [47], (20), S. 150 (16 FL); [48], S. 152; [57], (23), ab S. 162 (5 FL); [60], (26), S. 166 (3 FL); [71], (29), S. 177 (2 FL); [62], S. 169; [75], S. 181 (11 FL); (69), S. 571 (7 FL); Text S. 573 (8 FL); S. 578 (21 FL); S. 578 (3 FL); S. 578 (28 FL); S. 578 (14 FL); S. 579 (14 FL)

[222] *53, S. 14, 40, 45, 82, 90, 97, 131, 159*; *488 S. 140*

Beispiele dafür sind vier in diesem Buch beschriebene Einzelfälle[223] sowie zahlreiche weitere in der angegebenen Literatur[224].

29. Bekanntschaften aus früheren Leben	Bsp.	Lit.
	10	70

Familienmitglieder oder Freunde der heutigen Person werden von dieser in der Rückführung als **wiedergeborene frühere Bezugspersonen** wahrgenommen und auch richtig mit deren früheren Namen benannt.

Ein Beispiel dafür findet sich in Kapitel 7.2.3.1.3, S. 263 (Laramus/Paul/John; Pierre/Dave). In Kapitel 7.2.1.2 sind zwei Beispiele[225] zu nennen und im nachfolgenden Text sieben[226].

Weil mir dieses Merkmal in den im Buch geschilderten Fällen als unterrepräsentiert erschien, untersuchte ich alle 291 Fälle mit (angeblich) gelungener Heilung aus Kapitel 8.6 und fand in 15% der darin beschriebenen Fälle entsprechende Hinweise darauf, dass in der Rückführung heutige Familienangehörige[227] als frühere Personen wahrgenommen worden waren. In einem neueren Buch von **Trutz Hardo** werden nicht weniger als 26 Beispiele mit solchen karmischen Verbindungen aufgeführt (*180*) (s. a. *209*).

30. Berühmte Personen werden sehr selten als FP erinnert	Bsp.	Lit.
	8	25

Erinnerte frühere Personen sind nicht überproportional häufig **Berühmtheiten**, d. h. historische Persönlichkeiten oder höher gestellte bzw. reiche Personen.

---

[223] Kapitel 7.2.3.1.1, S. 218 (Punkte 25, 26, 67, 68, 74); 7.2.3.1.3, S. 263 (Alpträume); 7.2.3.1.8, S. 338 (viele Alpträume); 7.2.3.1.10, S. 365 (5 Träume)

[224] *20, S. 40, 169, 171, 172; 89, S. 82; 130, S. 99, 100, 103, 104; 201, S. 247; 202, S. 335; 211, S. 74, 75; 251, S. 251; 346, S. 28, 4 Fälle; 360, S. 24; 424, S. 210; 436, S. 60 (3 Fälle); 438, S. 1386 (13 Fälle durch geprüfte Spontanerinnerungen bestätigt); 439, S. 253 (7 Fälle, 3 gut); 545, S. 87;*

[225] Zeitfenster [26], Bsp. (5), S. 123 (in 3 FL); [55], S. 158

[226] Bsp. (46), S. 551; (64), S. 565; (65), S. 566; (66), S. 568; (68), S. 570; (69), S. 571; (71), S. 648

[227] Es handelt sich um die 44 dortigen Fallnummern 3, 4, 11, 14, 19, 39, 42, 48, 50, 57, 63, 70, 85, 89, 91, 92, 98, 108, 109, 111, 114, 116, 117, 120, 135, 221, 222, 223, 234, 235, 241, 242, 243, 244, 248, 250, 252, 253, 256, 257, 259, 272, 275, 282

Unter den ausführlich dargestellten Fällen finden sich eine berühmte Person – **Zar Nikolaus II**. (Kapitel 7.2.3.1.10, S. 365) – und zwei höhergestellte Personen in Gestalt des Malers **Carroll Beckwith** (Kapitel 7.2.3.1.7, S. 327) und des **Chefkonstukteurs der Titanic** (Kapitel 7.2.3.1.8, S. 338).

Im Kapitel 7.2.1, Geschichtliche Entwicklung, ab S. 109, rechne ich von den insgesamt 33 in Rückführungen erlebten früheren Personen nur ganze drei zu historischen Persönlichkeiten oder Berühmtheiten[228], weitere zwei allenfalls zu höhergestellten Personen[229].

In den 291 Fällen mit (angeblich) gelungener Heilung aus Kapitel 8.6 wird von insgesamt 476 früheren Leben berichtet. Darin agierten nach meiner Einschätzung keine berühmten früheren Personen und lediglich 25 gesellschaftlich höher gestellte bzw. reiche, was einem Anteil von 5,3% entspricht.

Ungefähr den gleichen Anteil höher gestellter Personen, nämlich 5,6%, fand Frau Prof. **Wambach** bei **Gruppenrückführungen** von 1097 Teilnehmern, und zwar als Mittelwert über einen Zeitraum von 4000 Jahren (Kapitel 7.2.3.2, S. 421). Der Maximalwert lag im 18. Jahrhundert bei 10%. Historische Persönlichkeiten tauchten in diesen Erinnerungen überhaupt nicht auf (*482, S. 126*).

Vergleichszahlen zur geschichtlichen Realität gibt Frau Wambach nicht an. Die Behauptung mancher Kritiker, in Rückführungen würden vorzugsweise Kleopatras oder Jeanne d'Arcs erinnert, ist damit aber klar widerlegt. Das heißt aber nicht, dass es Fälle dieser Art nicht gäbe (*545, S. 73; 180, S. 145*).

31. Dauer der Zwischenlebenszeit	Bsp.	Lit.
	12	10

Die **Dauer der Zwischenlebenszeit** ist in Rückführungen deutlich länger, als wir es nach Band 1 vom interkulturellen 15-monatigen Mittelwert bei Kindern mit Spontanerinnerungen her kennen.

Aus den in Kapitel 7.2.3.1, ab S. 216 ausführlich dargestellten 12 Fällen ergeben sich Zwischenlebenszeiten zu jeweils 21, 59, 34, ? (größer 15 Monate), ?, 11, 30, 41, ?, 19, 20 und 802 Jahren. Es verbleibt eine Unsicherheit dieser Werte, weil zwischengeschaltete Leben nicht angeschaut worden sein können. Ent-

---

[228] Berühmtheiten: Zeitabschnitt [44], (17), S. 142 (John Wilkes Booth, Lincolns Mörder); [47], Bsp. (20), S. 150 (Rudolpho Valentino); (37), S. 428 (James Buchanan)

[229] [11], (3), S. 113 (hochgestellte Dame); [30], Fall (8)S. 126 (Gräfin)

sprechende Zahlenangaben aus der Literatur werden in Kapitel 7.2.7.3, S. 522 gelistet. Sie bestätigen die obige Aussage.

32. Erinnerungen an das Zwischenleben	Bsp.	Lit.
	11	1131

Erinnerungen an die Zeit zwischen den Leben werden vielfach berichtet und hier als **Jenseitserinnerungen** angesprochen.

Darauf wird ausführlich in Kapitel 7.2.7, ab S. 583 eingegangen. Die im Buch dargestellten 11 Fallbeispiele sind in der Fußnote 256, S. 592 gelistet. Auf die in der Literatur zu findenden Fälle wird in Kapitel 7.2.7.2.2, S. 594 eingegangen.

33. Erinnerungen an die Art und Umstände des Todes	Bsp.	Lit.
	40	291

Art und Umstände des Todes der früheren Person werden in Einzelheiten geschildert.

Dieses Merkmal tritt sehr häufig auf. In den 291 Fällen mit gelungener Heilung aus Kapitel 8.6 wird in 67% von mindestens einem **unnatürlichen Tod im früheren Leben berichtet** (**Unfall**, Mord, **Selbstmord**). Die übrigen 33% bilden natürliche Tode, davon 6,5 Prozentpunkte durch Altersschwäche oder Krankheit, der Rest ohne genaue Angabe der Ursachen.

Dem stehen jene Fälle gegenüber, in denen es nicht um Heilung ging, d. h. in denen gesunde Patienten zurückgeführt wurden. **Robert James** fand unter 81 erfolgreich Zurückgeführten einen Anteil von nur 24 bzw. 25% **unnatürlicher Tode** bei 58% bzw. 44% **natürlichen Sterbefällen** und 18 bzw. 31% ohne entsprechende Angaben (*216, S. 197*). Diese Tendenz deutlich geringerer Häufigkeit unnatürlicher Tode bei gesunden Patienten wird durch die Arbeit von Prof. **Wambach** bestätigt, in der sie **Gruppenhypnosen** mit Gesunden durchgeführt und ausgewertet hat (s. Kapitel 7.2.3.2, ab S. 421). Der von ihr über die Zeitspanne von 4000 Jahren errechnete Mittelwert an gewaltsamen Toden beträgt 20 %, wozu allerdings noch ein Anteil von 14% gerechnet werden muss, bei dem nicht zwischen natürlichem und unnatürlichen Tod unterschieden werden konnte. Selbst im ungünstigsten Fall, wenn diese 14% voll hinzuzurechnen wären, bleibt die Summe von 34% deutlich unter den oben genannten 67% für die Fälle erkrankter Personen.

Alle Beispiele aus Kapitel 7.2.3.1 (ab S. 216) (mit Ausnahme von Fall 7.2.3.1.7) sowie 13 Fälle in Kapitel 7.2.1.2[230] und danach folgende 12 Kurzbeispiele[231] beschreiben unnatürliche Todesfälle in früheren Leben. Natürliche Todesfälle kommen aber auch vor (Fall Nr. (38); (73); (75); (79)).

Zum Abschluss sei noch aufgezeigt, wie die 12 Einzelfälle aus Kapitel 7.2.3.1 bezüglich der Zahl jener Merkmale abschneiden, die sie in sich vereinigen. Die folgende Tabelle zeigt, dass die Werte zwischen 9 und 18 vertretenen Merkmalen schwanken (unterste Zeile). Der Mittelwert beträgt 13,7 Merkmale. Gemessen an der maximal möglichen Zahl von 33 Merkmalen weist sich die Mehrzahl dieser Fälle damit als merkmalsreich und geeignet aus, um die obige Merkmals-Analyse anhand dieser Fälle durchzuführen. (Tatsächlich wird die Datenbasis durch Beispiele aus den Kapiteln 7.2.1, 7.2.3.1.13 und 7.2.8.1.2 und aus der Literatur ergänzt bzw. erweitert.) Pro Merkmal liefert die Tabelle eine Schwankung von 0 bis 11 Fällen (rechte Spalte) und einen Mittelwert von 5 Fallbeispielen (von maximal 12), in denen irgendein Merkmal vorkommt.

Tabelle von 33 Fallmerkmalen der 12 Einzelfälle aus Kapitel 7.2.3.1 (ab S. 216) („x" = Merkmal vertreten).

Fallnummer ⇨ Merkmalsnummer ⇩	1	2	3	4	5	6	7	8	9	10	11	12	
1 Namen	x	x	x	x	x	x		x	x		x	x	10
2 nicht mehr existent		x		x	x	x			x		x		6
3 Zeitangaben	x		x	x		x		x	x	x	x	x	9
4 verstecktes Wissen	x	x	x	x	x	x	x	x			x	x	10
5 korrigiertes Wissen		x	x	x	x	x	x						6
6 verstreute Quellen		x	x	x	x	x		x		x			7
7 Veränderungen					x	x					x		3

---

[230] Zeitabschnitt [26], Bsp. (5), S. 123 (nur in der Lit-Quelle gesagt: Erschlagen, Erwürgen, Selbstmord); [30], (8), S. 126 (mit Schiff untergegangen); [31], (9), S. 127 (vom Pferd gefallen); [33], (11), S. 134 (im Bürgerkrieg gefallen); [37], (13), S. 132 (natürlicher Tod mit 84 J.); [38], (14), S. 134 (Erschießen); [40], (16), S. 139 (Erhängen); [45], (18), S. 144 (Mord); [45], (19), S. 146 (Vergiftung); [54], (21), S. 157 (Mord); [57], (22), S. 160 (Mord); [57], (23), S. 162 (Selbstmord durch Ertrinken); [69], (27), S. 175 (Erschießen)

[231] Fall Nr. (36), S. 423 (Selbstmord); (42), S. 549 (lebendig begraben); (44), S. 550 (Erstechen); (64), S. 565 (als Hexe verbrannt); (65), S. 566 (Hinrichtung); (66), S. 568 (zu Tode geprügelt); (67), S. 568 (Kehle durchgeschnitten); (68), S. 570 Selbstmord); (69), S. 571 (im Krieg gefallen); (71), S. 648 (auf Scheiterhaufen verbrannt); (72), S. 650 (erschlagen); (77), S. 675 (Selbstmord)

Fallnummer ⇨ / Merkmalsnummer ⇩	1	2	3	4	5	6	7	8	9	10	11	12	
8 veraltete Worte		x		x									2
9 Wiedererkennungen	x			x	x	x				x	x		6
10 Geschichtswissen		x		x	x					x		x	5
11 Verhaltensweisen	x			x				x	x	x	x		6
12 Charakterzüge				x		x				x	x	x	5
13 Privates	x		x			x	x	x		x			6
14 Objekte	x		x				x	x		x	x		6
15 Geographie		x	x		x	x				x			5
16 Muttermale									x				1
17 Ähnlichkeiten										x			1
18 Geschmack										x			1
19 Begabungen			x	x				x			x		4
20 Fertigkeiten	x			x				x		x	x		5
21 Religiöse Gewohnheiten				x									1
22 Krankheiten/Heilungen	x		x	x		x		x	x			x	7
23 Geschlechtswechsel							x						1
24 Grenzüberschreitungen	x	x		x	x		x	x	x	x		x	9
25 Mehrere frühere Leben	x	x	x	x	x	x	x						7
26 Karma													0
27 Alterssynchronizität													0
28 Träume	x		x					x		x			4
29 Bekanntschaften aus FL			x				x					x	3
30 Berühmtheiten										x			1
31 Zwischenlebensdauer	x	x	x	x		x	x	x		x	x	x	10
32 Zwischenleben, Jenseits	x	x		x	x		x		x				6
33 Todesumstände	x	x	x	x	x	x		x	x	x	x	x	11
Summe Merkmale:	15	13	15	18	14	15	11	14	9	18	13	9	164

7.2.5 Xenoglossie und Xenographie

Unter **Xenoglossie**[232] versteht man das Sprechen einer im bisherigen Leben nicht erlernten Sprache. Bei der **Xenographie** geht es um das Schreiben in einer solchen.

Diese unerklärlichen Phänomene kommen anscheinend am häufigsten in hypnotischen **Rückführungen** vor. In vielen Beispielen dieses Buches findet sich dieses Phänomen[233]. In der Literatur sind nur die Beispiele (39), S. 538; (40), S. 542 und der Fall „Gretchen" (*435*) voll umfänglich und kompetent beschrieben.

Xenoglossie kann aber auch spontan oder im Rahmen einer medialen Kommunikation auftreten[234]. Von einem spontanen Fall wurde in Band 1 berichtet (*Swarnlatas getanzter Gesang, dort Kap. 5.3.1.2*)[235], und mehr zu diesem Thema findet man dort auch in Kapitel 5.4.5.2.3.2.1.

Ein herausragendes Beispiel für **medial** vermittelte Xenographie sind die Schriften von **Pearl Curran**, die als Schreibmedium für eine **jenseitige Person** namens **Patience Worth** diente (*49, S. 133*). Ein anderes ist das englische Medium **Rosemary**, das in Unterhaltung mehrere tausend Sätze in altägyptisch sprach. Die schwierige Überprüfung ging positiv aus (*205; 122, S. 58; 496; 117, S. 248*), was aber vom „Entlarver" **Ian Wilson** bestritten wird (*541, S. 30f*). Mehr zu historischen Fällen findet man bei Stevenson und Whitton (*431, S. 1ff; 496; Xenoglossie Aramäisch ist Kryptomnesie in 495, S. 37; Gedichte von De Silaghi erwähnt bei 495, S. 38*). Im vorliegenden Buch jedoch interessieren uns ausschließlich die hypnotisch induzierten Fälle.

Man unterscheidet zwei Formen der Xenoglossie: In der **rezitativen Xenoglossie** werden nur fremdsprachliche Texte z. B. aus Liedern, Gebeten oder Gedichten vor-

---

[232] Der Begriff „Xenoglossie" wurde von Nobelpreisträger Dr. Charles Richet (1850-1935) geprägt.

[233] Zeitabschnitt [11], Bsp. (3), S. 113; [25], S. 121; [28], Bsp. (6), S. 124; [47], S. 150; [47], Bsp. (20), S. 150; [71], (29), S. 177; Kapitel 7.2.3.1.2.8, S. 247; 7.2.3.1.2.9, S. 248; 7.2.3.1.2.10, S. 250; 7.2.3.1.4.4, S. 290; 7.2.3.1.5.1, S. 300; 7.2.3.1.5.4, S. 308; 7.2.3.1.5.5, S. 314; 7.2.3.1.9.1, S. 359; 7.2.3.2.4, S. 432; 7.2.4.2, S. 512; Bsp. (39), S. 538; Bsp. (40), S. 542; Bsp. (69), S. 571; Bsp. (79), S. 676

[234] Im Pfingstereignis z. B. begannen Apostel und Jünger in ihnen unbekannten Sprachen zu sprechen (Apostelgeschichte 2, 1 -13).

[235] In Ergänzung zu Band 1 seien hier noch zwei Fälle von Kindern nachgetragen, von denen das eine 14 fremdsprachige Worte verwendete (*309, S. 234*) und das andere sogar eine fremde Sprache flüssig sprach (*400, S. 57*).

getragen. Die Person versteht dabei selbst nicht, was sie erzählt und reagiert auch nicht auf Fragen. Es kommt kein Zwiegespräch auf.

Bei **kommunikativer (antwortender) Xenoglossie** kommt es indes zu einer regelrechten Konversation in der nie erlernten Sprache. Der Rückgeführte versteht, was sein Gesprächspartner sagt, und antwortet ihm in der fremden Sprache (manchmal aber auch zusätzlich in seiner Muttersprache).

Viele Autoren (17 von ca. 200; s. u.) behaupten in ihren Büchern, dass sie ihre Klienten unter Hypnose in fremden, nicht erlernten Idiomen sprechen gehört oder sogar mit ihnen in einer von diesen nicht erlernten Fremdsprache kommuniziert haben, teilweise sogar in heute längst nicht mehr gesprochenen, also sogenannten **toten Sprachen**. In anderen Fällen handelte es sich um eine **Sprache in altertümlicher**, heute nicht mehr gebräuchlicher **Form** oder auch nur um **einzelne Worte**, die heute nicht mehr gebräuchlich sind und z. T. nicht mehr verstanden werden[236]. Es wird sowohl von einem „fließenden" Sprechen berichtet als auch davon, dass nur einzelne **Worte in der fremden Sprache** benutzt wurden[237]. Vielleicht könnte man auch jene Fälle zu den Sprachwundern zählen, in denen allgemein unbekannte **Fachbegriffe** verwendet (Kurzbsp. (39), S. 538), oder besonders auffällige **Dialekte** gesprochen werden (Kap. 7.2.3.1.2, S. 238; Merkmal 21, S. 522), die der heutigen Person fremd sind. Zuletzt geht es auch nur um (fremdartige) **Akzente**, in denen bekannte Sprachen ausgesprochen werden[238].

Von **Reinkarnationstherapeuten** geschriebene Bücher vermitteln allerdings nach meinem Dafürhalten einen falschen Eindruck über die Häufigkeit, mit der in Hypnose ungelernte Sprachen gesprochen oder geschrieben werden. Frau Prof. **Wambach** hat diesbezüglich eine Umfrage unter 26 Therapeuten gemacht und bekam von diesen nur 21 Klienten von insgesamt 18.463 genannt, die das besagte Phänomen zeigten (*484, S. 19; 241, S. 127*). Das sind nur 0,1%. Einige Beispiele werden von ihr nur summarisch beschrieben, ohne einzelne Dialoge wiederzugeben (mehr dazu weiter unten).

---

[236] Bsp. in Kap. 7.2.3.1.2, S. 238; 7.2.3.1.5, S. 299; Kurzbsp. (29), S. 177; (39), S. 538; Lit. 67, S. 106

[237] Kurzbsp. (39), S. 538; (69), S. 571

[238] Bsp. in Kap. 7.2.3.1.2, S. 238; 7.2.3.1.5, S. 299; 7.2.3.1.8, S. 338; Kurzbsp. Nr. (20), S. 150; (39), S. 538

7.2.5.1 Die Bedeutung von Xenoglossie für die Interpretation von Rückführungen

Diese wundersame Fähigkeit – so sie sich denn solide genug gegenüber einer **normalen Erklärung** abgrenzen und als **paranormal** nachweisen ließe – hätte große Bedeutung für eine auf Reinkarnation schließende Interpretation des Rückführungsgeschehens. Wenn nämlich eine regelrechte Unterhaltung mit spontanen Elementen in einer vom Klienten nie erlernten Sprache, also **kommunikative Xenoglossie**, zustande käme, könnten einige Alternativerklärungen guten Gewissens ausgeschlossen werden.

So entfiele z. B. die Erklärung durch **Kryptomnesie**, die bei rezitativer Xenoglossie oder Xenographie noch einigermaßen aufrecht erhalten werden kann. **Kryptomnesie** geht von bereits existierenden Texten aus, die irgendwann einmal normal aufgenommen wurden, und erlaubt es nicht, die Spontaneität einer Unterhaltung zu erklären. Nach Stevenson kann man zusätzlich davon ausgehen, dass viel praktische Übung notwendig ist, um eine Fähigkeit zu erlernen bzw. eine Sprache sprechen und verstehen zu können (*431, S. 76; 435, S. 159*). Solche Lernphasen brauchen Zeit und sollten daher nicht leicht zu übersehen oder zu vergessen sein. Die Erklärung, wonach der Klient die betreffende fremde Sprache möglicherweise in seiner frühen Jugend mitbekommen, dies aber wieder vergessen habe, kann dementsprechend bei sorgfältiger Nachprüfung mit einiger Sicherheit ausgeschlossen werden.

Es verbleiben noch exotischere Erklärungen, wie **Dissoziation** in **multiple Persönlichkeiten**, eine Hypothese die nicht überzeugen kann, weil eine solche Persönlichkeitsstörung in den meisten Fällen als solche doch aufgefallen und erkannt worden sein sollte.

Des Weiteren findet man in der Literatur die Annahme, es gebe ein „**unbewusstes, instantanes Lernen**", z. B. durch reines Zuhören ohne jede Praxis. Dieses instantane (sofortige, unmittelbare) Lernen hält z. B. **Stephen Braude**, ein Fachmann auf dem Gebiet des Paranormalen, für denkbar (*49, S. 114ff*) und begründet das u. a. mit der Tatsache, dass es **Wunderkinder** und **Savants** gibt (s. Glossar, Kapitel 3, ab S. 14). Mich persönlich kann dies nicht überzeugen, weil es eine extrem seltene Insellösung ist, die im Gegensatz zur Reinkarnationshypothese in keinem Bezug zum übrigen Geschehen steht. Reinkarnation indes liefert eine plausible Begründung für Xenoglossie, indem die im heutigen Leben nicht gelernte und dennoch gesprochene Sprache als die eines früher bereits einmal inkarnierten Menschen aufgefasst wird. Eine auf diese Weise begründete Xenoglossie bzw. Verwendung von fremdsprachli-

chen Worten fanden wir auch in den positiv nachgeprüften Fällen (Bestenauswahl)[239]. Deshalb liegt für mich die Erklärung durch Wiedergeburt näher als etwa
ein instantanes Lernen, für das es keine überzeugenden Beispiele gibt. Außerdem:
Müsste ein derartiges Lernwunder, wollte man der Logik folgen, nicht auch außerhalb der Reichweite von Rückführungen zu solchem plötzlichen Spracherwerb oder
zum Auftreten anderweitiger Fähigkeiten führen? In der Literatur jedenfalls kommt
solch ein Fall nicht vor. Sollte er etwa bewusst verschwiegen worden sein? Das
glaube ich nicht.

Damit sind die wichtigsten **normalen Erklärungen** mehr oder weniger ausgeschie-
den und es bleiben nur noch **paranormale**, darunter die Super-außersinnliche
Wahrnehmung (s. Kapitel 7.2.9.2.1, S. 754), die Einwirkung Jenseitiger (Mediumismus)
bis hin zur Symptomatik von Besessenheit durch Verstorbene (s. Kapitel 7.2.9.2.5, S.
765) oder vom „walk-in" (s. Kapitel 7.2.8.2.1, S. 668). Diese Möglichkeiten sollten individuell in jedem Einzelfall gegeneinander abgewogen, und hier nicht pauschal beurteilt werden.

7.2.5.2 Beispiele für Xenoglossie

Es erhebt sich also die Frage, welche Erfahrungen insbesondere bezüglich hypnotisch hervorgerufener **kommunikativer Xenoglossie** tatsächlich gemacht wurden
und inwieweit diese in der Literatur dokumentiert sind.

Einen groben Überblick erhält man durch eine Arbeit von Frau Prof. **Wambach**, die
1986 erschienen ist. Darin beschreibt sie, eine Umfrage unter 26 **Reinkarnationstherapeuten** gemacht zu haben. Nur 21 Fälle wurden ihr gemeldet, in denen eine
ungelernte Sprache gesprochen, gesungen oder geschrieben wurde oder die ameri-
kanisch geführte Unterhaltung in fremdartigem **Akzent** klang (*484, S. 19; 241, S.
127*). Da die 26 Therapeuten zusammen immerhin 18.463 Klienten rückgeführt
hatten, ergibt sich für alle erdenklichen Formen von Xenoglossie eine Häufigkeit
von nur 0,1%. In 11 der 21 Fälle wurden Tonbandaufzeichnungen gemacht und
Sprachexperten vorgelegt, die die jeweilige Sprache als echt anerkannten. Leider
werden nur ein paar pauschale Angaben dazu gemacht. Eine Frau regredierte in **drei**

---

[239] Georg bettelt in Deutsch um sein Leben (7.2.3.1.9, S. 359) ; Antonia rezitiert lateinische
Gebete (7.2.3.1.4, S. 279) ; Die Amerikanerin Bridey Murphy verwendet irische Worte und
flucht irisch (7.2.3.1.2, S. 238) ; Gwen McDonald verwendet altertümliches Englisch
(7.2.3.1.5, S. 299) ; Donald Norsic benutzt die englische Rechtschreibung anstelle der amerikanischen (7.2.3.1.10, S. 365)

Leben in verschiedenen Ländern und sprach dementsprechend deutsch, französisch und polynesisch. In drei Fällen erinnerten sich die Klienten jeweils an ein Leben in Nazi-Deutschland und sprachen folglich deutsch. Eine Frau, die in ein Leben im Frankreich des 18. Jahrhunderts zurückgekehrt war, sprach fließend französisch. Ein Mann sah sich als spanischen Priester, der vor einigen hundert Jahren gelebt hatte, und sang die lateinische Messe. Andere sangen ein Wiegenlied oder sagten ein indianisches Gedicht auf.

Ich wollte es genauer wissen, habe meine über 200 einschlägigen Bücher nach Fällen von Xenoglossie abgesucht und bin zu einem ernüchternden Ergebnis gekommen. Meist wird nur allgemein gesagt, Xenoglossie sei aufgetreten, ohne dies genauer zu beschreiben. In vier Fällen wird nicht einmal ersichtlich, um welche Art von Xenoglossie es sich gehandelt haben soll. In einem Fall wurde ein und dieselbe Geschichte sogar in der englischen Originalfassung des Buches anders dargestellt als in der deutschen Übersetzung (*279, S. 181*). Das stützt nicht gerade die **Glaubwürdigkeit**. Nur in 5 von insgesamt 17 Berichten findet sich eine wörtliche Wiedergabe der Unterhaltung, so dass man sich – mehr oder weniger – ein eigenes Urteil darüber bilden kann. (Hinzu kommen noch 6 Beispiele von Xenographie unter Hypnose.) Die folgende Tabelle gibt eine Übersicht über die Fundstellen in der einschlägigen Literatur:

Art der Sprache	Zahl	Literatur und Kurzbeschreibung
Rezitative Xenoglossie, ausführlich dargestellt	1	• *496; 497, S. 197; 346, S. 157; 241, S. 128; 20, S. 32;* 10 Worte des Wikingers Thor
Rezitative Xenoglossie, nur erwähnt	2	• *317, S. 23; 241, S. 121;* flüssiges altägyptisch von Jenny Green • *424, S. 241; 139, S. 197;* 10 Minuten Chinesisch
Kommunikative Xenoglossie, ausführlich dargestellt	5	• *318, S. 29, 227; 241, S. 122;* Cynthia spricht akzentfrei französisch mit altertümlichen Worten, Englisch mit französischem Akzent. Worte nur aus dem Film bekannt und bei *241* aufgeführt • *283, S. 196; 225, S. 96;* Anna Karlsson spricht schwedisch • *431, S. 23; 346, S. 158; 49, S. 123; 241, S. 124; 541, S. 93, 112; 542, S. 53; 211, S. 256; 11, S. 13;* Bauer „Jensen Jacoby" spricht schwedisch • *435, S. 7; 241, S. 125; 541, S. 93, 111; 20, S. 45; 11, S. 14; 49, S. 123;* Dolores Jay spricht und schreibt als Gretchen Gottlieb deutsch • *204, S. 20, 375;* Irene als „Bibi" versteht französisch, ohne es zu sprechen

Kommunikative Xenoglossie, nur erwähnt	7	• *89, S. 101*; Galitzin: Frau erzählt französisch • *20, S. 103-108*; *424, S. 242*; Glenn Ford spricht fließend französisch • *209*, Sprache der Sioux-Indianer • *263, S. 59*; Kommunikation in Deutsch • *465, S. 57*; ungarische Konversation • *279, S. 181*; Indianer spricht fließend deutsch; in amerik. Buchausgabe fließend französisch • *78*; perfektes Beijing Mandarin gesprochen
Xenoglossie ohne Unterscheidung rezitativ / kommun., nur erwähnt	6	• *281, S. 77*; *491, S. 43*; *348, S. 108*; *469, S. 179*; *218, S. 145, 152*; *255, S. 43*
Xenographie, nur erwähnt oder nicht nachvollziehbar	7	• *496*; *497, S. 199*; *346, S. 158*; *241, S. 128*; *20, S. 33*; Worte für Haus, Bruder etc. in der Schrift einer ausgestorbenen arabischen Sprache, des sassanidischen Pahlavi; s. Kapitel 7.2.6.6, Fall Nr. (69), S. 571 • *317, S. 21, 33, 90*; *241, S. 128*; ägyptische Hieroglyphen, teilweise entziffert • *465, S. 97*; *19, S. 63*: Zurückgeführt in 16 frühere Leben, schrieb und sprach der Klient mind. 8 z. T. ausgestorbene Sprachen. • *541, S. 91*; Schriftvergleich mit/ohne Hypnose • *435, S. 41*; Gretchen schreibt • *539, S. 141*; Vgl. „Mary" unter Hypnose und ohne Hypnose • Kapitel 7.2.3.2.4: ägyptische Hieroglyphen zu 80% lesbar geschrieben

Genau betrachtet, gibt es nur drei Fallbeispiele[240] zur Xenoglossie, die umfänglich und kompetent beschrieben wurden. Zwei stammen von Prof. **Ian Stevenson**, den wir aus Band 1 schon als gründlichen Forscher kennengelernt haben. Obwohl (oder weil?) er hypnotischen Rückführungen in frühere Leben sehr kritisch gegenüberstand, hat er diese Fälle so ausführlich behandelt, dass ihre Darstellung jeweils eines ganzen Buches bedurfte (*431; 435*). Einen der Fälle, den Stevenson allerdings erst nach Ende der Rückführungen studieren konnte, möchte ich hier kurz skizzieren.

(39) (X) (WE) Der in Philadelphia (USA) praktizierende **Hausarzt K.E.** wendete in seiner Arbeit mit Patienten **Hypnose** an. Weil sich seine **Frau T.E.** gut hypnoti-

---

[240] Fall Nr. (39), S. 538 und den Fall „Gretchen", der am Ende von Fall (39) erwähnt ist, und (40), S. 542

sieren ließ, versuchte er in den Jahren 1955 und 1956 die **Altersregression** (Rück-führung in frühere Jahre des heutigen Lebens, (age regression)) mit ihr. Dabei kam sie in eine Szene, in der sie zusammen mit alten Leuten bei Kampfhandlungen ins Wasser getrieben wurde. Plötzlich schrie sie auf und fasste sich an den Kopf, als wäre sie von einem schweren Gegenstand getroffen worden. Wieder bei Wachbe-wusstsein klagte die Probandin auch wirklich über Kopfschmerzen, die zwei Tage anhielten. Dies wiederholte sich bei zwei nachfolgenden Rückführungen, woraufhin ihr in der vierten die Anweisung gegeben wurde, 10 Jahre jünger zu sein als wäh-rend des besagten traumatischen Ereignisses (*431*).

Nun sagte Frau E., sie sei ein Mann und heiße „**Jensen Jacoby**". Auf entsprechende Fragen beschrieb sie ihr Leben als das eines Bauern, was sich allerdings nicht als nachprüfbar erwies. Erwähnenswert in diesem Zusammenhang ist lediglich die An-gabe, dass Jensens Mutter aus Norwegen stamme. In der **Identifikation** mit diesem Bauern sprach die Amerikanerin T.E. nicht nur mit tiefer männlicher Stimme, son-dern auch in einem leicht gebrochenen Englisch (**Akzent**). Darin tauchten zudem einige **Fremdwörter** auf, die man eher für skandinavische Ausdrücke hielt. Ab der vierten Sitzung wurden Tonbandaufzeichnungen gemacht und ab der sechsten wa-ren außerdem Personen zugegen, die Schwedisch und/oder andere nordische Spra-chen verstanden. So konnte nachgewiesen werden, dass T.E. unter Hypnose tatsäch-lich **schwedisch sprach** und in Schwedisch gestellte Fragen verstand und deshalb auch sinngemäß richtig beantworten konnte.

Jensen verstand zwar Englisch und antwortete auch in dieser Sprache, aber er rea-gierte schneller, wenn er in Schwedisch angesprochen wurde, und antwortete auch schneller, wenn er sich schwedischer Worte bediente. Sein Englisch war stockend und hatte einen starken **Akzent**. Normalerweise sprach T.E. als Jensen recht leise, außer, wenn sie/er auf Krieg hin angesprochen wurde, den sie/er rigoros ablehnte. Jensen reagierte auch sehr **emotional**, wenn es um seinen Dienstherrn „Johansen" ging. Nach Abschluss der Hypnose hatte T.E. jeweils keine Erinnerung an das, was während der Sitzungen gesagt worden war.

In der siebten Sitzung wurde Jensen aufgefordert, während der Hypnose seine Au-gen zu öffnen und einige Gegenstände, die man ihn anschauen ließ, zu benennen. Diese waren aus dem historischen Museum entliehen worden. Das Modell eines schwedischen Schiffes aus dem 17. Jahrhundert bezeichnete er sofort richtig als „skuta" . Ebenso **erkannte** und benannte er ein Holzgefäß korrekt, das in jener Zeit zum Abmessen von Getreide verwendet wurde. Als man ihm das Bild eines Wolfs zeigte, nannte er die richtige **schwedische Bezeichnung** für dieses Tier. Jensens

Zeitmaß waren „Monde" , nicht Wochen oder Monate. **Moderne Gegenstände indes erkannte er nicht.**

Drei schwedisch sprechende Personen unterhielten sich mit Jensen, und drei weitere, sowie Stevenson selbst und ein Amerikaner mit Schwedischkenntnissen hörten sich später die Tonbandmitschnitte der Rückführungen an. Die Beurteilungen seitens aller Beteiligten lagen nicht weit auseinander. Jensen sprach ein Schwedisch mit Einsprengseln **norwegischer Worte**, das zwei der Zuhörer als **altertümlich** bezeichneten. Diese Sprachmischung passt zur Behauptung Jensens, seine Mutter sei Norwegerin gewesen. Die schwedische Aussprache war perfekt, **ohne englischen Unterton.** An Jensens Antworten auf Fragen, die ihm in Schwedisch gestellt wurden, war erkennbar, dass er auch kompliziertere Fragesätze verstand. Er antwortete sinngemäß richtig, aber recht eintönig mit nur ein oder zwei Worten. Jensen verwendete in der Regel die richtigen Artikel und Wortbeugungen. Insgesamt gebrauchte er über 100 schwedische Wörter, 60 davon bereits, bevor sie in den Fragen der Interviewer auftauchten.

Prof. Stevenson verwendete viel Zeit darauf herauszufinden, ob T.E. zu irgendeinem Zeitpunkt die Gelegenheit hatte, wenigstens ein wenig Schwedisch auf **normalem Weg** zu lernen. Auch **in Hypnose wurde sie nach möglichen Quellen ihrer Schwedischkenntnisse gefragt.** Die 10 Seiten, auf denen Stevenson die damit verbundenen Fragen erläutert, können hier aus Platzgründen nicht wiedergegeben werden. Im Ergebnis kommt er zu dem Schluss, dass T.E. mit sehr hoher Wahrscheinlichkeit in diesem Leben niemals Schwedisch gelernt hat.

Ebenso gründlich, nämlich nicht nur mit Personenbefragungen, sondern auch mit Persönlichkeitstests und Erstere sogar unter Zuhilfenahme eines Lügendetektors, geht Stevenson der Frage nach, ob Betrug eine Rolle spielen könnte. Und wenn er dabei auch nicht fündig wurde, darf nicht verschwiegen werden, dass man T.E., die sich fünf Jahre nach jenen Rückführungen zu einem spiritistischen Medium entwickelt hatte, für ihre angeblichen Mitteilungen aus dem Jenseits bei zwei Gelegenheiten eine normale Quelle nachweisen konnte. Das legt es immerhin nahe, auch in Bezug auf die besagten Xenoglossie-Phänomene einen unentdeckten Betrug zu vermuten. **Ian Wilson** sagt, er habe K.E. und T.E. kennengelernt, und behauptet, ohne Näheres anzugeben, der Fall verdiene nicht die Aufmerksamkeit, die ihm Stevenson zumisst (*541, S. 113; 542, S. 53*). Dieser geheimnisvollen Mutmaßung steht Stevensons ausführliche und kritische Diskussion als bessere Begründung gegenüber.

Prof. Stevenson spricht weitere Erklärungshypothesen an, darunter **Kryptomnesie**, **multiple Persönlichkeitsstörung**, instantane (unmittelbare) außersinnliche Übernahme der Schwedischkenntnisse von den Anwesenden, Super-außersinnliche Wahrnehmung (**Super-ASW**), Beeinflussung durch jenseitige Geister einschließlich Besessenheit und natürlich Reinkarnation. Ein wichtiges Argument gegen außersinnliche Wahrnehmungen der verschiedensten Art ist für Stevenson die Feststellung, dass **Fähigkeiten**, wie das Sprechen einer Sprache, nicht durch Belehrung oder Informationsübertragung, sondern nur durch Übung erworben werden können. Er fand keine wissenschaftliche Arbeit, die das Gegenteil belegen würde. Im Leben der T.E. gab es zudem für den Erwerb des Schwedischen nachweislich keinerlei Lernphase.

Zum Zeitpunkt, als Stevenson sein Buch über „Jensen" schrieb, gab er der Erklärung durch **Besessenheit** einen kleinen Vorteil gegenüber der durch Reinkarnation. Da die Existenz der in der Rückführung erlebten früheren Person nicht nachgewiesen werden konnte, mithin die Zusammengehörigkeit von T.E. mit jenem Jensen als geschichtlicher Person nicht mehr als eine Vermutung sein kann, bleibt als Essenz dieses Falles nur mehr das unerklärte Sprachphänomen.

Natürlich hat Stevensons Buch außer den erwähnten Ian Wilson noch weitere Kritiker auf den Plan gerufen. Die Sprachwissenschaftlerin **Thomason** lässt kein gutes Haar an dem Fall. Sie bemängelt (meiner Ansicht nach zu Recht), dass Jensen auf Fragen jeweils kaum mehr als ein oder zwei Worte antwortete und man daher nicht vom Sprechen einer Fremdsprache reden könne. Ihr reichen die 60 von Jensen schon vor der gezielten Befragung in dieser Sprache gebrauchten Worte nicht (obschon man auch solche Wortfetzen geradezu als Wunder betrachten kann, sofern einer die betreffende Fremdsprache in seinem Leben nie gelernt hat). Mehr noch: Sie behauptet, Jensen habe die in Schwedisch gestellten Fragen oft nicht verstanden und sie deshalb in Englisch wiederholt gestellt bekommen und auf diese Weise Vokabeln gelernt. Stevensons Dokumentation hingegen weist aus, dass Jensen die meisten Fragen sehr wohl verstand und auch sinngemäß richtig reagierte. Die angeblich auf Englisch wiederholten Fragen finden sich zudem nicht im Gesprächsprotokoll. Nach meinem Eindruck zeugt Thomasons Veröffentlichung kaum von einem ernsthaften „Ringen um die beste Erklärung", sondern eher von Voreingenommenheit (*460*).

Zehn Jahre nach seinem ersten Buch über Xenoglossie gab Prof. Stevenson ein zweites heraus, in dem der Fall „**Gretchen**" ebenso ausführlich dargestellt wird, wie der von Jensen (*435*). Der Fall wird auch vom Hypnotiseur und Ehemann der Probandin in einem Buch geschildert (*219*). Gretchen sprach unter Hypnose **deutsch in kommunikativer Weise**. Beide Fälle zeigen große Ähnlichkeiten miteinander, und dies stützt ihre **Glaubwürdigkeit**. Dennoch bleibt ihre Interpretation durch Reinkarnation unbewiesen, denn auch der Fall „Gretchen" konnte nicht gelöst werden.

Der dritte ausreichend beschriebene Fall ist neuen Datums und stammt aus Japan.

(40) (X) Die japanische Hausfrau **Lisa** wurde 2005 bzw. 2009 in insgesamt nur zwei Sitzungen in ein Leben zurückgeführt, das sie als Dorfoberhaupt in Nepal verbracht haben will. Nachdem sie in der ersten Rückführung zwei Sätze in nepalesisch gesagt hatte, wurde in der zweiten ein nepalesisch sprechender Student hinzugezogen und es kam über 24 Minuten zu einer **Unterhaltung in dieser Sprache**. Was Lisa gesagt hatte, wurde sprachlich analysiert. Wie schon bei Stevensons Fällen erreicht ihre Sprachfähigkeit nicht das Niveau eines Einheimischen. Es blieb bei kurzen Antwortsätzen. Vierunddreißig unterschiedliche Worte benutzte sie, wovon 20 von ihr aus erstmals kamen. In 39% der Redezeit beantwortete sie Fragen sinngemäß richtig, in 37% verstand sie die Frage nicht, in 16% blieb die Antwort unklar und in 9% der Zeit waren ihre Antworten unpassend. Das klingt zunächst nicht sehr beeindruckend. Es kamen aber Besonderheiten hinzu:

- Lisa verstand das Wort für „Frau" (shirmati) nicht, das in der Hochsprache benutzt wird. Aber das umgangssprachliche (swasni) verstand sie sofort.

- Lisa benutzte die komplizierte Konjugation von „sein" in passender Form.

- Zahlen sprach Lisa aus, indem sie die niedrigste Stelle zuerst nannte (wie im Deutschen). Das ist im Nepalesischen ungebräuchlich, passt aber zu der Gegend, aus der die frühere Person vermutlich stammte.

Lisa hatte keinen Bezug zur nepalesischen Sprache. Diese ist auch in keiner Weise zu ihrer Muttersprache, dem Japanischen verwandt.

Obwohl Lisa den Wohnort und alle Namen der Familienmitglieder der früheren Person genannt hatte, konnte nur der vermutlich richtige frühere Wohnort ausgemacht werden, ohne eine Bestätigung für die Personennamen zu erhalten (*265*).

7.2.5.3 Fazit Xenoglossie

Xenoglossie hätte sicherlich einen besonders hohen Stellenwert für die Interpretation von Rückführungserlebnissen, wenn es denn genügend überzeugende, gut recherchierte und schließlich auch verifizierte Fälle gäbe. Das trifft jedoch weder für die drei ausführlich dargestellten, noch für die weniger gut abgehandelten restlichen

Fälle zu. Rechnet man allerdings zu den insofern etwas mageren Beispielen aus Rückführungen all jene hinzu, die spontan (Uttara Huddar / Sharada in *435, S. 73*) oder bei Medien (*431, S. 5*) auftraten, gibt es wenigstens einigen Grund zu der Hoffnung, mit weiteren Untersuchungen zum Phänomen der Xenoglossie wertvolle Erkenntnisse zu gewinnen.

Es bleibt also noch viel Arbeit für kommende Generationen von Forschern zu erledigen!

7.2.6 Karma

Wenn es Reinkarnation in der „Minimalversion" (s. Kap. 5.2, S. 53) tatsächlich gäbe oder zumindest geben könnte, wie das die Beispiele in Kapitel 7.2.3.1, ab S. 216, die Diskussion von Alternativerklärungen in Kapitel 7.2.9, ab S. 719 und auch die Fälle von Kindern nach Band 1 anzunehmen nahelegen, so stellt sich für viele die Frage nach dem Sinn dieser „Einrichtung". Gibt es überhaupt einen solchen? Oder entspricht diese Fragestellung nur unserem Wunschdenken? Schließlich möchte sich wohl keiner von uns gern mit einem sinnlosen Dasein herumplagen, nur um nach 70 oder 80 Jahren für immer von jedweder Bildfläche zu verschwinden!

Antworten darauf findet man seit jeher in den Schulen der Philosophie (z. B. der Theosophie oder des christlichen Spritualismus) und in den verschiedenen Religionen. Die drei monotheistischen Religionen (Judentum, Christentum und Islam) nehmen dabei (zumindest offiziell) keinen Bezug auf die Reinkarnation. Wohl aber tun dies die asiatischen Glaubensbekenntnisse, die vom Karma sprechen. Die Vorstellung von einem Karma ist gewissermaßen die „Zwillingsschwester" des Glaubens an die Reinkarnation. Sie wird auch als das Gesetz bezeichnet, nach dem Wiedergeburt geschieht, oder als deren eigentlicher Zweck. Die „Minimalversion" der Reinkarnationshypothese nach Kapitel 5.2, S. 53 bildet zusammen mit dem Konzept des Karmas die „erweiterte Form" des **Reinkarnationsgedankens**.

Der Begriff „**Karma**" kommt aus dem Sanskrit (altindische Sprache) und bedeutet „Tat", „Tun", „Handeln", „Werk", „Wirken". Gemeint ist also alles, was aus dem Tun, Sagen und Denken resultiert. Handele ich gut, genauer gesagt: liebevoll, so wird mir Gutes widerfahren und umgekehrt. Die Konsequenzen zeigen sich mitunter noch im aktuellen Leben, nach der Vorstellung vom Karma allerdings meist erst in zukünftigen irdischen Existenzen der betroffenen Seele, und das zwingend, ja gleichsam naturgesetzlich. Mit anderen Worten: Wir können aufgrund unseres **freien Willens** zwar beispielsweise gegen das ethische Gebot der Nächstenliebe verstoßen, nicht aber den Folgen entgehen, die ein solcher Verstoß für uns selbst bzw. unsere Seele hat. Daher spricht man vom Karmagesetz, dem Gesetz von Ursache und Wirkung.

Es gibt viele Lebensweisheiten, die diesen Zusammenhang widerspiegeln. Hier eine kleine Auswahl:

„Wie die Saat, so die Ernte." „Was du säst, wirst du ernten."

„Wie du mir, so ich dir".

„Was du nicht willst, das man dir tu, das füg' auch keinem andern zu." (nach Konfuzius).

„Was du anderen antust, sollst du dir selbst getan haben."

„Gutes und schlechtes Karma gehen nie verloren".

„Jeder bekommt das, was er verursacht." (Tepperwein)

„Das Karma löst sich auf durch Weisheit und Liebe."

Mit dem Begriff „**Karma**" ist also ein spezielles **Schicksal** gemeint; eines, das nicht von den Göttern oder von purem Zufall bestimmt ist, sondern von den Taten, die man selbst im heutigen oder in früheren Leben vollbracht, begangen oder unterlassen hat.

Wir wollen in diesem Buch aber nicht den Spuren der Religionen oder Philosophien folgen. Und wir könnten auch selbst bei bestem Willen nicht all der Literatur nachgehen, die im Lauf der Geschichte über das Thema Reinkarnation und Karma verfasst worden ist. Dazu ist sie viel zu umfangreich. Wir wollen hier lediglich versuchen, der Frage nachzugehen, ob und inwieweit sich das Konzept vom Karma empirisch als real existierend nachweisen lässt. Dazu beschränken wir uns auf die Erfahrungen jener Rückführungstherapeuten, die ihre Probanden in Zwischenleben oder in eine (möglichst große) Zahl früherer Leben geführt und dabei nachgeschaut haben, ob und wie deutlich in der Abfolge dieser Leben der „rote Faden" des Karma zu entdecken war.

7.2.6.1 Karma aus Kindermund

In Fällen von Kindern, die sich an frühere Leben erinnern, hat bereits Prof. Ian Stevensons Nachfolger, **Jim Tucker**, nach diesem „roten Faden" gesucht, indem er das frühere mit dem heutigen Leben verglich. Lediglich einen (schwachen) Hinweis darauf, aber auch Widersprüchliches fand er (*467, S. 222*). Nach seinen Erkenntnissen führt ein besonders frommes früheres Leben zu Wohlstand oder einem geachteten gesellschaftlichem Status im HL. Aber schon die mitunter beobachteten kindlichen Missbildungen im HL scheinen gegen ein Karmagesetz zu sprechen. Sollten doch nach dieser Lehre Wunden, die man (als Täter) im FL anderen geschlagen hat, im HL am eigenen Körper ertragen werden. Schließlich erwartet man sie nicht am Körper des Opfers, wie in den Kinderfällen mit Geburtsmalen. Nach den Erfahrungen aus Rückführungen kann man diese allerdings als „Nachwirkungskarma" auffassen, wie weiter unten als Nr. 3 der Karmatypen in Kapitel 7.2.6.3, S. 548 ausgeführt wird.

Dieses „magere" Ergebnis ist allerdings verständlich, wenn man bedenkt, dass die besagten Kinder in der Regel nur ein einziges früheres Leben (und das auch noch oft nur in Teilen) „überblicken" und ihr heutiges Leben noch vor ihnen liegt und nur gelegentlich von den Forschern mitverfolgt wurde.

Ein zweiter Weg zu Erkenntnissen über die Frage nach dem Karma besteht darin, den Kindern zuzuhören, die etwas über ihre Zeit zwischen den irdischen Leben zu berichten haben. Die entsprechenden Äußerungen sind in Band 1 zusammengesellt und werden im vorliegenden Buch im Kapitel „Zwischenleben im Jenseits", Kapitel 7.2.7, ab S. 583 mit jenen verglichen, die in Rückführungen in die **Zwischenlebenszeit** zustande kamen.

7.2.6.2 Karmagesetze – aus Rückführungen abgeleitet

Fast alle **Reinkarnationstherapeuten**, die veröffentlicht haben, schreiben über **Karma** und gehen davon aus, dass es Karmagesetze gibt und diese auch wirksam sind. Wie sind sie zu dieser Aussage gekommen?

Es gibt dafür zwei Möglichkeiten: Die eine besteht darin, dass Versuchspersonen in ihre Zwischenlebensphasen geführt werden, von wo aus sie einen Überblick über viele ihrer vergangenen Leben erhalten und diese selbstständig oder unter Anleitung **jenseitiger Lehrer** zu beurteilen lernen. So erkennen sie mehr oder minder das Wirken karmischer Gesetze und können darüber berichten. Darum empfehle ich dem Leser, die entsprechenden Aussagen im Kapitel „Zwischenleben im Jenseits", Kapitel 7.2.7, ab S. 583 mit denen aus dem vorliegenden Kapitel zu vergleichen. Allerdings entstammen auch die dort festgehaltenen Erkenntnisse letztlich subjektiven Eindrücken, die sich einer Überprüfung durch Außenstehende entziehen. Ein Beispiel findet sich in Kapitel 7.2.3.1.5.2, S. 304.

Der zweite Weg bietet – zumindest theoretisch – die Chance auf eine **Objektivierung** durch externe Beobachter. Um das Konzept vom Karma zu bestätigen, müssten in vielen Rückführungen eindeutige Spuren bis zurück in die **Täterleben** aufgedeckt und – streng genommen – auch verifiziert werden. Die darin begangenen, meist schrecklichen Taten verursachen nach dem Karmagesetz eine Reaktion in einem oder mehreren Folgeleben, in dem die gleiche Seele das am eigenen Leib verspüren muss, was sie in früherer Verkörperung anderen an Leid zugefügt hat.

Man spricht daher dann von „**Opferleben**". Erst dann, wenn sich in den Rückführungen der „rote Faden" d. h. der Zusammenhang zwischen den Taten in Täterleben und den Reaktionen in (oft mehreren) nachfolgenden Opferleben als Regelfall zeigt, kann man auf der Basis von Rückführungen darin seriöse Hinweise sehen, dass unser Dasein karmischen Gesetzen unterliegt.

Leider veröffentlichen nur wenige Autoren entsprechende Beispiele als Belege, und keines davon wurde an der Realität geprüft. Berücksichtigt man von diesen Beispielen nur jene, in denen wenigstens von einem therapeutischen Erfolg berichtet wird, so kann man aus der Tabelle im Anhang, Kapitel 8.6, S. 840 ablesen, dass von 48 Autoren nur 13[241] solche Beispiele beschrieben haben, und zwar von 291 Fällen lediglich 57. Nur fünf dieser Autoren haben fünf oder mehr solcher Beispiele beigesteuert, in denen **Täter-** und **Opferleben** aufgesucht wurden, ein karmischer Zusammenhang diskutiert wird und ein Heilerfolg erzielt werden konnte. (**Trutz Hardo** 26 Bsp., **Bryan Jameison** 7, **Winafred Blake Lucas** als Herausgeberin 7, **Joel Whitton** 5).

Leider wird in der Literatur nicht klar zwischen den beiden oben genannten Erkenntniswegen unterschieden, was einen klaren methodischen Mangel darstellt.

Am intensivsten hat sich der deutsche Reinkarnationstherapeut **Trutz Hardo** mit dieser Thematik beschäftigt. In einem Buch beschreibt er anhand von 31 Fallbeispielen 23 unterschiedliche Arten von **Karma**, denen er bei seinen Rückführungen begegnet ist (*177*).

---

[241] Autoren und Nummern, unter denen sie in der Tabelle in Anhang Kapitel 8.6, S. 840 aufgeführt sind:

Denning 71, 262; Fassbender 30; Grant 268, 288; Hardo 14, 17, 39, 40, 41, 42, 48, 52, 62, 64, 68, 72, 75, 77, 78, 88, 89, 98, 108, 134, 146, 147, 150, 164, 187, 193; Hickman 3, 63; Jameison 56, 123, 166, 215, 229, 247, 275; Kersken 205; Lucas 44, 109, 151, 238, 258, 263, 291; Modi 107, 143; Sigdell 124; Tomlinson 155; Tramont 232; Whitton 27, 221, 223, 239, 242

7.2.6.3 23 Arten von Karma

Weil in diesen **23 Karmatypen** der heutige Stand der Erkenntnis gut zusammengefasst ist, sollen diese im Folgenden – gekürzt und in meinen eigenen Worten – wiedergegeben werden. Wir werden uns auch anschauen, was andere Autoren über
Karma zu sagen haben. Am Ende diesen Kapitels begründe ich, warum ich diese
Zusammenstellung nur als vorläufiges, ungesichertes Zwischenergebnis der Bemühungen um die Klärung der Frage nach dem Karma aufgefasst wissen möchte.

1.   Ur-Karma (*177*)[242]
<u>Definition:</u> Als **Seelenanteile** Gottes existierten wir einst in Liebe und Harmonie. Um diesen Zustand schätzen zu können, beschlossen wir vor unserer Mensch-werdung, das Gegenteil davon zu erleben. Deshalb betreten wir nach unserem **freien Willen** (schuldlos) die materielle Welt, wohin wir so oft zurückkehren können (Reinkarnation), bis wir aus unseren Fehlern und durch die karmischen Gesetze gelenkt (Erziehungssystem), gelernt haben, bedingungslose Liebe zu leben, und dadurch dem **Rad der Wiedergeburten** entsteigen können. Die Wei-terentwicklung kann dann im Jenseits ablaufen. Der oberste Grundsatz ist das **Karmagesetz** von Ursache und Wirkung. Es ist gerechter als irdische Gesetze.
<u>Beispiel:</u> Keines, weil dieser Hintergrund für alle Beispiele zutrifft.

2.   Ausgleichskarma (Bumerangkarma)
<u>Definition:</u> Schreckliche Taten verursachen nach dem Karmagesetz meist eine Reaktion in einem oder mehreren Folge- bzw. **Opferleben**, in dem die Seele am eigenen Leibe das verspüren muss, was sie in einer oder in mehreren früheren Verkörperungen, d. h. in sogenannten **Täterleben**, anderen an Leid zugefügt hat. Umgekehrt kann aber auch liebevolles **Verhalten** gutes Karma hervorbringen, also angenehme Lebensumstände, z. B. in nachfolgenden Leben.
Weil zu den **Reinkarnationstherapeuten** nicht gerade glückliche und gesunde, sondern eher von Leid geplagte Menschen kommen, finden sich in der Literatur fast ausschließlich Beispiele für negatives Karma.

---

[242] Diese Vorstellung unterscheidet sich von der in Fußnote 19, S. 96.

(41) Beispiel 1: (Hg) Ein **Geschäftsmann** war über seine seit über einem Jahr anhaltenden, nicht kurierbaren **Magenschmerzen** derart verzweifelt, dass er sich auf der Suche nach der Ursache sogar den Bauch aufschneiden ließ. Es wurde aber nichts gefunden. In seiner Not lässt er sich nun rückführen und sieht sich dabei als Söldner in China, der inzwischen schon mehr als 200 Menschen getötet, und zwar regelrecht ausgeweidet, hat, die der Herrscher für Feinde hielt. Er tut das, ohne Schuldgefühle zu entwickeln, denn er hält es schließlich für seine Dienstpflicht. Insofern führte dieses Rückführungserleben auch noch nicht zu einer Heilung seiner schlimmen Magenprobleme. Im Gespräch stellte sich aber zusätzlich heraus, dass der Mann vor etwa einem Jahr als Jude zum Katholizismus konvertiert war und dabei das religiöse Versprechen abgegeben hatte, für alle seine Sünden bezahlen zu wollen. Das war offenbar der überraschende und versteckte Auslöser für sein heutiges Leiden: Er bezahlte heute seine karmische Schuld in Form der Magenschmerzen für die Taten als chinesischer Söldner. Die **Heilung gelang** nun und **hält jetzt schon seit 10 Jahren an** (*84*).

(42) Beispiel 2: (Hg) (**Schmerzpatientin**) Eine 56-jährige Frau litt seit 31 Jahren an unerklärlichen und behandlungsresistenten **Schmerzen** im Bereich der Halswirbelsäule (Nachwirkungskarma Nr. 3 siehe unten). In der Rückführung sieht sie sich als Katharina, eine reiche Besitzerin eines mittelalterlichen Schlosses, von einem Mann verfolgt, den sie nicht liebt. Als sie vor ihm fliehen will, stößt er sie so, dass sie schwer stürzt und sich den Hals bricht. Seither ist sie querschnittsgelähmt und zeitlebens auf fremde Hilfe angewiesen. Ihre Pflegerin wird nach vielen Jahren ihrer überdrüssig und versucht sie zu ersticken. Sie wird dabei aber nur ohnmächtig und anschließend bei lebendigem Leibe beerdigt (**Opferleben**). Im **Täterleben** vorher erlebt sich die Patientin als Hexe, die auf Bestellung Gift herstellt, mit dem viele Menschen umgebracht wurden. Sie ist aber nicht gezwungen, so unethisch zu handeln, sondern könnte sich dem auch verweigern. Das Aufdecken dieser Zusammenhänge in der Rückführung und die anschließende symbolische **Heilung befreite** die Patientin von ihren jahrzehntelang ertragenen Schmerzen (*171*).

Weitere Beispiele für diese Art von Karma finden sich im Kapitel über Fälle gelungener Heilungen (7.2.8.1.2, S. 647).

3. Nachwirkungskarma

Definition: In einem **Opferleben** bereits als Ausgleich Erlittenes kann in einem weiteren Folgeleben Nachwirkungen zeigen.

(43) Beispiel 1: (**Angstpatient**) Eine in einem FL im Wald erlittene Vergewaltigung kann im nachfolgenden Leben die **Angst** hervorbringen, alleine in einen Wald zu gehen, aber z. B. auch zu Hassgefühlen gegenüber Männern oder generell zu sexuellen Komplexen führen (*177, S. 279, 136; 180*).

(44) Beispiel 2: **Jemand** hat vor langer Zeit einem anderen mit dem Schwert ins Herz gestoßen. In einem ihrer späteren Leben wird nun dieselbe Täterseele von Räubern mit einem Messer von hinten ins Herz gestochen, was das Hauptausgleichsgeschehen (Nr. 2) darstellt. In einem weiteren Leben, dem heutigen z. B., hat er nun vielleicht **Herzbeschwerden** oder gar eine **Messer-Phobie** und/oder ein **Muttermal** an der „einstigen" Einstichstelle (*177, S. 280*). Solche Nebengeschehen bezeichnet man als Nachwirkungskarma. Es ist die häufigste Art von Problemen, die mit einer **Reinkarnationstherapie** behandelt und geheilt werden. **Heilung** darf gelingen, wenn dem kein noch „abzuarbeitendes" Ausgleichskarma mehr entgegensteht. Es ist gut nachvollziehbar, dass dazu nicht unbedingt das entsprechende **Täterleben** aufgedeckt werden muss, wie wir in Kapitel 7.2.8.1.2.1, Punkt 5, S. 654 festgestellt haben.

4. Aufopferungs-Karma

Definition: Bei der jenseitigen Planung des jeweils nächsten Lebens stellt sich eine Seele einer anderen freiwillig zur Verfügung, um dieser eine notwendige Erfahrung zu ermöglichen.

(45) Beispiel: Ein **Elternpaar** hat in einem früheren Leben sein Kind vernachlässigt oder sogar verhungern lassen. Die Seele dieses Kindes (oder eine andere) erklärt sich bei der Lebensplanung im Jenseits bereit, in der nächsten Inkarnation des Elternpaares, wenn beide gemeinsam **wieder Eltern** sind, z. B. als behindertes oder **frühzeitig sterbendes Kind** zu ihnen zu kommen. Die Kinderseele lebt im selbstgewählten Aufopferungskarma. Die Eltern erhalten eine neue Gelegenheit, mit Kindern nun verantwortungsvoll umzugehen und (vielleicht erst nach dem Tod des Kindes durch die Trauer bewirkt) Kinder schätzen zu lernen oder *auf spirituelle Sinnsuche zu gehen (177, S. 283).*

5. Beziehungskarma

<u>Definition:</u> Häufig sind wir im heutigen Leben mit Personen verbunden, deren Seelen uns irgendwie bekannt erscheinen, weil wir mit ihnen in früheren Inkarnationen schon einmal zusammen waren. Probleme, die in diesen früheren Beziehungen untereinander entstanden sind, müssen in Folgeleben bereinigt werden. So entsteht Beziehungskarma.

(46) <u>Beispiel:</u> Eine **Ärztin** war in ihrer Beziehung zu ihrer Mutter derart gestört, dass sie vor dieser sogar regelrechte **Angst** empfand. Die gegenseitige Ablehnung ließ sich vielleicht damit erklären, dass die Tochter erfahren hatte, bereits vor ihrer Geburt von der Mutter nicht gewollt gewesen zu sein. In einer Rückführung stellt sich aber heraus, dass dies offenbar nicht die eigentliche Ursache war, sondern nur ein **Nachwirkungskarma** (Nr. 3 oben). In einem lange zurückliegenden **Täterleben** sieht sich die Tochter als ein Ureinwohner, der spaßeshalber das Mitglied eines anderen Stammes tötet. Daraufhin wird er vom eigenen Stammeshäuptling in die Verbannung geschickt und stirbt dort vereinsamt. Die Seele des Häuptlings lebt heute in der gefürchteten Mutter. In drei folgenden **Opferleben** sieht sich die Tochter jedes Mal von Personen umgebracht, deren **Seele jeweils diejenige der heutigen Mutter** war. Kein Wunder, dass sie sich heute unbewusst vor der Mutter fürchtet. In diesem Beziehungskarma hatte die Tochter nun die Gelegenheit, der Seele ihrer Mutter jene Taten zu verzeihen. Schließlich vollzog diese das **Ausgleichskarma**, das die Tochter nach ihrem Täterleben brauchte (*177, S. 284, 227*).

6. Kollektives Karma

<u>Definition:</u> Hierbei geht es um ein **Schicksal**, das eine kleine oder auch sehr große Gruppe von Menschen gemeinsam trifft. Die entsprechenden Seelen haben im Jenseits geplant, gemeinsam in eine bestimmte irdische Situation zu inkarnieren, die ihnen als Rahmen jene Umstände bietet, die sie brauchen, um in vorangegangenen Leben begangene Fehler auszugleichen. Es bleibt dabei noch genügend Raum für individuelles Karma.

(47) <u>Beispiel:</u> (**Unfallopfer**) In früheren Leben brachten Banditen oder Terroristen verschiedene Eisenbahnzüge zum Entgleisen. Im heutigen Leben finden sie sich (als Personen mit denselben Seelen) „zufällig" in einem Zug zusammen, der entgleist. Sie werden dabei verwundet oder gar getötet und erleiden so ihr individuelles **Ausgleichskarma** (Nr. 2) (*177, S. 285*).

7. Wiedergutmachungskarma

<u>Definition:</u> Schreckliche Dinge, die man in einem **Täterleben** anderen zugefügt hat, können zu einem unbewussten **Schuldgefühl** führen. Daraus entsteht nicht selten das Bedürfnis, den angerichteten Schaden durch Dienst am Nächsten auszugleichen. Diese Haltung ist weit verbreitet und kann in ein krankhaftes **Helfersyndrom** ausarten, in dem sie sich selbst vernachlässigen (Selbstbestrafungskarma Nr. 8).

(48) <u>Beispiel:</u> Ein Mann, der in einem früheren Leben als Offizier seine Soldaten in den sicheren Tod geschickt hat, wird in seinem jetzigen Leben von einem unbewussten **Schuldgefühl** angetrieben und beschließt, ein **Arzt „aus Berufung"** zu werden. Das bietet ihm die Gelegenheit zu dem Versuch, sein damaliges Tun durch selbstlosen Dienst an Kranken auszugleichen (*177, S. 286, 155*).

8. Selbstbestrafungskarma

<u>Definition:</u> Ein unbewusstes **Schuldgefühl**, das durch sträfliches Handeln in früheren **Täterleben** entstanden ist, führt zu dem Bedürfnis, sich im heutigen Leben – zusätzlich zum unvermeidlichen karmischen Ausgleich – selbst zu bestrafen.

(49) <u>Beispiel:</u> (**Gefangener/Behinderter**) In einem **Täterleben** hat jemand als Henker gearbeitet und auf diese Weise zahlreiche Menschen umgebracht. In nachfolgenden **Opferleben** mag er erwürgt und geköpft worden sein und von daher im heutigen Leben ständig **Halsschmerzen** haben (**Nachwirkungskarma** Nr. 3). Das reicht der Seele aber noch nicht als Ausgleich. Sie sucht sich deshalb möglicherweise jetzt noch bestimmte Umstände aus, welche die HP ins Gefängnis bringen oder viel Geld verlieren lassen. Es könnte auch sein, dass sie sich eine **Behinderung** aussucht, die aus karmischen Gründen eigentlich nicht nötig ist (*177, S. 287*).

9. Zurückweisungskarma

Definition: Die **Seele** sucht sich für die bevorstehende Inkarnation absichtlich solche Umstände aus, welche ihr jene grauenhaften Situationen möglichst vom Leibe halten, die sie in einem früheren **Opferleben** hatte ertragen müssen.

(50) Beispiel: (**Dickleibige**) Ein Soldat hat im Krieg mehrere Frauen vergewaltigt und erlebt im nachfolgenden **Opferleben** als Frau vergleichbares Geschehen an sich selbst. Das dadurch erfahrene Trauma führt – um der Gefahr erneuter Vergewaltigung in einem nächsten Leben aus dem Weg zu gehen – zu der **Eigenprogrammierung**: *„Ich will nie wieder schön sein!"* Dieser Vorsatz erfüllt sich in einem Nachfolgeleben z. B. dadurch, dass die Person hässlich oder **dickleibig** ist und deswegen keinen Partner findet (*177, S. 288*).

10. Selbstboykott-Karma

Definition: Man sucht sich solche Lebensumstände, die eine bestimmte eigene Handlungsfähigkeit „boykottieren". Damit möchte man sich selbst daran hindern, erneut eine schreckliche Situation herbeizuführen, die man in einem früheren **Täter**- oder **Opferleben** bereits hat erleben müssen.

(51) Beispiel 1: Eine Mutter stirbt im früheren Leben bei der **Geburt** ihres Kindes und **programmiert** sich mit dem Satz: *„Ich will nie wieder ein Kind zur Welt bringen"*. Damit möchte sie dem gleichen Schicksal im nachfolgenden Leben entgehen. Sie wird folglich als **Frau** wiedergeboren, die physisch **keine Kinder bekommen** kann. Ähnliches kann so auch als Folge einer bösen Tat ablaufen, wenn z. B. die Mutter in einem früheren Leben ihr Kind gleich nach der Geburt absichtlich erstickt und danach **Schuldgefühle** entwickelt hat (*177, S. 289*).

(52) Beispiel 2: (**Kranke Person**) Ein Soldat hat als „Kriegsheld" viele Menschenleben auf dem Gewissen. Das Schuldgefühl treibt ihn zu der **Eigenprogrammierung**: *„Ich will nie mehr töten!"* In einem nachfolgenden Leben wird er deshalb mit **Muskelschwund** geboren oder bekommt **Diabetes** oder **multiple Sklerose** in einer ähnlichen Kriegssituation, in der er wiederum töten soll. Dieser Selbstboykott rettet ihn vor der Wiederholung des Karma auslösenden Verhaltens (*177, S. 290*).

---

11. Falsche-Furcht-Karma

Definition: Ein traumatisches Erlebnis führt zu einer **Programmierung**, die im nächsten Leben zu einer Überreaktion im Verhalten (bzw. zu einer **Furcht**) führt, die jedoch den darin tatsächlich herrschenden Umständen nicht angemessen ist (**Phobie**).

(53) Beispiel: (**Workaholic**) Ein Mann findet im früheren Leben keine Arbeit, sodass seine Familie und schließlich auch er selbst verhungern. Diese traumatische Erfahrung führt zur Programmierung (noch zu jenen Lebzeiten oder aber erst nach dem Tod): *„Ich will nie mehr meine Familie verhungern lassen!"* Im nächsten Leben wird er zum **Workaholic**, weil er unbewusst dieser seiner **Programmierung** folgt. Dies, obwohl die Gefahr zu verhungern aktuell nicht mehr besteht. Der Mann folgt somit einer sachlich unbegründeten, falschen Furcht. (Das im FL erlittene Schicksal des Verhungerns wird seinerseits sicherlich karmische Gründe gehabt haben.) (*177, S. 291*)

---

12. Falsche-Schuld-Karma

Definition: Ein traumatisches Erlebnis führt zu einer sachlich nicht begründeten Übernahme von mitunter schuldhafter **Verantwortung** für ein tragisches Geschehen. Dies mündet dann oft in eine **Programmierung** mit Folgen für das nächste Leben, die keinesfalls gerechtfertigt sind.

(54) Beispiel: (**Poliokranker**) Ein Mann beobachtet in einem früheren Leben „hautnah" einen **Autounfall**. Die Tatsache, dass dabei ein Kind umkommt, beeindruckt ihn jedoch dermaßen, dass er die **Verantwortung** für dessen Tod ganz auf sich nimmt, obwohl er schuldlos ist. Seine daraus resultierende **Programmierung** *„Ich will nie wieder ein Kind überfahren!"* manifestiert sich im nächsten Leben in einer **Polioerkrankung**, deren Folgen ihn daran hindern, das Gaspedal eines Autos zu bedienen (*177, S. 291*).

---

13. Symbolisches Karma

Definition: Karma wird nicht in seiner vollen Härte, sondern nur symbolisch wirksam.

(55) Beispiel 1: In einem früheren Leben stellt sich jemand den Bitten Notlei-

dender gegenüber taub. Im nachfolgenden Leben ist er zwar möglicherweise nicht selbst notleidend, wurde aber als **Gehörloser** geboren (*177, S. 292*).

(56) Beispiel 2: (**Nägelkauer**) Ein Übeltäter im früheren Leben gibt sich die **Programmierung**: *„Ich will nie wieder aggressiv sein!"* Als Folge knabbert die Person im heutigen Leben ständig an ihren **Fingernägeln**, was ihr symbolisch die Angriffsfähigkeit nimmt (*177, S. 292, 147, 152*).

(57) Beispiel 3: (**Buckliger**) Ein im früheren Leben überheblicher Mensch wird, um Bescheidenheit zu lernen, in einem seiner nächsten Leben vielleicht einen **Buckel** tragen (*177, S. 292*).

14. Organismus-Karma

Definition: Eine als traumatisch empfundene körperliche Eigenart kehrt sich im nachfolgenden Leben in ihr Gegenteil um.

(58) Beispiel: (**Fettleibiger**) Menschen, die in einem früheren Leben verhungert sind, **programmieren** sich häufig, indem sie sich sagen: *„Ich will nie mehr Hunger leiden!"* In Folgeleben setzen sie das dann um, indem sie, wenn nicht bereits **fettleibig** geboren, es dann doch im Laufe der Jahre und Jahrzehnte werden (*177, S. 292*).

15. Neues Karma

Definition: Auch das heutige Leben kann ein **Täterleben** sein, in dem neues Karma erzeugt wird, das in nachfolgenden Leben ausgeglichen werden muss. Es sei denn, der Ausgleich erfolgt bereits im heutigen, aktuellen Leben (**Sofort-Karma**, Nr. 16). Der gleiche „Mechanismus" gilt natürlich auch, wenn es sich um gutes Karma handelt (*177, S. 293*).

Kein Beispiel, weil hier der Ausgleich in der unbekannten Zukunft liegt.

16. Sofort-Karma

Definition: Die Folgewirkung des Karmas, das ich mir in meinem jetzigen Dasein auflade, trifft mich auch noch im Verlaufe des heutigen Lebens (*177, S. 293*).

(Das geschieht allerdings nur dann, wenn es der Lebensplanung nicht zuwiderläuft.)

Beispiel 1: Stehle ich, dann werde ich noch in diesem Leben irgendwann selbst bestohlen.

Beispiel 2: Freue ich mich heimlich über das Unglück eines anderen, so ereilt mich ein vergleichbares Missgeschick früher oder später noch im heutigen Leben.

17. Vorratskarma

Definition: Karma, das im aktuellen Leben noch nicht ausgeglichen ist und solches, das in diesem Leben nicht zur „Bearbeitung" ansteht, aber in nachfolgenden Leben noch ausgeglichen werden muss. Dies betrifft auch gutes Karma (*177, S. 295*).

Beispiel: **Fähigkeiten** und Erkenntnisse, die man sich über eine Anzahl von Leben erworben hat, bleiben unterbewusst erhalten und können zu gegebener Zeit zum Tragen kommen.

18. Jenseits-Karma

Definition: Was wir im Leben auf Erden gesät haben, das ernten wir auch schon bei der Rückkehr ins Jenseits nach dem Tod.

Beispiel: War jemand ein rechter Übeltäter, so kommt er nach dem Tod u. U. erst in dunkle Räume, die symbolisch seinem Inneren entsprechen. Besinnt er sich, bereut und bittet um Hilfe, so wird er einen Weg ins Licht finden oder gezeigt bekommen. Umgekehrt wird jemand, der auf Erden ein Leben in Nächstenliebe (ohne eigennützige Hintergedanken) geführt hat, direkt in die Herrlichkeit des Jenseits gelangen (*177, S. 295*).

19. Erdgebundenes Karma

Definition: Wenn Menschen sich emotional so stark an materielle Dinge binden, dass sie sogar nach dem Tod nicht davon lassen wollen, können sie **erdgebunden** bleiben. D. h. die **Seele** bleibt nach dem Tod in der Nähe des materiellen Objekts der Begierde, statt ins Licht zu gehen. Gelegentlich können sich solche Seelen als **Spukgestalten** zeigen oder lebende **Menschen umsitzen** oder gar **besetzen** und so fremdsteuern. Irgendwann kommen aber auch all jene ins Jenseits.

Beispiel: In das Weltbild vieler Naturwissenschaftler passt die Vorstellung von einer unsterblichen Seele so wenig, dass sie nach ihrem eigenen Tod gar nicht realisieren, gestorben zu sein. Sie bleiben an ihrem materiellen Besitz oder an geliebten Personen hängen und finden eine Zeit lang nicht den Weg ins Licht, d. h. ins Jenseits (*177, S. 296*).

20. Besetzungskarma

Definition: Eine **erdgebundene Seele** gerät (auch unabsichtlich) in die Aura oder den Körper eines geschwächten Menschen und „verfängt" sich dort. Sie kann für eine unterschiedlich lange Zeit ganz oder teilweise die Kontrolle über ihn übernehmen. Das kann dazu führen, dass dieser Mensch in eine psychiatrische Klinik eingewiesen wird. Dieses **Schicksal** dürfte eine karmische **Wirkung zum Ausgleich** dafür sein, dass derjenige selbst einmal als **Verstorbener** andere besetzt hat.

Beispiel: Ein Alkoholiker bleibt nach seinem Tod erdnah. Er versucht, am Genuss trinkender Menschen teilzuhaben. Das gelingt ihm aber nur sehr unbefriedigend. Deshalb dringt er in einen durch Alkohol geschwächten Menschen ein, veranlasst diesen, verstärkt zu trinken, und befriedigt so mehr schlecht als recht auch seine eigene Sucht (*177, S. 297*) (vgl. in Kapitel 7.2.8.2.3 die Fälle Nr. (96), (97), ab S. 709).

21. Korrektur-Karma

Definition: Für den Fall, dass eine Seele in ihrer kommenden Inkarnation von der **Lebensplanung** abweicht oder wieder in alte Fehlermuster zurückfällt, plant sie schon vor der Konzeption bzw. Wiedergeburt, dass sich dann im irdischen Leben Dinge ereignen sollen, welche die Seele wieder auf den rechten Pfad zurückbringen. Anstatt die Ereignisse konkret vorauszuplanen, kann die Seele alternativ auch mit dem jenseitigen Karma-Arrangeur (**Ältestenrat**) vereinbaren, dass dieser gegebenenfalls rigoros lenkend einschreitet.

Beispiel 1: Ein **Unfall** oder eine Krankheit bringt den Menschen zur Besinnung auf das ursprünglich anvisierte Ziel.

(59) Beispiel 2: (**sitzengelassener Mann**) Ein (späterer) Mann hat im Jenseits mit einer bestimmten Seele die Ehe auf Erden vereinbart. In dem betreffenden Leben aber zieht ihn dann eine Frau (mit einer anderen Seele) so stark an, dass er sich mit ihr Hals über Kopf verehelichen will. Doch die Umworbene verliebt sich unerwartet in einen anderen Mann und kündigt die zeitweilig geplante Verbindung auf (*177, S. 298*).

(60) Beispiel 3: Eine Seele hat im Jenseits beschlossen, im nächsten Leben **Krankenschwester** zu werden, um Demut zu üben. Als Inkarnierte wird sie ihrem Vater zuliebe jedoch ehrgeiziger und strebt den Arztberuf an. Aller Ehrgeiz und aller Fleiß können indes nicht bewirken, dass sie die notwendigen Prüfungen besteht, weshalb sie nun doch „nur" Krankenschwester werden kann (*177, S. 298*).

22. Karmaloses Karma

Definition: Die **Seele** plant im Jenseits aus freiem Entschluss heraus für das kommende Leben auf Erden ein **Schicksal**, zu dem sie nicht aufgrund karmischer Lasten gezwungen ist.

(61) Beispiel 1: (**Unverheiratete(r)**) Um das Glück einer gelungenen Partnerschaft besser schätzen zu lernen, „verordnet" sich die Seele aus eigenem Antrieb ein Leben, in dem es nicht gelingt, einen **Partner** zu finden (*177, S. 299*).

(62) Beispiel 2: Die Seele beschließt ohne karmische Notwendigkeit, ein Leben als **Blinder** zu führen, nur um diese Erfahrung einmal zu machen (*177, S. 300*).

(63) Beispiel 3: Eine Seele findet sich vor der Inkarnation freiwillig bereit, als **behindertes oder geistesgestörtes Kind** auf die Welt zu kommen, um den Eltern bei ihrer spirituellen Entwicklung behilflich zu sein (*177, S. 300*).

23. Akarma

Definition: Eine Handlung, die so lieblos ist, dass sie eigentlich zu karmischer „Verschuldung" führen muss, wird möglichst bald noch in diesem Leben bereut. Wenn der Täter ehrlich Abbitte leistet, wird das Schuldkonto gelöscht, d. h. das

> Karma wird postwendend rückgängig gemacht. Die endgültige Entscheidung über die Tilgung der Schuld fällt allerdings im Jenseits bei der Beurteilung des vergangenen Lebens (**Gnade**).
>
> Beispiel 1: Ich wünsche in Gedanken einem anderen etwas Schlechtes. Wenn mir dies als Untat bewusst wird und ich ihm Gedanken der Entschuldigung hinterherschicke, so wird Karma zurückgenommen (*177, S. 301*).
>
> Beispiel 2: Stärker noch als Gedanken wirken Karma erzeugend ausgesprochene Worte (z. B.: *„Ich wünschte, du würdest nie ein Kind bekommen!"*) oder gar Taten (z. B.: im Jähzorn jemandem eine Verletzung beibringen) (*177, S. 301*).

Trutz Hardo, der geistige Vater obiger Zusammenstellung, geht ganz offensichtlich davon aus, dass man dem Karmagesetz nicht ohne Eigenleistung entkommen kann. Er sieht die **Gnade** Gottes darin, sich selbst von karmischer Last befreien bzw. positives Karma genießen zu können. Er sagt immer wieder, **Zufälle** gebe es nicht. Alle wichtigen „Eckpunkte" (und mehr) eines Lebens seien vorab **im Jenseits festgelegt** und selbst gewählt, und sie dienten dazu, einerseits die Erfahrung der Lieblosigkeit (als Gegenpol zu göttlicher Liebe) zu machen, andererseits Karma-Schuld abtragen bzw. positives Karma aufbauen zu können. Das im Jenseits beschlossene Programm sei so geartet, dass eine Überlastung der Person vermieden werde. Das Karmagesetz diene der seelischen Entwicklung zu immer größer werdender Liebesfähigkeit. Wo bezüglich der Vorbestimmung des **Schicksals** die Grenze zu Ereignissen liegt, die so unbedeutend sind, dass man sie kaum für vorausgeplant halten kann, sagt Hardo nicht. Einen Hinweis findet man in der Aussage, dass selbst der Stich einer Biene nicht zufällig passiere (*177, S. 304*).

Wendet man Hardos Karmatypen losgelöst von Einzelrückführungen als theoretisches Konstrukt auf gesellschaftliche bzw. geschichtliche Situationen an, so kann man schnell zu Schlussfolgerungen gelangen, die mehrheitlich nicht verstanden und daher rundheraus abgelehnt werden. So erlebte es auch Trutz Hardo, als er das schlimme **Schicksal** der Juden in Nazi-Deutschland unter dem Blickwinkel des **Ausgleichskarmas** (s. o. Nr. 2) betrachtete. Er wurde 1998 wegen Volksverhetzung zu einer Geldstrafe verurteilt und seine diesbezüglichen Schriften dürfen in Deutschland seitdem nicht mehr vertrieben werden (*536*).

7.2.6.4 Karma, freier Wille und jenseitige Lebensplanung

Nun kommt man mit dieser Vorstellung von vorgeplanten Lebensläufen rasch zur Frage, wo und inwieweit noch Platz für die **freie Entscheidung** des Einzelnen bleibt, die es geben muss, wenn man durch emotionale Erfahrung lernen können soll, oder mit anderen Worten, um die erzieherische Wirkung des **Karmas** zu ermöglichen. **Trutz Hardo** beantwortet diese Frage sinngemäß so: Den **freien Willen** gibt es und er besteht darin, dass ich mich in jeder vorgegebenen Situation unterschiedlich verhalten kann. Ich bin frei in meinem Denken, Sprechen und Tun. Die Konsequenzen werden in der Regel erst viel später im heutigen oder in künftigen Leben präsentiert und engen die Freiheit daher nicht ein.

Diese Antwort ist mir allerdings zu undifferenziert. Schließlich sind Situationen vorstellbar, in denen mein Handeln zwangsweise zu schwerwiegenden Folgen für mich und andere führen kann. Da solche harte Konsequenzen aber im Voraus festgelegt sein sollen, kann meine Entscheidung für oder gegen diese Art des Tuns nicht frei gewesen sein. Sie war es höchstens in dem Sinne, dass ich dem Verlauf des **Schicksals** bereits im Jenseits, d. h. vor der Konzeption zugestimmt hatte. Dann wäre ich als Mensch auf Erden aber nur noch die Marionette meiner einstigen, **jenseitigen Entscheidungen**. Es ergäben sich weitere Widersprüche: Warum sollte es dann z. B. ein **Korrekturkarma** (s. o. Nr. 21) geben? Wie kann eine Entscheidung karmawirksam sein, wenn sie schuldlos, z. B. mangels besseren Wissens oder in einer Zwangssituation, ins Unglück führt oder erzwungen wurde?

Ich schlage vor, das Dilemma aufzulösen, indem man nach dem Grad der Freiheit einer Entscheidung differenziert und danach, ob moralische Kategorien eine Rolle spielen oder nicht. Hardos Aussage trifft nur auf moralische Entscheidungen zu, die in Freiheit getroffen werden können. Nur unter dieser Voraussetzung kann **neues Karma** (s. o. Nr. 15) entstehen. Ein Beispiel ist im 1. Quadranten der folgenden Graphik genannt: Entscheidet sich z. B. ein Soldat aus freien Stücken für Kriegseinsätze, bei denen Menschen durch sein Tun zu Schaden kommen, so trägt er die karmische **Verantwortung** dafür.

2	Moralische Entscheidung	**1**
Bsp.: Zwangsrekrutierter Soldat muss den Feind töten oder selbst sterben. Wenn er den Kriegsdienst verweigert, handelt er dem Feind gegenüber heldenhaft moralisch, gefährdet oder schadet aber seinen Nächsten, d. h. der Familie, den Kameraden.		Bsp.: Freiwilliger Soldat, der nicht durch z. B. wirtschaftliche Not in den Kriegsdienst gezwungen wird, muss sich entscheiden, ob er nur Friedenseinsätze (z. B. der UNO) mitmachen will oder auch Kriegseinsätze.

<- Unfreie Entscheidung   Freie Entscheidung ->

3	Entscheidung unabhängig von Moral	**4**
Bsp.: Flucht als Jude aus Nazideutschland, als Auswanderung nicht mehr möglich war (ab spätestens Ende 1941). Es war keine moralische Entscheidung, vorauszuwissen, ob die Flucht gelingen würde. Bleiben oder Flucht, beides bedeutete Todesgefahr.		Bsp.: Entscheidung über Auswanderung als Jude oder Flucht aus Nazideutschland, solange dies noch möglich war (bis max. Ende 1941). Es war keine moralische Entscheidung, vorauszuwissen, welche Verbrechen der Nazis bevorstanden und wann eine Ausreise unmöglich wird.

Bei einer moralischen Entscheidung, die hingegen, wie im 2. Quadranten angedeutet, in einer **Zwangslage** getroffen werden muss, sollte kein schlechtes Karma gesetzt werden können. Hier kann es sich um Lebensumstände handeln, die um der Erfahrung willen selbst geplant wurden (**Karmaloses Karma**, Nr. 22) oder um einen karmischen Ausgleich (**Ausgleichskarma**, Nr. 2) vor dem Hintergrund, dass man in einem früheren Leben selbst Menschen in eine solche Zwangslage gebracht hat. Im Prinzip könnte hier auch **Selbstbestrafungskarma** (Nr. 8) oder **Falsche-Schuld-Karma** (Nr. 12) wirksam sein.

Dasselbe gilt m E. auch bei einer unfreien Entscheidung, die keine moralische Komponente enthält, wie im Beispiel vom 3. Quadranten[243].

Auch wenn eine Entscheidung unabhängig von moralischen Fragen und frei getroffen werden muss, wie im Beispiel von Quadrant 4, sollte kein negatives Karma entstehen können. Man kann es im Beispiel nicht als Verfehlung ansehen, wenn sich ein Jude nicht vorstellen konnte, was man ihm und seiner Familie antun wird, wenn er nicht auswandert. Seine Lage kann gleichwohl karmisch in mehreren Weisen bedingt sein. Die heutige Person könnte im früheren Leben andere diskriminiert und zur Entscheidung getrieben haben, auszuharren oder die Heimat zu verlassen, um überleben zu können (**Ausgleichskarma**, Nr. 2). Vielleicht geht es auch weniger um Diskriminierung und mehr um die Entscheidung an sich. Die frühere Person kann unverschuldet eine ins Verderben führende Entscheidung getroffen haben, sich dennoch die Schuld geben und heute versuchen, es besser zu machen, indem sie z. B. politisch „wacher" ist oder stärker ihrer Intuition folgt (**Falsche-Schuld-Karma**, Nr. 12). Die Entscheidung für oder gegen Auswanderung könnte auch durch die aus früheren Leben stammende Grundeinstellung der heutigen Person vorgegeben, damit plangemäß und durch das **Korrektur-Karma** (Nr. 21) abgesichert sein.

---

[243] Zum 23. Oktober 1941 wurde durch einen Erlass Heinrich Himmlers die Auswanderung von Juden untersagt (http://de.wikipedia.org/wiki/Serpa_Pinto_(Schiff).

7.2.6.5 Krankheit und Leid

Eine naheliegende Frage ist es, ob **Krankheiten** und **Unfälle** karmisch bedingt sind oder den Menschen zufällig bzw. je nach seiner genetischen Ausstattung ereilen.

Trutz Hardos Antwort kann man schon an den 18 Beispielen ablesen, die oben unter den 23 Arten von **Karma** beschrieben sind[244]. Er hält Krankheiten und Unfälle nicht für zufälliges **Schicksal**, sondern für karmisch bedingt und schätzt, dass für 90% aller Krankheitsfälle die Verursachung in früheren Leben liegt. Der Urgrund aller Krankheiten liegt seiner Meinung nach in lieblosem Handeln während eines oder mehrerer **Täterleben**, wofür wir selbst **verantwortlich** sind. Den Ausgleich wählen wir selbst in Form von **Krankheiten** in folgenden **Opferleben**, wozu das aktuelle Leben noch zählen kann. Es kann sich auch um Nachwirkungen aus einem Opferleben handeln. Einen weiteren Grund sieht er im **Ur-Karma** (s. o. Nr. 1), wonach wir uns die Erfahrung des Leidens frei gewählt haben, um durch diese Erfahrung Gesundheit schätzen zu lernen. Krankheit dient dem Wachstum von Liebe und der Entwicklung des **Bewusstseins**.

Erbliche Veranlagung zu bestimmten Krankheiten ist für ihn kein Widerspruch zur karmischen Verursachung, weil wir nach seiner Vorstellung uns jeweils vor der Konzeption die Familie mit der entsprechenden Genetik **selbst ausgesucht haben**. Nichterbliche Dispositionen, d. h. die Anfälligkeit für bestimmte Krankheiten können aus früheren Leben herrühren. Zum Beispiel kann eine Rauchvergiftung im früheren Leben die Neigung zu leichter Ansteckung durch Keuchhusten im heutigen Leben begründen.

Aus diesem Weltbild folgt die Forderung, die karmischen Krankheitsursachen bis in die **Täterleben** zurückzuverfolgen und aufzudecken, um schnelle Heilung mit guter Erfolgsquote zu erzielen. Erst dann kann sich der Patient selbst **vergeben** und braucht keine Krankheitssymptome mehr.

---

[244] Es sind Herzbeschwerden, Phobie als Nachwirkungskarma (Nr. 3); Behinderung, früher Tod als Aufopferungs-Karma (Nr. 4); Halsschmerzen als Nachwirkungskarma (Nr. 3 in Nr. 8); Behinderung als Selbstbestrafungskarma (Nr. 8) oder karmaloses Karma (Nr. 22); Fettleibigkeit als Zurückweisungskarma (Nr. 9) oder Organismus-Karma (Nr. 14); Unfruchtbarkeit der Frau, Muskelschwund, Diabetes, multiple Sklerose als Selbstboykott-Karma (Nr. 10); chronische Überarbeitung als Falsche-Furcht-Karma (Nr. 11); Kinderlähmung als Falsche-Schuld-Karma (Nr. 12); Gehörlosigkeit, Nägelkauen, Buckel als symbolisches Karma (Nr. 13); Süchte als Besetzungskarma (Nr. 20); Unfall oder Krankheit allgemein als Korrektur-Karma (Nr. 21); Erblindung als karmaloses Karma (Nr. 22). In Hardos Buch sind weitere Beispiele zu finden (*177*).

Warum wir Menschen überhaupt durch den oft leidvollen Lernprozess irdischen Lebens gehen müssen, wird uns in Rückführungen nicht erklärt. Auf denkbare, sinnvolle Antworten wird in der Teilfrage 2 der Frage 8 des Kapitels 6.1, auf S. 68 kurz eingegangen.

7.2.6.6 Beispiele mit karmischem „roten Faden"

Bevor wir uns anschauen, was andere Autoren zum Thema „Karma" sagen, und zu einer Bewertung kommen, sollen hier einige Beispiele eingefügt werden, die anschaulich machen, wie Karma in der Praxis ablaufen kann. Ich wähle bewusst leicht überschaubare Fälle aus (nicht nur solche von Trutz Hardo). Viele Beispiele sind wesentlich komplizierter, weil mehr frühere Leben und eine Vielzahl von Symptomen bedeutsam sind.

(64) * (Hg) Zusammenhang von Asthma, Hexenverbrennung und Leben als Krieger (*gekürzt nach Hardo 2002, 177, S. 65; Fall 14 in der Tabelle 8.6.1, S. 843*)

Die 44-jährige **Angelika** leidet schon als Kind unter Atemnot und braucht ab dem 15. Lebensjahr Medikamente gegen ihr **Asthma**. Neben mehreren anderen Symptomen fühlt sie sich in Menschenansammlungen ausgesprochen unwohl.

Obwohl sie in der Rückführung ein **Täterleben** nicht als erstes erinnert, sei es hier zuerst beschrieben, weil es den Grund für das karmische Geschehen abgibt.

Angelika erlebt sich als germanischen Krieger namens **Igurk** im Jahr 572. Er hat schon viele Frauen vergewaltigt, viele Menschen getötet, hat geraubt und gebrandschatzt. Aus Langeweile bereitet er gerade die Plünderung eines Dorfes vor. Als er eine von dessen Hütte anzündet, hört er das Schreien eines Kindes. Das geht ihm nicht mehr aus den Ohren und verfolgt ihn so, dass er beschließt, sein Kriegerdasein zu beenden. Von Reue getrieben führt er nunmehr das Leben eines Bettlers. Nach seinem Tod hat er noch immer **Schuldgefühle** und **schwört** sich, anderen nie mehr weh tun zu wollen und stets den Schwächeren zu helfen.

Im **Opferleben**, das mit ihrem heutigen Asthma zu tun hat, sieht sich Angelika als **Suzanne Brisson** im Jahr 1346 in der Normandie leben. Mit 23 Jahren ist sie bereits Mutter zweier Kinder und bringt ihre Familie mit dem Verkauf von Kräutern durch. Der Vater ihrer Kinder hat sie verlassen. Sie liebt ihn zwar immer noch, hat aber seit zwei Jahren ein Verhältnis mit dem Edelmann Jean-Jacques Bernadotte, dem Sohn des Stadtgrafen von Rennes. Weil sie ihn nicht wirklich lieben kann, verweigert sie sich ihm nun. Er rächt sich dafür, indem er veranlasst, sie von der Miliz festnehmen zu lassen. Man wirft ihr vor, sie habe den bösen Blick. Eine von ihr angeschaute Frau habe deshalb eine Fehlgeburt erlitten. Sie verhexe Männer und habe die Kühe der ganzen Gegend krank gemacht. Schließlich wird sie unter dem Gejohle der Menschenmenge auf dem Marktplatz als Hexe verbrannt. Ein Kirchenmann hält ihr im letzten Moment das Kreuz hin und fragt sie, ob sie doch noch bekennen wolle. Dann schlagen die Flammen hoch, und sie erstickt im Rauch, bevor sie die ganze Qual des Verbrennens hätte erleiden müssen.

Angelika „weiß" irgendwie, dass in ihrem heutigen Leben **ihr erster Ehemann die Wiedergeburt jenes Kirchenmannes** und ihr zweiter Mann die von Jean-Jacques ist (vgl. Kapitel 7.2.4.2, Punkt 29, S. 528). Nachdem sie auch in die Zeit nach ihrem damaligen Tod geführt worden ist, erfährt sie, dass sie sich vor ihrer Geburt als Suzanne (14. Jhd.) das Schicksal, verbrannt zu werden, **selbst ausgesucht** hatte, um an ihrer eigenen Seele zu erleben, was sie als Igurk bei den Dorfplünderungen anderen angetan hat (s. o. **Ausgleichskarma** Nr. 2).

Natürlich wandte Trutz Hardo seine Werkzeuge zur symbolischen Heilung an. Schon zwei Wochen nach der letzten Rückführung war Angelikas **Atemwegserkrankung**, die von den Ärzten nur symptomatisch hatte behandelt werden können, wie **weggeblasen**, und dies **hielt auch noch ein Jahr** später an. Ihr nunmehr überwundenes Asthma kann als unbewusste „Erinnerung" an das Ersticken auf dem brennenden Scheiterhaufen gedeutet werden. Es handelt sich also um **Nachwirkungskarma** (s. o. Nr. 3) Zum Sich-unwohl-Fühlen in Menschenansammlungen, das analog dazu von der johlenden Zuschauermenge bei der Hexenverbrennung herrühren könnte, sagt Hardo nichts.

(65) (Hg) Zusammenhang von Gelenkschmerzen, Folter und einem Leben als Folterknecht (*gekürzt nach Hardo 2002, 177, S. 211; Fall 108 in der Tabelle 8.6.1, S. 843*)

Die 47-jährige **Karla** ist wegen gravierender **Ängste**, die **nicht zu beheben** sind, als Beamtin in die Frühpensionierung geschickt worden. Ihre Fettleibigkeit ist nur ein Teil ihrer langen Krankengeschichte. In seiner Fallbeschreibung beschränkt sich Trutz Hardo auf die Behandlung ihrer **Schmerzen** an den Füßen, an den Fuß- und Handgelenken sowie an den Knien. Diese Schmerzen quälen sie seit ihrer Kindheit, sind besonders schlimm, seit sie 21 Jahre alt ist, und dauern bis heute an. Die Ärzte können absolut nichts finden und bezichtigen sie schließlich sogar des Simulantentums.

Die Reinkarnationstherapie wird Karlas letzte Zuflucht. In einem **Täterleben** sieht sie sich im Jahr 1104 als ein deutscher Folterknecht[245] namens **Franz**. Auf Befehl

---

[245] Ob der Beruf freiwillig gewählt ist oder nicht, wird nicht gesagt. Nach Wikipedia (https://de.wikipedia.org/wiki/Scharfrichter) wurde in dieser frühen Zeit im Scharfrichteramt personell häufig gewechselt, und selten erhielt eine Familie mehrere Male hintereinander

der Obrigkeit holt der jeweils die Delinquenten aus ihren Häusern, bringt sie in einen Kerker und legt sie dort an den Füßen und Handgelenken in Eisen. Soweit tut Franz vermutlich nur das, was er tun muss. Er geht aber darüber hinaus und zerquetscht oft zu Folterzwecken die Füße. Eingekerkerte Frauen vergewaltigt er nach Belieben.

In einem **Opferleben** heißt Karla nun **Barbara**. Sie lebt als 20-jährige Französin im Jahre 1472 in einer Hütte und heilt mit Kräutern und Ölen. Der verheiratete Edelmann Henry beginnt ein Verhältnis mit ihr. Dessen Ehefrau erfährt davon und droht, ihn wegen Ehebruchs zu verklagen, wenn er diese Kräuterfrau nicht als Hexe anzeigt, weil sie ihn verführt habe. Der Edelmann gibt dem nach und zeigt Barbara wegen Zauberei an. Man wirft sie in den Kerker, wo ein Geistlicher namens Frank ihr ein Geständnis abpressen will. Sie bleibt aber standhaft und wird dafür von ihm ausgepeitscht. Als das nicht hilft, lässt er ihre Füße zerquetschen, und fährt ihr höchst persönlich mit einem glühenden Eisen über den Bauch und die Knie. Dann lässt er ihre Handgelenke mit Stricken immer enger schnüren, schickt die Folterknechte raus und vergeht sich an der inzwischen 21-Jährigen (**Alterssynchronizität** mit den schlimmsten Schmerzen von Karla). Dies geht wochenlang so weiter, bis sie zum Gericht getragen und dort zum Tod durch Verbrennen verurteilt wird. Zur Hinrichtung wird sie an den Fußgelenken und Armen an einen Pfahl gebunden und erlebt so ihr schlimmes Ende (**Ausgleichskarma** Nr. 2).

Ins Zwischenleben geführt, hört Karla eine Stimme, die ihr sagt, dass sie brennen musste, weil sie selbst vorher andere verbrannt hatte. Karlas Mutter, mit der sie ein schwieriges Verhältnis hat, ist die **Wiedergeburt der Ehefrau von Henry**, dem Edelmann (vgl. Kapitel 7.2.4.2, Punkt 29, S. 528). Der folternde Kirchenmann Frank ist in Karlas heutigem Leben ein **ehemaliger Vorgesetzter**, der sie so stark mobbte, dass sie eine Zeit lang in die Psychiatrie eingewiesen werden musste.

Eine Woche nach der Rückführung, die immer symbolische **Heilung** einschließt, waren Karlas medizinisch nicht in den Griff zu bekommende **Schmerzen** an den Gelenken und am Knie **vergangen**. Auch in den vier folgenden Monaten sind sie **nicht wieder aufgetreten**. Man kann sie als **Nachwirkungskarma** (Nr. 3) auffassen.

---

eine Anstellung. Das deutet darauf, dass man damals nicht gezwungen war, dieses Amt zu übernehmen. Das änderte sich später drastisch.

(66) (Hg) Verbindung von zwanghaftem Arbeiten mit Sklaverei

(*nach Jameison 2002, 212, S. 153; Fall Nr. 275 im Anhang 8.6.2, S. 887*)

Der erfolgreiche Geschäftsmann **Jerome** ist ein typischer **Workaholic**, der sich fast zu Tode arbeitet. Er hört nicht auf den Rat seines Arztes, der ihm Ruhe verordnet hat. Nur auf Druck seiner Frau sucht er den Rückführungstherapeuten **Bryan Jameison** auf, der ihm helfen soll, seine Unfähigkeit zur Entspannung zu überwinden.

In sein **Täterleben** geführt, erkennt sich Jerome als ein Sklavenhalter, der seine Leute gnadenlos antreibt, bis sie vor Erschöpfung umfallen. Oft prügelte er sie obendrein noch zu Tode. Nicht einmal mit seinen Pferden springt er so um.

In einem **Opferleben** wird Jerome in seiner damaligen Inkarnation seinerseits zu Tode geprügelt, weil er angeblich nicht hart genug arbeitet (**Ausgleichskarma**, Nr. 2).

In seinem heutigen Leben treibt die unterbewusste Erinnerung an dieses Schicksal Jerome dazu, so hart zu arbeiten, damit ihm solch ein Tod nicht noch einmal passiert. Zudem ist er auch von seinem Vater recht konsequent zu harter Arbeit erzogen worden. Ihn erkennt der Sohn nun als die **Wiedergeburt eines jener Sklaven** (vgl. Kapitel 7.2.4.2, Punkt 29, S. 528), die er in seinem Täterleben besonders grausam behandelt hat.

Nach der Behandlung ist Jerome erstmals in der Lage, sich selbst nicht mehr so hart zur Arbeit anzutreiben. **Sieben Wochen später** ruft seine Frau bei Jameison an und berichtet ihm davon, dass ihr **Mann wie umgewandelt** sei. Nun ließe es sich viel leichter mit ihm zusammenleben. Sein zwanghaft hartes Arbeiten darf als **Nachwirkungskarma**, Nr. 3 verstanden werden.

(67) (Hg) Ausgleichende Gerechtigkeit bei Vergewaltigung

Der folgende Fall stammt eigentlich von **Jan Erik Sigdell**, wird aber von seinem Lehrer **Bryan Jameison** berichtet (*Jameison 2002, 212, S. 208; Fall Nr. 123 im Anhang 8.6.1, S. 862*). Es geht um die 37-jährige **Greta**, die unter **Anorexie** (Magersucht) und **Bulimie** (Ess-Brechsucht) leidet, trotz ihres erwachsenen Alters noch nicht „ihre Tage" bekommen hat, unbeherrscht ist und keine romantischen Beziehungen zu Männern entwickeln kann. **Jahrelange Psychotherapie hat keine Lösung des Problems gebracht**. So versucht sie es mit Reinkarnationstherapie.

Diesmal führt die erste Erinnerung in die Kindheit (**age regression**) ihres heutigen Lebens und löst eine selbst auferlegte Erinnerungsblockade. Im Alter von 10 Jahren liegt sie im Krankenhaus und erholt sich von einer Operation. Sie ist fixiert worden, weil der Arzt Angst hat, sie könne sich ihre Infusionskanülen herausreißen. In dieser hilflosen Situation des Gefesselt-Seins wird sie von einem anderen Kranken, der unter Demenz leidet, mehrere Nächte nacheinander vergewaltigt (**Opferleben**). Er schüchtert das Mädchen ein, und es gelingt ihm, ihr einzureden, alles sei ihre eigene Schuld. Aus Angst erzählt sie niemanden von dem Verbrechen und vertreibt die böse Erinnerung aus ihrem (bewussten) Gedächtnis. Etwa zwei Jahre danach entwickelt sie das krankhafte Untergewicht.

In einer weiteren Rückführung stößt Greta auf die Ursache für dieses heutige Schicksal. Diese liegt in einem früheren **Täterleben:** Sie erlebt sich als männlichen Gefangenen in einem **Konzentrationslager**. Um sein Leben zu retten, stellt er sich den Nazischergen als Informant zur Verfügung. So erhält er mehr zu essen, eine bessere Unterkunft und die Freiheit, sich Frauen zu seinem Vergnügen auszusuchen. Er wird „berühmt" für seine brutalen Misshandlungen. Seine bevorzugte Sexualpartnerin ist ein 10-jähriges Mädchen, das er besonders deshalb so anziehend findet, weil sie sich vor ihm fürchtet. Greta erkennt nun im Vergleich zu ihrem heutigen Schicksal die Vertauschung der Rollen. Sie ist im heutigen Leben schüchtern und in der Opferrolle.

Als die Amerikaner das Konzentrationslager erreichen und die Insassen befreien, revoltieren diese. Der Vergewaltiger wird von ihnen übermannt und ihm wird die Kehle durchgeschnitten. Nun erst, nach dem Tode, überkommen ihn heftige **Schuldgefühle**.

Gretas inzwischen verstorbener Vater war ehemals ein hochrangiger Nazi, und nun weiß sie, warum sie sich vor ihm immer **gefürchtet** hat.

Schon nach der ersten Rückführung, in der die verdrängte Erinnerung an die Vergewaltigungen freigelegt wird, setzt ihre **erste Periode** ein. Die Reinkarnationstherapie führt insgesamt dazu, dass Greta ihr ungezügeltes Temperament und ihre Schüchternheit verliert und **sich verlieben kann**. Ihre **Essstörung** ist nicht ganz, aber doch **weitgehend verschwunden**.

Bemerkenswert ist noch die **Alterssynchronizität**: Mit 10 Jahren erleidet Greta dasselbe, was das 10-jährige Mädchen im Konzentrationslager erdulden musste. Ihr Schicksal im Opferleben kann wieder als **Ausgleichskarma** (Nr. 2) gedeutet werden.

(68) (Hg) Unvollendetes Karma?

Dieses Beispiel stammt von **Roger Woolger**, einem Psychologen und Schüler **C. G. Jungs**, der sich in das Gebiet der Reinkarnationstherapie wagte (*545, S. 112; 251, S. 242; Fall Nr. 109 im Anhang 8.6.1, S. 860*).

Susan, eine 34-jährige Malerin kommt zu ihm wegen eines ganzen Bündels von Beschwerden. **Schuldgefühle** ihrer Mutter gegenüber haben sie veranlasst, aus deren Wohnung auszuziehen. Sie hat Probleme in ihrer Ehe, und ihre **Schulterpartie ist total verkrampft**.

In der Rückführung taucht sie in das Leben eines verarmten holländischen Malers aus dem 17. Jahrhundert. Der Maler kann seine Frau und sein kleines Kind kaum ernähren. Daher arbeitet er wie besessen an der Fertigstellung eines Bildes und vernachlässigt darüber seine Familie. Dies selbst dann noch, als das Kind schwer erkrankt und nach einiger Zeit verstirbt (**Täterleben**). Als Konsequenz verlässt ihn seine verbitterte Frau. Über diese Situation ist er so verzweifelt, dass er sich **erhängt** und seine **Schuldgefühle** mit ins Grab nimmt.

In der gleichen Rückführung erlebt sich Susan auch als Baby im Bauch ihrer Mutter kurz vor ihrer Geburt im heutigen Leben (**age regression**) und erkennt, dass sie mit der Nabelschnur um den Hals auf die Welt kommen wird. Die Geburt ist dramatisch, aber die Komplikation kann gemeistert werden. Beim Anblick ihrer Mutter wird ihr klar, warum sie unbedingt zu dieser Mutter wollte. Letztere ist die **Wiedergeburt jenes kleinen Kindes**, das im früheren Leben gestorben war, ohne dass sie als jener Maler sich darum gekümmert hätte (vgl. Kapitel 7.2.4.2, Punkt 29, S. 528). Sie will ihre damalige Lieblosigkeit an ihrer Mutter wieder gut machen (**Opferleben**). In der Schulterverspannung spiegeln sich die seelischen Traumata von Selbstmord durch Erhängen und der Geburt mit der Nabelschnur um den Hals.

Es gelingt, die **Schuldgefühle** und die damit verbundene **Selbstbestrafung** aufzuarbeiten, sodass sich ihr **Verhältnis zur Mutter und ihrem Mann entspannt und die Schulterverspannung sich löst**. Wir haben es hier mit **Beziehungskarma** (Nr. 5), **Selbstbestrafungskarma** (Nr. 8) und **Ausgleichskarma** (Nr. 2) zu tun.

Die karmische Verbindung zum Ehemann wird im Bericht nicht angesprochen. Man fragt sich auch, ob die Vernachlässigung des Kindes nicht noch in einem kommenden Leben im Sinne des Ausgleichskarmas „abgearbeitet" werden muss. Oder gibt es ein bisher noch unerkanntes früheres Leben, in dem das schon geschehen ist?

Gleichermaßen könnte der Selbstmord noch zu härteren Folgen führen oder geführt haben.

(69) * (Hg) (X) Krankheit als Wiedergutmachung für karmische Schuld

(*497, S. 186; 252, S. 216; Fall Nr. 27 im Anhang 8.6.1, S. 845*)

Der 37-jährige Verhaltensforscher **Harold Jaworski** ist restlos verzweifelt, als er 1974 von seiner älteren Schwester Eileen Cayley erfährt, dass durch eine Biopsie bei ihr Brustkrebs festgestellt wurde und sie operiert werden muss. Die **Sorge um seine Schwester** lässt ihn nicht schlafen. Er betet zu Gott und bietet ihm an, sein eigenes Leben zu opfern, wenn nur seine Schwester weiterleben dürfe. Danach versteht er selbst nicht, wieso er solch einen Hilferuf losgelassen hat. Als er später in einem Konzert sitzt, erlebt er ein sogenanntes „**kosmisches Bewusstsein**", eine Art mystische Ahnung, die ihm die Gewissheit gibt, dass seine Schwester gesund werden würde. So kommt es dann auch. Der Tumor ist noch vor der Operation geschrumpft und erweist sich beim Herausnehmen als gutartig.

Ein Jahr später erkrankt Harold an Hepatitis, ist deshalb drei Monate arbeitsunfähig und fühlt sich danach 9 Monate gesund. Im Mai 1976 aber erkrankt er erneut. Es wird eine potenziell tödliche **Nierenerkrankung** diagnostiziert. Die Ärzte versuchen verschiedene Therapien, von denen aber **keine hilft**. Sie wissen letztlich nicht mehr, wie sie Harold helfen sollen. In dieser Situation erinnert er sich an sein im Gebet gegebenes Versprechen und fragt sich, ob dies mit seiner Krankheit zusammenhängen könnte. Er weiß um Reinkarnation, Karma und Rückführungen und sucht als Rettungsanker die Hilfe von Dr. **Whitton**, Psychiater in Toronto, der mit klinischer **Hypnose** arbeitet.

Harold schlüpft in Rückführungen in **sieben verschiedene Inkarnationen**, ohne dabei jedoch viele Details zu erleben (vgl. Kapitel 7.2.4.2, Punkt 25, S. 526). Trotzdem fühlt er sich wie durch ein Wunder nach sieben Wochen Behandlung durch Dr. Whitton Ende März 1977 wieder **gesund. Blutuntersuchungen bestätigen seine Genesung**.

Die Rückführungen laufen aber auch danach noch weiter und offenbaren tiefere Einblicke in einige seiner früheren Leben. Die Inkarnation mit dem stärksten Bezug zur heutigen Problematik datiert ins 19. Jahrhundert. Harold lebt als **Edgar Courtney** auf einem großen ländlichen Besitz in der Nähe von Harrisonburg in Virginia. Als er 12 Jahre alt ist, kommt es mit seiner 16 Jahre alten Schwester Sarah in einem nahe gelegenen Wald zu einer inzestuösen Beziehung. Edgar verspricht, niemandem etwas darüber zu erzählen. Einige Jahre später verlobt sich Sarah. Da Edgar diesen Mann nicht ausstehen kann und er diese Beziehung verhindern will, bricht er sein Versprechen. Er erzählt ihm von seinem amourösen Abenteuer mit seiner Schwester. Die Verlobung wird daraufhin auch tatsächlich gelöst, wodurch sich Sarah im Zwielicht öffentlicher Aufmerksamkeit entehrt fühlt. Sie verlässt das Elternhaus. Scham und Einsamkeit treiben sie in den **Selbstmord**. Edgar fühlt sich nun schuldig und bereut sein Handeln zutiefst (**Täterleben**). Er wird Offizier und stürzt sich auf der Seite der konföderierten Armee todesmutig in die blutigen Kämpfe des amerikanischen Bürgerkrieges. Schon bald treffen ihn Schüsse in Bauch und Schulter, und unter grässlichen Qualen stirbt er. **Sarah ist heute Harolds Schwester Eileen** (vgl. Kapitel 7.2.4.2, Punkt 29, S. 528).

Dr. Whitton führt Harold auch in die **Zwischenlebenszeit**, das sogenannte „**Bardo**". Von dort sieht er auf sein unmittelbar vor dem aktuellen gelegenes Leben als einen Jungen namens **Barrett**, der 1911 mit 7 Jahren an den Windpocken stirbt. Er kommt in einen **„Warteraum" für jüngst Verstorbene** und wird von dort von einem älteren Mann in ein kirchenartiges Gebäude geführt, wo er auf drei weiß gekleidete ältere Personen trifft, die an einem Tisch sitzen. Diesen „**Rat der drei Weisen**" empfindet er als seine Richter. Sie ermahnen ihn, die Zeit im Bardo zu nutzen, um etwas zu lernen. Sie fragen ihn nach seinen **Plänen für das nächste Leben**, und der verstorbene Barrett bzw. Harolds Seele sieht seine (heutige) Mutter in jungen Jahren, seinen Vater und Eileen, die er klar **als wiedergeborene Sarah erkennt**. Er möchte die Beziehung zu Sarah bzw. Eileen wieder aufnehmen und das wieder gut machen, was er ihr angetan hat. Es wird ihm gesagt, er könne dieses Ziel am besten erreichen, wenn er sich im Alter von Ende 30 daran erinnert. Wie das geschehen könnte, erfuhr er indes nicht. Heute sieht Harold seine Bereitschaft, sein Leben für Eileen zu opfern, seine lebensbedrohliche Krankheit und seine verdrängten Schuldgefühle als karmischen Ausgleich für sein gebrochenes Versprechen im 19. Jahrhundert und dessen Folgen (**Opferleben**). Indem er die **Verantwortung** für sein Leben in die eigenen Hände nahm und sich zur Reinkarnationstherapie entschloss, die ihm seine spirituelle Vergangenheit zeigte, wurde er geheilt. Man kann hier von **Wiedergutmachungskarma** (Nr. 7), **Selbstbestrafungskarma** (Nr. 8) und **Beziehungskarma** (Nr. 5) sprechen.

Nun kann man der Meinung sein, Harolds Erinnerungen an frühere Leben seien nur ein Szenarium, das dazu diente, die Verpflichtung aus dem nächtlichen Gebet auflösen zu können. Daher sind weitere Besonderheiten der Rückführungen hier von

Interesse. Als Harold in tiefer Trance in den Inkarnationen als **Wikinger** namens **Thor** und als Zarathustrapriester namens **Xando** war, konnte er die Sprachen hören, die um ihn herum gesprochen wurden. Dr. Whitton forderte Harold auf, das Gehörte phonetisch aufzuschreiben. Der schrieb daraufhin auf einen Zettel **22 Wörter**, deren Bedeutung er aber nicht verstand. Zehn davon haben anschließend Sprachwissenschaftler als **Altnorwegisch** identifiziert. Andere Worte konnten identifiziert werden, wenn man russische, serbische oder slawische Wurzeln akzeptierte. Die meisten Worte bezogen sich auf die Seefahrt[246]. Die Wissenschaftler erklärten, dass die Wikinger diese benutzt haben könnten, weil sie auf ihren Kreuzfahrten weit herumkamen und sicher Worte aus anderen Sprachen entlehnt haben (*496*).

Als Harold in sein Leben als Zarathustrapriester geführt worden war, forderte ihn Dr. Whitton auf, in seiner damaligen Sprache die Worte für „Bruder", „Haus", „Bekleidung" oder „Dorf" usw. aufzuschreiben. Das so entstandene Gekritzel legte er einem Experten für **Altpersisch** vor. Dessen Urteil war zu entnehmen, dass es sich um eine authentische Wiedergabe der schon **lange nicht mehr verwendeten Sprache** (vgl. Kapitel 7.2.4.2, Punkt 2, S. 513) des sassanidischen Pahlavi handelt, die von 651 bis 226 v. Chr. in Mesopotamien gesprochen wurde. Sie sei nicht mit dem modernen Persisch verwandt (*496*).

An dieser Stelle sei auf Dr. **Whittons** Fall „**Macready**" verwiesen, der lesenswert, aber zu umfangreich ist, um ihn hier einbringen zu können (*497, S. 112; 257; Fall 221 in der Liste im Anhang 8.6.2, S. 877*). Hier zeigt sich der rote Faden des Karma über **8 frühere Leben** (vgl. Kapitel 7.2.4.2, Punkt 25, S. 526), zwei davon als **Täterleben**. **Fünfzehn Jahre Psychotherapie** hatten die zahlreichen Beschwerden des Klienten Dr. **Michael Gallander**, eines IBM-Elektronikers, nicht beheben können. Es ist spannend zu lesen, wie ein **Leiden nach dem anderen verging**, nachdem jeweils die dazugehörigen Ereignisse in früheren Leben aufgedeckt wurden.

Die Kurzbeschreibungen der Fälle in der Liste im Anhang 8.6, ab S. 840 geben weitere Hinweise auf karmische Zusammenhänge.

---

[246] Dr. Whitton nennt einige der Worte und deren Bedeutung in seinem Buch (Whitton 1989, 497, S. 198).

7.2.6.7 Karma aus der Sicht weiterer Autoren

Nachdem im Vorstehenden relativ viel von Trutz Hardo berichtet wurde, sollen auch weitere Autoren kurz zu Wort kommen, die nicht nur allgemein über **Karma** schreiben, sondern ihre Erkenntnisse, wie Hardo, explizit aus den Erfahrungen mit Rückführungen ihrer Klienten ableiten. Dabei soll denjenigen Vorrang eingeräumt werden, die viele frühere Leben ein und desselben Klienten aufgedeckt haben und daraus auf Karmagesetze schließen. Die andere (stärker subjektive) Erkenntnismöglichkeit über Erinnerungen aus der **Zwischenlebenszeit** ist aber bei diesen Autoren nicht auszuschalten. Leider unterscheiden Sie in der Regel nicht zwischen diesen beiden Möglichkeiten.

Bryan Jameison:

Nach Trutz Hardo hat **Bryan Jameison** in der Reihenfolge als nächster die meisten Beispiele beigesteuert, die bis zum **Täterleben** zurückreichen und bei denen von **Heilerfolgen** die Rede ist. Er schreibt sinngemäß über **Karma** (*212, S. 49*):

Karma stellt ein Gesetz dar, das wie eine physikalische Gesetzmäßigkeit nicht personenbezogen wirkt. Es ist strikt objektiv und arbeitet fehlerfrei. Da wir es selbst sind, die wir uns unsere Lebensumstände durch eigene Gedanken, Worte und Taten schaffen, liegt auch die **Verantwortung** für unser **Schicksal** gänzlich in unseren Händen, nicht beim Karma oder Gott oder den Eltern. Seit dem Beginn der Zeit tragen wir die Verantwortung, denn wir haben den **freien Willen**, unser zukünftiges Leben zu gestalten. Diese Wahlfreiheit ist nur durch das eingeschränkt, was wir in früheren oder dem aktuellen Leben getan haben. Ohne Reinkarnation könnte es kein Karma geben. Erst durch die **Reinkarnationstherapie** können wir dies alles auf einer persönlichen Ebene erfahren.

Was für viele wie eine Bestrafung aussehen mag, ist in Wirklichkeit der Versuch der **Seele**, die Wiederholung von schmerzhaften Taten zu vermeiden, die in früheren Leben begangen wurden. Indem die Seele am eigenen Leib verspürt, was sie anderen angetan hat, lernt sie, was man tun darf und was nicht (**Ausgleichskarma**, Kapitel 7.2.6.3, Punkt 2, S. 548). Es geht nicht um Rache oder Heimzahlung, sondern um Wiedergutmachung und Lernen.

Bei der **Planung des Lebens** übertreiben die Seelen nur allzu oft und schaffen sich mehr Leid, als zum Ausgleich bzw. zum Lernen nötig gewesen wäre. In einer anderen Form des Karma (**Selbstboykott-Karma**, Kapitel 7.2.6.3, Punkt10, S. 553) schaffen sie auch Lebensumstände, die sie hindern sollen, böse Taten zu begehen. Beispielsweise kommen sie statt mit einem verkrüppelten Finger, der sicherlich schon ausreichen würde, sie am Stehlen zu hindern, mit einer verkrüppelten Hand auf die Welt.

In wieder einer anderen Art des Karmas versucht die Seele wiedergutzumachen, was sie in früheren Inkarnationen angerichtet hat (**Wiedergutmachungskarma**, Kapitel 7.2.6.3, Punkt 7, S. 552). Brachte eine Person in einem früheren Leben z. B. jemanden um, so mag sie in einer späteren Inkarnation einem Menschen (mit derselben Seele) das Leben retten oder aber der Seele des vormaligen Opfers als Vater oder Mutter das Leben schenken und behüten.

Das Karmagesetzt wirkt natürlich auch in positiven Lebenssituationen. Wir können sie genießen, wenn wir dafür vorher „eingezahlt" haben. Ein Vorschuss oder Kredit wird aber nicht gewährt. Ein Leben in Selbstlosigkeit baut sicher positives Karmaguthaben auf, ist aber nicht zu verwechseln mit einem Leben in Selbstaufopferung, weil dieses der Seele nicht gut tun würde.

Die Motivation oder Absicht hinter einer Tat ist entscheidend. Wer nur Gutes tut, weil er sich davon verspricht, zehnfach dafür belohnt zu werden, handelt aus Gier, nicht aus Nächstenliebe, und wird nur wenig gutes Karma aufbauen. Viele Rückgeführte fühlten sich von der Kirche betrogen, deren Vertreter ihnen Vorteile im Himmelreich versprachen, wenn sie z. B. ein Kirchenfenster stifteten.

Schuldgefühle führen oft dazu, dass wir uns bestrafen (**Selbstbestrafungskarma**, Kapitel 7.2.6.3, Punkt 8, S. 552), selbst dann, wenn wir keine Schuld haben (**Falsche-Schuld-Karma**, Kapitel 7.2.6.3, Punkt 12, S. 554), weil wir keinen Einfluss auf die äußeren Umstände hatten, die das Gefühl herbeigeführt haben. Echte karmische Schuld kann niemals durch einen anderen übernommen werden, noch kann man sich davon (durch gute Taten) freikaufen. Durch Bereuen oder eine **Reinkarnationstherapie** kann karmische Schuld auch nicht aufgehoben werden. Sie muss persönlich beglichen werden.

Obwohl das in der Vergangenheit erworbene Karma unser tägliches Leben stark bestimmt, haben wir Wahlfreiheiten. Wenn wir verstehen, wie Karma wirkt, können wir uns über die Inkarnationen zu spiritueller Freiheit hocharbeiten, weil dies unser aller Ziel ist.

Skeptiker werden einwenden, dass in Rückführungen nur die jeweilige Weltanschauung der Probanden wiedergegeben wird. Bemerkenswert ist daher, was in **Rückführungen nicht gesagt** wird, obwohl es der weit verbreiteten christlichen

Religionslehre entspricht: Dass im Leben begangene Verfehlungen (Sünden) <u>nicht</u> selbst zu **verantworten** sind, sondern von Christus durch seinen Kreuzestod übernommen worden seien; oder dass man ins Fegfeuer kommen kann (Beispiel Kap. 7.2.3.1.2.4, S. 244). Dieser Aspekt unterlassener Aussagen ist bisher unerforscht, könnte aber einen Hinweis auf ihre Glaubwürdigkeit liefern.

<u>Joel L. Whitton:</u>

Der nächste in der Reihe ist **Joel L. Whitton**. Bei ihm lesen wir zum Thema Karma – ausgedrückt in meinen Worten – Folgendes (*497, S. 97*):

Karma, das Gesetz von Ursache und Wirkung, bezeichnet die starke Antriebskraft, die notwendig ist, um die Entwicklung der Persönlichkeit eines jeden von uns voranzutreiben. Es gibt kein ungerechtes **Schicksal**, weil alles, was uns begegnet, Folge unseres **Verhaltens** in der Vergangenheit ist, für das wir selbst **verantwortlich** sind.

Personen, die in die **Zwischenlebenszeit** geführt worden sind, sagen uns, dass es nicht um Vergeltung geht, sondern um die Fortentwicklung der **Seele** durch Lernen aus Erfahrungen, die man nur in der irdischen Verkörperung machen kann. Zum Lernstoff im „kosmischen Klassenzimmer" gehört nicht zuletzt der Dienst am Nächsten. Um Schuld abzutragen, **begegnet man jenen wieder, denen man in einem früheren Leben Unrecht getan hat** (vgl. Kapitel 7.2.4.2, Punkt 29, S. 528). Wenn man nichts hinzulernt, muss man die Erfahrung wiederholen.

Moralisches **Fehlverhalten** und unterdrückte **Emotionen** wirken sich in späteren Leben als körperliche **Krankheiten**, Neurosen, Phobien und in Form vieler anderer Schwierigkeiten aus. Die hypnotische Rückführung führt dann oft zu der Erkenntnis, dass man diese Last willentlich auf sich genommen hat, was den Heilungsprozess entscheidend begünstigt.

Dr. Whitton hat beobachtet, dass sich die Seele über viele Leben hinweg in fünf Schritten zur Reife entwickelt:

1. <u>Materialistische Phase</u>: Ohne Glauben an Gott, an ein Leben nach dem Tod, an philosophische Ideale und ohne Rücksicht auf die Gefühle anderer strebt man nach Befriedigung irdischer Freuden.

2. <u>Phase des Aberglaubens</u>: Ein materialistischer Lebensstil wird begleitet von der Ahnung, dass es Kräfte und Wesenheiten gibt, die größer und stärker sind, als wir selbst.

3. <u>Phase des Fundamentalismus</u>: Das Leben wird von der starren Vorstellung geleitet, dass ein bestimmtes Verhalten die höchste Belohnung in Form eines Platzes im Himmel garantiert.

4. <u>Philosophische Phase</u>: Wir erkennen, dass es nicht genügt, sich auf religiöse Dogmen zu verlassen, sondern dass wir selbst für uns **verantwortlich** sind. Wir entwickeln Achtung vor dem Leben und üben Toleranz den Überzeugungen anderer gegenüber.

5. <u>Phase der Verfolgung</u>: (Benannt nach dem Satz aus der Bergpredigt: Selig sind, die um der Gerechtigkeit willen verfolgt werden; denn das Himmelreich ist ihrer.) Wir bemühen uns, die verborgene Bedeutung des Lebens zu begreifen, und unsicher, wie wir zu dieser Erkenntnis gelangen können.

Um sein (schlechtes) **Karma** loszuwerden, muss man alte Schulden bezahlen und darf keine neuen machen. Man muss uneingeschränkt und aus tiefstem Herzen die Gebote der Liebe und Selbstlosigkeit befolgen.

Erklärungen zum Begriff „Karma", die den Darstellungen von Jameison und Whitton ähnlich sind, findet man zuhauf (*z. B. 157, S. 25f; 103, S. 35*).

<u>Bruce Goldberg:</u>

Bruce Goldberg z. B. weist im Vergleich unterschiedlicher Karmabegriffe darauf hin, dass auch das Element der **Vergebung** eine Rolle spielt. Demnach könne man nach Aussage der ins **Bardo** geführten Klienten negatives Karma durch positives auslöschen, so dass man um Leiden herum kommen kann. Das steht allerdings im Gegensatz zu den vorstehenden Ausführungen.

Wie allerdings Karma mit parallel verlaufenden (gleichzeitigen) Leben derselben Seele vereinbar sein könnte, die Goldberg für möglich hält, bleibt unerfindlich (Kapitel 7.2.3.1.3.3, S. 266;s. dazu auch *169*).

Bemerkenswert ist auch Goldbergs Hinweis auf Leben, die nicht sorgfältig **geplant** worden sind, weil die **Seele** frühzeitiger als ratsam reinkarnieren wollte und dies auch durchsetzen konnte, weil es offenbar auch im **Bardo** die **Freiheit des Willens** gibt. Solche Leben können dann eine Zeitverschwendung darstellen oder problematisch werden. Es wäre interessant, dies an den Fällen von Kindern mit spontanen Reinkarnationserinnerungen nachzuvollziehen, denn diese kommen mehrheitlich rasch nach dem Tod im früheren Leben wieder und könnten ihre Wiedergeburt nicht sorgfältig geplant haben.

Ein anderer Aspekt in Goldbergs o. g. Buch ist, dass es sogar eine Konkurrenz in-karnierender **Seelen** um die zur Verfügung stehenden Körper geben kann (*157, S. 40*). So etwas findet man nicht nur in Rückführungen, sondern auch im Fall „Bobby Hodges" als Erinnerung eines kleinen Kindes beschrieben (*185, S. 231, Fall 60; 467, S. 164*).

Shakuntala Modi:

Unter den wenigen Fällen, in denen viele frühere Leben angesteuert wurden und die karmischen Zusammenhänge deutlich geworden sind, sei der Fall „**Jerry**" von **Shakuntala Modi** hervorgehoben. Traumata aus **21 früheren Leben** mussten auf-gelöst werden, um das Hauptsymptom, eine geschwürbildende **Darmentzündung**, **heilen** zu können (*276, S. 470 - 490; Fall 107 in der Tabelle Anhang 8.6.1, S. 859*). – In einem anderen von Modis Fällen waren für einen therapeutischen Erfolg Einblicke in **drei frühere Leben** notwendig (*276, S. 151 - 153; Fall 143 in der Tabelle Anhang 8.6.1, S. 865*).

Das Bild, das uns die Literatur zum Thema „**Karma**" vermittelt, ist, anders als viel-leicht bisher der Eindruck entstehen könnte, durchaus nicht einheitlich. Nicht alle Rückführer bestätigen die Existenz und das Wirken des Karmas oder den typischen Ablauf Täterleben - Opferleben (wie bei Trutz Hardo).

Werner Meinhold:

Der deutsche Reinkarnationstherapeut **Werner Meinhold** hat ein Buch geschrieben, in dem es um Rückführungen eines einzigen seiner Klienten in immerhin **28 frühe-re menschliche Leben** geht (*274*). Er schließt nicht aus den Lebensläufen auf kar-mische Gesetze, betrachtet aber karmische Zusammenhänge zwischen den vielen Leben. Das Schema Täterleben - Opferleben wird hier nicht bestätigt.

Helen Wambach

Bevor Frau Prof. **Wambach** ihre Gruppenrückführungen begann, hatte sie auch Einzelpersonen in mehr als nur ein früheres Leben zurückgeführt. Sie beschreibt zwei Fälle, in denen vier bzw. **14 frühere Leben** aufgesucht worden waren. Einige dabei getroffene kulturhistorische Aussagen konnten zwar als zutreffend bestätigt werden. Aber den „roten Faden" des Karma vermochte sie hier nicht zu entdecken (*482, S. 75, 82*).

Thelma Freedman:

Auch **Thelma Freedman** berichtet von einer Rückführung in **14 frühere Leben** ein und derselben Person und von dem Versuch, dabei karmische Zusammenhänge aufzudecken. Sie fand diese nicht, gibt aber zu, dass sie **Selbstbestrafung** für Missetaten in früheren Leben gefunden hat. Die Bestrafung war selbst gewählt, nicht aber aufgezwungen, wie es das strenge Karmagesetz fordern würde (*147, S. 209 - 211*).

Robert James:

Als dritter im Bunde sagt **Robert James**, er habe in seiner Arbeit mit Rückführungen keine empirischen Hinweise auf das Wirken von **Karma** gefunden (*216, S. 172*). Allerdings waren seine Studien mit gesunden Probanden, die nur in zwei frühere Leben zurückgeführt wurden, auch nicht dazu angelegt, die Frage nach dem Karma zu bearbeiten.

7.2.6.8 Beurteilung des Karmagedankens

Es gibt Beispiele, die mich durchaus beeindrucken, weil sie nahelegen, das Wirken eines **Karmagesetzes** anzuerkennen. <u>Jedoch</u>:

- Die Zahl der überzeugenden Beispiele, die veröffentlicht wurden, ist noch gering. Die meisten stammen von **Trutz Hardo** und wurden bisher höchst unzureichend durch andere repliziert.

- Es wäre auch zu überprüfen, ob vielleicht nur Fälle veröffentlicht wurden, die eine Karmavorstellung unterstützen, andere aber, die nicht dafür sprechen, etwa in der Schublade verschwunden sind (**file drawer effect**).

- Auch die Anzahl früherer Leben, in die ein und derselbe Klient geführt wurde, ist in der Regel gering, sodass ein karmischer „roter Faden" nicht unbedingt zu erkennen ist. In keinem der verifizierten Fälle mit erfolgreicher Heilung wurden viele frühere Leben betrachtet, um den „roten Faden" des Karmas zu suchen. (Unter den verifizierten Fällen, die in diesem Buch beschrieben sind, wurde in fünfen von einer Heilung berichtet, aber jeweils nur ein einziges früheres Leben betrachtet (s. Kapitel 7.2.8.1.2, S. 653)).

- Die zwei Erkenntniswege (Jenseitserinnerungen und vergleichende Betrachtung vieler früherer Leben) werden nicht sauber auseinandergehalten. Methodische Unzulänglichkeiten sind also nicht ausgeräumt.

- Man stützt sich zu sehr auf das unzureichende Argument, Heilerfolge würden das Karmagesetz bestätigen (*177, S. 17*).

- Mindestens drei der entsprechenden Autoren bestreiten die Existenz des Karmas.

- Und in der Tat sind die aufgefundenen, vielleicht aber auch nur vermuteten Verknüpfungen zwischen den Ereignissen in früheren Leben teilweise recht phantasievoll; so beispielsweise, wenn eine Allergie gegen Pollen auf eine Vergewaltigung im Heuschober und das dafür relevante männliche Sperma zurückgeführt wird (*177, S. 72, 81*).

Unter diesen unzulänglichen Bedingungen ist es kaum möglich, die Wirkung eines Karmagesetzes als Regelfall nachzuweisen.

Was mich nicht nur beeindrucken, sondern einigermaßen davon überzeugen würde, dass karmische Gesetze wirken und unser aller Leben bestimmen, wäre es, wenn folgende Umstände zusammenträfen:

- Von vielen Forschern bzw. Autoren
- aus unterschiedlichen Kulturkreisen (internationale Fälle)
- werden viele Fälle zusammengetragen.
- Diese geben Einblick in viele frühere Leben jeweils ein und derselben Seele.
- Als solche sollten sie auch einer Nachprüfung an der geschichtlichen Realität standhalten.
- Sie haben tatsächlich Heilung gebracht und
- zeigen regelmäßig eindeutige „rote Fäden" eines Karmas auf.
- Zudem sollten die dabei gewonnenen Aussagen und Erkenntnisse mit den Erinnerungen aus **Zwischenlebenszeiten** zusammenpassen.
- Nicht zuletzt wünschte ich mir eine weitgehende Übereinstimmung der Ergebnisse aus allen Erfahrungsbereichen, die Erkenntnisse über Karma bringen können: Kinderfälle (CORT), Rückführungen, Nahtod-Erlebnisse, mediale Durchgaben von Jenseitigen, Erscheinungen etc..

Von dieser optimalen Situation sind wir noch sehr weit entfernt. Bisher habe ich nicht einmal einen einzigen Fall gefunden, der wenigstens die Kriterien „viele frühere Leben", „Heilerfolg" und „erfolgreiche Nachprüfung" in sich vereinigt. Ich befürchte sogar, dass es in der Praxis auch in Zukunft nicht gelingen wird, alle der obigen Wünsche zu erfüllen, so dass man mit dieser Methode nie zu einer 100%-Gewissheit über die Frage nach dem Karma gelangen wird.

Einen weiteren Grund für die Schwierigkeit, Karmagesetze aufzudecken, kann man darin vermuten, dass es einen Auslegungsspielraum für die Gesetze geben könnte. Wenn es stimmt, was uns Rückgeführte über die Lebensplanung im Jenseits sagen, dann gibt es „höhere Wesen" als „Berater", die jeden Fall individuell behandeln (Kapitel 7.2.7.2.3.2, z. B. Punkt 132, S. 617).

Wo stehen wir Menschen der westlichen Welt in Bezug auf die Frage nach dem Karma? Lassen Sie mich die Antwort in einem Bild ausdrücken: Wir stehen vor einer Tür, die bereits einen Spalt breit geöffnet ist. Wir trauen uns nicht, diese Türe ganz zu öffnen, „wagen" aber immerhin einen neugierigen Blick durch diesen Spalt. Wir schauen in einen langen Gang, an dessen Wänden viele bunte, schöne Bilder hängen. Offensichtlich waren Menschen dort und haben ihre künstlerischen Arbeiten hinterlassen. Man kann es nicht sehen, aber man kann vermuten, dass der Gang

zu einem bedeutenden Ort führt, in dem es viele wundervolle Dinge zu entdecken
und zu bestaunen geben könnte. – Sollten wir nicht doch unserer Neugier nachge-
ben und auch gut geplante Schritte in den Gang wagen? Was damit z. B. gemeint
sein könnte, kann in Kapitel 7.4, S. 773 nachgelesen werden.

7.2.7   Zwischenleben im Jenseits

Eine W a r n u n g sei vorausgeschickt: In diesem Kapitel begeben wir uns eindeutig ins S p e k u l a t i v e: Wir wollen uns nämlich damit befassen, was Menschen berichtet haben, die unter Hypnose in Zeiten (**Zwischenlebenszeit, Interim**) **geführt** worden sind, die zwischen einem früheren Tod und der darauffolgenden Wiedergeburt lagen.

7.2.7.1 Glaubwürdigkeit

Bevor wir uns die entsprechenden Aussagen der Rückgeführten im Einzelnen ansehen, wollen wir fragen, ob sie überhaupt eine gewisse Glaubwürdigkeit verdienen. Nur wenn das gegeben ist, lohnt es die Mühe.

7.2.7.1.1   Methodik zur Überprüfung der Glaubwürdigkeit

Im Hinblick auf angebliche Jenseitsberichte Rückgeführter sind – im Unterschied zu den in Kapitel 7.2.3.1, ab S. 216 nachzulesenden Erinnerungen an frühere Leben – Nachprüfungen im Prinzip nur für irdische Ereignisse denkbar, für jenseitige jedoch prinzipiell nicht möglich und deshalb auch gar nicht erst versucht worden. Wenn auf diesem Gebiet also das eigentlich Wünschenswerte, nämlich der Vergleich mit der Wirklichkeit, nicht zu erhalten ist, so kann man jedoch wenigstens versuchen herauszufinden, ob die gelieferten Beschreibungen eine reale Basis haben könnten. Deshalb soll hier zunächst eine Methode unterbreitet werden, die eine einigermaßen belastbare Antwort darauf zum Ziel hat.

In Kapitel 5.4.4.3 des 1. Bandes habe ich sämtliche mir verfügbaren Aussagen zusammengetragen, die Kinder über die Zeit zwischen dem früheren Leben, an das sie sich **spontan erinnerten**, und ihrem heutigen gemacht haben. Einige dieser Aussagen, die Ereignisse auf der Erde betrafen, konnten als zutreffend bestätigt werden. Aussagen über das Jenseits kamen zudem besonders von solchen Kindern, die viele richtige Angaben über ihr früheres Leben gemacht hatten. Nimmt man beide Faktoren zusammen, so verleiht das den an sich fragwürdigen Behauptungen über ein Jenseits eine gewisse Glaubwürdigkeit. Bei hypnotischen Rückführungen in die Zwischenlebenszeit gibt es jedoch bisher keinerlei Nachprüfungen von Aussagen über irdisches Geschehen, das angeblich nach dem Tod vom Jenseits aus gesehen wurde.

Um die **Glaubwürdigkeit von Jenseitsbeschreibungen** Erwachsener in Hypnose –
so gut es anhand des gegebenen Wissens möglich ist – zu hinterfragen, sollen hier
nun die oben erwähnten Aussagen der Kinder mit solchen von Erwachsenen verglichen werden, die in Hypnose in die sogenannte **Zwischenlebenszeit** geführt worden
sind. Zusätzlich wollen wir überprüfen, ob die Aussagen Letzterer zwischen den
verschiedenen Klienten und auch zwischen den unterschiedlichen Rückführern wenigstens einigermaßen einheitlich ausfallen oder sich alle kunterbunt gegenseitig
widersprechen.

Hinter diesem Ansatz steht die Vermutung, dass logisch zusammenhängende (konsis-
stente), untereinander gleichartige Behauptungen dann nicht zu erwarten sind, wenn
die Kinder oder die Rückgeführten vor allem ihrer **Phantasie** folgen und dabei ihren unterschiedlichen Glauben oder auch ihr jeweiliges Vorwissen einbringen. Bleiben hingegen im Vergleich zwischen den Kindern und den Rückgeführten, aber
auch zwischen den Rückgeführten untereinander die entsprechenden Äußerungen
einigermaßen einheitlich, so kann man dies als eine notwendige Voraussetzung für
die Annahme auffassen, dass sie durchaus eine Realität widerspiegeln können, wenn
auch nicht müssen. Mit anderen Worten: Immer dann, wenn sich kein einheitliches
Bild ergibt, sich also die Aussagen gegenseitig widersprechen und miteinander unvereinbar sind, muss man annehmen, dass es sich um **Phantasien**, bzw. keine Realität handelt. Dann erübrigt sich jede weitere Betrachtung. Bleiben jedoch die Aussagen untereinander ähnlich oder zumindest miteinander verträglich, so kann es sich –
im Prinzip – um die Beschreibung einer wie immer gearteten Wirklichkeit handeln
und es sich mithin lohnen, das Thema zu bearbeiten.

Tatsächlich behaupten viele **Reinkarnationstherapeuten** in ihren Büchern rundweg, dass die Jenseitsbeschreibungen der von ihnen Rückgeführten untereinander
übereinstimmen[247], dass sie den **Nahtod-Erfahrungen** gleichen[248] oder mit Feststellungen aus anderen Erfahrungsbereichen harmonieren[249]. Ich fand nur wenige
Autoren, die dem widersprechen und z. B. eine Ähnlichkeit mit **Nahtod-
Erfahrungen** bestreiten[250]. Diesem speziellen Vergleich widmet sich eine Arbeit, in

---

[247] *177, S. 19; 196, S. 47; 212, S. 231; 294, S. 12; 318, S. 244, 259; 462, S. 6; 539, S. 189; 543, S. 49*

[248] *140, S. 21; 157, S. 263; 212, S. 231; 252, S. 203, 225, 344; 318, S. 249; 488, S. 66; 497, S. 46; 545, S. 271, 283*

[249] *173, S. 49; 196, S. 47; 454, S. 173-178*

[250] *147, S. 169; 216, S. 40*

der 9 ins Zwischenleben rückgeführte Freiwillige bezüglich ihrer außerkörperlichen Erfahrungen nach dem Tod im früheren Leben befragt wurden (*478*). Darauf will ich erst in Band 3 näher eingehen, aber so viel sei hier gesagt: Neben vielen Ähnlichkeiten, die bestätigt werden, zeigen sich Unterschiede im Bewusstsein (über die eigene Situation), die aber nach meinem Eindruck verständlich sind, wenn man die Unterschiede in beiden Fällen bedenkt. In der Rückführung wird ein endgültiger Tod beschrieben. Die Nahtod-Erfahrung ist vorübergehend und endet im physischen Leben.

Diese Situation in der vorhandenen Literatur macht auf jeden Fall begründeten Mut, das Thema weiter zu verfolgen und eine ernsthafte Beschäftigung damit als sinnvoll anzusehen. Die Behauptungen sind allerdings doch noch recht pauschaler Natur und sollen weiter unten genauer überprüft werden. Zunächst wollen wir aber die Frage erörtern, ob die hier skizzierte Überprüfungsmethode überhaupt ohne gravierende Einwände in der Praxis durchgeführt werden kann.

7.2.7.1.2 Schwächen der Methodik

Als Einwand gegen diese oben erläuterte Argumentation kann man anführen, alle Kinder bzw. Probanden der Rückführer seien

a) gleichartigen Glaubens gewesen,

b) hätten dasselbe Vorwissen gehabt,

c) seien durch gleichartige **Suggestivfragen** geleitet worden oder

d) hätten die übereinstimmenden Vorstellungen der Hypnotiseure telepathisch übernommen.

Wenn auch nur eine einzige dieser Bedingungen zuträfe, könnte das der Einheitlichkeit der Jenseitsaussagen den Wert eines **Indizes** dafür nehmen, dass es sich tatsächlich um Darstellungen einer Realität handeln kann. Deshalb ist es unerlässlich, die entsprechenden Berichte stets gründlich im Lichte dieser berechtigten Einwände „abzuklopfen".

Zu a) (gleichartiger Glaube) ist zu sagen:

Bei Kindern:

Hinsichtlich der spontanen Aussagen von Kindern über ihre Erinnerungen an **Zwischenlebenszeiten** ist der jeweilige Glaubenshintergrund bisher nicht sehr sorgfältig diskutiert worden. Darauf habe ich bereits in Band 1 hingewiesen. Dort werden jedoch auch einige Argumente dargelegt, die für die **Glaubwürdigkeit** der kindlichen Spontanaussagen sprechen. Sie ergeben sich aus einer Prüfung statistischer Daten in entsprechenden Fällen (*185, S. 236*).

Die betreffenden Kinder stammen nicht nur aus südostasiatischen Ländern mit Religionen, welche traditionell auch Vorstellungen von Reinkarnation und Karma zum Inhalt haben, sondern auch aus anderen Teilen der Welt, deren vorherrschende Glaubenssysteme Reinkarnation und Karma nicht kennen, sie leugnen oder sogar bekämpfen. Dass bei der Erhebung entsprechender Daten tatsächlich die Aussagen von Kindern aus unterschiedlichen Kulturen einbezogen worden sind, kann man an der Tabelle über Jenseitsaussagen in Kapitel 5.4.4.3.5 von Band 1 ablesen. Immerhin sind in 56% der 62 von Kindern gemachten Jenseitsbeschreibungen beide Kulturkreise (West und Ost) vertreten. Bei einigen besonders häufig getroffenen Aussagen sind Kinder aus dem Westen bzw. aus nicht-asiatischen Ländern viel stärker und mit mehr Aussagen vertreten als solche aus Südostasien (z. B. in Band 1, Kapitel 5.4.4.3.5 die Nrn. 14, 17, 46, 50, 54[251]) und umgekehrt (z. B. Nr. 3 in Band 1). Diese ersteren Kinder werden nicht zufällig nur aus im Westen lebenden Hindu- und Buddhismusfamilien stammen. Die Fallzahlen sind allerdings noch gering, weshalb die Schlussfolgerungen, die man daraus ziehen könnte, notgedrungen auch ziemlich unsicher bleiben müssen. Doch ist zumindest die Tendenz erkennbar, wonach die betreffenden Aussagen vom Glauben der Kinder weitgehend unabhängig sein dürften. Die Kinder sind, zumindest im Westen, in jungen Jahren, wenn sie ihre Äußerungen machen, noch wenig religiös indoktriniert.

Bei Erwachsenen:

Hier muss man sich nahezu ausschließlich auf Aussagen stützen, die in Rückführungen gemacht wurden. Und da alle im vorliegenden Buch berücksichtigten Rückführer und damit auch deren Klienten in Ländern des Westens ansässig sind, ist allein schon deshalb die ganze Vielfalt der weltweit anzutreffenden Glaubenssysteme bei diesen „Quellen" nicht für die Welt repräsentativ vertreten. Hier ist das Christentum in all seinen Spielarten vorherrschend. Daneben erlaubt aber die praktizierte Glaubensfreiheit eine Vielzahl von nichtchristlichen Glaubensvorstellungen wie beispielsweise den Agnostizismus, ja sogar einen „handfesten" Atheismus. Die den Reinkarnationsgedanken vertretenden asiatischen Religionen sind dort indes

---

[251] Die entsprechenden Nummern finden sich in Spalte 2 der Tabellen über Jenseitsaussagen in Kap. 8.4, S. 808 im vorliegenden Buch unter den Nummern 54, 61, 131,174, 187, 14 in Spalte 1.

völlig unterrepräsentiert. Insofern ist die verbreitete Annahme, die Terminkalender der Rückführungstherapeuten seien voll von reinkarnationsgläubigen Menschen, zu hinterfragen. Sie könnte ein Vorurteil sein.

Leider diskutieren nicht alle diese Therapeuten und Rückführer, die in ihren Büchern Klienten-Aussagen über Jenseitserfahrungen anführen, den zumindest denkbaren Einfluss des Glaubens auf diese Erfahrungen. Immerhin aber machen die bedeutendsten Vertreter dieser Jenseitsforscher fast ausnahmslos darauf aufmerksam, ihre Klienten hätten trotz **unterschiedlichster Glaubensvorstellungen** recht gleichartige, wenn mitunter nicht sogar deckungsgleiche Angaben über die „andere" Welt gemacht, auch wenn diese nicht selten ihren jeweiligen Glaubensvorstellungen widersprachen[252]. Dass der Einfluss der Glaubensvorstellungen überschätzt wird, zeigt sich daran, was in **Rückführungen nicht gesagt** wird, obwohl es der weit verbreiteten christlichen Religionslehre entspricht: Dass im Leben begangene Verfehlungen (Sünden) <u>nicht</u> selbst zu **verantworten** seien, sondern von Christus durch seinen Kreuzestod übernommen worden sind; oder dass man ins Fegfeuer kommen kann (Beispiel Kap. 7.2.3.1.2.4, S. 244).

Frau Prof. Wambach hat die Ergebnisse von **Gruppenrückführungen** im mittleren Westen der USA mit solchen aus Kalifornien verglichen. Trotz manifester Glaubensunterschiede in den beiden Regionen fand sie praktisch gleiche Resultate (*483, S. 168*). Leider erachtete es nur einer der Autoren, nämlich **Glenn Williston**, für erforderlich (was eigentlich selbstverständlich sein sollte!), bei jedem der dokumentierten Rückführungsdialoge die jeweilige **Glaubensvorstellung** des betreffenden Klienten zu vermerken (*539*). Seine Beispiele bestätigen die oben zitierte Behauptung, dass die Inhalte miteinander vergleichbarer Aussagen über das Jenseits letztlich unabhängig vom Glauben der Klienten gemacht werden.

Der denkbare Einwand, gleichartige Glaubensvorstellungen bestimmten die Einheitlichkeit der Aussagen über das Jenseits – so sie sich ergibt – ist zwar nicht so gründlich widerlegt, wie sich das ein Wissenschaftler wünschen mag, aber der erste Anschein spricht dafür, ihn abzulehnen, jedenfalls solange keine besser fundierten Daten vorliegen.

<u>Zu b) (dasselbe Vorwissen)</u> ist zu sagen:

Unter „Vorwissen" ist hier all das zu verstehen, was seit Moodys Buch „Life After Life" von 1975 (*278*) über Nahtod-Erlebnisse oder z. T. noch viel früher von psychi-

---

[252] *157, S. 260, 263; 294, S. 12; 462, S. 6; 483, S. 13, 168, 171, 176; 497, S. 17, 55*

schen Medien als Offenbarungen Jenseitiger veröffentlicht worden ist (*siehe z. B. 284*).

Bei Kindern:

In jenen Fällen, bei denen Kinder spontan Aussagen zu **Zwischenlebenszeiten** machen, kann man davon ausgehen, dass sie kein Vorwissen hatten, weil sie viel zu jung waren, um die in Frage kommenden, sehr speziellen Bücher gelesen haben zu können. Auch von ihren Eltern werden sie über derartige Inhalte sehr wahrscheinlich nicht informiert worden sein, weil Eltern mit so jungen Kindern gewöhnlich nicht ernsthaft über philosophische Fragen reden und selbst kaum das entsprechende Vorwissen mitgebracht haben dürften.

Bei Erwachsenen:

Was Rückführungen betrifft, so fragt bezüglich des Vorwissens bedauerlicherweise kaum ein Autor nach, weder wenn die Aussagen der Klienten bei normalem Bewusstsein, noch wenn sie unter Hypnose gemacht wurden. Nur vereinzelt findet man entsprechende Bemerkungen. So weist zum Beispiel **Brian Weiss** darauf hin, dass Catherine, seine erste Klientin, das erwähnte Buch Moodys nicht gelesen hatte (*488, S. 18*). Frau Prof. **Wambach** schloss aus ihrer Statistik jene Personen aus, die einen bestimmten Artikel von ihr vor der Rückführung gelesen hatten (*483, S. 31*). Ferner verweist sie auch darauf, dass sich etliche Äußerungen ihrer Probanden keineswegs in Moodys Buch finden.

Lediglich **Andy Tomlinson** hat den denkbaren Einfluss von Vorwissen systematisch untersucht. Unter seinen 160 Probanden wählte er diejenigen aus, die, entsprechend ihrer Fragebogenantwort, bislang keine Bücher über das **Zwischenleben** gelesen hatten (Gruppe 1), und stellte ihre Aussagen über das **Interim** nunmehr jenen von Klienten gegenüber, die mehr Vorwissen mitbrachten (Gruppe 2). Im Ergebnis traf Gruppe 1 die gleichen Kernaussagen wie Gruppe 2. Letztere brachte nur zusätzliche Elemente ins Spiel, was der Autor einem gewissen Einfluss von Vorwissen zuschreibt (*462, S. 8*).

Natürlich reichen diese sicher sinnvollen Vorkehrungen einzelner Untersucher nicht aus, um sicher beurteilen zu können, wie viel irgendwie aufgenommenes Vorwissen (**Kryptomnesie**) in die Äußerungen all der Rückgeführten eingeflossen ist, die in der Zusammenstellung des vorliegenden Buches berücksichtigt werden (Tabellen auf den Seiten 601, 611, 624, 629 sowie im Anhang 8.4, S. 808). Beide basieren auf den Angaben von 74 **Reinkarnationstherapeuten**. Andererseits ist es nicht sehr wahrscheinlich, dass viele der zahlreichen Klienten und Probanden vor ihren Rückführungen in die

Zwischenlebenszeit die sehr speziellen Bücher über **Nahtod-Berichte** oder Jenseitsdurchgaben von Medien gelesen hatten. Es handelt sich bei ihnen entweder um Heilungssuchende oder freiwillige Versuchspersonen, die kaum mit einheitlichen Vorstellungen über das Jenseits in die Rückführung gegangen sein dürften (*241, S. 153, 154*). Bei unserem weiteren Vorgehen müssen wir uns deshalb mit dieser und der durch Tomlinsons Arbeit gestützten Vermutung abfinden, wonach es hier offenbar einen nur geringen Störeinfluss durch Vorwissen gibt – dies zumindest, solange keine besser gesicherten Daten vorliegen.

Zu c) (gleichartige Suggestivfragen) ist zu sagen:

Bei Kindern:

Die in die Forschung einbezogenen Kinder haben sich in der Regel spontan geäußert, wurden also nicht befragt und daher auch nicht suggestiv geleitet.

Bei Erwachsenen:

Basis einer Beurteilung sind hier die gewollten Rückführungen in **Zwischenlebenszeiten**. Dabei ist stets die Ausgangsfrage, ob überhaupt irgendwelche **Suggestivfragen** gestellt wurden. War dies der Fall, ist zu klären, ob und wie diese auf die Beschreibung der als Jenseitswelt erfahrenen „Erlebnisse" durchschlagen können und ob eine festgestellte Gleichartigkeit vielleicht teilweise auch das Ergebnis von Kontakten zwischen den Rückführern sein kann.

Zum letztgenannten Punkt: Die Pioniere der Rückführung in die **Zwischenlebenszeit** sind meist regelrecht zufällig in dieses Metier „gestolpert". Im Kapitel 7.2.1.2, S. 166 wird näher darauf eingegangen. In der Anfangs- oder Lehrzeit wurden die Therapeuten bzw. Rückführer durch ihre Probanden geleitet, nicht umgekehrt. Nachdem sie sich aufgrund von deren Aussagen eine eigene Vorstellung davon gebildet hatten, wie es im Jenseits in etwa aussehen bzw. wie es dort vielleicht zugehen könnte, waren sie natürlich versucht, ihre Fragen an die Klienten nach ebendiesen Vorstellungen auszurichten. Die Fragen konnten nun mehr oder minder suggestiv ausfallen, oder aber bestimmte Fragen sparte man aus, weil sie nicht „ins Bild" passten. Dies hätte aber nur dann zu einer Einheitlichkeit in den Aussagen der Klienten führen können, wenn sich dadurch bei sämtlichen oder zumindest den meisten Rückführern ungefähr das gleiche Bild über das Jenseits herausgebildet und sie verleitet und in die Lage versetzt hätte, es ihren Klienten aufzudrücken. Man kann aber auch den Umkehrschluss ziehen: Wenn bei ihnen vor allem aufgrund der „Erfahrungen" ihrer Klienten tatsächlich weitgehend ähnliche Jenseitsvorstellungen entstanden wären, so unterstützte dies doch die These von der Gleichartigkeit besagter Erfahrungen. Nur wenn ein einheitliches Weltbild der Rückführer aufgrund ihrer Kommunikation miteinander entstanden wäre, würde die hier verfolgte Argumentation erschüttert. Daher ist es nur zu begrüßen, dass der Autor **Ian Lawton** dieser Frage nachgegangen ist und dabei bestätigt fand, dass zumindest die Pioniere der Rückführung in die **Zwischenlebenszeit** völlig unabhängig voneinander gearbeitet haben. Er zählt zu diesen Vorreitern die Hypnotiseure **Cannon (Dolores), Fiore, Huffman, Holzer, Modi, Newton, Ramster, Wambach, Weiss, Whitton und Woolger** (*241, S. 153, 157, 199*). Somit kann eine Gleichartigkeit der Aussagen Rückgeführter nicht leicht mit gegenseitiger Beeinflussung zwischen Rückführer und Klient begründete und als „Artefakt" abgetan werden.

Allerdings bleibt es noch denkbar, dass die **Reinkarnationstherapeuten** jeweils eigene Lieblings-Weltsichten kreiert und bevorzugt eingebracht haben könnten, die neben den zu erwartenden Unterschieden auch Gemeinsamkeiten aufweisen, weil die Autoren aus der bestehenden Literatur Hintergrundkenntnisse gewonnen haben könnten. Die zweifellos bestehenden Unterschiede der Jenseitsbilder verschiedener Autoren scheinen diesen subjektiven Faktor zu bestätigen. Der Einfluss gleichartiger Hintergrundinformation auf die Autoren wurde bisher nicht ermittelt und ist auch nur schwer zu quantifizieren. Daher scheint es angebracht, Klarheit darüber zu gewinnen, ob **Suggestivfragen** gestellt wurden und wenn ja, ob und inwieweit diese in der Lage sind, ein „schiefes Bild" zu erzeugen.

Einige **Reinkarnationstherapeut**en versichern, keine suggestiven Fragen zu stellen bzw. gestellt zu haben[253]. Andere behaupten, man könne dem Klienten in Hypnose keine Aussagen suggerieren, die seinem Wissen oder **Gewissen** widersprechen[254]. Dies bestätigt sich in jenen Antworten der Klienten, die suggestiven Fragen der Rückführer prononciert widersprechen[255].

Was **Suggestivfragen** und den ausdrücklichen Widerspruch der Klienten dagegen anbelangt, habe ich beides in den Büchern der 30 Autoren oder Herausgebern nachgeprüft, die in der im Anhang platzierten Tabelle (Kapitel 8 4, S. 808) genannt sind (ohne die Autoren Sutphen und Wendel). Bei 10 Autoren fand ich durchaus suggestive Fragen, bei 7 nicht, und in 13 Fällen reichten die Angaben nicht aus, um zweifelsfrei zu klären, ob **Suggestivfragen** gestellt wurden oder nicht. Widerspruch

---

[253] *z. B. 43, S. 47; 196, S. vi, 119; 462, S. 6*

[254] *147, S. 48; 294, S. 12; 373, S. 239; 462, S. 6*

[255] *147, S. 47, 48; 196, S. 4, 71; 201, S. 157, 158; 204, S. 72; 216, S. 55; 241, S. 156; 294, S. 12*

seitens der Klienten gegen suggestive Fragen fand ich bei allen jenen Autoren, die solche gestellt hatten. Die These, suggestive Fragestellungen der Therapeuten allein könnten die Klienten kaum manipuliert haben, erhält dadurch eine gewisse **Glaubwürdigkeit**.

Zu d) (telepathisch übernommene Vorstellungen) sei gesagt:

Bei Kindern:

In den **Kinderfällen** gibt es in der Regel niemanden in der Umgebung des Kindes, dessen Gedanken telepathisch übernommen werden könnten (mehr dazu in meinem Band 1, ab S. 358).

Bei Erwachsenen:

Der Frage, ob Klienten in der Rückführung Gedanken des Rückführers telepathisch aufgreifen und sich dadurch einheitliche Aussagen über das Jenseits ergeben, ist Frau Prof. **Wambach** nachgegangen. Sie fand Angaben der hypnotisierten Klienten, die in der Mehrzahl Wambachs eigenen Ansichten widersprachen. Daraus schloss sie, dass es offensichtlich keine telepathische Beeinflussung gab (*483, S. 169*).

Erwähnt werden muss in diesem Zusammenhang noch, dass keiner der hier berücksichtigten Autoren über ausgeprägte Fähigkeiten ihrer Klienten zu außersinnlicher Wahrnehmung berichtet hat. Hinzu kommt, dass eine telepathische Übernahme nur dann zu einheitlichen Aussagen führen kann, wenn die Rückführer solche hatten. Das aber wurde unter obigem Punkt c) als unwahrscheinlich eingeschätzt.

7.2.7.1.3   Ergebnis der Glaubwürdigkeitsprüfung

Als Fazit obiger Überlegungen muss eingeräumt werden, dass die Einwände gegen das Argument der auffälligen Gleichartigkeit der meisten Jenseitsaussagen bisher nicht mit der notwendigen wissenschaftlichen Gründlichkeit widerlegt worden sind. Gleichwohl gibt es immerhin ernstzunehmende Hinweise darauf, dass diese Argumentationslinie nicht von vornherein verworfen werden kann. Solange keine aussagekräftigeren Daten vorliegen, bleibt nichts anderes übrig, als mit der derzeitigen Unsicherheit weiterzuarbeiten, ohne diese jedoch aus den Augen zu verlieren. Relative Einheitlichkeit der Aussagen von Kindern bzw. Rückgeführten über die **Zwischenlebenszeit** spricht dafür, dass von ihnen jene Realität beschrieben wird, die uns wahrscheinlich nach dem Tod im Jenseits begegnet – belegen kann sie diese Annahme jedoch nicht.

7.2.7.2 Aussagen von Kindern und Rückgeführten über ihre Zeit zwischen Tod und Wiedergeburt?

Einige Aussagen über die Zeit nach dem Tod sind schon in den bisher im Buch beschriebenen Fallbeispielen[256] vorgekommen. Besonders vollständig sind die Erinnerungen in den Kapiteln 7.2.3.1.2.5, S. 246; 7.2.3.1.5.2, S. 304.

Nun wollen wir uns genauer anschauen, was Kinder und Rückgeführte im Einzelnen über ihre angebliche Zeit im Jenseits gesagt haben und ob dies tatsächlich die oben geforderte Einheitlichkeit aufweist, die es erlaubt, einen Realitätsbezug zu vermuten.

7.2.7.2.1 Einheitlichkeit der Aussagen

Mir ist nur ein einziger Autor bekannt, **Ian Lawton**, der nicht lediglich Pauschalaussagen macht, sondern die Ergebnisse mehrerer Rückführer bzw. Jenseitsforscher miteinander vergleicht, um die geforderte Einheitlichkeit der Aussagen zu überprüfen *(241, S. 146ff, 199)*. Für 10 Aussagen über die **Zwischenlebenszeit**, die von Klienten des Reinkarnationstherapeuten **Michael Newton** berichtet worden sind, untersucht er, inwieweit sie von weiteren 11 Rückführern der Pioniergeneration, die nicht der gleichen „Schule" angehören, bestätigt werden. Bei 4 dieser 11 Autoren finden sich volle sinngemäße Bestätigungen, beim Rest reduziert sich die Zahl der bestätigten Aussagen. Und so sieht sein Ergebnis aus (s. nächste Seite):

---

[256] Kapitel 7.2.3.1.1.4, S. 224; 7.2.3.1.2.5, S. 246; 7.2.3.1.5.2, S. 304; 7.2.3.1.9.2, S. 361; Beispiele (26), S, 166; (64), S. 565; (69), S. 571; (71), S. 648; (73), S. 651; (92), S. 697; (96), S. 709

Jenseitsbeschreibungen ⇩ / Autoren ⇨	Newton	Cannon, D.	Whitton	Ramster	Modi	Fiore	Weiss	Wambach	Montgomery	Huffman	Woolger	Holzer
Empfangskomitee	X	X	X	X	X	X					X	X
Heilung, Ausruhen, Reintegration	X	X	X	X	X	x	X			x		X
Einfacher Lebensfilm	X	X	X	X	X	X	X	x	X	x	X	x
Bibliothek von Lebens-Büchern/Filmen	X	X	X	X	X	x	X	x		X		
Beurteilung des Lebens durch Ältestenrat	X	X	X	x	X	X		x		X		
Lernen in der Gruppe	X	X	X	x	X	X		x	x			X
Einfache Lebensplanung	X	X	X	x	X	X	X	x	X	X		
Genaue Lebens-Vorausschau	X	X	x	X	x	x	x	X				
Lebensplanung mit dem Ältestenrat	X	X	X	X	x	X		X				
Lebensplanung mit anderen Seelen	X	X	X	X	X			X				

(X = explizit gefunden; x = nur sinngemäß gefunden; leere Zelle = keine Aussage des Autors)

Die Tabelle zeigt viele Gemeinsamkeiten in den Aussagen der Rückgeführten bzw. der Rückführer. Über sich gegenseitig widersprechende Angaben sagt Lawton nichts aus. Lawton gibt bestimmte Jenseitsbeschreibungen vor, die sich an den Erkenntnissen des wichtigsten Forschers auf diesem Gebiet, Michael Newton, orientieren und zitiert, was andere dazu zu sagen haben.

7.2.7.2.2   Eigene Auswertung der Literatur

In Lawtons Vorauswahl liegt die Gefahr, die Dinge durch die Brille eines bestimmten Autors zu sehen. Ich ziehe es daher vor, alle mir bemerkenswert erscheinenden Aussagen über die **Zwischenlebenszeit** aus der Literatur möglichst vieler Autoren, ohne Ansehen der Person, herauszuziehen und zu ermitteln, welche Forscher von gleichen Jenseitsbeschreibungen berichten. So lässt sich quantitativ feststellen, wie häufig eine jede der Aussagen bestätigt wird. Die Anzahl der vielfach bestätigten Aussagen vermittelt ein Bild von der Gleichartigkeit der Behauptungen, aber auch sich gegenseitig widersprechende oder sogar miteinander unverträgliche Angaben werden so mit erfasst. Diejenigen mit vielen Bestätigungen und möglichst wenigen Gegenaussagen dürfen, mit den oben erläuterten Einschränkungen, als besonders sicher gelten.

In der Tabelle im Anhang 8.4, S. 808 bzw. in den daraus abgeleiteten Graphiktabellen in diesem und den 3 folgenden Kapiteln (S. 601, 611, 624, 629) finden sich alle Aussagen der Kinder aus meinem Band 1, zusammen mit jenen von mir für bemerkenswert[257] gehaltenen Angaben Rückgeführter, die von den Kindern entweder gar nicht oder nur mit Abweichungen gemacht worden sind. Gleiche oder fast gleiche Aussagen beider Personengruppen wurden zu einer gemeinsamen Aussage zusammengezogen. So kommen insgesamt 226 Feststellungen zusammen, die ich als „**Kernaussagen**" bezeichne. Sie stammen von 136 Kindern und ungezählten Klienten, die von 75[258] **Reinkarnationstherapeuten** in ein Zwischenleben zurückgeführt worden sind und über ihre Eindrücke davon berichtet haben. Diese Berichte finden sich in 48 Büchern von 32 Autoren bzw. Herausgebern. Von den 75 Reinkarnationstherapeuten gehörten 33 zur Schule von **Michael Newton** und formal einer zu der von **Bryan Jameison**. Als **unabhängig**, weil keiner dieser oder einer anderen Schule zugehörig, können 41 der **Autoren** gelten (75-33-1=41).

Der Tabelle im Anhang 8.4, S. 808 sind jene Literaturstellen zu entnehmen, an denen eine wörtliche oder sinngemäße Bestätigung der jeweiligen Kernaussage zu finden war. Ferner sind in ihr und den o. g. Graphiktabellen die Zahl der jeweils beteiligten Autoren und die Zahl der Autoren aufgeführt, die nicht der gleichen

---

[257] Darin liegt ein subjektiver Einfluss, der aber unvermeidlich ist. Ferner kann ich angesichts des großen Umfangs des zu sichtenden Textes nicht ausschließen, dass dabei unbeabsichtigt Aussagen übersehen oder auch gelegentlich falsch interpretiert wurden.

[258] Die 75 ergeben sich aus 32 Autoren der Liste 1 im Anhang, zuzüglich 30 Schülern von Newton und 13 Koautoren von Lucas, die nicht in der Liste 1 aufgeführt sind.

Schule angehören. Hinter jedem Autor steht eine unterschiedlich große Zahl von Rückführungsfällen. Leider gibt es bei den Rückgeführten – anders als bei den sich spontan erinnernden Kindern – die Literatur nicht her, die Angaben bis zur Anzahl der Aussagenden aufzuschlüsseln. Bei den Kindern wird jedoch die Zahl der Fälle genannt. Die Zahlenangaben beider Bereiche sind also nicht direkt vergleichbar (Zahl Rückführungsautoren mit unterschiedlich vielen Fällen <-> Zahl Kinderfälle). Da aber relative Werte für „viele" oder „wenige" Bestätigungen einerseits durch Kinder, andererseits durch Reinkarnationstherapeuten zur Beurteilung ausreichen, mag man das (notgedrungen) hinnehmen.

Kernaussagen, die sich zu **widersprechen** scheinen oder tatsächlich unvereinbar miteinander sind, sind durch eine fettgedruckte Umrandung gekennzeichnet.

In der Tabelle finden sich 1131 Einträge von den 41 Autoren bzw. Jenseitsforschern, die unabhängig voneinander gearbeitet haben und entweder **Kernaussagen** begründen oder schon vorhandene bestätigen. Weil darunter wiederholt gleichartige Aussagen vorkommen, reduziert sich deren Anzahl auf nur noch 226, also ein Fünftel dieser Zahl. Diese „Stauchung", die durch mehrfach gleiche Aussagen entsteht, wird also durch den Reduktionsfaktor fünf (genauer $1/5 = 0,2$) beschrieben. Er lässt sich auch als eine Maßzahl für die Gleichartigkeit der Angaben auffassen.

Bezogen auf die 226 Kernaussagen der Tabelle im Anhang kann man auch sagen, dass im Mittel jede der darin getroffenen Feststellungen durch 5 Bestätigungen von unterschiedlichen unabhängigen Autoren belegt wird. Jeder der 41 Autoren hat im Mittel 28 Tabelleneinträge bzw. 12% aller 226 Einträge beigesteuert.

Natürlich hat nicht jeder Autor gleich viele Kernaussagen geliefert, und nicht jede Kernaussage ist durch gleich viele Autoren belegt. Wie sich dies im Einzelnen verteilt, ist im Anhang 8.5, ab S. 838 näher ausgeführt.

Eine wichtige Frage ist nun, ob die Stauchung um den Reduktionsfaktor 1/5 tatsächlich stärker ist, als diejenige, die sich ergäbe, wenn nicht hypnotisierte Testpersonen je nach ihrer Phantasie oder ihrem Glauben ausgesagt hätten. Um gleiche Verhältnisse herzustellen, müsste man 41 Personen um je 28 Aussagen über das Jenseits bitten. Die „Mischung" der Testpersonen müsste jener der Rückgeführten entsprechen. Wenn sich alle (41 x 28 = 1148) Angaben nun nicht annähernd auf 226 zusammenfassen oder reduzieren ließen, spräche dies eher für **Phantasieantworten** der nicht hypnotisierten Testpersonen. Das Besondere der hypnotischen Aussagen wäre bestätigt, weil sie sich zahlenmäßig viel stärker stauchen ließen.

Ich bin nicht in der Lage, solch einen Test durchzuführen. Dies allein schon deshalb, weil keine Daten über das Kollektiv der Klienten, d. h. darüber vorliegen, wie weit Glaube und Vorwissen unter den Probanden der Rückführer verbreitet ist. Aber ich vermute, dass bei einem solchen Test der Reduktionsfaktor $1/5 = 0,2$ nicht erreicht würde, sondern näher bei 1 bliebe, wodurch dann die Behauptung bestätigt wäre, dass die Rückgeführten besonders einheitliche Aussagen getätigt haben. Letzteres kann als Voraussetzung dafür angesehen werden, dass die betreffenden Angaben eine Realität widerspiegeln.

Betrachtet man die Kinderfälle für sich, so entstammen den 136 Fällen insgesamt 499 einzelne Aussagen, die in nur noch 64 Kernaussagen münden. Dies entspricht einem Reduktionsfaktor von $1/7,8 = 0,13$. Im Mittel kommen also auf jede Kernaussage 7,8 Beispielfälle. Die Gleichartigkeit der Aussagen ist also noch größer als bei den Rückführungsfällen.

Erstaunlich wenige der **Kernaussagen** im Anhang 8.4, S. 808 bzw. in den daraus abgeleiteten Graphiktabellen in diesem und den 3 folgenden Kapiteln (S. 601, 611, 624, 629) **widersprechen** sich gegenseitig. Es handelt sich dabei um die 40 durch Fettdruck eingerahmten, die im Wesentlichen eine These und eine Antithese enthalten. Setzt man dementsprechend die Hälfte davon (20) als die eigentlich im Widerspruch stehenden an, so macht das noch 8,8% der 226 Kernaussagen aus. Betrachtet man die dazugehörigen Texte etwas genauer, so löst sich die Hälfte dieser Widersprüchlichkeiten auf. Dies weil man sich vorstellen kann, dass es je nach Entwicklungsstufe der berichtenden Probanden unterschiedliche Erfahrungen geben kann, die nebeneinander bestehen. So reduziert sich die Zahl der Unstimmigkeiten bzw. Unverträglichkeiten weiter auf 4,4%. Bei reinen **Phantasieantworten** wären wohl weit mehr Widersprüchlichkeiten zu erwarten.

Es fällt weiter auf, dass in nicht wenigen der sich widersprechenden Aussagen eine der Behauptungen eine starke Unterstützung durch viele gleichartige sowohl Kinder- als auch Rückführungsfälle erhält, während der Gegenpart nur schwach oder gar nicht durch Gleichgesinnte bestätigt wird. So fällt die Entscheidung für die stärker unterstützte Aussage nicht schwer. Folgende widersprüchliche Kernaussagen bleiben jedoch unentschieden, weil sich keine klare Mehrheitsmeinung bildet. (Die Nummern entsprechen denen in der unten folgenden Tabelle):

Nr. 30 - 31:   Gibt es eine Hölle?

Nr. 34 - 36:   Gibt es bösartige Wesenheiten?

Nr. 43 - 44:   Kann die Seele reinkarnieren, bevor sie ins **Licht** gegangen ist?

Nr. 113 - 114:   Kann die Seele im Jenseits Emotionen empfinden? (Hier würde ich mich wegen der Punkte 10, 11, 12, 45, 46, 59, 107, 109, 155 klar für eine Bejahung entscheiden.)

Nr. 163 - 165:   Entstehen Seelen neu?

Nr. 168 - 169:   Kann eine Wiedergeburt vom Betroffenen grundsätzlich verweigert werden?

                     (Die Punkte 166, 167 sprechen stark dagegen.)

Nr. 178 - 179:   Entwickeln sich menschliche Seelen aus tierischen?

Die unentschiedenen stellen nur 3 % aller Kernaussagen, was erneut **gegen Phantasie** als Quelle spricht.

Wie stark unterstützen nun die Aussagen der Kinder diejenigen der Rückgeführten? Die allermeisten sind denen der Rückgeführten sinngemäß inhaltsgleich. Nur 6 der 64 Kernaussagen der Kinder fallen auf Aussagen, zu denen es Gegenaussagen gibt. In fünf dieser sechs liegen die Kinder auf der Seite der Mehrheitsmeinung[259] der Rückgeführten und nur einmal[260] bei einer unentschiedenen, widersprüchlichen Aussage, die nur von jeweils einem Rückführungsautor vertreten wird.

Man kann also festhalten, dass die Kinder – soweit sie sich zu einer Frage überhaupt geäußert haben – die entsprechenden **Aussagen** aus **Rückführungen** fast hundertprozentig **bestätigen**.

---

[259] Nummern 54, 92, 126, 152, 224

[260] Nummer 163

7.2.7.2.3   Der idealtypische Fall

Wie beschreiben die Kinder bzw. die Rückgeführten das Jenseits? Fassen wir die **Kernaussagen** in einer Beschreibung des Zustandes zwischen den Leben zusammen.

Wie schon in Band 1 bei den Spontanerinnerungen kleiner Kinder an ihr früheres Leben kann man anhand der Kernaussagen, die in den Graphiktabellen der 4 folgenden Unterkapitel (mit Balkendiagrammen, ab S. 601, 611, 624, 629) aufgeführt sind, einen **idealtypischen Fall** konstruieren, in dem die wichtigsten Elemente zusammengeführt sind. Natürlich enthält kein real vorkommender Fall, sei es von Spontanerinnerungen oder von Rückführungen ins Zwischenleben, alle diese Aussagen zugleich. Auch die Reihenfolge, in der geschilderte Ereignisse auftreten, kann sich von Fall zu Fall unterscheiden.

Ich übernehme für die folgenden Unterkapitel die vier Gliederungspunkte aus der Tabelle im Anhang 8.4, S. 808. Im nun folgenden Text geben die Zahlen in Klammern an, wie viele Kinderfälle von insgesamt 136 und – nach dem Komma – wie viele der insgesamt 41 unabhängigen Autoren, die nicht der gleichen Schule zugehören, jeweils die in Rede stehende Aussage unterstützen (x, x). Die Mittelwerte lagen bei den Kindern bei 7,8 Beispielfällen für jede Kernaussage und bei den Rückführungen bei 5 unabhängigen Autoren mit gleichen Aussagen. Überschreiten die in Klammern gesetzten Zahlen diese Mittelwerte (8, 5), so kann man das als besondere Bestätigung auffassen.

7.2.7.2.3.1   Der Übergang nach dem Tod

Akzeptiert man die Kernaussagen der unten stehenden Tabelle als wahre Beschreibung von Erfahrungen, die jedermann typischerweise **nach dem Tod** macht, so ergibt sich folgendes Bild (s. a. Kapitel 7.2.4.2, Punkt 33, S. 530):

Mit dem Tod verlässt die **Seele** den Körper (0, 11) und schwebt nach oben (0, 17). Der Tod ist dann unumkehrbar, wenn die **Silberschnur** reißt, welche die Seele mit dem lebenden Körper verbindet (0, 5). Nach dem Tod kann man Geräusche, Töne oder Musik wahrnehmen (0, 7) und fühlt sich gesund und **schmerzfrei** (6, 15). Es kann jedoch vorkommen, dass man für eine begrenzte Zeit traurig ist (2, 12). Letztlich ist man aber mit der neuen Situation zufrieden, fühlt sich frei und erkennt, dass es keinen Grund gab, den Tod zu fürchten (5, 22). Anders verhält es sich mit körperlichen Leiden beim Sterben. Sie können so schmerzhaft sein, dass die Seele den Körper verlässt, noch bevor der Tod eingetreten ist (0, 7).

Kurz nach dem Tod ist das **Interesse** der Seele noch ganz auf das soeben verlassene Leben fokussiert. Die Seele beobachtet das **Geschehen auf der Erde** (33, 26) und versucht, die zurückgebliebenen Lebenden anzusprechen (4, 10), um sie zu trösten, oder auch zu berühren. Dies bleibt aber unbemerkt und deshalb ohne Reaktion. Der andersartige Körper (0, 2), den man nach dem Tod besitzt, greift beim Versuch der Berührung durch die Körper der Lebenden hindurch (0, 2). Er kann selbst durch Wände und Decken gehen (0, 1). In diesem Zustand ist man jedoch noch immer in der Lage zu denken (0, 2), zu hören (0, 2) und sogar die Gedanken der Lebenden zu lesen (0, 2). Die vom materiellen Körper losgelöste **Seele** bleibt oft für eine Weile **in der Nähe des Sterbeortes** bzw. des im Diesseits zurückgelassenen Körpers (12, 12) oder auch bei den trauernden Hinterbliebenen (0, 8).

Nach einem z. B. frühen, unerwarteten Tod, oder wenn der **Verstorbene** bis zum Ende seines Lebens eine sehr materialistische Weltanschauung beibehalten hat, kann es vorkommen, dass er seine neue Situation nach dem Tod nicht begreifen kann oder will und deshalb glaubt, noch immer zu leben (4, 8). Dementsprechend bleibt er nah der Erde (**erdgebunden**) und geht nicht ins **Licht** (0, 8). Dies kann sogar dazu führen, dass solche Seelen versuchen, am Dasein der Lebenden teilzunehmen, indem sie sich an diese „anhängen" oder sie sogar **besetzen**, indem sie in deren Körper eindringen (0, 17). Immerhin berichten 17 unabhängige **Reinkarnationstherapeuten** von dieser Vorstellung der Klienten, während sie nur von wenigen anderen (0, 2) abgelehnt wird. Fünf Autoren vertreten aufgrund der Angaben ihrer Klienten sogar die These, es gebe das Phänomen der „**walk-ins**" (0, 5). Darunter versteht man einen Vorgang, bei dem eine inkarnierende **Seele** den Körper eines Menschen, der zu einem Seelentausch bereit ist, dauerhaft übernimmt (s. dazu in Band 1 S. 227, 318; Band 2, Kap. 7.2.8.2.1, S. 668). Hierzu muss man allerdings anmerken, dass der bekannteste Jenseitsforscher unter den Rückführern, **Michael Newton**, die Existenz dieses Phänomens generell bestreitet (0, 1).

Die Allermeisten der **Verstorbenen** jedoch sind nicht erdgebunden oder können sich wenigstens nach einiger Zeit von der Erde lösen. Sie haben nach dem Tod ein **Lichterlebnis** (0,12). Sie schweben auf das Licht zu (0, 5), wobei einige den Eindruck haben, durch einen **Tunnel** zu fliegen (4, 11). Sowohl auf ihrem Weg nach dem Tod als auch später bei einer Rückkehr zur Erde werden sie **von Jenseitigen begleitet** (15, 12). Die Verstorbenen gehen aus eigenem Antrieb ins Licht oder werden von **Lichtwesen** dahin „gezogen" (0, 9) bzw. von einer „Gestalt" geführt (6, 9). Sie sehen **Lichtgestalten**, die Liebe ausstrahlen, oder kommunizieren mit ihnen (5, 11). Sie erleben das ekstatische Gefühl, von der Energie eines **Seelenführers** gleichsam eingehüllt zu werden (0, 2). Dieser Gang ins Licht kann allerdings dadurch behindert werden, dass Hinterbliebene allzu stark trauern (0, 2).

Sowohl von den Kindern, als auch von den Rückgeführten wird sehr häufig berichtet, dass man nach dem Tod meist **von bereits vorher Verstorbenen empfangen** und begrüßt wird, aber gelegentlich auch von Seelengestalten der noch Lebenden (22, 22). Angehörige beider Gruppen können auch Mitglieder der eigenen **Seelengruppe** sein (0, 2). Nur ein Autor berichtet, dass man bereits wieder inkarnierten Seelen im Jenseits nach dem Tod nicht begegnet (Nr. 55 in der unten folgenden Tabelle). Diese Sicht wird in einem neueren Buch, das in der Tabelle nicht berücksichtigt werden konnte, unterstützt (*180, S. 59*). Das glatte Gegenteil behauptet Newton, der sagt, dass Menschen, die in unserem Leben wichtig waren, die Seele des Verstorbenen nach dem Tod empfangen, auch wenn derjenige bereits wieder in einem Körper lebt (*294, S. 33*).

Schließlich kommt die Seele zu einem **Treffplatz**, der der Heilung (7, 7) und Erholung (2, 17) oder der Reinigung (0, 3) dient (Bsp. zu Treffplatz u. Ältestenrat in Kapitel 7.2.6.6, Fall Nr. (69), S. 571). Man begegnet – das wird auch sehr häufig beschrieben – einem alten, weisen Mann, einem Geist- oder **Seelenführer** oder auch einem **Ältestenrat** (26, 18). Manche treffen auch religiöse Figuren oder **Engel**. Solche Begegnungen können sich bald nach dem Tod oder auch erst später ereignen. Bei **Newton** und seinen Schülern trifft man erst später auf eine Art Ältestenrat, und zwar im Zusammenhang mit der Beurteilung des vergangenen Lebens und mit der Planung des nächsten. Ich habe den Zeitpunkt und die genaue Art der Begegnung in der tabellarischen Aufstellung nicht unterschieden, um nicht einer bestimmten Schulmeinung zu folgen.

Der **Verstorbene** ändert sich durch den Tod nicht in seinem Wesen, d. h. in seinem Charakter, seinen Ansichten, Einstellungen etc. (0, 5). Seine im jeweiligen Leben letzten Gedanken oder Wünsche, aber auch seine Einsichten z. B. in Fehler der Lebensführung bleiben erhalten und bestimmen die **Wahl der nächsten Inkarnation** auf Erden (0, 8). Oft empfindet er den Zustand nach dem Tod als seine eigentliche **geistige Heimat**, in die er nach dem „Ausflug ins Leben" zurückgekehrt ist (5, 13).

Die nun folgende Graphiktabelle stützt sich auf die umfangreichere, die im Anhang 8.4, S. 808 aufgeführt ist. Sie zeigt in graphischer Form als Balkendiagramm für jede **Kernaussage** die Zahl der sie unterstützenden Kinderfälle an sowie die jener Autoren, welche die betreffende Aussage von ihren Klienten berichten. So kann man rasch erkennen, welchen Grad der Bestätigung die jeweilige Aussage erreicht bzw. welchen Stellenwert sie einnimmt. Aussagen, die nur von einem einzigen Autor stammen, wurden durch **Verringern der Zeilenhöhe herausgenommen**, so dass sie nicht mehr lesbar sind (nicht jedoch, wenn es sich um Gegenaussagen handelte). So bleiben – unter Beibehaltung der Nummerierung – von ursprünglich insgesamt 226 noch 190 übrig, die als Kernaussagen gelten können.

Graphiktabelle 1: Aussagen zum Übergang nach dem Tod

Legende:

A: Laufende Nummer

Kernaussage: *Nr.* und *Aussagen von Kindern nach Band 1 (kursiv)*, Aussagen Rückgeführter (Normalschrift)

Kernaussagen, die sich zu **widersprechen** scheinen oder tatsächlich unvereinbar miteinander sind, sind durch eine fettgedruckte Umrandung gekennzeichnet.

Die Graphiken in der **dritten Spalte** veranschaulichen, wie viele Kinder spontan die Kernaussage von Spalte zwei gemacht haben (oberer Balken) und wie viele Autoren von Büchern über Rückführungen in ein Zwischenleben die jeweilige in Spalte 2 wiedergegebene Kernaussage von ihren Klienten ebenfalls gehört haben (mittlerer Balken). In der Regel steht für jeden Rückführer mehr als ein Klient hinter diesen Aussagen. Auch die Zahl jener Autoren ist angegeben, die nicht der gleichen „Schule" angehören (unterer Balken).

A	Kernaussagen	Kinder: Zahl der Fälle von Kindern Autoren: Zahl der Autoren für Rückführungen unabh.: Autoren gleicher Schule werden wie nur 1 Autor gezählt
	Nr. und *Aussagen von Kindern nach Band 1 (kursiv)*, Aussagen Rückgeführter (Normalschrift) Einzelne Zeilen sind absichtlich unterdrückt (s. Text oben)	
	1. Der Übergang nach dem Tod	
1.	*1. Außerkörperliche Erfahrung kurz vor dem Tod.*	Kinder; 2 Autoren; 0 unabh.; 0 0 5 10 15 20 25 30 35
2.	Mit dem Tod wird die Silberschnur getrennt, welche Körper und Seele verbunden hat.	Kinder; 0 Autoren; 5 unabh.; 5 0 5 10 15 20 25 30 35

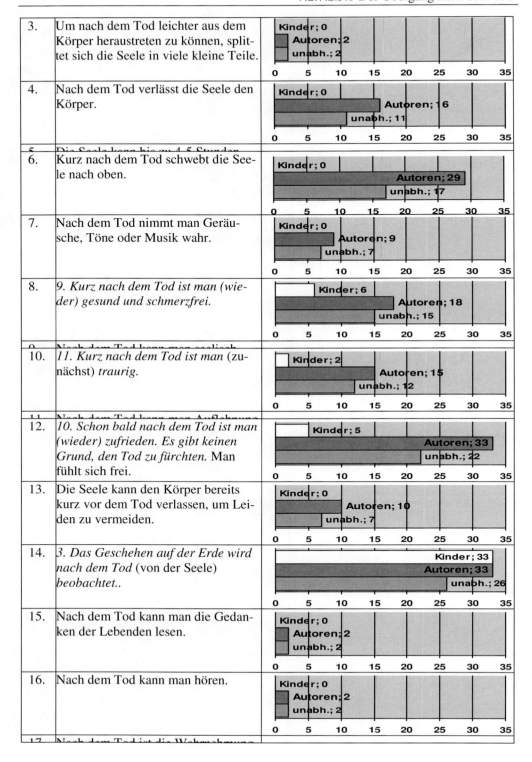

3.	Um nach dem Tod leichter aus dem Körper heraustreten zu können, splittet sich die Seele in viele kleine Teile.	
4.	Nach dem Tod verlässt die Seele den Körper.	
5.	Die Seele kann bis zu 4,5 Stunden	
6.	Kurz nach dem Tod schwebt die Seele nach oben.	
7.	Nach dem Tod nimmt man Geräusche, Töne oder Musik wahr.	
8.	*9. Kurz nach dem Tod ist man (wieder) gesund und schmerzfrei.*	
9.	Nach dem Tod kann man seelisch	
10.	*11. Kurz nach dem Tod ist man (zunächst) traurig.*	
11.	Nach dem Tod kann man Auflehnung	
12.	*10. Schon bald nach dem Tod ist man (wieder) zufrieden. Es gibt keinen Grund, den Tod zu fürchten.* Man fühlt sich frei.	
13.	Die Seele kann den Körper bereits kurz vor dem Tod verlassen, um Leiden zu vermeiden.	
14.	*3. Das Geschehen auf der Erde wird nach dem Tod (von der Seele) beobachtet..*	
15.	Nach dem Tod kann man die Gedanken der Lebenden lesen.	
16.	Nach dem Tod kann man hören.	
17.	Nach dem Tod ist die Wahrnehmung	

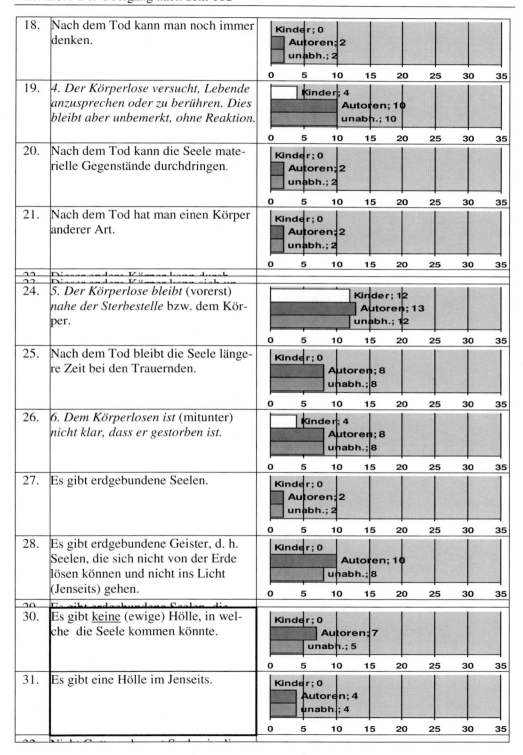

18.	Nach dem Tod kann man noch immer denken.
19.	*4. Der Körperlose versucht, Lebende anzusprechen oder zu berühren. Dies bleibt aber unbemerkt, ohne Reaktion.*
20.	Nach dem Tod kann die Seele materielle Gegenstände durchdringen.
21.	Nach dem Tod hat man einen Körper anderer Art.
24.	*5. Der Körperlose bleibt* (vorerst) *nahe der Sterbestelle* bzw. dem Körper.
25.	Nach dem Tod bleibt die Seele längere Zeit bei den Trauernden.
26.	*6. Dem Körperlosen ist* (mitunter) *nicht klar, dass er gestorben ist.*
27.	Es gibt erdgebundene Seelen.
28.	Es gibt erdgebundene Geister, d. h. Seelen, die sich nicht von der Erde lösen können und nicht ins Licht (Jenseits) gehen.
30.	Es gibt keine (ewige) Hölle, in welche die Seele kommen könnte.
31.	Es gibt eine Hölle im Jenseits.

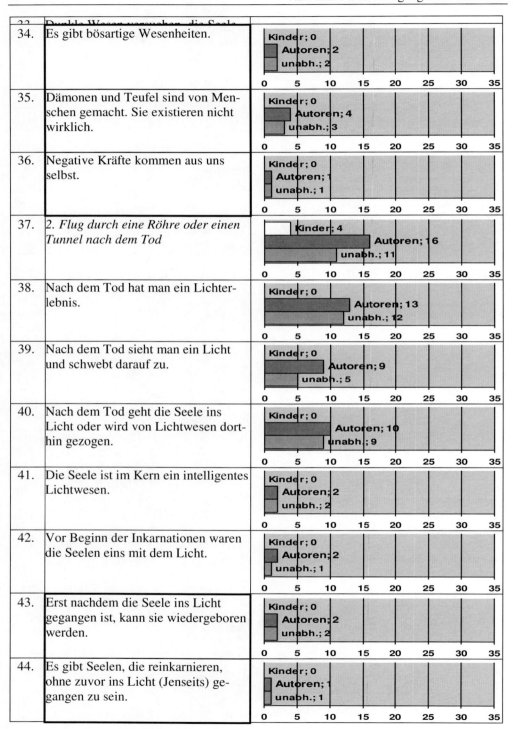

34.	Es gibt bösartige Wesenheiten.
35.	Dämonen und Teufel sind von Menschen gemacht. Sie existieren nicht wirklich.
36.	Negative Kräfte kommen aus uns selbst.
37.	*2. Flug durch eine Röhre oder einen Tunnel nach dem Tod*
38.	Nach dem Tod hat man ein Lichterlebnis.
39.	Nach dem Tod sieht man ein Licht und schwebt darauf zu.
40.	Nach dem Tod geht die Seele ins Licht oder wird von Lichtwesen dorthin gezogen.
41.	Die Seele ist im Kern ein intelligentes Lichtwesen.
42.	Vor Beginn der Inkarnationen waren die Seelen eins mit dem Licht.
43.	Erst nachdem die Seele ins Licht gegangen ist, kann sie wiedergeboren werden.
44.	Es gibt Seelen, die reinkarnieren, ohne zuvor ins Licht (Jenseits) gegangen zu sein.

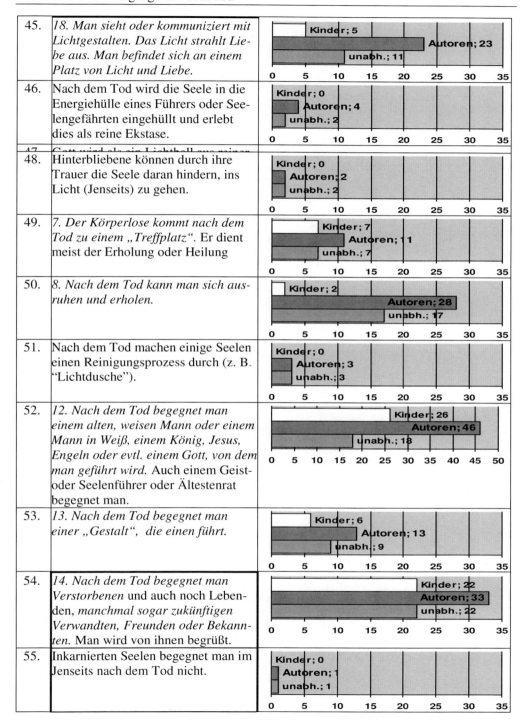

45.	18. Man sieht oder kommuniziert mit Lichtgestalten. Das Licht strahlt Liebe aus. Man befindet sich an einem Platz von Licht und Liebe.	Kinder; 5 / Autoren; 23 / unabh.; 11
46.	Nach dem Tod wird die Seele in die Energiehülle eines Führers oder Seelengefährten eingehüllt und erlebt dies als reine Ekstase.	Kinder; 0 / Autoren; 4 / unabh.; 2
48.	Hinterbliebene können durch ihre Trauer die Seele daran hindern, ins Licht (Jenseits) zu gehen.	Kinder; 0 / Autoren; 2 / unabh.; 2
49.	7. Der Körperlose kommt nach dem Tod zu einem „Treffplatz". Er dient meist der Erholung oder Heilung	Kinder; 7 / Autoren; 11 / unabh.; 7
50.	8. Nach dem Tod kann man sich ausruhen und erholen.	Kinder; 2 / Autoren; 28 / unabh.; 17
51.	Nach dem Tod machen einige Seelen einen Reinigungsprozess durch (z. B. "Lichtdusche").	Kinder; 0 / Autoren; 3 / unabh.; 3
52.	12. Nach dem Tod begegnet man einem alten, weisen Mann oder einem Mann in Weiß, einem König, Jesus, Engeln oder evtl. einem Gott, von dem man geführt wird. Auch einem Geist- oder Seelenführer oder Ältestenrat begegnet man.	Kinder; 26 / Autoren; 46 / unabh.; 18
53.	13. Nach dem Tod begegnet man einer „Gestalt", die einen führt.	Kinder; 6 / Autoren; 13 / unabh.; 9
54.	14. Nach dem Tod begegnet man Verstorbenen und auch noch Lebenden, manchmal sogar zukünftigen Verwandten, Freunden oder Bekannten. Man wird von ihnen begrüßt.	Kinder; 22 / Autoren; 33 / unabh.; 22
55.	Inkarnierten Seelen begegnet man im Jenseits nach dem Tod nicht.	Kinder; 0 / Autoren; 1 / unabh.; 1

56.	Inkarnierte sind in der jenseitigen Seelengruppe unsichtbar.	

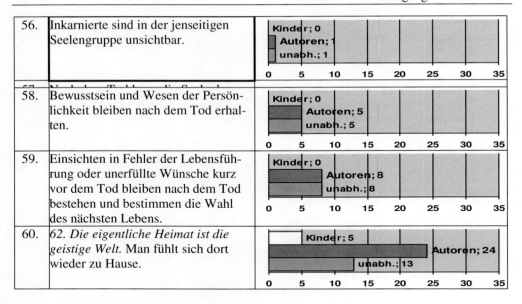

58.	Bewusstsein und Wesen der Persönlichkeit bleiben nach dem Tod erhalten.	
59.	Einsichten in Fehler der Lebensführung oder unerfüllte Wünsche kurz vor dem Tod bleiben nach dem Tod bestehen und bestimmen die Wahl des nächsten Lebens.	
60.	*62. Die eigentliche Heimat ist die geistige Welt.* Man fühlt sich dort wieder zu Hause.	

7.2.7.2.3.2   Im Jenseits

Im nun folgenden Text geben die Zahlen in Klammern wie schon im vorherigen Kapitel an, wie viele Kinderfälle von insgesamt 136 und – nach dem Komma – wie viele der insgesamt 41 unabhängigen Autoren, die nicht der gleichen Schule zugehören, jeweils die in Rede stehende Aussage unterstützen (x, x). Mittelwerte: (8, 5).

Gedanken und Wünsche der **Seele** bestimmen die erlebte Realität im **Jenseits** (0, 6). Dementsprechend wird vielfach berichtet, dass man sich in herrlichen **Gärten, Landschaften mit Blumenwiesen** oder in Häusern wiederfinden kann (21, 13[261]). Man begegnet Tieren oder sieht sie (2, 5). Manche **Jenseitige** tragen Kleider wie auf Erden (2, 6). Man kann Hunger und Durst empfinden, **essen** und trinken (6, 3), muss dies aber nicht (1, 2). Man kann **arbeiten**, spielen und Sport treiben (3, 5). Man sieht mehrere Orte oder Perspektiven zugleich (**Omnipräsenz**, Rundumsicht) (1, 2). Will man sich **an einen anderen Ort begeben**, so genügt es, daran zu denken, und schon ist man dort (8, 10). Mit anderen Seelen **verständigt** man sich ohne Worte, quasi telepathisch (4, 9). Die eigenen Gedanken und Motive lassen sich vor anderen nicht verbergen (0, 5), es sei denn, die Seele hat eine höhere Entwicklungsstufe erreicht (0, 2). Zwischen den Seelen gibt es im Jenseits keine Feindschaften, auch keine Verurteilungen wegen böser Taten auf Erden (0, 3). Man kann durch Gedankenkraft bestimmen, in welcher Gestalt man sich anderen zeigen will (0, 3). Gerne tritt man so auf, wie man in seinen besten Jahren im Leben aussah (1, 7). Man hat kein **Zeitempfinden** (4, 8).

Man lebt in der Regel in **Gruppen** mit anderen zusammen, die etwa die gleiche Entwicklungsstufe erreicht haben oder gleichartige Ziele verfolgen (11, 11).

Mit dem Eintritt in die geistige Welt erfährt man eine **Bewusstseinserweiterung**, die Erinnerungen an frühere Leben und Einsichten in Aufbau und Funktion der Welt umfasst, Einsichten, deren Ausmaß allerdings vom Entwicklungsstand der Seele abhängt (6, 11). Diese Erkenntnisse geraten mit einer erneuten Geburt aber wieder in Vergessenheit (6, 2). Der Seele ist im Jenseits klar, dass auch dort **Aufgaben** zu erledigen sind (6, 7), ganz besonders ein Lernen und die Weiterentwicklung der eigenen Person (0, 9). Weitere Aufgaben können darin bestehen, z. B. andere Seelen über die eigenen Lebenserfahrungen zu belehren (0, 2) oder die nach dem leiblichen Tod in der immateriellen Welt Ankommenden zu betreuen (0, 7). Wenn (noch le-

---

[261] Nach Ende der Auswertung kam noch ein Buch mit Hinweisen darauf hinzu: *53, S. 52, 56, 124*

bende) Menschen darum bitten, gilt es auch, diesen beizustehen (0, 5). Das kann z. B. dadurch geschehen, dass ihnen in Form von Intuitionen oder **Träumen** entsprechende Gedanken eingegeben werden (0, 4).

Nach dem Tod wird vielen erst so richtig klar: Wie im Jenseits, so hat man **auch im Diesseits Aufgaben** zu erfüllen (6, 9), allen voran Lernen und Weiterentwicklung der Persönlichkeit (7, 14). Schwierige Leben auf Erden ermöglichen größere Lernfortschritte als einfache (0, 3), aber die angestrebten Erfolge sind auch ohne Leiden und Kampf zu erreichen (0, 4). Wichtige Ziele im Leben bestehen darin, die Beziehungen zu seinen Mitmenschen zu vervollkommnen (0, 8) und lieben zu lernen (0, 8). Es sollte dagegen kein Lebensziel sein, Reichtum, Macht oder Einfluss zu erlangen (0, 3). Endziel aller Entwicklung ist es, die Verschmelzung mit Gott bzw. eine Gottähnlichkeit, d. h. eine Vollkommenheit zu erreichen (0, 13). Schließlich ist jeder von uns ein Teil Gottes (0, 3), sind wir alle miteinander verbunden (0, 4) bzw. fühlen uns mit allen anderen Wesen eins und sind untereinander gleich(-wertig) (6, 4). Dennoch gibt es eine Art **hierarchische Ordnung**, die sich aus dem Entwicklungsstand bzw. dem Grad der geistigen Bewusstheit ableitet (11, 10), aber nichts mit Wertigkeit zu tun hat. Seelen können in **Ebenen des Jenseits** gehen oder hineinschauen, die von weniger entwickelten Wesen „bewohnt" werden. Für den Zugang zu höheren müssen sie sich qualifizieren (0, 2).

Im Jenseits gibt es **Bibliotheken** und **Schulen**, die in Gebäuden untergebracht sind, gebaut meist im Stil griechischer Tempel (0, 9[262]). Dort befinden sich „Lebensbücher" oder „Lebensvideos", in denen man sich über seine vergangenen Leben informieren kann (0, 4). Man kann sich also einen **Lebensfilm** als Rückschau auf das gerade vergangene Leben ansehen (0, 10). All diese Informationen sind in der sogenannten „**Akasha-Chronik**" festgehalten (0, 4).

Im Jenseits wird das gerade **vergangene Leben bewertet** (6, 12), denn jede Inkarnation stellt eine Art Prüfung dar (4, 4). Diese Beurteilung findet in der **Seelengruppe** (0, 2) oder vor jenem bereits erwähnten **Ältestenrat** statt, der sich aus erfahrenen **Geistführern** zusammensetzt, die selbst meist nicht mehr reinkarnieren müssen (0, 8). Diese verurteilen oder bestrafen schlechte Lebensführung aber nicht, sondern helfen bei der Beurteilung durch das eigene **Gewissen**. Dieser Prozess kann sehr schmerzhaft sein (0, 13). Dabei kommt es mitunter zu **Schuldgefühlen**, die den Wunsch nach Wiedergeburt auslösen, um die Schuld in einem neuen Leben abzu-

---

[262] Nach Ende der Auswertung kam noch ein Buch mit Hinweisen darauf hinzu: *53, S. 160, 166*

tragen (0, 3). Eine einfache Erlösung von der Schuld aus früheren Leben gibt es nicht (0, 4). Das jenseitige Wertesystem beruht auf absoluter **Liebe** (0, 3). Gute Taten sind erforderlich (4, 5).

Skeptiker werden einwenden, dass in Rückführungen nur die jeweilige Weltanschauung der Probanden wiedergegeben wird. Bemerkenswert ist daher, was in **Rückführungen nicht gesagt** wird, obwohl es der weit verbreiteten christlichen Religionslehre entspricht: Dass im Leben begangene Verfehlungen (Sünden) nicht selbst zu **verantworten** sind, sondern von Christus durch seinen Kreuzestod übernommen worden seien; oder dass man ins Fegfeuer kommen kann (Beispiel Kap. 7.2.3.1.2.4, S. 244). Dieser Aspekt unterlassener Aussagen ist bisher unerforscht, könnte aber einen Hinweis auf ihre Glaubwürdigkeit liefern.

Der besagte Ältestenrat hilft mit, das **nächste Leben sorgfältig zu planen** (0, 16[263]). Das bedeutet kein Diktat. Man kann sich beraten und über die Umstände des neuen Lebens verhandeln (16, 9)[264]. Manche sehen oder **erkunden die Situation im künftigen Elternhaus** noch vor der Konzeption der Mutter (34, 5) oder schauen sich die nächsten Lebenspartner oder Lebensläufe an (0, 5) (Bsp. zur Lebensplanung in Kapitel 7.2.6.6, Fall Nr. (69), S. 571). Manchmal werden geplante Handlungen sogar geprobt (0, 3). Weil die Seele über das kommende Leben mitbestimmt und deshalb die Möglichkeit hat, den Vorschlägen des „Rates" nicht zu folgen, trägt sie auch die volle **Verantwortung** für ihre Situation im nächsten Leben (0, 12). Folgt die Seele nicht den Empfehlungen der Weisen, so wird sie zwar nicht bestraft, bereut es aber später (0, 2). Bei der Planung werden karmische Aspekte aus früheren Leben berücksichtigt (0, 11). Aus den Beschreibungen der Rückgeführten über ihre früheren Leben schließen die Autoren, dass z. B. ungelöste Probleme in nachfolgenden Leben gelöst werden müssen (0, 2) und dass die Ursache von Krankheiten in ungelösten Problemen aus früheren Leben liegen kann (0, 2). Traumata können sich in mehreren Leben und oft im gleichen Lebensalter (**Alterssynchronizität**) wiederholen (0, 2[265]). Ein konkretes Beispiel für karmische Aspekte ist der **Selbstmord**. Man

---

[263] Nach Ende der Auswertung kam noch ein Buch mit Hinweisen auf die Planung des kommenden Lebens auf Erden hinzu: *53, S. 142, 151, 195*

[264] Diese Vorstellung von der Planbarkeit des kommenden Lebens wird in gewisser Weise durch eine Erkenntnis Stevensons untermauert: Danach waren von 31 gelösten Zwillingsfällen von Kindern mit Reinkarnationserinnerungen alle der früheren Personen verwandschaftlich oder freundschaftlich miteinander verbunden (Band 1: Kapitel 5.4.8.1). Das könnte auf Absprachen hindeuten.

[265] Nach Ende der Auswertung kam noch ein Buch mit Hinweisen auf Alterssynchronizität hinzu: *53, S. 14, 40, 45, 82, 90, 97, 131, 159*

wird zwar nach einem Selbstmord im Jenseits nicht bestraft, muss aber die nicht bestandene irdische Prüfung in einem weiteren Leben unter ähnlich schwierigen Bedingungen zu korrigieren versuchen (0, 7). Die Lebensplanung wird in der Praxis allerdings nicht strikt eingehalten (0, 5), denn die Seele genießt immer einen **freien Willen** (0, 2).

Bei der **Planung des nächsten Lebens** kann man den Körper bzw. das Baby oder die **Mutter** unter mehreren Möglichkeiten **wählen** (41, 15). Diese Aussage findet sowohl bei den Kindern[266] als auch bei den Rückgeführten starke Unterstützung. Sie beinhaltet auch die Wahl des **Geschlechts**. Die Seele weiß also vor der Wiedergeburt, in welche Familie bzw. welche Lebensumstände sie hineingeboren wird (0, 8). Sie kann den Zeitpunkt der Wiedergeburt wählen (0, 3). Einige Autoren berichten dagegen, die Seele könne den Körper bzw. die Lebensumstände nicht wählen (0, 4). Ich interpretiere dies nicht als unvereinbaren Gegensatz zur obigen ersten Aussage. Ist es doch durchaus denkbar, dass für die einen Seelen das Eine und für die anderen das Andere gilt.

Die Lebensplanung führt oft dazu, dass man in der kommenden Inkarnation wieder mit den **gleichen Seelen zusammenkommt**, mit denen man in früheren Leben schon zu tun hatte (0, 22[267]). Die Rollenverteilung zwischen Eltern, Kindern und Freunden wird dann allerdings geändert sein. Vereinbarungen darüber werden in der **Seelengruppe** getroffen (0, 4). Man verabredet sich also auch für ein Wiedersehen auf Erden (7, 6) und setzt Erkennungszeichen, um sich wiederzufinden (0, 1). Blieben Probleme zwischen Lebenden ungelöst, erhalten die Betreffenden eine neue Möglichkeit, einen Ausgleich zu finden (0, 8). Sogar der individuelle Tod wird geplant (0, 5), oder Gruppen verabreden sich zu einem gemeinsamen Sterben (0, 2).

Im Jenseits Gelerntes und der dort gefasste Lebensplan müssen auf der Erde praktisch umgesetzt werden, um die Seele zu vervollkommnen (0, 8).

Die nun folgende Graphiktabelle entspricht formal der aus dem vorherigen Kapitel. Sie stützt sich ebenfalls auf die umfangreichere, die im Anhang 8.4, S. 808 aufgeführt ist. Sie zeigt in graphischer Form als Balkendiagramm für jede **Kernaussage** die Zahl der sie unterstützenden Kinderfälle an sowie die jener Autoren, welche die betreffende Aussage von ihren Klienten berichten. So kann man rasch erkennen,

---

[266] Durch einen neuen Artikel über japanische Fälle steigt die Zahl der Kinder, die sich entsprechend geäußert haben, auf 58 (von dann insgesamt 157 Fällen, entspr. 37%) (*264*)

[267] Nach Ende der Auswertung kam noch ein Buch mit Hinweisen auf karmische Verbindungen hinzu: *53, S. 14, 114, 145, 194*

welchen Grad der Bestätigung die jeweilige Aussage erreicht bzw. welchen Stellenwert sie einnimmt. Aussagen, die nur von einem einzigen Autor stammen, wurden durch Verringern der Zeilenhöhe herausgenommen, so dass sie nicht mehr lesbar sind (nicht jedoch, wenn es sich um Gegenaussagen handelte). So bleiben – unter Beibehaltung der Nummerierung – von ursprünglich insgesamt 226 noch 190 übrig, die als Kernaussagen gelten können.

Graphiktabelle 2: Im Jenseits

Legende:

A: Laufende Nummer

Kernaussage: *Nr.* und *Aussagen von Kindern nach Band 1 (kursiv)*, Aussagen Rückgeführter (Normalschrift)

Kernaussagen, die sich zu **widersprechen** scheinen oder tatsächlich unvereinbar miteinander sind, sind durch eine fettgedruckte Umrandung gekennzeichnet.

Die Graphiken in der **dritten Spalte** veranschaulichen, wie viele Kinder spontan die Kernaussage von Spalte zwei gemacht haben (oberer Balken) und wie viele Autoren von Büchern über Rückführungen in ein Zwischenleben die jeweilige in Spalte 2 wiedergegebene Kernaussage von ihren Klienten ebenfalls gehört haben (mittlerer Balken). In der Regel steht mehr als ein Klient pro Rückführer hinter diesen Aussagen. Auch die Zahl jener Autoren ist angegeben, die nicht der gleichen „Schule" angehören (unterer Balken).

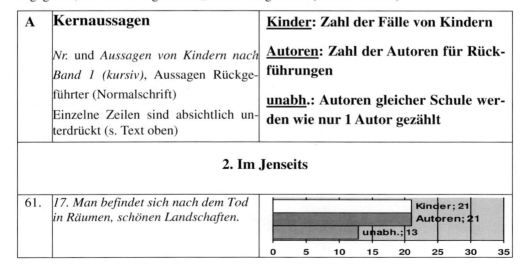

A	Kernaussagen	Kinder: Zahl der Fälle von Kindern
	Nr. und *Aussagen von Kindern nach Band 1 (kursiv)*, Aussagen Rückgeführter (Normalschrift) Einzelne Zeilen sind absichtlich unterdrückt (s. Text oben)	**Autoren: Zahl der Autoren für Rückführungen** **unabh.: Autoren gleicher Schule werden wie nur 1 Autor gezählt**
	2. Im Jenseits	
61.	*17. Man befindet sich nach dem Tod in Räumen, schönen Landschaften.*	Kinder; 21 Autoren; 21 unabh.; 13 0 5 10 15 20 25 30 35

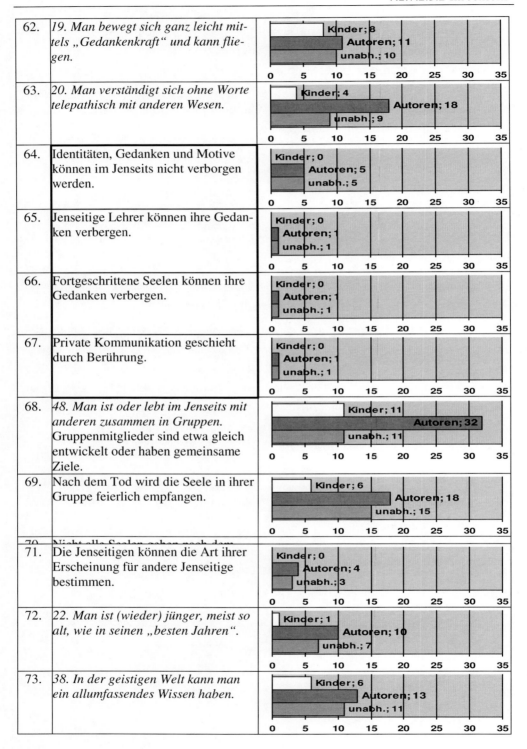

62.	19. Man bewegt sich ganz leicht mittels „Gedankenkraft" und kann fliegen.
63.	20. Man verständigt sich ohne Worte telepathisch mit anderen Wesen.
64.	Identitäten, Gedanken und Motive können im Jenseits nicht verborgen werden.
65.	Jenseitige Lehrer können ihre Gedanken verbergen.
66.	Fortgeschrittene Seelen können ihre Gedanken verbergen.
67.	Private Kommunikation geschieht durch Berührung.
68.	48. Man ist oder lebt im Jenseits mit anderen zusammen in Gruppen. Gruppenmitglieder sind etwa gleich entwickelt oder haben gemeinsame Ziele.
69.	Nach dem Tod wird die Seele in ihrer Gruppe feierlich empfangen.
71.	Die Jenseitigen können die Art ihrer Erscheinung für andere Jenseitige bestimmen.
72.	22. Man ist (wieder) jünger, meist so alt, wie in seinen „besten Jahren".
73.	38. In der geistigen Welt kann man ein allumfassendes Wissen haben.

74.	39. *Die Inhalte dieses Wissens oder die Lebensaufgabe werden mit der Geburt vergessen.*	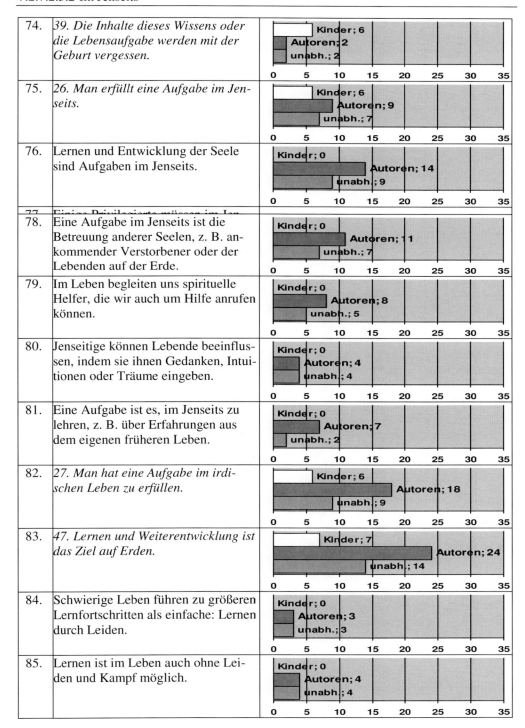
75.	26. *Man erfüllt eine Aufgabe im Jenseits.*	
76.	Lernen und Entwicklung der Seele sind Aufgaben im Jenseits.	
77.	Einige Privilegierte müssen im Jenseits	
78.	Eine Aufgabe im Jenseits ist die Betreuung anderer Seelen, z. B. ankommender Verstorbener oder der Lebenden auf der Erde.	
79.	Im Leben begleiten uns spirituelle Helfer, die wir auch um Hilfe anrufen können.	
80.	Jenseitige können Lebende beeinflussen, indem sie ihnen Gedanken, Intuitionen oder Träume eingeben.	
81.	Eine Aufgabe ist es, im Jenseits zu lehren, z. B. über Erfahrungen aus dem eigenen früheren Leben.	
82.	27. *Man hat eine Aufgabe im irdischen Leben zu erfüllen.*	
83.	47. *Lernen und Weiterentwicklung ist das Ziel auf Erden.*	
84.	Schwierige Leben führen zu größeren Lernfortschritten als einfache: Lernen durch Leiden.	
85.	Lernen ist im Leben auch ohne Leiden und Kampf möglich.	

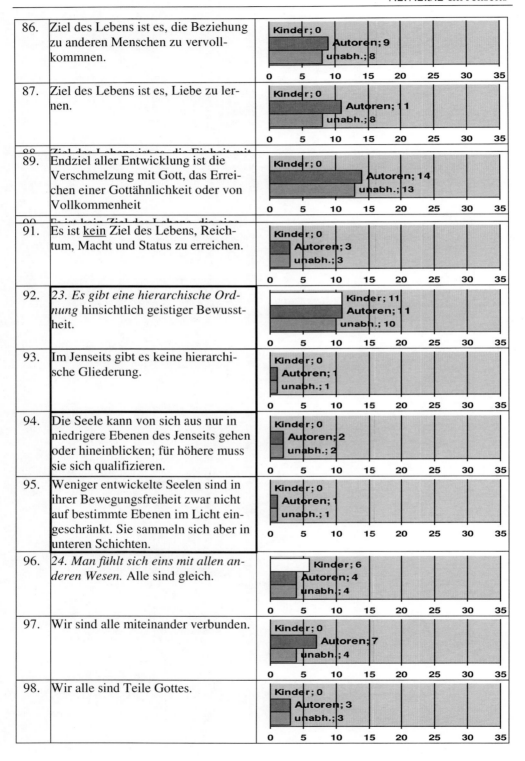

86.	Ziel des Lebens ist es, die Beziehung zu anderen Menschen zu vervollkommnen.
87.	Ziel des Lebens ist es, Liebe zu lernen.
88.	Ziel des Lebens ist es, die Einheit mit
89.	Endziel aller Entwicklung ist die Verschmelzung mit Gott, das Erreichen einer Gottähnlichkeit oder von Vollkommenheit
90.	Es ist kein Ziel des Lebens, die eine
91.	Es ist kein Ziel des Lebens, Reichtum, Macht und Status zu erreichen.
92.	23. Es gibt eine hierarchische Ordnung hinsichtlich geistiger Bewusstheit.
93.	Im Jenseits gibt es keine hierarchische Gliederung.
94.	Die Seele kann von sich aus nur in niedrigere Ebenen des Jenseits gehen oder hineinblicken; für höhere muss sie sich qualifizieren.
95.	Weniger entwickelte Seelen sind in ihrer Bewegungsfreiheit zwar nicht auf bestimmte Ebenen im Licht eingeschränkt. Sie sammeln sich aber in unteren Schichten.
96.	24. Man fühlt sich eins mit allen anderen Wesen. Alle sind gleich.
97.	Wir sind alle miteinander verbunden.
98.	Wir alle sind Teile Gottes.

99.	Zwischen den Seelen im Jenseits gibt es keine Feindschaften oder Verurteilungen wegen böser Taten auf der Erde.	Kinder; 0 / Autoren; 4 / unabh.; 3
100.	*25. Man hat (im Jenseits) kein Zeitempfinden.*	Kinder; 4 / Autoren; 10 / unabh.; 8
101.	Im Jenseits gibt es Bibliotheken und Schulen, meist im Baustil griechischer Tempel.	Kinder; 0 / Autoren; 16 / unabh.; 9
102.	In den jenseitigen Bibliotheken gibt es „Lebensbücher" oder „Lebensvideos".	Kinder; 0 / Autoren; 7 / unabh.; 4
103.	Sämtliche Ereignisse aller Leben sind in der Akasha-Chronik verzeichnet.	Kinder; 0 / Autoren; 4 / unabh.; 4
104.	*15. Es findet eine Prüfung oder Bewertung des vergangenen Lebensweges statt.*	Kinder; 6 / Autoren; 18 / unabh.; 12
105.	*16. Gute Taten sind* (für die weitere Entwicklung der Seelen) *nötig; man wird dazu ermahnt.*	Kinder; 4 / Autoren; 5 / unabh.; 5
106.	Die Wiedergeburt wird sorgfältig geplant. Weise, die nicht mehr inkarnieren müssen, helfen durch Beratung (Ältestenrat).	Kinder; 24 / Autoren; 18 / unabh.; 16
107.	Das jenseitige Wertesystem beruht auf absoluter Liebe.	Kinder; 0 / Autoren; 9 / unabh.; 3
108.	Die Bewertung des vergangenen Lebens findet vor Richtern, Geistführern oder dem Ältestenrat statt, die aber nicht verurteilen.	Kinder; 0 / Autoren; 22 / unabh.; 8
109.	Die Beurteilung des vergangenen Lebens geschieht durch das eigene Gewissen und kann sehr schmerzhaft sein.	Kinder; 0 / Autoren; 17 / unabh.; 13

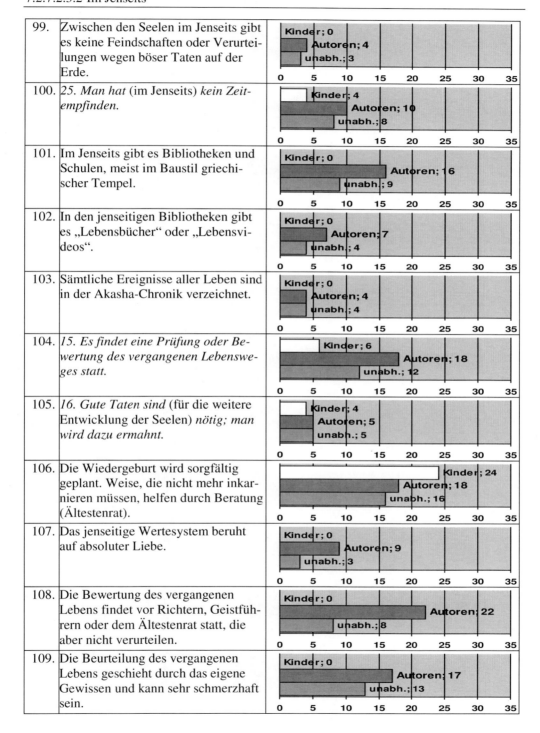

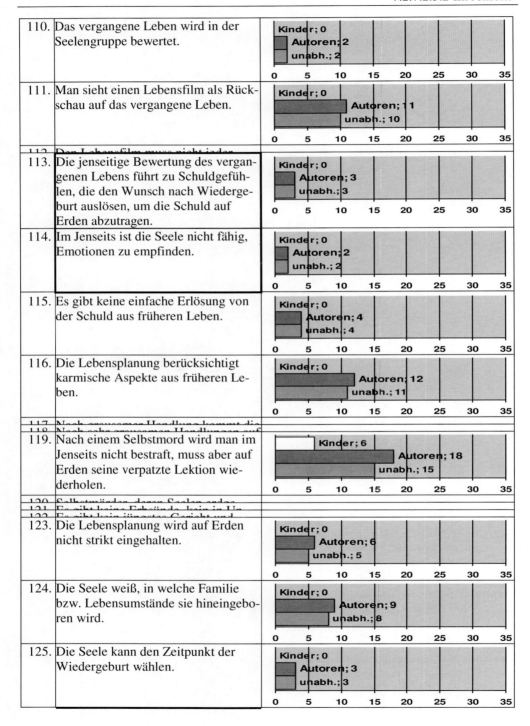

110.	Das vergangene Leben wird in der Seelengruppe bewertet.
111.	Man sieht einen Lebensfilm als Rückschau auf das vergangene Leben.
113.	Die jenseitige Bewertung des vergangenen Lebens führt zu Schuldgefühlen, die den Wunsch nach Wiedergeburt auslösen, um die Schuld auf Erden abzutragen.
114.	Im Jenseits ist die Seele nicht fähig, Emotionen zu empfinden.
115.	Es gibt keine einfache Erlösung von der Schuld aus früheren Leben.
116.	Die Lebensplanung berücksichtigt karmische Aspekte aus früheren Leben.
119.	Nach einem Selbstmord wird man im Jenseits nicht bestraft, muss aber auf Erden seine verpatzte Lektion wiederholen.
123.	Die Lebensplanung wird auf Erden nicht strikt eingehalten.
124.	Die Seele weiß, in welche Familie bzw. Lebensumstände sie hineingeboren wird.
125.	Die Seele kann den Zeitpunkt der Wiedergeburt wählen.

126.	*45. Man kann den Körper, d. h. das Baby bzw. die Mutter wählen.*	
127.	Die Seele genießt immer einen freien Willen.	
128.	Die Seele hat keine Wahl darüber, in welchen Körper bzw. welche Familie sie wiedergeboren wird.	
129.	Mit den eigenen Bezugspersonen bzw. deren Seelen lebt man in mehreren Leben in unterschiedlichen Verkörperungen zusammen.	
130.	Ungelöste Probleme zwischen Lebenden führen dazu, dass deren Seelen in neuen Leben wieder zusammenkommen müssen.	
131.	*46. Man kann sich bezüglich der Wiedergeburt beraten oder darüber verhandeln.*	
132.	Die Seele wählt im Jenseits die Umstände für das folgende Leben bzw. stimmt entsprechenden Vorschlägen des Ältestenrats zu. Menschen sind also selbst für ihre Lebenssituation verantwortlich.	
133.	*55. Man sieht oder erkundet die Situation im künftigen Elternhaus noch vor der Konzeption und der Geburt.*	
134.	Die Seele kann vom Jenseits aus zukünftige Lebenspartner bzw. Lebensläufe oder die Zukunft der Menschen auf der Erde schauen.	
135.	Ereignisse auf der Erde sind geplant.	
136.	Geplante Handlungen auf Erden werden im Jenseits geprobt.	

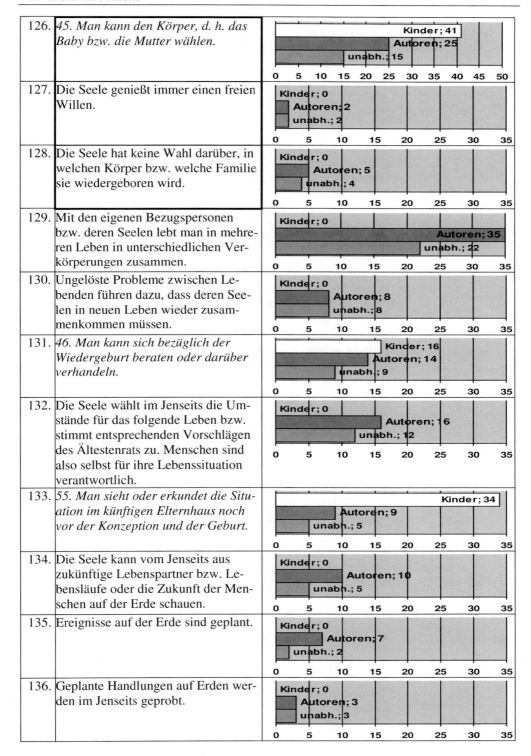

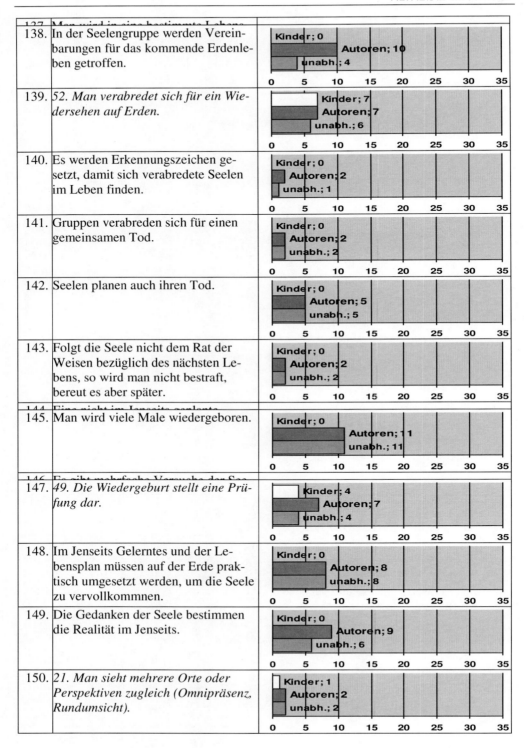

137.	Man wird in eine bestimmte Lebens...
138.	In der Seelengruppe werden Vereinbarungen für das kommende Erdenleben getroffen.
139.	*52. Man verabredet sich für ein Wiedersehen auf Erden.*
140.	Es werden Erkennungszeichen gesetzt, damit sich verabredete Seelen im Leben finden.
141.	Gruppen verabreden sich für einen gemeinsamen Tod.
142.	Seelen planen auch ihren Tod.
143.	Folgt die Seele nicht dem Rat der Weisen bezüglich des nächsten Lebens, so wird man nicht bestraft, bereut es aber später.
144.	Eine nicht im Jenseits geplante...
145.	Man wird viele Male wiedergeboren.
146.	Es gibt mehrfache Versuche der See...
147.	*49. Die Wiedergeburt stellt eine Prüfung dar.*
148.	Im Jenseits Gelerntes und der Lebensplan müssen auf der Erde praktisch umgesetzt werden, um die Seele zu vervollkommnen.
149.	Die Gedanken der Seele bestimmen die Realität im Jenseits.
150.	*21. Man sieht mehrere Orte oder Perspektiven zugleich (Omnipräsenz, Rundumsicht).*

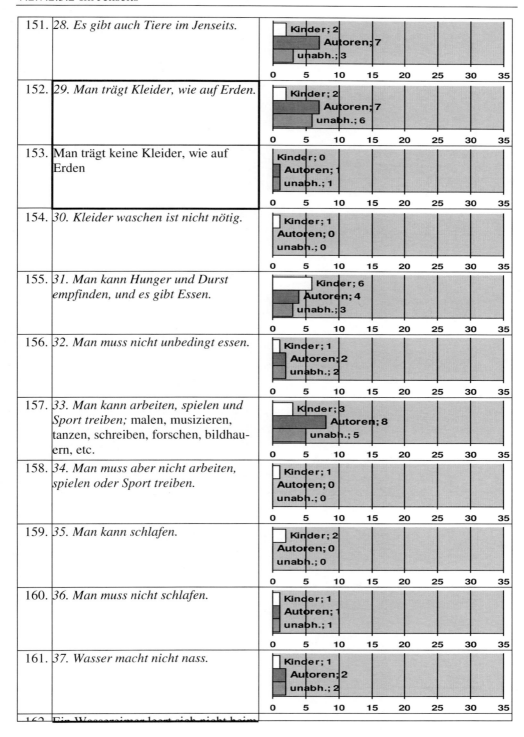

151.	28. *Es gibt auch Tiere im Jenseits.*	Kinder; 2 / Autoren; 7 / unabh.; 3
152.	29. *Man trägt Kleider, wie auf Erden.*	Kinder; 2 / Autoren; 7 / unabh.; 6
153.	Man trägt keine Kleider, wie auf Erden	Kinder; 0 / Autoren; 1 / unabh.; 1
154.	30. *Kleider waschen ist nicht nötig.*	Kinder; 1 / Autoren; 0 / unabh.; 0
155.	31. *Man kann Hunger und Durst empfinden, und es gibt Essen.*	Kinder; 6 / Autoren; 4 / unabh.; 3
156.	32. *Man muss nicht unbedingt essen.*	Kinder; 1 / Autoren; 2 / unabh.; 2
157.	33. *Man kann arbeiten, spielen und Sport treiben; malen, musizieren, tanzen, schreiben, forschen, bildhauern, etc.*	Kinder; 3 / Autoren; 8 / unabh.; 5
158.	34. *Man muss aber nicht arbeiten, spielen oder Sport treiben.*	Kinder; 1 / Autoren; 0 / unabh.; 0
159.	35. *Man kann schlafen.*	Kinder; 2 / Autoren; 0 / unabh.; 0
160.	36. *Man muss nicht schlafen.*	Kinder; 1 / Autoren; 1 / unabh.; 1
161.	37. *Wasser macht nicht nass.*	Kinder; 1 / Autoren; 2 / unabh.; 2

162. Ein Wassereimer leert sich nicht beim

163.	*40. Seelen entstehen neu.*	Kinder; 3 / Autoren; 2 / unabh.; 1
164.	Seelen gibt es schon immer.	Kinder; 0 / Autoren; 1 / unabh.; 1
165.	Seelen sind alle zugleich entstanden.	Kinder; 0 / Autoren; 1 / unabh.; 1

7.2.7.2.3.3   Die Wiedergeburt

Erstaunlich viele der Kinder mit **Erinnerungen an die Zwischenlebenszeit** bestätigen die Reinkarnation als Tatsache (25, 1). Rückgeführte sagen, die **Seele** wird nicht nur einmal, sondern **viele Male wiedergeboren** (0, 11). Die Zeugnisse der Kinder und der Rückgeführten legen die Annahme nahe, dass die Rückkehr zur Erde – vielleicht je nach Bewusstsein oder Entwicklungsstufe der Seele – **freiwillig**, aber auch erzwungenermaßen, also **unfreiwillig** ablaufen kann. Man findet einerseits Aussagen, wonach die Wiedergeburt zwar nicht zwingend erforderlich, jedoch der effektivste Weg für die Entwicklung der Seele ist (0, 4). Dementsprechend kommen viele freiwillig wieder auf die Erde (9, 12). Zudem gibt es angeblich viel mehr reinkarnationswillige Seelen, als materielle menschliche Körper zur Verfügung stehen (0, 3). Auf der anderen Seite heißt es in den Jenseitsberichten häufig, man werde unfreiwillig bzw. mehr oder minder dazu überredet und auf die Erde zurückgeschickt (15, 14). Wenn man nicht gehen wolle, werde man sanft geschubst oder zu diesem Schritt gedrängt (4, 6). Es gibt auch die (seltenere) Behauptung, dass alle Seelen reinkarnieren müssten (0, 2). Häufiger hingegen heißt es, ab einer gewissen Entwicklungsstufe müssten die Seelen nicht mehr reinkarnieren (0, 7). Es ergibt sich also die Gesamtaussage, dass – abgesehen von eher seltenen Ausnahmen – **alle Menschen** und nicht etwa nur einzelne **wiedergeboren** werden.

(70) * Was die Haltung der noch ungeborenen Seele gegenüber der Aussicht auf Wiedergeburt betrifft, möchte ich hier ein kurzes Beispiel einstreuen, das mir kürzlich von einer Korrespondentin, die ich **Karin**) nennen werde, unaufgefordert berichtet worden ist. Sie war auf der Suche nach einem wissenschaftlichen Werk über Reinkarnation auf Band 1 dieser Trilogie gestoßen, fand es wunderbar recherchiert und fühlte sich besonders davon angesprochen, dass sie darin ein eigenes Erlebnis bestätigt fand. Darüber berichtete sie in E-Mails vom Dezember 2014[268]:

„Ich hatte mal – da war ich vielleicht Anfang 30 – einen Bekannten zu Besuch, der eine Methode gelernt hatte, irgendwie an den Füßen eine kleine Massage vorzunehmen und das sollte dann vorgeburtliche Erinnerungen öffnen. Obwohl ich nichts erwartete, hat es sofort geklappt und ich bekam Erinnerungen… Laut Aussage des Bekannten das einzige Mal, dass dies bei jemandem überhaupt geklappt hatte. Aber es war so intensiv, dass ich es nie vergessen habe und auch nie als echte Erfahrung infrage stellte. … Als diese Erinnerung hochkam, war gleichzeitig damit die Ge-

---

[268] Mit kleinen redaktionellen Änderungen

wissheit verbunden, dass dies der tiefere Grund dafür war, dass ich immer kränkelte."

„*Meine Erinnerung*", schreibt Karin weiter, „*besteht darin, dass ich ‚von oben aus' nicht geboren werden wollte, weil mir mein zukünftiges Leben auf diesem Planeten – und der gesamte Planet als solcher, sowieso - zu schwer erschien... Trotzdem wurde ich sanft gezwungen runterzugehen, was ich dann immer noch nicht wollte. Als der Druck größer wurde, sagte ich bockig: ‚Na gut, dann gehe ich halt, aber ich mache nicht richtig mit!' Und tatsächlich war ich die ersten Jahrzehnte meines Lebens viel krank und in meiner Kindheit sehr, sehr kränklich (nicht richtig im Körper drin); Ich fühlte mich hier und auch heute noch oft sehr fremd (falscher Ort, zu dicht, und habe immer wieder starke Sehnsucht nach meiner wirklichen Heimat und kann schwer nachvollziehen, dass die Menschen hier unten so an ihrem Leben hängen). Obwohl ich in vielen Aspekten ein recht schönes Leben hier unten habe, freue ich mich eher darauf, zurück (nach Hause) zu gehen. Es hat mir sehr geholfen in Ihrem Buch zu lesen, dass viele Seelen nicht wirklich runterwollen...*". Karin versichert, dass diese Einstellung zur Wiedergeburt in der Erinnerung unerwartet kam, denn sie entsprach nicht ihrer bewussten Erwartungshaltung.

Über die **Dauer ihres Aufenthalts in der Zwischenlebensphase** machen Rückgeführte verständlicherweise kaum Bemerkungen, denn sie haben nach eigener Aussage unter diesen Bedingungen kein **Zeitempfinden** (4, 8). Ich fand aber in der Literatur die Behauptung, Seelen könnten mitunter schon unmittelbar nach dem Tod reinkarnieren (0, 3).

Menschliche Seelen werden – den hier untersuchten Aussagen zufolge – nicht als **Tiere** wiedergeboren (0, 7), obwohl auch Tiere reinkarnieren (2, 3). Ob sich menschliche Seelen aus tierischen entwickeln, bleibt eine Streitfrage. Von 6 unabhängigen **Reinkarnationstherapeuten** wurde sie bejaht (0, 6), von 4 verneint (0, 4). Sogar von Erinnerungen an eine frühere Existenz als **Pflanze** oder als **Mineral** liest man (0, 3[269]). Einige Klienten berichteten unter Hypnose auch von früheren Leben, die sie auf heute nicht mehr existierenden Kontinenten (wie **Lemuria** und **Atlantis**) verbracht haben wollen (0, 4). Die Erde sei **nicht der einzige Planet** im Weltall, auf dem Seelen inkarnieren können (0, 10).

Die Seele ist in der Lage, die Erde als **Geistwesen** zu besuchen (0, 2) und sich als **Erscheinung** zu zeigen (3, 5). Eine Bestätigung dazu findet sich im Anhang 8.1, S.

---

[269] Der Autor Meinhold (*274*) ist in der Tabelle nicht berücksichtigt, kann aber hier hinzugezählt werden, so dass sich die Anzahl Autoren von 3 auf 4 erhöht.

784 in der Schilderung einer Erscheinung, die im Zusammenhang mit Schwangerschaften steht. Die Seele kann den Lebenden **Träume**, z. B. Ankündigungsträume (Band 1, S. 174), senden (6, 1) und als **Poltergeist Spuk** bewirken (3, 5).

Bei einigen **Reinkarnationstherapeuten** liest man von der Vorstellung ihrer Klienten, ein Teil der Energie der Seele bleibe bei der Wiedergeburt im Jenseits zurück (0, 3). Ein und dieselbe Seele soll sogar gelegentlich **in mehreren Körpern gleichzeitig inkarniert** sein können (0, 5). Man findet obendrein die Vorstellung, alle Leben liefen gleichzeitig ab (0, 2), was aber auch bestritten wird (0, 1).

Vor der Wiedergeburt, so wird gesagt, **versammeln** sich die Seelen oder begegnen anderen, die ebenfalls wiedergeboren werden wollen bzw. sollen (12, 4). Es finden dabei bestimmte symbolische Handlungen statt (5, 2).

Sowohl auf dem Weg der Seele vom Jenseits zur Erde, also wenn sie wiedergeboren wird, als auch nach dem Tod, d. h. wenn sie sich wieder vom Körper löst, wird sie **von Jenseitigen begleitet** und beschützt (15, 12). Vor dem Eintritt in den Babykörper mag es vorkommen, dass die Seele durch eine Art **Röhre** gleitet (0, 2).

Diese Aussagen werden durch die Behauptung ergänzt, die Seele des Kindes halte sich während der Schwangerschaft der Mutter mal innerhalb und mal **außerhalb des Fötus** auf (0, 10), und das geschehe analog sogar noch nach der Geburt, also im Hinblick auf das Neugeborene (0, 5). Auf die Schwangerschaft bezogen kann man den Bericht im Anhang 8.1, S. 784 als Bestätigung auffassen.

Die nun folgende Graphiktabelle entspricht formal der aus dem vorherigen Kapitel. Sie stützt sich ebenfalls auf die umfangreichere, die im Anhang 8.4, S. 808 aufgeführt ist. Sie zeigt in graphischer Form als Balkendiagramm für jede **Kernaussage** die Zahl der sie unterstützenden Kinderfälle an sowie die jener Autoren, welche die betreffende Aussage von ihren Klienten berichten. So kann man rasch erkennen, welchen Grad der Bestätigung die jeweilige Aussage erreicht bzw. welchen Stellenwert sie einnimmt. Aussagen, die nur von einem einzigen Autor stammen, wurden durch Verringern der Zeilenhöhe herausgenommen, so dass sie nicht mehr lesbar sind (nicht jedoch, wenn es sich um Gegenaussagen handelte). So bleiben – unter Beibehaltung der Nummerierung – von ursprünglich insgesamt 226 noch 190 übrig, die als Kernaussagen gelten können.

Graphiktabelle 3: Die Wiedergeburt

Legende:

A: Laufende Nummer

Kernaussage: *Nr.* und *Aussagen von Kindern nach Band 1 (kursiv)*, Aussagen Rückgeführter (Normalschrift)

Kernaussagen, die sich zu **widersprechen** scheinen oder tatsächlich unvereinbar miteinander sind, sind durch eine fettgedruckte Umrandung gekennzeichnet.

Die Graphiken in der **dritten Spalte** veranschaulichen, wie viele Kinder spontan die Kernaussage von Spalte zwei gemacht haben (oberer Balken) und wie viele Autoren von Büchern über Rückführungen in ein Zwischenleben die jeweilige in Spalte 2 wiedergegebene Kernaussage von ihren Klienten ebenfalls gehört haben (mittlerer Balken). In der Regel steht mehr als ein Klient pro Rückführer hinter diesen Aussagen. Auch die Zahl jener Autoren ist angegeben, die nicht der gleichen „Schule" angehören (unterer Balken).

A	Kernaussagen	Kinder: Zahl der Fälle von Kindern
	Nr. und *Aussagen von Kindern nach Band 1 (kursiv)*, Aussagen Rückgeführter (Normalschrift) Einzelne Zeilen sind absichtlich unterdrückt (s. Text oben)	**Autoren: Zahl der Autoren für Rückführungen** **unabh.: Autoren gleicher Schule werden wie nur 1 Autor gezählt**

3. Die Wiedergeburt

166.	*41. Man wird unfreiwillig oder nach Überredung wieder auf die Erde zurückgeschickt.*	Kinder; 15 Autoren; 16 unabh.; 14
167.	*42. Wenn man nicht* (in ein neues Erdenleben) *gehen will, wird man sanft dahin „geschubst"* oder gedrängt.	Kinder; 4 Autoren; 6 unabh.; 6
168.	Alle Seelen müssen reinkarnieren.	Kinder; 0 Autoren; 2 unabh.; 2
169.	Wiedergeburt ist nicht zwingend erforderlich, aber der effektivste Weg für die Entwicklung der Seele.	Kinder; 0 Autoren; 7 unabh.; 4

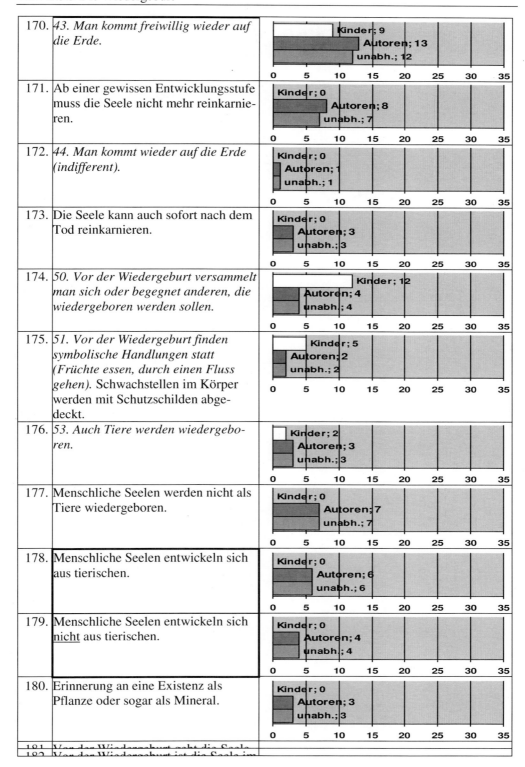

170.	43. Man kommt freiwillig wieder auf die Erde.	Kinder; 9 / Autoren; 13 / unabh.; 12
171.	Ab einer gewissen Entwicklungsstufe muss die Seele nicht mehr reinkarnieren.	Kinder; 0 / Autoren; 8 / unabh.; 7
172.	44. Man kommt wieder auf die Erde (indifferent).	Kinder; 0 / Autoren; 1 / unabh.; 1
173.	Die Seele kann auch sofort nach dem Tod reinkarnieren.	Kinder; 0 / Autoren; 3 / unabh.; 3
174.	50. Vor der Wiedergeburt versammelt man sich oder begegnet anderen, die wiedergeboren werden sollen.	Kinder; 12 / Autoren; 4 / unabh.; 4
175.	51. Vor der Wiedergeburt finden symbolische Handlungen statt (Früchte essen, durch einen Fluss gehen). Schwachstellen im Körper werden mit Schutzschilden abgedeckt.	Kinder; 5 / Autoren; 2 / unabh.; 2
176.	53. Auch Tiere werden wiedergeboren.	Kinder; 2 / Autoren; 3 / unabh.; 3
177.	Menschliche Seelen werden nicht als Tiere wiedergeboren.	Kinder; 0 / Autoren; 7 / unabh.; 7
178.	Menschliche Seelen entwickeln sich aus tierischen.	Kinder; 0 / Autoren; 6 / unabh.; 6
179.	Menschliche Seelen entwickeln sich nicht aus tierischen.	Kinder; 0 / Autoren; 4 / unabh.; 4
180.	Erinnerung an eine Existenz als Pflanze oder sogar als Mineral.	Kinder; 0 / Autoren; 3 / unabh.; 3
181.	Vor der Wiedergeburt geht die Seele	
182.	Vor der Wiedergeburt ist die Seele im	

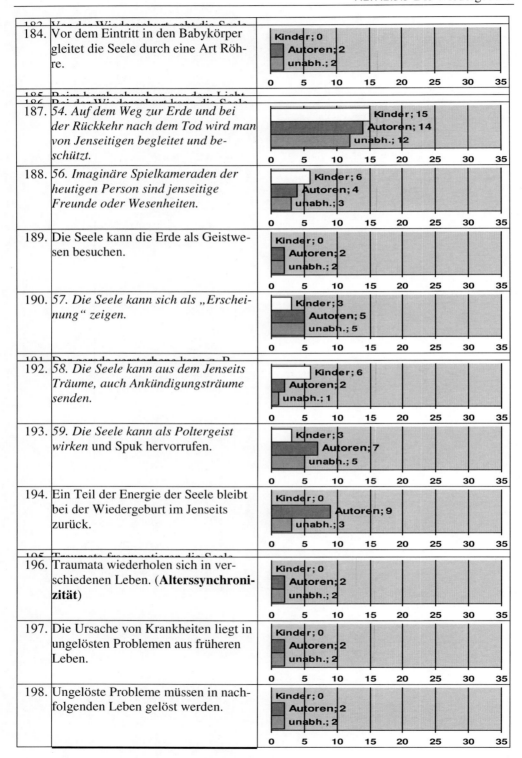

		Kinder	Autoren	unabh.
184.	Vor dem Eintritt in den Babykörper gleitet die Seele durch eine Art Röhre.	0	2	2
187.	*54. Auf dem Weg zur Erde und bei der Rückkehr nach dem Tod wird man von Jenseitigen begleitet und beschützt.*	15	14	12
188.	*56. Imaginäre Spielkameraden der heutigen Person sind jenseitige Freunde oder Wesenheiten.*	6	4	3
189.	Die Seele kann die Erde als Geistwesen besuchen.	0	2	2
190.	*57. Die Seele kann sich als „Erscheinung" zeigen.*	3	5	5
192.	*58. Die Seele kann aus dem Jenseits Träume, auch Ankündigungsträume senden.*	6	2	1
193.	*59. Die Seele kann als Poltergeist wirken und Spuk hervorrufen.*	3	7	5
194.	Ein Teil der Energie der Seele bleibt bei der Wiedergeburt im Jenseits zurück.	0	9	3
196.	Traumata wiederholen sich in verschiedenen Leben. (**Alterssynchronizität**)	0	2	2
197.	Die Ursache von Krankheiten liegt in ungelösten Problemen aus früheren Leben.	0	2	2
198.	Ungelöste Probleme müssen in nachfolgenden Leben gelöst werden.	0	2	2

199.	Es gibt mehrere, gleichzeitige (parallele) Leben ein und derselben Seele.	
200.	Alle Leben laufen gleichzeitig ab.	
201.	Leben können nicht gleichzeitig ablaufen.	
202.	Es gibt „walk-ins", d. h. die Übernahme eines Körpers durch eine fremde Seele im Konsens mit der ausscheidenden Seele.	
203.	Es gibt keine „walk-ins".	
205.	Es gibt Besetzungen.	
206.	Es gibt keine Besetzungen.	
207.	Es gibt viel mehr Seelen, die reinkarnieren möchten, als Körper auf der Erde vorhanden sind.	
208.	Es gab menschliches Leben auf heute nicht mehr existierenden Kontinenten (Lemuria, Atlantis).	
209.	Die Erde ist nicht der einzige Planet im Weltall, auf dem Seelen inkarnieren können.	

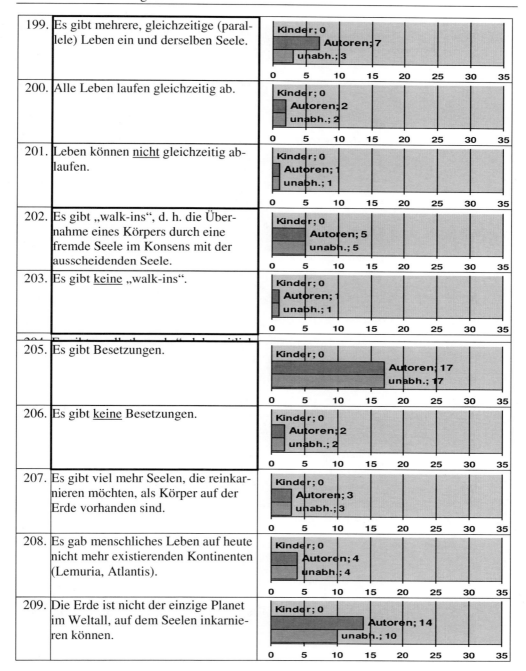

7.2.7.2.3.4   Zurück auf der Erde

Wenn es um den genauen Zeitpunkt geht, an dem die **Seele** in den neuen Körper eintritt, sind die Aussagen der zurückgeführten Klienten uneinheitlich. Diese Divergenzen disqualifizieren die Statements aber nicht, denn solche Unterschiede sind in Abhängigkeit vom jeweils konkreten Fall durchaus denkbar. Meist heißt es, die **Seele verbinde sich mit dem Embryo** erst Wochen bis Monate nach der Empfängnis (0, 8). Daneben steht die weniger spezifische Behauptung, diese Verbindung geschehe in der Zeit zwischen Konzeption und erstem Atemzug (0, 6). Eine weitere Vorstellung besagt, ein **Teil der Seele** gehe bei der Konzeption zwar eine Verbindung mit dem Embryo ein, die endgültige Vereinigung beider geschehe aber erst mit der **Geburt** (0, 5). Die Unterschiedlichkeit in den Berichten geht aber noch weiter. So sagen die einen, die Seele gehe bereits mit der Konzeption in den nun entstehenden Organismus über (0, 3), die anderen verlegen diesen Schritt erst in die Zeit nach der Geburt (0, 3).

Ich habe keine Beschreibungen darüber gelesen, wie sich die Seele mit dem Körper verbindet, wohl aber darüber, was von ihr nach dieser Vereinigung erlebt wird: Noch im ungeborenen Zustand, so heißt es, nehme sie die Gefühle und Gedanken der **Schwangeren** wahr (0, 8), sie beobachte die Mutter und beeinflusse sie sogar (0, 2) (vgl. dazu Zeitabschnitt [48], S. 152). Dazu beachte man den Erfahrungsbericht über eine Erscheinung im Anhang 8.1, S. 784 (s. a. Zeitabschnitt [48], S. 152). Umgekehrt seien angeblich aber auch die Lebenden in der Lage, in dieser Zeit mit dem Ungeborenen zu kommunizieren (0, 6).

Die **Geburt** bedeute für die Seele einen größeren Schock als der Tod (0, 3). Im Babykörper fühle man sich beengt (5, 4). Besonders häufig wird behauptet: Als **Embryo**, ja oft auch noch als Baby hat man für kurze Zeit noch die volle **Erinnerung** an die gesamte vorherige Existenz als **geistiges Wesen** (11, 6) (vgl. Kap. 7.2.3.1.2.5, S. 246). Aber auch das wird von einem der Autoren bestritten (0, 1). Weil es gut zu diesen Aussagen passt, sei hier erwähnt, dass je ein Autor von Berichten schreibt, wonach man als Baby schon denkt (0, 1), gesprochene Worte versteht (0, 1), und oft einfach nur aus Frust darüber schreit, dass man sich noch nicht verständlich machen kann (0, 1).

Es wird auch berichtet, dass kleine Kinder in der ersten Zeit ihres Lebens jenseitige Freunde oder Wesenheiten als imaginäre, d. h. für Erwachsene normalerweise unsichtbare **Spielkameraden** haben (6, 3).

Die nun folgende Graphiktabelle entspricht formal der aus dem vorherigen Kapitel. Sie stützt sich ebenfalls auf die umfangreichere, die im Anhang 8.4, S. 808 aufgeführt ist. Sie zeigt in graphischer Form als Balkendiagramm für jede **Kernaussage** die Zahl der sie unterstützenden Kinderfälle an sowie die jener Autoren, welche die betreffende Aussage von ihren Klienten berichten. So kann man rasch erkennen, welchen Grad der Bestätigung die jeweilige Aussage erreicht bzw. welchen Stellenwert sie einnimmt. Aussagen, die nur von einem einzigen Autor stammen, wurden durch Verringern der Zeilenhöhe herausgenommen, so dass sie nicht mehr lesbar sind (nicht jedoch, wenn es sich um Gegenaussagen handelte). So bleiben – unter Beibehaltung der Nummerierung – von ursprünglich insgesamt 226 noch 190 übrig, die als Kernaussagen gelten können.

Graphiktabelle 4: Zurück auf der Erde

Legende:

A: Laufende Nummer

Kernaussage: *Nr.* und *Aussagen von Kindern nach Band 1 (kursiv)*, Aussagen Rückgeführter (Normalschrift)

Kernaussagen, die sich zu **widersprechen** scheinen oder tatsächlich unvereinbar miteinander sind, sind durch eine fettgedruckte Umrandung gekennzeichnet.

Die Graphiken in der **dritten Spalte** veranschaulichen, wie viele Kinder spontan die Kernaussage von Spalte zwei gemacht haben (oberer Balken) und wie viele Autoren von Büchern über Rückführungen in ein Zwischenleben die jeweilige in Spalte 2 wiedergegebene Kernaussage von ihren Klienten ebenfalls gehört haben (mittlerer Balken). In der Regel stehen mehr als ein Klient pro Rückführer hinter diesen Aussagen. Auch die Zahl jener Autoren ist angegeben, die nicht der gleichen „Schule" angehören (unterer Balken).

A	**Kernaussagen** *Nr.* und *Aussagen von Kindern nach Band 1 (kursiv)*, Aussagen Rückgeführter (Normalschrift) Einzelne Zeilen sind absichtlich unterdrückt (s. Text oben)	<u>**Kinder**</u>**: Zahl der Fälle von Kindern** <u>**Autoren**</u>**: Zahl der Autoren für Rückführungen** <u>**unabh.**</u>**: Autoren gleicher Schule werden wie nur 1 Autor gezählt**

4. Zurück auf der Erde

210.	Die Seele tritt schon zum Zeitpunkt der Konzeption in den Körper ein.	Kinder; 0 Autoren; 3 unabh.; 3
211.	Nur ein Teil der Seele verbindet sich bei der Konzeption mit dem Körper. Die endgültige Verbindung passiert erst bei der Geburt.	Kinder; 0 Autoren; 5 unabh.; 5
212.	Die Seele verbindet sich mit dem Fötus meist erst Wochen bis Monate nach der Empfängnis.	Kinder; 0 Autoren; 15 unabh.; 8
213.	Die Seele verbindet sich mit dem Körper des Babys in der Zeit zwischen Konzeption und erstem Atemzug.	Kinder; 0 Autoren; 6 unabh.; 6
214.	Die Seele geht manchmal erst nach der Geburt in den Körper des Babys.	Kinder; 0 Autoren; 3 unabh.; 3
215.	Während der Schwangerschaft hält sich die Seele des Kindes mal innerhalb und mal außerhalb des Fötus auf.	Kinder; 0 Autoren; 15 unabh.; 10
216.	Die Seele des Neugeborenen hält sich in einigen Fällen außerhalb des Körpers auf.	Kinder; 0 Autoren; 5 unabh.; 5
217.	Die Seele des Ungeborenen nimmt die Gefühle und Gedanken der schwangeren Mutter wahr.	Kinder; 0 Autoren; 10 unabh.; 8

Skala jeweils: 0 5 10 15 20 25 30 35

218.	Während Schwangerschaft und Geburt beobachtet die Seele des werdenden Kindes die Mutter und beeinflusst sie.	
219.	Lebende können während der Schwangerschaft mit dem Ungeborenen kommunizieren.	
220.	Das Neugeborene versteht gesprochene	
221.	Als Baby kann man denken, aber	
222.	Babys schreien aus Frustration, sich	
223.	Die Geburt bedeutet für die Seele einen größeren Schock als der Tod.	
224.	*60. Als Embryo oder Baby hat man noch für kurze Zeit die volle Erinnerung an* (den Zustand) *die Zeit vorher und sein bisheriges Bewusstsein.*	
225.	Als Baby hat man keine Erinnerung mehr an den vorherigen Zustand.	
226.	*61. Im Babykörper fühlt man sich beengt und gefangen.*	

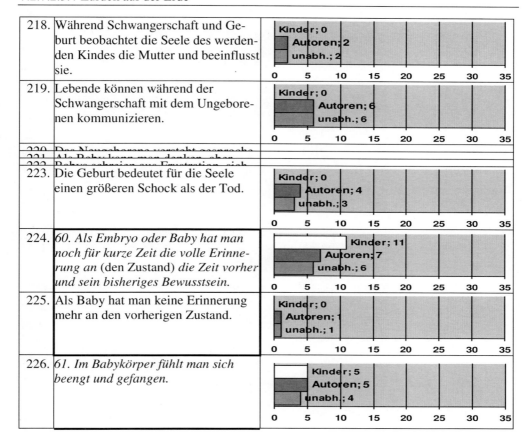

Balkendiagramme (Skala 0 bis 35):

218. Kinder; 0 — Autoren; 2 — unabh.; 2
219. Kinder; 0 — Autoren; 6 — unabh.; 6
223. Kinder; 0 — Autoren; 4 — unabh.; 3
224. Kinder; 11 — Autoren; 7 — unabh.; 6
225. Kinder; 0 — Autoren; 1 — unabh.; 1
226. Kinder; 5 — Autoren; 5 — unabh.; 4

7.2.7.3 Zahlenangaben zum Zwischenleben

Um die einzelnen **Kernaussagen** in ihrer **Glaubwürdigkeit** beurteilen zu können, habe ich bisher jeweils die Zahl der sie unterstützenden Kinderfälle bzw. Autoren für Rückführungen genannt. Ob diese Zahlen auch ausdrücken, wie häufig das auftritt, was in den Kernaussagen behauptet wird, muss offen bleiben. Daher habe ich in der Literatur nach entsprechenden Angaben gesucht.

Von Frau Prof. **Wambach** liegen Zahlen vor, die sie mittels einer Umfrage von Rückführungskollegen erhalten hat. Wie sie schreibt, haben Klienten von 25 dieser Rückführer bemerkenswert ähnliche Erlebnisse über die Zeit **kurz nach dem Tod** geschildert. Von 72% derjenigen, die man während der Regression auch durch den Sterbeprozess geführt hatte, war berichtet worden, dass sie **über ihrem toten Körper schwebten und diesen anschauten**. Ungefähr die Hälfte (54%) von ihnen hatte ein **Licht** wahrgenommen, auf das sie zuschwebten. Aber nur 15% hatten einen **Tunnel** geschildert, durch den sie flogen, wie das von **Nahtod-Erlebnissen** her bekannt ist. Allerdings waren diese Klienten auch nicht gebeten worden, ihre Umgebung zu beschreiben. Jeder vierte bis fünfte Proband (23%) hatte davon berichtet, nach dem früheren Tod verstorbenen **Verwandten begegnet** zu sein. Bemerkenswert ist in diesem Zusammenhang die Tatsache, dass nach eigenen Angaben nur 27 dieser insgesamt 18.463 Patienten Bücher über Nahtod-Erlebnisse gelesen hatten. *(484)*

Häufigkeitsangaben machte Prof. **Wambach** auch in einem Bericht über eigene Experimente an Gesunden *(483)*, und ich fand solche auch bei **Robert T. James** *(216, S. 194f)*. In der folgenden Tabelle sind diejenigen Aussagen über das Jenseits zusammengestellt, zu denen Zahlenangaben der beiden Forscher vorliegen. Die 36 dort gelisteten Behauptungen sind zwar nicht absolut deckungsgleich mit denjenigen aus den obigen Tabellen, aber man findet gewisse Entsprechungen. Beide Untersucher nahmen ihre Rückführungen nicht an problembehafteten Klienten, wie die professionellen Reinkarnationstherapeuten aus der Umfrage, sondern an gesunden Probanden vor und experimentierten mit je zwei zahlenmäßig größeren Gruppen. Prof. Wambachs Gruppe 1 bestand aus 750, ihre Gruppe 2 aus 150 Klienten; bei James waren es 81 respektive 44 Probanden. Da Frau Prof. Wambach betont, dass die Ergebnisse ihrer beiden Gruppen nicht signifikant unterschiedlich ausfielen, wird in der nachfolgenden Tabelle innerhalb der von ihr untersuchten Population keine Gruppenaufteilung vorgenommen. Die unten gelisteten Jenseitsaussagen finden häufig ihr Pendant in den obigen Listen der Kernaussagen bzw. im Anhang (Kap. 8.4, S. 808). Deren Nummer wird hinter der Aussage als eine Zahl in Klammern angegeben. Die Prozentzahlen in den drei letzten Spalten geben Häufigkeiten für das Auftreten der Aussagen wieder. (Eingeklammerte Zahlen bei Wambach stammen aus ihrer Befragung von Kollegen.)

	Prozentsätze ⇨ Autor ⇨ Aussage (Nummer in obigen Tabellen) ⇩	% Wam- bach	% James 1. Exper.	% James 2. Exper.
1.	Nach dem Tod befindet man sich „in der Luft" (6).	(72)		73
2.	Nach dem Tod sieht man ein Licht (38).	(54)	8	
3.	Nach dem Tod sieht man kein Licht.		63	
4.	Nach dem Tod fühlt man sich wohl (8, 12).	90	43	
5.	Nach dem Tod fühlt man sich nicht wohl.		3	
6.	Nach dem Tod trifft man Verstorbene (54).	(23)	26	45
7.	Nach dem Tod trifft man keine Verstorbenen.		25	55
8.	Man begegnet Menschen, die man aus früheren Leben kennt, bzw. lebt mit ihnen zusammen (129, 139).	87	26	44
9.	Man begegnet keinen Menschen, die man aus früheren Leben kennt, und man lebt auch nicht mit solchen Menschen zusammen.		4	27
10.	Man sieht oder befindet sich in erdähnlichen Landschaften (61).		9	
11.	Man sieht oder befindet sich nicht in erdähnlichen Landschaften.		62	
12.	Das vergangene Leben wird bewertet (104).		0	
13.	Das vergangene Leben wird nicht bewertet.		71	
14.	Man wird im Jenseits bestraft.		0	
15.	Man wird im Jenseits nicht bestraft (108).		58	
16.	Im Jenseits hat man ein allumfassendes Wissen (73).		12	
17.	Im Jenseits hat man kein allumfassendes Wissen.		43	
18.	Bei der Wahl des nächsten Lebens wird einem geholfen (106, 131).	59	17	
19.	Bei der Wahl des nächsten Lebens wird einem nicht geholfen.		31	

	Prozentsätze ⇨ Autor ⇨ Aussage (Nummer in obigen Tabellen) ⇩	% Wam- bach	% James 1. Exper.	% James 2. Exper.
20	Man entscheidet sich, wiedergeboren zu werden (und hat eine Wahlmöglichkeit) (125, 127, 170).	81	48	
21	Man ist froh, wiedergeboren zu werden (170).	26		
22	Man wird gegen den eigenen Willen wiedergeboren (128, 166, 167).	68		
23	Man wird wiedergeboren, ohne sich dafür entschieden zu haben (166, 172).	23	29	
24	Das erste Leben auf Erden war in menschlicher Gestalt (163).			68
25	Das erste Leben auf Erden war in einer Entwicklungsstufe unterhalb des Menschen (178).			11
26	Das erste Leben auf Erden war tierischer Natur (178).			5
27	Man kann auch auf anderen Planeten inkarnieren (209).			30
28	Ich habe nicht auf anderen Planeten gelebt.			46
29	Als Fetus nimmt man die Gefühle der Mutter wahr (217).			68
30	Als Fetus nimmt man die Gefühle der Mutter nicht wahr.			9
31	Die Seele verbindet sich schon bei der Konzeption mit dem Embryo (210).	11		2
32	Die Seele verbindet sich erst dann mit dem Fetus, wenn er eine menschliche Gestalt hat (212, 213).	89		57
33	Die Seele verbindet sich schon mit dem Fetus, wenn er noch keine menschliche Gestalt hat (210).			23
34	Die Seele verbindet sich mit dem Fetus erst bei der Geburt (211, 213, 214).	33		2
35	Während des Geburtsvorganges ist man traurig bzw. besorgt (223).	10		
36	Man kann das fetale Bewusstsein auch nach der Geburt noch verlassen (216).	5		

Der Punkt 13, welcher besagt, dass im Jenseits das vergangene Leben nicht bewertet wird, widerspricht den Aussagen Nr. 104, 108, 109, 110, 113 in der vorhergehenden Tabelle. Soll man nun daraus schließen, dass gesunde Probanden, im Gegensatz zu solchen mit Gesundheitsproblemen, ihr vergangenes Leben nicht beurteilen? Das kann ich nicht glauben. Weitere Widersprüche zu bisherigen Aussagen sehe ich in den Punkten 3 (nach dem Tod sieht man kein **Licht**) und 11 (man sieht oder befindet sich nicht in erdähnlichen Landschaften).

Wo mehr als ein Eintrag für den Prozentsatz angegeben ist, fällt auf, dass die Werte meist stark voneinander abweichen. Dies trifft sowohl auf den Vergleich zwischen den beiden Autoren als auch auf den zwischen den beiden Gruppen von James zu. Das und die o. g. Widersprüche stärken leider nicht das Vertrauen in die Aussagekraft dieser Häufigkeitsangaben. Daher wird hier nicht weiter mit ihnen argumentiert.

Über die **Dauer der Zwischenlebenszeit** habe ich folgende Zahlenangaben in der Literatur gefunden:

	Autor/Literatur	Zwischenlebensdauer
1.		
2.	Goldberg 1988, S. 37	20. Jahrhundert: 1 - 25 Jahre 18. + 19. Jahrhundert: 75 Jahre Mittelalter: Jahrhunderte
3.	Günter 2007, S. 69, 106	Heutzutage: 30 - 50 Jahre
4.	Jameison 2002, S. 309	Meistens: 5 - 25 Jahre Vor Tausenden von Jahren: viel längere Zeit
5.	Ramster 1992, S. 268	Heutzutage: 1 - 30 Jahre Entferntere Vergangenheit: 100 - 1000 Jahre
6.	Sigdell 2006, S. 381	Heute: 5 - 10 Jahre, korrigiert auf 5 - 20 Jahre Vor 1000 Jahren: 100 - 200 Jahre
7.	Steiger 1976, S. 80	Mittelwert: 80 Jahre
8.	Wambach 1984a, S. 130	4 Monate bis 200 Jahre Mittelwert: 52 Jahre
9.	Whitton 1989, S. 74 oder Lucas 93a, S. 207	Heute: durchschnittlich 40 Jahre Vor Jahrhunderten: Mehr als 40 Jahre
10.	Winkler 1976, S. 47	Meistens: 50 - 100 Jahre

Prof. Wambachs Angaben zum **Interim** sind in der folgenden Graphik dargestellt, die von **Ralf Dahmens** Internetseite stammt: http://www.seelen-wanderung.de/index.php/statistiken-ueber-rueckfuehrungen.html.

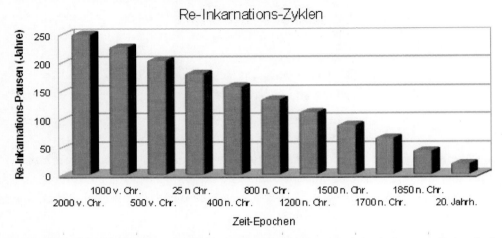

Zur Zahl der Inkarnationen, welche die Rückgeführten erlebt haben wollen, sind Angaben im Kapitel 7.2.2.1.1.3, S. 201 zu finden. Über die Zahl der Leben, die notwendig waren, um nicht mehr reinkarnieren zu müssen, sind keine Aussagen zu finden.

7.2.7.4 Resümee Zwischenleben

Die Aussagen einer beachtlichen Anzahl von Menschen, die unter Hypnose in Zwischenleben geführt wurden, weisen nicht nur untereinander, sondern auch mit den entsprechenden spontanen Behauptungen kleiner Kinder eine bemerkenswerte Gleichartigkeit auf. Es kann aber nicht oft genug darauf hingewiesen werden, dass dies kein Beweis für die Richtigkeit dieser Aussagen ist. Ihre auffällige **Ähnlichkeit** bildet lediglich eine Basis für die – statistisch nicht unbegründete – Annahme, dass wir es hier möglicherweise doch mit einer Realität zu tun haben. Allein deshalb, aber auch wegen ihrer weltanschaulichen Bedeutung sollten, ja dürfen diese Beschreibungen nicht von vornherein verworfen werden.

Um die oben vorgestellten Aussagen noch besser gegen den bisher nicht ganz entkräfteten Verdacht abzusichern, besagte Gleichartigkeit könne aus einem Kultureffekt (Glauben, Vorwissen), aus **Suggestion** oder **Telepathie** resultieren, ist noch eine Menge Forschungsarbeit zu leisten. Es fehlen z. B. **Rückführungen** aus nichtwestlichen Kulturkreisen. Ferner sollten Glaube und Vorwissen von Rückführern wie von Probanden individuell erfasst und berücksichtigt werden. Die Veröffentlichung der Forschungsergebnisse muss eine Auswertung auf der Basis von möglichst vielen, vollständig beschriebenen Einzelfällen erlauben und darf sich nicht nur auf einzelne Forscher beziehen. Nicht zuletzt müssten sämtliche in die Analysen einbezogenen Klienten unter Hypnose auf **ASW-Fähigkeiten** und auf ein entsprechendes Vorwissen **getestet** werden.

Trotz der vielen Vorbehalte und Unwägbarkeiten, habe ich es aus mehreren Gründen für sinnvoll erachtet, das Thema „Aussagen über das Jenseits" zu behandeln. Genau genommen sollte es eigentlich jeden Menschen interessieren, denn jeder stirbt einmal und fragt sich wohl irgendwann im Leben, was nach dem Tod geschehen mag. Ich bin der Meinung, es muss einmal ein Anfang gesetzt werden, das Thema aus der religiösen oder esoterischen Ecke herauszuholen und als empirische Forschung in die philosophischen Wissenschaften einzugliedern. Mit diesem Buch soll ein Beitrag dazu geleistet werden. Sein Anliegen ist es zum einen auf der Basis heutigen Wissens nachzuprüfen, ob es barer Unsinn ist, sich mit Aussagen über das Jenseits zu beschäftigen, oder ob weitere Arbeit dazu Sinn macht: Ich denke, es macht Sinn. Zum anderen soll aufgezeigt werden, was an Forschungsarbeit noch zu leisten ist: Es ist eine Menge. In einem weiteren Band beabsichtige ich, diese Betrachtungen noch auf die **Nahtod-Erfahrungen** sowie auf mediale Jenseitsmitteilungen auszuweiten und so die Datenbasis zu verbreitern bzw. die **Glaubwürdigkeit** noch zu verbessern.

7.2.8   Therapie und Heilerfolge

Im Folgenden wird zwischen der Therapie auf der Basis von Rückführungen in frühere Leben und durch Befreiung von Besetzungen unterschieden.

Wichtiger H i n w e i s: Missverstehen Sie bitte die im Buch geschilderten Heilungserfolge nicht als Empfehlungen für Rückführungstherapien, die sie gar von der Konsultation ihres Arztes abhalten. Hier geht es um Beispiele, die ausgewählt wurden, um die Frage nach der Reinkarnation zu behandeln und zu illustrieren.

7.2.8.1   Therapie auf der Basis von Rückführungen in frühere Leben

Reinkarnationstherapeuten begründen ihre Heilmethode mit der Vorstellung, Traumata der früheren Person oder, allgemeiner gesagt, Folgen von Handlungen in früheren Leben seien mit dem Tod des Menschen nicht ausgelöscht, sondern blieben in der unsterblichen **Seele** gespeichert und könnten bis in die Wiedergeburt dieser Seele in einen neuen Körper erhalten bleiben. Sie können körperliche oder psychische Krankheiten im heutigen Leben auslösen bzw. begründen. Ruft man ihre Entstehungsgeschichte in Rückführungen in die Erinnerung zurück und wendet symbolisch heilende Handlungen darauf an, so kann eine ursächliche Gesundung erzielt werden.

Wie die Information über den Tod hinaus erhalten und bis ins neue Leben übertragen werden kann, bleibt unerfindlich. Aber Ian Stevensons Erkenntnisse über **Geburtsmale** und Missbildungen, die oft in guter Übereinstimmung mit (meist tödlichen) Verletzungen stehen, welche die zugehörigen früheren Personen in vergangenen Leben erlitten haben, deuten darauf hin, dass es das besagte Phänomen der Informationsübertragung vielleicht tatsächlich geben könnte (*Band 1, Kapitel 5.4.3*). Stevenson berichtet sogar von Krankheiten, die nicht durch Vererbung erklärlich sind und ihre Entsprechung in Krankheiten oder Verwundungen in früheren Leben haben (*Band 1, Kapitel 5.4.3.1.2; 226, S. 208*). Die o. g. Arbeitshypothese der **Reinkarnationstherapie** findet darin eine argumentative Stütze, so dass sie nicht mehr ganz so „abgehoben" erscheint.

Ein Kapitel über Therapie bzw. Heilung mittels Rückführungen in frühere Leben, gehört, so sollte man meinen, nicht in ein Buch, das sich vorzugsweise mit der Frage beschäftigt, ob die in Rückführungen gemachten Aussagen Realitäten oder doch eher Phantasie widerspiegeln und ob – falls tatsächlich Ersteres zutreffen würde – eine Erklärung dessen durch Reinkarnation angemessen ist.

Den Grund, warum der Autor dieses Thema hier dennoch aufgreift, haben ihm die Reinkarnationstherapeuten selbst geliefert. Sofern diese nämlich überhaupt auf die Frage nach der Realität der „Erinnerungen" bzw. die Nachprüfbarkeit der entsprechenden Aussagen eingehen, argumentieren sie in der Regel wie folgt: Die mit den Rückführungen erzielten, oft erstaunlich raschen und nachhaltigen **Heilerfolge**, auch von **schulmedizinisch therapieresistenten Beschwerden**, lassen sich eigentlich nur dann verstehen, wenn dafür ein realer Hintergrund gegeben ist. Dies wird auch dadurch erhärtet, dass die Patienten dabei fast immer glauben, von dem während der Sitzung Erlebten selbst betroffen zu sein (**Identifikation**), und über alle erinnerten Leben hinweg das Gefühl der **Kontinuität des Ichs** haben – ein Umstand, der sich bei ihnen in überzeugend echten **Emotionen** äußert, wenn sie unter Hypnose dramatische Szenen nacherleben. Sind Heilerfolge und Emotionen in der Rückführung also ein Beleg für die **Echtheit der Erinnerungen**?

Dieser Argumentation setzen die Skeptiker entgegen, Heilungen seien genau so gut auch ohne Hypnose (*391, S. 175, 180*) und mit vielen Methoden möglich, nicht nur mit **Reinkarnationstherapie** (RT), und Emotionen gehörten nun einmal zum bildhaften Erleben und können in Hypnose auch ohne Rückführung bewirkt werden, sind also kein Beleg für Echtheit (*471, S. 410; 15, S. 75; 437, S. 191; 43, S. 39*). Ferner verweisen sie auf die Möglichkeit, dass sich die Patienten aus einer inneren Not heraus unbewusst eine Geschichte konstruieren, die ihre Probleme symbolisch wiedergibt (*392, S. 318*). Durch deren Verlagerung auf eine andere Person und in eine andere Zeit werde erreicht, dass die persönliche Betroffenheit nicht mehr so stark schmerze. Solche **Symboldramen** könnten eben dadurch heilend wirken. (Auf weitere Alternativerklärungen wird in Kapitel 7.2.9 ab S. 719 eingegangen.)

Ein Beispiel, das einem **Symboldrama** nahe kommt, findet sich bereits unter den Fallbeispielen für Einzelrückführungen bei Linda Tarazi (Kapitel 7.2.3.1.4, S. 279). Die Reinkarnationstherapeutin forderte ihre Patientin in Hypnose auf, ihre Erinnerungen an ein schreckliches Ende in einem früheren Leben, das ihre **Zwangsvorstellungen** im heutigen Leben verursacht hatte, in einen angenehmen Verlauf umzuformen (**rescripting**). Nach ein paar Sitzungen gelang dies auch. Im Unterschied zum oben erklärten **Symboldrama** ging hier die Initiative nicht vom **Unterbewusstsein** der Patientin aus, sondern von der Therapeutin. (Daher die obige Formulierung „kommt nahe".) Das zu heilende Symptom, eine Zwangsvorstellung, ließ sich aber recht überzeugend auf Erinnerungen an ein früheres Leben zurückführen, das mit hoher

Wahrscheinlichkeit wirklich stattgefunden hat, was durch zahlreiche Bezüge zur geschichtlichen Realität belegt werden konnte. Dieser Beispielfall zeigt exemplarisch, dass beides – hier sogar im selben Fall – möglich ist: Einerseits Beschwerden im heutigen Leben, die auf Umstände in einem früheren Leben zurückgehen, andererseits Heilung durch ein **Symboldrama**, das keine Realität widerspiegelt.

Dieser Art der Heilung stehen vier **verifizierte Beispiele** (7.2.3.1.3, S. 263; 7.2.3.1.6, S. 318; 7.2.3.1.8, S. 338; 7.2.3.1.9, S. 359) aus den Einzelrückführungen gegenüber, die zeigen, dass – wie oben – die Symptomatik der Patienten eine logische Verbindung zum Geschehen im früheren Leben aufweist, d. h. durchaus von den Umständen in real gelebten früheren Leben herrühren kann. Anders als oben – führt die Erinnerung daran oder die emotionale Befreiung davon zur Heilung. Wenn man diese Erinnerungen dennoch als **Symboldramen** auffassen will, basieren sie immerhin auf einem Geschehen aus der Wirklichkeit. Bis zum Beweis des Gegenteils müssen wir also davon ausgehen, dass es heilende **Symboldramen** geben kann, die sowohl auf **Phantasie**, als auch auf **Erinnerungen** an eine Wirklichkeit beruhen können.

Die oben genannte Schlussfolgerung vieler **Reinkarnationstherapeuten**, die Heilung durch Rückführung sei nur möglich, weil die von ihnen provozierten Erinnerungen realer Natur sind und der Heilerfolg daher gleichzeitig belege, dass es sich um reale Erinnerungen handeln müsse, ist auf diesem Wissensstand so also vermutlich nicht haltbar. Wir wollen dem weiter nachgehen.

Andererseits kann von den Skeptikern aber auch nicht pauschal behauptet werden, die Geschichten aus Rückführungen müssten immer als Symboldramen interpretiert werden, die definitionsgemäß nichts mit einer irgendwie gearteten Realität zu tun haben. Die oben genannten vier Beispiele und jene in der Fußnote 43, S. 186 genannten sprechen dagegen (gelungene Nachprüfung und Heilerfolg im selben Fall).

Die beiden Formen von Symboldramen (wenn man die hypnotischen Erinnerungen ebenfalls als Symboldramen auffassen will) lassen sich nur auseinanderhalten, indem man sich der mühevollen und meist wohl nicht lösbaren Aufgabe unterzieht, die Aussagen der Patienten auf ihren Wahrheitsgehalt hin zu prüfen. Das ist bisher nicht gemacht worden, nicht nur, weil es meist schwierig bis unmöglich ist. Auf der Seite der Reinkarnationstherapeuten fehlt es an Geld und Motivation. Sie dienen ihren Patienten, die geheilt werden wollen und kein Geld dafür zahlen, ihre Geschichten nachzuprüfen. Von der Schulpsychologie ist keine Initiative zu erwarten, weil sie die Reinkarnationstherapie nicht zur Kenntnis und nicht ernst nimmt.

So ist kein Wissen darüber vorhanden, wie häufig welche Form des Symboldramas vorkommt. Dies ist die ideale Konstellation, um Glaubenskriege zu führen. Für die einen gibt es keine heilenden „Symboldramen" ohne Reinkarnationshintergrund, nur „echte" Erinnerungen, für die anderen sind alle Erinnerungen Symboldramen auf Phantasiebasis.

Einen bescheidenen Versuch zur Klärung dieser Frage hat die Reinkarnationstherapeutin **Thelma Freedman** angestellt. Sie hat zwei Probandinnen in Hypnose dahin dirigiert, nach einer von ihr bestimmten Vorgabe frühere Leben zu **phantasieren** *(147, S. 38)*. Es gelang ihr nicht. Erst als sie den Versuchspersonen die Direktive gab, in ein eigenes, tatsächlich stattgefundenes früheres Leben zu gehen, gelang die Rückführung. Dies spricht dafür, dass es **Phantasien** von voll ausgestalteten früheren Leben ohne realen Hintergrund eher nicht gibt (siehe dazu auch S. 660).

Was außerdem anhand der erfolgreich nachgeprüften Beispielfälle von Kapitel 7.2.3.1 auffällt: Die restlichen 5 Fälle (7.2.3.1.1, S. 218; 7.2.3.1.2, S. 238; 7.2.3.1.5, S. 299; 7.2.3.1.7, S. 327; 7.2.3.1.10, S. 365) und Keetons Fälle „Ray Briant" (Fall (23), S. 162) und „Pat Robert" (Fall (24), S. 164) in Kapitel 7.2.1.2 enthalten realitätsbezogene **Erinnerungen**, ohne mit einem Leidensdruck der Klienten und einer Heilung in Verbindung zu stehen. Die dort geschilderten früheren Leben enden mehrheitlich nicht so traumatisch, wie in den oben (vor 5 Absätzen) genannten Beispielen mit Heilerfolg. Wie soll dies mit heilsam wirkenden Symboldramen erklärt werden, die auf Leidensdruck basieren?

Aber wir wollen die Erklärung der Heilerfolge nicht anhand der wenigen, genannten Beispiele vornehmen, sondern versuchen sie auf eine breitere Basis zu stellen. Was sagt uns also die sonstige einschlägige Literatur zu Heilungen mittels Reinkarnationstherapie?

7.2.8.1.1   Heilerfolge der Reinkarnationstherapie (nach Literaturangaben)

Um die Wirksamkeit der **Reinkarnationstherapie (RT)** hinreichend wissenschaftlich nachzuweisen, müsste in kontrollierten Studien bei möglichst vielen Personen der Effekt von RT auf den Verlauf jener Beschwerden untersucht werden, von denen behauptet wird, sie seien durch ebendiese Methode weitgehend beherrschbar. Dies sind vor allem chronische Schmerzen oder die verschiedenartigsten Phobien. Die Versuchspersonen könnten im Rahmen solcher Studien zunächst konventionelle, schulmedizinische Therapien durchlaufen, um danach – sofern eine auf die Ursachen zielende und deshalb auch dauerhafte Heilung auf herkömmlichem Weg nicht möglich war – einer RT zugeführt zu werden.

Studien, wie gefordert, sucht man in akademisch anerkannten Fachzeitschriften vergeblich. Das Thema ist vermutlich zu „heiß" oder gar „ehrenrührig", um es an etablierten wissenschaftlichen Institutionen ernsthaft zu bearbeiten (*180, S. 371*). Was den hier angeregten Studien noch am nächsten kommt, sind einige wenige Arbeiten, die im amerikanischen Fachblatt für Reinkarnationstherapeuten (Journal of Regression Therapy) Ende des 20. Jahrhunderts erschienen sind. Ein holländischer Autor, **Ronald van der Maesen**, berichtet dort über zwei Krankheiten, die als unheilbar gelten und dennoch teilweise mit RT erfolgreich und dauerhaft behandelt werden konnten (**Tourette-Syndrom** mit 80% Erfolg, der noch **nach 1 Jahr anhielt** 258) bzw. 46% Reduktion bei motorischen und 48% bei vokalen Ticks (*260*) und **Stimmenhören** mit 52% signifikanter Verbesserung 6 Monate nach dem Ende der Behandlung *(259)*).

Ein weiterer holländischer Autor, **Johannes M. Cladder**, schildert 1986 Erfolge in der Behandlung von **Phobien**, die **schulmedizinisch nicht in den Griff** zu bekommen waren *(79)*. Aus einer Gruppe von 25 Phobikern konnten 20 **durch RT geheilt** werden. Das sind immerhin 80%. Von den Genesenen wiederum sahen 14, also 70%, die Ursache für ihre Phobie in früheren Leben, während 30% eine zufriedenstellende Erklärung für ihre **Störung im heutigen Leben** fanden. **Trutz Hardo** brachte 2014 eine Monographie über die Behandlung von Ängsten mittels RT heraus, in der in immerhin 41 Beispielen aus seiner Praxis Heilerfolge oder zumindest Besserungen erreicht wurden. Er fordert dort sogar die Schulpsychologen und Psychiater zu einem Wettbewerb heraus, in dem sich zeigen soll, mit welcher Methode die schnelleren und nachhaltigeren Erfolge erzielt werden können (*180, S. 371*).

Elf Jahre nach Cladder, 1997, bestätigt eine amerikanische Forscherin, **Thelma B. Freedman**, die Tendenz dieser Ergebnisse anhand von 81 **Phobien** bei 37 Patienten *(146)*. Alle Patienten, die in der Rückführung von früheren Leben oder einem Zwischenleben berichten konnten, erfuhren eine **signifikante Besserung**. Einfache Phobien schienen zu 84% durch Erlebnisse in früheren Leben verursacht, 16% durch solche aus dem **heutigen Leben**. Besonders von Interesse ist eine Besonderheit, die die **Platzangst (Agoraphobie)** betrifft. Deren Heilung gelang in 56% der Fälle, wenn sich die Patienten an die Zeit nach dem Tod in einem früheren Leben erinnerten[270]. Sie waren angeblich plötzlich und unerwartet gestorben oder im Koma gelegen und hatten ihre neue Situation, gestorben zu sein, nicht begriffen und fanden sich nach unbestimmter Zeit im Körper eines Babys wieder. Hier erhebt sich die Frage: Wie kommen diese Patienten dazu, so etwas „Komisches" zu halluzinieren? Es gibt offensichtlich kein Modell, das ihnen zur Vorlage dienen könnte und entspricht noch nicht einmal dem inzwischen weithin bekannten Muster von Nahtod-Erlebnissen.

Ein Autorenteam aus Brasilien *(156)* berichtet im Jahr 2000 über den Einsatz von RT bei 11 verschiedenen gesundheitlichen Beschwerden, die sich bislang als **therapieresistent** gezeigt hatten. In 91% von insgesamt 34 Fällen dieser Art erzielte die RT eine **Heilung** (32% Totalremission) oder zumindest eine Besserung (47%).

Fünf Jahre zuvor hatte bereits der Holländer **Hans TenDam** eine ähnliche Statistik seiner Erfolge mit der Rückführungstherapie vorgelegt. Bezogen auf 50 Klienten und ebenfalls 11 verschiedene Symptome berichtete er von 65% zufriedenen oder sehr **zufriedenen Patienten** *(455, 456 S. 20)*.

Die erstaunliche Wirkung der RT bei schulmedizinisch nicht beherrschbaren Krankheiten (bzw. als nicht heilbar angesehenen Kranken) widerlegt also das Argument, die RT erziele allenfalls dort ihre Erfolge, wo auch andere Behandlungsmethoden zum Ziele geführt hätten. Dies gilt auch für die Unterstellung, die Heilhypnose sei ursächlich. Heilhypnose beruht auf **Suggestionen** von Gesundheit, eine Methode, welche **Reinkarnationstherapeuten** in der Regel vermeiden.

Etwas weniger aussagekräftig sind jene Studien, die nicht auf konkreten Fällen, sondern nur auf Befragungen von Reinkarnationstherapeuten beruhen *(484, 80, 77)*.

---

[270] Auf wie viele Agoraphobien sich diese Aussage bezieht, wird im genannten Artikel leider nicht angegeben. In einem zwei Jahre älteren Papier ist von 8 zu lesen, deren Heilung auf ein „Erinnern" dieser Zwischenlebenszeiten zurückzuführen war (*145*).

Sie liefern uns zwar einen interessanten Überblick über sehr viele Fälle von mit RT erzielter Therapieerfolge, operieren aber nur mit geschätzten oder gar „gefühlten" Zahlen. So erhielt Prof. **Wambach** im Jahr 1986 von 26 Therapeuten, die zusammengenommen rund 17.000 Patienten behandelt hatten, Angaben, wonach 94% ihrer Klienten sich an ein früheres Leben erinnern konnten. Im Mittel **verbesserten sich physische Symptome** bei 63% der zurückgeführten Patienten[271]. Eine Erleichterung ihrer physischen Beschwerden ging in 60% der Fälle auf die **Erinnerung an den Tod** in einem früheren Leben zurück, in den restlichen 40% auf andere Traumata.

Eine neuere Befragung von 76 Therapeuten durch **Christopher** aus dem Jahr 2000 lieferte folgende geschätzte Zahlen über **Heilerfolge**[272] (*77*):

- **Vollständige Heilung**: 30%
- Signifikante Verbesserung: 47%
- Geringe Verbesserung: 19%
- Keine Verbesserung:............... 5%
- Verschlechterung:................... 1%

Eine Doktorarbeit von **Saunders** aus dem Jahr 2004 beschäftigt sich mit den Erfahrungen von 6 Klienten, die unter Hypnose in frühere Leben zurückgeführt worden sind und vergleicht diese mit 6 Fällen von Spontanerinnerungen und der Literatur über Rückführungen (*352, S. 172, 175, 210*). Die wichtigsten Ergebnisse seien aufgezählt:

- Deutliche psychologische und spirituelle Heilung kann erreicht werden
- Angst vor dem Tod verschwindet
- Identifikation mit den erinnerten früheren Leben
- Erkennen von karmischen Verbindungen zu Zeitgenossen aus dem Umfeld
- Einsicht in die Kontinuität (der Themen und Muster) von Leben zu Leben und von Zwischenleben zu Zwischenleben
- Anerkennung, dass es einen Lebensplan, Lebensaufgaben und einen Sinn des Lebens gibt
- Akzeptanz von Reinkarnation und Karma als persönliche Realität

---

[271] Keine Angabe darüber, wie viel Prozent der Rückgeführten überhaupt ein physisches Symptom beklagten und wie viele davon vollständig geheilt werden konnten.

[272] Ohne Unterscheidung nach der Art der Beschwerden (physisch oder psychisch).

Die bislang neueste Studie dieser Art stammt aus dem Jahr 2012 und geht auf eine Internetbefragung von 180 Patienten der RT durch **Heather Friedman** zurück (*149*). Hier ein Auszug aus den Antworten:

- Die **Angst** vor dem Tod ist geringer geworden:..........................80%
- Emotionale oder psychologische Heilung oder Verbesserung:....50%
- Beziehungen zu anderen Menschen sind verbessert:.................48%
- **Phobien** geheilt: 36%
- **Physische Heilungen**:...23%

Die Zahlen haben sich geringfügig verändert, seit Friedman 220 Freiwillige erfasst hat (*150*). Bemerkenswert erscheint, dass nur 5% des Kollektivs wegen körperlicher Beschwerden zum **Reinkarnationstherapeuten** gekommen war, sich davon aber 85% zufrieden oder sehr zufrieden zeigten (*150, S. 53*). Wenn mehr als die genannten 5% von physischer Heilung berichten (23% s. o.), bedeutet dies, dass sich Heilung einstellte, wo sie gar nicht beabsichtigt war. Die Ergebnisse sind statistisch unabhängig vom **Glaubensbekenntnis** der Probanden (*150, S. 78, 82*).

Immerhin, die private Forschung geht bei Heather Friedman und andernorts in bescheidenem Rahmen weiter. Die internationale Non-Profit-Organisation „Society for Medical Advance and Research with Regression Therapy" initiierte 2013 zwei Projekte. In einem geht es darum, die Effizienz der **Reinkarnationstherapie** bei chronischen, behandlungsresistenten Schmerzzuständen zu evaluieren (bewerten). Im anderen soll die Wirksamkeit der Reinkarnationstherapie in der Behandlung sozialer Phobien unter MRT-Kontrolle untersucht werden (*385*) (MRT = Magnet-Resonanz-Tomographie).

Im Hinblick auf die Erklärungsmöglichkeit durch die erwähnten **Symboldramen**, denen unterstellt wird, sie dienten der Heilung, ist es aufschlussreich, dass von **Robert T. James** auch Studien an gesunden Klienten gemacht wurden. Von 107 Freiwilligen ohne gesundheitliche Beschwerden konnten 104 (97%) in Hypnose versetzt werden und 81 davon (78%) sahen sich dabei auch in früheren Leben (*213, 216, S. xii*). In der zweiten Studie desselben Autors gelang es, von 50 Freiwilligen 49 zu hypnotisieren, und von diesen erinnerten sich 44 (90%) an frühere Leben (*214, 216, S. xii*). Der religiöse **Glaube** der Versuchspersonen, ihre Ausbildung oder ihre Erwartung, ob die Rückführung überhaupt gelingen würde, hatten keinerlei Einfluss auf deren Zustandekommen. Die Mehrzahl aller Schilderungen über frühere Leben betraf ganz gewöhnliche Schicksale. Niemand wollte sich etwa als **Cleopatra**, **Napoleon** oder **hohe Priesterin** erlebt haben. Auch war keines der geschilderten früheren Leben besonders erotisch gefärbt. Bemerkenswerterweise gab es in der zweiten Studie drei Fälle, die geschichtliches Wissen verraten könnten, nämlich **Schicksale von Juden**, die im 3. Reich umgekommen waren.

Somit stellt sich die Frage, welches psychische Bedürfnis wohl so viele gesunde Probanden dazu getrieben haben mag, als **Symboldramen** ausgerechnet frühere Leben zu halluzinieren. Warum blieben sie mehrheitlich nur bei ganz alltäglichen Leben, und warum taten es sich drei der amerikanischen Probanden an, die schrecklichen Tode in Nazideutschland nachzuerleben? Es gab keine Motivation, dies etwa dem Hypnotiseur zuliebe zu tun. Der hatte nämlich vorher erklärt, er sei weder reinkarnationsgläubig noch ein Gegner der Idee von den vielen Erdenleben. Allerdings muss man einräumen, dass eine Mehrheit der Probanden durchaus an die Reinkarnation glaubte.

Auf der Basis der Reinkarnationshypothese beantworten sich diese Fragen gleichsam von selbst. Aus ihrer Sicht handelt es sich bei Rückführungen in frühere Leben tatsächlich oder wenigstens mit hoher Wahrscheinlichkeit um echte Erinnerungen an gelebte Wirklichkeiten.

7.2.8.1.2   Beispiele gelungener Heilungen; eigene Statistik

Wie wir gesehen haben, gibt es in der Literatur einige statistische Hinweise darauf, dass die **Reinkarnationstherapie** ausgesprochen wirksam sein kann. Nach den abstrakten Zahlen wollen wir nun konkrete Beispiele betrachten, und zwar möglichst viele davon, in der Hoffnung, weitere Schlussfolgerungen daraus ziehen zu können.

Mit diesem Ziel habe ich alle 177 Bücher zu diesem Thema, die sich Anfang 2014 in meinem Besitz befanden, nach Beispielen abgesucht, in denen von einer vollständigen oder fast vollständigen **Heilung** durch RT gesprochen wird. Fälle, in denen die Patienten lediglich in die Frühphase des heutigen Lebens rückgeführt wurden oder solche, bei denen nur von einer Besserung des jeweiligen Leidens berichtet, oder gar nicht auf eine mögliche Heilung eingegangen wird, wurden nicht berücksichtigt. Auf die (wenigen) Fallberichte, die man in Zeitschriften oder e-books finden kann, wurde ebenfalls verzichtet. In 59 Büchern von 48 Autoren wurde ich fündig. Einige Autoren treten mit besonders vielen Beispielen hervor[273].

Immerhin kamen bei meiner Suche 291 Beispiele zusammen[274]. Sie sind im Anhang 8.6 (ab S. 840) tabellarisch gelistet und nach **körperlichen und eher psychischen Beschwerden** sowie nach Symptomen unterteilt. Den durch RT kurierten Krankheiten werden die wichtigsten Ereignisse aus FL gegenübergestellt, deren Nacherleben zur Heilung geführt haben soll. Es wird dabei nach **Täter-** und **Opferleben** unterschieden. Ob (und gegebenenfalls wie lange) der Effekt der **Heilung nach dem Ende der Therapie angehalten** hat, wird angegeben (3. Spalte). Es wird vermerkt, ob vor der RT eine **konventionelle Therapie erfolglos** versucht worden ist (Spalte 4). Die genaue Fundstelle in der Literatur wird angegeben (Spalte 5). Auf Besonderheiten wird am Ende der jeweiligen Tabelle hingewiesen.

Die notwendigerweise gerafften Angaben zu den Ursachen der Beschwerden (Spalte 2) können nicht den ganzen Inhalt der jeweiligen Regression wiedergeben. Aus-

---

[273] Mehr als 10 Beispiele stammen von Jameison (48Bsp.), Lucas (45 Bsp.), Hardo (30), Freedman (28), Goldberg (12), Modi (11).

[274] Wenn mir Bücher von Trutz Hardo (*180*) und von Sylvia Browne (*53*) rechtzeitig in die Hände gekommen wären, umfasste diese Zusammenstellung 39 bzw. 30, also 69 gelungene und meist dauerhafte Heilungen mehr: *180, S. 66, 70, 72, 74, 77, 80, 84, 85, 88, 99, 101, 121, 127, 128, 137, 155, 157, 162, 164, 170, 172, 174, 175, 176, 177, 178, 182, 185, 202, 209, 210, 212, 214, 218, 225, 227, 232, 246;*

53, S. 7, 15, 18, 38, 41, 45, 49, 58, 70, 75, 79, 83, 87, 91f, 98, 115, 3x116, 2x117, 118, 127, 135, 139, 146, 154, 161, 168, 178; weitere Fälle, die übersehen wurden: *199; 339*

führlich sollen hier – stellvertretend für die 291 nur listenmäßig erfassten Fälle – lediglich drei dargestellt werden, und zwar Nr. 71 und Nr. 201 aus der Liste im Anhang 8.6 (ab S. 840) und ein Fall aus der sonstigen Literatur.

(71)   * **(Hg) Sarah Long**[275], 52 Jahre alt, hat **Höhenangst** und wird von ihrer Tochter überredet, bei der Reinkarnationstherapeutin **Hazel Denning** eine Rückführung zu probieren, die das Problem vielleicht lösen könnte. In wöchentlichen Sitzungen über 6 Monate hin gelingt es Sarah jedoch nicht, in Trance zu fallen. Man spricht stattdessen über ihr Leben und über metaphysische Themen. Dies führt immerhin dazu, dass Sarah ihre von einer gewissen Härte geprägten Ansichten ändert. Es wird für die Familienmitglieder dadurch leichter, mit ihr zu leben, und die **Höhenangst vergeht**. Sarah kommt weiterhin zu den Sitzungen und erklärt, es wäre ihr nun egal, ob sie jemals in Trance fallen könne. Das Ergebnis dieser neuen Einstellung ist aber, dass sie jetzt in Trance fällt.

Diese für sie neue Möglichkeit will sie nutzen, um damit selbst etwas gegen die **Schmerzen** in ihren Händen zu unternehmen, die sie schon seit ihrer Kindheit plagen. Nachts sind sie besonders schlimm. Sarah wird oft davon wach und steht auf, um die Durchblutung der Hände mit abwechselnd kaltem und warmem Wasser anzuregen und auf diese Weise die Schmerzen zu lindern. Sie war deswegen schon bei mehreren Ärzten, doch **keiner** von ihnen hat bisher die Ursache für ihre Beschwerden gefunden noch etwa sie **heilen können**.

Frau Denning fordert nun ihre Patientin in Hypnose auf, sich an etwas in ihrer Vergangenheit zu erinnern, das die Handschmerzen erklären könnte. Mit veränderter Stimme erzählt daraufhin Sarah, wie sie (im heutigen Leben, **age-regression**) als Dreijährige unter der Obhut eines Babysitters zu Hause bleibt, während ihre Mutter ausgegangen ist. Dem Babysitter passiert das Unglück, eine Öllampe umzustoßen. Dabei spritzt Kerosin auf Sarahs Hände, was dort zu schmerzhaften Verbrennungen führt. Als die Mutter wieder nach Hause kommt, erzählt der Babysitter, das kleine Mädchen selbst habe die Lampe umgestoßen. Sarah fühlt sich nun doppelt traumatisiert – zum einen durch die Schmerzen in ihren Händen und zum anderen durch die ungerechtfertigte Anschuldigung, gegen die sie sich nicht wehren kann. Am Ende dieser Sitzung sind sich Patientin wie Therapeutin ziemlich sicher, in dieser Episode den wahren Grund für die unerklärlichen Schmerzen und damit auch Aussicht auf Heilung gefunden zu haben.

---

[275] Bei Lucas 1993a (*252, S. 183*) wird die Patientin „Laura" genannt.

Bei der nächsten Zusammenkunft jedoch stellt sich heraus, dass die **Schmerzen** entgegen den Erwartungen noch **keineswegs verschwunden** sind. Hazel Denning erklärt Sarah, sie vermute nun, der wahre Grund für die Schmerzen müsse in einem früheren Leben liegen, und fragt sie, was sie denn von der Reinkarnation halte. Sarah weiß nicht viel darüber, ist aber offen für alles, was helfen könnte. Also bringt die Therapeutin sie in jenen besonderen Bewusstseinszustand, in dem diese Art von „Erinnerungen" angeregt werden können. Plötzlich beginnt Sarah, ihre Hände an den Gelenken zusammenzuhalten und sich zu winden. Es sieht so aus, als ob sie sich von Fesseln befreien wolle. Stöhnend erzählt sie dabei, sie werde auf dem Scheiterhaufen verbrannt. Man habe sie beschuldigt, eine Hexe zu sein. Alles nur deshalb, weil sie den Leuten in ihrem Ort dringend geraten habe, ihre Zelte abzubrechen und diesen Platz zu verlassen. Denn sie sei eine Seherin und sehe voraus, dass sich ein Erdbeben ereignen werde, vor dem sie ihre Leute habe warnen müssen. Niemand aber habe etwas davon wissen wollen. Hinter dieser Weigerung stecke die Frau des Anführers. Die wolle nämlich partout nicht wegziehen und habe ihrem Mann deshalb eingeredet, sie sei eine Hexe und Lügnerin. Als solche habe man sie verbrannt. Nun aber sei sie **aus ihrem Körper herausgetreten, spüre keine Schmerzen mehr und sei frei**.

Nach dieser erfolgreichen Rückführung mit allen dazugehörigen **Emotionen** sind sich die beiden Frauen sicher, nun endlich das Problem gefunden und gelöst zu haben. Doch zum nächsten Treffen erscheint Sarah ganz enttäuscht: Die Schmerzen sind immer noch nicht vergangen. Deshalb ist sich Hazel Denning ziemlich sicher, dass noch irgendein unentdecktes **Schuldgefühl** dahintersteckt, das aufgelöst werden muss. Im Verlauf der nächsten Rückführung empfindet Sarah tatsächlich eine gewisse Schuld, weil es ihr nicht gelungen war, ihre Leute zu warnen. Dieses Gefühl einer persönlichen Verantwortlichkeit wirkt aber bei ihr selbst nicht sehr überzeugend. Immerhin hatte sie als diese Frau ihr Bestes versucht. Drei Monate lang bleibt Sarah bei ihrer Version und blockiert damit jeden therapeutischen Fortschritt, bis sie endlich Einsicht in eine völlig andere, die eigentliche Schuld in jenem früheren Leben gewinnt, die die Ursache ihres Leidens ist: *„Als ich auf dem Scheiterhaufen war,"* erklärt sie nun, *„zeigte ich mit dem Finger auf jene Frau und schwor, mich an ihr zu rächen, egal, wie viele Jahrhunderte es brauchte. Ich hasste sie. Aber ich wusste, dass das falsch ist und ich mich deshalb bestrafen musste."* Frau Denning hilft daraufhin ihrer Patientin, sich selbst zu **vergeben** und so dieses Schuldgefühl aufzulösen. Drei Tage später schon sind die **Schmerzen in Sahras Händen vergangen** und kommen auch **in den darauffolgenden 15 Jahren nicht wieder**.

Sarah glaubt zudem zu erkennen, dass die Seele jener ihr damals verhassten Frau **heute als ihre Tochter wiedergeboren** ist. Damit erklären sich offensichtlich auch die zahlreichen **Konflikte**, die das Zusammenleben zwischen Tochter und Mutter belasten. Die Tochter hatte einmal der Therapeutin erklärt, es sei ihr gleichgültig, wie oft ihre Mutter sage, sie liebe sie. Sie wisse einfach, dass sie von ihr gehasst werde. Die Tochter war deshalb so voller Wut, dass sie den Konflikt nicht aufarbeitete und später sogar **Selbstmord** beging (sie hätte ihrerseits eine Rückführung gebraucht) *(103, S. 48; 252, S. 183).*

Bemerkenswert ist an diesem Fall, dass die **Erinnerung** an ein als „passend" erscheinendes traumatisches Erlebnis in der Jugendzeit des **heutigen Lebens** nicht ausreichte, um die Schmerzen zu kurieren. Erst der Rückgriff auf ein Erlebnis aus lange vergangenen Tagen (sei es nun echt oder der Phantasie geschuldet), vor allem aber das Wachrufen der dazugehörigen **Emotionen**, bringt die erhoffte Lösung.

Ein eindrückliches Beispiel derselben Art hat **Kurt Allgeier** beigesteuert:

(72) (Ng) (Hg) **Berthold**, 26jähriger Student, galt als ruhiger, zuverlässiger, freundlicher junger Mann. Er war so begabt und intelligent, dass ihm eine glänzende Karriere als Jurist sicher schien. Bis zu jenem Tag, an dem er versehentlich eine Blumenvase vom Tisch stieß und sich an den Scherben den Finger zerschnitt. Der unbedeutende Vorfall löste eine ganze Kettenreaktion von Beschwerden aus. Berthold begann plötzlich, unentwegt sein Zimmer zu fegen. Überall vermutete er Scherben. Er putzte und schrubbte wie ein Besessener. Seine Studentenbude durfte nur betreten, wer sich zuvor als absolut sauber und frisch gewaschen ausweisen konnte. Berthold selbst wurde von seinem **Waschzwang** fast zum Wahnsinn getrieben. Seine Eltern mussten schließlich einen Psychiater zu Hilfe rufen.

In Hypnose fand man zunächst einen **Autounfall**. Berthold war eineinhalb Jahre alt (**age-regression**). Er saß auf dem Schoß seiner Mutter in einem Jeep, als dieser von der Straße abkam und gegen einen Baum schleuderte. Es passierte nicht viel, aber Berthold wurde gegen die Windschutzscheibe geworfen und zerschnitt sich die rechte Wange. Er blutete stark aus der ansonsten harmlosen Fleischwunde. Der Arzt glaubte schon, die Ursache für Bertholds Neurose gefunden zu haben: Die Splitter der Vase hatten an jenen weit zurückliegenden Unfall mit seinem Schrecken gerührt, ohne dass Berthold sich wirklich daran erinnern konnte.

Doch bald stellte sich heraus: Der Kern der **Angst war noch nicht entdeckt**. In einer weiteren **Hypnosesitzung** erzählte der Student von einem Erlebnis während der **Geburt** (**age-regression**): Er war eben geboren, die Hebamme hielt ihn hoch

und zeigte ihn der Mutter. Da gab es einen fürchterlichen Knall. Die Fensterschei-
ben zersplitterten, die Lampe stürzte von der Decke. Berthold wurde von einem
Splitter am Oberarm getroffen. Ein winziger Schnitt ohne Folgen war alles. Doch
der Schrecken, ausgelöst vom Einschlag einer Granate in den letzten Tagen des
Weltkriegs, hatte die Seele des Kindes offenbar tiefer verletzt. Bertholds Mutter
bestätigte beides: den Unfall im Jeep und den Granateneinschlag während der Geburt.

Nur: Der eigentliche Schock waren auch der Knall und der leichte Kratzer unmittelbar nach dem ersten Atemzug nicht. **Erst bei der Rückwanderung in ein früheres Leben** stieß man auf ihn: Berthold erzählte, er habe vor 500 Jahren in Spanien
als Kaufmann gelebt. Auf der Rückkehr aus Italien wurde er von Räubern überfal-
len. Er hatte in Venedig Glaswaren eingekauft. Als die Räuber bei ihm kein Geld,
nichts Essbares und auch keine anderen Wertsachen fanden, gerieten sie so sehr in
Wut, dass sie den Kaufmann in seinen Wagen warfen, mitten hinein in Gläser und
Leuchter. Und sie zertrümmerten die Glaswaren auf ihm so lange, bis er endlich tot
war.

Erst jetzt, nachdem Berthold diese Geschichte kannte, atmete er sichtbar erleichtert
auf - und **wurde rasch gesund** (*8, S. 55*).

Das Bemerkenswerte an dem Fall ist, dass erst das, was man normalerweise als
Phantasie abtun würde, zur Heilung führte.

Weitere Fälle **erfolgreicher Heilung**, in denen sich **im heutigen Leben keine Ursache für die Beschwerden** fand, wohl aber in früheren Leben, finden sich im Anhang 8.6 unter den Nummern 18, 23, 25, 144, 154, 210, 220, 244, 286.

Der folgende, dritte Fall ist dadurch gekennzeichnet, dass die geschilderte Szene,
deren „Wiedererleben" unter Hypnose offenbar zur Heilung führte, an der geschichtlichen Realität mit positivem Resultat nachgeprüft werden konnte.

(73) * **(g)** (Hg) Die **35-jährige Mutter** dreier Kinder kommt zum Reinkarnationstherapeuten **Edward N. Reynolds**, weil sie unter leichten Ängsten leidet, speziell
auch unter einer **Agoraphobie**, der **Angst**, weite, öffentliche Plätze zu betreten
(**Platzangst**, im Gegensatz zur Klaustrophobie, der Angst in engen Räumen). Tradi-
tionelle Methoden, dieser psychischen Probleme Herr zu werden, haben sich bei ihr
als **fruchtlos erwiesen**.

In tiefer **Hypnose** findet sich die Patientin als verängstigte Sechsjährige im Londo-
ner Hydepark des 19. Jahrhunderts wieder. „*Warum bewegt sich mein Papa nicht?*"

stöhnt sie. Dabei verrät sie eine solche **Verzweiflung**, dass der Therapeut erwägt, die Rückführung abzubrechen. Er umgeht das Problem, indem er die Klientin auffordert, die sie offensichtlich aufwühlende Szene nicht aus der Sicht dieses kleinen Mädchens, sondern lediglich als unbeteiligte Beobachterin zu verfolgen. Sie ist, so stellt sich heraus, die einzige Tochter eines reichen Kaufmanns und seiner Frau. Mit ihren Eltern ist sie auf einem Ausflug mit der Pferdekutsche unterwegs. Ein **Unfall** ereignet sich, bei dem ihr Vater getötet und ihre Mutter schwer verwundet wird. Die Mutter stirbt an den Folgen ihrer Verletzungen, und das Kind wird in einem Waisenhaus untergebracht, das von anglikanischen Ordensschwestern geführt wird. Dort bleibt sie bis zu ihrem 16. Lebensjahr mehr oder weniger eingeschlossen. Sie hat Angst, auf die Straße zu gehen; denn es gibt dort Pferde, die sie für gefährlich hält, weil diese sie an den Unfall der Eltern erinnern. Als sie 16 Jahre alt ist, nimmt sie die Stelle eines Kindermädchens an. Sie muss für zwei Kinder eines Geschäftsmannes sorgen, dessen Frau schwer krank ist. Einige Zeit nach dem Tod dieser Frau heiratet sie den Vater der Kinder. In dieser Verbindung findet sie wenig Liebe. Zudem fühlt sie sich wiederum eingeschlossen wie seinerzeit im Waisenhaus, denn sie traut sich noch immer nicht allein auf die Straße. Mit 47 Jahren stirbt sie unerwartet an einem Herzanfall. Die Mutter erzählt in der Rückführung: *„Ich sitze beim Nachmittagstee, als mir die Tasse aus der Hand fällt und ich **meinen Körper auf dem Boden liegen sehe.** "*

Nach 8 Sitzungen sind alle Symptome der **Agoraphobie verschwunden** und **treten innerhalb der nächsten 6 Jahre auch nicht wieder auf**.

Einige Jahre nach diesen Rückführungen besucht Herr Reynolds London und nutzt die Gelegenheit, um entsprechende **Nachprüfungen** anzustellen. Er findet Dokumente, welche die Existenz eines Kindes nachweisen, das den in der Rückführung genannten **Namen** trägt und dessen **Geburtsdatum** mit dem in Hypnose angegebenen übereinstimmt. Außerdem findet er Dokumente über ein anglikanisches Waisenhaus und dessen Schule in jenem Ortsteil Londons und mit genau dem Namen, wie von der Klientin angegeben. Diese **Einrichtung** gibt es zwar **heute nicht mehr**, aber sie bestand zu eben der Zeit, als die Klientin dort gelebt haben will. Das angegebene Todesdatum kann er nicht nachprüfen, da er vergessen hat, den Namen zu erfragen, den sie nach ihrer Verheiratung trug *(251, S. 414).*

Weitere Fälle erfolgreicher **Heilung, in denen Nachprüfungen mit guten Ergebnissen** angestellt wurden, finden sich in den ausführlich dargestellten Beispielen:

- * Suche nach den Kindern aus einem früheren Leben: Jenny Cockell (g), Kapitel 7.2.3.1.1 (ab S. 218) (Schuldgefühle, Depression);

- Grace Doze: Einer der bisher überzeugendsten Rückführungsfälle (g, Kapitel 7.2.3.1.3 (ab S. 263) (Beziehungsstörung, Erstickungsangst, Alpträume, Schlafstörungen);

- Linda Tarazi: Liebesleben unter der Inquisition (u), Kapitel 7.2.3.1.4 (ab S. 279) (Zwangsvorstellung ideale Liebe);

- Rick Brown: Die Wiedergeburt des U-Boot-Matrosen James (g), Kapitel 7.2.3.1.6 (ab S. 318) (2 Phobien, Brustschmerzen);

- Tommy Andrews: Der Erbauer der Titanic (g) in Kapitel 7.2.3.1.8 (ab S. 338) (Depression, Alpträume). Im gleichen Kapitel die Fälle „Doris Williams" (Fall (34), S. 354 (2 Phobien) bzw. Fall Nr. 160 im Anhang 8.6) und der Fall „Carol Eder" (Alpträume);

- * Robert Jarmon: Hinrichtung in einer Vollmondnacht (g), Kapitel 7.2.3.1.9 (ab S. 359) (paranoide Störung) bzw. Fall Nr. 224 im Anhang 8.6 (ab S. 840);

- Zweierlei Sichtweisen (u), Kapitel 7.2.3.1.12 (ab S. 406) (Unsicherheit / Manipulation anderer Menschen, Schlaf- u. Gewichtsproblem), sowie

- **Joe Keetons** Fall der **Ann Dowling** (Alpträume) (Fall (22), S. 160 bzw. Fall Nr. 230 im Anhang 8.6);

- **Charles Tramonts** Fall der **Evelyn** (Alpträume) (Bsp. (27), S. 175);

- Fälle in den Büchern von **Thelma Freedman** (*147, ab S. 193*) und von **Tramont** (*466, S. 53*).

An vielen anderen Stellen dieses Buches wird das generelle Thema „Heilung" anhand von Beispielen[276] und in allgemeiner Form[277] angesprochen.

---

[276] Zeitfenster [26], Bsp. (5), S. 123; [34], (12), S. 130; [57], (22), S. 160; [59], (25), S. 165; [60], (26), S. 166; [69], (27), S. 175; (38), S. 523; (41), S. 549; (42), S. 549; (44), S. 550; (64), S. 565; (65), S. 566; (66), S. 568; (67), S. 568; (68), S. 570; (69), S. 571; Text S. 573 u. 578; (71), S. 648; (72), S. 650; (73), S. 651; (78), S. 675; (79), S. 676; (82), S. 689; (83), S. 692; (84), S. 693; (85), S. 694; (86), S. 694; (87), S. 694; (88), S. 694; (89), S. 695; (90), S. 695; (91), S. 697; (92), S. 697; (99), S. 735

[277] Zeitfenster [34], S. 129; [36], S. 131; [46], S. 149; [48], S. 152; [51], S. 154; [55], S. 158; [62], S. 169; [63], S. 170; [65], S. 171; [69], S. 174; im Text S. 573, S. 574, S. 578, S. 739, S. 748, S. 759

7.2.8.1.2.1   Erkenntnisse aus der eigenen Literaturarbeit

Welche Erkenntnisse ergeben sich nun aus den in Anhang 8.6 (ab S. 840) aufgelisteten 291 Fällen?

1. **Körperliche Beschwerden** tauchen mit 147 Berichten in den Büchern ungefähr gleich häufig auf wie mit 144 Fallschilderungen die **psychisch** bedingten.

2. In 57% der Fälle mit körperlichen Beschwerden wird dazu vermerkt, dass zuvor eine schulmedizinische Therapie versucht worden ist. Sie blieb aber entweder nur symptomatisch, d. h. ohne dauerhaften Erfolg durch eine Beseitigung der Ursache, oder aber der erhoffte **Erfolg blieb gänzlich aus**.

3. Für die vorzugsweise **psychischen Symptome** trifft dies in 19% der Fälle zu.

4. In beiden Symptomgruppen (physische und psychische) wird in 44% der Fälle (über unterschiedlich lange Zeit) nachverfolgt, und bestätigt, dass der **Heilerfolg durch RT anhielt (follow-up)**.

5. In lediglich 57 von den 291 Fällen (20%) wird ein **Täterleben** beschrieben. In keinem einzigen Fall wird eine Heilung nach einem ungesühnten Täterleben angegeben, wenn also noch keine Selbstbestrafung stattgefunden hat. Nach der Karmalehre (s. Kapitel 7.2.6, ab S. 544) ist dies verständlich, weil die zwingend notwendige Lehre in Opferleben noch nicht vollzogen worden ist. Um **Heilerfolge** erzielen zu können, müssen **Opferleben** betrachtet werden. Es reicht aber offensichtlich aus, nur solche anzuschauen. Die karmischen Zusammenhänge müssen nicht unbedingt aufgedeckt werden.

    Obwohl die meisten Rückführer von **Karma** sprechen, bringen nur sehr wenige Autoren entsprechende Beispiele. Eine hervorstechende Ausnahme bildet allen voran **Trutz Hardo** mit 26 Fällen in der Sammlung im Anhang. Fünf oder mehr solcher Beispiele steuern nur noch die Autoren **Bryan Jameison** (7), **Winafred Blake Lucas** (7) und **Joel Whitton** (5) bei.

6. Die häufigsten Beschwerden, die mit RT geheilt werden konnten, sind **Ängste/Phobien** (82 Beispiele[278]), **Schmerzen** (61 Beispiele[279]), **Ehe- und Beziehungsprobleme** (21), **Sexualprobleme** (15), **Atemwegsbeschwerden** (12) und

---

[278] Ohne die 39 Beispiele von Trutz Hardo und 8 von Sylvia Browne, die nicht erfasst wurden; s. Fußnote 274

[279] Ohne 6 Beispiele von Sylvia Browne; s. Fußnote 274

internistische Beschwerden (11). Weitere Symptome, für die weniger als 10 Beispiele genannt wurden, sind im Anhang 8.6 (ab S. 840) aufgeführt.

7. Besonders auffällig ist die Tatsache, dass fast alle angeblich erinnerten früheren Leben **grausame Schicksale** darstellen (s. Spalte 2 in der Tabelle im Anhang). **Unnatürliche, oft grausame Tode**, Folter und starke psychische Belastungen herrschen vor. In keinem einzigen Fall werden ausschließlich erfreuliche, erfolgreiche Leben geschildert, was man doch erwarten könnte, wenn es nach den **Wunschvorstellungen** der meisten Menschen ginge.

8. An dieser Stelle muss jedoch auf eine Arbeit hingewiesen werden, in der aufgezeigt wird, dass **Heilung** durchaus auch erreicht werden kann, indem nur glückliche, erfolgreiche Leben in der Rückführung angeschaut werden *(115; 196, S. 147; Fall von Linda Tarazi 7.2.3.1.4)*. Einige **Reinkarnationstherapeuten** lassen nämlich traumatische Erinnerungen ihrer Klienten von diesen in solche umwandeln, die ein glückliches Ende nehmen, und haben damit therapeutischen Erfolg (**rescripting**). Die Methode des „rescripting" ist bereits seit 1889 durch den berühmten französischen Psychologen **Pierre Janet** bekannt (*197, S. 44, 45*).

9. In den geschilderten früheren Leben findet man in der Regel Ursachen für die jeweiligen Krankheitssymptome. Die Vielfalt in den Erinnerungen ist aber meist dermaßen groß, dass weder aus den aktuellen Symptomen auf ein entsprechendes Geschehen in früheren Leben, noch – umgekehrt – aus konkreten Ereignissen in früheren Leben **auf ein bestimmtes heutiges Symptom geschlossen** werden kann.

10. Für einige Beispiele wird darauf hingewiesen, dass in der Vergangenheit des jetzigen Lebens (**age-regression**) keine oder keine hinreichende Ursache für die Beschwerden gefunden werden konnte. In diesen Fällen fanden sich **nur in früheren Leben** Umstände, die die Symptome erklären und eine **Heilung** bewirken konnten (Beispiele sind der Fall „Eder" in Kapitel 7.2.3.1.8.4, S. 353, die Kapitel 7.2.3.1.12.1, S. 406 und 7.2.3.1.12.2, S. 409, sowie die Fallnummern 18, 23, 25, 144, 154, 210, 220, 244, 286 im Anhang 8.6, ab S. 840).

Man darf dies allerdings nicht als entscheidenden Beleg für die Realität der Wiedergeburt und das Konzept der **Reinkarnationstherapie** verstehen. Schließlich bleibt vorstellbar, dass der Patient ein **Symboldrama** um frühere Leben konstruiert hat, das ihm zur Heilung verhilft. Wenn jedoch zusätzlich nachgewiesen werden kann, dass die Erinnerungen an das frühere Leben mit der Realität übereinstimmen, so reicht die **Erklärung durch Symboldramen** nicht mehr aus. Solche Beispiele gibt es (s. Punkt 13 unten). Bei diesen ist es höchst unwahrscheinlich, dass ein wirkliches Geschehen genau die psychische Not widerspiegelt, die Triebfeder für ein Symboldrama des Patienten ist. Die Reinkarnationshypothese gewinnt dann an Überzeugungskraft.

11. In anderen Beispielen werden zwar bestimmte Episoden im **heutigen Leben** aufgedeckt, die sehr wohl die heutigen Symptome verursacht haben könnten. Sie aufzudecken reichte aber nicht aus, um eine Heilung zu bewirken. Erst der Blick in frühere Leben brachte den Erfolg (Beispiele: Die Fälle (5), S. 123; (26), S. 166; (71), S. 648 u. (72), S. 650, sowie die Fallnummern 222, 154 im Anhang 8.6, ab S. 840). Auch hier ist die Erklärung mittels **Symboldrama** nicht ausgeschlossen, obwohl natürlich die Frage im Raum stehen bleibt, warum eine **Phantasievorstellung** heilsamer wirken soll als eine Erinnerung an die reale Vergangenheit. Erst wenn sich die Erinnerung an ein früheres Leben als real herausstellt, reicht die Deutung als **Symboldrama** nicht mehr aus. Solche Beispiele gibt es (s. Punkt 13 unten).

12. Manche Beispiele beschreiben eine **Vielzahl gleichzeitig vorhandener Symptome** (*177, S. 155, 163, 188*). Fast alle von ihnen konnten in der Regel geheilt werden. Für alle, nicht nur für wenige, findet sich eine Erklärung in den „Erinnerungen" an frühere Leben. Solange die FL nicht verifiziert sind, erlaubt dies, für sich alleine betrachtet, keine Entscheidung zwischen den Erklärungen als **Symboldramen** oder als Nachwirkung von früheren Leben. Aber es gibt verifizierte Beispiele mit mehreren geheilten krankhaften Symptomen, die somit für die Reinkarnationserklärung sprechen (Aufzählung am Ende von Kapitel 7.2.8.1.2 ab S. 653).

13. Im Zusammenhang mit den Heilerfolgen durch RT wurden immerhin **einige, wenn auch zu wenige Nachprüfungen** hinsichtlich der Realität der sie auslösenden „Erinnerungen" angestellt. Dies gilt für die unmittelbar vor dieser Aufzählung am Ende von Kapitel 7.2.8.1.2 ab S. 653 genannten Beispiele mit ihren z. T. mehrfachen Heilerfolgen und zahlreichen verborgenen Details. Andere Fälle belegen meist lediglich eine „allgemeine Stimmigkeit".

14. Bemerkenswert ist, was die Tabelle nicht aufzeigt: Die Patienten **identifizieren** sich in der Regel mit jenen Leben, die sie in der Rückführung „gesehen" haben. Das heißt, sie betrachten diese vergangenen Leben als ihre eigenen und empfinden Kontinuität in ihren Erinnerungen.

15. Nicht zu vergessen: Diese Auswertung bezieht sich auf in Büchern veröffentlichte Fälle. Diese dürften hinsichtlich einzelner Aspekte besonders herausra-
gend sein, also die „Spitze des Eisbergs" zeigen. Wie die „raue Wirklichkeit unter der Wasseroberfläche" aussieht, müsste erst noch in vielen nachfolgenden
Studien aufgezeigt werden (s. Kapitel 7.4, S. 773).

Was bedeuten nun diese Erkenntnisse aus der Literaturauswertung für die Beantwortung der Frage, ob diese Heilungsfälle durch Reinkarnation oder aber durch
Symboldramen (siehe S. 639) überzeugender zu erklären sind? Letztere Version ist
bezüglich der Heilungserfolge zugegebenermaßen die härteste Konkurrentin der
Wiedergeburtshypothese. Ich schlage darum vor, so vorurteilsfrei wie möglich zu
prüfen, welche dieser beiden Alternativen die im nächsten Kapitel aufgeworfenen
Fragen schlüssiger beantworten kann.

7.2.8.1.2.2   Das Für und Wider zur These von den Symboldramen

Auf Symboldramen wird in diesem Buch auch an anderen Stellen allgemein[280] und anhand von Beispielen[281] eingegangen.

- An erster Stelle muss hier wiederholt werden, was in Kapitel 7.2.8.1.2.1, Punkt 10, S. 655 gesagt wurde: Wenn nachgewiesen werden kann, dass die Erinnerungen an das frühere Leben mit der Realität übereinstimmen, so reicht die **Erklärung durch Symboldramen** nicht mehr aus. Solche Beispiele gibt es (s. Kap. 7.2.8.1.2 ab S. 653). Bei diesen ist es höchst unwahrscheinlich, dass ein wirkliches Geschehen genau die psychische Not widerspiegelt, die Triebfeder für ein Symboldrama des Patienten ist.

- Erstaunlich viele Patienten der RT hatten, nach der Literatur zu urteilen, durch die Maßnahmen der Schulmedizin oder der konventionellen **Psychotherapie keine Heilung** erfahren. Warum war unter diesen Bedingungen erst das Erleben eines oder mehrerer **Symboldramen**, die (ausgerechnet!) in früheren Leben spielen, notwendig, um zu der oft wundersamen Heilung zu kommen? Warum kann die von Skeptikern als Halluzination gedeutete „Erinnerung" nicht in früheren Jahren des heutigen Lebens angesiedelt sein oder aber zumindest ohne jede zeitliche Zuordnung? Das läge doch viel näher, weil dabei das etablierte Weltbild gar nicht verlassen werden muss. Die Psychotherapie bietet dies schließlich standardmäßig an. Liegt es vielleicht an der selektiven Berichterstattung der Reinkarnationstherapeuten? Wir wissen es nicht.

Auch die RT geht in die Kindheit der heutigen Person, sofern der Patient sie von sich aus so lenkt. Indem dieser sein Problem in seiner Vorstellung in die mittlerweile meist schon etwas entfernten Kinderjahre projiziert, kann er sich ebenso davon distanzieren (oder es weniger schmerzhaft betrachten), wie das die Verschiebung in ein früheres Leben möglich macht. Es müsste folglich viel mehr über Heilungen bekannt geworden sein, die der „Aufführung" solcher im heutigen Leben oder ohne Zeitbezug spielenden Symboldramen zu verdanken sind. Wie unbefriedigend dies alles mit der Vorstellung von Symboldramen erklärlich ist, zeigen besonders die Fälle, in denen zwar in der Hypnose ein „passendes" Trauma aus der Kindheit des heutigen Daseins gefunden wurde, dessen

---

[280] Kapitel 7.2.3.1.3.10, S. 276; 7.2.3.1.4.6, Pkt. 1, S. 294; 7.2.8.1, S. 638; 7.2.8.1.1, S. 642; 7.2.8.1.2.1, Pkt. 10, S. 655, Pkt. 11, S. 656, Pkt. 12, S. 656; 7.2.8.2.6, S. 712; 7.2.9.1.3.1.4, S. 739; 7.2.9.2.1, S. 758

[281] Zeitfenster [26], Bsp. (5), S. 123; [31], Bsp. (9), S. 127; Bsp. (99), S. 735

Nacherleben aber nicht ausreichte, um eine Genesung zu bewirken. **Erst der Zugang zu früheren Leben brachte Heilung** (Fallnummern im Anhang 8.6, Nr. 222, 154; Zeitabschnitt [26], Bsp. (5), S. 123; Bsp. (71) „* (Hg) **Sarah Long**" S. 648 und (72) „(Ng) (Hg) **Berthold**", S. 650).

- Wie soll man erklären, dass Patienten, die mit Beschwerden zum Therapeuten kommen, sich in der RT dann fast ausschließlich an frühere Leben mit **grausamen Schicksalen** und **unnatürlichen Todesarten** erinnern? Das Nacherleben einer glücklichen Existenz ist doch nicht nur viel angenehmer, sondern kann nachweislich ebenfalls zur Heilung führen (s. „**rescripting**" S. 655). Kaum ein Therapeut dirigiert seine Patienten absichtlich in unerfreuliche Erinnerungen. Sie kommen auf offene Fragen des Therapeuten hin „von selbst" dorthin (*„und nun geh zum nächsten bedeutsamen Ereignis in jenem Leben"*). Bei weitem nicht alle Patienten haben eine feste Vorstellung von dem Ablauf einer Rückführung, und sie erwarten auch nicht etwa von sich aus, Grausames zu erleben. Warum also sollte ein **Symboldrama** zwangsläufig dazu führen, nur schlimme Leben zu konstruieren? Wir müssten in diesen Therapiesitzungen und in der entsprechenden Literatur darüber mithin viel mehr Beispiele von erfreulichen Leben antreffen, als es tatsächlich der Fall ist.

- Von solchen erfreulichen Leben wird auch berichtet, aber nur, wenn gesunde Probanden rückgeführt werden, also solche, die keine psychischen oder physischen Probleme haben, wie eine Studie bestätigt *(216, S. 28)*. Unter ihnen findet sich die hohe Zahl von 40% **natürlicher Todesarten** bei weiteren 35% unbekannter Art, unter denen ebenfalls ganz natürliche Tode vorgekommen sein dürften. Liest man die betreffenden Fallschilderungen, so fällt auf, dass es sich hierbei um völlig alltägliche Leben ohne schwere Schicksale handelte – ganz so, wie es zu erwarten ist, wenn die Reinkarnationshypothese zutrifft.

Wie will man es aber erklären, dass sich bei Rückführungen gesunder Klienten überhaupt **Symboldramen** zeigen, wenn man ihre Erinnerungsszenen früherer Leben nur als solche Produkte des Gehirns verstehen will? Diese Menschen möchten ja gar keine Beschwerden kurieren lassen, verspüren also keine psychische Not, die zu einem **Symboldrama** Anlass geben könnte! Dennoch berichten sie nicht etwa nüchtern sachlich, sondern sehr **emotional** und mit angemessener und beeindruckender **Körpersprache**, so, als erlebten sie das Geschehen gerade (**Identifikation** mit der früheren Person). In 19 bis 31% der Fälle behaupten sie, **im jeweils anderen Geschlecht** (*213; sogar 48% in 214*) und in 28 bis 29% der Fälle **in einer anderen Ethnie gelebt** zu haben (*213, nur 15 -*

25% bzw. 23% in 216, S. 198 und immerhin 52% in 214). Warum, so muss man fragen, werden so viele Probanden ohne Not zu perfekten Erfindern von Geschichten und zu geradezu begnadeten Schauspielern? Die Klienten waren nicht motiviert, dem Rückführer etwa den Gefallen zu tun und irgendwie mental in eventuelle frühere Leben zu gehen. Schließlich hatte der sich gerade als einer vorgestellt, der weder an die Reinkarnation glaubt, noch sie grundsätzlich ablehnt *(213, 216, S. 180).* Immerhin 40% der Probanden **erwarteten außerdem gar nicht, frühere Leben zu „sehen"** oder waren sich über eine solche Möglichkeit im Unklaren. Und 43% **glaubten nicht einmal an Reinkarnation** oder wussten nicht recht, was sie davon halten sollten.

Der Autor **Robert T. James** skizziert drei Beispiele, in denen es sich (nicht problembeladene Patienten, wie im vorherigen Punkt, sondern gesunde!) amerikanische Probanden während ihrer Rückführungen freiwillig „zumuteten", in Nazi-Deutschland **grausame Tode** zu erleiden *(214, 216, S. 164).* Was treibt Probanden dahin, solch unangenehme **Symboldramen ohne Leidensdruck** aufzuführen?

Wenn es um Symboldramen gehen soll, wie kommen etwa ¾ aller Probanden der Studien dazu, von **Erfahrungen jenseits des Todes** zu berichten (s. Kapitel 7.2.7.2.3.1)?

- In dieser Erörterung muss auf das bereits erwähnte Experiment von **Thelma Freedman** zurückgekommen werden, in dem sie versuchte, zwei Personen unter Hypnose in ein rein **phantasiertes früheres Leben** zu dirigieren *(147, S. 38).* Es gelang bekanntlich nicht. Erst als sie die Versuchsperson dazu aufrief, in freier Wahl ein früheres Leben zu erinnern, funktionierte die Rückführung. Wenn Freedman nun die Versuchspersonen aufforderte, bestimmte Umstände in ihren Bildern aus den früheren Leben bewusst zu ändern (z. B. die Farbe eines Gegenstandes), so fiel ihnen dies sehr schwer, und die Bilder „kippten" nach der willkürlichen Änderung bald wieder in den ursprünglichen Zustand zurück. Hatte Freedman hingegen Dinge, z. B. ein Haus, von den Probanden frei phantasieren lassen, so war es nicht schwer, Aspekte bzw. Details, z. B. die Farbe des Daches, in der Vorstellung ändern zu lassen. Dies ist ein Hinweis darauf, dass die früheren Leben eher nicht halluziniert werden.

- Eine Deutung des Heileffekts von Rückführungen als eine Wirkung von dabei angeblich immer entstehenden **Symboldramen** hat für ihre Verfechter den Vorteil, dass alle damit im Zusammenhang stehenden Erklärungsmuster – zunächst jedenfalls – völlig im Rahmen des allgemein akzeptierten, materiellen Weltbildes bleiben. Dieser Bonus wird jedoch spätestens dann fragwürdig, wenn die sogenannten **stellvertretenden Rückführungen** erklärt werden sollen. Bei dieser Form der Rückführung (**remote regression**) wird ein **Stellvertreter (surrogate)** für den Patienten hypnotisiert und mit ihm so verfahren, als sei er dieser Patient selbst[282]. Darüber findet man zwar bisher nur wenig Literatur, aufschlussreich ist jedoch bereits ein Artikel, in dem von guten Ergebnissen dieser Methode bei Kindern berichtet wird *(29)*. Beispiele findet man bei Greg McHugh *(269)*. In einem Buch von **Irene Hickman** *(195)* sind zahlreiche Beispiele beschrieben, wie Patienten von Besetzungen befreit werden konnten, indem nicht sie selbst, sondern an ihrer Stelle jeweils eine andere Person hypnotisiert wurde, die sich mental in den betreffenden Patienten hineinversetzt hat (siehe Kapitel 7.2.8.2, S. 663). Der **Stellvertreter** weiß zudem in vielen Fällen nichts vom Patienten. Wenn unter diesen Umständen dennoch eine **therapeutische Wirkung** erreicht wird, gewissermaßen eine **Fernheilung** geschieht, dann lässt sich das offenbar nur so erklären, dass der Stellvertreter im hypnotischen Zustand irgendwie in der Seele des Patienten „gelesen" und (für die Heilung) „geschrieben" haben muss. Mit anderen Worten: Es muss eine wie immer geartete paranormale Leistung dahinter stehen. Jede Erklärung des dabei erzielten Heileffekts, ganz gleich ob durch Reinkarnation oder Symboldrama, hat diesen etwas rätselhaften Transfer von Information und Handlung einzuschließen. In jedem Fall ist die einfache **Deutung als Symboldrama** (ohne paranormale Komponente) nicht mehr haltbar, weil der Patient gar nicht aktiv in die Rückführung eingebunden ist. Fernhypnose beobachtete übrigens bereits Ende des 19.Jahrhunderts der berühmte Mitgründer der englischen parapsychologischen Gesellschaft (SPR), Frederick Myers *(540, S. 187)* und Thomson Jay Hudson will 1890 eine Fernheilung (Geistheilung) durchgeführt haben *(540, S. 242)*.

---

[282] Entsprechendes findet man bei Stellvertretersitzungen (proxy-sittings) mit psychischen (mentalen) Medien oder bei Familienaufstellungen nach Bert Hellinger.

7.2.8.1.2.3   Resümee zur Erklärung mittels Symboldramen

Die vorstehenden Argumente und offen gebliebenen Fragen lassen **Symboldramen** als allgemeingültige Erklärung für die Wirkungsweise der RT nicht sehr überzeugend dastehen. Kann man nun umgekehrt, wie die Mehrheit der **Reinkarnationstherapeuten**, daraus schließen, dass die Heilerfolge der RT Beleg dafür sind, dass die Rückgeführten real abgelaufene Geschehnisse erinnert haben müssen (und damit die Reinkarnationshypothese stützen)?

Ich denke, die Argumente stärken die Sichtweise der Therapeuten zwar deutlich, reichen allerdings nicht aus, um die zitierte Behauptung zu beweisen. Die Erklärung durch heilende **Symboldramen** kann – wie oben (S. 639, Punkt 8, S. 655, und 10, S. 655) ausgeführt wurde – nicht für alle Fälle generell ausgeschlossen werden. Erst wenn sich die Erzählungen der Patienten als Schilderungen einer real abgelaufenen Vergangenheit herausstellen (s. Punkt 13, S. 656), gewinnt die Reinkarnationshypothese gegenüber der Vermutung von **Symboldramen** die Oberhand (s. dazu Kapitel 7.2.9.1.3.1.3, S. 727). Symboldramen sind schließlich definitionsgemäß durch die Not des Patienten motivierte **Phantasien**. Wie sollten diese mit der Realität „synchronisiert" oder in Einklang gebracht werden?

Wer allerdings ohnehin glaubt, dass es die Wiedergeburt für jedermann gibt, z. B. weil ihn eigene Erfahrungen mit Rückführungen oder die Erinnerungen kleiner Kinder an ihr früheres Leben überzeugt haben, wird davon ausgehen, dass zumindest die Fälle, bei denen sich ein Heilerfolg einstellte, reale Erinnerungen aufweisen. Warum auch sollte das **Unterbewusstsein** statt der echten sich unechte, und dennoch heilsam wirkende Erinnerungen grausamer Art ausdenken? Abweichungen von der Realität könnte man allenfalls durch Konfabulation (Ausfüllen von Gedächtnislücken durch Phantasie) oder Beschönigung zulassen.

Es ist der persönlichen Bewertung anheimgestellt, welche Erklärung man für die angemessenere hält.

7.2.8.2 Therapie durch Befreiung von Besetzungen

Die **Reinkarnationstherapie** fußt nicht nur auf der Vorstellung, dass – wie im vorhergehenden Kapitel beschrieben – Traumata oder lieblose Handlungen aus früheren Leben Auswirkungen bis ins aktuelle Leben haben können. Wie sie heute professionell betrieben wird, gehört zu ihr auch das Konzept der **Befreiung des Patienten von Besetzungen** – meist von **Umsessenheit** oder gelegentlich sogar von **Besessenheit** durch **erdgebundene Seelen Verstorbener** oder durch andere **Wesenheiten** (Begriffsdefinitionen siehe Glossar 3, S. 14). In diesem Zusammenhang wird im englischen Sprachraum von „**depossession**", **entitiy** oder **spirit releasement**" oder „**clearing**" gesprochen.

Dieses Konzept entstand nicht aus esoterischen Quellen, sondern entweder, indem **Reinkarnationstherapeuten** bei ihrer Arbeit mit Patienten **zufällig darauf stießen oder von ihren Klienten darauf gestoßen wurden** (z. B. **Ireland-Frey, Modi, Powers, Tramont**), oder aus praktischer Notwendigkeit, Heilung zu bewirken (z. B. **Baldwin, Fiore, Komianos**). Dazu wird im Kapitel 7.2.8.2.3, S. 681 mehr gesagt. (Weitere Anwender des Konzepts sind **Hickman** und **Denning**).

Im Folgenden werde ich alles aus der Literatur zusammentragen, was mir zum Thema wesentlich erscheint. Es ist nicht so zu verstehen, dass ich all die wunderlichen Dinge auch für real oder wahr halte.

Das Konzept der Besetzungen

Viele **Verstorbene**, so die Vorstellung, erkennen nach dem Tod nicht, dass sie gestorben sind[283], weil sie weiterhin sehen und hören, denken und fühlen können. Sie sind zwar verwirrt, weil sie sich den Lebenden nicht bemerkbar machen und Gegenstände nicht mehr anfassen können (sie greifen hindurch). Da sie aber gemäß ihrem nachtodlich weiterbestehenden Glauben u. a. davon überzeugt sind, dass das Bewusstsein nach dem Tod erlischt, meinen sie also, noch immer zu leben. Sie finden deshalb auch nicht den Weg ins **Licht**, der sie ins Jenseits führt. **Trutz Hardo** schätzt den Anteil der **erdgebunden** bleibenden Seelen auf 20% (*178, S. 383*). Manche **Verstorbene** fürchten sich auch vor dem **Licht** und glauben, endgültig zu sterben, wenn sie ins Licht gingen. Andere mögen sich ihrer Situation, gestorben zu sein, durchaus bewusst sein[284], können sich aber dennoch nicht von der Erde lösen,

---

[283] Man bezeichnet sie als „passive Geister" (*252, S. 394*)

[284] Man bezeichnet sie als „aktive Geister" (*252, S. 394*)

weil sie z. B. Rachegedanken ausleben oder Hinterbliebenen helfen wollen[285]. Alle diese Seelen bleiben deshalb erdnah, und viele von ihnen verbinden sich in unterschiedlichem Ausmaß mit Lebenden, deren Aura z. B. durch Krankheit, Narkose, Drogen, psychische Erschütterungen, starke negative Emotionen wie Ärger oder Wut oder durch spiritistische Versuche wie **Pendeln** oder **Gläserrücken** geschädigt bzw. geöffnet ist, wodurch das Eindringen der **erdgebundenen Geister** ermöglicht wird[286]. Diese befriedigen damit ihre nach dem Tod weiterbestehenden Bedürfnisse, z. B. nach menschlicher Nähe oder auch nach Genüssen aller Art, wie z. B. Alkohol oder Sex, indem sie am Leben der Umsessenen oder Besetzten teilnehmen oder deren **Verhalten** sogar dahingehend beeinflussen, ihre eigenen, weiterbestehenden Begierden zu befriedigen. Physische Schmerzen bleiben zwar offenbar nach dem Tod nicht bestehen, wohl aber psychische oder eingebildete, die sich auf den Besetzten übertragen können *(178, S. 383)*. Eine Besetzung endet spätestens mit dem Tod des Besetzten. Viele unterschiedliche **Geister** können einen Menschen zu gleicher Zeit besetzt halten und nacheinander kurz oder länger sein Wesen bestimmen. Dies geschieht in der Regel gegen den Willen des Besetzten. Je nachdem, welches Wesen gerade die Führung übernimmt, verhält sich der Besetzte unterschiedlich. Sogar körperliche Merkmale können sich ändern, wie Beispiele zeigen, bei denen die Sehkraft, Linkshändigkeit und Augenzittern betroffen sind *(33 ; 481)*. Die im Ergebnis unerklärlich erscheinenden Wesensveränderungen ordnet die Psychiatrie heute in das Krankheitsbild der **„multiplen Persönlichkeitsstörung"** (**Multiple Personality Disorder, MPD**) ein, das heute auch als **„dissoziative Identitätsstörung""** (**Dissociative Identity Disorder, DID**) bezeichnet wird[287]. Die davon betroffenen Menschen können, aber müssen sich nicht der Beeinflussung durch **Erdgebundene** bewusst sein (und sind auch nicht alle besetzt). Sie fühlen sich vielleicht nur ihrer Energie beraubt oder leiden unter physischen oder psychischen Beschwerden, die mit denen der Verstorbenen meist übereinstimmen.

---

[285] Weitere Gründe der Geister für Erdgebundenheit: Angst, in die Hölle zu kommen; zwanghafte Bindung an Lebende, Orte oder Süchte, wie Alkohol, Rauchen, Essen oder Sex; unvollendete Geschäfte, Rachegelüste; plötzlicher, unerwarteter Tod im FL; Scham angesichts der eigenen Taten (*141, S. 47*).

[286] Weitere Umstände des Besessenen, die eine Besetzung begünstigt haben können: Bewusstlosigkeit, Bande einstiger Liebe, Aufenthalt in Krankenhäusern, auf Friedhöfen oder bei Sterbenden, Bluttransfusion, Organtransplantation oder auch nur – bei geschwächter Aura –„zur falschen Zeit am falschen Ort gewesen zu sein" (*141, S. 139*).

[287] Über „klassische" Fälle der MPD aus dem 19. Jahrhundert berichtet Wilson (*540, S. 180. 212*).

Heilung nach dem Konzept der Besetzungen

Die beste Form der Heilung von durch Besetzung verursachten Störungen besteht nach Erfahrungen von **Reinkarnationstherapeuten** darin, mit den entsprechenden **Geistern** Kontakt aufzunehmen und ihnen klar zu machen, dass sie sich selbst und dem Umsessenen bzw. Besetzten Schaden zufügen (*372*). Ihnen muss bewusst gemacht werden, dass sie gestorben sind und nun u. U. unter der Begleitung von **verstorbenen Verwandten** oder Engelwesen ins **Licht** gehen müssen, um ins Jenseits zu gelangen, wo sie ihren seelischen Frieden und die Möglichkeit der Weiterentwicklung finden werden. Wenn dies gelingt, ist beiden gedient – dem Lebenden <u>und</u> dem Gestorbenen. Darin liegt einer der wesentlichen Unterschiede zum **Exorzismus**, wie er von der katholischen Kirche (auch heute noch) praktiziert wird. Dort geht man ausschließlich von bösartigen **Dämonen** als **Besetzungsgeistern** aus und treibt sie gewaltsam aus, ohne sich um deren weiteres Schicksal zu kümmern. Das kann dazu führen, dass sich diese Geistwesen bald nach ihrer Austreibung ein neues Opfer suchen. In der **Reinkarnationstherapie** hingegen kann der Patient in Hypnose selbst als Mittler dienen, durch den die Verbindung zum Besetzungsgeist hergestellt wird. Ob und wie dabei Heilungen zustande kommen, wird weiter unten angesprochen (Kapitel 7.2.8.2.3, S. 681).

Unterschiedliche Konzepte

Es sei noch erwähnt, dass gelegentlich auch von Besetzungen durch **Außerirdische** und solche **Wesenheiten** berichtet wird, die angeblich noch nie inkarniert waren und auch **Dämonen** sein können. Speziell mit Dämonen haben sich die Psychiater **Naegeli-Osjord** *(288; 289)* und **Modi** *(276)* befasst.

Der Arzt **Samuel Sagan** vertritt etwas abweichende Vorstellungen von dem Prozess der Besetzung. Er hält es für absurd zu glauben, dass eine unsterbliche Seele in einem fremden Körper gefangen sein könnte. Für ihn sind es in der Mehrzahl verlorene **Seelenfragmente** von **Verstorbenen** oder andere Wesenheiten *(350, S. 102, 110)*.

Nach den Erfahrungen der Mehrheit der **Reinkarnationstherapeuten** jedoch handelt es sich meist um die Seelen verstorbener Menschen und um **Umsessenheit**, nicht um **Besessenheit**. **Jan Erik Sigdell** z. B. sagt, ihm sei in seiner langjährigen Praxis keine echte Besessenheit begegnet, wohl aber Umsessenheit *(377, S. 45)*. Der durch seine Studien zum Leben zwischen den Leben bekannt gewordene Reinkarnationstherapeut **Michael Newton** zieht aus der Tatsache, dass ihm in über 30 Jahren Praxis nie eine Besetzung untergekommen ist, die Schlussfolgerung, dass es Besetzungen und Besessenheit nicht gibt *(295, S. 76; 463, S. 174)*. Bei **Trutz Hardo** liest man, er sei „einigen Personen begegnet, die eine ganze Reihe von Besetzern in sich hatten" (*178, S. 388*). In einem neueren Buch gibt er die Schätzung ab, dass ca. 25% seiner Klienten eine Besetzung mitbringen (*180, S. 252*). Am anderen Ende der Skala sind es 92% Besetzungen bei **Modi** (siehe Kap. 7.2.8.2.3, S. 691). (Dazwischen liegende Werte findet man bei **Allison** (s. S. 679), **Baldwin** (S. 688), **Ferreira** (S. 678), **Fiore** (S. 682), **Mendes** (S. 678)). Gelegentlich wird auch von Besetzungen durch „Wesenheiten" gesprochen, die noch nie inkarniert waren. Da das Thema Besetzung durch Dämonen und Wesenheiten wenig zur zentralen Überlebensfrage beitragen kann, wird darauf hier nur am Rande eingegangen.

(74) *Man mag das Folgende glauben oder auch nicht. Jedenfalls hat sich die Beschreibung, wie eine Besetzung aus der Sicht eines besetzenden **Geistes** vor sich geht, in einem konkreten Fall so angehört: *„Stell dir vor, dass sich viele von uns, darunter auch Unbekannte, in einem dunklen Raum befinden. Mitten auf dem Boden ist ein heller Lichtfleck zu sehen. Wer auch immer auf diesen Fleck tritt, ist in der realen Welt und erhält dort das **Bewusstsein**. Das ist die Person, die von anderen gesehen und gehört und auf die reagiert wird. Die anderen von uns können ihren normalen Interessen nachgehen, studieren, sich unterhalten oder spielen. Jeder, der draußen ist, muss sehr vorsichtig sein und nichts von der Existenz der anderen verraten. Es ist ein Familiengeheimnis"* (86, S. 52).

Auch eine Klientin von Trutz Hardo schildert ohne eine entsprechend leitende Frage des Rückführers, wie sie als Seele oder **Geist** nach ihrem Tod einen Mann besetzt (*180, S. 327*).

Die o. g. unterschiedlichen Ansichten über das Konzept der Besetzungen zeigen bereits, dass das skizzierte Modell nicht als real existent bewiesen gelten kann. Es ist auch nicht immer und überall anwendbar. Es gibt durchaus nicht wenige Fälle anscheinender Besetzung, die psychologisch durch Persönlichkeitsabspaltung erklärt und unter dieser Annahme geheilt werden können. Ein solcher ist z. B. der Fall von Chris Costner Sizemore *(86, S. 44; 459; 384)* oder von Achille *(86, S. 129)*, den **Pierre Janet** bearbeitet hat, oder auch **Ralph Allisons** Fälle Janette und Babs *(10, S. 24, 104)*. Mehr dazu in Kapitel 7.2.8.2.3 (ab S. 681).

Um einen Eindruck von der Bedeutung des Themas vermitteln zu können, habe ich auch hier wieder aus der mir vorliegenden Literatur alle relevanten Beispiele zusammengestellt – jene Fälle einer vollständigen oder fast **vollständigen Heilung**, die nach Angabe der Autoren auf die **Befreiung von einer Besetzung** zurückgehen. Diese Liste findet sich im Anhang, Kapitel 8.7 (S. 892).

In insgesamt 15 Büchern von 13 Autoren wurden vom Verfasser des vorliegenden Buches 139 Beispiele gefunden. Vergleicht man diese Zahl mit der von 291 aufgefundenen Fällen erfolgreicher Heilung durch Rückführung in frühere Leben (s. Kapitel 7.2.8.1, ab S. 638), so kommt man auf einen Anteil der Besetzungsfälle von ca. 32%. Einige Autoren machen weit höhere Prozentangaben (70 bis 80% s. Kapitel 7.2.8.2.3, S. 681). Diese Abweichung kann darin begründet liegen, dass in den genannten 139 Fällen eine Besetzung die Hauptursache für Beschwerden darstellte, während sich die höher angesetzten Angaben auch auf viele Fälle beziehen, in denen Besetzung nur eine zusätzliche Rolle spielte. Hinzu kommt, dass Therapeuten mit der **Befähigung zum „clearing"** nicht sehr zahlreich sind und daher verstärkt Zulauf von Besetzungsfällen erhalten haben können, was sich dann möglicherweise in höheren Prozentzahlen ihrer Veröffentlichungen niederschlägt.

Die anhänglichen Unsichtbaren könnten also, so wird jedenfalls angenommen, meist ungewollt oder gelegentlich sogar absichtlich **Krankheitssymptome** hervorrufen. Daher soll an dieser Stelle auch auf den oben genannten Ansatz einer ergänzenden Therapie durch Befreiung von Besetzungen eingegangen und auch hier die Frage erörtert werden, ob daraus Argumente für oder gegen die Reinkarnationshypothese ableitbar sind.

Da dieses Teilgebiet noch weniger durchgearbeitet ist als das der Rückführungen in frühere Leben, können hierzu kaum verallgemeinerte Aussagen getroffen und statistische Zahlen angegeben werden. Im Folgenden wird daher (notgedrungen) vermehrt auf Beispiele zurückgegriffen.

7.2.8.2.1   Besetzungen ohne zweiseitige Kommunikation (walk-in) (walk-through)

Bevor auf die Befreiung von Besetzungen durch zweiseitige (bidirektionale) Kommunikation mit dem Besetzungsgeist eingegangen wird, soll daran erinnert werden, dass es Fälle gibt, in denen sich – meist nach einer Krisensituation – Wesen und Wissen einer Person überraschend und innerhalb kurzer Zeit völlig verändern, und zwar mitunter nicht nur vorübergehend, sondern dauerhaft. Diese Veränderungen werden oft nicht als therapiebedürftige bzw. therapierbare Krankheit verstanden und ohnehin nur sehr selten als Besetzung aufgefasst. Auch wenn Letzteres dennoch geschieht, muss das nicht immer zu einem Gespräch mit dem Besetzungsgeist führen. Denn in solchen Fällen geht man manchmal sogar davon aus, dass eine Übernahme des Körpers im Einvernehmen beider **Geistwesen** (des Lebenden und des Sterbenden bzw. Toten) zustande kommt. Bei dauerhafter, einvernehmlicher Übernahme spricht man dann von einem „**walk-in**" (engl.: hineingehen) (*377, S. 79; 141, S. 195*).

Ein Beispiel dafür ist in Band 1 dieser Buchreihe ausführlich dargestellt (dort Kapitel 8). Es geht um die Inderin **Sumitra Singh**, die mit 17 Jahren zu sterben schien, zur Verblüffung aller aber wieder zum Leben erwachte und jetzt in ihrem Wissen, Wesen und **Verhalten** wie eine völlig andere Person wirkte. In ihrer bisherigen Umgebung kannte sie sich dagegen nicht mehr aus. Da sie selbst angab, wer sie nunmehr sei, konnte der Fall geprüft und **verifiziert** werden. Es stellte sich heraus, dass die frühere Person, die nunmehr irgendwie im Körper Sumitras agierte, zwei Monate vor dem Zusammenbruch der jungen Frau gestorben war. Die Vielzahl stimmiger Elemente dieses Falls lässt nur sehr schwer eine andere Erklärung als eine dauerhafte Besetzung (walk-in) zu. Auf die Abgrenzung eines solchen Phänomens zur Reinkarnation wird in Band 1, Kapitel 5.5.3.2.4 näher eingegangen. Literatur zu weiteren Fällen dieser Art findet sich dort in Kapitel 5.4.4.3.2. In diesem Zusammenhang ist die Zusammenstellung zeitgenössischer Fälle von anscheinender Besetzung durch **Claus Speer** vom „Arbeitskreis Origenes" bemerkenswert (*394*). Die Fallbeispiele zeigen eine plötzlich eintretende, dauerhafte und totale Veränderung der Persönlichkeit. In einem Fall verschwand mit der Veränderung auch ein vorher schweres Asthma und eine Allergie (*261*). In einem anderen erlitt eine junge Mutter von 3 Kindern bei einem Autounfall schwere Hirnverletzungen. Als sie aus dem Koma wieder aufwachte, konnte sie nur **in russischer Sprache und in kyrillischer Schrift kommunizieren**, und dies, obwohl sie vor dem Unfall keine dieser Fähigkeiten besessen hatte (*32*).

Einer lebenslangen Übernahme des Körpers steht eine zeitlich begrenzte gegenüber (**walk-through**). Der „klassische Fall", bei dem sich für eine plötzliche Persönlichkeitsänderung die Erklärung durch eine Besetzung quasi aufdrängt, firmiert unter dem Schlagwort „**Watseka-Wunder**". Er soll hier skizziert werden, weil er in deutscher Literatur zu diesem Thema kaum noch zu finden ist.

(75) Schon im Alter von erst 6 Monaten, leidet das amerikanische Mädchen **Mary Roff** (wie sich herausstellen wird, ist es der spätere **Besetzungsgeist**) unter epileptischen Anfällen und heftigen Kopfschmerzen. Mit 17 Jahren sind die Beschwerden der Heranwachsenden dann derart gravierend, dass sie sich in einer Art Anfall selbst am Arm Schnitte zufügt, dadurch eine Menge Blut verliert und ohnmächtig wird. Nachdem sie wieder zu sich gekommen ist, benimmt sie sich für fünf Tage wie eine Verrückte und verliert dabei ihr Augenlicht. Das Kuriose ist: Obwohl sie nichts mehr sehen kann, erweist sie sich in der Lage, Texte in ungeöffneten Büchern sowie in Briefen, die noch in geschlossenen Kuverts stecken, zu „lesen". Das beweisen mehrere Tests. Am 5.7.1865 stirbt sie im Alter von 18 Jahren.

Ungefähr 14 Monate vorher, am 16.4.1864, wird die Amerikanerin **Lurancy Vennum** geboren. Als sie sieben Jahre alt ist, ziehen ihre Eltern mit ihr nach Watseka im Staat Illinois, USA. Mit 13 Jahren, im Juli 1877, beginnt das bis dato gesunde Mädchen in ihrem Schlafzimmer (nicht reale) Personen zu sehen, die sie mit ihrem Spitznamen „Rancy" rufen. Einige Tage später verfällt sie für Stunden in eine kataleptische Körperstarre. Wie in Trance beschreibt sie Engel und **Geister** von **verstorbenen Verwandten**, die sie sieht. Ihre Eltern wollen sie deshalb in ein Asyl für Geisteskranke bringen. Davon muss wohl Asa Roff, der Vater der eben erwähnten Mary, erfahren haben. Er wohnt seit etwa 6 Monaten mit seiner Familie ebenfalls in Watseka, kaum 200 m von den Vennums entfernt. Er macht der Familie den Vorschlag, dass sich der Arzt **Dr. E. W. Stevens**, ein Spiritualist, den Fall der Lurancy einmal ansieht *(427)*.

Als sich Dr. Stevens mit dem Kind unterhält, merkt er bald, dass er gleichsam mit zwei Persönlichkeiten kommuniziert, die anscheinend von Lurancy Besitz ergriffen haben und aus ihr sprechen. Er „magnetisiert" daraufhin das Mädchen – wir würden heute sagen, er hypnotisiert sie – und kann so mit dem **Geist** einer mental völlig gesunden Lurancy sprechen. Diese äußert ihr Bedauern über den Einfluss der üblen **Geister**, die aus ihr gesprochen haben. Dr. Stevens schlägt vor, andere, wohlmeinende Geister anstelle der bisherigen „einzuladen". Es gebe viele, die gerne kommen würden, antwortet Lurancy und nennt Mary Roff als einen Geist, der ihr von den Engeln empfohlen wird. Marys Vater, der bei dieser Sitzung zugegen ist, schildert die Lebensumstände seiner verstorbenen Tochter, und alle Beteiligten stimmen darin überein, dass Marys Geist kommen und Lurancys Körper übernehmen soll.

Am nächsten Morgen behauptet nun Lurancy, Mary Roff zu sein, und will unbedingt nach Hause zu den Roffs gehen. Das wird ihr aber nicht gestattet. Als Frau Roff und Marys Schwester, Minerva, die Vennums besuchen, bekommt das Mädchen so schreckliches Heimweh, dass ihm schließlich erlaubt wird, am 11.2.1878 zu den Roffs zu gehen und dort zu wohnen.

Lurancy fühlt sich in ihrem neuen **Zuhause sichtlich wohl**, erkennt alle Personen, die Mary einst gekannt hat, und nennt sie mit Namen. Sie weiß alles, was Mary gewusst hat und erinnert sich an Hunderte von Einzelheiten aus Marys Leben. Dagegen erkennt Lurancy in ihrem jetzigen Zustand ihre eigentlichen Familienmitglieder und ihre Freunde nicht mehr und weiß auch nichts mehr über ihr eigenes Leben als Lurancy. In ihrer Rolle als Mary aber verhält sie sich ganz normal. Nur hin und wieder fällt sie in Trance und beschreibt dies als einen Gang in den Himmel. Dann scheinen auch andere Geister um Erlaubnis zu fragen, durch sie sprechen zu dürfen und tun dies auch. Lurancy ist zum **Medium** geworden.

Nach 14 Wochen – wie von ihr als Mary vorhergesagt – scheint Mary widerstrebend den Körper Lurancys zu verlassen. Diese nimmt wieder die Züge ihrer ursprünglichen Persönlichkeit als Tochter der Familie Vennum an. Von da an kennt sich das Mädchen nun bei den Roffs nicht mehr aus. Es kehrt in die Wohnung der Vennums zurück und ist ab jetzt gesund. Als sie erwachsen ist, heiratet sie und hat Kinder. Weil ihr Mann jedoch nichts von Spiritualität hält, lässt Lurancy ihre medialen Fähigkeiten später ruhen. Wenn aber die Roffs zu Besuch kommen, taucht auch Mary wieder bei ihr auf.

Die Geschichte der Lurancy wurde von Dr. Stevens selbst veröffentlicht *(427)* und von anderen überprüft, darunter von **Richard Hodgson**, einem besonders kritischen Forscher der englischen parapsychologischen Gesellschaft (SPR). Auch der anerkannte Psychologieprofessor **William James** bezeichnete den Fall als echt und veröffentlichte ihn seinerseits. „Mary" konnte in seinen Augen nicht als ein abgespaltener Teil von Lurancys Psyche (**Dissoziation**) gelten. Man fand trotz aller Bemühungen **keinen normalen Weg**, auf dem Lurancy zu dem umfangreichen und speziellen Wissen Marys und zu dem für dieses Mädchen charakteristischen Verhalten hätte kommen können. Wie hatte Lurancy – bewusst oder unbewusst – über 14 Wochen hinweg ihre „Rolle" als Mary derart fehlerlos spielen können, dass ihr Verhalten selbst von Marys Eltern als völlig identisch mit dem ihrer **verstorbenen** Tochter erlebt wurde? Es bleibt ein Rätsel! Die spiritistische Erklärung läuft unter

dem Schlagwort „**walk-through**". Wenn man diesen Fall lieber mit **Super-ASW**
erklären möchte, so hätte diese Form der außersinnlichen Wahrnehmung hier nicht
nur sehr umfangreich, sondern auch quasi fehlerfrei funktionieren müssen. Die ganze Diskussion, die um die Echtheit und Interpretation dieses bemerkenswerten Falls
geführt wurde, kann hier aus Platzgründen nicht wiedergegeben werden. Sie findet
sich in folgender Literatur *(11, S. 136; 117, S. 171; 165, S. 170; 540, S. 243).*

7.2.8.2.2   Befreiung mit Hilfe von Medien als Mittler zwischen Diesseits und Jenseits

Die Überzeugung, dass es Besetzungen gibt, und die Praxis, diese aufzuheben und ihre möglichen Krankheitsfolgen zu heilen, ist geschichtlich nicht neu. Schon die Schamanen[288] aus der Frühzeit des Menschen bauten ihre Therapie auf der Annahme auf, dass Krankheiten durch unsichtbare **Geister** verursacht werden können. Nach ihrer Vorstellung müssen diese Geister besänftigt werden, indem ihnen u. a. Opfer dargebracht werden.

Zahlreiche altgriechische Dichter, Denker und Philosophen, wie Homer, Plato, Sokrates, Plutarch u. a. m., haben von Besessenheit und krankmachender dämonischer Einwirkung auf den Menschen gesprochen. Besessenheitsgeister werden häufig sowohl im Alten als auch im Neuen Testament erwähnt. Viele Wunder, die Jesus zugeschrieben werden, waren Fälle von Austreibungen böser Geister (*499, S. 33; 141, S. 29; 208, S. 12*). Die Vorstellung von Besetzungen und von der Möglichkeit ihrer Heilung findet sich in vielen Kulturen der Welt *(90)*.

Mit dem Wiedererwachen des Geisterglaubens im **Spiritismus** ab Mitte des 19. Jahrhunderts organisierten sich in den USA sogenannte „Rettungskreise", die sich die Heilung von Besessenen zum Ziel setzten. Sie versuchten bei ihren Bemühungen, unter Vermittlung von **mentalen Medien erdgebundene Seelen Verstorbener** über ihre wahre Lage aufzuklären und dazu zu bewegen, von den durch sie besetzten Menschen abzulassen und ins **Licht** zu gehen *(501, S. 158, 347, S. 74, 138, 159)*. Spiritistische Medien behaupten von sich, ihren Körper freiwillig und vorübergehend einem **jenseitigen Geist** zur Verfügung zu stellen, damit er sich in unserer Welt ausdrücken kann. Demnach wären medial arbeitende Personen also ebenfalls besetzt, allerdings freiwillig und nur jeweils für kurze Zeit. Es gibt durchaus Berichte über erfolgreiche Heilungen auf der Basis dieses Modells. In der brasilianischen Medienschule Federação Espírita do Estado de São Paulo werden auch heute noch täglich etwa 8000 Hilfesuchende behandelt *(224)*. „Rettungskreise" gab es auch in Deutschland und gibt es hier heute noch *(357; 359; 76; 1)*.

Natürlich erhebt sich die Frage, ob die skizzierte Vorstellung von jenen Geistern und deren irdischer Verstrickung nur der **Phantasie** entspringt oder ob sie einen realen Hintergrund hat und auf ihrer Basis tatsächlich Heilungen gelingen. Dieser

---

[288] http://de.wikipedia.org/wiki/Schamane: „Bei Krankenheilungen geht es meist darum, den jeweils zuständigen Geist aus dem Körper des Kranken zu vertreiben."

Problematik ist der Professor für Ethik und Logik der Columbia-Universität, **James Hervey Hyslop** (1854 - 1920) in den Jahren nach 1907 nachgegangen. Er hatte die American Society for Psychical Research (ASPR), die seit 1885 ein Zweig der englischen parapsychologischen Gesellschaft (SPR) gewesen war, 1906 in die Unabhängigkeit geführt. Zu Beginn seiner Forschungen untersuchte Prof. Hyslop Fälle, die man zwar sehr wohl durch eine **Umsessenheit**, aber eben auch anders erklären konnte, Fälle, die zudem ein Beispiel dafür gaben, dass die betroffenen Personen durch die vermutliche Besetzung eine Bereicherung ihrer Fähigkeiten erlebten. Der am meisten beeindruckende Fall unter ihnen betrifft den Silberschmied **Frederic Thompson**.

(76) Thompson bekommt 1905 Halluzinationen. Es sind vor allem Bäume und Landschaften, von denen er glaubt, sie zuvor noch niemals in Natura gesehen zu haben. Dabei verspürt er das dringende Bedürfnis, diese Objekte zu skizzieren und später auch zu malen. Obwohl er bisher keine ausgesprochene **Fähigkeit** zum Malen besitzt, bringt er seine rein mental wahrgenommenen Bilder gleichsam spielend zu Papier oder auf die Leinwand. Nach einiger Zeit verbindet er seine so entstehenden Gemälde sowie seine neue Fähigkeit intuitiv mit dem Maler **Swain Gifford**, den er früher einmal flüchtig kennen gelernt hat. Als dieses Gefühl in ihm auftaucht, weiß er allerdings noch nicht, dass Gifford bereits gestorben ist. Wiederholt hört er eine **Stimme**, die ihn zum Malen auffordert und die er Gifford zuordnet. Thomson malt nun auch in der Natur und entdeckt dort und später ebenso in der Werkstatt des verstorbenen Künstlers Motive, die er glaubt schon im Kopf zu haben. Als er einmal in der Natur einen verkrüppelten Baum malt, hört er wieder eine innere Stimme, die ihn auffordert, auf die andere Seite des Baumes zu gehen und dort nachzuschauen. Hier findet er die Eingravierung „R.S.G. 1902". Sie steht für die Initialen Giffords.

Prof. Hyslop geht vor diesem Hintergrund nun auch der Frage nach, ob Thompson seine Malvorlagen in der Natur sowie Giffords Bilder schon vor der völlig unvermittelten Herausbildung seiner künstlerischen Leidenschaft gesehen hat. Doch er kommt zu einem negativen Ergebnis. Um die Sache auch noch von einer anderen Seite her zu prüfen, lässt der Forscher zwei Medien Kontakt zum verstorbenen Gifford aufnehmen, und erhält erstaunlich richtige Aussagen. Sie scheinen zu belegen, dass sich Gifford tatsächlich gemeldet hat. Allerdings lässt sich das Ergebnis durchaus auch als Gedankenlesen oder Hellsichtigkeit der in die Prüfung einbezogenen Medien interpretieren, sodass kein stichhaltiger Beweis für die **spiritistische Erklärung** des ganzen Phänomens zustande kommt *(347, S. 13, 29 und Kritik dazu: 47; 94, S. 222; 49, S. 207).*

Prof. Hyslop wusste spätestens seit 1910 um die praktische Arbeit der „Rettungs-kreise", die mit spiritistischen Methoden versuchten, psychisch Kranke zu heilen, und anscheinend Erfolge aufzuweisen hatten. Er entschloss sich daher, auch die Frage zu untersuchen, ob die angebliche **Befreiung von Besetzungen** durch **Geis-ter** oder **Dämonen** auch wirklich Heilerfolge erzielt und ob das dahinterstehende gedankliche Konzept irgendeine Realität widerspiegelt. Zu diesem Zweck arbeitete er u. a. mit einer **Doris Fischer** als Probandin, die zuvor von Pfarrer **W. Franklin Prince** durch eine Art **Exorzismus** von einer psychischen Krankheit geheilt worden war, welche man heute als **multiple Persönlichkeitsstörung** bezeichnen würde. Immer dann, wenn bei den Arbeiten Hyslops und Princes Frau Fischer zugegen war, zeigten sich heftige **Spukerscheinungen**. Deshalb setzten sie zur weiteren Erfor-schung der Vorgänge wiederum **Medien** ein und waren am Ende ihrer Untersu-chungen von der Richtigkeit des Konzepts der Besetzungen überzeugt *(347, S. 117, 278)*.

Breitere praktische Anwendung in der medizinischen Welt fand dieses Konzept zuerst durch **Dr. Carl Wickland** (1861 - 1945). Der Schwede war 1881 in die USA emigriert, hatte 1896 eine medial sehr begabte Frau geheiratet und graduierte 1900 zum praktischen Arzt. Als solcher wandte er sich bereits in seiner privaten Praxis der Psychiatrie zu und wurde 1909 sogar zum Chefpsychiater des Chicagoer „Nati-onal Psychopathic Institute" berufen. Neun Jahre später übersiedelte er dann nach Los Angeles und gründete dort sein „National Psychological Institute". Bereits seit etwa 1894 hatte Wickland rein privat mediumistische Experimente durchgeführt, die ihn bis spätestens 1905 davon überzeugten, dass die **spiritistische Vorstellung** von der Beeinflussbarkeit des Menschen durch **Geister** von **Verstorbenen** richtig ist. Er begann, Patienten, die er nicht konventionell heilen konnte, nach diesem Konzept zu behandeln. Anfangs waren das Patienten, die sich völlig unerfahren an psychische Experimente, wie etwa das automatische Schreiben gewagt hatten und davon erkrankt waren. Mit einer Elektrisiermaschine versetzte er den betreffenden Patienten einen (körperlich unschädlichen) elektrischen Schock, um den **Beset-zungsgeist** auf diese Weise zu zwingen, aus dessen Körper heraus- und in den Kör-per des **Mediums** – in diesem Falle der medial begabten Ehefrau Wicklands – ein-zutreten, sobald dieses sich in Tieftrance befand. Auch wenn sich der Patient in einem anderen Raum als Wicklands Frau oder auch an seinem vielleicht sogar weit entfernten Wohnort aufhielt (**remote releasement** oder **remote depossession**), konnte Wickland über das Medium mit dem jeweiligen **Besetzungsgeist** sprechen; denn dieser bediente sich ja stets der Organe des Trancemediums *(499, S. 144, 213, 221, 231, 239)*. Das Ziel Wicklands bestand darin, die betreffenden Geister davon zu überzeugen, dass sie von den Kranken ablassen und ins Jenseits gehen müssen, um sich selbst und ihren Opfern eine Weiterentwicklung zu ermöglichen. Oft musste er aus ein und derselben Person mehrere **Geister** (einmal sogar 21) austreiben, bevor sich der **Heilerfolg** einstellte.

Im Jahre 1924 brachte Wickland über seine diesbezüglichen Erfahrungen ein Buch heraus, in dem er viele solcher Beispiele vorstellt *("Dreißig Jahre unter den Toten", 499; 94, S. 231; 357, S. 9)*. Darunter sind 23 **Heilungs-Fälle**; 6 davon betreffen körperliche Leiden, weitere z. B. auch Drogenabhängigkeit, **Dissoziation** oder sogar kriminelles **Verhalten**, und ihre **erfolgreiche Behandlung** ist oft recht bemerkenswert. Leider bleibt es bei anekdotischen Berichten, denen viele für eine Beurteilung notwendige Informationen fehlen. Wickland hat nicht regelmäßig verfolgt, wie lange der Erfolg seiner Behandlungen anhielt. Nur gelegentlich erfahren wir von ihm etwas über vorausgegangene oder begleitende konventionelle Heilversuche. Über mögliche Misserfolge schreibt er gar nichts. Offenbar war er in seinem spiritistischen Glauben so gefestigt, dass er sich kaum um Nachprüfungen und alternative Erklärungen bemühte. In 6 Beispielen erwähnt er quasi nur nebenbei Bestätigungen durch **Nachforschung**.

(77) (g) In seinem diesbezüglich besten Fall ließen sich die **namentliche Identität** des **Besetzungsgeistes** (der Geist einer **Mary Rose**), seine Adresse zu Lebzeiten (South Green Street 202), sein Todesdatum (8. 11. 1906; eine Woche vor der Kommunikation mit ihm), die Todesart (**Selbstmord** mit Karbolsäure) sowie die Tatsache **verifizieren**, dass die frühere Person einen Sohn hatte *(499, S. 53)*.

In seinem zweiten Buch ("The Gateway of Understanding" *498*) berichtet Wickland ebenfalls nur kurz von Überprüfungen früherer Inkarnationen der jeweiligen Besetzungsgeister.

(78) (g) (Hg) (**Stimmenhörer**) In einem dieser Fälle handelt es sich um einen jungen Musiker, der – mit dem Ziel geistiger Weiterentwicklung – viel an spiritistischen Sitzungen teilgenommen hat. Er wird von inneren **Stimmen** gequält, klagt über große **Magenprobleme** und will bzw. kann nichts essen. Er ist so stark geistig verwirrt, dass er in einem Heim untergebracht werden muss, wo er zwangsernährt wird. Sein Bruder bringt ihn in der Hoffnung zu Dr. Wickland, ihm könne dort geholfen werden. Nachdem 9 **Geister** „entfernt" worden sind, kann dieser Patient nach Hause entlassen werden und ein normales Leben führen. Auch **5 Jahre später geht es ihm noch gut.**

Einer der **Geister**, die den Körper des Musikers besetzt hatten, ist **Reuben**. Der meldet sich, als der Bruder des Patienten in der Sitzung zugegen ist, und wird von diesem am **Namen**, an der Sprache und am Gehabe als ein früherer **Butler** der Familie **erkannt**. Dieser Reuben war seinerzeit an Magenkrebs gestorben und hatte zuvor sehr an dieser schweren Krankheit gelitten. In der Sitzung spricht er nun von Begebenheiten aus der Jugendzeit der Brüder, die sich **tatsächlich ereignet** hatten.

Ein anderer Besetzergeist ist **Ada**, die **verstorbene** Krankenschwester der Familie. Sie war vor ihrem Tod ebenfalls schwer krank und hatte nun ihre damaligen Symptome diesem Patienten aufgedrückt. Auch sie hat es, wie man nachprüfen konnte, **real gegeben** *(498, S. 51; 86, S. 109)*.

(79) (g) (Hg) (X) Bei einem weiteren in diesem Buch vorgestellten Fall handelt es sich um die Geschichte eines **Bauunternehmers** für Gewächshäuser. Er ist geistig etwas verwirrt, leidet unter starken Kopfschmerzen und Schmerzen am Hals, hat Anfälle von Bewusstlosigkeit und wird von der Parkinsonschen Krankheit geschüttelt. Seine Schwester bringt ihn zu den Wicklands. Als der erste **Besetzungsgeist** den Bauunternehmer verlassen und von Frau Wickland Besitz ergriffen hat, beginnen deren Hände heftig zu zittern. Der **Geist** gibt seinen Nachnamen im früheren Leben mit „**Wagner**" an und beschreibt, für welche Firmen er damals arbeitete. Er sagt, er sei der Boss des Patienten gewesen, habe sich in einem Wintersturm erkältet, sei krank geworden und „eingeschlafen". Wieder „wach" geworden, habe er sich gesund gefühlt und sei wieder zur Arbeit gegangen. Aber niemand dort habe von ihm Notiz genommen. Niemand habe ihm zugehört, wenn er etwas gesagt habe. Das habe ihn ganz verrückt gemacht. Auch sei in ihm langsam das komische Gefühl aufgekommen, irgendwie in einem anderen Mann gefangen zu sein. Seither müsse er sich immerzu schütteln, was ihn ganz ärgerlich mache. Nachdem der Geist auf Wicklands Betreiben hin ins Licht gegangen ist, wird der Patient befragt. Dieser erklärt, **Wagner sei sein Chef gewesen**, und nach dessen Tod habe er seine Firma aufgekauft. Den Wicklands waren all diese Umstände völlig unbekannt.

Wochen später tritt ein anderer **Besetzungsgeist** des Patienten in den Körper von Frau Wickland ein und bewirkt, dass sie sich wieder unwillkürlich schütteln muss. Der Geist erklärt, er sei im früheren Leben der Schwede **Ivar Johnson** gewesen und habe für den Patienten gearbeitet und Gewächshäuser gebaut. Dabei sei er vom Gerüst auf einen Stapel Holz gefallen und habe sich an Hals und Rücken verletzt. Seitdem habe er die Schüttelkrankheit gehabt und nicht mehr arbeiten können. Immer dann, wenn ihm beim Erzählen **Emotionen** überkommen und er zu schimpfen beginnt, **spricht er schwedisch**, weshalb er auch jetzt von Dr. Wickland verstanden wird, da dieser selbst schwedischer Herkunft ist. Der Patient ist bei dieser Sitzung nicht anwesend, wird aber später nach einem Ivar Johnson gefragt. Er erinnert sich, dass **ein solcher Mann für ihn gearbeitet hat, leider einen Unfall erlitt und daran verstarb.**

Mit der **Befreiung von den Besetzungsgeistern** gewinnt der Patient wieder geistige Klarheit, hat **keine Anfälle mehr** und kann seine Arbeit wieder aufnehmen. Darüber, ob auch die Schüttellähmung geheilt wurde und die Schmerzen verschwanden, wird im Buch nichts gesagt. *(498, S. 41; 86, S. 115).*

Eine kleine Ergänzung zu Wicklands spärlichen Nachprüfungen steuerte Pfarrer **E. Lee Howard** bei, der 1930 einigen Sitzungen der Wicklands beiwohnte, und einen besonders schädlichen **Besetzungsgeist** miterlebte. Dieser hatte sich angeblich durch einen **Selbstmord** aus dem Leben ins Jenseits befördert, das **Sterbedatum** und seinen ehemaligen **Namen** genannt sowie weitere Informationen gegeben. Howard konnte diese Daten als **zutreffend bestätigen** und sogar den Ort des Selbstmordes aufsuchen.

In einem weiteren Fall meldete sich ein Leser von Wicklands Buch, der angab, einen dort beschriebenen **Besetzungsgeist** als den **Cousin** seines Vaters **wiederzuerkennen**. Howard berichtet leider nur sehr allgemein, die **biographischen Daten hätten gut übereingestimmt** bis hin zum nicht alltäglichen **Nachnamen** des Besetzers. In diesem Namen war von den Vorfahren ein überflüssiger Konsonant fallen gelassen worden und auch die **neue Schreibweise** habe der Besetzungsgeist **richtig** angegeben *(203, S. 103).*

Wickland erwähnt, dass seine Frau **in Trance 6 fremde Sprachen gesprochen** habe, obwohl sie nur zwei davon gelernt habe *(499, S. 50).* Er macht zu diesem Phänomen aber keine genaueren Angaben. (Mehr zu Xenoglossie siehe Kapitel 7.2.5, S. 628.)

Wickland und auch die von ihm befragten Geister beklagen die schlechte Vorbereitung der Menschen auf den Tod und den Übergang ins Jenseits. Die **Glaubensvorstellungen**, gleichgültig ob durch Religionen oder die Wissenschaft geprägt, seien oft so verhärtet, dass die Seele nur die von diesen festgefahrenen Vorstellungen herkommenden Bilder sieht und nicht die neue Realität nach dem Tod mit ihren ganz anderen Möglichkeiten.

Wickland merkt aber anscheinend nicht, dass er selbst relativ unkritisch und einem Glauben verfallen ist, der wiederum ihn daran hindert, Dinge zu erkennen, die außerhalb dieses eigenen, begrenzenden Glaubens liegen. So habe er angeblich folgende Erfahrung gemacht: **Geister**, die mit den Ideen der Frau **Helena Petrowna**

Blavatzky (1831-1891, Mitbegründerin der Theosophie) über **Reinkarnation** in Berührung gekommen sind und deshalb an Reinkarnation glauben, möchten unbedingt reinkarnieren, also ins körperliche Leben zurückzukehren, da sie ihren misslichen Zustand als Gestorbene, aber noch immer erdnahe Geister erkannt haben. Da dies aber offensichtlich nicht gehe, mündete ihr Bemühen zwangsläufig immer in eine Besetzung. Er folgert daraus, dass es Reinkarnation <u>nicht</u> gibt *(499, S. 408)*. Da heutzutage von weltweit ungefähr der Hälfte aller **Medien** die Reinkarnation bestätigt wird, liegt es wohl eher nahe, dass Wickland nur das erkennt, was in sein Weltbild passt oder aber Wicklands Geister nicht weit genug entwickelt waren, um die volle Realität erkennen zu können. Anderweitige Belege, welche dafür sprechen, dass die Reinkarnation eine Tatsache ist, sind in Band 1 bereits zusammengetragen.

Wie erfolgreich ist nun diese von der Möglichkeit einer Besetzung ausgehende Heilmethode? Eine teilweise Antwort liefert die Arbeit von **Dr. Titus Bull** (1871 - 1946), einem anerkannten praktischen Arzt, der in New York auch als Neurologe und Psychiater arbeitete. Bereits 1918 experimentierte auch er mit der medialen Heilmethode, wie sie Dr. Wickland anwendete. Im Jahre 1929 berichtet er im Jahresbericht seiner „James H. Hyslop Foundation" über 23 Fälle, deren Aussichten auf Heilung durch konventionelle Methoden sehr gering waren. Von diesen wurden auf medialem Wege **8 vollständig und weitere 8 teilweise geheilt**. Als regelrechte **Misserfolge** bezeichnete Dr. Bull 5 Fälle, in denen die meisten Patienten die Therapie vorzeitig abgebrochen haben. Diese an sich erfreuliche Erfolgsstatistik leidet allerdings ebenfalls darunter, dass die konkreten Kriterien für eine Heilung und die jeweilige Dauer des Erfolgs nicht offengelegt werden. Die Fallzahl ist gering, und eine Vergleichsgruppe gibt es nicht.

Ein weiterer Anwender der spirituellen Heilmethode ist z. B. **Dr. Elwood Worcester.** Er hat sowohl mit Hyslop als auch mit Bull zusammengearbeitet und berichtet von **10 erfolgreichen Heilungen** *(347, S. 201)*. Die meisten dieser Patienten sind krank geworden, nachdem sie mit **Gläserrücken** (**ouija-board**), automatischem Schreiben oder Ähnlichem experimentiert hatten *(347, S. 205)*.

Auch **Dr. Ignacio Ferreira** aus Brasilien therapiert durch **Befreiung von Besetzungsgeistern**, und zwar schon seit 1959, und behauptet, dass man 80% aller Geisteskrankheiten auf Besetzungen zurückführen könne *(347, S. 225)*.

Der Chirurg **Dr. Eliezer C. Mendes** aus Sao Paulo kommunizierte über **Medien** nicht nur mit den jeweiligen **Besetzungsgeistern**, sondern nahm auf diese Weise auch die Nachwirkungen von Taten bzw. Geschehnissen aus früheren Leben in Au-

7.2.8.2 Therapie durch Befreiung von Besetzungen   7.2.8.2.2 Befreiung mit Hilfe
von Medien als Mittler zwischen Diesseits und Jenseits

679

genschein. Er gibt an, 70% seiner an **multipler Persönlichkeitsstörung**[289] (MPS) erkrankten Patienten wieder ein normales Leben ermöglicht zu haben. Bei **Epileptikern** will er sogar in 85% der Fälle Erfolg gehabt haben, während es bei **Schizophrenen** nur 15% gewesen seien (*347, S. 230*).

Dagegen meint der Psychiater **Dr. Allison**, dass nur 20% seiner Patienten mit multipler Persönlichkeitsstörung tatsächlich besessen sind bzw. waren (*347, S. 260*).

In Brasilien, schreibt der Autor **Scott Rogo**, habe **Hernani G. Andrade**, von dem ein Reinkarnationsfall in Band 1 dieser Buchreihe stammt, über tausend **Befreiungen von Umsessenheit und Besessenheit** durchgeführt oder ihnen beigewohnt (*347, S. 230*).

Besonders erwähnenswert erscheint mir die Tatsache, dass in Porto Allegre ab 1934 ein „spiritistisches Krankenhaus" öffnete, das zur **Befreiung von Besetzungen** nach der Methode von **Carl Wickland** mit **Medien** als **Stellvertreter** arbeitete, wobei die Patienten von den Medien räumlich getrennt blieben (**remote depossession**) (*347, S. 222; 16, S. 40, 362; 141, S. 34*). Die besten Erfolge wurden verzeichnet, wenn die spiritistische Methode mit eher konventionellen Verfahren kombiniert wurde.

Da diese Angaben zu brasilianischen Praktiken knapp 30 Jahre alt sind, habe ich nach neueren Berichten gesucht, und ein Buch von **Markus Wiencke** gefunden. Er berichtet 2007 von einer Studienreise nach Recife, dass dort psychisch Kranke in Zentren geheilt werden, die nach Vorstellungen der drei Religionen „Candomblé", „Umbanda" oder „Kardecismo" ausgerichtet sind. Danach kann der Mensch krank werden durch Einflüsse aus vorigen Leben wie Neid oder böse Taten, durch das Intervenieren verstorbener Geister oder aufgrund einer besonderen Sensibilität für die Kommunikation mit der Geisterwelt. Durch eine Befeung von Besessenheit kann dies geheilt werden (*500, S. 171*). Personen mit der Diagnose Schizophrenie genesen dort viel schneller, bzw. zeigen weniger chronifizierte Symptome als in Industrieländern (*500, S. 60*).

Wenn es die Fernwirkung (**remote depossession**) wirklich gibt, so ist dies für unsere Fragestellung nach der wahren Ursache so mancher Krankheiten von großem Interesse. Man kann dann meines Erachtens nicht damit argumentieren, dass diese Patienten durch hypnotische **Suggestion** oder auf andere normale Weise behandelt wurden. Der Journalist **Scott Rogo** berichtet von einem Fall von **Fernheilung** bei

---

[289] Die Prävalenzrate für MPS wird auf 1 Erkrankten pro 20.000 Gesunde geschätzt (*347, S. 285*).

Krebs auf der Basis der **Befreiung von Geistern** (*347, S. 237/9*), und der Reinkarnationstherapeut **William Baldwin** nennt weitere zwei Heiler, die ebenfalls bei **räumlicher Trennung vom Patienten Erfolg** gehabt haben wollen (*16, S. 40*).

7.2.8.2.3 Befreiung mit Hilfe des Patienten als Mittler zum Besetzungsgeist

Schon in der Anfangszeit der **Befreiung von Besetzungen** (depossession, clearing, entity- oder spirit releasement), als noch begabte Medien als Mittler zwischen dem Diesseits und dem Jenseits eingesetzt wurden (s. vorheriges Kapitel 7.2.8.2.2, S. 672), kam es gelegentlich dazu, dass der Patient spontan in einen hypnotischen Zustand verfiel, dadurch gleichsam selbst zum **Medium** wurde und mit seiner Hilfe – ohne eine dritte Person – die Therapie durchgeführt werden konnte (*347, S. 189, 208, Schreibmedium 196*).

Der logisch nächste Entwicklungsschritt bestand nun darin, den Patienten absichtlich zu hypnotisieren und die medialen Fähigkeiten, die sich in diesem außergewöhnlichen Bewusstseinszustand zeigen, zur Kommunikation mit einem möglichen **Besetzungsgeist** eines Klienten zu nutzen.

Diesen Weg ging wohl die Amerikanerin **Edith Fiore** als erste. Sie hatte 1969 in klinischer Psychologie promoviert und wendete in ihrer privaten Praxis ab 1974 **Hypnose** als den Königsweg zum **Unterbewusstsein** an. Wie sie dabei zufällig darauf stieß, Erinnerungen an frühere Leben therapeutisch zu nutzen, ist in Kapitel 7.2.1 (S. 154) beschrieben. Obwohl die Psychologin lange Zeit nicht davon überzeugt war, dass es Reinkarnation wirklich gibt, wendete sie die Reinkarnationstherapie bald regelmäßig an, weil sie damit so erfolgreich war. Sie las sich zudem in das Thema ein und begegnete dabei auch dem Gedanken der Besetzung und Besessenheit. Sie fragte sich, ob einige ihrer Patienten davon betroffen sein könnten. Schließlich passte nicht alles von dem, was ihre Patienten erzählten, in das Schema früherer Leben. Einigen konnte nämlich mit der **Reinkarnationstherapie** überhaupt nicht geholfen werden. Es kam auch vor, dass die „erinnerten" früheren Leben nicht zeitlich getrennt hintereinander lagen, sondern sich überlappten. Patienten klagten darüber, jemand anderen „in sich" zu haben. Mit der konventionellen **Erklärung dieser Symptomatik durch multiple Persönlichkeit** und die entsprechende Therapie kam Dr. Fiore nicht weiter. Daher entschloss sie sich, diese Patienten in Hypnose zu fragen, ob ein **Geist** anwesend sei, und ließ sich dies durch Fingerzeichen signalisieren (*141, S. 24*) (s. a. Dr. Allison S. 685 u. Dr. Modi S. 691).

Tatsächlich bekam sie auf diese Weise die Anwesenheit von **Geistern** signalisiert und versuchte nun, über den hypnotisierten Patienten selbst, der dadurch zum Mittler (**Medium**) wurde, mit dem **Besetzungsgeist** zu reden. Das schien möglich zu sein. So konnte sie auch die Umstände des Besetzers erfragen. Sie ging davon aus und fand dann auch bestätigt, dass es sich in der Regel um verirrte **Verstorbene** handelte, die **erdnah** geblieben waren. Sie machte ihnen klar, dass sie ja nun tot sind und deshalb ins **Licht**, d. h. ins Jenseits gehen müssen. Damit würden sie sowohl sich selbst als auch den betreffenden Patienten nicht länger schaden und beiden Seiten eine Weiterentwicklung ermöglichen. Als besonders hilfreich erwies es sich dabei, verstorbene Verwandte, enge Freunde oder Engel herbeizurufen und sie zu bitten, den **Besetzungsgeist** ins Licht mitzunehmen. Dr. Fiore war überrascht, dass daraufhin einige Patienten vom plötzlichen **Verschwinden ihrer Symptome** berichteten. Wieder stellte die Therapeutin fest, dass sich auf diesem Wege Erfolge einstellten, und dies, obwohl sie und ihre Patienten zunächst nicht recht wussten: Konnte man das diesen Erfolgen zugrunde liegende Modell als real anerkennen oder sollte man die Heilungen eher doch auf die **Wirkung von Phantasien** zurückführen. Da sich die Methode jedoch als effektiv erwies, wurde sie von Edith Fiore zunehmend angewandt, was diese zu einer anerkannten Spezialistin auf dem Gebiet machte. Mindestens 70% ihrer Patienten (500 in 7 Jahren) hatten, wie sie schreibt, unter einer **Besessenheit** gelitten (*141, S. 17*). Meist mussten sie von mehr als einem **Besetzungsgeist** befreit werden. Nach Fiores Angaben konnte es sich mitunter sogar um bis zu 50 **Geister** handeln[290], darunter immer wieder solche, die sich versteckten oder sich zumindest weigerten, in einen Dialog einzutreten bzw. die Besetzung aufzugeben. Dementsprechend umfangreich und manchmal kompliziert fallen auch die Therapieberichte aus. Leider gibt die Autorin keine Erfolgsbilanz an. Besessenheit durch **dämonische Geister** behandelt Dr. Fiore nicht. Noch 1985 war auf einem Kongress von ihr zu hören, bei ihren Behandlungen noch nie auf Dämonen gestoßen zu sein. Aber bereits drei Jahre später bestätigte sie, inzwischen mit einigen dieser bösartigen Besetzungsgeister zu tun bekommen zu haben (*195, S. 54*).

Eine Stütze für das Konzept der Besessenheit sieht Edith Fiore in der Tatsache, dass Sensitive angeben, dass sie sowohl die **Besetzungsgeister** als auch die „**Helfer**", die Erstere ins Jenseits abholen möchten, „sehen" können (*141, S. 24; 73*). In ihren Ansichten bestärkt wurde sie auch von Fällen wie den einer Patientin, die in Hypnose beschrieb, wie sie in einem früheren Zwischenleben als **Geist** selbst ein junges Mädchen besetzt hatte (*141, S. 42*). In allen von der Autorin untersuchten Besessenheitsfällen waren nach ihren Erkenntnissen von den jetzt Besessenen ihrerseits in einem früheren Geist-Dasein – absichtlich oder unabsichtlich – andere besessen gemacht worden (*141, S. 189*). Auch **Trutz Hardo** vermutet karmische Gründe hin-

---

[290] Trutz Hardo berichtet von einer Frau, die über 100 Besetzer mit sich herumtrug (*178, S. 388*).

ter Fällen von Besetzungen *(178, S. 389)*. Besessene können also auch von einem Geist besessen sein, der vormals seinerseits besessen war (**nested entities**) *(141, S. 110; 313, S. 179; 276, S. 238; 208, S. 56)*.

Als Symptome einer Besessenheit zählt Dr. Fiore auf:

- Niedriges Energieniveau
- Charakterveränderungen oder Stimmungsschwankungen
- Innere **Stimmen** hören
- Missbrauch von Drogen (einschließlich Alkohol)
- Impulsives Verhalten
- Gedächtnisprobleme
- Schlechte Konzentrationsfähigkeit
- Plötzliches Auftreten von **Angst** oder Depression
- Plötzliches Auftreten physischer Probleme ohne offensichtlichen Grund

Weitere solcher Symptome findet man in der Literatur *(233, S. 98)*.

Etwa zur gleichen Zeit wie Edith Fiore, ab Anfang der 1970er Jahre, aber völlig unabhängig von ihr, begann sich ein Fachkollege, der Psychiater **Ralph Allison** mit „**Multiplen**" zu befassen. Das sind (wie weiter oben schon erwähnt) psychisch Kranke, die unter **multipler Persönlichkeitsstörung** (MPD) leiden – eine seltene Krankheit. Gewöhnlich haben diese Menschen, oft schon im Kleinkindalter schwere psychische Traumata erlitten, die sie nur dadurch verkraften konnten, dass sie eine Teilpersönlichkeit von sich abspalteten, die in der Lage war, mit dem Schmerz umzugehen. Dr. Allison hat bis zu 35 solcher **Spaltpersönlichkeiten** (alter personalities) in ein und demselben Patienten erlebt. Die aktive Rolle beim Umgang mit dem psychischen Schmerz kann zwischen den abgespaltenen und der Hauptpersönlichkeit wechseln – jederzeit, abrupt und häufig. Dadurch ändert sich das **Verhalten** des betreffenden Patienten manchmal drastisch. Anhänger des Spiritismus könnten darin die Wirkung von Besetzungen durch unterschiedliche **Geistwesen** sehen. Zudem kannte die Psychiatrie zu Allisons Zeit noch keine Behandlungsmethode für diese Krankheit. Seine Intuition führte ihn jedoch dazu, Heilung durch **Hypnose** zu versuchen. In diesem veränderten Bewusstseinszustand sollte der Patient zum Ursprungsmoment jeder einzelnen abgespaltenen Persönlichkeit gelangen und dabei erkennen, wie er mit dem Problem, das zur Abspaltung führte, besser hätte umgehen können. Damit hatte Dr. Allison oft Erfolg. Dennoch muss man sagen, dass diese Krankheit nur schwer in den Griff zu bekommen ist. Die Fälle sind oft sehr verwickelt und verlaufen dramatisch. Dies trifft z. B. auch auf Allisons zweiten Fall (Carrie) zu. So berichtet der Psychiater, dass seine Patientin, die mehrere Selbstmordversuche hinter sich hatte, im Verlaufe ihrer Erkrankung Todesängste ausstand und dabei derart außer Kontrolle geriet, dass er mit seinem Schulwissen und seiner Erfahrung nicht mehr weiter wusste. In seiner Not griff er trotz seiner starken Zweifel die Anregung eines Kollegen auf, und bat einen **Geistheiler**, eine Ferndiagnose zu stellen. Diese besagte, die Patientin sei vom Geist einer **Selbstmörderin** mit Namen Bonny besetzt, die mittels **Exorzismus** ausgetrieben werden müsse. Allison hielt das zwar für Unfug, beschloss aber dennoch, einen solchen Versuch zu wagen. Schließlich wusste er keine bessere Lösung und glaubte, damit möglicherweise etwas gewinnen, aber nichts verlieren zu können. Ein Teilerfolg gab ihm Recht: Die **Todesängste der Patientin verschwanden**. Allerdings blieben die Spaltpersönlichkeiten und die damit verbundenen Probleme davon unberührt *(10, S. 62)*.

In späteren Fällen stieß Dr. Allison auf scheinbare Spaltpersönlichkeiten, die allerdings nicht deren typische Eigenschaften aufwiesen. Es fanden sich nämlich kein Zweck und auch kein Zeitpunkt, zu dem sie entstanden waren *(10, S. 166)*. Die abgespaltenen Persönlichkeiten (oder was auch immer sie wirklich waren) behaupteten, in fremde Körper hineingehen zu können, auch immer wieder in andere. In der Arbeit mit seiner ersten MPD-Patientin hatte Dr. Allison Hypnose angewendet und mehr zufällig gelernt, dass sowohl die Primärpersönlichkeit der Kranken als auch er selbst außer mit den Spaltpersönlichkeiten, auch mit einem **Helfer** sprechen kann, der wie eine perfekte Persönlichkeit wirkt und den er das „**Höhere Selbst**" nannte. Als er das Höhere Selbst nun nach jenen unorthodoxen Spaltpersönlichkeiten befragte, wurde ihm bedeutet, dass es sich um **Besetzungsgeister** handelt. Also nahm er trotz großer innerer Zweifel das Gespräch mit der zu diesem Zweck hypnotisierten Patientin **Elise** auf und erfuhr zu seiner Verblüffung von dem früheren Leben eines der **Geister** und wie es zu der Besetzung kommen konnte. Er versuchte, mit dem Geist zu verhandeln und ihn dazu zu bewegen, die Patientin zu verlassen. Doch der war nicht bereit zu gehen. Schließlich übernahm es Elise selbst, dem Geist zu befehlen, aus ihr herauszugehen. Dies gelang nach mehreren Versuchen, und die Patientin **wurde gesund** *(10, S. 167)*. Dr. Allisons Fälle deuten darauf hin, dass es dabei nicht um ein „Entweder-oder" geht, sondern dass es beides zugleich geben könnte: sowohl Persönlichkeitsspaltung als auch eine nach psychischen Verletzungen möglich gewordene Besetzung durch Geistwesen. Trifft Letzteres zu, muss immer erst die Besetzung beseitigt werden, bevor eine psychiatrische Behandlung der Persönlichkeitsspaltung überhaupt erfolgreich sein kann. Allerdings hat die etablierte Psychiatrie keine Methode zur **Befreiung von Geistern** entwickelt, wie das hingegen erfolgreiche Außenseiter, darunter besonders Edith Fiore, inzwischen getan haben.

Dr. Allison gehört ebenfalls zu diesen Vorreitern. Er kam nicht aus eigenem Antrieb auf das zunächst abenteuerlich anmutende Modell der Besetzung, sondern wurde durch seine Patienten dahin geleitet. Weil er ihnen helfen wollte, ging er auf ihre Vorstellungen ein und hatte damit – wie auch **Edith Fiore** – einen von ihm selbst nicht erwarteten Erfolg. Es ist spannend darüber zu lesen, wie er sich auf diese Weise in psychiatrisches Neuland kämpfte. Seinen Fachkollegen versuchte er von dem Phänomen der Heilungen zu berichten, ohne ihnen damit schon das zugrundeliegende, spiritistische Modell nahezubringen. Aber auch diese zurückhaltende Art der unvoreingenommenen Information war „vergebliche Liebesmüh". Die Mehrheit der Psychiater konnte seine Erfahrungsberichte nicht akzeptieren, ja wollte noch nicht einmal etwas davon wissen. Gegen Ende seiner beruflichen Laufbahn sah sich Dr. Allison sogar gezwungen, eine Stelle als Gefängnispsychiater anzunehmen, auf der er keine Geisterbefreiungen mehr vornehmen konnte. Aber diese Tätigkeit brachte ihm wenigstens das Geld ein, das er für das Studium seiner Töchter benötigte. Aus dieser Zeit schildert er kurz folgendes:

(80) Einer der „**Lebenslänglichen**" hat eine lange kriminelle Laufbahn hinter sich, ist zudem schizophren und leidet an epileptischen Anfällen. Unerklärlicherweise hat er seit einem Jahr keine Zusammenstöße mehr mit dem Wachpersonal gehabt und seine neurologischen und geistigen Gebrechen scheinen verschwunden zu sein. Nach dem Grund für die markante Verbesserung seines Zustandes gefragt, antwortet er: *„Vor ca. einem Jahr hatte ich auf dem Platz vor der protestantischen Kapelle einen Anfall. Leute von dort zogen mich in die Kapelle und trieben aus mir die **Dämonen** der Kriminalität, der Schizophrenie und der Epilepsie aus. Seither habe ich keine Schwierigkeiten mit der Polizei mehr und muss auch keine Medikamente gegen Schizophrenie und Epilepsie mehr nehmen. Ich gehe jede Woche in die Kirche und fühle mich geheilt"* (10, S. 189).

Einen weiteren Fall, bei dem die Erklärung durch Besetzung augenscheinlich näher liegt als die durch organische Störungen oder durch Persönlichkeitsspaltung, wie sie üblicherweise von Psychiatern unterstellt wird, beschreibt die kurz nach Kriegsende in der Nähe von Köln geborene **Carola Cutomo** als Betroffene selbst. Es folgt eine Kurzfassung ihres Buches *(95)*:

(81) (**Stimmenhörerin**) Diese **junge Frau** bekam ein Interesse an Esoterik, nachdem sie 1982 eines Nachts eine **Erscheinung** ihres Idols, des fünf Jahre zuvor **verstorbenen** Rock-Musikers Elvis Presley gehabt hatte. Ohne sich vorher über mögliche Gefahren zu informieren, „spielte" sie mit Freunden und Bekannten ab 1986 Tisch- und **Gläserrücken** und automatisches Schreiben. Aufgrund ihrer medialen

Veranlagung machte sie dabei rasch Fortschritte und begann sich mit den „**Jenseiti-gen**" zu unterhalten. Diese wirkten anfänglich vertrauenswürdig und nötigten ihr eine gewisse Ehrerbietung ab. Bald hörte sie aber auch innere **Stimmen**, die sie zunehmend gängelten und bedrohten. Teils aus Ehrfurcht vor den Jenseitigen, teils aus Angst vor deren wiederkehrenden Todesdrohungen geriet sie mehr und mehr in den Sog dieses gefährlichen esoterischen Zeitvertreibs. Sie wurde regelrecht süchtig nach dieser Art Kommunikation. Sie machte folgsam nahezu alles, was ihr die Stimmen befahlen, auch wenn es noch so widersinnig war. Sie sah erneut Elvis als Erscheinung und erlebte auch anderen **Spuk**. So begannen z. B. einmal ihre Pinsel selbständig zu malen. Am Ende war sie nicht mehr Herr bzw. Frau über sich selbst und hätte sich gern wieder davon befreit. Sie probierte deshalb „einen Aufstand" gegen ihre Quälgeister, aber alles wurde nur noch schlimmer. Die **Geister** verursachten ihr angeblich Blutungen, die bei ihr **Todesangst** auslösten. (Später stellte sich heraus, dass diese von einem Tumor herrührten, der operativ entfernt werden musste. Einer „ihrer" Geister erklärte dazu im Nachgang, dass der Tumor nicht von ihnen erzeugt worden, sondern nur als solcher erkannt und als Drohmittel verwendet worden sei.)

Es war an der Zeit, sich an einen Psychiater zu wenden. Der interessierte sich für ihren Erfahrungsbericht allerdings nur am Rande, schrieb sie für vier Wochen krank und verordnete Psychopharmaka. Die Medikamente erzeugten allerdings solch starke Nebenwirkungen, dass sie die Verordnung nicht einhalten konnte, dem Arzt gegenüber aber vorgab, die Medikation zu befolgen. Für die psychischen Nöte von Frau Cutomo interessierte sich der Psychiater nicht. Er meinte nur, ihrem **Unterbewusstsein** entspringe nur blanker Unsinn, und dies sei auf ihr gespaltenes Bewusstsein zurückzuführen. Weil die Medikamente nicht ansprachen, schrieb er sie für unbestimmte Zeit arbeitsunfähig und wollte sie in eine Klinik einweisen. Letzteres konnte ihr Mann unter der Bedingung noch abwenden, dass seine Frau unter seiner Aufsicht ein Mittel gegen Schizophrenie einnimmt, was sie aber nicht tat, nachdem sie den Beipackzettel mit den Angaben zu Nebenwirkungen gelesen hatte. Anfang Januar 1987 erzählte sie ihrem Psychiater, das Medikament habe hervorragend gewirkt und sie wolle wieder arbeitsfähig geschrieben werden. Das lehnte der Arzt kategorisch ab, da sie durch das Medikament (das sie ja gar nicht eingenommen hatte) seiner Meinung nach noch unter Drogen stehe. Die Patientin aber spielte danach auch noch weiter mit ihrem Psychiater „Katz und Maus", bis der sich schließlich davon überzeugen ließ, dass sie wieder arbeitsfähig war. Es ist erschreckend zu lesen, wie leicht doch der Psychiater an der Nase herumzuführen war, weil er sich nicht wirklich für seine Patientin interessierte, sondern nur seinem vorgefassten pharmakologischen Behandlungsschema folgte.

Was hatte nun aber den Zustand der Patientin so weit verbessert, dass sie von sich aus wieder arbeiten wollte? Die Tabletten, die sie größtenteils nicht eingenommen hat, können es nicht gewesen sein. Folgt man der Darstellung Carola Cutomos, so waren es erstens ein verständnisvoller Psychologe, den sie parallel konsultiert und der sie ernst genommen hatte, zweitens die Aussicht, wieder arbeiten zu können, und danach die Arbeit selbst, vor allem aber drittens, dass ihr wichtigster **Besetzungsgeist** Dieter endlich erkannte, wie sehr ihr sein schändliches Tun geschadet hatte. In seinem früheren Leben war dieser **Geist** ein Geliebter der Patientin gewesen. Sie hatte ihm aber den Laufpass gegeben, als sie wieder zu ihrem Mann zurückkehren wollte. Einige Zeit danach verstarb der Exgeliebte bei einem **Autounfall**, was Frau Cutomo jedoch nicht wusste. Sie bekam es erst in ihrer spiritistischen Phase von Dieter als Geist erzählt, und der Sachverhalt wurde später durch ihren Mann **als richtig bestätigt**. Abgewiesen worden zu sein, hatte Dieter zornig gemacht. Er rächte sich nun posthum an Carola, indem er sie auf dem Wege der Transkommunikation quälte. Schon zu seinen Lebzeiten hatte er zu Boshaftigkeiten bis hin zum Sadismus geneigt. Nachdem ihm im erdnahen Totenreich klar geworden war, dass er mit seiner Rache nur sich selbst und ihr schadete, versuchte er immer wieder, sie von den Jenseitsgesprächen abzubringen. Er sorgte für Ruhe auf dem „Kanal", und nach einigen Rückfällen hörte das „Spiel" auch auf. Im Ergebnis war die Patientin bald wieder voll arbeitsfähig (**nun schon für 2 Jahre** ab Ende 1987).

Carola Cutomo fühlt sich heute, 1989, verletzt, wenn sie sich nach den unsäglichen Qualen, die sie fast ein Jahr lang aushalten musste, von den sogenannten Spezialisten zu hören bekommt, alles entspringe nur ihrem gestörten Unterbewusstsein, sie leide eben unterschwellig gern und wünsche anderen Menschen gern Krankheiten, Unfälle oder gar den Tod. So habe sie das keinesfalls erlebt, wehrt sie sich gegen diese Unterstellungen. Diese seien völlig ungerechtfertigt und würden nur gemacht, weil die Schulmedizin eine **spiritistische Erklärung** nicht akzeptieren könne oder wolle und nichts Überzeugendes dagegenzusetzen habe *(95)*.

Frau Cutomo ist nicht die Einzige, die in den Strudel unbeherrschter Jenseitskontakte gerissen wurde. Andere Autoren berichten Vergleichbares *(351; 356, S. 166, 173; 358, S. 32; 359, S. 106; 498, S. 27, 29, 97, 234)*.

Ein weiterer Pionier speziell auf dem Gebiet der **Befreiung von Besetzungen** ist der Amerikaner **William Baldwin**. Er baut auf den Erfahrungen von **Edith Fiore** und **Annabel Chaplin** (*73*) auf. Seine Statistik über 62 Patienten zeigt auf, dass über 80% dieser Menschen von **Geistern** umsessen oder besessen waren. Ihnen konnte zu 70% im Sinne einer Verbesserung ihrer Situation geholfen werden (8% vollständige, 32% weitgehende, 24% moderate und 6% geringe Heilung) *(16, S. 423)*.

Für die Reinkarnationstherapeutin **Louise Ireland-Frey** war es eine Überraschung, als ihr eine Patientin anvertraute, sie habe das Gefühl, ihre **verstorbene** Mutter versuche, sie aus ihrem Körper zu drängen *(208, S. 15,19)*. Die Therapeutin wurde 1985 Schülerin von Baldwin und führte seitdem so viele **Befreiungen von Geistwesen** durch, dass sie ein Buch darüber schreiben konnte. Auch sie sagt, dass 70 bis 80% ihrer Patienten besetzt seien *(208, S. 42)*.

Wenn sich der **Besetzungsgeist** als widerspenstig erweist, nicht antworten und nicht fortgehen will, sich versteckt und nach einem nur scheinbaren Abschied heimlich wiederkommt, so ergeben sich mitunter recht langwierige Wortgefechte, die viele Sitzungen beanspruchen. Man sieht dies z. B. bei **Edith Fiore** an den entsprechend umfangreichen Berichten, die hier nicht wiederholt werden müssen, weil sie in deutscher Sprache andernorts nachgelesen werden können (*141*).

Um einen solch schwierigen **Befreiungsprozess** zu beschleunigen, bedient sich der griechische Reinkarnationstherapeut **Athansios Komianos** einer Technik, die eine Synthese aus Wicklands Methode und der von Fiore darstellt. Komianos setzt den hypnotisierten Patienten – wie Fiore das tut – als **Medium** ein und verabreicht ihm und somit auch dem besetzenden Geist einen Stromschlag, wenn der Geist sich widerspenstig zeigt. Wie wir es vom Vorgehen Wicklands her kennen (s. Kapitel 7.2.8.2.2, S. 674), kann der Leztere auf diese Weise gefügig gemacht werden und man kommt zu einem schnelleren, manchmal sogar überhaupt erst dann zu einem Ergebnis. Komianos verwendet dafür keine Elektrisiermaschine wie Wickland, sondern ein Elektroakupunktur-Gerät. Das hat bekanntlich eine nur geringe Stromstärke und ist deshalb absolut unschädlich für den Patienten. Es reicht aber aus, dem Geist gleichsam „die Hölle heiß zu machen". Der beschwert sich deshalb bald über die damit verbundenen unerträglichen Schmerzen oder ist mindestens sehr schnell zu einem Gespräch bereit, das ihn davon überzeugen soll, ins **Licht** zu gehen *(233)*. Komianos führt in seinem Buch geschichtliche Belege dafür an, dass schon vor ca. 5000 Jahren bis ins 19. Jahrhundert hinein elektrische Schläge zur **Befreiung von Geistern** sowie zur Heilung von psychischen Krankheiten und von Epilepsie eingesetzt wurden. Solange es keine Möglichkeit zur Erzeugung künstlicher Elektrizität gab, verwendete man dazu elektrische Fische.

Eines der Beispiele für die erfolgreiche Anwendung der Methode von Komianos ist kompakt genug, um hier wiedergegeben werden zu können *(233, S. 129)*.

(82) (Hg) Die 18-jährige **Louise** wohnt seit 2004 im gleichen Häuserblock wie Komianos. Deshalb kennt er sie. Sie ist eine kurvenreiche Schönheit, der die Männer nachstellen. Ein Jahr später stirbt ihre Mutter. Danach verliert Komianos den Kontakt zu ihr. Nach weiteren drei Jahren wird die junge Frau von einer ihrer Freundinnen zu ihm mit der dringenden Bitte gebracht, er solle ihr aus ihren Problemen heraushelfen.

Louise ist inzwischen eine fettleibige, unattraktive Frau geworden, die eher wie ein Mann aussieht und der Barthaare wachsen. Der Reinkarnationstherapeut erfährt von ihr, dass sie als Kind ihre psychotische Mutter und die jüngere Schwester hatte versorgen müssen, weil sich ihr Vater aus dem Staub gemacht und sich nicht mehr um seine frühere Familie gekümmert hatte. Später war sie mit vielen Männern Beziehungen eingegangen, aber keiner von ihnen wollte mehr als eine Nacht mit ihr zusammen verbringen. Louise leidet jetzt unter Schlafstörungen und **Alpträumen**, unter Migräne, Schwindelattacken und Magenproblemen, aber auch unter unerklärlichen Schmerzen und Antriebsmangel und sie hat sogar Selbstmordgedanken. Immerfort passieren ihr kleinere Autounfälle, und in ihrer Wohnung erlebt sie **Poltergeist**- und **Spukphänomene**: Sie hört mysteriöse Geräusche, bemerkt elektrische Lichter, die sich mitten in der Nacht von selbst einschalten, sowie Gegenstände, die vor ihren Augen ohne sichtbare Einwirkung zerbrechen. Ihre Schlüssel verschwinden und tauchen an den unmöglichsten Stellen wieder auf. Zweimal, so behauptet sie, sei sie von einem **Dämon** angegriffen worden, der sie zu ersticken versuchte. Wegen all dieser Symptome steht Louise unter psychiatrischer Überwachung. Man stellt bei ihr einen unnormal hohen Testosteronspiegel im Blut fest.

In **Hypnose** wird nun Louise in ein früheres Leben zurückgeführt, das Komianos allerdings nicht ihr, sondern einem **Besetzungsgeist** zuordnet. Der Therapeut stöbert dabei noch viele weitere Quälgeister auf, die der Frau das Leben schwer machen und die er deshalb auffordert, ins Licht zu gehen. Die Geschichte dieser Wesen ist allerdings zu komplex und umfangreich, als dass Komianos sie in seinem Buch adäquat wiedergeben könnte. Er berichtet nur von einem dominanten Besetzer, der sich als böswilliger Mann vorstellt, der der Ermordung eines Ehepaares für schuldig befunden worden war. Er will nichts davon wissen, gestorben zu sein, und ist auch nicht bereit, über seinen Weggang zu verhandeln. Komianos sieht sich deshalb gezwungen, seine „Elektroschockmethode" einzusetzen, und hat auch sofort Erfolg damit. Der Kerl fleht ihn an, sofort mit den Schocks aufzuhören, und erklärt sich bereit, alles zu tun, was man von ihm verlangt.

Der Therapeut veranlasst nun diesen **Geist**, sich den Körper anzuschauen, in dem er sich momentan aufhält. Ganz entsetzt erkennt der, dass es sich um einen weiblichen Körper, nämlich den von Louise handelt. Das ist der Ansatzpunkt für Komianos, um dem Verirrten seine Situation klar zu machen. Es gelingt ihm, den Geist dazu zu bewegen, den Leib der jungen Frau zu verlassen und zusammen mit seinen Angehörigen ins Licht zu gehen. Danach weckt er seine Patientin aus der Hypnose auf. Sie kann sich an nichts erinnern, so dass er ihr berichten muss, was vorgefallen ist.

Einen Monat nach der letzten Sitzung besucht Louise ihren Therapeuten unangemeldet. Sie steht vor ihm, so schön wie ehemals vor drei Jahren. Sie hat **20 Pfund abgenommen**, und **von Barthaaren ist nichts mehr zu sehen**. Ihr Arzt kann es nicht glauben und veranlasst eine Nachkontrolle. Aber ihre **Hormonwerte sind wieder im Bereich des Normalen**. (Leider finden sich keine ausführlicheren Angaben zur Gesundung.)

In diesem Zusammenhang ist erwähnenswert, was **Edith Fiore** schreibt: Jeder **homosexuelle Patient**, den sie von einer Besetzung befreien konnte, habe mindestens einen dominanten Besetzer in sich getragen, der vom anderen **Geschlecht** war und die sexuellen Wünsche des Patienten bestimmt habe. Diese Patienten seien sich wie im Körper des fremden Geschlechts gefangen vorgekommen *(141, S. 63)*.

Man muss schon eine große Toleranz des Denkens aufbringen, um die Vorstellung akzeptieren zu können, dass Reinkarnation und die Besetzung der Lebenden durch **Verstorbene**, genauer deren Seelen, mitunter tatsächlich einen Einfluss auf Menschen ausüben, der bis ins Krankhafte gehen kann. Die amerikanische Reinkarnationstherapeutin **Dr. Shakuntala Modi** mutet ihren Lesern in diesem Sinne noch erheblich mehr zu *(276)*. Bevor sie nämlich mit ihren Patienten eine Rückführung in frühere Leben unternimmt, prüft sie nicht nur, ob es in ihnen **Verstorbene** als **Besetzungsgeister** gibt, denen sie dann hilft, den Weg ins Licht zu finden. Sie geht auch davon aus, dass **Dämonen** manche Patienten besetzen, sie krank machen und ihnen anderweitig Unglück bringen wollen. Diese in ihren Augen „hilfswilligen Satans" seien zudem in der Lage, die **Geister** der noch **erdgebundenen Verstorbenen** zu beherrschen. Anders als die katholische Kirche **treibt Dr. Modi jedoch Dämonen nicht mit Gewalt aus**, sondern bemüht sich darum, auch ihnen den Weg ins **Licht** zu weisen und sie dadurch, wenn man so will, zu heilen. Ihrer Ansicht nach benutzen die Dämonen gelegentlich Hilfsmittel (Gegenstände, die Schmerzen verursachen, Absorber, welche die Nervenimpulse lähmen oder heilendes Licht blockieren, Antennen, um dämonische Gedanken in den Patienten zu senden, etc.), die aus dem spirituellen Körper der von ihnen krank gemachten Menschen entfernt werden müssen, wenn diese wieder gesund werden sollen. Außerdem meint sie, durch Traumata aller Art könnten **Seelenanteile** abgesprengt worden sein, die dann u. a. quasi in den Besitz von Dämonen gelangen könnten. Auch diese „Absprengsel" müssten in den Seelenleib des Patienten zurückgeführt werden, um ihn zu heilen.

Mit diesen Vorstellungen und daraus abgeleiteten Heilmethoden steht Frau Dr. Modi ziemlich alleine im Feld der Reinkarnationstherapie. Nur wenige Kollegen folgen ihren ausgefallenen, als extrem angesehenen Ansichten. Im Rahmen dieses Buches geht es aber nicht darum zu richten oder Denkverbote auszusprechen, sondern um die Frage, ob aus ungewöhnlichen Erfahrungen und Heilerfolgen Erkenntnisse über die Wiedergeburt, das Wesen des Menschen und über Rückführungen gewonnen werden können. Außerdem möchte ich in diesem Buch einen Überblick über Heilmethoden und Erfolge der Reinkarnationstherapie geben. Deshalb breche ich den Bericht nicht wegen der exotisch oder esoterisch wirkenden Schilderungen hier ab, sondern berichte als wohlwollender, aber distanzierter Beobachter weiter.

Fast alle von Modis Patienten erzählen ihr von **Besetzungen** durch **erdgebundene Verstorbene** (92% mit einem oder mehreren Geistern und 80% mit mehr als einem). Immerhin noch 77% glauben, sich **Dämonen** eingefangen zu haben (71% mehr als einen). Über die Hälfte der Patienten leidet unter verloren gegangenen **Seelenanteilen** (59%) *(276, S. 578)*.

Dr. Modi gibt sehr hohe **Erfolgszahlen** an, die aber nicht präzisiert werden. So erfährt man von ihr nichts über den Grad der Heilungen und deren Nachhaltigkeit. Etwa 90 - 94% ihrer Patienten will sie durch **Befreiung von Geistern** kuriert haben, 80% erfuhren eine Verbesserung durch Rückführungen in frühere Leben[291]. Und indem sie alle von ihr angewandten Behandlungsmethoden einbezieht, kann sie dieses 80%-Ergebnis für alle behandelten Symptome noch auf 86% verbessern *(276, S. 582)*. Die Mehrzahl der physischen Symptome (70%) ließ sich nach ihren Angaben auf die Auswirkung von Geschehnissen in früheren Leben zurückführen.

Die uns seltsam anmutenden Vorstellungen über die Ursachen von psychosomatischen Krankheiten hat sich Dr. Modi, wie sie sagt, nicht selbst ausgedacht. Sie wurde **von ihren Patienten regelrecht dazu gebracht**. Wie sie durch einen Zufall zur Reinkarnationstherapie gekommen ist, ist im Kapitel 7.2.1, ab S. 165 beschrieben.

---

[291] Den geringen Prozentsatz von 80% begründet sie mit vielen abgebrochenen Therapien.

Auch auf die Vorstellung, dass **Seelen** Verstorbener einen Menschen besetzen und krank machen können, kam sie erst durch eine ihrer Patientinnen. Damit will Dr. Modi deutlich machen, dass sie nicht mit **Suggestivfragen** die zu einem vorgefassten Denkmodell passenden Phantasien ausgelöst hat.

Und so wurde Frau Dr. Modi von einer Patientin zu ihrer speziellen Therapieform geleitet:

(83) (Hg) Die 50-jährige **Breana** kommt zur Therapie, weil sie seit Jahren an **Depressionen** und chronischen **Bauchschmerzen** leidet, die die **Schulmedizin nicht erklären** und auch nicht erfolgreich behandeln kann. Dr. Modi fragt ihre Patientin in Hypnose nach dem Ursprung ihrer Bauchschmerzen. Breana findet sich daraufhin in einem anderen Leben wieder. *„Ich bin ein 55-jähriger Weißer und lebe in Pittsburgh im Jahr 1974."* Diese Jahreszahl kann jedoch nicht stimmen, wenn es sich wirklich um ein früheres Leben Breanas handeln sollte, denn sie selbst ist bereits vor 1974 geboren. Dr. Modi hinterfragt dies und bekommt zu hören: *„Ich sehe meinen Vater John wie einen Geist. Er starb 1974 an Magenkrebs."* Im weiteren Gespräch stellt sich heraus, dass Vater John nach seinem Tod offenbar als **Geist** zu seiner Tochter gegangen war, denn er liebte sie und wollte ihr helfen, als sie um ihn trauerte. Im Ergebnis dessen spürt diese nun jene Schmerzen, die er selbst vor seinem Tod hatte. Er steckt gleichsam bei ihr fest, kommt nicht mehr aus ihrem Körper heraus. Zudem ist er es nicht allein, der sie besetzt hält. Es gibt noch weitere **Besetzungsgeister**, die er aber nicht kennt.

Dr. Modi weiß aus so manchen Aussagen der von ihr Rückgeführten, dass sehr wahrscheinlich Engel oder **verstorbene Verwandte** den Seelen soeben **Verstorbener** zu Hilfe kommen, um sie ins Licht zu geleiten. Daher fordert sie den Geist John auf, sich nach dem **Licht** umzusehen. Und wirklich sieht er nun ein helles Licht, in dem er seine längst verstorbene Mutter in einem weißen Kleid zu erkennen glaubt. Sie sehe gesund und jung aus und bitte ihn lächelnd, mit ihr zu kommen. Auch Engel seien dabei. Dr. Modi fordert nun John und die anderen Wesenheiten auf, mit der Mutter und den Engeln ins Licht zu gehen. Bereits unmittelbar nach dieser Sitzung fühlt sich Breana gut und berichtet in der nächsten, dass sie die **Depression und die Magenschmerzen los** sei. Sie fügt hinzu, dass ihr Vater sehr depressiv war, nachdem er von seiner Krebserkrankung erfahren hatte *(276, S. 24)*.

Durch diesen ersten Fall anscheinender Besetzung sah Dr. Modi für sich bestätigt, was sie vorher in der Fachliteratur schon gelesen, aber nicht in die Praxis umgesetzt hatte: Verhält man sich so, als ob es Besetzungen wirklich gäbe, so sind wundersame Heilungen möglich.

Damit waren aber die Lektionen, die ihr ihre Patienten unerwartet erteilten, noch nicht zu Ende.

(84) * (Hg) Weil der 35-jährige **Nick** seit Teenager-Tagen häufig **Migräneanfälle** hat und seit Jahren **depressiv** und kraftlos ist, sucht er Dr. Modi auf. Diese erklärt ihm ihre Arbeitsmethode, und Nick stimmt der Behandlung zu. Weil er an diesem Tage gerade wieder Kopfschmerzen hat, fordert Dr. Modi ihn unter **Hypnose** auf, in seinem Kopf nach dem Grund für seine Schmerzen „nachzuschauen". Nick „sieht" zuerst nur Dunkelheit und nach einiger Zeit einen herumwabernden schwarzen Fleck. Den hält die Therapeutin für einen **erdgebundenen Geist**, der sich nicht zu erkennen geben will, und spricht ihn an. Zu ihrer Verblüffung entwickelt sich folgender Dialog: „*Ich bin schmutzig und stinke. Warum willst du dich mit mir abgeben?*" „*Bist du männlich oder weiblich?*" „*Warum soll ich ein Mensch sein?*" „*Wenn du kein Mensch bist, was bist du dann?*" „*Ich bin ein **Dämon**. Ein Untergebener des Satans. Er ist mein Meister und hat mich hergeschickt, um diese Person zu quälen.*" „*Wie alt war Nick, als du zu ihm gegangen bist?*" „*Fünfzehn, als dieser dumme Kerl Drogen nahm. Das öffnete ihn, und ich kam herein.*" „*Wie machst du das, ihn zu quälen?*" „*Nun, liebe Frau, warum denkst du, hat er Kopfschmerzen? Ich erzeuge sie. Außerdem leite ich seine Energie ab, so dass er sich immer müde fühlt. Ich kann jede Art von Problemen herbeiführen. Das macht sogar Spaß.*"

Nick sieht dann helles **Licht** um ihn herum und Engel, welche das schwarze Wesen mit Licht einhüllen. Der Dämon reagiert heftig und schreit: „*Nimm das Licht von mir. Es wird mich töten. Satan hat uns gesagt, dass wir niemals dem Licht nahe kommen dürfen, weil es den Tod bedeutet. Und wenn mich das Licht nicht tötet, dann wird es der Satan tun, weil ich versagt habe.*" „*Auf welche Weise hast du versagt?*" „*Du hast mich aufgespürt, und das wird als Versagen angesehen.*" Die Engel fordern nun den Dämon auf, in sich hinein zu schauen. Dort entdeckt der ein Licht, das immer größer wird und glaubt deshalb zu sterben. Aber dann erkennt er plötzlich, selbst ganz aus Licht zu bestehen und dennoch lebendig zu bleiben. Er hat sich noch nie so gut gefühlt wie jetzt. Er ist von Satan betrogen worden und bedauert nun, Nick Schaden zugefügt zu haben. Nick beobachtet, wie die Engel den nun umgewandelten Dämon durch ein großes Tor ins Licht bringen. Sie füllen den Platz in Nicks Kopf, an dem vorher jener schwarze Fleck gewesen war mit Licht, und heilen ihn so. Seit diesem Moment spürt Nick **keine Kopfschmerzen mehr**.

In der nächsten Sitzung berichtet er, seither keine Kopfschmerzen mehr zu haben und gibt an, auch seine **Depression los** zu sein und sich energiegeladen zu fühlen *(276, S. 27)*.

Beide, Dr. Modi und Nick waren gewaltig erstaunt über das, was sich in der Sitzung abgespielt hatte. Sie wussten nicht, ob sie es für reine **Phantasie** halten oder für bare Münze nehmen sollten. Nur eines war klar: Nach Jahren war endlich Heilung erreicht worden.

Dr. Modi spart in ihrem Buch nicht mit weiteren Beispielen. Erstaunlich ist, dass die Geschichten der Patienten immer wieder das **spiritistische Erklärungsmodell** von Dr. Modi bestätigen. Folgende sind kurz genug, um hier noch Platz zu finden:

(85) (Hg) Der 40-jährige **John** leidet seit mehreren Monaten an wiederkehrenden **Schmerzen** im Brustraum, an **Panikattacken** und an einer **Depression**. In der Notaufnahme des Krankenhauses zeigen das EKG und andere Messungen eine normale Herzfunktion, ebenso die spätere Herzkatheteruntersuchung. In der Hypnose entdeckt John den **Geist** eines 19-Jährigen, der durch einen Messerstich in die Brust getötet worden ist. Nachdem während der Sitzung dieser Geist ins Jenseits entlassen worden ist, **verschwinden alle von Johns Symptomen** *(276, S. 262)*.

(86) (Hg) **Joy** hatte als kleines Mädchen einen **imaginären Spielkameraden**. In der **Hypnose** sieht sie diesen nun als ihren **Besetzungsgeist**. Es handelt sich ebenfalls um ein Mädchen, das aber in seinem früheren Leben mit fünf Jahren ertrank. Es blieb damals nach seinem Tod in Joys Nähe und begann mit ihr zu spielen. Als Joy mit 10 Jahren einmal krank war, ging sie in deren Körper. Seitdem verspürt Joy **Angst** vor Wasser. Nachdem Dr. Modi die Besetzung aufgelöst hat, **verschwindet diese Angst** *(276, S. 203)*.

(87) (Hg) **Dexter** bekommt als 32-Jähriger **Panikattacken** beim Autofahren und ein wenig später auch **Angst** vor dem Fahren über Brücken. Er leidet unter **Depressionen** und Selbstmordgedanken. Gesprächstherapie und Pillen helfen nur vorübergehend. In der **Hypnose** findet Dexter den **Geist** eines Mannes, der **Selbstmord** begangen hatte, indem er mit seinem Auto von einer Brücke in die Tiefe fuhr. Alle **Symptome lösen sich vollständig auf**, nachdem der Geist fortgeschickt worden ist *(276, S. 268)*.

(88) * (Hg) **Shelly** plagen **Schuldgefühle** wegen der **Abtreibung** ihres Babys. Dies so sehr, dass sie Hilfe bei Dr. Modi sucht. In **Hypnose** findet Shelly in sich selbst ein **dämonisches Wesen**, das sie besetzt hat und wiederum den **Geist** ihres abgetriebenen Kindes in sich gefangen hält. Befragt, wie er dazu komme, das Baby gefangen zu halten, erklärt der Dämon: *„Wir Dämonen halten uns gerne in Krankenhäusern bzw. Entbindungsstationen auf, weil die Neugeborenen leicht einzufangen*

sind. Bei Shellys Abtreibung war ich dabei. Als der Geist des Babys heraus kam, war er verwirrt. Er verstand nicht, warum seine Mutter ihn nicht will. Er war ver-ängstigt und fühlte sich alleine gelassen. Ich ging zu ihm, umfing ihn und nahm ihn in mich auf. Als Shelly wegen der Abtreibung trauerte, ging ich mit dem Kindergeist in sie hinein. Ich verstärkte die Gefühle des Babys, seinen Schmerz und Ärger dar-über, abgelehnt worden zu sein. Dies übertrug sich auf Shelly und intensivierte de-ren Schuldgefühl und Traurigkeit." Durch Gesprächstherapie werden der Dämon und der Geist des Babys von Dr. Modi veranlasst, Shelly freizugeben. Seitdem ver-spürt die Patientin **keine Schuldgefühle** und auch keine Traurigkeit mehr *(276, S. 202)*.

(89) (Hg) Seit zwei Monaten leidet **Rhonda** an heftigen Bauchschmerzen und **Schmerzen** am ganzen Körper. Sie hat Schlafstörungen und außerdem **Alpträume**, in denen sie von Hunden angegriffen wird. Als Rhonda in **Hypnose** in sich hinein sieht, erkennt sie den **Geist** eines kleinen Mädchens namens Sue. Er erklärt, vor zwei Monaten zu ihr gekommen zu sein, als sie Alkohol trank. Sue wurde in einem früheren Leben von Hunden angefallen und in Stücke gerissen. Die damit verbun-denen Gefühle übertrugen sich auf Rhonda und verursachten deren Symptome. Seit Sues Geist nach der entsprechenden Therapie die Patientin verlassen hat, ist diese **frei von allen Beschwerden** und hat keine Alpträume mehr *(276, S. 221)*.

(90) (Hg) Als Nachwirkung eines **Autounfalls** beginnt die 30-jährige **Jill Stimmen** in sich zu hören, die russisch, deutsch und auch in anderen Sprachen sprechen. Sie wird paranoid, depressiv und bekommt **Alpträume**. In der **Hypnose** sieht sie 40 bis 50 **Geister** von Männern, Frauen und Kindern in sich. Dr. Modi nimmt zunächst nicht mit jedem einzelnen von ihnen Kontakt auf. Diejenigen aber, mit denen sie spricht, sagen, sie seien während Jills Autounfall in deren Körper gekommen. Eini-ge von ihnen behaupten, im früheren Leben in deutschen **Konzentrationslagern** gestorben zu sein. Dr. Modi wendet sich nun an sie alle und kann sie dazu bewegen, teils mit Hilfe von Engeln oder **verstorbenen** Verwandten ins Licht zu gehen. Jill fühlt sich danach zwar innerlich leer, ist aber auch erleichtert. In der nachfolgenden Sitzung berichtet sie, dass die **Stimmen verschwunden** sind und sie **keine Alp-träume mehr** hat. Ihr ständiger Ärger und ihre Nervosität sind wie weggeblasen. Sie ist völlig gesund *(276, S. 273)*.

Neben solchen leicht überschaubaren Fällen liest man bei Modi auch von sehr komplizierten und langwierigen. In einem z. B. litt die Patientin unter so vielen Krankheitssymptomen, dass deren spätere Darstellung mehr als drei Buchseiten umfasst. Nach 14 Hypnosesitzungen war eine **komplette Heilung** erreicht worden. Nicht weniger als fünf **erdgebundene Verstorbene**, viele **Dämonen** und **Seelensplitter**, ein Geburtstrauma und 5 frühere Leben mussten durchgearbeitet werden, um diesen Erfolg zu erringen. Alle **Besetzungen** und früheren Leben zeigten einen Bezug zu den Kopfschmerzen der Patientin *(276, S. 438, 501)*.

Dr. Modi wagt sich sogar an die Behandlung von **Schizophrenen** (und von Patienten mit **multipler Persönlichkeitsstörung**). Die meisten anderen Therapeuten schließen solche Patienten grundsätzlich von der Behandlung aus. Modi räumt ein, dass diese Seelenkrankheiten schwer zu behandeln sind. Wenn die Kranken nicht in der Lage sind, sich im erforderlichen Maß zu konzentrieren, und Dr. Modi deshalb so nicht mit ihnen arbeiten kann, beginnt sie mit einer Behandlung durch einen **Stellvertreter** (**remote releasement**). Dabei wird eine dazu bereite dritte Person hypnotisiert und anstelle des Patienten behandelt. Er muss dabei gar nicht anwesend sein. Eine unerklärliche **Fernwirkung** führt dazu, dass sich dennoch sein Zustand soweit verbessert, dass anschließend mit ihm selbst gearbeitet werden kann.

Wie Dr. Wickland rund 75 Jahre vor ihr, berichtet Dr. Modi begeistert von ihren Heilerfolgen, nimmt dabei aber leider nie die Position eines kritischen Beobachters ein. Der Leser erfährt nichts über den jeweiligen Glaubenshintergrund der Patienten, aus dem die Phantasien über Geister und Dämonen fraglos ebenso stammen könnten. Wichtig wäre auch zu wissen, ob Dr. Modi eventuell Suggestivfragen stellt, welche die Patienten in ihre Glaubensrichtung drängen könnten. Darüber erfährt man ebenfalls nichts. Ferner könnte man doch auch versuchen, die früheren Leben von Besetzungsgeistern historisch nachzuprüfen, auch wenn das bekanntlich nicht so einfach ist. Kein Wort dazu. Sind die erstaunlichen Erfolge Dr. Modis vielleicht rein hypnotischen Suggestionen geschuldet?

Der vielen bisher unbearbeitet gebliebenen Fragen wegen ist es zu begrüßen, dass die Reinkarnationstherapeutin **Iren Hickman** in einem kleinen Büchlein Beispiele für Heilungen zusammengestellt hat, die über sogenannte **Stellvertreter** erzielt wurden *(195)*. Dabei wird eine leicht hypnotisierbare, aber im Wesentlichen gesunde Person gebeten, sich unter **Hypnose** in den betreffenden Patienten hinein zu versetzen und stellvertretend für diesen im Gespräch mit dessen **Besetzungsgeistern** oder **Dämonen** als „Übertragungskanal" zu dienen. Wenn sich dabei der Patient an einem fernen Ort aufhält (daher „engl. „**remote depossession**" oder „**remote releasement**"), möglichst nichts von dem Fernheilungsversuch weiß und überdies die beiden Akteure (Hypnotiseur und Stellvertreter) den Patienten nicht kennen, bei diesem aber trotz der erschwerten Bedingungen eine **Heilung eintritt**, so lassen sich viele **Alternativerklärungen** ausschließen. Es bleiben dann noch Selbsttäuschung, Betrug oder Zufall als **normale Deutungsmöglichkeiten** und – wenn diese nicht recht überzeugen – die **paranormalen Erklärungen**, wie z. B. Superaußersinnliche Wahrnehmung (Super-ASW) in Kombination mit Suggestivheilung.

Ein Beispiel aus Hickmans Buch kommt hinsichtlich der Behandlungsbedingungen dem o. g. Ideal nahe, ist allerdings nur spärlich beschrieben:

(91) (Hg) (**Strafgefangene**) Hickman versucht, zusammen mit Mona als der Stellvertreterin, herauszufinden, ob es möglich ist, vier **jungen Männern** unter 30 Jahren, die im Gefängnis sitzen, **aus der Ferne** zu helfen. Sie sind kürzlich als unheilbar geisteskranke Kriminelle eingestuft und eingesperrt worden, weil sie als Gefahr für die Allgemeinheit angesehen werden. Man erwartet, dass sie bis ans Lebensende hinter Gittern bleiben müssen. Mona wird von Frau Hickman in **Hypnose** versetzt und richtet ihr Bewusstsein auf das Gefängnis, welches sich in ca. 200 km Entfernung befindet. Sie kann sich auf jeden einzelnen der vier Insassen einstellen und erhält von deren **Höherem Selbst** die Erlaubnis, nach geistigen Eindringlingen zu suchen. Bei jedem der Inhaftierten werden sowohl **Geister** von **Verstorbenen**, als auch **Dämonen** gefunden und ins **Licht** geschickt. Innerhalb eines Jahres werden die Burschen erneut beurteilt und drei von ihnen **als gesund** aus dem Gefängnis entlassen. (Genauere Informationen stellt die Autorin nicht zur Verfügung) *(195, S. 14)*.

Wie häufig so etwas normalerweise vorkommen kann, diskutiert Frau Hickman nicht. Es lässt sich also nicht beurteilen, ob der Zufall hier eine gute Erklärung abgibt. Daher sei hier noch ein zweites ihrer Beispiele nacherzählt.

(92) * (Hg) Im November 1993 machen 11 Hypnotherapeuten auf einer Kreuzfahrt durch die Karibik allerlei Übungen. Einer von ihnen, Ivan, versucht, an einer Freundin als Zielperson eine **Stellvertreterheilung aus der Ferne** durchzuführen. Diese ist **Pilotin** von United Airlines und zu dieser Zeit krankgeschrieben. Sie leidet unter einer schweren Nasennebenhöhlenentzündung und an weiteren Problemen der Atemwege, seit sie mit einem Piloten zusammen fliegen muss, der stark raucht. Ivan lässt sich von einem Kollegen hypnotisieren und macht im so geänderten Bewusstseinszustand bei der Zielperson eine **Wesenheit** im unteren Halsbereich aus. Im Dialog mit dem **Besetzungsgeist** stellt sich heraus, dass er in einem früheren Leben als Morice ein fliegender Händler auf den Straßen einer französischen Stadt war. Er wurde überfahren und starb. Er **betrachtete nun als Geist seinen zerschmetterten Körper** und wusste, dass er nicht mehr in diesen zurückkehren kann. Eine sympathische Frau war Zeugin des **Unfalls**. Morice ging durch das Kehlkopfchakra in deren Körper. Auf eine entsprechende Befragung hin entdeckt Morice noch weitere Besetzungsgeister in jener Frau, insbesondere einen widerspenstigen in der Beckengegend. Danach war Morice bereit, ins **Licht** zu gehen. Der Widerspenstige nennt sich Neandra und behauptet, schon seit der Zeit des alten Ägypten bei der Frau zu sein. Neandra erklärt auch, warum sie sich durch eine Besetzung rächen will. Nach zähen Verhandlungen gelingt es aber doch, auch sie ins Licht zu schicken. Dann wenden sich die Therapeuten der Frage zu, woher die Beschwerden mit der Nasennebenhöhle rühren. Sie machen dort einen Schwarm kleiner, bienenartiger **Wesenheiten** aus, die noch nie menschliche Körper bewohnt haben. Über einen Sprecher der Wesen als Mittelsmann kann mit ihnen verhandelt werden. Gegen großen Widerstand gelingt es auch hier, die Wesen aus der Seele der Pilotin zu vertreiben. Abschließend werden die hinterlassenen Wunden am Seelenkörper der Patientin mit Licht geheilt.

Vier Tage nach der Rückkehr von der Kreuzfahrt trifft Ivan seine Freundin und teilt ihr nur mit, an dem und dem Tag eine Heilung für sie versucht zu haben. Sie berichtet ihm, zu genau dieser Zeit im Bett gelegen und zu schwitzen angefangen zu haben. Über 1 ½ Stunden lang habe sie dann viel Schleim aus ihrer Kehle gehustet und ihre Stimme sei heiser geworden. Sie habe leichte Bauchschmerzen verspürt, und innerhalb von 24 Stunden habe sich ihre **Periode eingestellt** und sei diesmal – ganz untypisch für sie – ohne Schmerzen, Völlegefühl und Krämpfe verlaufen. Zudem war damals plötzlich auch ihre **Nasennebenhöhlenentzündung auskuriert**, und sie fühlte sich ganz unerwartet wieder voller Energie. Wie sich jetzt herausstellte, war das genau am Tag nach der Geisteraustreibung *(195, S. 47)*.

Es wird von Frau Hickman jedoch nichts darüber gesagt, ob wirklich die Zielperson jene Frau war, die den Unfall in Frankreich beobachtet hat. Gab es hierfür unabhängige Zeugen? Wäre die Heilung auch ohne Ivans Anstrengungen eingetreten? Wir wissen es nicht. Es ist im Rahmen **normaler Erklärungen** allerdings schon etwas verwunderlich, dass das Fieber auch ihre jahrelang bestehenden Menstruationsbeschwerden just zu diesem Zeitpunkt mit behoben haben soll.

Irene Hickman steht mit ihrer Behauptung nicht allein, **Stellvertretersitzungen** seien wirksam. Bei der Hälfte von 30 Patienten war dieses Vorgehen erfolgreich, berichtet **Herbert Van der Beek** *(29)*. **Baldwin** führt eigene Beispiele an und sagt, er habe viele Berichte über erfolgreiche **Fernbefreiungen** erhalten *(17, S. 4, 183, 198)*. **Louise Ireland-Frey** bringt Beispiele aus der eigenen Praxis, die nach meiner Einschätzung allerdings nicht sehr überzeugend ausfallen *(208, S. 53, 85, 242, 249)*. Sie weist auf Eugene Maurey und sein Buch „Exorcism" von 1988 hin, in dem es um **Exorzismus** aus der Ferne geht. Von **Carl Wickland** haben wir schon über erfolgreiches „**remote releasement**" gelesen (*499, S. 144, 213, 221, 231, 239; 498, S. 43, 93, 136, 239*). Weitere Autoren, die dafür relevante Beispiele anführen, sind **Chaplin** *(73, S. 49, 110)*, **Komianos** *(233, S. 97, 168)*, **Lucas** *(252, S. 320)* und **Rogo** *(347, S. 223, 237, 239)*. Solche, die sich speziell über „Fernbefreiungen" äußern, sind **Baldwin** *(16, S. 40, 60, 362)*, **Fiore** *(141, S. 117, 187)* und **Modi** *(276, S. 424)*.

7.2.8.2.4   Besetzung und Befreiung von Orten

Die bisher geschilderte Heilmethode[292], die auf der Annahme beruht, es gebe Seelen oder **Geister** der **Verstorbenen**, die einen lebenden Menschen besetzen und damit krank machen können, scheint auch dann zu wirken, wenn es sich nicht um einen personengebundenen, sondern um einen ortsgebundenen Geist, d. h. um einen **Spuk** handelt, der „geheilt" werden soll. Man kann das so verstehen, als besetze der Geist nicht eine Person, sondern einen Ort. Eine eindrucksvolle Geschichte, die dies illustriert, wird von **Hazel Denning** wiedergegeben.

(93) (Ng) Die Geschichte stammt von einem älteren Hausarzt, der medial begabt ist und schon viele paranormale Phänomene erlebt hat. Jeder, der in einem bestimmten Raum des Hauses eines seiner Freunde übernachtet, wacht gegen Mitternacht auf und fühlt sich von der **Erscheinung** eines zornigen Mannes bedroht, der seine Hände über das Gesicht des erschreckten Schläfers hält. Da sich dies ständig wiederholt, ist es im Freundeskreis bekannt. Der Gedanke liegt nah, dass allein die Erwartung der Übernachtungsgäste ausreicht, um das Phänomen hervorzubringen. Daher lässt man einmal ein dreijähriges Kind, das nicht um die Spukgeschichte weiß, im besagten Raum schlafen. Pünktlich um Mitternacht wacht es mit großem Geschrei auf. Die herbeigeeilten Erwachsenen finden das Kind in panischer **Angst** schreiend und zitternd im Bett sitzend. Es stammelt: *„Ein schrecklicher Mann wollte mich holen."*
Daraufhin erklärt sich der Arzt bereit, seinerseits in dem Zimmer zur Probe zu schlafen. Er fürchtet sich nicht vor **Geistern**. Um Mitternacht wacht auch er auf und hat das Gefühl, im Raum nicht allein zu sein. Als er seine Augen öffnet, sieht er einen großen Mann auf sein Bett zukommen, der sogleich seine Hände drohend über das Gesicht des Arztes hält. Dieser sammelt seinen ganzen Mut und sagt: *„Was soll das, dass du jeden hier so in Angst versetzt? Was, verdammt, willst du? Wenn ich etwas für dich tun kann, so sag es mir!"* Der medial veranlagte Arzt vernimmt nun, wie sich die Erscheinung entschuldigt und erklärt, in einem früheren Leben in diesem Haus ermordet worden zu sein. Seine sterblichen Überreste befänden sich im Keller an einer Stelle, die er genau beschreibt. Er bittet den Doktor, ihm zu seiner seelischen Ruhe zu verhelfen, die er nur durch ein christliches Begräbnis zu erlangen meint.

---

[292] Engl. „releasement" bei Personen und „rescue work" bei der Befreiung eines erdgebundenen Geistes von einem Ort (nach *208, S. 123).*

Die heutigen Besitzer des Hauses geben nun ihr Einverständnis, im Keller nachzugraben. Genau an der von der Erscheinung angegebenen Stelle **findet sich das Skelett** eines erwachsenen Mannes. Es wird daraufhin nach christlichen Riten beerdigt. Seither schlafen die Gäste ungestört in jenem Zimmer *(252 S. 407; 102, S. 87)*.

Nun könnte man einwenden, die Autorin habe sich von dem Arzt etwas aufschwatzen lassen. Daher seien Ereignisse geschildert, welche Hazel Denning persönlich erlebt hat.

(94) (g) Frau **Louise Brooks** liebt alte Häuser und ist stolz, solche zu besitzen. Sie kauft eines, das sie umbauen und modernisieren will, um danach mit ihrem Mann und den drei Kindern dort zu wohnen. Da sie medial begabt ist, spürt sie, dass dieses Haus von einem weiblichen und zwei männlichen **Geistern** „bewohnt" wird. Aber davor fürchtet sie sich nicht. Sie teilt dies aber den Verkäufern mit und erfährt dabei, dass schon zwei Vorbesitzer das Haus, vermutlich aus Angst, ohne jeden Regressanspruch verlassen haben. Das Anwesen steht darum schon ein paar Jahre leer.

Schon in der jetzt begonnenen Umbauphase hält sich das Ehepaar Brooks immer wieder einmal in dem neuen Zuhause auf und stellt merkwürdige Dinge fest. Immer wenn sie eintreffen, stehen Türen und Fenster offen, obwohl sich beide sicher sind, beim vorangegangenen Verlassen des Hauses alles verschlossen zu haben. Gegenstände sind verschoben oder anders zueinander angeordnet. Doch derartige Eindrücke lassen sich als Erinnerungstäuschung erklären, und Herr Brooks glaubt nun mal nicht an paranormale Vorgänge. Bald wird er allerdings eines anderen belehrt. Einmal hört er ein Kratzgeräusch, das aus der Küche des alten Bauwerks kommt und geht der Sache nach. Da sieht er, wie sich ein Geschirrstück selbsttätig längs des Spültisches verschiebt, und er erwartet, dass es gleich zu Boden fällt. Doch es hält, im wahrsten Sinne des Wortes wie von Geisterhand gesteuert, an der Tischkante an. Dies überzeugt ihn nun doch davon, ein **Spukhaus** gekauft zu haben, wie es seine Frau schon lange behauptet hat. In ihrer Ratlosigkeit wendet sich das Ehepaar an **Hazel Denning**.

Die Expertin für Spuk kommt, wie gewöhnlich, in Begleitung von Gertrude, einem **Medium**, das Geister erspüren und mit ihnen hellhörig kommunizieren kann. Im Erdgeschoss des Hauses wird sie nicht fündig. Erst im dritten Zimmer des ersten Stocks kommt sie in Kontakt mit drei **Geistern**. Diese fordern von Frau Denning dafür zu sorgen, dass alle Personen das Haus verlassen, denn es sei nicht deren Eigentum, sondern gehöre ihnen (den Geistern). Hazel Denning agiert nun wie Dr. Carl Wickland und versucht über das Medium den Geistern klar zu machen, dass sie gestorben sind, keinen eigenen Körper mehr besitzen und das Haus nun den Brooks gehört. Davon wollen die drei aber nichts wissen und behaupten, sehr wohl noch Körper zu haben. Gertrude fordert die Unsichtbaren auf, ihre Existenz zu beweisen. Daraufhin merkt Frau Denning, wie sich ihr rechter Arm quasi von selbst in die Waagrechte hebt, und sie fühlt sich für einige Minuten außerstande, ihn wieder zu senken.

Im Gespräch mit den Geistern stellt sich heraus, dass alle drei vor ihrem Tod etwa 30 Jahre in diesem Haus gelebt haben. Es handelt sich um die Geschwister Edmund und Doris, sowie um deren Freund Richard. Edmund war über die Beziehung seiner Schwester wütend, tötete Richard und versteckte dessen Leichnam hinter dem Kamin. Als auch die anderen beiden gestorben waren, fanden sich ihre Geister in diesem Haus wieder. Hazel Denning gibt ihnen nun den Rat, für die Klärung ihrer Situation um Hilfe zu bitten. Sie haben aber Angst vor dem nächsten Schritt, weil sie befürchten, für den Mord bzw. für eine gewisse Beihilfe bestraft zu werden.

Frau Denning ruft dennoch Hilfe aus dem Jenseits herbei, und Gertrude berichtet, dass drei weitere Jenseitige gekommen seien, um mit Edmund, Doris und Richard zu sprechen. Die drei spukenden Hausgeister können aber noch immer nicht überzeugt werden, ins **Licht** zu gehen. Man einigt sich darauf, ihnen Zeit zu lassen, und beendet den Besuch.

Als Gertrude zu Hause ankommt, melden sich die drei Geister bereits wieder bei ihr und bitten um die Beantwortung weiterer Fragen. Sie gewährt ihnen dafür 15 Minuten unter der Bedingung, dass sie danach wieder gehen. Und so geschieht es dann auch.

Drei Tage später meldet sich Frau Brooks bei Hazel Denning und teilt ihr mit, sie habe auf medialem Wege erfahren, dass die drei Mitbewohner das Haus nun doch verlassen hätten. Sie hätten sich noch vor 16 Uhr von ihr verabschieden wollen. Doch da sie das besagte Spukzimmer erst gegen 17 Uhr habe erreichen können, habe sie die Geister nicht mehr angetroffen. Das Zimmer fühle sich jetzt nicht mehr heiß an wie bisher, und die Luft bewege sich wieder normal.

Die Namen Edmund und Doris finden sich bei der späteren **Nachprüfung** sowohl auf dem Friedhof, als auch in den Aufzeichnungen der historischen Gesellschaft. Beim Umbau des Hauses wird später der Kamin weggerissen und dabei entdeckt man hinter einer zusätzlich eingezogenen Mauer ein Skelett und ein Gewehr. Es könnten die Überreste von Richard sein. Einige Monate nach diesen Ereignissen beziehen die Brooks ihr neues Heim. Spuk hat sich nicht mehr eingestellt *(102, S. 33)*.

Man erkennt an diesem Beispiel, dass beim ortsgebundenen Spuk keine „**Fokus-person**" erforderlich ist, die mit ihren psychischen Spannungen die Energie liefert, um das Unerklärliche hervorzubringen (**animistische Erklärung**). Es gab zwar lebende Menschen, um die sich das Geschehen drehte, aber diese brachten keine inneren Spannungen ein, sondern – glaubt man den medialen Aussagen – wurden nur völlig unfreiwillig zu störenden Eindringlingen in eine unsichtbare Welt.

Hazel Dennings Armstarre und das erfolgreiche Beenden des Spuks könnte man durch **Suggestion** erklären und das Wissen um die richtigen Namen früherer Haus-eigentümer, den Mord und das Versteck als außersinnliche Wahrnehmung auffassen. Wie aber ist zu erklären, dass sich ein Geschirrstück „wie von Geisterhand" beweg-te? Eine Halluzination? Eine **psychokinetische Wirkung** des Beobachters? Wel-ches Motiv oder welche psychische Spannung könnte Herrn Brooks dazu verleitet haben, den Gegenstand auf unerklärliche Weise ohne Berührung zu bewegen, ob-wohl er gar nicht an „Übersinnliches" glaubte und keine Absichten dieser Art hatte? Hazel Denning geht auf diese Frage nach der Psychologie des Betroffenen offenbar deshalb nicht ein, weil sie von der Gültigkeit des **spiritistischen Modells** fest über-zeugt ist.

Dabei gibt es durchaus Beispiele, die die Annahme nahelegen, dass Spuk auch auf die unbewusste Wirkung lebender Teilnehmer am Geschehen zurückgehen kann (animistische Erklärung). Der Autor **Tony Cornell** beschreibt fünf Spukfälle, bei denen es ihm gelang, den Spuk abzustellen, indem er die beteiligten (lebenden) Personen im Gespräch oder unter Hypnose davon überzeugte, dass er die Spukgeis-ter fort nimmt und der Spuk nicht zurückkehren werde (*83, S. 366f*). Er sprach nie die Geister an.

Im folgenden Beispiel lässt sich zumindest Halluzination schlecht als Erklärung anführen und die animistische Deutung kann auch nicht recht überzeugen. Das Mo-tiv für den geschilderten **Spuk** entsteht – so man denn eine spiritistische Erklärung akzeptieren will – offenbar auf völlig andere Art, unabhängig von einer Fokusper-son.

(95) * **Raymond**, der Angestellte eines Rundfunkstudios in San Bernardino, Kali-fornien, hört, wenn er nachts alleine im Tonstudio arbeitet, wiederholt laute **Geräu-sche** aus einem Nachbarraum. Als er herausfindet, dass es einem Kollegen ebenso ergeht, laden die beiden eine befreundete spiritualistische Geistliche ein, um mit ihrer Hilfe den Grund für die Geräusche zu klären. Das gelingt aber nicht.

Einige Zeit danach zeigt sich, dass es doch um **Spuk** geht. Vor den Augen der ganzen Belegschaft bewegt sich eine Kassette selbständig von einem Regalbrett, schwebt langsam durch die Luft und landet sanft auf dem Boden. Die Aufregung unter den Kollegen ist groß, aber man verabredet allerseits Stillschweigen, weil man von einem genialen Streich ausgeht, den ein in Tricks bewanderter Mitarbeiter verübt hat.

Raymond hört von **Dennings** Arbeit mit **Geistern** und lädt sie zur Untersuchung des Falls ein. Sie ist einverstanden und kommt wieder mit Gertrude, dem **Medium**. Diese nimmt hier sofort mit einem **Geist** namens Harvey Kontakt auf. Dessen erste Frage ist: *„Woher weißt du, dass ich hier bin, und wieso kannst du dich mit mir unterhalten, was sonst niemand tut?"* Gertrude erklärt, dass das die Fähigkeit eines Mediums ausmacht. Harvey freut sich über die Möglichkeit zur Kommunikation und erklärt, dass er sich gezwungen sieht, an diesem Platz auszuharren, weil sein Sohn eines Tages hierher zurückkommen werde. Dieser gelte seit dem Krieg als vermisst. An der Stelle des Rundfunkstudios habe früher einmal ein Doppelhaus gestanden.

Während der Unterhaltung ist wieder das unerklärliche **Geräusch** aus dem Nachbarraum zu hören. Hazel Denning fragt daraufhin den Geist, ob er das Geräusch wiederholen könne; sie wolle es mit ihrem Kassettenrecorder aufnehmen. Harvey kommt der Bitte nach und wiederholt auf Bitten von Frau Denning das ominöse Geräusch anschließend noch dreimal. Es wird jedes Mal gehört, und weil dies stets unmittelbar auf ihre Bitten hin erfolgt und so als Antworten des Geistes verstanden werden muss, schließt die Forscherin **Zufall** als Erklärung aus.

Harvey wird über das Medium auch gefragt, warum er Kassetten umher bewege und Menschen damit erschrecke. Die Antwort ist verblüffend: *„Kannst du dir vorstellen, wie langweilig es ist, hier die ganze Zeit herumzusitzen und auf meinen Sohn zu warten?"* Er habe etwas herumexperimentiert, um herauszubekommen, wie er Aufmerksamkeit auf sich lenken könne. Das sei eine Möglichkeit gewesen, gegen seine Langeweile anzukämpfen. Er finde es lustig, die Reaktionen der Menschen darauf zu beobachten.

Hazel Denning sah es nun an der Zeit, diesem besorgten Vater seine wahre Situation klar zu machen und ihm einen Weg zu zeigen, auf dem er zu seiner Freiheit gelangen und sich weiterentwickeln könne. Wenn er um Hilfe bitte, so erklärt sie ihm, könne er von dem **Zwang**, auf seinen Sohn warten zu müssen, loskommen und vermutlich auch seinen Sohn finden. Seine Gedanken sind jedoch zunächst noch festgefahren, denn er ist noch zutiefst davon überzeugt, dass es nur die physische Welt gibt. Frau Denning liefert ihm jedoch überzeugende Argumente für die Existenz einer jenseitigen Dimension, und er ist danach auch bereit, darüber nachzudenken. Damit endet der Kontakt zu Harvey. In der Woche nach Dennings Besuch tritt aber kein Spuk mehr auf *(102, S. 68)*.

Hazel Denning geht hier leider den an der Realität nachprüfbaren Aussagen nicht nach.

Die besondere Herausforderung bei diesem Fall liegt darin, für die angeblich vom **Geist** Harvey provozierten Geräusche und die unnatürlichen Flugbahn der Kassette eine plausible **Erklärung** zu finden. Die universitäre **Parapsychologie** würde bei einer Untersuchung dieses Falles nicht in Abrede stellen, dass es solche Phänomene geben kann. Dafür liegen zu viele ähnlich gelagerte Berichte und auch eigene Erfahrungen der Parapsychologen vor. Diese Disziplin würde auf der Basis naturwissenschaftlichen Denkens den Bericht und die Tonbandaufzeichnung überprüfen. Ergäben sich daraus keine Hinweise auf Betrug oder Täuschung, so würde sie im Hinblick auf die Geräusche den von solchen Forschern wie Frau Denning unterstellten Ursache-Wirkungs-Zusammenhang (zwischen Aufforderung und Geräuschentstehung) bestreiten und stattdessen in sehr abstrakter Weise von „nichtlokaler Korrelation" oder „Verschränkungskorrelation" reden. (Darunter versteht man einen Sinnzusammenhang ohne einen Wirkungs- oder Nachrichtenfluss von einer Quelle zu einer Senke, nachzulesen bei **Lucadou** *(249)*). Um die unnatürliche Flugbahn zu erklären, könnte sie einen **animistischen Standpunkt** beziehen und nach den psychischen Gegebenheiten einer **Fokusperson** (Raymond oder Kollegen) fragen, welche – unbewusst – die nötige mentale Energie bereitgestellt haben könnte, die das Flugwunder ermöglicht hätte. Keineswegs, so sehe ich die Lage, würde jedoch die universitäre Parapsychologie in ihre Untersuchungen das **spiritistische Modell** einbeziehen und etwa versuchen, **Medien** zu nutzen, um diese seltsamen Vorgänge zu verstehen (oder das Geschehen gar auf diese mysteriöse Weise beeinflussen zu wollen!), denn damit sähe sie sich der Gefahr ausgesetzt, öffentlich verlacht zu werden. Es macht schließlich auch keinen Sinn, Unverstandenes (Spuk) durch Unverstandenes (Medialität) erklären zu wollen. Die medialen Methoden einer Hazel Denning, eines Carl Wickland und anderer[293] passen einfach nicht in das Weltbild der heutigen akademischen Parapsychologie.

---

[293] *200, S. 137, 160, 206, 238*

Vertreter der **Parapsychologie** bieten ein gänzlich anderes Konzept zur Befreiung von Spuk an als Hazel Denning und viele andere. Sie schlagen als zuverlässige Methode vor, alle möglichen technischen Geräte zur Überwachung des Spukortes aufzustellen (Kameras, Infrarotgeräte, Bewegungsmelder etc.), die geeignet sind, Spuk objektiv zu dokumentieren (*250, S. 55*). Damit wird die **Unschärferelation** ausgenutzt, welche die Parapsychologie in ihren vielen Versuchen feststellen musste. Das Gesetz sagt: Je genauer und häufiger ein zu ergründendes Phänomen überwacht und beobachtet wird, desto mehr schmilzt die Evidenz für Paranormalität zusammen (*250, S. 70, 79, Elusivität, Decline-Effekt=Absinkungseffekt; 249, S. 79, 160, 196, 210f, Beobachterscheu bei Spuk*). Auf **Spuk** angewendet, bedeutet dies, dass man niemals zugleich maximale Genauigkeit bzw. Objektivität in der Erfassung des Spukgeschehens zusammen mit starken Spukeffekten erwarten darf. Es gibt bisher kein einziges fotographisches Dokument, das ein Spukphänomen zweifelsfrei wiedergibt (*250, S. 56*). Also unterdrückt die lückenlose technische Überwachung den Spuk, der von Parapsychologen als Wirkung einer lebenden „**Fokusperson**" aufgefasst wird, die damit ihre unbewussten psychischen Spannungen abreagieren bzw. als Notruf an die Umwelt zum Ausdruck bringen will. Für diese Erklärung gibt es Beispiele, die durchaus plausibel sind, weil das zugrundeliegende Erklärungsmodell zur Auflösung des Spuks führte (*250, S. 39, 58; 282*). In Fällen ortsgebundenen Spuks ohne erkennbare Fokusperson behilft sich die universitäre Parapsychologie mit der Erklärung durch ASW und Halluzinationen, die allerdings keinen Ansatz zur Auflösung des Spuks bieten, bzw. sie geht nicht näher darauf ein (*250, S. 111*). Wie die Fokusperson es fertig bringt, sogar verdeckte Lücken der Überwachung zu erkennen und für ihren Spuk auszunutzen, bleibt unerfindlich. Die Überwachungsmethode unterdrückt den Spuk nur, löst ihn nicht auf, wie es die Behandlung nach der spiritistischen Vorstellung angeblich fertig bringt.

Der Spiritist kann dieses Gesetz (**Unschärferelation**) sogar in sein Weltbild einordnen. Demnach darf es dem Menschen wahrscheinlich nicht möglich sein, mehr als nur **Indizienbeweise**, also hieb- und stichfeste Beweise für ein Weiterleben nach dem Tod und die Wiedergeburt zu finden (*144, S. 364*). Er wäre nicht reif dafür, mit sicherem Wissen über die Unsterblichkeit der Seele **verantwortungsvoll** umzugehen. Die Erfüllung der karmisch bedingten Lebensaufgabe könnte scheinbar gut begründet auf die lange Bank geschoben werden. Die **Angst vor dem Tod** würde schwinden und Mord und Totschlag verlören ihren Schrecken. Diese Tendenz kann man heute am radikalen islamistischen Fundamentalismus ablesen, der irrigerweise glaubt, beliebige Verbrechen und Terrorismus seien im Namen Gottes moralisch erlaubt und sogar erwünscht; Mord und Selbstmord würden im Himmel sogar noch belohnt. Welch ein katastrophaler Irrtum!

Auch der **Absinkungseffekt** lässt sich im spiritistischen Modell als Ermüdung des agierenden **Geistwesens** verstehen (es langweilt sich zunehmend); ebenso der „**Experimentereffekt**", der besagt, dass es chronisch erfolgreiche und erfolglose Versuchsleiter der **Parapsychologie** gibt (*249, S. 80*), was auf Sympathie oder Antipathie zwischen Geist und Mensch zurückzuführen wäre.

Allerdings geht auch der Spiritismus von einem vorgefassten Erklärungsmodell aus, nämlich von einer selbstverständlichen Wirkungsmöglichkeit **Jenseitiger**. Von den Vertretern dieser Forschungsrichtung wird z. B. fast nie etwas über die jeweilige psychische Verfassung der sogenannten **Fokuspersonen** berichtet, offenbar weil von ihnen das rein naturwissenschaftliche und das **animistische Modell** nicht ernsthaft in Betracht gezogen werden. Es gibt daher für den um Neutralität bemühten Betrachter keine gute Basis, anhand der vorliegenden Berichte eine fundierte Abwägung zwischen allen denkbaren Erklärungen vorzunehmen. Dies erinnert ein wenig an die Situation jenes Unglücklichen, der seinen Schlüssel irgendwo im Dunkeln verloren hat. Gefragt, warum er dann nur unter der Laterne, also weit weg vom vermutlichen Ort, nach seinem Schlüssel sucht, antwortet er: *„Weil ich hier wenigstens etwas sehen kann."*

Akzeptiert man die **spiritistische Erklärung** als überzeugend, so fällt auf, dass im letzten Beispiel die denkbare **Fokusperson** (Raymond) nur noch eine passive Rolle als Objekt der Interessenlage des **Geistes** spielt. Raymond wird nicht angegriffen oder gar besetzt, er bricht auch nicht störend in die Welt dieses Geistes ein. Er dient lediglich als dessen Versuchsobjekt, mit dem Langeweile vertrieben werden soll. Es gibt weitere Beispiele ortsgebundenen Spuks ohne erkennbare Fokusperson, die die spiritistische Interpretation als die naheliegendste unterstützen[294].

Die oben aufgeführten Beispiele für ortsgebundenen Spuk ohne Fokusperson, der primär als **Wirkung Jenseitiger** verstanden und obendrein auf dieser Basis behoben wird, sind nicht die einzigen ihrer Art. Weitere Erfahrungsberichte finden sich bei **Hazel Denning** (*102*), und auch andere Autoren haben etwas dazu beizutragen[295]. Das unglaublich talentierte Medium Dr. **Alex Tanous** sei in diesem Zusam-

---

[294] *144, S. 64-80, in deutscher Nacherzählung 190; 153, S. 355; 304, in deutscher Nacherzählung 191;*

[295] *52, S. 92; 141, S. 173f; 144, S. 81; 208, S. 123, 239; 231, S. 19; 247, S, 122-123; 313, S. 196; 355, S. 164; 498, S. 65, 71*

menhang herausgestellt, weil er mit Wissenschaftlern der ASPR zusammengearbeitet hat. Er sprach – wie Hazel Denning – mit den Geistern und mit Erscheinungen der Verstorbenen und schickte sie ins Licht, wonach ihr Spuk auf Dauer beendet war. Er erspürte die Ereignisse, die zum Spuk geführt haben, telepathisch und musste sie sich nicht vom Geist erzählen lassen (*451; 450, S. 155-158*). Überprüfungen bestätigten, dass er die den Spuk begründende Vergangenheit richtig erahnt hatte. Die Geister, mit denen Tanous kommunizierte, wussten, dass sie Verstorbene waren, wurden aber durch unterschiedlichste unerledigte Aufgaben erdnah gehalten.

7.2.8.2.5 Nahtod-Erlebnis bestätigt Besetzungen

Ich möchte zu den Beispielen dieses Kapitels abschließend noch zwei weitere hinzufügen. Das erste gibt einen Ausschnitt aus einem der sehr früh und ausführlich beschriebenen **Nahtod-Erlebnisse** wieder, das der Arzt und **Psychotherapeut Georg Ritchie** (1923 – 2007) im Kriegsjahr 1943 hatte und in einem Buch schildert *(342; 343, S. 18f; 344; 538)*. Dieser Fall enthält zwar kaum nachprüfbare Fakten, bringt dafür aber umso mehr subjektive Eindrücke über eine derart seltsame **Jenseitswelt**, dass man zunächst geneigt ist, ihn als **Produkt der Phantasie** oder gar als bewusst erdichtet abzutun. Einem solchen Urteil steht aber entgegen, dass zwei ehrenwerte Forscher die Vertrauenswürdigkeit von Ritchie bezeugen. So findet sich zum einen im o. g. Buch ein Vorwort von **Raymond Moody**, dem Pionier der Erforschung von **Nahtod-Erlebnissen**. Er war erst durch Ritchies Erfahrung dazu angestoßen worden, sich mit diesem Thema ausführlicher zu befassen. Zum anderen hat Prof. **Stevenson**, den wir von Band 1 her als seriösen Forscher kennen, ein Vorwort zu Ritchies zweitem Buch geschrieben. Darin bekennt er, den Autor seit 30 Jahren als Kollegen und Freund zu schätzen *(343)*. Die Darstellung seiner Nahtod-Erfahrung, habe sich in diesen Jahren nie geändert. Jenes einschneidende Erlebnis habe Ritchie zu einem starken Glauben und zu einem hohen moralischen Anspruch geführt.

(96) * **Ritchie** hat sich freiwillig zur Grundausbildung in der amerikanischen Armee gemeldet. In seiner Grundeinheit muss er jedoch nur ganze drei Monate bleiben, denn aufgrund seiner medizinischen Vorbildung wird ihm bald die Versetzung in seine Heimatstadt Richmond in Virginia in Aussicht gestellt. Dort soll er eine Ausbildung zum Armeearzt antreten, was schon immer sein sehnlichster Wunsch war. Zwölf Tage vor seiner Abkommandierung aber wird Ritchie krank. Es entwickelt sich bei ihm eine beidseitige Lungenentzündung, die darin endet, dass der diensthabende Arzt ihn für tot erklärt. Neun Minuten nach der Feststellung des Todes meint jedoch ein Sanitäter, eine Handbewegung an der vermeintlichen Leiche zu bemerken und ruft den Arzt erneut herbei. Dieser bestätigt zwar zunächst seine vorherige Diagnose. Der Sanitäter kann ihn aber dazu bewegen, eine Wiederbelebung zu versuchen, die auf wundersame Weise von Erfolg gekrönt ist.

Ritchies ganzes Denken war kurz vor diesem seinem vorübergehenden klinischen Tod ganz auf die ersehnte Fahrt nach Richmond gerichtet. Daher verwundert es nicht, dass er nach der Rückkehr ins Leben gleich von einer **außerkörperlichen Flugreise** nach Richmond berichtet. Auf halber Strecke habe er sich einmal dem Boden genähert und ein einstöckiges, weißes Gebäude mit rotem Dach, einer „Pabst

Blue Ribbon Beer"-Reklame im Fenster und einem Schild über der Eingangstüre gesehen, auf dem in Neon-Leuchtbuchstaben „Café" gestanden habe. (Später, als er längst wieder gesund ist, hat er auf einer Autofahrt 1944 durch Vickersburg ein **Déjà-vu** und meint, genau dieses **Haus wiedergefunden** zu haben. Einen halbwegs gelungenen Versuch, dies heute noch nachzuvollziehen, hat das Ehepaar Mays gemacht; vgl. Mays *(267))*.

Ritchies außerkörperliche Reise an der Schwelle des Todes geht aber noch weiter. Sie führt ihn auch in eine große Stadt, in der er Menschen beobachten kann, die von einer Lichthülle umgeben sind. Nahe bei ihnen halten sich menschliche Gestalten ohne eine solche Lichterscheinung auf. Nach einiger Zeit glaubt er zu verstehen, dass es sich bei den Letzteren wahrscheinlich um die **Geister verstorbener Menschen** handelt.

Einmal wird er in eine Bar geführt, in der viele betrunkene Matrosen am Tresen stehen. Auch hier Menschen mit und ohne diesen Lichtschein. Die ohne sind jedoch nicht in der Lage, die Gläser an ihre Lippen zu heben. Sie sind sichtlich gierig darauf zu trinken, können es aber nicht. Ihre Hände greifen durch die Bierkrüge, die schwere hölzerne Theke und sogar durch die Körper der Matrosen hindurch. Die mit einem Lichtkörper scheinen diese Wesen gar nicht zu bemerken, denn sie reagieren auf deren Gedränge überhaupt nicht.

Ritchie berichtet weiter *(342, S. 46)*:

„Ich sah, wie ein junger Matrose schwankend vom Barhocker aufstand, zwei oder drei Schritte ging und dann schwer zu Boden stürzte. Zwei von seinen Kumpeln griffen ihn und zogen ihn von der Stelle weg.

Aber das war es nicht, was ich mir ansah. Ich starrte mit Verwunderung auf den hellen Kokon um den bewusstlosen Matrosen, der sich einfach öffnete. Er teilte sich über seinem Kopf und fing an, sich vom Kopf und seinen Schultern abzuschälen. Gleichzeitig, schneller, als ich jemals jemanden in Bewegung sah, war eines der körperlosen Wesen über ihm, das in seiner Nähe an der Bar gestanden hatte. Wie ein durstiger Schatten hatte es an der Seite des Matrosen gelungert und gierig jeden Schluck verfolgt, den der junge Mann nahm. Jetzt schien es auf ihn zu springen, wie ein wildes Tier auf die Beute.

Im nächsten Augenblick war zu meiner großen Verwunderung die springende Figur verschwunden. Das alles passierte noch, bevor die zwei Männer ihre bewusstlose Ladung unter den Füßen derer wegzogen, die an der Bar saßen. Ich hatte ganz be-

stimmt eine kurze Zeit zwei Einzelpersonen gesehen; als sie den Matrosen an die Wand lehnten, war es nur noch eine.

Noch zweimal, während ich verblüfft hinstarrte, wiederholte sich dieselbe Szene. Ein Mann wurde bewusstlos, blitzschnell riss die Hülle um ihn herum, eines der körperlosen Wesen verschwand, indem es sich in die Öffnung stürzte, so, als wäre es **in das andere Wesen hineingekrochen.** *"*

Ritchie sagt, dass er in jener Zeit, in der er dieses Erlebnis hatte, zwar durchaus hin und wieder in die Kirche ging, aber keinesfalls „fromm" war. An keiner Stelle erwähnt er den Spiritismus. Es ist also nicht wahrscheinlich, dass sein **Unterbewusstsein** eine so seltsame Geschichte aus einem **Glaubenshintergrund** heraus konstruiert hat.

Zu Ritchies Geschichte gibt es eine Parallele in Form der Aussage eines **Geistes** mit Namen **Joe**. Frau Modi schildert, was dieser berichtete:

(97) * *„Ich war ein Alkoholiker und wurde in einem Kampf unter lauter Verbrechern erschossen. Ich konnte meinen toten Körper unter mir liegen sehen (***Nahtod-Erfahrung***), fühlte mich aber nicht tot. Ich wusste nicht, was geschehen war. Ich wollte mir diese Gangster schnappen, aber ich konnte sie nicht finden. Ich brauchte einen Drink, um wieder richtig denken zu können. So ging ich an die Bar und versuchte, mit meinen Freunden zu sprechen. Aber die konnten mich weder sehen noch hören. Ich versuchte, ein Glas Bier zu greifen, konnte es aber nicht halten. Meine Hand ging einfach durch das Glas. Ich wurde immer ärgerlicher. Ich brauchte doch schnell etwas zu trinken. Ich sah einen betrunkenen Freund, ging zu ihm und versuchte, meine Hand auf seine Schulter zu legen. Irgendwie* **fand ich mich in ihm wieder.** *Seitdem bin ich hier und trinke durch ihn"* (276, S. 236).

7.2.8.2.6   Fazit zum Thema „Besetzungen"

Welchen Beitrag können nun diese Erfahrungen mit der angeblichen **Befreiung von Besetzungsgeistern** zur Frage des Überlebens beisteuern?

Die sich widersprechenden Zahlenangaben zur Häufigkeit von Besetzungen (s. S. 665) geben zur Vermutung Anlass, dass sich hier der Einfluss unterschiedlicher Ideologien der Rückführer ausdrückt. Diesen Gedanken unterstützt ein Artikel von Spanos, der die so unterschiedlichen Häufigkeiten der Diagnose einer multiplen Persönlichkeitsstörung ebenfalls herausstellt, und weiter sagt, dass die Psychotherapeuten selbst und im Nachgang die öffentlichen Medien das „Drehbuch" zur Aufführung dieser Krankheit dem Patienten liefern würden, welche dann ein **Symboldrama** aufführen (*393, S. 153, 154*). Natürlich gibt es für Spanos keine Besetzungen durch Geister der Verstorbenen.

Dem steht allerdings die Entstehungsgeschichte der Befreiungstechnik entgegen. Deren Anwender berichten, sie seien durch die Aussagen ihrer Patienten und die Heilerfolge darauf gestoßen worden; wären also nicht einer Ideologie gefolgt. Haben die Patienten selbst eine Modellvorstellung für dieses Phänomen mitgebracht? Ist es denkbar, dass ein so erfahrener Therapeut, wie **Michael Newton**, der Tausende von Patienten behandelt hat, nie einen Fall von Besetzung erlebt hat, bzw. nie durch einen Patienten auf das Phänomen aufmerksam gemacht wurde? Die ebenso erfahrene Kollegin **Modi** dagegen stößt fast nur auf Fälle von Besetzung. Was bleibt, sind erhebliche Zweifel am Konzept der Befreiung von Besetzungen.

Leider muss konstatiert werden, dass fast alle Autoren ihre Erfahrungen durch die Brille ihrer **spiritistischen Vorstellungen** gesehen haben. Es gibt **kaum Verifikationen** der Aussagen von angeblichen Besetzungsgeistern und keine Untersuchung, die z. B. von einem Team geleitet wurde, in dem unterschiedliche Sichtweisen vertreten gewesen wären. Den Fallberichten fehlen fast immer Informationen zur Psychologie der Patienten und zu möglichen Traumata in der Kindheit oder Jugend, die durchaus als Ursache für Beschwerden in Frage kämen. Es gibt also kaum eine neutrale Datenbasis, die eine einigermaßen fundierte Einschätzung erlauben würde. Man bewegt sich dabei eher in einer für Unternehmer typischen Situation, in der oft auch ohne ausreichende Informationen und folglich mit einem gewissen Risiko Entscheidungen getroffen werden müssen.

Riskieren wir also eine Beurteilung trotz unzureichender Datenbasis. Welcher Eindruck drängt sich auf?

Am stärksten beeindruckte mich der Kampf, den der Psychiater Dr. **Allison** im Interesse seiner Patienten mit der Schulbuchtherapeutik aufgenommen hat (Kap. 7.2.8.2.3, S. 683). Er musste dazu die eigenen Scheuklappen ablegen, die ihm sein Studium aufgesetzt hatte. Was bei ihm dabei herauskam, ist eine Synthese aus Schulpsychologie und schamanischer Heilkunst. Seine Fälle legen die Annahme nahe, dass es beides geben könnte: zum einen tatsächlich abgesprengte **Seelenanteile** des Patienten, die wieder integriert werden müssen, um Heilung zu erreichen, zum anderen aber eben auch **Besetzungen** durch Geistwesen, die im therapeutischen Prozess dazu gebracht werden, von ihrer jeweiligen Zielperson abzulassen, damit diese genesen kann.

Die übrigen Pioniere der **Reinkarnationstherapie**, die oben erwähnt wurden, hatten zumeist eine ähnliche Ausbildung wie Dr. Allison. Auch sie versuchten zunächst mit **schulpsychologischen Methoden** ihren Patienten zu helfen, **scheiterten** damit jedoch teilweise, aber fanden dennoch relativ rasch eine Lösung. Sie haben ihren Kampf mit den eigenen fachspezifischen „Scheuklappen" nicht so explizit herausgestellt, wie das Dr. Allison macht. Anscheinend sind sie von den raschen **Heilerfolgen** etwas leichter davon überzeugt worden, dass sie zum Wohle ihrer Patienten so handeln müssen, als ob das **spiritistische Modell** der Wirklichkeit gerecht würde. Diese ethisch verständliche Verhaltensweise schürt natürlich die Skepsis konservativer Mediziner. Aber immer wieder liest man in der einschlägigen Literatur von Fällen, in denen die **Schulmedizin nicht mehr weiterhelfen** konnte, die Reinkarnationstherapie aber zur unerwartet raschen Lösung fand (*180, S. 371*). Man kann davon ausgehen, dass von Seiten der Schulmedizin das ihr Mögliche versucht worden ist, also z. B. Traumata im heutigen Leben als mögliche Krankheitsursachen untersucht wurden. Die Dokumentation dazu liegt den **Reinkarnationstherapeuten** in der Regel jedoch nicht vor, so dass sie darüber nichts berichten können. Sie suchen zwar auch im heutigen Leben nach Krankheitsauslösern. Was sie dabei aber als eigentliche Quelle des Übels oft finden, sind „Vorläufer" in früheren Leben – oder eben (was immer man darunter versteht) auch **Geister**, die es jedoch per se nicht geben darf. Die zahlreich berichteten Heilungen kann man meiner Meinung nach in ihrer Gänze nicht damit abtun, dass sie sich bei adäquater schulmedizinischer Behandlung oder gar ohne Zutun „von selbst" eingestellt hätten. Dafür gibt es zu viele Fälle, in denen die Schulmedizin nicht hat helfen können, wohl aber die RT.

Die Heilerfolge stützen zwar die **spiritistische Erklärung**, reichen aber nicht, um sie als die richtige zu beweisen. Wenn Aussagen der Besetzungsgeister im Prinzip nachprüfbar sind, so müsste diese Chance einer Verifikation auch genutzt werden, um das Konzept zu untermauern. Entscheidend für die Akzeptanz der spiritistischen Hypothese ist, dass der **„modus operandi"**, d. h. der **Wirkmechanismus** dieser Vorgänge aufgedeckt wird. Er ist noch immer unbekannt. Selbst wenn man, was ja gar nicht so wenig Bewohner unseres Planeten tun, ein Weiterleben nach dem irdischen Tod als gegeben annimmt, bleibt es weiterhin ein Rätsel, wie die Kommunikation zwischen Diesseitigem (der materiellen Welt) und Jenseitigem (einer nichtmateriellen Welt), um die es hier nun mal zu gehen scheint, überhaupt zu Wege gebracht werden kann.

Was bleibt, ist mehr oder minder eine Vermutung. Es ist die naheliegende Annahme, dass die berichteten, alles in allem recht wundersamen Heilerfolge vielleicht genau deshalb erzielt werden können, weil ihnen Vorgänge zugrundeliegen, die tatsächlich dem **spiritistischen Modell** entsprechen und nicht etwa nur der **Phantasie** entspringen. Dieser Verdacht wird erhärtet, wenn z. B. in Wicklands erstem Beispiel (s. S. 675) medizinisch unerklärliche Magenschmerzen in dem Moment verschwinden, in dem der Patient, der daran litt, von einem **Besetzungsgeist** „befreit" werden konnte, noch dazu, wenn dieser Geist als Mensch tatsächlich einmal gelebt haben dürfte und in einem früheren Leben an Magenkrebs gestorben ist, und zwar – geschichtlich überprüft! – ausgerechnet als Diener in jenem Anwesen, das heute die Wohnstatt des genannten Patienten ist. Selbst wenn man unterstellen wollte, Frau Wickland als das Medium habe die Information über die Geschichte des Dieners hellsichtig vom beim Heilversuch anwesenden Bruder des Patienten übernommen, so bleibt immer noch unerklärlich, wie das Einfluss auf die Magenschmerzen des (vermutlich) gar nicht anwesenden Patienten hätte haben können. Allenfalls ließe sich eine Wirkung durch **Suggestion** als Erklärung heranziehen, vorausgesetzt der Patient hat irgendwie mitbekommen, dass etwas für ihn getan wird. Doch wozu dann noch eine so seltsame Geschichte über die Besetzung durch einen Verstorbenen? Es müsste ja auch eine einfache **Suggestion** ausreichen, um den Patienten gesund werden zu lassen, oder nicht?

In jenen Fällen, in denen der hypnotisierte Patient selbst angeblich als Mittler zwischen Diesseits und Jenseits fungiert, bietet sich freilich das **Symboldrama,** das bereits im Hinblick auf Rückführungen in vergangene Leben behandelt wurde (s. Kapitel 7.2.8.1 ab S. 638) als alternative Erklärung für die Heilerfolge an. Indem bei dieser Art der Verarbeitung eine fremde Wesenheit (der Besetzer) für die eigenen Probleme **verantwortlich** gemacht wird, fällt es den Betroffenen leichter, diesen Problemen „ins Auge" zu schauen und es kann dadurch – so jedenfalls die Annahme – zu deren kathartischen Auflösung kommen.

Sehr wackelig wird indes dieser Erklärungsversuch mittels **Symboldrama**, wenn man sich fragt: Wie kann es zu einer Katharsis (einer krisenhaften Lösung) kommen, wenn der Patient die Ursachen seiner Probleme gar nicht bei sich selbst sieht, sondern dafür ein fremdes Wesen, z. B. eben einen **Besetzungsgeist** für verantwortlich hält?

Wie kommen jene Patienten, denen die Vorstellung einer Besetzung fern liegt, dazu, oft so schlimme Dinge wie Mord, Selbstmord oder schwere Krankheiten als Todesursache des Besetzers zu **phantasieren**, und anzunehmen, diese hingen mit ihren eigenen Problemen zusammen? Warum sollte es für den Patienten heilsam wirken, ausgerechnet solche Grausamkeiten bei einem Fremden (dem Besetzer) zu betrachten?

Nach der Hypothese von Symboldramen „erfindet" der Patient oder dessen Unbewusstes den Besetzungsgeist und weist ihm die Schuld an seinen Problemen zu. Dementsprechend müsste sich der Patient regelmäßig über diese Quälgeister beschweren. Warum erfährt der nach Besetzungen suchende Therapeut von seinen Patienten in der Regel nichts von heftigen Schuldzuweisungen an den Geist, der diesen die Beschwerden macht? Stattdessen nehmen die Patienten die Rolle des Besetzers ein und verteidigen seine Haltung.

Wie kann es ferner geschehen, dass so viele Therapeuten bzw. Autoren – sofern sie überhaupt über Besetzungen berichten – derart gleich oder zumindest ähnlich verlaufende Therapien beschreiben, obwohl die Klienten manchmal den Gedanken einer Besetzung ablehnen und sicher keine uniformen Vorstellungen davon haben, wie man sich eine Besetzung und die Befreiung davon vorzustellen hat?

Warum bekommen die spirituell arbeitenden Therapeuten von ihren Patienten nicht mehrheitlich etwas von bösartigen, dämonischen Besetzungen zu hören, wo diese doch durch die kirchliche Praxis des **Exorzismus** viel bekannter sind, als die „zivilen" Besetzungen durch Verstorbene?

Warum lässt sich der Patient von harmloser Elektroakupunktur derart beeindrucken, dass sein – von ihm lediglich **phantasierter**! – **Besetzungsgeist** seine Widerspenstigkeit aufgibt?

Nimmt man die Berichte über Heilungen mittels **Stellvertretern** (**remote depossession**) ernst (s. S. 696), so gibt es hierfür keine **rationale Erklärung**, die im Bereich der materiellen Welt bleibt. Von den Erklärungen, die ohne das spiritistische Modell auskommen, sind lediglich die **animistischen** denkbar. Diese sind aber ihrem Charakter nach gleichermaßen **paranormal** wie die spiritistischen und ebenso wenig wissenschaftlich gesichert wie deren Annahme, es gäbe Besetzungen.

Zu denken gibt noch, dass sich, wenn man den Berichten darüber Glauben schenken darf, auch jene Phänomene „heilen" lassen, die landläufig als **Spuk** bezeichnet werden. Offensichtlich funktioniert das, wenn man das **spiritistische Modell** für real nimmt und dementsprechend mit **Geistern** „verhandelt" (s. Kap. 7.2.8.2.4 ab S. 700).

Und die hier letzte, wenn auch nicht am wenigsten bedeutende Frage: Wie kommt Ritchie dazu, in seinem **Nahtod-Erlebnis** die Besetzung Lebender durch **Verstorbene** zu phantasieren (s. Kap. 7.2.8.2.5 ab S. 709)?

Ich gestehe, dass mir die Vorstellung, es könne Besetzungen und Besessenheit wirklich geben, alles andere als sympathisch ist. Mir wäre es lieber, die Phänomene wären durch eine Erklärung mittels Symboldramen aus der Welt zu schaffen. Aber die offen gebliebenen Fragen zu dieser Möglichkeit vermögen mich nicht als allgemeingültige Lösung dafür einzunehmen.

Was tragen die Erfahrungsberichte über **Befreiung von Besetzungen** zur Frage nach der Realität der Wiedergeburt bei? Besetzungen, so es sie gibt, sind ihrer Natur nach etwas anderes als Reinkarnation im herkömmlichen Sinn. Allenfalls könnte man „**walk-ins**" oder „**walk-throughs**" als Prozess einer Wiederverkörperung unter Vermeidung der Geburt auffassen (vgl. Kapitel 7.2.8.2.1, S. 668). Man hat bisher nur sehr wenige solcher Fälle gefunden und untersucht. Die Nachprüfungen erbrachten aber erstaunliche Bestätigungen, so dass ich hier die noch überzeugendsten Argumente für die Realität der (vollständigen) Übernahme eines Körpers durch eine fremde Seele sehe.

Dem stehen die Besetzungen gegenüber, die nicht im Konsens zweier Seelen zustande kommen. Unter diesen finde ich jene am beeindruckendsten, die im Wege der **Fernheilung** durch **Stellvertreter** aufgehoben werden konnten. Hier versagen **normale Erklärungen**, so dass das **spiritistische Modell**, welches **Reinkarnation** einschließt, an Überzeugungskraft gewinnt. Dies bezieht sich sowohl auf Heilungen unter Mitwirkung von **Medien** als auch auf solche unter **Hypnose**. Allerdings lassen die Berichte darüber an Genauigkeit und Ausführlichkeit sehr zu wünschen übrig.

Mein Fazit endet ohne klares Ergebnis, weil die Fakten keine eindeutige Antwort auf obige Frage zulassen. Ich kann nur das Für und Wider aufdecken, aber Ihnen, lieber Leser, die Entscheidung nicht abnehmen. Vielleicht hilft Ihnen ein zeitgenössisches Buch zu tieferer Einsicht in dieses schwierige Thema (*306*).

7.2.8.3 Fazit zu „Therapie und Heilerfolge"

Für diejenigen, welche die Reinkarnationshypothese akzeptieren können, ist die Rückführungstherapie die logische und notwendige Erweiterung der **Psychotherapie**, indem die in der Anamnese zu betrachtende Vergangenheit eines Patienten auf die Zeit vor seiner Geburt bis in frühere Leben und in die Zwischenlebenszeiten ausgedehnt wird. Mit dem größeren Betrachtungszeitraum ergeben sich auch neue Therapiemöglichkeiten und Heilungschancen.

Für die anderen, also Skeptiker, konfessionell Gläubige und die meisten Wissenschaftler gibt es so etwas wie Reinkarnationstherapie nicht, weil es sie nicht geben kann. Man merkt dies daran, dass es kaum ein Schrifttum gibt, das nicht entweder enthusiastisch zustimmend oder total ablehnend auftritt.

Das Material, das im vorliegenden Buch zusammengetragen wurde, ist nicht geeignet, eine abschließende Beurteilung über den Wert der Rückführungstherapie zu erlauben. Aber es hat zumindest mich davon überzeugt, dass es sich lohnen sollte, die Methode – entgegen aller Vorurteile – ernsthaft und unvoreingenommen (interdisziplinär) zu untersuchen, weil sie die realistische Chance in sich birgt, an der Seite der bereits etablierten Heilverfahren eines Tages eine anerkannte und wichtige Rolle zu spielen. Dem Gedanken folgend, dass derjenige Recht hat, der heilt, sollte dies auch möglich sein, ohne die Frage abschließend geklärt zu haben, ob es Reinkarnation wirklich gibt oder nicht. Diese Ansicht wird durch die Arbeit von Judith Marriott (*262*) und anderen gestützt (*43, S. 47; 180, S. 371*).

Die Chance der geforderten wissenschaftlichen Untersuchung besteht in der Bestätigung der bisherigen Erfahrungen, dass nämlich unerklärliche und daher therapieresistente **Ängste/Phobien** und **Schmerzen** mit relativ wenig Aufwand heilbar werden. Natürlich wird sich die Reinkarnationstherapie nicht als Allheilmittel herausstellen, aber weitere Beschwerden, wie **Ehe- und Beziehungsprobleme**, **Sexualprobleme**, **Atemwegsbeschwerden** und **internistische Beschwerden** könnten auch Anwendungsfelder für diese Methode werden.

Von **Heilerfolgen** oder **Emotionsausbrüchen** in Rückführungen kann man nicht darauf schließen, dass es sich „zwangsläufig" um echte Erinnerungen handeln muss. Solange die Aussagen in Hypnose nicht mit Erfolg an der Wirklichkeit geprüft worden sind, muss eingeräumt werden, dass es sich auch um **Symboldramen**, also Phantasien handeln kann, die der Patient um seine Probleme herum aufführt (s. Kapitel 7.2.8.1.2.2, S. 658 u. 7.2.8.1.2.3, S. 662). Selbst wenn sich die Äußerungen als stimmig erweisen, muss immer noch eingerechnet werden, dass **Kryptomnesie**, also das

Vergessen um natürliche Informationsquellen, im Spiel sein kann (s. Kapitel 7.2.9.1.3.1.4, S. 729). Heilerfolge sind nur ein einziges Glied in der „Beweiskette" für Reinkarnation.

7.2.9 Alternative Erklärungen und ihre Bewertung

Die Widerstände gegen die Reinkarnationshypothese sind in Deutschland, wie in den meisten westlichen Kulturen, bekanntlich sehr stark. Das ist vor allem kulturell bedingt und beruht einerseits auf Einwänden allgemeiner Natur, und andererseits auf alternativen Erklärungsmöglichkeiten, die Reinkarnation als Deutung vermeiden und daher von vielen bevorzugt werden.

Die allgemeinen Einwendungen betreffen die angebliche Unvereinbarkeit mit der Gehirnforschung, mit der modernen Physik, mit Darwins Evolutionstheorie oder mit der Religion. Ein bedeutender Stolperstein für die Akzeptanz der Reinkarnationshypothese ist die Tatsache, dass man keinen **Wirkmechanismus (modus operandi)** bzw. keine allgemein akzeptierte Theorie kennt, der bzw. die erklären würde, wie eine Wiedergeburt möglich sein könnte. Ein anderer Hemmschuh wird darin gesehen, dass die bisher überzeugendsten Hinweise von Spontanphänomenen stammen, die nicht in Laborversuchen wiederholbar sind. Sie beruhen auf subjektiven, nicht leicht objektivierbaren Erinnerungen und auf Zeugenaussagen, die unzuverlässig sein können. Diese Dinge wurden bereits in Band 1, in den Kapiteln 4.2.2 und 5.5 behandelt und sollen daher hier nicht wiederholt werden. Dort nicht aufgeführte Literatur, welche die Reinkarnationshypothese verteidigt, sei hier nachgetragen (*6; 270, S. 279*).

Andererseits gibt es in der einschlägigen Literatur im Hinblick auf die bei **Rückführungen** auftretenden Phänomene eine Reihe oft recht spezieller Vorschläge für Erklärungen, die ohne Wiedergeburt auskommen und von vielen bevorzugt werden. Da sich aber bei genauer und unvoreingenommener Betrachtung keine dieser **Alternativerklärungen** als klar überlegen zeigt, bleibt keine andere Wahl, als im Ausschlussverfahren alle diese Hypothesen sorgfältig durchzugehen und nach der Überzeugendsten zu fahnden. Dieses sicher etwas aufwendige Verfahren wurde bereits in Band 1 für die Deutung der Spontanerinnerungen kleiner Kinder an ihr früheres Leben angewandt und soll hier in Bezug auf die Rückführungsproblematik bewusst wiederholt werden.

Um dieses Kapitel aber nicht ausufern zu lassen, werden die in der Literatur am häufigsten vorgebrachten Alternativerklärungen nur im Telegrammstil als „These" vorgestellt. Sie stammt nicht von mir, ist aber in meinen Worten formuliert. Deren genereller „Vorteil", nicht auf die Reinkarnationshypothese angewiesen zu sein, wird nicht in jedem Falle aufs Neue angeführt. Argumente, die gegen diese Erklärungsversuche sprechen, werden jeweils unter „Gegenargumente" gelistet. Diese stammen z. T. von mir, z. T. aus der Literatur.

Wir beginnen in Kapitel 7.2.9.1 bei jenen **normalen Erklärungen**, mit denen der Versuch gemacht wird, das Geschehen in Rückführungen ganz auf der Basis von bekannten Phänomenen oder Gesetzmäßigkeiten der materiellen Welt zu verstehen. In Kapitel 7.2.9.2 folgen die **paranormalen Erklärungen**. Sie schließen – neben der Reinkarnation – auch andere, nicht allgemein akzeptierte „übernatürliche" Phänomene ein. Sie werden speziell von Skeptikern angeboten, die zwar die Reinkarnationshypothese nach wie vor ablehnen, jedoch zu der Erkenntnis gelangt sind, dass bei **verifizierten Fällen** normale Erklärungen den Beobachtungen nicht gerecht werden können.

Je detailreicher die Rückführungsbeispiele ausfallen und je sorgfältiger die Rückführung, die Nachprüfung und die Dokumentation durchgeführt wurden, desto stärker wiegen die Argumente gegen die Alternativerklärungen. Deshalb wird im vorliegenden Kapitel an einigen Stellen zwischen den positiv nachgeprüften (verifizierten) Einzelfällen, Prof. Wambachs Statistik anhand großer Fallzahlen (wenn auch nur populär berichtet) und ungeprüften Einzelfällen unterschieden.

7.2.9.1 Normale Erklärungen

Normale Erklärungen versuchen, das Geschehen in Rückführungen ganz auf der Basis von bekannten Phänomenen oder Gesetzmäßigkeiten begreiflich zu machen. Dazu zählen:

- Normaler Wissenstransfer (Kapitel 7.2.9.1.1, S. 721)
- Täuschung oder Betrug (Kapitel 7.2.9.1.2, S. 722)
- Selbsttäuschung (Kapitel 7.2.9.1.3, S. 725)
- Genetisches Gedächtnis (Kapitel 7.2.9.1.4, S. 751)
- Zufall (Kapitel 7.2.9.1.5, S. 751)
- Dissoziation / Multiple Persönlichkeit (Kapitel 7.2.9.1.6, S. 752)
- Inselbegabung (Kapitel 7.2.9.1.7, S. 753)

7.2.9.1.1   Normaler Wissenstransfer

In den meisten Einzelfällen wurde nicht nachgeprüft, ob das Wissen, das die Klienten in der Rückführung zeigten, auf **normalem Wege** erworben sein kann. Ausnahmen bilden einzelne Fälle, in denen (wie weiter unten unter „Selbsttäuschung" dargestellt) **Kryptomnesie** nachgewiesen werden konnte. Darüberhinaus gibt es „eine Handvoll" verifizierter Einzelbeispiele, die in Kapitel 7.2.3.1 (S. 216) zusammengestellt sind, sowie Prof. Wambachs Gruppenhypnosen mit großer Teilnehmerzahl in Kapitel 7.2.3.2 (S. 421).

7.2.9.1.1.1   Normal erworbenes Wissen bei verifizierten Fällen

These:

Diese wenigen Klienten hatten bewusst oder unterbewusst spezielle Kenntnisse, ohne dies offenzulegen.

Gegenargumente:

- Genau dies wird in allen Berichten bestritten. Überprüfungen durch Nachfrage unter Hypnose und durch unabhängige Beobachter fehlen allerdings.
- Die geschilderten Umstände lassen es oft als unwahrscheinlich erscheinen, dass das Wissen auf normalem Wege erworben worden sein kann.
- Ob das Vorwissen in betrügerischer Absicht dennoch verheimlicht worden sein kann, wird unter Punkt 7.2.9.1.2.1 (S. 722) behandelt.

7.2.9.1.1.2   Normal erworbenes Wissen bei Wambachs Gruppenhypnosen

These:

Die meist studentischen Probanden schöpften aus ihrem Geschichtswissen.

Gegenargumente:

- Teilweise handelte es sich um Spezialwissen, das weder in der normalen Studentenschaft, noch bei Prof. Wambach zu Beginn vorhanden war. (Es wurde erst nach den Rückführungen zielgerichtet erworben; kann also auch nicht ungewollt „durchgesickert" sein.)
- Die Probanden hielten mitunter ihre unter Hypnose gemachten Aussagen im Wachbewusstsein nach der Rückführung für falsch.
- Zumindest für die genannten Aussagen kann die These also nicht gelten.

7.2.9.1.2   Täuschung oder Betrug

Ein „in der Wolle gefärbter" Wissenschaftler steht gemeinhin auf dem Standpunkt, dass es Reinkarnation nicht gibt, weil sich bekanntlich niemand an ein früheres Leben erinnern kann. Wenn es einige Spinner gibt, die behaupten, dennoch dazu in der Lage gewesen zu sein, so kann es sich höchstens um Betrug oder Selbsttäuschung oder um „wer weiß was noch" handeln.

Hier soll dieses Schnellurteil etwas differenzierter betrachtet werden, indem zwischen Betrug und Selbstbetrug sowie wiederum nach der Überzeugungskraft der Fälle unterschieden wird.

7.2.9.1.2.1   Täuschung oder Betrug bei der Verifizierung

Betrug könnte von zwei Seiten kommen: von den Rückführern, die in der Regel Autoren der ausgewerteten Bücher und oft auch die Nachprüfer in Personalunion sind, aber theoretisch auch von den Klienten oder Patienten der Rückführer. Auch danach wird unterschieden.

7.2.9.1.2.1.1   Täuschung oder Betrug durch die Autoren

These:
Die relativ wenigen Autoren, die Rückführungsfälle erfolgreich nachgeprüft haben oder mit positivem Ergebnis nachprüfen ließen, haben bewusst falsche Angaben gemacht, um z. B. die Reinkarnationsidee oder die Reinkarnationstherapie als Methode zu stützen, sich selbst wichtig zu machen oder mit dem Verkauf ihrer Bücher Geld zu verdienen.

Gegenargumente:
- Die These lässt sich zwar nicht generell ausschließen, scheint mir aber eher theoretischer Art zu sein. Diese Einschätzung hat sich mindestens bei jenen Fällen ergeben, in denen ich durch Nachfragen persönlichen Kontakt zu den Autoren aufgenommen habe.
- Der Schreibstil der Autoren ist eher sachlich, nicht übertreibend oder gar reißerisch, wie man das bei einer Täuschungsabsicht vermuten müsste.
- Die Bücher sind – bis auf Ausnahmen – alles andere als Bestseller.

7.2.9.1.2.1.2 Täuschung oder Betrug durch die Klienten

These:

Der Klient beabsichtigt, den Rückführer mit einer vorbereiteten Geschichte „hinters Licht" zu führen oder ihm „nach dem Mund" zu reden.

Gegenargumente:

- Es gibt kein Motiv, einem Rückführer, zu dem anfangs keine Beziehung besteht, Geld für seine Dienste zu bezahlen, nur um ihn „hereinzulegen".
- Die allermeisten Klienten kamen zur Therapie psychosomatischer Beschwerden, die vielfach schulmedizinisch nicht in den Griff zu bekommen waren. Heilung zu erlangen, war ihre Absicht, nicht Betrug.
- Einige Klienten waren an der wahrheitsgemäßen Aufklärung ihres Falles interessiert, nicht an Betrug.
- Gefälligkeitsantworten führen nicht zu verifizierbaren Angaben.

7.2.9.1.2.2 Täuschung oder Betrug bei Prof. Wambachs Gruppenhypnosen

Betrug könnte auch hier von zwei Seiten kommen: von der Rückführerin, die Autorin und gleichzeitig die Nachprüferin ist, aber theoretisch auch von den Klienten. Auch danach wird unterschieden.

7.2.9.1.2.2.1 Täuschung oder Betrug durch Frau Prof. Wambach

These:

Frau Prof. Wambach war für die Reinkarnationshypothese (vor)eingenommen und hat ihre Daten entsprechend verfälscht.

Gegenargumente:

- Ihr Buch und ihr Schreibstil machen deutlich, dass Prof. Wambach 10 Jahre selbstkritisch um eine Antwort auf die Frage gerungen hat, ob Rückführungen Phantasie oder Wirklichkeit wiedergeben (*482, S. 6*). Sie hat Reinkarnation als mögliche Erklärung immerhin zugelassen und nicht ausgeschlossen, wie fast alle ihre Kollegen. Sie würde sich in ihrer Suche aber selbst betrogen haben, wenn sie Ergebnisse gefälscht hätte.
- Als Professorin für Psychologie und Parapsychologie an der Brookdale-Universität in Lincroft hätte sie viel zu verlieren gehabt, wenn sich herausgestellt hätte, dass sie unehrlich arbeitet.

7.2.9.1.2.2.2   Täuschung oder Betrug durch die Klienten von Prof. Wambach

These:

Die meist studentischen Probanden verbündeten sich, um der Professorin „einen
Streich zu spielen".

Gegenargumente:
- Die Probanden kannten sich anfangs nicht und konnten sich daher auch nicht
  „verbünden".
- Sie waren nur neugierig auf das Erlebnis einer Rückführung. Es ist kein Motiv
  bekannt, warum sie bereit gewesen sein könnten, 20$ Beitrag pro Teilnehmer zu
  bezahlen, nur um einen solchen Streich spielen zu können.

**7.2.9.1.2.3   Täuschung oder Betrug in der Literatur über
                Rückführungen**

These:

Die meisten Rückführer beschreiben ihre Arbeitsmethode und ihre Ergebnisse verfälscht, um Klienten als Kunden zu gewinnen.

Gegenargumente:
- Meine eigene Erfahrung mit Rückführungen spricht gegen diese These.
- Ich kenne Reinkarnationstherapeuten (Jan Erik Sigdell und Trutz Hardo) persönlich so gut, dass ich für ihre (auch berufliche) Lauterkeit „die Hand ins Feu-
  er legen" würde.
- Die Schilderungen der vielen Autoren decken sich im Prinzip weitgehend untereinander. Nach der These müsste man unterstellen, sie hätten alle miteinander
  in gleicher Weise ihre Darstellungen verfälscht. Das halte ich für unwahrscheinlich, sodass die besagte Verfälschungs-These nicht für die Mehrzahl der Rückführungsbegleiter und **Reinkarnationstherapeuten** gelten kann.
- Dennoch schließe ich nicht aus, dass manche Dinge dabei beschönigend dargestellt werden. Man erkennt es daran, dass kaum von erfolglosen Rückführungen
  bzw. misslungenen Heilversuchen berichtet wird, die doch sicher auch vorkommen. Dies geschieht aber nicht in betrügerischer Absicht. Die Veröffentlichungen sind nicht wissenschaftlicher Natur, sondern sollen das Potential der
  Methode herausstreichen.

7.2.9.1.3   Selbsttäuschung (unbeabsichtigt)

Natürlich ist eine Reihe von Möglichkeiten denkbar, wie (ungewollte) **Selbsttäuschung** zu falschen Ergebnissen führen kann:

- Voreingenommenheit als Form der **Paramnesie** (verzerrte Erinnerung) könnte in den Veröffentlichungen zu beschönigender Darstellung führen.

- Unbewusst **suggestiv gestellte Fragen** an die hypnotisierten Klienten können ein „schiefes Bild" entstehen lassen.

- Weil die Klienten während der Rückführung auch ihrer Phantasie freien Lauf lassen können, entsteht ein unrealistisches Bild.

- Der Rückführer bemerkt unter Umständen nicht, dass Klienten statt echter Erinnerungen aus früheren Leben nur etwas vor langer Zeit Gelesenes oder Gehörtes kundtun. Man spricht dann von **Kryptomnesie** oder Quellenamnesie (vergessene normale Informationsaufnahme).

All diesen Punkten wird im Folgenden nachgegangen und wieder nach der Qualität der Fälle unterschieden.

7.2.9.1.3.1   Selbsttäuschung bei verifizierten Fällen

7.2.9.1.3.1.1   Beschönigung (als Form der Paramnesie)

Die Autoren von Büchern über Rückführungen und Nachprüfungen entsprechender Fälle können ihre Erfahrungen – ohne betrügerische Absicht oder unbewusst – verzerrt dargestellt haben (Paramnesie).

These:
Die relativ wenigen Autoren, die Fälle erfolgreich nachgeprüft haben oder mit positivem Ergebnis nachprüfen ließen, waren dabei in ihrer Begeisterung für das Thema unkritisch und haben deshalb den Sachverhalt ohne Erwähnung der Misserfolge beschönigend (aber nicht gänzlich falsch) dargestellt.

Gegenargumente:
- Keine. Dies lässt sich nicht ausschließen, weil keine gänzlich unabhängigen Nachprüfungen (durch Außenstehende) vorliegen. Es fällt tatsächlich auf, dass kaum Unstimmigkeiten angesprochen werden. Hier liegt der gravierendste Schwachpunkt im Stand des heutigen Wissens.

7.2.9.1.3.1.2   Suggestivfragen

These:

Klienten unter Hypnose sind durch den Rückführer leicht zu beeinflussen. Sie wurden durch **Suggestivfragen** des Hypnotiseurs zu ihrer Geschichte gelenkt. Dies wird durch eine Untersuchung aus dem Jahr 2009 gestützt, die zum Ergebnis kommt, dass um so mehr Erinnerungen produziert werden, je empfänglicher der Proband für hypnotische Suggestionen ist (*315*).

Gegenargumente:
- Wenn man nicht Täuschung oder gar Betrug unterstellt (s. Kap. 7.2.9.1.2.1, S. 722), hatten die Rückführer keine Kenntnisse zu den Geschichten, die von den Klienten über ihr vermutlich früheres Leben geschildert wurden und die sich später als real herausstellten. Sie konnten sie daher nicht in eine bestimmte Richtung lenken.
- Die meisten Autoren haben bewusst offene Fragen gestellt, die keine bestimmte Antwort vorwegnehmen (*Bsp. 43, S. 47*).
- Die Klienten sind auch unter Hypnose nicht so leicht zu beeinflussen, wie allgemein behauptet wird. Oft widersprechen sie sogar Mutmaßungen oder Unterstellungen, welche die Rückführer geäußert haben, wie das im Kapitel 7.2.7.1.2, S. 589 bereits diskutiert wurde. Hierzu wird meist ein Artikel des Autors **Baker** (*15*) angeführt, der das Gegenteil zu belegen scheint. Darin wird aber lediglich nachgewiesen, dass sich der Prozentsatz erfolgreicher Rückführungen durch ermutigende **Suggestionen**, die vor Beginn der Regression gegeben werden, positiv beeinflussen lässt (zwischen 85% und 10%). Von einem Versuch, den Inhalt der Aussagen zu manipulieren, war überhaupt nicht die Rede.
  Der Autor **Spanos** hingegen hat tatsächlich versucht, die Inhalte **suggestiv** zu beeinflussen und gibt dazu pauschal an, dass Suggestionen unter Hypnose zwar nicht wesentlich leichter aufgenommen werden als im Normalbewusstsein, aber er führt Beispiele dafür an, wie Suggestionen in Hypnose gelungen seien (*391, S. 175, 178*). Das wird von **James** kritisiert, der bemängelt, dass von Spanos eine ausreichende Hypnosetiefe nicht überprüft und sichergestellt wurde, sodass es nicht überraschen könne, wenn die Probanden wirklich auf Suggestionen eingingen, um damit dem Hypnotiseur vielleicht zu gefallen (*215, S. 52*).

7.2.9.1.3.1.3   Phantasie

These:

Die angeblichen „Erinnerungen an frühere Leben" in Hypnose haben nichts mit Realität zu tun, sondern entspringen der **Phantasie** des Klienten, der sich mit seinen Geisteskonstrukten persönlich **identifiziert**.

Gegenargumente:

- Wenigstens für die erfolgreich nachgeprüften Fälle – auch wenn das nur 5 „Hände voll" sind – kann man dieses Argument nicht gelten lassen. Denn bei ihnen wurden sehr versteckte oder ausgesprochen persönliche Informationen übermittelt, die dem Klienten auf **normalem Wege** nicht zugänglich waren. Phantasie führt höchstens bei außergewöhnlichem Allgemeinwissen oder zufällig zu derart speziellen Aussagen, die einer Nachprüfung standhalten. Bei zahlreichen richtigen Aussagen in ein- und demselben Fall ist **Zufall** aber keine überzeugende Erklärung.

- Phantasie bietet keine befriedigende Erklärung, wenn man an sich gegenseitig bestätigende Erinnerungen in der Rückführung denkt, die aus unterschiedlicher Perspektive erlebt werden (Kap. 7.2.3.1.12, „Zweierlei Sichtweisen (u)", S. 406). Wie kann Phantasie dies koordinieren?

- Wenn die Klienten bereits vor der Rückführung typische **Verhaltensweisen** zeigten, wie etwa **Vorlieben**, **Interessen**, Neigungen oder Spezialkenntnisse, **Fähigkeiten und Fertigkeiten**, aber auch **Alpträume** und **Flashbacks** erlebt haben, so passen diese Dinge problemlos in den Kontext der Reinkarnation. Sie lassen sich mit **Phantasiegeschichten** nur dann in Verbindung bringen, wenn man unterstellt, die Probanden hätten ihre Geschichten exakt so zugeschnitten, dass diese Dinge nicht nur darin Platz finden, sondern obendrein mit der Realität harmonieren, damit sie positiv nachprüfbar werden. Den von den Skeptikern erfundenen Geschichtenerfindern könnte man nur gratulieren, sollte ihnen bei der Vielzahl von Verhaltensweisen, Erlebnissen und Fähigkeiten ein und derselben Person ein solches Kunststück gelingen. Geht es doch z. B. im Fall von **Zar Nikolaus II**. (Kap. 7.2.3.1.10, S. 365) um nicht weniger als um 21 **Verhaltenweisen**. Im ebenfalls gelösten Fall des Bordfunkers **Martin Heald** im 2. Weltkrieg (Kap. 7.2.3.1.11, S. 393) sind es noch 13 Besonderheiten, die in einer solchen „Phantasiegeschichte" unterzubringen wären. Dazu kommen noch seine überraschenden **Fähigkeiten**: Die heutige Person verblüffte ihre Prüfer in Eignungstests mit einer besonderen Begabung fürs Morsen und Zielschießen, Fertigkeiten, welche die frühere Person als Soldat erlernt hatte. Auch **William Barnes** zeigte eine ausgeprägte Begabung, in seinem Falle für Mechanik, und er hatte ein besonders feines Gehör für Geräusche – alles Eigenschaften, die der früheren Person, Tommy Andrews, dem Erbauer der Titanic, zugeschrieben werden (Kap. 7.2.3.1.8, S. 338). Zu den besonderen Erlebnissen zählen Flashbacks, z. B. das von Barnes als Schüler und jenes des 14-jährigen Martin Heald, der darin seinen früheren Nachnamen erfährt (Kap. 7.2.3.1.11, S. 393). Auch wären solche Phänomene „in den **Phantasien** zu berücksichtigen" wie einander erstaunlich ähnliche Handschriften im früheren und heutigen Leben (z. B. beim Fall Zar Nikolaus II. im Kapitel 7.2.3.1.10, S. 365) oder der gälische **Akzent**, mit dem William Barnes in einem Flashback sprach, was zur früheren Person, dem Erbauer der Titanic, passt (Kap. 7.2.3.1.8, S. 338). All das macht den **Erklärungen durch reine Phantasie** das Leben sehr schwer, nach meiner Einschätzung sogar unmöglich.

- Mit **Phantasien**, die der Realität mehr oder minder angepasst sind, können die Heilerfolge von Rückführungen allein nicht erklärt werden. Man muss zumindest die Vorstellung von „**Symboldramen**" (siehe Kapitel 7.2.8.1, S. 638) hinzunehmen. Warum aber auch diese als allgemeingültige Erklärung für Heilerfolge der Reinkarnationstherapie nicht so recht überzeugen können, ist im Kapitel 7.2.8.1.1, S. 642 ausgeführt.

7.2.9.1.3.1.4   Kryptomnesie

Stevenson gibt eine lesenswerte Einführung in dieses Thema (*434*). Darin stellt er drei Regeln auf, die erfüllt sein müssen, um Kryptomnesie als erwiesen ansehen zu dürfen:

- Die Übereinstimmung zwischen der Aussage unter Hypnose und den Inhalten der vermuteten und normal zugänglichen Quellen muss bis ins Detail reichen. Der Wiedergabe von Fehlern der Quelle kommt besonderes Gewicht zu.

- Es muss Hinweise darauf geben, dass der Proband die Quellen tatsächlich kannte oder zumindest muss es sehr wahrscheinlich sein, dass er die Information auf normalem Weg aufgenommen hat. Reine Vermutungen, dass dies vielleicht gegeben sein könnte, reichen nicht aus.

- Alle Elemente eines Falles müssen gemeinsam zur Beurteilung herangezogen, nicht nur einzelne Aspekte herausgegriffen werden.

Bis zu dieser Stelle ist hier im Buch schon oft von Kryptomnesie gesprochen worden[296]. Weitere Beispiele folgen unten[297] und sind in der Literatur angegeben (*74; 197, S. 51*). Es gibt Fälle mit zu vermutender oder sogar nachgewiesener Quellenamnesie (in den beiden Fußnoten 296, 297 unterstrichen) und solche, in denen sie als unwahrscheinliche Erklärung gelten kann.

These:

Die Rückgeführten geben Tatsachenberichte wieder, die sie früher einmal gelesen, gehört oder aus Filmen oder dem Fernsehen erfahren haben. Die Herkunft dieses Wissens ist ihnen aber nicht mehr bewusst. Durch Hypnose wird die Erinnerung daran wieder aus dem **Unterbewusstsein** gehoben. Sie halten jetzt die Geschichte für selbst durchlebt, **identifizieren** sich damit und stellen sie **dramatisiert** als eigenes Erlebnis dar. Man spricht dann von **Kryptomnesie**[298] oder **Quellenamnesie**.

---

[296] Zeitabschnitt [18], Flournoy, S. 116; [19], Pread/Nyria, S. 118; [21], Dickinson, Bsp. (4), S. 119; [31], Zolik, S. 127; [45], Bloxham, Bsp. (18), S. 144; [45], Livonia, S. 148; [49], Kampman, S. 153; [68], Venn, S. 174; Kapitel 7.2.3.1.2.11, Bernstein, S. 255; Tarazi, S. 289; Ramster, S. 310; Snow, S. 334, 336; Norsic, S. 390; Heald, S. 404; Goldberg, S. 413

[297] Bsp. (98), Dickinson/Poynings, S. 733; Zolik/Wonchalk, S. 734; Kampman/Bergstrom, S. 735; Kampman/Sommergesang, S. 734; Venn/Waterhouse, S. 735; Bsp. (99), Mathew, S. 735

[298] Der Begriff wurde wahrscheinlich vom Schweizer Forscher Theodore Flournoy (1854-1920) geprägt (*434, S. 2*).

Gegenargumente:

- **Beweis für Kryptomnesie**: Ein entsprechender Nachweis für Kryptomnesie wurde in den nachgeprüften Fällen (Kap. 7.2.3.1, S. 216) nicht erbracht, aber (leider) auch meist nicht ernsthaft versucht. Z. B. wurde den Rückgeführten unter Hypnose nur in einem dieser Fälle (Kap. 7.2.3.1.4, S. 279) die **Frage nach der Quelle** ihres Wissens gestellt, ohne jedoch eine solche entdecken zu können.

- **Verstreute Quellen**: Es gibt Fallbeispiele, in denen es erst möglich war, eine oder mehrere Aussagen aus der Rückführung als richtig nachzuweisen, nachdem eine Vielzahl von Quellen herangezogen worden ist. Wenn Kryptomnesie wirksam gewesen wäre, muss angenommen werden, dass der Rückgeführte Zugang zu all diesen Ressourcen hatte und sie auch genutzt hat, ohne dies heute noch im Bewusstsein zu haben. Das darf in den meisten Fällen als unrealistisch gelten. In diesem Buch finden sich 19 Beispiele dazu, die im Punkt 6, S. 516 in Kapitel 7.2.4.2 genannt sind.

- **Spezialkenntnisse** bzw. „**verstecktes Wissen**": Rückgeführte wissen gar nicht so selten um Tatbestände, die nicht zum Allgemeinwissen zählen oder in Enzyklopädien oder sonstigen, leicht zugänglichen (primären) Quellen nachgeschlagen werden können. Um diese nachzuprüfen, muss man sehr aufwändig in seltenen und mühsam zu beschaffenden Büchern (sekundären Quellen, Spezialliteratur) suchen. Nach der Kryptomnesiehypothese muss angenommen werden, dass sich der Proband diese Mühe auch gemacht hat. Das kann meist als unwahrscheinlich gelten. Hier im Buch lassen sich dafür 26 Beispiele in Punkt 4, S. 514, Kapitel 7.2.4.2 anführen, speziell zu Geschichtskenntnissen 15 Fälle in Punkt 10, S. 518.

- **Versteckte korrigierende Quellen**: Bei Nachprüfungen kann es vorkommen, dass leicht auffindbare (primären) Quellen die Aussage des Rückgeführten als falsch erscheinen lassen. Nach intensiverer, längerer Suche werden dann aber andere, vertrauenswürdigere sekundäre Dokumente (**korrigierende versteckte Quellen**) aufgefunden, welche die Aussage dann doch noch bestätigen. Um Kryptomnesie in diesen Fällen als Erklärung gelten lassen zu können, muss man unterstellen, der Klient habe erstaunlicherweise Zugang zu den sekundären Quellen gehabt, diese auch verwendet und sie entweder nur zufällig anstelle der leichter zugänglichen genutzt, oder als die vertrauenswürdigeren erkannt. Dieses Szenario ist zwar theoretisch denkbar, dürfte allerdings in den wenigsten dieser Fälle die Realität treffen. Im Buch findet man 9 Beispiele mit teilweise mehreren solcher Aussagen dazu in Punkt 5, S. 515, Kapitel 7.2.4.2.

- **Veränderungen**: Kommt es an den Orten des früheren Lebens zu Nachprüfungen der in Hypnose gemachten Aussagen, so sprechen Rückgeführte auch Veränderungen gegenüber der Situation in ihrer früheren Zeit an. Wenn die neuen Umstände nicht „auf der Hand liegen", ist das erklärungsbedürftig. Unter der Annahme von Kryptomnesie müssten die Klienten davon erfahren haben, ohne sich noch daran zu erinnern. Die Veränderungen sind aber sehr oft nur in schwer zu findenden, „versteckten Quellen" als richtig nachweisbar. Es ist meist unwahrscheinlich, dass die Probanden sich die Mühe gemacht hatten, diese Unterlagen aufzuspüren. Zu „Wissen um Veränderungen" gibt es im Buch 5 Beispiele, die in Punkt 7, S. 517 in Kapitel 7.2.4.2 genannt sind.

- **Häufung von Elementen**: Je mehr Elemente in ein und demselben Fall zusammenkommen, desto wertvoller ist dies für die Argumentation, weil dann die Erklärung durch **Zufall** immer schwieriger wird und tendenziell wegfallen kann. Die bisher oben aufgeführten 4 Gegenargumente (2 bis 5) kommen in zwei Fällen der Bestenauswahl alle zugleich vor: in Kapitel 7.2.3.1.5, S. 299 und 7.2.3.1.6, S. 318. Noch 3 Gegenargumente (2 bis 4) treffen in den Kapiteln 7.2.3.1.2, S. 238; 7.2.3.1.3, S. 263 und 7.2.3.1.4, S. 279 zusammen. Im Fall Tarazi beispielsweise (7.2.3.1.4, S. 279) waren die entscheidenden Quellen nicht im Heimatland des Rückgeführten (den USA), sondern nur im Ausland (Spanien, Afrika, Karibik), noch dazu in einer fremden Sprache (Spanisch) und in besonderen Bibliotheken (z. B. im Diözesanarchiv Cuenca) zu finden und wurden von Fachleuten als Spezialwissen anerkannt.

- **Unbedeutendes/Privates**: Andererseits gibt es Fälle, in denen unter Hypnose Dinge aus FL geschildert wurden, die so unbedeutend sind, dass es keinen Grund gab, sie jemals aufzuschreiben oder gar zu filmen. Wenn diese nun aber bei einer **Besichtigung vor Ort** oder durch **Zeitzeugen** als zutreffend bestätigt werden, und der Klient niemals etwas von dem Ort erfahren und eventuelle Zeitzeugen nie getroffen hat, dann kann man das wundersame Wissen schwerlich durch **Kryptomnesie** erklären. Es liegen einfach keine Informationen bzw. Dokumente vor, die dem Rückgeführten zugänglich gewesen wären. Fünfzehn Beispiele dazu werden unter Punkt 13, S. 520 in Kapitel 7.2.4.2 genannt. Weitere 17 Beispiele sind unter Punkt 14, S. 520 in Kapitel 7.2.4.2 zu finden.
Was die Verifikation über Zeitzeugen anbetrifft, finden wir Beispiele dafür in dem Fall „Suche nach den Kindern" (Kap. 7.2.3.1.1, S. 218), in dem 7 Aussagen aus der Hypnosesitzung durch einen Zeitzeugen (den Sohn „Sonny" der früheren Person) bestätigt wurden, den die rückgeführte Person definitiv vor der Verifikation nicht gekannt hat. Dabei ging es bekanntlich um private Begebenheiten, die zu unbedeutend waren, um jemals schriftlich festgehalten zu werden. Auch im Fall „Bridey Murphy" (Kap. 7.2.3.1.2, S. 238) wurden drei Aussagen durch Zeugen bestätigt, die für die Rückgeführte praktisch unerreichbar gewesen waren

(außerhalb der USA). Im Fall der Australierin in England (Kap. 7.2.3.1.5, S. 299) finden wir sechs unbedeutende Fakten, die nie aufgeschrieben wurden, durch Zeugen bestätigt.

Ein gleichgelagertes Problem ergibt sich für die **Kryptomnesiehypothese**, wenn Fakten aus der Rückführung ausschließlich vor Ort bestätigt werden können, weil sie nie schriftlich festgehalten wurden. Ein Beispiel dafür findet sich im Fall der **Australierin in England** (Kap. 7.2.3.1.5, S. 299). Sie hatte Wege und Bauten beschrieben, die sie den Forschern, die ihren Fall überprüften, vor Ort zeigen konnte, obwohl sie nachweislich noch nie dort gewesen war. Ihre Beschreibungen waren bislang mit Sicherheit nirgends nachzulesen gewesen oder gefilmt worden.

- **Unerwähntes**: Manchmal darf auch an der Kryptomnesiehypothese gezweifelt werden, wenn wichtige, in Dokumenten vorhandene Information in der Rückführung <u>nicht</u> auftaucht. Ein Beispiel dafür ist der Fall Nr. (19), S. 146 im Zeitabschnitt [45]. Keine der erfundenen Passagen eines Romans taucht in der Rückführung auf. Dazu kommt: Jane Evans hätte klar von der Ehe Coeurs Kenntnis haben müssen, wenn sie ihr Wissen aus der Literatur geschöpft hätte. Aber zugegeben, man kann psychologische Gründe dafür vorbringen, warum sie als Geliebte Coeurs davon nichts wahr haben wollte.

- **Zweierlei Sichtweisen**: Kryptomnesie bietet keine befriedigende Erklärung, wenn man an sich gegenseitig bestätigende Erinnerungen in der Rückführung denkt, die aus unterschiedlicher Perspektive erlebt werden (Kap. 7.2.3.1.12, „Zweierlei Sichtweisen (u)", S. 406). Die Hypothese bedeutet: Beide Klienten lesen dasselbe Buch oder sehen denselben Film, in dem die in Hypnose erlebten Szenen vorkommen. Beide haben dann sowohl diese Geschichte selbst als auch die Umstände vergessen, unter denen sie einst von ihr erfahren haben. Und selbst wenn es genau so vonstatten gegangen wäre, warum mussten nun beide ausgerechnet diese Story und obendrein mit verteilten Rollen (beim selben Rückführer) präsentieren? Alles **Zufall**?

- **Kryptomnesie** scheint jedoch tatsächlich vorzukommen, wie Versuche von **Dickinson** (*108*; *541, S. 120*), **Zolik** (*548*; *346, S. 120*; *541, S. 126*; *434, S. 12*), **Kampman** (*223*; *346, S. 121*; *541, S. 127*) und **Venn** (*471*) nahelegen. Auf jeden der genannten Autoren kommen wir gleich zurück. Weitere Beispiele gibt es in der Literatur (*541, S. 106f*).

Weil es jedoch die vorstehend genannten Fälle gibt, in denen mit hoher Wahrscheinlichkeit keine Quellen vorlagen, aus denen der Regressant sein Wissen bezogen haben könnte, darf bezweifelt werden, dass mit **Kryptomnesie eine**

generelle Erklärung für alle in Rückführungen aufgetauchten „Erinnerungen" gefunden ist.

Das Problem bei dieser Art der Argumentation liegt darin, dass es praktisch unmöglich ist, die Nicht-Existenz von Quellen zu beweisen. Man kann – ohne konkreten Beleg – immer geltend machen, dass der Rückgeführte sicherlich Quellen benutzt habe, die bei gründlicherer Suche gefunden worden wären. Im Lichte einer solchen Behauptung steht natürlich eine Erklärung durch Kryptomnesie leicht als die bessere da. In der Möglichkeit, durch unbewiesene und unbeweisbare Vermutungen immer wieder Zweifel zu wecken, liegt die größte Schwäche des Versuchs, mit den Erfahrungen aus Rückführungen die Realität der Wiedergeburt nachzuweisen. Aus diesem Dilemma kommt man nur heraus, wenn Stevensons zweite der oben genannten Regeln beachtet wird.

Hier einige Beispiele aus der Literatur, die tatsächlich eher für die Erklärung durch **Kryptomnesie** sprechen:

(98) (K) Wir kommen auf das Beispiel von **Dickinson** zurück, das bereits als Bsp. Nr. (4), S. 119 in Kap. 7.2.1.2 Entwicklung ab 1900 aufgeführt wurde. Darin beschrieb die Klientin, Frau C., 1906 in Hypnose mehr als 25 historische Fakten über eine Frau **Blanche Poynings**, die angeblich in der Epoche König Richard II. in England gelebt hat. Frau C. **identifizierte** sich allerdings nicht mit Blanche. Einige Zeit nach den Rückführungen kam es zu einer spiritistischen Sitzung mit der Planchette (**Gläserrücken**), in der offenbart wurde, dass alles Wissen der Frau C. in der Novelle „Countess Maud" von **Emily Holt** bestätigt werden kann. Dickinson konnte das genannte Buch finden und die Übereinstimmung der darin beschriebenen Fakten mit denen aus der Rückführung bestätigen. Frau C. hatte versichert, die Novelle niemals gelesen zu haben. Dickinson hypnotisierte sie erneut und fragte nach ihrer eventuellen Berührung mit Holts Buch. Er erfuhr so, dass sie es als 12-Jährige von ihrer Tante vorgelesen bekommen hatte. Sie hatte es nur angeschaut und den Anhang nicht gelesen, in dem einige der genealogischen Daten aufgeführt waren, die auch in der Rückführung vorkamen. Frau C. bestand darauf, eine Blanche Poynings in der Regression getroffen zu haben, und beschrieb auch deren Charakter. In der Novelle wird Blanches Wesen allerdings anders dargestellt. Diese Diskrepanz führte sie darauf zurück, dass sie die Blanche aus dem Buch mit der verwechselte, die sie getroffen hat (*310, S. 87; Kurzform bei 471, S. 416; 541, S. 120*).

In **Zoliks** Fall der Rückführung eines Klienten in die Inkarnation eines einsamen Mannes namens **Dick Wonchalk**, der 1850 geboren wurde, fand sich bei Nachforschungen ein Film, dessen Inhalt dem entsprach, was der Klient in der Rückführung erzählt hatte. Den Film hatte er ca. drei Jahre zuvor gesehen. Die Handlung spiegelte die inneren Nöte des Klienten wider und tauchte vermutlich deshalb als scheinbare Erinnerung an ein früheres Leben auf (*548, S. 72 - 74*) (s. a. Kapitel 7.2.1.2, S. 127). – Jan Erik Sigdell weist allerdings zu Recht darauf hin, dass keinerlei Einzelheiten der Übereinstimmung zwischen Film und Rückführung angegeben wurden, und die pauschale Behauptung, damit sei die Quelle der Information gefunden, somit nicht belegt ist (*382*). Denselben Einwand bringt Prof. Stevenson (*434, S. 13*).

In einem Fall **Kampmans** schien dessen 19-jährige Klientin in **8 verschiedene frühere Leben** zurückzugehen. Als Gastwirtstochter **Dorothy** z. B. sang sie im 13. Jahrhundert den „Sommergesang". Kampman suchte nach einer emotionalen Verbindung zwischen Dorothys Leben und dem heutigen der Klientin. Dabei wurde Letztere unter Hypnose in das 13. Lebensjahr ihres aktuellen Daseins zurückgeführt und sah sich in der Bücherei ein Buch aus dem Regal nehmen und durchblättern, ohne es zu lesen. Sie nannte den Titel und die Autoren (**Benjamin Britten** und **Imago Hoist**). Das Buch wurde gefunden und enthielt den Text des besagten Liedes in modernisiertem (sic) mittelalterlichem Englisch, genau, wie in Hypnose gesungen (*223, S. 183; 541, S. 132; 434, S. 13*). (Mehr zu Kampman im Zeitabschnitt [49], S. 153 und S. 735).

Jan Erik Sigdell gibt jedoch zu bedenken, dass es unwahrscheinlich ist, Text <u>und</u> Melodie nur bei einem **flüchtigen Durchblättern** gelernt zu haben und meint, es handle sich eher um ein Wiederentdecken des Wissens aus ihrem Leben als Dorothy. Kampman habe tendenziös nach einer Quelle nur im heutigen Leben gefragt. Er hätte in einer offenen Frage zulassen müssen, dass auch eine Quelle in einem früheren Leben aufgedeckt wird (*382*). Sigdell erklärt aber nicht, warum die Klientin laut Kampmann in „modernisiertem mittelalterlichem Englisch" gesungen hat, anstatt die originale Sprache des 13. Jahrhunderts oder ihre heutige zu verwenden (*373, S. 101*). Außerdem gibt es weitere, vergleichbare Fälle, in denen die vermutete Quelle nur flüchtig betrachtet oder gehört worden sein soll (*Fluch in der Sprache Oscan bei 229, S. xvii oder 541, S. 126; Medium Southy und Medium Goodrich-Freer bei 434, S. 17, 18; Xenoglossie Aramäisch in 495, S. 37*).

Wenn es solche „Lernwunder" tatsächlich gibt, so fragt man sich, warum es dazu nicht längst umfangreiche Untersuchungen gibt, die unabhängig vom
„Kampf" um die Deutung von Rückführungen sind, um diese Möglichkeit, so
sie besteht, zum mühelosen Lernen auszunutzen. Sind diese Wunder vielleicht
so selten, dass sie nicht als Alternativerklärung taugen? Oder gibt es sie gar
nicht, weil es sich um eine Fehlinterpretation handelt? Die Forschung zu unter-
schwelligen (subliminalen) Darbietungen (z. B. zu Werbezwecken) kann diesen
Lerneffekt nicht begründen. Hier wird – wenn überhaupt – nur von einer Beeinflussung von ohnehin anstehenden Entscheidungen gesprochen (*s. Wikipedia
Stichwort „subliminal"*).

Kampmans erwähnte Klientin sah sich in Hypnose auch als **Karin Bergstrom**
(oder Bergström?), die angeblich 1939 bei einem Bombenangriff umgekommen
ist. Über diesen angeblichen Fakt findet sich aber nichts im Register des Ein-
wohnermeldeamts. In Hypnose wurde die Klientin gefragt, woher sie ihr Wissen habe, und behauptete nun, als kleines Mädchen im heutigen Leben ein Buch
durchgeblättert zu haben mit Bildern des zerstörten Hauses, von Karin und ihrer
Mutter sowie mit Angaben über Ort und Tag jenes Bombenangriffs (s. a. *541, S.
130*). Dieses Buch wurde offenbar nicht aufgespürt, denn Kampman schreibt
nichts davon. Die **Erklärung durch Kryptomnesie** steht hier also auf wackeli-
gen Beinen (s. a. Kapitel 7.2.1.2, S. 153).

Jonathan Venn verweist auf eine Rückführung, die bei **Moss und Keeton** beschrieben ist (*283, S. vii*). Darin gibt die Probandin das Jahr 1556 für den He-
xenprozess von Joan Waterhouse an, der in Wahrheit aber 1566 stattfand. Die
falsche Angabe der Rückgeführten findet sich eigenartigerweise auch in einem
Nachdruck eines diesbezüglichen Berichts aus dem 16. Jahrhundert und wurde
in nachfolgende Bücher übernommen. Venn betrachtet dies als guten **Beweis
für Kryptomnesie** (*471, S. 416*) (s. a. Kapitel 7.2.1.2, S. 174).

(99) (K) (S) **Venn** berichtet auch von der Rückführung des 26-jährigen **Matthew**, der sich über **Schmerzen** in der Brust beklagte. Die Ärzte fanden für sie
keine Erklärung und tippten auf Hypochondrie. Der Klient erlebte sich in der
Rückführung als französischen Piloten „**Jacques Gionne Trecaultes**", der 1914
von einem deutschen Piloten mit einem Maschinengewehr durch die Brust ge-
schossen und so getötet wurde. Matthew sprach in Hypnose ein allerdings dürf-
tiges Französisch. Dabei offenbarte er auch ein Wissen über viele, teils recht
obskure Details aus dem ersten Weltkrieg, dies, obwohl er behauptete, sich nie
mit dem Thema beschäftigt zu haben. Der Autor Venn **prüfte alle Angaben**

nach und kam zu dem Ergebnis, dass von insgesamt 30 Angaben 16 richtig und 14 falsch waren. Da nur die leicht zugänglichen Informationen richtig und die versteckten alle falsch waren, interpretiert Venn dies als ein Beispiel für **Kryptomnesie**. Es zeige, dass in Regressionen Mischungen aus wahren und falschen Behauptungen aufgestellt werden können. Dennoch hatten bei Matthew die Rückführungen zum **Verschwinden der Brustschmerzen** geführt, ein Effekt, der auch noch **nach 5 Jahren anhielt**. Venn versteht dies jedoch nicht als Ergebnis einer Erinnerung an reale Vergangenheit. Für ihn war Matthews **Phantasie** über die Umstände seines Todes in einem angeblich früheren Leben lediglich ein Hilfsmittel, um seine tabuisierten **Emotionen** loslassen zu können (**Symboldrama**). Diese waren entstanden, weil er als Kleinkind regelmäßig bestraft wurde, wenn er immerzu weinte, was später auch dazu führte, dass er überhaupt nicht mehr weinen konnte.

Jan Erik Sigdell gibt allerdings zu bedenken, dass Venn offensichtlich das Ergebnis „Kryptomnesie" bevorzugte. Beispielsweise bewertete er Matthews Angaben über Jacques Heiratsdatum, den Mädchennamen seiner damaligen Frau und die Tatsache, dass beide einen gemeinsamen Sohn hatten, als „falsch", obwohl Venn keine Unterlagen zu Jacques gefunden hatte, die darüber eine Aussage machen. Wie können diese dann als „falsch" bezeichnet werden? Fairerweise müssen sie als „ungeklärt" gelten. Das Datum für das Überschreiten der belgischen Grenze durch deutsche Truppen hat Mattew um einen Tag falsch angegeben. Für Venn ist das ein klarer Fehler und nicht ein kleiner Irrtum, wie er im aktuellen Leben häufig vorkommen dürfte. Venn berücksichtigte auch keine Varianten der Schreibweise von Namen (*382*).

Weitere Beispiele für **Kryptomnesie** finden sich in der Literatur (*279, S. 175; 225, S. 72; 541, S. 119*). Einige bekannte Rückführungsfälle werden von anderen Autoren unter dem Aspekt der Kryptomnesie diskutiert (*241, S. 77; 346, S. 127; 283, S. 157*).

- **Verhaltensweisen**: Für Rückgeführte typische Verhaltensweisen, wie **Vorlieben**, **Interessen**, Neigungen, Gewohnheiten, sowie **Alpträume** und **Flashbacks** lassen sich mit **Kryptomnesie** prinzipiell dann nicht erklären, wenn sie bereits vor der vermuteten normalen Informationsaufnahme bestanden. Den Zeitpunkt der Informationsaufnahme wollen wir „Prägezeitpunkt" nennen und die Information selbst als „Prägeinformation" bezeichnen. In den üblicherweise vorkommenden Fällen ist weder der Prägezeitpunkt noch die Quelle für die Prägeinformation bekannt. Man ist auf Vermutungen angewiesen. **Verhalten**, das sich zeigt, bevor ein Kind lesen gelernt, häufig TV geschaut oder sich Filme angesehen hat, kann jedoch in den meisten Fällen zu dem gerechnet werden, was nicht durch **Kryptomnesie** erklärbar ist. Dies betrifft Kinder im Alter unter etwa 3 bis 5 Jahre. Diese Altersgrenze dürfte sogar noch deutlich höher liegen, weil Kinder erst in noch höherem Alter sich für Dokumentationen interessieren. Schließlich müssten bei den erfolgreich nachgeprüften Fällen die Inhalte des Gelesenen oder Gesehenen Tatsachen entsprechen, wenn man mit Kryptomnesie argumentieren möchte.

Beispiele für frühzeitig aufgetretene **Verhaltensweisen** sind in diesem Buch die drei Fälle „Tommy Andrews: Der Erbauer der Titanic (g)" (Kap. 7.2.3.1.8, S. 338) mit drei kindlichen Verhaltensweisen und **Alpträumen**, noch bevor der Rückgeführte den Film über den Untergang der Titanic gesehen hatte, „Donald Norsic: Zar Nikolaus II in USA wiedergeboren? (g)" (Kapitel 7.2.3.1.10, S. 365) mit mindestens ebenfalls drei Auffälligkeiten und „Martin Heald: Einst Bordfunker auf englischem Bomber? (g)" (Kap. 7.2.3.1.11, S. 393) mit je nach Einschätzung mehreren erklärungsbedürftigen Besonderheiten. Darunter ein **Flashback**, das jener **Martin Heald** als kleiner Junge erlebte und ihm einen Flugzeugabschuss zeigte, den er später in der Rückführung noch genauer zu sehen bekam.

Auch für den Zeitabschnitt zwischen dem Prägezeitpunkt und der Rückführung ist es nicht leicht, **Kryptomnesie** als Erklärung heranzuziehen. Man muss unterstellen, dass die besonderen Verhaltensweisen erst durch die inzwischen vergessene Prägeinformation ausgelöst bzw. bewirkt wurden. Das ist vorstellbar, wenn die Prägeinformation den Klienten stark beeindruckt hat. **Kryptomnesie** kann jedoch ohne Zusatzannahmen nicht erklären, warum gerade eine bestimmte Information eines Tatsachenberichts derart beeindruckend war, dass sie ein besonderes **Verhalten** auslösen konnte oder musste. Dieses Problem kennt die Reinkarnationshypothese nicht. Vor ihrem Hintergrund erklärt sich das entsprechende Verhalten völlig zwanglos aus Geschehnissen des früheren Lebens.

Besonders schwierig wird es für die Hypothese der **Kryptomnesie**, wenn gleichzeitig eine Vielzahl von Verhaltensweisen einer Erklärung bedürfen, wie z. B. im Fall von **Zar Nikolaus II**. (Kapitel 7.2.3.1.10, S. 365). Hier geht es immerhin um nicht weniger als 21 in ein- und demselben Fall! Im ebenfalls gelösten Fall des **Bordfunkers** im 2. Weltkrieg (Kap. 7.2.3.1.11, S. 393) sind es noch 13 erklärungsbedürftige Besonderheiten. Warum hat der Film „Dr. Schiwago" ausgerechnet bei **Donald Norsic** zu einer Serie von **Alpträumen** geführt, während seine Freunde davon im Wesentlichen unbeeindruckt blieben? Warum beeindruckte **Barnes** gerade der Film über den Untergang der Titanic so stark, dass er Alpträume bekam, in denen er Streitgespräche (noch dazu in gälischem **Akzent**) mit einem Herrn Ismay führte, den er doch im Zustand des Wachbewusstseins gar nicht kannte (Kap. 7.2.3.1.8, S. 338)? Eine analoge Frage erhebt sich bezüglich Barnes' **Flashbacks** als Schüler und jenem des 14-jährigen **Martin Heald**, der darin seinen früheren Nachnamen erfährt (Kap. 7.2.3.1.11, S. 393). Weitere Hinweise zu „Verhaltensweisen" stehen unter den Punkten 11, S. 518 und 21, S. 522 in Kapitel 7.2.4.2.

- **Fähigkeiten und Fertigkeiten:** Wenn man akzeptiert, dass praktische Fähigkeiten und Fertigkeiten nicht durch Lesen oder das Anschauen von Filmen, sondern nur durch Übung erworben werden können, solche Leistungen aber ohne vorherige Praxis trotzdem vorkommen, dann sehe ich keine Möglichkeit, solche Fälle durch **Kryptomnesie zu erklären**. Ein Beispiel hierfür ist das des **Bordfunkers** im 2. Weltkrieg (Kap. 7.2.3.1.11, S. 393). Die heutige Person verblüffte ihre Prüfer in Eignungstests mit einer besonderen Begabung fürs Morsen und Zielschießen, Fertigkeiten, welche die frühere Person als Soldat erlernt hatte. Auch **William Barnes** zeigte eine natürliche Begabung, in seinem Fall für Mechanik. Auch besaß er ein besonders feines Gehör für Geräusche – alles Eigenschaften, die der früheren Person, Tommy Andrews, dem Erbauer der Titanic, zugeschrieben werden (Kap. 7.2.3.1.8, S. 338). Das Gegenteil, also eine ausgeprägte Unfähigkeit, nämlich das Handicap, nicht regelgerecht schreiben zu können, zeigte **Donald Norsic** als Schüler im heutigen Leben. Er schrieb statt in amerikanischer in englischer Schreibweise, wie es die frühere Person zu tun pflegte (Kap. 7.2.3.1.10, S. 365). Weiteres dazu unter Punkt 20, S. 522 in Kapitel 7.2.4.2.

Die **Xenoglossie**, das Sprechen einer nie erlernten Sprache, kann man auch zu jenen Fähigkeiten zählen, die man nur durch Übung, nicht aber allein durch Hören oder Lesen erwerben kann. Kampmans oben geschilderter Fall „Dorothy" scheint zu erlauben, Xenoglossie generell als **Kryptomnesie zu deuten**. Das wäre aber eine Überinterpretation. Nehmen wir Fälle, wie den von **Antonia** in der Inquisition (Kap. 7.2.3.1.4, S. 279), in denen mit hoher Sicherheit ausgeschlossen werden darf, dass die Rückgeführte an Quellen über ihr früheres Leben gekommen ist. Wie könnte dann aber unter diesen Bedingungen ihre **Fähigkeit**, lateinische Gebete zu rezitieren, durch **Kryptomnesie erklärt** werden? Die heutige Person (Klientin) wird die lateinischen Gebete gewiss nicht im Religionsunterricht erlernt haben. Schließlich war sie freidenkerisch, lehnte es ab, sich konfirmieren zu lassen und bekannte sich zum Atheismus. **William Barnes** geriet in ein **Flashback**, in dem er mit gälischem **Akzent** sprach. Das passt zur früheren Person, dem Erbauer der Titanic (Kap. 7.2.3.1.8, S. 338).

Weiteres zur Xenoglossie findet sich in Kapitel 7.2.5, S. 533 bzw. unter Punkt 8, S. 517 in Kapitel 7.2.4.2.

- **Quasi-motorische Automatismen**[299], wie die persönliche **Handschrift** oder ein bestimmter sprachlicher Akzent, können einen Menschen charakterisieren. Sie werden in einem längeren Prozess im Laufe des Lebens erworben, keinesfalls jedoch durch das Lesen eines Buches oder das Anschauen eines Filmes. Sie können zwar mehr oder minder erfolgreich imitiert werden; dies bedarf aber stets einiger Übung. Wenn nun solche Automatismen bei heutiger und früherer Person identisch oder einander besonders ähnlich sind, weshalb dieses Phänomen für Reinkarnation spricht, dann liefert Kryptomnesie dafür wohl kaum eine überzeugende Erklärung. Ein Beispiel für ähnliche Handschriften im früheren und heutigen Leben haben wir bei **Zar Nikolaus II.** gefunden (Kap. 7.2.3.1.10, S. 365).

- **Heilerfolge**: Auch die Heilerfolge von Rückführungen können nicht mit **Kryptomnesie erklärt** werden. Man muss für einen solchen Ansatz wenigstens die Vorstellung von „**Symboldramen**" hinzunehmen, die in Kapitel 7.2.8.1, S. 638 erklärt wurde. In dieser Kombination wird unterstellt, der Klient habe das Glück gehabt, eine ganz bestimmte Biographie oder einen Roman gelesen oder dessen Verfilmung gesehen zu haben. Darin sei offenbar ein reales Leben geschildert worden, das zufällig von den gleichen inneren Nöten geprägt war, derentwegen der Patient den Reinkarnationstherapeuten aufgesucht hat. Und weil in einem solchen Fall die psychischen Probleme des Patienten mit dem Thema des Romans, bzw. des Films etc. in Resonanz stehen, halluziniert der Patient die ihm literarisch servierte Geschichte. Damit lagert er quasi seine Konflikte in ein anderes, angeblich ein früheres, Leben aus. Auf diese Weise reduziert sich die persönliche Betroffenheit, und die Heilung wird erleichtert.

  Warum Symboldramen als allgemeingültige Erklärung für Heilerfolge der Reinkarnationstherapie nicht so recht überzeugen können, ist im Kapitel 7.2.8.1.1, S. 642 ausgeführt. Weiteres zu „Heilungen" unter Punkt 22, S. 523 in Kapitel 7.2.4.2.

---

[299] Zu motorischen Automatismen rechnet man das angeblich von Jenseitigen gelenkte automatische Schreiben. Das ist hier nicht gemeint. Daher das „quasi".

7.2.9.1.3.2   Selbsttäuschung bei Wambachs Gruppenhypnosen

Einige der Gegenargumente ähneln oder gleichen denen, die bereits im Kapitel 7.2.9.1.3.1 über verifizierte Fälle genannt wurden. Anstatt dorthin zu verweisen werden sie hier wiederholt, um Ungenauigkeiten zu vermeiden, die Übersicht zu wahren und das Suchen und Blättern zu ersparen.

7.2.9.1.3.2.1   Voreingenommenheit (Paramnesie)

Frau Prof. **Wambach** kann ihre Erfahrungen – ohne betrügerische Absicht oder unbewusst – verzerrt dargestellt haben (**Paramnesie**).

These:
Prof. Wambach ist sich selbst nicht bewusst, wie unkritisch voreingenommen sie ihre Daten aufbereitet hat.

Gegenargumente:
- Dies lässt sich nicht völlig ausschließen, da keine unabhängigen Versuchswiederholungen vorliegen.
- Allerdings hat Prof. Wambach selbst mindestens 10 Jahre um eine Antwort auf die Frage gerungen, ob Rückführungen Phantasie oder Wirklichkeit darstellen (*482, S. 6*). Das spricht so gar nicht für unkritische Voreingenommenheit.

7.2.9.1.3.2.2   Suggestivfragen

These:
Klienten unter Hypnose sind durch den Rückführer leicht zu beeinflussen. Frau Prof. Wambach hat **Suggestivfragen** gestellt und dadurch ihre Probanden zu ihrer jeweiligen Geschichte hingelenkt.

Gegenargumente:
- Leider hat Frau Wambach ihre Standardfragen nicht veröffentlicht, sodass sich nicht nachprüfen lässt, ob Suggestivfragen gestellt wurden.
- Allerdings bedeutet die These, der Wissenschaftlerin absoluten Dilettantismus vorzuwerfen. Doch Prof. Wambach war sich viel subtilerer Fallstricke bewusst. Zum Beispiel war ihr klar, dass **Telepathie** unter den Klienten, aber auch zwischen diesen und ihr als Rückführerin eine Rolle spielen könnte. Auf etliche ihrer Fragen wusste sie zum Zeitpunkt der Hypnosen noch keine Antworten und suchte diese bewusst erst nach dem Ende aller Sitzungen, um so eine telepathische Übertragung auf ihre Probanden zu vermeiden. Damit war sie aber auch nicht in der Lage, ihre Fragen auf geschichtlich korrekte Antworten hin „maß-

zuschneidern". Zudem nahm sie die Auswertung der Fragebögen erst nach Abschluss ihres Projekts vor, weshalb sie über kein Wissen verfügte, das die Probanden hätten untereinander telepathisch synchronisieren können. Damit hatte sie aber gar nicht die Möglichkeit, **Suggestivfragen** zu stellen, welche die Klienten hätten untereinander gleichschalten können (*482, S. 212*).

- Frau Wambach macht an ihrem Versuch „Gebrauch von Essgeschirr" deutlich, dass sich ihre Klienten nicht so leicht etwas einreden ließen. Wenn sie ihre hypnotisierten Probanden aufforderte, sich anzuschauen, von welchem Essgeschirr sie essen und fragte, ob es denn Teller oder Schüsseln seien, so sahen jene vor ihren inneren Augen keineswegs folgsam Teller oder Schüsseln, sondern Blätter, von denen sie mit den bloßen Fingern aßen (*482, S. 145*).

- Da Frau Wambach als Professorin sicher genug Methodenkenntnis hatte und diese Untersuchungen schließlich vor allem deshalb durchführte, um für sich selbst die Frage nach der Wiedergeburt einer Antwort näherzubringen, wird sie sich nicht gerade selbst betrogen haben wollen, indem sie **suggestiv** wirkende Fragen verwendete.

7.2.9.1.3.2.3   Phantasie

These:

Die von Frau Wambach Rückgeführten täuschen sich selbst. Ihnen wird nicht bewusst, dass sie **Phantasiegeschichten** hervorbringen, mit denen sie sich **identifizieren**.

Gegenargumente:

- Ein wichtiges Argument gegen die These besteht darin, dass von den Klienten viele geschichtlich zutreffende Aussagen gemacht wurden, die nicht zum Allgemeinwissen (amerikanischer Studenten) zählen oder sogar dem eigenen bewussten Wissen widersprachen. Der **Phantasie** könnte man höchstens einige Zufallstreffer zubilligen. An folgende Punkte korrekter Kenntnisse sei erinnert:
  - Wissen darüber, in welchen Epochen welche Arten von Gabeln zum Essen verwendet wurden.
  - Korrekte Zeichnung ägyptischer Hieroglyphen[300].
  - Wissen um eine Nuss, die es ausschließlich auf der Insel Bali gibt.
  - Wissen um Haut- und Haarfarbe von Menschen im Kaukasus.
  - Wissen um das Tragen von Lederhosen.
  - Wissen um dreieckige Eisenplatten als Schutz der Fußzehen bei Rittern.
  - Wissen auch über Epochen, zu denen in populärer Literatur kaum etwas zu finden ist.
  Im Kapitel 7.2.3.2, S. 421 wird darauf näher eingegangen.
- In der Hälfte von 30 Rückführungen „erlebten" die Probanden ihren Tod im Alter von weniger als 5 Jahren. Dies entspricht zwar der Tatsache hoher Kindersterblichkeit in historischer Zeit, kann aber wohl nicht als bevorzugtes Phantasie-Szenario der Versuchspersonen angesehen werden.
- Trotz einer starken Überzahl an weiblichen Versuchsteilnehmern, ergab sich aus deren Antworten unter Hypnose für alle Zeitabschnitte das geschichtlich korrekte **Geschlechterverhältnis** von ca. 50:50. Wie aber können sich lediglich **phantasierende Probanden** derart untereinander abgestimmt haben, dass sie zu diesem stimmigen Ergebnis kamen?
- Wambachs Versuchspersonen „phantasierten" nicht hauptsächlich die Leben **berühmter oder bekannter Personen**, wie es vielleicht ihrem Ego gut getan hätte, sondern für alle Zeitabschnitte zu ca. 2/3 Angehörige der sozialen Unterschicht, wie es auch der geschichtlichen Wirklichkeit entspricht. Warum sollten

---

[300] Der Rückgeführte war belesen und hatte Hieroglyphen in Büchern gesehen, sodass Kryptomnesie nicht ausgeschlossen werden kann.

dann die Versuchspersonen in den ihnen unterstellten **Phantasien** ausgerechnet unbedeutende, eintönige Leben bevorzugen, und das überdies wiederum untereinander abgestimmt (s. Kap. 7.2.3.2.6, S. 434)?

- Über die Zeit des amerikanischen Bürgerkrieges, das Leben im alten Rom oder die Epoche um Christi Geburt gibt es zweifellos mehr und populärere Literatur als z. B. über die Jahre um 2000 vor oder 800 nach Christus. Wie in Kapitel 7.2.3.2, S. 421 ausgeführt, führte Frau Prof. Wambach ihre Probanden in unterschiedlich gut bekannte Geschichtsperioden und verglich den Detailreichtum ihrer unter Hypnose gegebenen Antworten. Sie erwartete zwar, aus den Studenten gut bekannten Zeitabschnitten mehr Einzelheiten zu erfahren als aus ihnen weniger bekannten, fand aber im Versuch diesen Unterschied nicht. Es fragt sich also, warum die angeblichen **Phantasiegeschichten** in ihrer Ausführlichkeit nicht dem Allgemeinwissen über diese Epochen folgen.

- Frau Prof. Wambach erwartete auch, dass ihr z. B. aus dem Zeitabschnitt, in den der amerikanische Bürgerkrieg fällt, viele **Kriegsschicksale** mitgeteilt würden. Es waren aber von den 213 Berichten lediglich 1,4%. Analog dazu traten für die Periode um 25 nach Christus nur in 3% der Fälle Erzählungen auf, die einen Bezug zu Jesus aufwiesen. Warum folgen also auch in ihrer Häufigkeit die angeblichen **Phantasiegeschichten** nicht der Popularität der Epochen?

- In der **Gruppenrückführung** befolgten viele der Teilnehmer die Anweisungen von Frau Wambach, noch bevor sie diese ausgesprochen hatte (**Telepathie** oder Präkognition). Sie zeigten also eine gewisse außersinnliche Wahrnehmung (**ASW**). Dies stützt nicht gerade die **Erklärung durch Phantasie**.

- Immer wieder äußerten die Probanden Dinge, die ihrer bewussten Erwartung nicht entsprachen. Warum sollte sich ihre **Phantasie** dagegen durchsetzen (s. Kap. 7.2.3.2.5, S. 433)?

7.2.9.1.3.2.4   Kryptomnesie

These: Die Rückgeführten täuschen sich selbst, da ihnen nicht bewusst wird, dass sie aus einem vor längerer Zeit normal erworbenen Wissen schöpfen, das längst in ihr **Unterbewusstsein** versunken und ihnen deshalb im **Tagesbewusstsein** nicht mehr zugänglich ist. Sie halten die in der Rückführung entstandene Geschichte für selbst erlebt, **identifizieren** sich damit und stellen sie **dramatisiert** als eigenes Erleben dar (**Kryptomnesie**). (vgl. Kapitel 7.2.9.1.3.1.4, S. 729 und 7.2.9.1.3.3.4, S. 749)

Gegenargumente:

- Frau Prof. Wambach machte mit ihren meist studentischen Probanden je drei Rückführungen. Etwa 90% der Teilnehmer hatten nach eigener Aussage Erinnerungen an frühere Leben, und zwar im Gesamtzeitraum von 2000 vor Chr. bis in die heutige Zeit (genau: 1979). Therapie wurde in den Gruppenhypnosen nicht angeboten. Die Studenten kamen aus Neugier, nicht um psychische Probleme zu bearbeiten. Nach der **Kryptomnesiehypothese** hätten fast alle Probanden aus ihrem **Unterbewusstsein** die Inhalte von je drei historischen Romanen oder Filmen holen müssen, die mehrheitlich in lange zurückliegenden Jahrhunderten spielen und zudem noch mit individuellen psychischen Problemen in Resonanz standen. Reine **Phantasiegeschichten** dürften die Romane nicht gewesen sein, denn die Probanden machten geschichtlich zutreffende Angaben (s. Kap. 7.2.3.2.3, S. 425).

- Wie in Kapitel 7.2.3.2, S. 421 beschrieben, führte Frau Prof. Wambach ihre Probanden in unterschiedlich gut bekannte Geschichtsperioden und verglich den Detailreichtum der unter Hypnose gegebenen Antworten. Sie erwartete, aus jenen Zeitabschnitten, die den Studenten gut bekannt waren, mehr Einzelheiten zu erfahren als aus den ihnen weniger bekannten, fand aber diesen Unterschied nicht. Der Behauptung, die Probanden hätten nur Angelesenes und wieder Vergessenes wiedergegeben (Kryptomnesie), wird so widersprochen.

- Frau Prof. Wambach erwartete auch, z. B. aus dem Zeitabschnitt, in den der amerikanische Bürgerkrieg fällt, viele **Kriegsschicksale** mitgeteilt zu bekommen. Es waren aber nur 1,4% von 213 Berichten. In gleicher Weise traten für die Periode um 25 nach Christus nur in 3% der Fälle Erzählungen auf, die einen Bezug zu Jesus aufwiesen. Dies entspricht sicher nicht der Häufigkeit, mit der die Literatur darüber berichtet, so dass **Kryptomnesie keine gute Erklärung** abgibt.

- Zwei Drittel der Erinnerungen der Probanden stammen aus Lebensläufen der Unterschicht. Diese ist in der Literatur nicht in gleicher Stärke repräsentiert

(*482, S. 119*). Dort spricht man lieber von den „Glanzlichtern" der Gesellschaft. Wenn **Kryptomnesie der wahre Grund** für die Erinnerungen wäre, müsste sich dies in der Verteilung der Gesellschaftsschichten entsprechend wiederfinden (s. Kap. 7.2.3.2.3.2, S. 427).

- In der **Gruppenrückführung** befolgten viele der Teilnehmer die Anweisungen von Frau Wambach, noch bevor sie diese ausgesprochen hatte (**Telepathie** oder **Präkognition**). Sie zeigten also eine gewisse außersinnliche Wahrnehmung (**ASW**). Wie sollte dies durch Kryptomnesie erklärbar sein? Die Reinkarnationshypothese kann man als spezielle **Retrokognition** (paranormale Rückerinnerung) in Verbindung mit persönlicher **Identifikation** auffassen. Sie liegt damit auf gleicher Ebene wie Telepathie oder Präkognition.

7.2.9.1.3.3   Selbsttäuschung bei Darstellung von ungeprüften Rückführungen

Hier handelt es sich um den größten Teil der Literatur, der aber die schwächsten Argumente für die Reinkarnation liefert.

Einige der Gegenargumente ähneln oder gleichen denen, die bereits im obigen Kapitel 7.2.9.1.3.1 über verifizierte Fälle oder 7.2.9.1.3.2 über Frau Wambachs Arbeit genannt wurden. Anstatt dorthin zu verweisen werden sie hier wiederholt, um Ungenauigkeiten zu vermeiden, um die Übersicht zu wahren und das Suchen und Blättern zu ersparen.

7.2.9.1.3.3.1   Beschönigung (als Form der Paramnesie)

These:

Alle Rückführer haben als Autoren ihre eigene Arbeit beschrieben und sind dabei sich selbst gegenüber unkritisch geblieben.

Gegenargumente:
- Dies lässt sich nicht ausschließen, weil kaum Beschreibungen von unbeteiligten, unabhängigen Autoren vorliegen. Misslungene Rückführungen werden nicht beschrieben.
- Allerdings decken sich die Aussagen fast aller Rückführer als Autoren in wesentlichen Punkten. Die These kann also nur aufrecht erhalten werden, wenn man unterstellt, alle beschönigten in gleicher Weise oder schrieben voneinander ab. Zumindest von den Pionieren der Regressionstechnik kann man sagen, dass sie zum Zeitpunkt ihrer ersten Veröffentlichungen noch Einzelkämpfer waren, die unabhängig voneinander arbeiteten, auch weil kaum schon entsprechende Bücher von Kollegen vorlagen. Die Praktiker (darunter nicht selten konventionelle Therapeuten) wurden oft erst durch die Reaktionen ihrer Patienten auf den spirituellen Weg gebracht und waren daher anfangs überhaupt nicht im Sinne der Reinkarnation voreingenommen, ja, lehnten diese oft rundweg ab, sodass von ihnen zumindest diese Anfänge nicht beschönigend dargestellt worden sein dürften (s. Kap. 7.2.1.2, S. 166).

7.2.9.1.3.3.2   Suggestivfragen

These:

Klienten unter Hypnose sind durch den Rückführer leicht zu beeinflussen. Sie wurden durch **Suggestivfragen** des Hypnotiseurs zu ihrer Geschichte gelenkt.

Gegenargumente:

- Der Hypnotiseur kann, wenn er es darauf anlegt, vermutlich phantasierte Geschichten als „Erinnerungen" auslösen, wie es **William Bryam** durch Wortassoziationstests erreichte (*138, S. 65*).

- **Suggestivfragen** wurden von einigen Autoren gestellt. Aber die meisten haben bewusst offene Fragen verwendet, die keine bestimmte Antwort vorwegnehmen.

- Die Klienten sind nicht so leicht zu beeinflussen, wie allgemein behauptet. Oft widersprechen sie den Mutmaßungen der Rückführer, wie im Kapitel 7.2.7.1.2, S. 589 bereits diskutiert wurde. Hierzu wird meist ein Artikel des Autors **Baker** (15) angeführt, der das Gegenteil zu belegen scheint. Darin wird aber nur nachgewiesen, dass der Prozentsatz erfolgreicher Rückführungen durch **Suggestionen**, die vor Beginn der Regression gegeben werden, beeinflusst werden kann (zwischen 85% und 10%). Ein Versuch, den Inhalt der Aussagen zu manipulieren, wurde nicht gemacht.

Der Autor **Spanos** (*391, S. 178*) hat dagegen tatsächlich und ganz bewusst versucht, die Inhalte von Aussagen Rückgeführter **suggestiv** zu beeinflussen und gibt pauschal an, dass dies gelungen sei. Dies wird aber von **James** kritisiert, der bemängelt, dass eine ausreichende Hypnosetiefe von Spanos nicht geprüft und sichergestellt wurde, sodass es nicht überraschend sei, wenn die Probanden auf Suggestionen eingingen, um dem Hypnotiseur zu gefallen (*215, S. 52*).

7.2.9.1.3.3.3   Phantasie

These:

Die angeblichen „Erinnerungen an frühere Leben" in Hypnose haben nichts mit Realität zu tun, sondern entspringen der **Phantasie** des Klienten, der sich mit seinen Geisteskonstrukten persönlich **identifiziert**.

Gegenargumente:

- Solange die Aussagen von Rückführungen nicht ernsthaft an der Realität gemessen, d. h. überprüft werden (wie in Kapitel 7.2.9.1.3.1.3), lassen sich nur schwache Argumente gegen diese Hypothese anführen.

- Mit **Phantasien** alleine können die **Heilerfolge** von Rückführungen nicht erklärt werden. Man muss zumindest die Vorstellung von „**Symboldramen**" hinzunehmen, die in Kapitel 7.2.8.1, S. 638 erklärt wurde. Warum aber auch diese als allgemeingültige Erklärung für Heilerfolge der Reinkarnationstherapie nicht so recht überzeugen können, ist im Kapitel 7.2.8.1.1, S. 642 ausführlich dargestellt.

- Wenn die Klienten bereits vor der Rückführung typische **Verhaltensweisen** zeigten, wie etwa **Vorlieben**, **Interessen**, Neigungen oder Spezialkenntnisse, **Fähigkeiten und Fertigkeiten**, aber auch **Alpträume** und **Flashbacks** erlebt haben, so passen diese Dinge problemlos in den Kontext der Reinkarnation, wie die nachgeprüften Fälle gezeigt haben. Sie lassen sich bei ungeprüften Rückführungen mit **Phantasiegeschichten** nur in Verbindung bringen, wenn man unterstellt, die Probanden hätten ihre Geschichten so zugeschnitten, dass nicht nur ihre Probleme, sondern auch ihre harmlosen Verhaltensweisen darin Platz finden. Wenn eine Vielzahl von **Verhaltensmerkmalen** ihre Begründung in nur wenigen angeblichen früheren Leben fände, stärkte dies die Erklärung durch Reinkarnation. Man müsste dann nämlich den Geschichtenerfindern eine poetische Genialität zumessen, die sie wahrscheinlich nicht besitzen. Die vorhandene Literatur beschäftigt sich mit der Heilung von Krankheiten, kaum mit Verhaltensweisen und deren Begründung in früheren Leben (*kurze Beispiele bei 147, S. 94; 479, S. 14, 94ff*). Ich habe keine ungeprüften Fälle gefunden, die Verhaltensweisen der heutigen Person auf Dinge in früheren Leben zurückführen und so ein weiteres Argument für die Reinkarnationshypothese liefern könnten. Hier liegt ein mögliches Forschungsfeld brach.

7.2.9.1.3.3.4   Kryptomnesie

These:

Die Rückgeführten geben Inhalte wider, die sie früher einmal gelesen, gehört oder aus Filmen oder dem Fernsehen erfahren haben. Die Herkunft dieses Wissens ist ihnen aber nicht mehr bewusst. Durch Hypnose wird die Erinnerung daran wieder aus dem **Unterbewusstsein** gehoben. Sie halten jetzt die Geschichte für selbst erlebt, **identifizieren** sich damit und stellen sie **dramatisiert** als eigenes Erlebnis dar (vgl. Kapitel 7.2.9.1.3.1.4, S. 729 und 7.2.9.1.3.2.4, S. 744).

Gegenargumente:

- Für die ungeprüften Rückführungen bleiben die Argumente gegen die **Erklärung durch Kryptomnesie** schwach. Eine Nachprüfung im Hinblick auf **Kryptomnesie** wird von den Praktikern in der Regel nicht ernsthaft versucht. Z. B. wurde meines Wissens nur von Keeton den Rückgeführten **unter Hypnose die Frage nach der Quelle ihres Wissens** gestellt (*225, S. 73, 91; 283, S. 158*). (Dickinson und Kampman taten dies auch, aber als Teil ihrer Forschung, nicht als Praktiker (*541, S. 124*)).
  Auf der anderen Seite muss man aber auch sehen, dass Kryptomnesie praktisch immer nur als Möglichkeit genannt und nicht wirklich nachgewiesen wird. Stevensons 3 Forderungen nach Kapitel 7.2.9.1.3.1.4, S. 729 werden von den Kritikern nicht erfüllt!
- **Kryptomnesie** scheint tatsächlich vorzukommen, wie unter Punkt 7.2.9.1.3.1.4, S. 729 ausgeführt wurde. Bei ungeprüften Fällen muss man diese Erklärungsmöglichkeit immer einkalkulieren. Weil es jedoch die oben genannten erfolgreich nachgeprüften Fälle gibt, in denen mit hoher Wahrscheinlichkeit keine Quellen vorlagen, aus denen der Regressant sein Wissen bezogen haben könnte, darf bezweifelt werden, dass mit Kryptomnesie eine generelle Erklärung für alle Erinnerungen in Rückführungen gefunden ist.
- **Heilerfolge**: Hier gilt die gleiche Argumentation wie in Kapitel 7.2.9.1.3.1.4, S. 739.
- **Fähigkeiten und Fertigkeiten**: Wenn man akzeptiert, dass der Regressant praktische **Fähigkeiten** und **Fertigkeiten**, die er im heutigen Leben hat, nicht durch Lesen oder das Anschauen von Filmen, sondern nur durch Übung erwerben kann, solche Leistungen aber ohne vorherige Praxis trotzdem zeigt, scheidet **Kryptomnesie als Erklärung** aus. Bei Kryptomnesie geht es schließlich nur um „verschüttetes" Wissen (knowing that), nicht um Können (knowing how). Allerdings habe ich nur einen einzigen ungeprüften Fall gefunden, in dem

solche Leistungen durch ein passendes Vorleben erklärlich werden (20, S. 107: Ford spielt Klavier unter Hypnose). Es gibt noch viel zu forschen!

- **Xenoglossie**: Die kommunikative Xenoglossie, die wechselseitige Unterhaltung in einer nie erlernten Sprache, kann man auch zu den Fähigkeiten zählen, welche man nur durch Übung, nicht nur durch Hören oder Lesen erwerben kann. Entsprechend der obigen Argumentation scheidet damit **Kryptomnesie als Erklärung** aus. Dazu kommt, dass eine sich spontan ergebende Unterhaltung nicht durch vorher Gelesenes, Gehörtes oder Gesehenes erklärt werden kann. Auch in Fällen, in denen mit hoher Sicherheit ausgeschlossen werden kann, dass der Regressant Quellen über sein angebliches früheres Leben vor der Rückführung zu Gesicht bekommen hat, kann diese Fähigkeit nicht durch **Kryptomnesie erklärt** werden. Beispiele dieser Art finden sich im Kapitel 7.2.5 und bei Stevenson (*431; 435*).

- **Quasi-motorische Automatismen**[301]: Hier gilt die gleiche Argumentation wie in Kapitel 7.2.9.1.3.1.4, S. 739.

---

[301] Zu motorischen Automatismen rechnet man das angeblich von Jenseitigen gelenkte automatische Schreiben. Das ist hier nicht gemeint. Daher das „quasi".

7.2.9.1.4   Genetisches Gedächtnis

These:

Die angeblichen Erinnerungen stellen in Wahrheit Erlebnisse der Vorfahren dar, die mit den Genen (DNA) weitervererbt worden sind, ähnlich wie bei Tieren die Weitergabe von **Instinkten**[302].

Gegenargumente:

- In der Regel befinden sich die heutige und die frühere Person nicht in gleicher biologischer Abstammungskette, sodass Vererbung als Erklärung ausscheidet.
- Eine genetische Vererbung von Erinnerungen an Erlebnisse ist bisher wissenschaftlich nicht bestätigt. Insofern handelt es sich nicht um eine natürliche Erklärung, sondern um eine Spekulation. Nicht individuelle Lerninhalte, sondern nur Lernpotenzen und evtl. kollektive Lerninhalte sind erblich.
- Nach heutigem Wissen werden persönliche Verhaltensweisen, Emotionen, Fähigkeiten und Wiedererkennungen nicht vererbt.
- Die Rückgeführten erinnern sich auch an Ereignisse, die nach einer Zeugung von Nachkommen der früheren Personen stattgefunden haben. Z.B. sind Erinnerungen an den Tod prinzipiell nicht vererbbar, spielen aber eine zentrale Rolle in den Fällen.

7.2.9.1.5   Zufall

These:
Übereinstimmungen, die in gelösten Fällen gefunden wurden, sind zufälliger Natur.

Gegenargumente:
- Bei einer kleinen Anzahl (z. B. drei oder vier) charakterisierender Merkmale mag es vielleicht möglich sein, den **Zufall** verantwortlich zu machen. Die **verifizierten Fälle** enthalten aber eine viel größere Menge an Eigenschaften, die eine frühere Person zu identifizieren erlauben, sodass die Wahrscheinlichkeit für Zufallstreffer drastisch sinkt.
Eine Maßzahl für die Wahrscheinlichkeit wurde bisher nirgends angegeben. Eine Modellrechnung, die an die Umstände der verifizierten Fälle angepasst ist, soll die Verhältnisse stattdessen verdeutlichen:

---

[302] Bei Mäusen wurden Gerüche, die mit Gefahr verknüpft waren, über Genveränderungen an den Keimzellen, und damit im Sperma an nachfolgende Generationen weitergegeben, „Grausen vererbt sich; Selbst Enkel fliehen noch", Erlanger Nachrichten vom 4/5. 1. 2014

- Bei 20 Merkmalen, die nur je 10 voneinander verschiedene Werte einnehmen können, ergibt sich bei statistischer Unabhängigkeit der Merkmale untereinander eine Wahrscheinlichkeit von $0,1^{20}$ oder $0,00000000000000000001$ für die Übereinstimmung aller Merkmale. Man müsste extrem viel mehr Menschen (10^{10} mal mehr), als heute auf der Erde leben, untersuchen, um mit 63% Wahrscheinlichkeit eine Übereinstimmung zu finden.

7.2.9.1.6   Dissoziation / Multiple Persönlichkeit

These:

Die Klienten der Rückführer sind **schizophren**, d. h. sie zeigen eine Störung des Denkens und der Wahrnehmung oder sie leiden unter einer **multiplen Persönlichkeitsstörung** (MPD: Multiple Personality Disorder) oder einer dissoziativen Identitätsstörung. Weil sich die Rückgeführten mit einer anderen Person **identifizieren**, haben sie eine gespaltene Persönlichkeit und sind daher psychisch krank. Dies erklärt die Fälle.

Gegenargumente:

- Es stimmt zwar, dass die meisten Klienten wegen eines Leidens zu Rückführungen kommen. Bei einer Quote von ca. 90% rückführbarer Patienten würden aber, wollte man obiger These folgen, fast alle Klienten an multipler Persönlichkeitsstörung oder Schizophrenie leiden. Das mag aber höchstens für einen verschwindend kleinen Kreis von Patienten zutreffen, denn die **Reinkarnationstherapeuten** nehmen in der Regel derart schwer betroffene Patienten gar nicht an.

- Auch bei gesunden, zufällig ausgewählten Klienten gelingt eine Rückführung in ca. 90% der Fälle. Das ist nicht mit der These vereinbar.

- Schizophrenie/MPD kann nicht erklären, wie in gelösten Fällen Kenntnisse aus unbekannten, z. T. weit entfernt wohnenden Familien und verborgenes Insiderwissen erhalten werden konnten.

- Diese Krankheiten erklären in gelösten Fällen nicht die Übereinstimmungen in den auftretenden Verhaltensweisen, Emotionen und Träumen.

7.2.9.1.7 Inselbegabung (Savant-Syndrom)

These:

Die Klienten der Reinkarnationstherapeuten sind „**Savants**", denn sie zeigen eine unerklärliche Sonderbegabung, nämlich angeblich frühere Leben eines Verstorbenen zu kennen, sich obendrein noch damit zu **identifizieren** und es nachzuleben (**dramatisierend** aufzuführen).

Gegenargumente:

- Weltweit gibt es rund 100 Savants, während viele 10.000 Patienten rückgeführt wurden.
- Savants zeigen zwar auf Teilgebieten abnorme Leistungsfähigkeit, sind aber oft Autisten oder wenig lebenstüchtig. Sie entsprechen damit nicht dem Patientenstamm von Reinkarnationstherapeuten.
- Da man das Savant-Syndrom bisher nicht versteht, erklärt die These nichts. Sie verschiebt das Problem nur in einen anderen unverstandenen Bereich.

7.2.9.2 Paranormale Erklärungen

Keine der oben angeführten, natürlichen Erklärungen kann <u>bei verifizierten Fällen</u> recht befriedigen. Daher muss man nach weiteren Möglichkeiten suchen. Skeptiker, welche die Reinkarnation grundsätzlich als Erklärung ablehnen, liefern in dieser Zwangslage Vorschläge, die ihnen selbst nicht geheuer sein müssten. Dennoch ist es gut, solche Vorschläge unvoreingenommen zu prüfen und bei der Datenerhebung zu versuchen, Argumente für eine Unterscheidung zwischen mehreren Lösungsvorschlägen zu erhalten. Nur so kann man zu einer Bewertung der Hypothesen auf sachlicher Basis gelangen.

Urteilen Sie selbst, welche der nachfolgend aufgelisteten und „abgeklopften" paranormalen Erklärungen Sie rational für vertretbar oder sogar für die überzeugendste halten (Erklärung: ASW = außersinnliche Wahrnehmung):

- Super-ASW und Super-PSI   (Kapitel 7.2.9.2.1, S. 754)
- Wissensfelder   (Kapitel 7.2.9.2.2, S. 761)
- Nachtodliches Persönlichkeitsfeld (NNP)   (Kapitel 7.2.9.2.3, S. 762)
- Geisteranrufung   (Kapitel 7.2.9.2.4, S. 764)
- Beeinflussung durch Geister   (Kapitel 7.2.9.2.5, S. 765)
- Reinkarnation   (Kapitel 7.2.9.2.6, S. 768)

7.2.9.2.1 Super-außersinnliche Wahrnehmung (Super-ASW) und Super-PSI

Die Erklärung bewegt sich zwar im Bereich des Paranormalen, vermeidet aber den Gedanken einer den Tod überdauernden **Seele** oder einer jenseitigen Welt. Alle Phänomene werden als Leistungen der Psyche lebender Menschen, also **animistisch verstanden**.

These:
Alle Phänomene können erklärt werden durch extrem ausgeprägte PSI-Fähigkeiten Lebender in der Form von

- **Telepathie** („Fernfühlen", bezogen auf andere Personen) und/oder
- **Hellsehen** („Fernfühlen", bezogen auf objektive Tatsachen) und/oder
- **Präkognition** (Vorauswissen zukünftiger Ereignisse) und/oder
- **Retrokognition** (außersinnlicher „Blick" in die Vergangenheit)
- **Psychokinese** (PK: geistgesteuerte physikalische Wirkungen) in Verbindung mit
- unbewusster **Identifikation** mit der früheren Person und verbunden mit
- unbewusster **Dramatisierung** von angeblichen Erinnerungen.

Üblicherweise wird dies alles als **Super-PSI** (ohne PK als **Super-ASW**; PK = Psychokinese) bezeichnet (*48; 11, S. 42*). Das „Super" soll andeuten, dass das Ausmaß der Fähigkeiten weit über das hinausgeht, was jemals im Labor bei parapsychologischen Experimenten gefunden wurde. Zudem besteht unter Naturwissenschaftlern nicht einmal Einigkeit darüber, ob selbst „einfache" ASW und PK im Labor tatsächlich nachgewiesen worden sind.

Braudes Vorstellungen:

Der Philosoph und Parapsychologe **Stephen E. Braude** aus Baltimore, USA, kämpft darum, der **Super-PSI-Hypothese** denselben Stellenwert zu geben wie der Überlebenshypothese[303], z. B. in Form der Reinkarnation. Da er ein profunder Kenner der Materie ist und mir am wenigsten voreingenommen erscheint[304], seien hier seine Argumente zusammengefasst und auf einen kurzen Nenner gebracht (*48; 49, S. 11, 13*). Braude meint:

- Wenn man nicht nur die im Labor gefundenen **PSI-Leistungen**, sondern auch die Spontanformen (**Makro-PK**; s. S. 756) in die Betrachtung einbezieht, reichen die **paranormalen** Fähigkeiten, die man von Lebenden kennt, bereits aus, um die Phänomene zu verstehen, die von anderen durch die Überlebenshypothese bzw. die Reinkarnation erklärt werden.

- Braude unterscheidet zwei Versionen von **Super-PSI**:

  1. **Multiprozess-Hypothese**: Jedes erdenkliche Zusammenwirken der o. g. parapsychologischen Phänomene – jeweils in „Höchstform" und unter mehreren Personen – wird zugelassen.

  2. **Zauberstab-Hypothese**: Jeder Wunsch, jedes Verlangen, jede psychische Not, wenn nur stark genug ausgeprägt, kann paranormale Leistungen in Höchstform seitens eines Lebenden hervorbringen. Es mag nicht leicht sein, diese psychische Gegebenheit zu erkennen.

- Da man keinen **Wirkmechanismus** („**modus operandi**") kennt, sind die Grenzen von Super-PSI nicht bekannt. Daher muss man ihr in der Argumentation unbegrenzte Fähigkeiten zuerkennen, sozusagen auch die Möglichkeit, „Berge versetzen" zu können.

---

[303] Ähnliche Ansichten vertritt der Philosoph Sudduth aus San Francisco (*442; 443*).

[304] Im Gegensatz zu den Kritikern Paul Edwards (*124*) und Melvin Harris (*184*), für die der Gedanke an ein Weiterleben nach dem Tod oder gar die Reinkarnation von Anfang an ausgemachter Unsinn ist.

- Dass Fähigkeiten der Lebenden nicht allein durch Belehrung erworben werden können, sondern der Übung bedürfen heißt nicht, dass dies auch für paranormale Kommunikation bzw. außersinnliche Übertragung von Fähigkeiten gelten muss. **Hypnose** könnte diesen Prozess befördern.

- Die Begründung dafür sieht Braude in Fällen von **multipler Persönlichkeitsstörung**, welche die Annahme nahelegen, dass psychische **Dissoziation** (Bewusstseinsspaltung) rasch Persönlichkeitsmerkmale und nicht eingeübte Fähigkeiten hervorbringen kann, die unter normalen Umständen undenkbar wären.

- Unerwartet auftauchende **Fähigkeiten** erfordern nicht zwingend vorherige praktische Einübung.

- Die Begründung für diese Aussage sieht Braude in der Tatsache, dass es **Wunderkinder** und **Savants** (Menschen mit einer Inselbegabung) gibt.

Meine Antithese zu Braude:

Braude macht damit gleichsam ein „Fass mit einem großen Loch im Boden" auf. Dem kann ich ein gleichartiges Fass zur Seite stellen, das ebenfalls ein Loch im Boden hat. Dieses Fass sieht etwa so aus:

- Paranormale Fähigkeiten werden nicht nur Lebenden zuerkannt, sondern auch **Jenseitigen** oder **Verstorbenen**. Deren Seelen leben nach dem Tod immateriell weiter. Sie verlieren mit der Trennung vom Körper nicht ihre Fähigkeiten, wohl aber den Körper als Ausdrucksmittel.

- Für das Weiterleben der **Seele** nach dem Tod gibt es Hinweise aus verschiedenen Erfahrungsbereichen des Menschen (Spontanerinnerungen kleiner Kinder, Nahtod-Erfahrungen, mediale Kommunikationen, Erscheinungen, Rückführungen Erwachsener, u.a.m.). Als Beleg für **Super-PSI** nennt Braude die Wunder der Materialisationen durch physikalische **Medien** und das Spielen eines unberührten, in einem Käfig eingeschlossenen Akkordeons durch **D. D. Home** (**Makro-PK**). Der **Wirkmechanismus** („**modus operandi**") ist weder für die Überlebenshypothese noch für die medialen Wunder bekannt. Solange dieser Mangel besteht, kann man zwar anzweifeln, ob die Erfahrungen, die auf ein Weiterleben der Seele nach dem Tod des Menschen (Überlebenshypothese) hinzudeuten scheinen, zu Recht als solche angesehen werden. In gleicher Weise darf aber auch die Frage gestellt werden, warum die medialen Wunder von Gegnern der Überlebenshypothese stillschweigend als von lebenden Menschen verursacht angesehen werden, obwohl dies auch eine Wirkung oder Mitwirkung von **Jenseitigen** darstellen könnte, wie in den o. g. Erfahrungsfeldern behauptet oder nahe gelegt wird.

- **Super-PSI** nach der **Zauberstab-Hypothese** unterstellt den Kindern, die sich an ein früheres Leben erinnern, oder Klienten, die ohne ein Problem zu haben, nur aus Neugier hypnotisch in frühere Leben zurückversetzt werden, sie wären von einer psychischen Not getrieben. Dies im Hinblick auf alle Fälle hypnotischer Rückführungen zu unterstellen, halte ich für gewagt. Die Diskussion zu Symboldramen in Kapitel 7.2.8.1.2.2, S. 658 spricht gegen diese Vorstellung.

- Als Beleg für die Möglichkeit, **Fähigkeiten** ohne vorherige Übung plötzlich zu zeigen, unterstellt Braude, dass **Dissoziation** bei **multiplen Persönlichkeiten** eine generell nicht-spirituelle Erklärung liefert. Wie wir von **Allison** und anderen aus Kapitel 7.2.8.2 (S. 663) wissen, gibt es Fälle dieser Art, die erst unter dem Modell einer **Besetzung** durch Geister geheilt werden konnten. Also kann man ebenso begründet auch annehmen, plötzlich auftretende Fähigkeiten seien diejenigen der **Besetzungsgeister**, die sich in der lebenden Person zeigen.

- Als Beleg dafür, dass **Fähigkeiten** ohne vorherige Übung plötzlich auftreten können, ohne dies spiritistisch erklären zu müssen, nennt Braude **Wunderkinder** und **Savants**. Da völlig unverstanden ist, wie die wundersamen Leistungen dieser Personengruppen zustande kommen können, bleibt es unverständlich, wieso Braude sie allein für seine Argumentation pro Super-PSI vereinnahmen kann. Sie werden stillschweigend dem „Normalen“, den nicht-spirituellen Erscheinungen, zugeschlagen. Dabei kann man die Fähigkeiten von Wunderkindern und Savants auch als Ergebnis der Ausübung vergleichbarer Tätigkeiten in früheren Leben auffassen. Alternativ bietet es sich an, die Mitwirkung **Jenseitiger** anzunehmen oder ihnen die Fähigkeit zuzubilligen, in der **Akasha-Chronik** lesen zu können.

Ich vermag nicht endgültig zu entscheiden, welches Fass das größere Loch im Boden hat. Die Entscheidung liegt bei Ihnen, lieber Leser.

These (hier wiederholt in gekürzter Form):
Alle Phänomene können durch extrem ausgeprägte PSI-Fähigkeiten Lebender erklärt werden.

Gegenargumente:
- Keine Form von **Super-PSI** kann erklären, welchen unbekannten **Verstorbenen** der Rückgeführte für seine Erinnerungen, Personifizierung und **Dramatisierung** auswählt, wenn bzw. weil (definitionsgemäß) keine Verbindung zu einer

FP bestehen kann, aus der sich eine Motivation zu diesem Handeln ableiten ließe. Wenn man Reinkarnation als **Wirkmechanismus** unterstellt, existiert eine
eindeutige Verbindung zur früheren Person, die das Motiv liefert.

- Wenn **Super-PSI** wirksam wäre, müssten auch lebende Personen in den „Erinnerungen" auftreten, was aber nicht der Fall ist. Sie könnten so ausgewählt
  worden sein, dass sie das spezielle Problem widerspiegeln, weswegen der
  Klient zum Reinkarnationstherapeuten gekommen ist.

- **Super-PSI** kann darüber hinaus nicht nachvollziehbar machen, warum Rückgeführte meist **schreckliche Leben** und grausame Todesarten von alles andere als
  prominenten verstorbenen Personen aufgreifen, die oft ein schweres Schicksal
  hatten, anstatt sich lieber angenehme Leben anzuschauen. Diesen Mangel könnte man durch Rückgriff auf die zusätzliche **Erklärung analog zu Symboldramen** zu beheben versuchen, die grausam ausfallen, wenn der Klient große Probleme mitbringt. Demnach würde der Klient in solche Leben außersinnlich Einblick nehmen, die einen Bezug zu seinem Problem haben. Dem stehen allerdings die in Kapitel 7.2.8.1 (S. 638) erwähnten Beispiele entgegen, in denen gesunde, problemfreie Probanden sich in schlimme frühere Leben hineinversetzt
  fühlten. Warum sollten sie sich das antun und warum überhaupt in fremde, ver-
  flossene Leben schauen, wenn sie keine Probleme zu lösen hatten? Und wenn
  sie – als zweite Zusatzannahme – unbewusste Probleme mitgebracht hätten, die
  eine Motivation zu **PSI-Leistungen** begründen könnten, warum schauen diese
  Klienten nicht in angenehme „Erinnerungen", die auch heilsam wirken können,
  wie wir vom „**rescripting**" her wissen?
  Nach der Reinkarnationshypothese hat in verifizierten Fällen der Klient keine
  Wahl, sich ein angenehmes Leben auszusuchen, sondern muss, ob er will oder
  nicht, die Person eines bestimmten früheren Lebens annehmen. Daher die Häufung schrecklicher Erinnerungen bei problembeladenen Klienten und meist die
  Sicht auf normale Leben bei unbelasteten Probanden (Kapitel 7.2.8.1, S. 638).

- Wie soll **Super-PSI** erklären, warum sich der Regressant fast immer mit der
  verstorbenen Person **identifiziert**, statt diese als Unbeteiligter wie eine fremde
  Person zu betrachten?

- Typischerweise empfinden Rückgeführte ihre Erlebnisse unter Hypnose als
  Erinnerungen, nicht als „natürliches oder erahntes Wissen". Wieso zeigt sich
  Super-PSI in Rückführungen immer als Erinnerung – auch bei Klienten, die
  nicht an Reinkarnation glauben?

- Wenn Klienten über ihren Tod im früheren Leben hinaus in die danach kommende Zeit geführt werden, sollte man nach der **Super-PSI-These** erwarten,
  dass sie vom Fortgang des Lebens der (zurückgebliebenen) Familie (der erin-

nerten früheren Person) berichten. Das mag zwar in Rückführungen vorkommen, aber in der Regel, wenn überhaupt eine Aussage kommt, wird ein Leben in der Zwischenlebenszeit im **Jenseits** beschrieben – auch von Personen, die nicht an ein Weiterleben nach dem Tod glauben (*Beispiele: 539, S. 52, 173, 175, 184, 185*). Dieses Jenseits gibt es nach der Super-PSI-These aber nicht.

- Eine Begründung für Fehlerhaftigkeit der **Super-ASW** findet sich unter dem Schlagwort „crippling complexity" (lähmende Komplexität) in der Literatur (*49, S. 86ff, 217f*): Je größere Leistungsfähigkeit und Komplexität der Super-ASW zuerkannt wird, um möglichst viele paranormale Phänomene abdecken zu können, desto mehr Störfaktoren durch andere Psychen und „Aktivitäten unter der Oberfläche" müsste man doch erwarten. Das würde dann aber auch den außersinnlichen Suchvorgang behindern und Fehler begünstigen. Warum **identifiziert** sich z. B. – bis auf seltenste Ausnahmen (walk-in) – <u>kein</u> Rückgeführter fälschlicherweise mit noch lebenden Personen? Solche Fehler müssten bei **Super-PSI** aber häufiger auftreten. (Selektive Berichterstattung der Autoren?)

- Nach der **Super-PSI-Hypothese** gibt es keine frühere Person, von der Gesundheitsprobleme auf die heutige Person übertragen werden. Durch eine Rückführung lassen sich deshalb auch keine Krankheiten heilen. Wie erklärt aber die Super-PSI-Hypothese die unbestreitbar vorhandenen **Heilerfolge**? Sie muss dazu auf die Vorstellung von „**Symboldramen**" zurückgreifen. Warum jedoch Symboldramen als allgemeingültige Erklärung von Heilerfolgen der Reinkarnationstherapie nicht so recht überzeugen können, ist im Kapitel 7.2.8.1.1, S. 642 ausgeführt.

- Wenn die Klienten in der Rückführung gebeten werden: „*Geh dorthin, wo Dein Problem seinen Anfang nahm*", gehen die meisten in ein früheres Leben – selbst wenn sie gar nicht reinkarnationsgläubig sind. Wieso sagt ihnen ihre von Skeptikern beschworene exzeptionelle außersinnliche Wahrnehmungsfähigkeit nicht: „*Hallo, lass' den Unsinn, es gibt gar keine früheren Leben und keine Reinkarnation!*"?

- Da etwa 90% aller Menschen rückführbar sind, bedeutet die These letztlich, dass fast alle Menschen unter Hypnose **Super-PSI-Fähigkeiten** entwickeln. **Milan Rýzl** hat in bestimmten Versuchen, die Rückführungen nicht unähnlich waren, gezeigt, dass die **ASW-Fähigkeit** durch Hypnose in der Tat gesteigert werden kann (*30, S. 225*). Was seine Versuchspersonen dabei zustande brachten, ist aber alles andere als „super". Dies bestätigt eine Metastudie von **Hyman und Honorton**, die Untersuchungsergebnisse von 11 Forschern mittelt. Die Probanden erreichten ohne Hypnose Werte im Bereich der **Zufallswahrscheinlichkeit** von 50% und unter Hypnose erhöhte sich der Wert gerade mal auf 52%

(*316, S. 107*). Es ist also eher unwahrscheinlich, dass Rückgeführte generell das Stadium der **Super-ASW** bzw. gar von Super-PSI erreichen, sodass die obige These eher als nicht zutreffend einzustufen ist.

- Um dem vorstehenden Argument zu entgehen, postuliert **Braude**, es gehe nicht um induzierte, erzwungene, sondern um spontane **Super-ASW**, die jedermann eigen sei, sich aber im Alltag nicht offen zeige (*49, S. 12; dort „sore thumb assumption"*). Das nehme ich ihm nicht ab. Angesichts der vielen Untersuchungen zu **ASW** unter Hypnose hätten sich auch im Labor mitunter „super" herausragende Spontanleistungen zeigen müssen. Da solches nicht berichtet wird (nur starke Unterschiede der Ergebnisse unterschiedlicher Forscher), ist eher anzunehmen, dass sie nicht als Regelfall auftreten, wie es die 90% Rückführbarkeit fordert.

- Es gibt keine Hinweise darauf, dass **Super-PSI** spezifisch nur auf ein Thema gerichtet ist: auf frühere Leben. Wenn Super-PSI die richtige Erklärung wäre, dürften nicht nur Erinnerungen an frühere Leben auftreten, sondern alle Wunder, die mit PSI-Fähigkeiten Lebender in Verbindung gebracht werden (z. B. Makro-PK in Form fliegender Gegenstände oder anderem Spuk).

7.2.9.2.2   Wissensfelder

Wissensfelder werden auch als **Akasha-Chronik** bezeichnet. Sie haben Anklänge zu **Sheldrakes morphischem Feld** und teilweise **Jungs kollektivem Unbewussten**.

These:
Die Rückgeführten beziehen ihre Erinnerungen aus einem unsichtbaren, immateriellen „**Wissensfeld**", welches das „Wissen der Welt" gespeichert hält. Die Erinnerungen stellen keinen Beleg für die Kontinuität einer individuellen Persönlichkeit dar. Das Wissensfeld bleibt definitionsgemäß passiv; es hat kein eigenes **Bewusstsein**, kann nur abgefragt werden. Und dieses Abfragen ist eine spezielle Form der **ASW**.

Kommentar:
Mit dieser Erklärung wird – anders als in der obigen Super-ASW-Hypothese – zugestanden, es könne eine paranormale Kommunikation nicht nur unter Lebenden, sondern auch zwischen Lebenden und einer immateriellen Welt geben.

Gegenargumente:
- Die Feldtheorie kann, bisher jedenfalls, nicht erklären, welche gespeicherten Lebensläufe von Milliarden **Verstorbener** unter Hypnose abgerufen werden. Nach der Reinkarnationshypothese gibt es dagegen den klaren Bezug zur Kontinuität der unsterblichen Seele und ihren früheren Leben.
- Die These lässt nicht verständlich werden, warum sich der Rückgeführte mit den fremden, verstorbenen Personen **identifiziert** und seine inneren Bilder als persönliche **Erinnerung** empfindet.
- Warum wirken Erinnerungen an Schicksale von verstorbenen Menschen, zu denen angeblich kein Bezug besteht, in vielen Fällen **heilend**? Die These bietet keine Antwort darauf an. Für eine Erklärung muss deshalb auf die Vorstellung von „**Symboldramen**" zurückgegriffen werden. Warum Symboldramen als allgemeingültige Erklärung für Heilerfolge der Reinkarnationstherapie nicht so recht überzeugen können, ist im Kapitel 7.2.8.1.1, S. 642 ausgeführt.
- Wenn der Klient sich aussucht, welches frühere Leben er dem Wissensfeld entnimmt, so wäre zu erklären, warum so häufig **unattraktive Leben** ausgewählt werden, die oft mit einem unnatürlichen oder gar grausamen Tod enden. Die These erklärt das nicht.
- Wie kommen Klienten darauf, von einer **Zwischenlebenszeit** zu berichten, wenn es so etwas gar nicht gibt?

- Die These hat dieselben Probleme, das Auftreten von **Verhaltens-** und **Charaktermerkmalen**, zu erklären, wie die Super-PSI-Hypothese.

- Auch **Geburtsmerkmale**, die wir von den Kindern in Band 1 kennen, lassen sich in dieser Vorstellung kaum unterbringen.

7.2.9.2.3   Nachtodliches nichtlokales Persönlichkeitsfeld (NNP)

These:

Mit dem Tod entsteht ein nichtlokales Persönlichkeitsfeld (NNP = **nachtodliches nichtlokales Persönlichkeitsfeld**), das alle Erfahrungen und Eigenschaften der **verstorbenen Person** nicht-materiell und von überall her erreichbar speichert. Das Feld verhält sich passiv, es nimmt nichts aus der materiellen Welt wahr und erzeugt keine eigenen Gedanken oder Initiativen, so dass man nicht von einem überlebenden **Bewusstsein** oder einer Seele sprechen kann. Dieses Feld kann sich an Objekte, Örtlichkeiten oder Situationen anheften. Eine solche „Situation" wäre ein Klient in Hypnose, der dieses Feld ganz oder teilweise in sich aufnimmt. So erhält er das Wissen der FP und deren Eigenschaften, die er auslebt. So entsteht der Eindruck, als überdauere eine **Seele** den Tod und sei in der HP wiedergeboren worden (*27, S. 26ff; 165, S. 155, 181, 197*).

Kommentar:

Diese These ist der vom **Wissensfeld** sehr ähnlich. Im Unterschied dazu enthält das NNP nur die Eigenschaften eines bestimmten Verstorbenen, nicht das ganze Wissen der Welt. Dementsprechend ähnlich sind auch die Gegenargumente. Eine detaillierte Auseinandersetzung mit dieser These findet sich in der Literatur (*290*).

Gegenargumente:

- Die These kann nicht erklären, welches NNP unter denen von Milliarden **Verstorbenen** unter Hypnose abgerufen wird. Die Reinkarnationshypothese jedoch vermag das, indem sie von einer klaren Kontinuität der unsterblichen Seele im heutigen wie auch in früheren Leben ausgeht.

- Die These lässt nicht verständlich werden, warum sich der Rückgeführte mit den fremden, verstorbenen Personen **identifiziert** und seine inneren Bilder als persönliche Erinnerung empfindet.

- Warum wirken Erinnerungen an Schicksale von verstorbenen Menschen, zu denen kein Bezug besteht, **heilend**? Die These bietet darauf keine Antwort an. Man muss für eine Erklärung auf die Vorstellung von „**Symboldramen**" zurückgreifen. Warum Symboldramen als allgemeingültige Erklärung für Heilerfolge der Reinkarnationstherapie nicht so recht überzeugen können, ist im Kapitel 7.2.8.1.1, S. 642 ausgeführt.

- Wenn der Klient ein NNP aussucht, so wäre auch hier zu erklären, warum er so häufig **unattraktive Leben** auswählt, die oft mit einem unnatürlichen Tod enden. Die These erklärt das nicht.

- Warum sprechen die Klienten regelmäßig von FL, wenn es solche nach der These nicht gibt?

- Wie kommen Klienten darauf, von einer **Zwischenlebenszeit** zu berichten, wenn es so etwas gar nicht gibt?

7.2.9.2.4   Geisteranrufung

These:

In der Rückführung wird der Klient zum spiritistischen **Medium** und nimmt Kontakt zur Seele eines **Verstorbenen** auf und **identifiziert** sich mit ihm so, dass er dessen **Schicksal** als das eigene empfindet. Die angeblichen Erinnerungen an ein eigenes früheres Leben sind ein Trugschluss. Der aktive, agierende Part liegt beim Regressanten, während der Verstorbene passiv bleibt und nur reagiert, indem er seine Erinnerungen preisgibt.

Kommentar:

Dies ist keine Erklärung, die Skeptikern gefallen kann, denn sie impliziert, dass es Verstorbene gibt, die nach ihrem Tod irgendwie weiterexistieren und angerufen werden können.

Gegenargumente:

- Wenn ein Heilung suchender Patient in der Rückführung aufgefordert wird, in eine Situation zu gehen, die mit seinem Problem zu tun hat, oder die Ursache seines Problems ist, so taucht er üblicherweise in eines seiner früheren Leben ein, das Bezüge zu seinem Problem aufweist. Wenn dies gemäß der These nicht mehr als Erinnerung an ein eigenes früheres Leben aufgefasst werden soll, sondern als Übernahme von Erinnerungen eines **fremden Verstorbenen**, so ergeben sich unbeantwortbare Fragen:
  - Wie findet der Rückgeführte in der Vielzahl von Verstorbenen jene heraus, deren **Schicksal** einen Bezug zu seinem Problem (und evtl. seinen Träumen und Flashbacks) hat? Es können sicher zahllose **Jenseitige** in Frage kommen.
  - Welchen von diesen zahllosen Verstorbenen, deren **Schicksal** einen Bezug zum Problem (und evtl. den Träumen und Flashbacks) des Patienten hat, ruft der Rückgeführte an?
  - Wie vermeidet er mehrfache Übernahmen zur gleichen Zeit, damit nur ein einziges anscheinend früheres Leben gesehen wird?
  - Wie soll die Übernahme eines fremden **Schicksals** zu Heilung führen können? Man muss auch bei dieser These auf die Vorstellung von „**Symboldramen**" zurückgreifen. Warum Symboldramen als allgemeingültige Erklärung für Heilerfolge der Reinkarnationstherapie nicht so recht überzeugen können, ist im Kapitel 7.2.8.1.1, S. 642 ausgeführt.

- ▪ Was motiviert die Rückgeführten, regelmäßig solche Übernahmen zu inszenieren, auch wenn sie vom Therapeuten nicht aufgefordert werden, in frühere Leben zu gehen, oder nicht an ein Jenseits glauben.

- ▪ Warum sollte der angerufene **Jenseitige** bei dem Verwechslungsspiel mitspielen und nicht darauf aufmerksam machen, dass er eine eigenständige Person ist?

- ▪ Wenn die These für alle Rückführungen gelten soll, so ist die Reinkarnationshypothese überflüssig. Warum aber sprechen Rückgeführte überhaupt regelmäßig von FL, sogar von vielen solchen oder von **Zwischenlebenszeiten** und ihrer danach folgenden Wiedergeburt, auch wenn sie nicht an Wiedergeburt glauben und wenn es das Genannte alles definitionsgemäß nicht gibt?

- ▪ Der Einfluss der Fremdseele muss dem Klienten bewusst sein, denn die Verbindung zum **Jenseitigen** entsteht auf seine eigene Initiative hin. Die behauptete **Identifikation** mit einer fremden Seele kann es daher nicht geben. Spiritistische Medien verwechseln die Jenseitigen, die sie anrufen, auch nicht mit ihrer eigenen Vergangenheit.

7.2.9.2.5   Beeinflussung durch Geister (Umsessenheit[305])

These:

Der **Geist** eines **Verstorbenen** gibt dem Hypnotisierten Erinnerungen an sein (des Geistes) verflossenes, irdisches Leben ein, und er beeinflusst auf diese Weise das **Verhalten** des Rückgeführten im Sinne seines eigenen Verhaltens zu seinen Lebzeiten – ähnlich, wie das bei Medien vorübergehend vorkommt. Der aktive, agierende Part liegt also hier beim Verstorbenen, anders als bei der vorherigen Hypothese (Geisteranrufung). Diese Erinnerungen mögen einer Realität entsprechen, also durchaus verifizierbar sein, aber es sind eben nicht die Erinnerungen an ein eigenes früheres Leben des Klienten.

Kommentar:

Dies ist ebenfalls keine Erklärung, die Skeptikern gefallen kann, denn sie impliziert, dass es Verstorbene gibt, die nach ihrem Tod irgendwie weiterexistieren und aus sich heraus agieren können (sie wird z. B. vertreten von *236, 487*). Die These ähnelt der vorhergehenden (Geisteranrufung), so dass auch hier ähnliche Gegenargumente

---

[305] Man verwechsle dies nicht mit „dämonischer Besessenheit", wie sie von der katholischen Kirche angenommen und durch Exorzismus behandelt wird.

bestehen. Im Unterschied zur Geisteranrufung liegt hier die Initiative beim Verstorbenen.

Gegenargumente:

- Wenn ein Heilung suchender Patient in der Rückführung aufgefordert wird, in eine Situation zu gehen, die mit seinem Problem zu tun hat, oder die Ursache seines Problems ist, so taucht er üblicherweise in eines seiner früheren Leben ein, das Bezüge zu seinem Problem aufweist. Wenn dies gemäß der These nicht mehr als Erinnerung an ein eigenes früheres Leben aufgefasst werden soll, sondern als Agieren von fremdem Verstorbenen, so ergeben sich unbeantwortbare Fragen:

  - Beobachten alle Seelen von Verstorbenen sämtliche Rückführungen auf dieser Welt, um eine mit einem Problem (und evtl. Träumen und Flashbacks) zu finden, das zur Geschichte des Verstorbenen passt?

  - Wenn nicht, wie kann es dann sein, dass in Rückführungen meist zum Problem (und evtl. zu Träumen und Flashbacks) passende Lebensläufe geschildert werden?

  - Wie kommt es, dass nicht eine Vielzahl von Geistern zur gleichen Zeit Einfluss nehmen?

  - Wie werden bei Rückführungen in mehrere frühere Leben zeitliche Überlappungen vermieden? Sie treten in Rückführungen nur sehr selten auf.

  - Was sollte die Seele eines Verstorbenen motivieren, sich in Rückführungen einzumischen?

  - Wie kann eine von Fremden eingegebene **Erinnerung** heilend wirken? Man muss für eine Erklärung auf die Vorstellung von „**Symboldramen**" zurückgreifen. Warum Symboldramen als allgemeingültige Erklärung für Heilerfolge der Reinkarnationstherapie nicht so recht überzeugen können, ist im Kapitel 7.2.8.1.1, S. 642 ausgeführt.

  - Wenn die These für alle Rückführungen gelten soll, so ist die Reinkarnationshypothese überflüssig. . Warum aber sprechen Rückgeführte überhaupt regelmäßig von FL, sogar von vielen solchen oder von **Zwischenlebenszeiten** und ihrer danach folgenden Wiedergeburt, auch wenn sie nicht an Wiedergeburt glauben und wenn es das Genannte alles definitionsgemäß nicht gibt?

- Bei einer **Umsessenheit** wird die Seele des Klienten nicht herausgedrängt oder das Eigenbewusstsein ausgeschaltet. Der Einfluss der Fremdseele muss dem Klienten und dem Rückführer auffallen und Reaktionen hervorrufen. Spiritistische Medien verwechseln ihre Kontrollgeister auch nicht mit ihrer eigenen Vergangenheit.

- Der Zusammenhang zwischen HP und FP wird nicht nur über personenspezifische Erinnerungen hergestellt. Es besteht auch eine Wesensverwandtschaft zwischen beiden, die sich in ähnlichen **Charaktereigenschaften** und vergleichbarem **Verhalten** äußert. Wenn die Initiative vom **Verstorbenen** ausgeht, so könnte sich diese Verwandtschaft nicht regelmäßig, sondern nur zufällig einstellen.

7.2.9.2.6   Reinkarnation

<u>These:</u>

Die Behauptung fast aller Rückgeführten, sie hätten in ihre früheren Leben geblickt, sollte ernstgenommen werden, da sie alle beobachteten Phänomene der Fälle erklären kann (enge Reinkarnationshypothese).

<u>Gegenargumente:</u>

- Eine Forschung zu Rückführungen hat nicht einmal angefangen. Es gibt bisher nur Erfahrungsberichte von Praktikern. Um überzeugen zu können, braucht es eine möglichst große Zahl (mindestens einige hundert) von Beispielfällen, die von unabhängigen Untersuchern verifiziert und gegen Alternativerklärungen abgesichert worden sind. Dieser Stand ist nicht erreicht. Daher lässt sich die Reinkarnationshypothese allein auf der Basis von Rückführungserfahrungen bisher nicht überzeugend bestätigen. Die Situation verbessert sich zugunsten der Reinkarnation erheblich, wenn alle Erfahrungsfelder gemeinsam betrachtet werden, die Hinweise auf Wiedergeburt geben können (Spontanerinnerungen kleiner Kinder an ihre früheren Leben, Nahtod-Erlebnisse, mediale Durchgaben, Erscheinungen, etc.).
- Je nach persönlicher Weltanschauung kann man die Reinkarnationshypothese als die größere „Zumutung" empfinden und der **Super-PSI-Vorstellung** oder anderen Alternativerklärungen den Vorzug geben.

7.3   Fazit

Wie man unter den **Alternativerklärungen** des vorangegangenen Kapitels diejenige auswählen kann, die der Wahrheit vermutlich am nächsten kommt, habe ich in Kapitel 5.5.4 des ersten Bandes unter dem Stichwort „**Ockhams Rasiermesser**" ausgeführt. Im Ergebnis führt dies leider nicht zwingend zu einer bestimmten Lösung. Beim gegenwärtigen Stand der Erkenntnis kommt man nicht umhin, eine persönliche Entscheidung zu treffen (oder aber gar kein Fazit zu ziehen).

Meine Sicht der Dinge ist folgende:

Betrachtet man nur die bisherigen Erkenntnisse aus **Rückführungen**, fällt es mir schwer, mich auf eine Erklärung festzulegen. Nimmt man die Erfahrungen aus den Kinderfällen nach Band 1 hinzu, fällt meine Wahl auf die Reinkarnation in ihrer engen Auslegung (s. Glossar) als beste Hypothese. Daher will ich beurteilen, was Rückführungen zu dieser Deutung (die – zugegeben – auch falsch sein mag) beitragen können:

Das Gros der Berichte über Rückführungen liest sich zwar wie echte Erinnerungen an frühere Leben, kann aber nur schwache Hinweise dafür liefern, dass es Reinkarnation wirklich gibt. Das liegt daran, dass

- fast nur therapeutisch gearbeitet wird und daher
- kaum Nachprüfungen angestellt wurden;
- niemals unabhängige Wissenschaftler tätig wurden und
- oft nur unvollständig untersucht und berichtet wurde.

Eine gewisse Verbesserung der Situation brachten die **Gruppenhypnosen** von Frau Prof. **Wambach**, die durch Auswertung großer Fallzahlen statistische Argumente für die Echtheit der Erinnerungen lieferte (Kapitel 7.2.3.2, S. 421). Allerdings wurde diese Arbeit nur populärwissenschaftlich veröffentlicht und niemals repliziert. So ist nicht jenes Maß an **Glaubwürdigkeit** entstanden, das wünschenswert wäre.

Diese Situation wird ein wenig verbessert durch erfolgreich verifizierte Einzelfälle, die in Kapitel 7.2.3.1 (ab S. 216) beschrieben und weitere, die in Kapitel 7.2.3.1.13 (ab S. 417) aufgeführt sind. Ihre Glaubwürdigkeit leidet allerdings darunter, dass

- viel zu wenig verifizierte Beispiele (hier im Buch nur 37) vorliegen, so dass noch kaum Muster erkennbar werden;
- immer nur die Betroffenen (Rückführer und/oder Klienten) selbst untersucht und berichtet haben, nicht aber unabhängige Wissenschaftler (wie das hingegen in den Kinderfällen von Band 1 der Fall ist) und

▪ keine Untersuchungen zur Differenzierung gegen Alternativerklärungen gemacht wurden.

Die Forschung auf dem Gebiet der Rückführungen hat noch nicht eingesetzt. Wir wissen noch zu wenig, um allein auf der Basis von Rückführungen die Minimalversion der Reinkarnationshypothese (s. Glossar) überzeugend stützen zu können. Aber die bisherigen Ergebnisse sind entweder in guter Übereinstimmung mit den Erkenntnissen aus den Kinderfällen von Band 1 oder widersprechen diesen zumindest nicht. Sie unterstützen die bisher überzeugendsten Hinweise auf die Realität der Wiedergeburt, nämlich die spontanen Erinnerungen kleiner Kinder an ihr früheres Leben. Das bisher Erreichte sollte zur Forschung ermutigen, weil eine gute Aussicht auf zusätzliche Erkenntnisse weltanschaulicher Art und neue, anerkannte Heilverfahren besteht.

Mit meiner Hoffnung auf zukünftige Forschungsergebnisse verbinde ich die Warnung, diese nicht als Basis für eine neue Religion zu instrumentalisieren, weil Religionen allzu leicht missbraucht werden können. Ich bin mir aber auch nicht sicher, ob eine weit verbreitete, nicht-religiöse Einsicht in die Realität von Wiedergeburt (und Karma) zu dem von vielen Menschen erhofften ethisch höherwertigen Handeln der Gesellschaft führen würde. Der Umweltschutz z. B. sollte dann eine Selbstverständlichkeit sein, weil er zum Eigennutz wird. Das Beispiel z. B. der indischen Gesellschaft mit ihrem Reinkarnationsglauben ermutigt nicht zu dieser Hoffnung. Das Ziel aber, endlich eine Forschung zu beginnen, bleibt dennoch richtig und sollte verfolgt werden.

Wenn sich bewahrheiten sollte, dass Rückführungen häufig wahre Erinnerungen an frühere Leben hervorbringen, würde dies bedeuten, dass der gängige Einwand, es sei noch nie jemand von „drüben" zurückgekommen, um etwas von dort zu berichten, und daher könnten wir niemals etwas über ein Leben nach dem Tod oder gar die Wiedergeburt in Erfahrung bringen, nicht stichhaltig ist. Vermutlich ist dann fast jeder von uns ein „Zurückgekommener", und Tausende haben in Rückführungen über das Jenseits erzählt (oder in Meditation, in Träumen etc. darüber etwas erfahren). Das Wissen hierüber läge aber nicht gerade auf der Straße. Im Normalbewusstsein ist es nicht präsent. Man muss schon „die Ohren sehr spitzen", wenn man sein Bewusstsein oder sein Weltbild erweitern möchte.

Ich habe in diesem Buch mein Augenmerk auf jene Fälle gerichtet, die ich für glaubhaft halte, und die zu zeigen scheinen, dass Rückführungen zumindest gelegentlich reale frühere Leben ans Tageslicht holen und so die Wiedergeburtsvorstellung stützen. Diese Fälle bilden nur einen winzigen Anteil der insgesamt durchgeführten Rückführungen. Aber es gibt sie, und man sollte sie nicht „unter den Tisch fallen" lassen, nur weil sie eine Minderheit bilden. Reichhaltige und sorgfältig recherchierte Rückführungen können einen wichtigen Beitrag zur Reinkarnationsforschung beisteuern, auch wenn sie selten vorkommen.

Ob die überwiegende Mehrheit der Regressionen, die leider ungeprüft bleibt, nur Phantasien, einst gelebte Realität oder eine Mischung aus beidem darstellt, wissen wir nicht. Dieser Frage wurde und wird kaum nachgegangen oder sie ist prinzipiell nicht beantwortbar. Es gibt Hinweise, die sowohl in die eine, wie auch in die andere Richtung deuten. Üblicherweise wird entweder die reinkarnationsskeptische oder die bejahende Sicht betont, je nach Geschmack oder Vorurteil des Autors. Weil wir es nicht wirklich wissen, möchte ich mich aus dieser Diskussion heraushalten und habe mich schwerpunktmäßig nur mit den bisher vorhandenen nachgeprüften Fällen beschäftigt.

Was die erweiterte Fassung der Reinkarnationshypothese anbelangt (Kapitel 6.2, Frage Nr. 19, S. 78), kann ich nur auf die Schlussfolgerungen in den Kapiteln zum Karmagedanken, zu Jenseitsaussagen und zu Heilerfolgen hinweisen (7.2.6.8, S. 580; 7.2.7.4, S. 637; 7.2.8.3, S. 717). Es gibt erste Hinweise darauf, dass auch die erweiterte These eine reale Basis hat. Die Forschung dazu hat aber nicht wirklich angefangen, so dass noch keine Aussage gewagt werden kann.

Wer sich meiner Sicht der Dinge nicht anschließen möchte, und stattdessen eine etwas kritischere Haltung bezüglich Rückführungen (aber nicht gegenüber der Reinkarnationsidee) bevorzugt, der sei auf ein Buch hingewiesen, das von einem anderen Kenner der Materie, **James G. Matlock**, demnächst erscheinen wird (*266*). Wer sogar in der Ablehnung des Reinkarnationsgedankens bestärkt werden möchte, ohne die Existenz einer unsterblichen Seele zu leugnen, der lese das Buch von **Walter van Laack** (*236*), von **James Webster** (*487*) oder das apodiktische Glaubensbekenntnis von **Michael Schröter-Kunhardt** (*362*). Van Laack stellt eine Theorie auf, in der Reinkarnation keinen Platz hat. Die im vorliegenden Buch und in Band 1 aufgeführten Argumente werden nicht diskutiert. Er bevorzugt die Erklärung nach Kapitel 7.2.9.2.4 oder 7.2.9.2.5. Webster ist Spiritualist und vertritt die Meinung, dass Reinkarnation und der Glaube an eine nachtodliche Existenz im Jenseits miteinander unverträglich sind. Hauptgrund dafür ist die Vorstellung, dass der Verkehr mit Verstorbenen nicht möglich ist, wenn jene reinkarniert sind. Für Stevensons Kinderfälle bevorzugt er die Erklärung nach Kapitel 7.2.9.2.5. Schröder-Kunhardts einseitig tendenziöse Sicht wird m E. durch das Buch, das Sie in Händen halten, und durch eine Gegendarstellung von **Jan Erik Sigdell** zumindest erschüttert, wenn nicht sogar widerlegt (*383*).

7.4   Vorschläge für zukünftige Forschungen

An vielen Stellen dieses Buches wird beklagt, dass es an der wissenschaftlichen Forschung zum Thema **Rückführungen** in frühere Leben (FL) mangelt. Daher sei hier einmal zusammengetragen, welche Forschungsschwerpunkte zur Bearbeitung noch ausstehen. Sie lassen sich in folgende Teilgebiete untergliedern:

- Nachprüfungen
- Heilungen
- Karma

Zu jedem der obigen Punkte gehört die Suche nach der jeweils optimalen Technik.

Es versteht sich von selbst, dass auch weiterhin an einem besseren Verständnis von Hypnose gearbeitet werden muss, z. B. indem nach körperlichen Korrelaten des Trancezustandes gesucht wird (*194*). Neben aller psychischen Forschung soll nicht die Bedeutung des Körpers für psychische Krankheiten vernachlässigt werden, wie z. B. der Einfluss der Genetik auf Schizophrenie oder Depression (*111*).

Der Psychologe Prof. **Paul F. Cunningham** von der Rivier-Universität, USA, hat 2009 einen Vorschlag für ein Forschungsvorhaben über „Erfahrungen von früheren Leben" formuliert, der allerdings wohl bisher nicht verwirklicht wurde (*93*).

7.4.1   Nachprüfungen

Ziel ist hier, der Frage nachzugehen, ob in Rückführungen gewonnene Erinnerungen an frühere Leben tatsächlich real gelebte Leben wiedergeben können, was die Reinkarnationshypothese sehr stärken würde. Dazu könnten folgende Projekte aufgelegt werden:

- Suche nach der besten Technik und geeigneten Probanden zum Aufspüren von nachprüfbaren Fakten aus früheren Leben (leichte/tiefe Hypnose, Meditation, Träume, mentale Medien). Natürlich gehört zu einer guten Technik, dass Videoaufzeichnungen der Rückführungen gemacht, und dass diese zeitlich vor Nachprüfungen durchgeführt werden. Wichtig erscheint es mir auch zu sein, dass das „psychologische Umfeld", sowie die innere Einstellung sowohl des Probanden, als auch des Rückführers oder Untersuchungsleiters der jeweiligen Fragestellung gegenüber als Einflussfaktoren berücksichtigt werden (**Experimentereffekt**).

- Anwendung der besten Technik mit möglichst vielen, besonders geeigneten Probanden, um nachprüfbare Fälle zu erhalten, und Prüfung der Erinnerungen bzw. Aussagen durch Vergleich mit der geschichtlichen Wirklichkeit. Dabei wird man lernen können, wie wahrscheinlich Rückführungen echte Erinnerungen hervorrufen. Eine bisher nicht erreichte höhere Zahl von Fällen würde es erlauben, Muster oder gemeinsame Merkmale zu erkennen.

- Wiederholung der Rückführung(en) mit dem gleichen Probanden, aber unterschiedlichen Rückführern, um zu untersuchen, ob gleichbleibende Aussagen für dasselbe frühere Leben kommen. Damit kann der Einwand geprüft werden, die Rückführer suggerierten den Probanden bestimmte Aussagen.

- Wiederholung der Rückführung(en) mit dem gleichen Probanden, aber in großem zeitlichem Abstand, um zu sehen, ob die Aussagen für dasselbe frühere Leben über die Zeit gleich bleiben. Beruhten die „Erinnerungen" auf **Phantasie**, wäre anzunehmen, dass sie nicht gleich bleiben, weil der Klient oft vergessen haben dürfte, was er vor langer Zeit gesagt hat. Bleiben sie umgekehrt weitgehend gleich, wäre das ein **Indiz** für die Echtheit. Führt man dies bei verifizierten Fällen aus, kann man prüfen, wie sicher die zeitliche Konstanz der Aussagen ihre Echtheit anzeigt.

- Suche nach geeigneten Teilnehmern für **Rückführungen** mit Hilfe von **Stellvertretern** (**remote regression**, **Fernrückführung**; s. Kapitel 7.2.8.1.2, S. 647, 7.2.8.2.2, S. 672).

- Sammeln von Fällen mit nachprüfbaren Angaben, die von Stellvertretern stammen. Die Stellvertreter sollten nichts von den Problemen der Patienten wissen, damit sie ihrerseits keine passenden Symboldramen aufbauen können.

- Prüfung der Ergebnisse durch Vergleich mit der Wirklichkeit.

- Wiederholung der Rückführung(en) mit dem gleichen Probanden, aber unterschiedlichen Stellvertretern, um zu sehen, ob gleichartige „Erinnerungen" berichtet werden. Nur bei gleichbleibenden Erinnerungen kann davon ausgegangen werden, dass sie echt sind. Wendet man dieses Vorgehen auf verifizierte Stellvertreterfälle an, kann man vielleicht ein Maß dafür finden, wie sicher Rückführungen mittels Stellvertreter eine Realität wiedergeben.

- Wiederholung der Rückführung(en) mit den gleichen Probanden und Stellvertretern, aber in großem zeitlichem Abstand, um zu sehen, ob die Aussagen für dasselbe frühere Leben gleich bleiben. Beruhten die „Erinnerungen" auf **Phantasie**, wäre anzunehmen, dass sie nicht gleich bleiben, weil der Stellvertreter oft vergessen haben dürfte, was er vor langer Zeit gesagt hat. Bleiben sie umgekehrt weitgehend gleich, wäre das ein **Indiz** für die Echtheit. Führt man dies bei verifizierten Stellvertreterfällen aus, kann man prüfen, wie sicher die zeitliche Konstanz der Aussagen ihre Echtheit anzeigt.

- Bei allen Versuchen muss unter Hypnose nach den **Quellen der Information gefragt** werden, um **Kryptomnesie** (oder evtl. Täuschung/Betrug) erkennen zu können.

- Die Probanden müssen auf **ASW-Fähigkeiten untersucht** werden, um die Erklärung mittels **ASW** gegen jene durch Reinkarnation besser abgrenzen zu können.

- **Fähigkeiten und Fertigkeiten**, besondere **Verhaltensweisen** und **Charaktermerkmale** der Probanden sollen vor Rückführungen festgehalten werden, um sie mit den erinnerten und verifizierten Leben vergleichen zu können. Es geht darum, zu ergründen, ob die Eigenschaften der Probanden über frühere Leben hinweg erhalten bleiben oder sich entwickeln.

- Fähigkeiten, die in der Hypnose auftreten, wie **Xenoglossie** oder Xenographie, sind genau zu dokumentieren und mit den Inhalten aus früheren Leben zu vergleichen. Da eine Sprache nur durch Praktizieren erlernt werden kann, nicht durch reines Zuhören oder über **ASW**, wäre das Sprechen einer nie erlernten Sprache eine starke Stütze für die Reinkarnationshypothese.

- **Geburtsmerkmale** und **Krankheiten** der Probanden sind festzuhalten und mit Ereignissen in (verifizierten) früheren Leben zu vergleichen. Nach Stevensons Forschungsergebnissen zu „körperlichen Erinnerungen" bei kleinen Kindern mit Erinnerungen an ihre früheren Leben kann erwartet werden, dass bei Rückführungen ebenfalls Zusammenhänge mit früheren Leben zutage treten (*234*).

- Auf **Alterssynchronizitäten** wäre zu achten.

- Die Probanden sollten psychologisch untersucht werden, um ihre Schwächen und Wünsche zu erfahren, und diese mit den Aussagen über die früheren Leben zu vergleichen. Sie könnten Anlass für bestimmte Phantasien oder Symboldramen sein, aber auch karmische Zusammenhänge verdeutlichen.

- Versuche sollten unter Zeugen und bei Videodokumentation durchgeführt werden.

- Rückführung von Erwachsenen, die als Kinder verifizierte Erinnerungen an ihr früheres Leben hatten, ist nötig, um zu erkennen, ob die meist inzwischen vergessenen Erinnerungen durch Hypnose wiedergewonnen werden können. Vielleicht kann man durch solche Rückführungen zusätzliche Informationen erhalten, die nachgeprüft werden können.

- Auch anhand von <u>ungelösten</u> Fällen ließen sich Argumente zugunsten der Reinkarnationshypothese finden. Wie bereits in Kapitel 7.2.4, ab S. 508 gesagt, ist das gegeben, wenn **unerklärliche Kenntnisse** und viele weitere stimmige

Merkmale, wie **Verhaltensweisen**, **Fertigkeiten und Fähigkeiten**, in einem einzigen Fall zusammenkommen. Man müsste dann nämlich den angeblichen Geschichtenerfindern eine poetische Genialität in Kombination mit **Super-PSI** zumessen, die sie wahrscheinlich nicht besitzen. Ein konstruiertes Beispiel hierfür wäre: Eine Amerikanerin erinnert sich unter Hypnose an ein Leben in Schweden, zeigt dabei unerwartete, spezielle Geschichtskenntnisse nur über eine bestimmte Periode dieses Landes, darunter über heute nicht mehr existierende Örtlichkeiten oder Gegenstände, trägt diese Informationen in einem von ihr in diesem Leben nie erlernten, altertümlichen Schwedisch vor und weist noch dazu ein Muttermal auf, das zur erinnerten Todesart der früheren Person passt – einem Tod, der eine dazu passende Phobie der heutigen Person ausgelöst hat. Es gibt einzelne ungelöste Fälle, die eine Häufung von übereinstimmenden Merkmalen oder verblüffenden Kenntnissen aufweisen. Man findet Beispiele dazu in den vier Kapiteln 7.2.3.1.2, S. 238, 7.2.3.1.4, S. 279, 7.2.3.1.5, S. 299, 7.2.3.1.9, S. 359 und im Kapitel 7.2.1 „Geschichtliche Entwicklung[306]". Es gibt einen ungeprüften Fall, in dem eine Fähigkeit durch ein passendes Vorleben erklärlich wird (*20, S. 107* Ford spielt Klavier unter Hypnose). Mehr solcher Fälle sollten gesucht werden, um das Phänomen abzusichern, und um nach Mustern suchen zu können.

- Eine Theorie kann auch dadurch geprüft werden, dass man Vorhersagen aus ihr ableitet und diese dann verifiziert. Vorhersagen könnten z. B. sein, dass sich Verhalten, Charaktermerkmale, Geburtsmale und Krankheiten der heutigen Person häufig auf entsprechende Merkmale der früheren Person zurückführen lassen.

---

[306] Zeitabschnitt [57], Bsp. (22), S. 160; (24), S. 164; [45], (18), S. 144; [38], (14) S. 134

7.4.2 Heilungen

Die Arbeitshypothese und Erfolge der **Reinkarnationstherapie** gilt es nachzuprüfen.

Die Hypothese besagt:

- Krankheiten der heutigen Person können ihre Ursache in früheren Leben haben.
- Krankheiten können durch die Beeinflussung oder Besetzung des Patienten durch **Geister** der Verstorbenen oder Dämonen verursacht sein.
- Sie lassen sich daher oft mit schulmedizinischen Methoden nur symptomatisch und nur mehr oder weniger erfolgreich behandeln.
- Wiedererleben der **Emotionen**, die mit diesen Ursachen verbunden sind, und symbolische Handlungen in Hypnose vermögen viele der Krankheiten ursächlich und dauerhaft zu heilen.
- Überredung der **Besetzungsgeister**, so es welche gibt, den Patienten zu verlassen und ins **Licht** zu gehen, führen zu dauerhafter Heilung.

Folgende Projekte könnten diese Prämissen erhärten.

- Rückführung von Patienten mit unterschiedlichen, therapieresistenten psychischen und physischen Krankheiten unter der Annahme von Ursachen in früheren Leben und Therapie der Patienten.
  - Feststellung der Heilerfolge und Nachverfolgung, um die Beständigkeit der Erfolge zu dokumentieren.
  - **Verifikation** der Aussagen zu früheren Leben nach den oben unter „Nachprüfung" genannten Grundsätzen.
    Nur wenn passende krankheitsauslösende Ereignisse in früheren Leben tatsächlich stattgefunden haben, ist das Modell bestätigt. Es wäre dann weit hergeholt, **Symboldramen** zur Erklärung anzunehmen, weil diese zugleich sowohl der Wirklichkeit, als auch den psychischen Nöten des Patienten angepasst sein müssten, was kaum zu realisieren sein dürfte.
- Patienten mit unterschiedlichen, therapieresistenten psychischen und physischen Krankheiten werden in einen außergewöhnlichen Bewusstseinszustand versetzt, der es ihnen erlaubt, mit möglicherweise vorhandenen **Besetzungsgeistern** zu kommunizieren.
  - Letztere werden dazu gebracht, die Besetzung aufzugeben und ins Licht zu gehen.

- Feststellung der Heilerfolge und Nachverfolgung, um die Beständigkeit der Erfolge zu dokumentieren.

- **Verifikation** der Aussagen der Besetzungsgeister über ihre früheren Leben und die des Patienten nach den oben unter „Nachprüfung" genannten Grundsätzen.

    Nur wenn sich die Aussagen bestätigen lassen, und wenn passende krankheitsauslösende Ereignisse in früheren Leben tatsächlich stattgefunden haben, ist das Modell bestätigt.

- Suche nach geeigneten Teilnehmern für Rückführungen und Therapien mit Hilfe von **Stellvertretern**.

    - Anwendung der oben genannten Prozeduren unter Zuhilfenahme von Stellvertretern.

        Wenn die Stellvertreter nichts von den Problemen der Patienten wissen und Heilungen dennoch gelingen, ist die Erklärung durch **Symboldramen** extrem erschwert. Man müsste den Stellvertretern Super-ASW-Fähigkeiten zuerkennen, um das Erklärungsmodell zu „retten". Die näher liegende Erklärung ist dann im o. g. Modell der Besetzung zu sehen.

7.4.3 Karma

Es sollen Untersuchungen angestellt werden, die in der Lage sind, erkennen zu lassen, ob es karmische Zusammenhänge zwischen den verschiedenen Leben gibt.

Dazu sollen zwei mögliche Ansätze sauber getrennt voneinander verfolgt werden:

1. Aufdecken einer längeren Sequenz aufeinanderfolgender Inkarnationen, die verifiziert werden können. **Verifikation** und Suche nach dem „roten Faden" in diesen FL, d. h. Suche nach Begründungen für ein bestimmtes **Schicksal** in einem Leben durch Ereignisse in davorliegenden Leben.

2. Führung möglichst vieler Probanden aus unterschiedlichen Kulturen durch unterschiedliche Rückführer in die **Zwischenlebensphase** und deren Befragung nach karmischen Zusammenhängen. Heraussuchen gleichbleibender Aussagen, um diese mit den Ergebnissen von Punkt 1 zu vergleichen.

Diese Ergebnisse sollten noch verglichen werden mit Spontanaussagen von Kindern und mit entsprechenden medialen Durchgaben aus dem Jenseits, die auch wieder von möglichst vielen Medien aus unterschiedlichen Kulturkreisen stammen.

Nur wenn sich gleichende Ergebnisse aus verschiedenen Erfahrungsbereichen vorliegen, kann dem Karmagedanken eine gewisse **Glaubwürdigkeit** zuerkannt werden.

Da der Verdacht naheliegt, Probanden gäben in Rückführungen im Wesentlichen nur ihre Weltanschauung wieder, nicht „höheres Wissen", sollte untersucht werden, ob dem so ist.

Eine Aufgabenstellung könnte auch darin bestehen, zu untersuchen, ob Misserfolge der Heilung mit unerledigtem Karma zusammenhängen können, welches erst abgetragen werden muss, bevor Heilung möglich wird.

Eine weitere Fragestellung ergibt sich aus Goldbergs Hinweis auf nicht sorgfältig geplante Leben, die quasi eine Zeitverschwendung darstellen oder ziellos verlaufen. Dies könnte bei Leben auftreten, die nach sehr kurzer Zwischenlebenszeit ablaufen.

Man könnte eine „Plausibilitätsrechnung" aufmachen, in der abgeschätzt wird, ob die Anzahl denkbarer Täterleben weltweit ausreichen kann, um alle Schicksale mit negativem Karma zu begründen.

Siehe auch Kapitel 7.2.7.4, S. 637.

Es liegt auf der Hand, dass die obigen Projektvorschläge in der Praxis nur sehr schwer realisierbar sein werden. Wo aber die Grenzen des Möglichen liegen, kann man nur herausfinden, indem es unternommen wird, die entsprechenden Versuche mit angemessenen Mitteln durchzuführen. Das Unterfangen könnte recht teuer werden. Aber es sind schon viel aufwändigere Projekte durchgeführt worden – wenn auch leider eher von Machtinteressen getrieben als um der reinen Erkenntnis willen.

Ich fürchte, die Mächtigen dieser Welt werden kein Interesse daran haben, etwas über Gesetzmäßigkeiten zu lernen, denen auch sie unterworfen sind. Es würde ihre Handlungsfähigkeit und Macht einschränken. Sie werden vermutlich kein Geld für diese Art Forschung bereitstellen.

7.5   Suche nach einem Rückführer oder Reinkarnationstherapeuten

Es ist nicht leicht, einen Rückführer oder **Reinkarnationstherapeuten** zu finden. Der tiefere Grund dafür ist in der Tatsache zu sehen, dass **Reinkarnationstherapie** schulmedizinisch und in weiten Teilen der Gesellschaft nicht als ernst zu nehmende Methode akzeptiert ist. Dementsprechend gibt es keine staatlich anerkannten Standards, Schulungen und Prüfungen. Alles beruht auf privaten Initiativen.

Rückführungen dürfen von Jedermann durchgeführt werden, solange damit keine Therapie verbunden ist. Die Anbieter dieser Leistung nennen sich **Rückführungsbegleiter** oder **Rückführungsleiter**. Therapie auf der Basis von Rückführungen darf aber – ohne staatliches Diplom – von Heilpraktikern, Ärzten, Psychotherapeuten und Psychiatern angeboten werden. Folglich reicht es, einen Rückführungsbegleiter aufzusuchen, wenn Sie, lieber Leser, z. B. kein Problem lösen, sondern „nur" nach ihrer **Lebensaufgabe** oder früheren Existenzen Ausschau halten wollen. Geht es hingegen um ein (bisher unlösbares) körperliches oder psychisches Problem, so müssen Sie einen Therapeuten mit Zulassung finden. Bedenken Sie, dass sich auch Probleme unerwartet auftun können, wenn Sie „nur" nach früheren Leben beim Rückführungsbegleiter Ausschau halten. Er sollte dann in der Lage sein, damit umzugehen.

Dem Kapitel 7.2.2.2, S. 209 über Gefahren und der Umfrage von Frau **Heather Friedman Rivera** (s. u.) kann man entnehmen, dass Rückführungen nur sehr selten zu negativen Nachwirkungen führen[307], solange man in der Obhut eines erfahrenen Rückführers ist. Aber was sollte er können und wie findet man diese Vertrauensperson, wenn es keine allgemein anerkannten Qualitätsmaßstäbe gibt?

Aus den (wenigen) schlechten Erfahrungen, die gemacht wurden (Kapitel 7.2.2.2, S. 209), kann man ableiten, über welche Qualifikation ein Rückführer verfügen sollte: Ein Rückführer sollte

- die Gegenanzeigen (wer nicht angenommen werden sollte; Kap. 7.2.2.2.3, S. 214) kennen und erkennen,

---

[307] Eine Bestätigung dafür kann man in der Tatsache sehen, dass es noch immer keine staatlichen Reglements auf diesem Gebiet gibt. Wären „schlimme Dinge" passiert, hätte Vater Staat schon eingegriffen, zumal es ohnehin starke Vorbehalte gegen diese Methode in der Schulmedizin gibt.

- Erfahrung haben und daher mit aufkommenden Schwierigkeiten umgehen können,
- Erste Hilfe-Maßnahmen beherrschen,
- nicht nur Erinnerungen hervorkommen lassen, sondern sie auch mit den reinkarnationstherapeutischen Mitteln behandeln (z. B. Schuldgefühle auflösen, Täterleben erkennen),
- Um- und Besessenheit erkennen und behandeln können,
- zu Nachgesprächen bereit sein und
- faire Stundensätze und nur die unbedingt nötige Stundenzahl verlangen.

Und wie findet man nun diesen „Könner", wenn er nicht an seinem Diplom erkennbar ist?

Aushilfsweise sehe ich folgende Möglichkeiten:

1. **Reinkarnationstherapeuten**, die selbst Nachfolger ausbilden, erstellen Listen ihrer Schüler, die oft im Internet abrufbar sind. Diese geben zwar keine Auskunft darüber, wie gut die Abgänger ihr Metier verstehen, engen den Kreis der Leistungsanbieter aber auf solche ein, die eine Ausbildung durchgemacht und so zumindest ein Grundwissen mitbekommen haben. Auch wenn sich Internetadressen häufiger ändern oder auslaufen, seien hier einige genannt, die sich auf den deutschen Sprachraum beziehen (*59; 181; 182; 307; 378; 379; 494*).

2. Kleine Gruppen von **Reinkarnationstherapeuten** haben in Konkurrenz zueinander Berufsvereinigungen ins Leben gerufen. Sie wollen nicht nur ihre Mitglieder bekannt machen, sie geben auch Newsletter oder Zeitschriften heraus und setzen ihre eigenen Qualitätsstandards. Auch sie sind via Internet erreichbar und nennen u. a. auch Adressen von Rückführern. Damit kann eine Aussage über die (selbst definierte) Qualifikation verbunden sein, was besser als keine Aussage ist. Die 1980 gegründete und damit älteste Organisation hat sich 2014 aufgelöst (*206*). Mit Bezug zu deutschsprachigen Ländern bestehen noch vier Organisationen, die auch Therapeuten benennen (*119; 380; 338; 386; 397*). Ein Unternehmen zertifiziert Therapeuten (*207*).

3. Ein Rückführer, der zu keiner der o. g. Gruppen gehört, muss deshalb nicht aus der Wahl ausscheiden. Viele von ihnen kann man über das Internet finden. Aber man muss den oder diejenige besonders ins „Kreuzverhör" nehmen.

Nachdem die eben genannten Möglichkeiten noch keinen Königsweg aufzeigen, kommt man nicht umhin, sich einen persönlichen Eindruck von einzelnen Rückführern zu verschaffen. Das ist nicht anders als bei der Suche nach einem geeigneten

Psychotherapeuten. Sogar die Krankenkasse erlaubt in diesem Fall bis zu fünf Erstgespräche, um denjenigen zu finden, bei dem man ein gutes Gefühl hat. Bei Rückführungen geht es aber nicht nur um eine „passende Chemie", sondern zusätzlich darum, die Qualifikation des Anbieters zu erfragen, die man beim Psychotherapeuten als gegeben voraussetzt. Fragen Sie also im (hoffentlich kostenlosen) Erstgespräch nach Herzenslust und nehmen Sie es als schlechtes Zeichen, wenn sie auf nur widerwillig gegebene Antworten stoßen sollten. Was könnte oder sollte Sie interessieren? Hier einige Anregungen für Fragen an den Rückführer:

- Bei wem hat er/sie gelernt? (Ein bekannter Name ist zwar keine Garantie für Qualität, aber ein Positivum.)

- Wie lange dauerte die Ausbildung? (Bei einer Dauer von nur wenigen Tagen sollte dies durch eine ausgedehnte Praxis ausgeglichen sein.)

- Wie viele Rückführungen in welcher Zeit hat er/sie schon gemacht? (Mindestens 100 pro Jahr und einige Jahre Erfahrung wären vorteilhaft.)

- Welcher Berufsorganisation gehört er/sie an? (Eine Mitgliedschaft signalisiert Engagement.)

- Hat er/sie in Zeitschriften oder in Buchform veröffentlicht? (Wenn ja, das lesen!)

- Ist er/sie in den Medien aufgetreten? (Das wagt nur, wer kompetent ist.)

- Welche Technik wendet er/sie an (Hypnose oder Sedierung in den Alphazustand)? (Die leichte Hypnose im "Alphazustand" ist sicherer. „Übersinnliche" Fähigkeiten des Rückführers sind nicht erforderlich!)

- Lässt er/sie Ihre Gefühle hochkommen und weiß sie aufzulösen?

- Kann er/sie notfalls auch mit (selten vorkommenden) Besetzungen umgehen? (Kompetenztest)

- Vermeidet er/sie **Suggestivfragen** und verwendet nur offene Fragen, so dass Ihr Unterbewusstsein den Gang der Dinge bestimmt und nicht der Rückführer?

- Wie hoch schätzt er/sie seine/ihre Erfolgsrate ein, was Heilungen anbetrifft? (Antwort subjektiv bewerten. Vergleichszahlen sind weiter unten genannt.)

- Hat er/sie ein ähnliches Problem, wie das Ihre, schon einmal behandelt? Mit welchem Erfolg?

- Kann er/sie Ihnen Referenzen nennen? (Personen, die von ihrer Erfahrung mit diesem Rückführer bereit sind, Ihnen zu berichten.)

- Was sagt er/sie zu Risiken und Nebenwirkungen? (s. Kapitel „Gefahr" 7.2.2.2, S. 209)

- Ist er/sie bereit, in der Rückführung auch nach nachprüfbaren Fakten zu fragen? Schließlich muss man damit rechnen, dass nicht nur Reales, sondern auch Phantasien oder früher Gelesenes hochkommen kann. Fakten eröffnen Ihnen die Möglichkeit der Nachprüfung. Nur nach einer gelungenen Nachprüfung wissen

Sie sicher, was sie von all dem halten sollen. Leider werden allerdings Nachforschungen kaum angestellt und gelingen nur selten.

- Macht er/sie eine Tonaufzeichnung von der Rückführung, die man erhalten kann, um „nacharbeiten" oder nachprüfen zu können?

- Was kostet eine Rückführung? (Ein Stundensatz wie bei einem Psychotherapeuten sollte nicht überschritten werden. Ein sehr erfahrener Rückführer wird teurer sein, als ein Anfänger.)

- Wie viele Sitzungen sind üblicherweise notwendig? (Bei Jan Erik Sigdell oder Trutz Hardo ist es oft nur eine Sitzung von 3 bis 5 Stunden).

- Bietet er/sie ein Nachgespräch an, um evtl. verbliebene Probleme ansprechen zu können?

- Ganz wichtig: Was sagt Ihr „Bauchgefühl"? Können Sie ihm/ihr Vertrauen schenken?

Umfrageergebnisse von **Heather Friedman Rivera** besagen, dass man eine 80%-Chance hat, nach einer Rückführung den Tod nicht mehr so zu fürchten wie vorher. Aber es besteht auch eine 3%-Wahrscheinlichkeit eines negativen Ausgangs dieses Experiments (*149, 150*). Die ins Bewusstsein gehobenen Erinnerungen können belastend sein, wenn sie nicht aufgelöst wurden (was ein „Kunstfehler" wäre!). Das sollte man bedenken, wenn man nur aus Neugierde zum Rückführer geht. Geht es dagegen um die Lösung eines drängenden Problems, sieht die Abwägung wieder anders aus; insbesondere, wenn herkömmliche Heilversuche, die man immer zuerst einsetzen sollte, nicht zufriedenstellend verlaufen sind. Ein emotionales Problem wurde in der Studie von 50% der (freiwilligen) Umfrageteilnehmer als geheilt angegeben, Verbesserung persönlicher Beziehungen nannten 48%, die Auflösung einer Phobie 36% und eine Heilung körperlicher Probleme gaben 23% an.

Gruppenrückführungen sind nicht geeignet, um persönliche Probleme zu bearbeiten. Also bitte nicht mit Problemen in eine Gruppenrückführung gehen.

Ohne eine erfolgreiche Nachprüfung kann man nicht sicher sein, was die Rückführung ans Tageslicht gefördert hat. Es können echte Erinnerungen an reales Geschehen sein, aber eben auch **Symboldramen** oder ehemals Gelesenes oder Gehörtes, das wieder vergessen worden ist (**Kryptomnesie**). Leider sind Nachprüfungen aufwendig und gelingen nur selten.

8   Anhänge

8.1   Erscheinung von „Wölkchen" während der Schwangerschaft

(Diese Fallschilderung bezieht sich auf Kapitel 5.1, S. 43; 6.2, Frage 42, S. 89; Kap. 7.1, S. 99; 7.2.7.2.3.2, Aussage 133, S. 617; 7.2.7.2.3.3, S. 621; 7.2.7.2.3.4, S. 628.)

Besucht die sich inkarnierende Seele die zukünftigen Eltern?

Zusammenfassung - Eine **Erscheinung** wurde dem Autor geschildert, deren Art bisher selten dokumentiert ist. Sie scheint mit Schwangerschaften zusammenzuhängen, nicht wie üblicherweise mit dem Tod oder der Krisensituation eines Menschen. Die Beobachtungen eines „**grauen Wolkenzylinders**" wurden wiederholt und zudem kollektiv (von zwei Personen) gemacht. Einmal blieb die Erscheinung mindestens eine Minute lang sichtbar, auch nach mehrmaligem Wegschauen. Es wird erörtert, ob dieses Geschehen **normal** als Halluzination, **animistisch** als super-außersinnliche Wahrnehmung (**ASW**) einer koordinierten Halluzination oder **spiritistisch** als „Besuch einer sich inkarnierenden Seele bei den zukünftigen Eltern" interpretiert werden kann. Literatur sowohl zu Erfahrungsberichten über spontane Erinnerungen kleiner Kinder an ihre Zeit im Leib der schwangeren Mutter als auch zu paranormalen Erscheinungen sowie über Berichte von Erwachsenen, die unter Hypnose in eine **Zwischenlebenszeit** geführt worden sind, unterstützt die spiritistische Hypothese. Dies lässt sie nicht als so „abgehoben" dastehen, wie sie heutzutage weithin eingeschätzt wird. Da die **Objektivierung** subjektiver Eindrücke nicht möglich und ein Wirkmechanismus nach wie vor unbekannt ist und zudem die Identität der hier vorgestellten Erscheinung ungeklärt blieb, muss die Interpretation dieses Falles allerdings für eine persönliche Einschätzung offen bleiben.

Does an Incarnating Soul Visit his/her Parents to be?

Abstract - An apparition was described to the author the type of which has rarely been documented. It seems to correlate with pregnancies rather than the death or crisis situations of persons as is typical for apparitions. A gray cylindrical cloud was observed many times and collectively (by two persons). At one time the apparition persisted for over one minute in spite of the observer repeatedly looking away. It is briefly discussed whether the process can be interpreted either normally as hallucination, or animistically as super-extrasensory experience or spiritistically as an incarnating soul visiting his or her (or it's?) parents to be. Bibliographical references are cited about experiences made spontaneously by small children during the time of their mother's pregnancies, about paranormal apparitions as well as about recollections of adults under hypnosis being regressed to the interim between lives, which lend support to the spiritistic hypothesis and let it not look as fanciful, as supposed by contemporary public opinion. The modus operandi still being unknown and because the verification of subjective impressions is impossible and the identity of the apparitions could not be established, the interpretation of the experience must remain open to private judgement.

Weil Herr X mein Interesse an den unglaublichen Spontanerinnerungen kleiner Kinder an ihre früheren Leben kannte und wusste, dass ich darüber sogar ein Buch geschrieben hatte (*Hassler 2011*), traute er sich anlässlich eines geschäftlichen Telefonats im November 2013, mir von einem höchst ungewöhnlichen eigenen Erlebnis zu berichten. Er und seine Frau seien, so beteuerte er, keine Esoteriker und sich auch keiner paranormalen Fähigkeiten bewusst. Beide versicherten mir später, das Erlebnis, worüber er mir erzählt hat, nicht erfunden zu haben. Es habe sich genau so abgespielt, wie man weiter unten lesen kann. Ich kenne Herrn X durch geschäftlichen Kontakt persönlich und sehe keinen Grund, seiner Versicherung und der nachfolgend erzählten Geschichte keinen Glauben zu schenken.

Bericht des Erfahrungsträgers, Herrn X

Meine Tochter Anna ist inzwischen 16 Jahre alt. Als meine Frau mit ihr die ersten Wochen schwanger war (etwa ab der 4. bis 5. Woche), saß ich einmal im Zimmer unseres Einfamilienhauses, bemerkte aus dem Augenwinkel eine Bewegung und schaute unwillkürlich genauer hin. Ich sah dort einen Schatten oder etwas, das wie eine graue Wolke aussah. Sie schwebte 3 bis 5 Meter von mir entfernt dicht über dem Boden und war etwa 70 bis 80 cm hoch. Ihr Durchmesser betrug in der Mitte des Gebildes, an der dicksten Stelle, vielleicht 30 oder 40 cm. Unten und oben verringerte er sich bis auf 10 oder 15 cm. Das Wölkchen zeigte sich ungefähr so durchsichtig wie ein grauer Nebel. Die Gegenstände dahinter waren deshalb nicht mehr klar zu erkennen. Nach etwa einer Sekunde verschwand dieser Schatten vor meinen Augen.

'*Das muss eine Sinnestäuschung sein*', dachte ich. Doch die Erscheinung trat nach einigen Tagen erneut auf und dann immer wieder. Schon bald begann ich an dieser meiner spontanen Erklärung zu zweifeln. Schließlich sah ich das Gebilde nicht nur abends, also wenn ich sicherlich müde war, sondern manchmal auch tagsüber. Einfluss von Alkohol konnte ich als Ursache definitiv ausschließen, ebenso einen möglichen Sehfehler, denn ich benötigte erst 15 Jahre später eine Brille wegen Altersweitsichtigkeit.

Obwohl ich das Gesehene nun zwangsläufig als real ansehen musste, erzählte ich meiner Frau nichts davon; denn ich befürchtete, sie würde mir die Geschichte sicherlich nicht glauben oder - schlimmer noch - mich für übergeschnappt halten.

Ich hatte das beschriebene Phänomen bereits ungefähr zehnmal beobachtet, als ich zusammen mit meiner Frau beim Abendessen in der Küche zu Tisch saß und wieder für einen Moment diese ominöse Wolke wahrnahm. Im selben Augenblick schaute meine Frau genau in jene Ecke der Küche, in der ich jetzt das Phänomen erneut wahrgenommen hatte. Wir drehten dabei den Kopf ziemlich weit herum. Als ich diese Parallelität bemerkte, sah ich meine Frau an, und unsere fragenden Blicke trafen sich.

Nun konnte ich nicht mehr anders und erzählte ihr von meinen seltsamen Sinneseindrücken. Zu meiner Erleichterung und zugleich zu meinem Erstaunen bekannte sie, diese Erscheinung ebenfalls mehrmals gesehen zu haben. Auch sie hatte sich nicht getraut, darüber zu sprechen. Um sie zu testen, sagte ich – bewusst die Wahrheit verzerrend –, gewöhnlich schwebe die Wolke oben an der Decke. Sie widersprach mir jedoch sofort. Tatsächlich hatten weder sie noch ich besagten „Schatten" jemals an der Zimmerdecke gesehen. Im Gegenteil. Eigentlich schwebte er immer nur direkt über dem Fußboden. Ihre Beschreibung der Wolke deckte sich zudem völlig mit meiner. Wir hatten offensichtlich das Gleiche gesehen.

Meine Frau hatte dieses Phänomen etwa ebenso oft beobachtet wie ich. Nachdem wir uns darüber ausgesprochen hatten und beide natürlich ziemlich verwundert waren, beschlossen wir, uns gegenseitig zu berichten, wenn wir die Wolke wieder sehen. Besonders bemerkenswert erwies sich dabei: Meistens erblickten wir diesen „Schatten" unabhängig voneinander, und zwar in jeweils anderen Räumen unseres Hauses, am gleichen Tag und etwa zur gleichen Tageszeit, d. h. höchstens im Abstand von wenigen Minuten.

Dieser „Spuk" endete, als meine Frau ungefähr in der zwölften Schwangerschaftswoche war. Zwischen der fünften und der zwölften war er insgesamt mindestens 15-mal aufgetreten – es kann auch 20-mal gewesen sein. Er zeigte sich meist gegen Abend, aber in vielleicht 20% der Fälle auch tagsüber, vorwiegend im Esszimmer (dieses ist offen und nicht vom Wohnzimmer getrennt), aber auch in anderen Räumen unseres Einfamilienhauses. Ich bemerkte ihn übrigens auch unabhängig davon, ob sich meine Frau gerade in der Nähe aufhielt oder nicht.

Drei Jahre später war meine Frau wiederum schwanger, und der altbekannte Spuk ereignete sich nun erneut. Doch diesmal sahen meine Frau und ich das Wölkchen insgesamt nur 5- bis 8-mal. Als meine Frau etwa in der 16ten Schwangerschaftswoche war, saß sie gerade im zukünftigen Zimmer für das erwartete zweite Kind, unseren späteren Sohn und nähte etwas. Bezeichnenderweise handelte es sich um reparaturbedürftige Stoff-Kuscheltiere! In ungefähr drei Metern Entfernung von ihr trat plötzlich der Schatten wieder in Erscheinung und blieb jetzt viel länger als üblich sichtbar – für mindestens eine ganze Minute. Meine Frau wäre gern zu ihm hingegangen, um ihn irgendwie zu berühren. Doch sie befürchtete, ihn vielleicht zu „verschrecken", und unterließ es deshalb. So nähte sie einfach weiter und sah nur alle paar Sekunden wieder zu ihm hin, bis er in Richtung Schlafzimmer verschwand. Dies war unsere letzte derartige Sichtung. Seither ist bei uns wieder Normalität eingekehrt. Meine beiden Kinder haben sich (leider) niemals spontan über ihre Zeit im Bauch der Mutter geäußert. Nach ihnen wurde meine Frau nicht wieder schwanger, sodass wir nicht wissen können, ob wir bei weiteren Kindern Ähnliches erlebt hätten.

Inzwischen sind unsere Kinder 16 bzw. 13 Jahre alt. Ein Charakterunterschied zwischen ihnen besteht darin, dass unsere Tochter schon als Kleinkind viel anspruchsvoller als ihr (jüngerer) Bruder war und das heute noch ist. Sie handelt meist überlegter und ist nicht so leicht zufriedenzustellen. Unser Sohn dagegen ist deutlich genügsamer. Vielleicht hat er sich in der Zeit vor seiner Geburt deshalb viel schneller als seine Schwester entschließen können, bei uns zu sein? Zumindest haben es meine Frau und ich am Ende so interpretiert, aber natürlich mit niemandem darüber gesprochen. Einzig und allein dem Autor dieses Berichts habe ich diese Geschichte erzählt, weil ich wusste, dass er damit umgehen kann.

Meine Frau bestätigt, dass die obige Schilderung auch ihrer Erinnerung an das wundersame Geschehen entspricht.

Erklärungsversuch und Beurteilung

Unterstellt man nicht Betrug oder Selbsttäuschung, sondern akzeptiert das Geschilderte als reale Erfahrung und sucht nach einer Erklärung, so muss man mit naheliegenden Hypothesen beginnen. Damit sind **normale Erklärungen** wie Halluzinationen ohne und mit Zufallselement gemeint. Wenn diese nicht überzeugen könnten, kämen animistische in Frage wie die super-außersinnliche Wahrnehmung (**Super-ASW**) durch lebende Personen – eine ASW, deren Grenzen bezüglich der Leistungsfähigkeit man nicht kennt und die als unbeschränkt angesehen wird. Der Philosoph Stephen Braude nennt sie nach Eisenbud die „**Zauberstab-ASW**" (*Braude 2003, S. 11, 37*). Erst zuletzt sollte man – wenn überhaupt – **spiritistische Erklärungen** in Erwägung ziehen, womit allerdings der wissenschaftliche Rahmen nach gängiger Meinung gesprengt würde (*Bauer 2003, S. 182*).

Normale Erklärungen

Im vorliegenden Fall Halluzinationen zu unterstellen fällt insofern schwer, als zwei Personen wiederholt das Gleiche gesehen haben wollen (mehrmalige und kollektive Wahrnehmung). Mehrmalige, kollektive Wahrnehmungen von Erscheinungen sind zwar bekannt – man denke z. B. an die Erscheinung der drei Hirtenkinder von Fatima in Portugal – aber solche Phänomene können nicht einfach als Beweis dafür genommen werden, dass es sich um Halluzinationen gehandelt hat. Bei Halluzinationen, deren Ursache in den einzelnen Individuen zu suchen wäre, müsste man annehmen, dass nicht jeder der Beteiligten exakt das Gleiche am genau gleichen Ort und zur gleichen Zeit „wahrnimmt". (Und in anderen Fällen das betreffende „Objekt" überdies aus sehr individueller Perspektive heraus „gesehen" werden kann). Herr und Frau X geben aber zu Protokoll, ein gleichartig strukturiertes Wölkchen in der gleichen Ecke der Küche zur gleichen Zeit beobachtet zu haben. Welche Erklärung soll man zudem derjenigen durch Halluzination zusätzlich an die Seite stellen, um die zeitliche Begrenzung der Erscheinungen auf ein Zeitfenster von einigen Wochen zu begründen und obendrein nur auf jeweils die ersten Wochen der beiden Schwangerschaften von Frau X?

Man könnte auch den **Zufall** als normale Erklärung bemühen. Er allein kann das Phänomen zwar kaum zuwege bringen. Aber in Verbindung mit der Halluzinationshypothese wäre denkbar, dass die Verschränkung der Erscheinungen, d. h. das Zusammenspiel untereinander und mit den äußeren Umständen, zufälliger Natur sein kann. Das aber bliebe nicht weniger spekulativ. Schließlich treten solche Erscheinungen derart selten auf, dass es als extrem unwahrscheinlich gelten darf, sie obendrein zufällig noch gleichzeitig und am selben Ort in gleicher Erscheinungsweise und nur in den jeweils ersten Schwangerschaftswochen von Frau X anzutreffen.

Für die Gleichartigkeit des „Gesehenen" gibt es keine überzeugenden **normalen Erklärungen** auf der Basis bisher anerkannter Naturwissenschaft. Ich beurteile das geschilderte Geschehen mithin als Anomalie und ordne es den paranormalen Erscheinungen zu, auch wenn hier keine menschliche oder tierische Gestalt gesehen wurde. Das hier erzählte Phänomen ist in seiner Art in der Literatur selten zu finden, ist es doch nicht mit dem Tod oder mit einer Krisensituation von Menschen in Verbindung zu bringen wie in der überwiegenden Mehrzahl der dokumentierten paranormalen Fälle vergleichbarer Art. Unter diesen sind obendrein wiederholt und zudem kollektiv beobachtete Erscheinungen ausgesprochen rar.

Animistische Deutung

Wenn normale Erklärungen nicht überzeugen können, muss der nächste Schritt zu einer animistischen Erklärung gewagt werden. Dabei unterstellt man, die Perzipienten hätten **Super-ASW-Fähigkeiten**, die ihnen eine koordinierte Halluzination ermöglichen, bei der dasselbe „Objekt" am selben Ort und zur selben Zeit visualisiert wird. Um eine derartige **„Zauberstab-ASW"** (s. o.) auszulösen, bedürfte es nach Braude jedoch eines starken Wunsches oder einer intensiven Motivation (*Braude 2003, S. 11*). Was aber sollte die beiden Eheleute gleichermaßen stark motiviert haben, über dem Boden schwebende Wölkchen zu halluzinieren? Sie hingen weder esoterischen Vorstellungen von einer immateriellen Seele an, noch erwarteten sie ein solches Phänomen, wie das hingegen etwa bei Erscheinungen **Verstorbener** oft der Fall ist. Ihre **spiritistische Interpretation** stellte sich erst nach den ersten Ereignissen ein. Und wenn es sich tatsächlich um eine ASW-koordinierte Halluzination und nicht um ein materielles „Etwas" handelte, wieso wird dann die besagte Wolke als halbdurchsichtig wahrgenommen?

Die nächste Schwachstelle dieser Erklärung besteht darin, dass das Ehepaar X sich keiner **Super-ASW-Fähigkeit** bewusst ist, denn es hatte weder vorher noch nachher ähnlich wundersame Erlebnisse. Warum sollte diese besondere Fähigkeit auf ein Zeitfenster von wenigen Wochen begrenzt sein, das sich ausgerechnet nur in den ersten Wochen der beiden Schwangerschaften von Frau X öffnet?

Zudem sollte man auch die Tatsache nicht aus dem Auge verlieren, dass die Behauptung, es könne so etwas wie Super-ASW geben, bislang völlig unbewiesen ist (*Braude 2003, S. 11; Fontana 1999*).

Spiritistische Erklärung

Da die Super-ASW-These ganz offensichtlich ebenfalls nicht recht überzeugen kann, sei ihr hier einmal die dritte mögliche Erklärungs-Hypothese an die Seite gestellt, wenn sie auch zugegebenermaßen nicht weniger „gewagt" ist: Könnte die spiritistische Interpretation der Perzipienten (der Eltern) die geschilderten Vorkommnisse vielleicht besser erklären? Ihre Andeutung, es könne sich möglicherweise um die Seelen ihrer Kinder gehandelt haben, die sich während der Schwangerschaften in der Nähe der Mutter bzw. der **Eltern** aufgehalten und sich auf diese ungewöhnliche Weise gezeigt haben.

So sehr eine spiritistische Interpretation dem Wissenschaftler auch gegen den Strich gehen mag, sollte man hier kein Denkverbot verhängen. In der Literatur gibt es – je nach Weltbild des Betrachters – nicht weniger Beispiele aus verschiedensten Erfahrungsbereichen, die für diese Vorstellung sprechen, als solche, die eher eine Erklärung durch **Super-ASW** nahelegen (*Almeder 1992; Becker 1993; Braude 2003; Fontana 2005; Griffin 1997*). Daher sollten beide Hypothesen, die **animistische** und die **spiritistische**, meiner Ansicht nach wie gleichrangige Geschwister behandelt werden. Das hier geschilderte Phänomen selbst ist auch nicht einmalig. Es findet seine Parallele in den kurzen Berichten bei Dietrich Bauer et. al. (*Bauer 1991, S. 36, 40*). An „Wölkchen" erinnernde Nebelgestalten findet man auch bei Eberhard Bauer et. al., Hans Holzer, Ducasse, Colin Wilson und Jenny Wade beschrieben. Sie werden dort aber meist mit dem Tod in Verbindung gebracht (*25, S. 115, 116; 200, S. 39; 117S. 155; 540, S. 96; 478, S. 35*).

Eine besondere Schwierigkeit in dem von mir geschilderten Fall liegt darin, dass von den Betroffenen der Begriff der „**Seele**" verwendet wird. Dieser ist bekanntlich religiös vorbelastet, weshalb z. B. Prof. Stevenson, der ebenfalls auf diese Problematik stieß, in seinen Veröffentlichungen bereits vorschlug, nicht von „Seele" zu sprechen, sondern den von ihm neu geprägten Begriff „Psychophore" zu verwenden (*Stevenson 1989, S. 262; Stevenson 1997, S. 2083ff; Stevenson 1999, S. 244*). Das war von Stevenson Seite aus nicht nur die Erfindung eines neuen Namens für einen nach wie vor „schwammigen" Begriff. Vielmehr zeigt dieser Wissenschaftler durch die Ergebnisse seiner Forschungen an Kindern, die sich spontan an ein früheres Leben zu erinnern meinen, welche Elemente der Psyche sich von einem Leben auf das nächste zu übertragen scheinen, und zwar „transportiert" in jenem Substrat, das er „Psychophore" nennt. In meinem 1. Buch habe ich das noch besonders herausgestrichen, indem ich in dem ausführlichsten Kapitel des Buches all die vielen offensichtlich übertragbaren Merkmale anhand von Beispielen darstelle, die Stevenson und seine Forscherkollegen fanden (*Hassler 2011, Kapitel 5.4, 145 Seiten ab S. 168*). Folgerichtig möchte ich auch im Rahmen des vorliegenden Artikels die „Psychophore" auf ebendiese Weise definiert wissen. Anders gesagt, verstehe ich unter der von den Berichtenden selbst als „Seele" bezeichneten und in jenem „Wölkchen" vermuteten Essenz eine hypothetische, immaterielle Psyche, die das „Wesen eines Menschen" abzüglich seiner Körperlichkeit repräsentiert. Dazu gehören also u. a. das Wissen um seine Vergangenheit, seine Emotionen, seine Intentionen, sein Glaube, seine Charaktermerkmale wie Gewohnheiten, **Interessen**, Ängste, Fähigkeiten und Begabungen. Die „Psychophore" enthält, so meine Hypothese, eine Psyche oder Seele, die „lebt" und aus eigenem Antrieb agieren kann.

Die Vorteile dieses Modells liegen auf der Hand:

(1) Die Tatsache, dass zwei Personen unabhängig voneinander dasselbe mysteriöse Objekt am selben Ort und gleichzeitig bzw. etwa zur selben Zeit wahrnehmen, sowie die Halbdurchsichtigkeit[308] der Erscheinung, all dies wird eher verständlich, wenn man das „Wölkchen" als Manifestation einer Seele auffasst, die sich aus eigenem Antrieb in einer Psychophore zeigt und von den werdenden Eltern (passiv) gesehen wird.

(2) Gleiches gilt für den Umstand, dass Ort und Zeitpunkt für das Auftreten des Phänomens von den Beobachtenden nicht bestimmt oder beeinflusst werden konnten. Das legt die Annahme nahe, die Eltern seien für dieses Geschehen nicht die treibende Kraft.

(3) Dagegen lassen sich problemlos Handlungsmotive für den Aufenthalt der postulierten Seele in der Umgebung der werdenden Mutter finden: Der sich inkarnierenden Seele könnte man z. B. eine emotionale Bindung an die Mutter zuerkennen oder allein auch Neugier auf das Kommende.

(4) Mit der gleichen Begründung wäre auch leicht nachvollziehbar, warum die Erscheinungen nur zeitlich begrenzt und obendrein in einem Zeitfenster beobachtet wurden, das jeweils mit den ersten Wochen der zwei Schwangerschaften von Frau X zusammenfällt. Nach dem **spiritistischen Modell** hätten sich die Seelen jeweils zu Beginn der Erscheinungen für ihr zukünftiges Zuhause **interessiert** und es daher besucht und sich nach dem letzten Auftreten der Wölkchen dauerhaft mit dem Fetus verbunden.

(5) Die länger andauernde Phase der Erscheinung, die auftrat, als Frau X Stofftiere im zukünftigen Kinderzimmer flickte, könnte mit dem besonderen **Interesse** der kindlichen Seele an Spielzeug und dem Kinderzimmer erklärt werden.

(6) Auch die unterschiedliche Häufigkeit der Erscheinung bei den zwei Schwangerschaften kann mit den Charakterunterschieden der beiden Kinder nachvollziehbar gedeutet werden, wie Herr X vorgeschlagen hat.

Für all diese Einzelheiten bietet das **animistische Modell** keine plausiblen Erklärungen. Warum sich die Seelen während ihres Besuchs bei den zukünftigen **Eltern** sogar sichtbar machen, allerdings in anonymer Form, bleibt jedoch deren Geheimnis. So muss dieser Fall ungelöst bleiben, weil eine Identität der „Wölkchen" nicht auszumachen war.

Ein Schwachpunkt des **spiritistischen Erklärungsansatzes** besteht darin, dass Phänomene wie das geschilderte subjektiver Natur sind und sich deshalb generell nicht objektivieren lassen. Sie treten überdies nur selten auf, werden nur von wenigen Menschen erlebt und nur zum Teil überhaupt in der Öffentlichkeit bekannt. Und selbst von den nur wenigen Trägern derartiger Erfahrungen werden sie alles andere als oft erlebt. Sie lassen sich daher leicht anzweifeln, ohne damit auf allgemeinen Widerspruch zu stoßen. Man stelle sich vor, das Gefühl der Liebe sei nicht jeder-

---

[308] Eine mögliche Begründung wird am Ende dieses Abschnitts gegeben.

mann, sondern nur wenigen Auserwählten vertraut. Wenn nun diese wenigen von ihren Liebesgefühlen berichteten, was wäre wohl die Reaktion der Mehrheit der darin „unerfahrenen" Menschen?

Erschwerend kommt hinzu, dass Phänomene wie das geschilderte nicht willentlich hervorgerufen werden können und somit nicht wiederholbar sind, weshalb man sie, wenn überhaupt, nur sehr schwer untersuchen kann. Solche nicht willentlich wiederholbaren Phänomene werden vom Mainstream der Wissenschaft als Gegenstand von Untersuchungen ausgeschlossen, bleiben „außen vor". Zudem ist völlig offen, ob die rätselhaften Vorgänge einen „Wirkmechanismus" haben, und wenn ja, so ist dieser „modus operandi" noch völlig unbekannt. Es ist also nicht zu verstehen, wie sich im obigen Sinne eine aktiv agierende Seele bilden, die Zeit überdauern und sich eventuell sogar sichtbar machen kann. Aber in diesen Punkten schneidet die **Super-ASW-Hypothese** nicht besser ab. Schließlich ist der „**modus operandi**" von **ASW** ebenfalls unbekannt, sind außersinnliche Wahrnehmungen als Phänomen höchst selten und auch nicht willentlich wiederholbar und lassen sich deshalb nur schwer erforschen.

Die **spiritistische Interpretation** ist übrigens nicht ganz so abwegig, wie es uns die heute vorherrschende materialistische Weltsicht nahelegt. Gibt es doch reichlich Hinweise darauf, dass – wie in zahlreichen Büchern nachzulesen ist – das Ungeborene vermutlich bereits ein voll entwickeltes **Bewusstsein** haben kann (*Bauer 1991, Carman 1999, Chamberlain 1990, Coudris 1995, Hallett 2002, Hinze 1997, Lucas 1993, S. 18, 470, 1993a, S. 276 - 315*). Dieses pränatale Bewusstsein scheint sogar während der Schwangerschaft die Mutter (und alles um sie herum) zu „beobachten" und manchmal sogar beeinflussen zu wollen. Dafür gibt es Beispiele:

[1] von Kindern, die angeben, sich spontan an Ereignisse aus der Zeit zwischen der Empfängnis und der Geburt zu erinnern (*Bauer 1991, S. 82; Hassler 2011, Fall 59, S. 231; Fall 263, S. 407; Tucker 2013, S. 97*). Carol Bowman sagt z. B. „*Mir wurde schon oft berichtet, das Kinder erzählen, bereits lange vor der Empfängnis in der Nähe ihrer künftigen Eltern geschwebt zu sein*" und belegt dies mit eindrücklichen Beispielen (*Bowman 1998, S. 208*). Andere Fälle scheinen anzuzeigen, dass die Seele des Kindes sogar schon vor der Zeugung Kontakt mit den **zukünftigen Eltern** aufnimmt (*Hassler 2011, S. 146, 410*). In den bei Hassler und Tucker nachzulesenden Beispielen konnten die Eltern sogar bestätigen, dass sich die von ihren Kindern später geschilderten Begebenheiten während oder vor der Schwangerschaft wirklich so zugetragen hatten wie von diesen erinnert. Dass ihnen dieses Wissen auf normalem Wege zugetragen wurde, darf indes als recht unwahrscheinlich gelten.

Insgesamt haben Stevenson und seine Mitarbeiter 9 Fälle studiert, in denen Kinder mit Reinkarnationserinnerungen von anderen Personen in der Periode zwischen dem Tod der früheren Person und der Geburt der heutigen als Erscheinungen gesehen wurden (*Stevenson 1997, S. 2091*). (Außerdem berichtet Stevenson, dass einige Kinder gelegentlich angaben, sie hätten in ihrer körperlos erlebten Zeitspanne als **Poltergeist** gewirkt. Dafür gibt es allerdings nur indirekte Bestätigungen (*Hassler 2011, S. 245, Bsp. 68, 69*)).

[2] Es gibt Beispiele von paranormalen Erscheinungen, die mit einer Schwangerschaft in Beziehung zu stehen scheinen. Die kurzen Geschichten ähneln der hier geschilderten sehr mit dem wesentlichen Unterschied, dass meist voll entwickelte menschliche Körper von Kindern, manchmal schon vor der Konzeption, als Erscheinungen oder Visionen gesehen wurden (*Carman 1999, S. 43, 45, 55, 58; Hallet 2002, S. 92; Hassler 2011, S. 178, 244, 297, 401; Hinze 1997, S. 15, 18, 24, 25, 27, 126; Sutherland 1998, S. 172; Bauer 1991, S. 23, 24, 43, 54, 95*). In einigen Fällen bestätigte sich die Interpretation als Erscheinung sich inkarnierender Kinder durch die Ähnlichkeit zwischen der Erscheinung und dem Kind, nachdem es herangewachsen war.

[3] Dazu gehören Spukphänomene in der Zeit der Schwangerschaft (*Hallett 2002, S. 48; Hassler 2011, S. 245*). Im Fall, der von Frau Hallett beschrieben wird, handelt es sich um eine Mutter, die schon mehrere Fehlgeburten erlebt hatte. Sie wollte dennoch ein weiteres Kind haben, war aber pessimistisch geworden und hegte Zweifel, ob sie wieder schwanger ist. Als sie diese Gedanken hatte, begann zu ihrer Überraschung das Deckenlicht selbstständig dunkler und heller zu werden. Sie schaltete das Licht ganz aus und wieder ein, aber ohne damit das seltsame Verhalten der Lampe zu ändern. Kurz darauf bestätigte der Test ihre erneute Schwangerschaft. Elektrische Kinderspielzeuge hatten sich schon vorher selbsttätig ein- und ausgeschaltet. Während ihrer Schwangerschaft tanzte dann ein Luftballon an der Decke durch die Wohnung ins Kinderzimmer. Er verfing sich mit der anhängenden Schnur an einer Verzierung an der Zimmertüre und versuchte, wieder los zu kommen. Als dies nicht gelang, brannten drei Glühbirnen in der Küchenlampe gleichzeitig mit einem deutlich hörbaren „Blubb" aus. Die Mutter und ihre Tochter kamen aus dem Staunen nicht mehr heraus.

[4] Und es gibt Beispiele von Erinnerungen Erwachsener im Rahmen hypnotischer Rückführungen in die **Zwischenlebenszeit** (zwischen zwei Inkarnationen).

Auf die Punkte 2 und 3 gehe ich hier aus Platzgründen nicht noch näher ein.

Der 4. und letzte Punkt sei jedoch etwas ausführlicher erläutert, weil hierzu in der Literatur besonders viele Beispiele vorliegen. Die unten folgenden sieben Behauptungen der Rückgeführten habe ich als sinngemäß immer wiederkehrende **Kernaussagen** aus dem einschlägigen Schrifttum extrahiert. Da sie allesamt nicht materiell nachprüfbar sind, habe ich ersatzweise darauf geachtet, ob es damit unverträgliche Gegenaussagen gibt. Dahinter steht die Vermutung, dass konsistente Behauptungen nicht zu erwarten sind, wenn die Rückgeführten vor allem ihrer **Phantasie** folgen und dabei ihren unterschiedlichen Glauben oder ihr Vorwissen einbringen. Bleiben die Äußerungen in Hypnose hingegen einheitlich, so kann man das als die notwendige Voraussetzung für die Annahme auffassen, dass sie eine Realität wider-spiegeln können. Als Einwand kann man anführen, alle Probanden seien gleicharti-gen Glaubens gewesen, hätten dasselbe Vorwissen gehabt oder seien durch gleichar-tige **Suggestivfragen** der verschiedenen Rückführer einheitlich geleitet worden. Die **Reinkarnationstherapeuten** versichern jedoch, keine suggestiven Fragen gestellt und Klienten der unterschiedlichsten Glaubensrichtungen und mit sehr verschiede-nem Vorwissen betreut zu haben. Leider bleibt es in der Regel bei solch pauschalen Feststellungen anstelle der Dokumentation in jedem Einzelfall. Es fehlt eine For-schung zu diesem Thema, die wissenschaftliche Grundsätze berücksichtigt. Die Gesprächsprotokolle der Rückführungen weisen aus, dass es durchaus auch sugges-tive Fragen seitens der Hypnotiseure gibt, dies aber nicht als Regelfall. Gleicherma-ßen findet man Beispiele von Klienten mit sehr unterschiedlichem Glaubens- und Wissenshintergrund. Dennoch erweisen sich die **Kernaussagen** als recht einheit-lich, und zwar sowohl bei unterschiedlichen Autoren als teilweise auch jeweils in mehreren ihrer Fälle. Mit den Kernaussagen unverträgliche Gegenaussagen traten nicht auf. Somit besteht also die schwach begründete Voraussetzung dafür, dass die folgenden sieben Kernaussagen eine Realität und nicht nur Artefakte widerspiegeln.

[1] Die nicht (vollständig) inkarnierte Seele kann sich als Erscheinung zeigen (s. Anhang Lit. 1).

[2] Die Seele kann die Erde als **Geistwesen** besuchen (s. Anhang, Lit. 2).

[3] Die Seele erkundet die Situation im **künftigen Elternhaus** evtl. schon vor der Konzeption und bis zur Geburt (s. Anhang, Lit. 3).

[4] Während der Schwangerschaft hält sich die Seele abwechselnd sowohl inner-halb als auch außerhalb der Mutter auf (s. Anhang, Lit. 4).

[5] Während Schwangerschaft und Geburt beobachtet die Seele die Mutter und versucht, die Mutter zu beeinflussen (s. Anhang, Lit. 5).

[6] Die Seele verbindet sich dauerhaft mit dem Fötus erst Wochen bis Monate nach der Konzeption (s. Anhang, Lit. 6).

[7] Die Seele zieht irgendwann in der Zeit zwischen Konzeption und erstem Atem-zug in den Körper ein und verlässt diesen bis zur Geburt auch nicht wieder (s. An-hang, Lit. 7).

All die in der Literatur dafür angeführten Beispiele stützen auf der Basis empiri-scher Befunde die Vorstellung, die o. g. „Wölkchen" bzw. „Schatten" könnten tat-sächlich Manifestationen einer sich inkarnierenden **Seele** sein. Da die Identität der Erscheinungen ungeklärt blieb, muss allein schon aus diesem Grund deren Interpre-tation allerdings offen bleiben.

Es muss warnend noch einmal betont werden, dass es sich bei der angeführten Literatur leider nicht um Studien handelt, die wissenschaftlichen Kriterien standhalten. Es sind Erfahrungsberichte aus verschiedenen Lebensbereichen. Diese sollten aber nicht in Bausch und Bogen als wertlos verworfen werden. Sie sollten dazu anregen, sich unvoreingenommen ernsthafter mit Fragen der Spiritualität zu befassen, als dies in den etablierten Wissenschaften bislang geschieht. Der Lohn für solche Bemühungen läge nicht in finanziellem Gewinn, wohl aber in einem besseren Verständnis von Konzeption, Schwangerschaft, Geburt und unserem Menschsein überhaupt. Daraus können – auf lange Sicht – sogar neue Regeln für zukünftiges ethisches Handeln erwachsen, die durch empirische Befunde begründet sind statt durch ideologisch geprägte Glaubenssätze.

Anhang

Lit. 1: (*Cannon 2001, S. 11, 170, 178; Cannon 2012, S. 109, 163, 164, 193; Goldberg 1988, S. 259; Newton 1997, S. 46; Newton 2001, S. 61, 264; Weiss 1994, S. 144; Williston 1995, S. 175*)

Lit. 2: (*Hardo 2002, S. 213, 331; Newton 2001, S. 263, 288*)

Lit. 3: (*Backman 2009, S. 193; Cannon 2001, S. 228, 231; Cannon 2012, S. 85; Goldberg 1988, S. 41; Holzer 1970, S. 233; Newton 1997, S. 177-181, 184-186, 224; Newton 2001, S. 21, 320, 330; Newton 2009, S. 238, 254; Jameison 2002, S. 39; Tomlinson 2007, S. 97,101, 105, 106; Tomlinson 2008, S. 126, 143; Whitton 1989, S. 38*)

Lit. 4: (*Backman 2009, S. 131, 132; Cannon 2001, S. 215, 229; Freedman 2002, S. 179, 180; Fuckert 2013, S. 83, 111; Goldberg 1988, S. 270; Hickman 2009, S. 78; Jameison 2002, S. 38; Modi 2000, S. 122, 124, 125; Newton 1997, S. 227, 228; Newton 2009, S. 43; Sigdell 2006, S. 381; Tomlinson 2007, S. 148, 150; Wambach 1984, S. 102, 106, 121; Weiss 2001, S. 44; Williston 1995, S. 113*)

Lit. 5: (*Cannon 2012, S. 84, 110; Lucas 1993a, S. 207; Whitton 1989, S. 75, 76*)

Lit. 6: (*Backman 2009, S. 131, 132; Freedman 2002, S. 179; Fuckert 2013, S. 83, 110, 223; Hardo 1997, S. 52; Hardo 1998, S. 341; Lucas 1993a, S. 207; Modi 2000, S. 122, 123, 124; Newton 2001, S. 21, 338; Newton 2009, S. 43, 118, 244, 258; Sigdell 2006, S. 381; Tomlinson 2007, S. 147-150; Tomlinson 2008, S. 130, 131; Wambach 1984, S. 102, 117, 121; Whitton 1989, S. 75; Williston 1995, S. 113*)

Lit. 7: (*Cannon 2001, S. 225; James 2004, S. 164; Modi 2000, S. 122; Newton 1997, S. 227; Tramont 2009, S. 189; Winkler 1976, S. 133*)

8.2   Gefahr bei Selbstrückführungen; ein Beispiel

Am 22.7.2012 sandte mir Frau Doris Hufschmied[309] über meine Homepage
(www.reinkarnation.de) eine E-Mail, in der sie mir anbot, darüber zu berichten, was
sie in zwei Selbstrückführungen und zwei Träumen gesehen hat und was ihre daran
anschließenden Nachprüfungen ergeben haben. Daraufhin entspann sich ein ausgie-
biger E-Mail-Wechsel, in dessen Verlauf sie mir das Geschehen schilderte. Sie
schickte mir Dateien von Dokumenten, die 1875 bis 1877 als Zeitungsberichte in
den USA erschienen waren und heute noch als Mikrofilme vorliegen. Einige von
ihnen kann man auch via Internet einsehen.

Frau Hufschmied hatte eines Tages begonnen, sich für das Thema Reinkarnation zu
interessieren und wollte nun gern wissen, wer sie in vergangenen Zeiten einmal war.
Auch wollte sie jetzt unbedingt in Erfahrung bringen, woher ihre gelegentliche
Luftnot stammen könnte und auch ihre völlig unbegründete **Angst**, eingesperrt zu
werden. Sie hatte bereits das Buch von **Rhea Powers** (*312*) gelesen, in dem eine
Anleitung für Selbstrückführungen gegeben wird. 1993 begann sie mit wochenlan-
gem „**clearing**", Übungen, die dazu dienen, emotional „leer" zu werden und die
Phantasie zu dämpfen. Dann bat sie ihren damaligen Freund und heutigen Ehemann, ihr aus dem Buch den Entspannungstext sowie die Passagen für eine Hinlei-
tung in ein früheres Leben vorzulesen. Zu ihrer Verblüffung stiegen unter dem Einfluss der Worte ihres Mannes nach einiger Zeit tatsächlich Bilder in ihr hoch:

Sie sieht sich als einen Mann in den USA, dessen Vor- und Zunamen sie sogar erinnert. Sie weiß auch, in welcher Zeit sie dort lebt. Dann sieht sie sich plötzlich als
21-Jährigen an einem Galgen stehen und fühlt, wie ihr (d. h. ihm) der Strick um den
Hals gelegt und zugezogen wird.

Nach der Rückführung hat Frau Hufschmied den Namen einer US-amerikanischen
Stadt im Kopf. Ein paar Tage später sieht sie nun in einem Traum Szenen, die offenbar mit jener Tat zusammenhängen, für die man sie in dem früheren Leben zum
Tode verurteilt hatte. Dies bringt sie jetzt in Zusammenhang mit anderen Erinnerungen aus der Rückführung und kommt zu dem Schluss, dass sie „damals" in einem reinen Indizienprozess zu Unrecht des Mordes angeklagt und anschließend
hingerichtet worden ist.

---

[309] Name geändert. Der wirkliche Name und die zugehörige Adresse sind mir bekannt.

Nebenbei bemerkt, wirft der Fall ein Licht auf die interessante Tatsache, dass Erinnerungen an frühere Leben mitunter im Unterbewussten ganz dicht unter der Oberfläche des Wachbewusstseins zu liegen scheinen.

Jahre später, als Frau Hufschmied bereits einen Internetzugang hat, stößt sie mehr zufällig auf Dokumente, die ihre Erinnerungen auf geradezu gespenstische Weise **bestätigen**. Sie unternimmt eine zweite Selbstrückführung und beginnt eine intensive Recherche, die sie bis in die USA führt, wo sie die genannten Zeitungsberichte findet.

Ich habe mir die Dokumente alle angesehen und mit den Inhalten der Rückführungen und Träume verglichen. Dabei kam ich zu dem Ergebnis, dass 12 von 13 Übereinstimmungen als spezifisch und bemerkenswert angesehen werden müssen, weil sie kaum normal erklärbar sind. Hinzu kommt, dass die von ihr angegebene Luftnot und Klaustrophobie sehr gut zur Todesart der früheren Person passt. In der Absicht, den Fall zu veröffentlichen, schrieb ich einen ausführlichen Bericht, in dem ich die Dinge so objektiv wie möglich darstellte. Der Bericht ließ erkennen, dass ich die Sicht von Frau Hufschmidt für eine denkbare Variante halte. Sie harmoniert mit den Zeugenaussagen, die vor Gericht gemacht worden waren, ebenso, wie die Darstellung der Staatsanwaltschaft, die seinerzeit zum Todesurteil geführt hat. Der von ihr „nacherlebte" Tathergang, würde keinesfalls ein Todesurteil rechtfertigen. Ich fügte hinzu, dass ich die Wahrheit heute nicht mehr für nachweisbar halte. Außerdem musste es meiner Meinung nach offen bleiben, ob und inwieweit die Version einer harmlosen Tat nicht von Frau Hufschmieds Unterbewusstsein zur Beschönigung des Ganzen und damit zum Selbstschutz konstruiert worden ist.

Da ich meinen Informanten immer ein faires Miteinander verspreche, schickte ich meinen Bericht an Frau Hufschmied zur Korrektur und für eventuell notwendige Ergänzungen. Als Antwort erhielt ich mehrere E-Mails, gespickt mit wirren Vorwürfen, ich würde die Tatsachen verdrehen, nicht bei der weiteren Recherche helfen und ihr nicht vertrauen. Sie kündigte die Zusammenarbeit auf und verbot mir, den Bericht zu veröffentlichen. Obwohl durch Verwendung eines Pseudonyms kein Bezug zur wahren Identität hergestellt werden kann, halte ich mich selbstverständlich daran. Was aber war geschehen? Wieso diese Kehrtwendung?

Ich habe dafür nur eine einzige Erklärung: Offenbar hat sich Frau Hufschmied von der Zusammenarbeit mit mir eine konkrete Unterstützung bei der Lösung ihres Problems versprochen. Ich sollte ihr sicherlich helfen, sie von der seelischen Belastung und von dem Makel zu befreien, die mit einer (moralisch zu Recht erfolgten) Hinrichtung auch dann verbunden sind, wenn diese in einem früheren Leben geschah. Indem ich aber ihre, sie rehabilitierende Version des Tathergangs lediglich als möglich ansah, nicht jedoch als definitiv richtig akzeptierte, ließ ich sie – jedenfalls nach ihrem Empfinden – im Stich.

Aus den E-Mails von Frau Hufschmied geht hervor, dass sie auch heute noch an dem aus einem früheren Leben „erinnerten" Geschehen leidet. Es wurde durch die Erkenntnisse aus der Recherche verstärkt. Das reine Betrachten der Ereignisse hat nicht ausgereicht, das Trauma zu verarbeiten. Es fehlten ganz offensichtlich wichtige Schritte, die in ihrer Selbstrückführung nicht gegangen worden sind bzw. gar nicht gegangen werden konnten, die aber in jeder von einem Therapeuten gut geführten Einzelrückführung selbstverständlich sind. Das wären zumindest die folgenden drei:

Erstens müsste unbedingt nachgefragt werden, warum die frühere Person das tragische Schicksal eines wahrscheinlich unberechtigten Todesurteils erlitten hat. Vermutlich liegt die Ursache in einem weiteren früheren Leben, das vor dem in der Rückführung erinnerten **Opferleben** stattfand. Damit würde die Einsicht in die Sinnhaftigkeit des Schicksals (Karma) gefördert.

Zweitens wären mögliche **Schuldgefühle** aufzulösen und eine Versöhnung mit wichtigen Bezugspersonen zu versuchen. Letztere könnten sein: die eigene Person in früheren Inkarnationen, die Richter, die das Fehlurteil fällten, der Ankläger und der mutmaßlich wahre Täter, der sich aus dem Staub gemacht hat und so der früheren Person die Misere eingebrockt hat. Freunde, die versagt hätten, gab es nicht.

Drittens sollte nach Schwüren und Gelöbnissen aus der Vergangenheit gesucht werden, die noch ins Heute hineinwirken können („Ich will nie wieder… etc.). Sie müssen aufgelöst werden.

Die notwendige Lehre, die man aus diesem Beispiel ziehen sollte, lautet also: Wenn, wie hier, in einer Selbstrückführung deutliche Erinnerungen an Traumen auftreten, sogar noch in Nachprüfungen bestätigt werden und sich durch die Bewusstwerdung allein die psychische Belastung nicht löst, dann sollten eine oder mehrere geführte Rückführungen folgen, um das nachzuholen, was die Selbstrückführung nicht leisten konnte.

Die **Gefahr** besteht bei Selbstrückführungen darin, dass diese zumeist von Laien durchgeführt werden, die nicht ohne weiteres erkennen können, dass und wann eine geführte Rückführung angeschlossen werden muss.

Vermutlich ist es auch von Bedeutung, welcher Text zur Führung in den Alphazustand und in Stationen eines früheren Lebens verwendet wird. Er sollte bei einer

Selbstrückführung nur in angenehme Situationen leiten. Vielleicht war das hier nicht der Fall.

Diese Einschätzung findet eine Bestätigung in einem Bericht über eine **Selbsthypnose**, die mit Herzbeschwerden und Depression endete, weil es nicht gelang, die wieder erlebten Traumata aufzuarbeiten (*248*).

8.3   Drei zusammenpassende Rückführungen

(Nach Wilfrid Pochat, „Renaitre Loin de L'Inde, 1993, *(311)* nur als pdf-Datei im Internet erhältlich.)

Der 22-jährige französische Grundschullehrer **Wilfrid Pochat** lernte 1987 an seiner ersten Arbeitsstelle den Kollegen **Gérard Truchet** kennen. Die beiden freundeten sich an, denn sie hatten ähnliche Interessen. Wilfrid interessierte sich für Astrologie und Esoterik, während Gérards Steckenpferd die Hellseherei und die Graphologie betrafen. Ein Jahr später lud Gérard seinen neuen Freund zu einem ihm bekannten **Medium** ein. Eine Nachricht des Mediums, die angeblich von seinem spirituellen Führer kam, überzeugte Wilfrid davon, sich mit **Rückführungen** in frühere Leben zu beschäftigen.

- Im Jahr 1989 erlernte Wilfrid eine Rückführungsmethode und probierte sie noch im gleichen Jahr an seinem Jugendfreund **Philippe Robert** aus.
- Im gleichen Jahr, 1989, ließ sich Wilfrid von einer Kollegin, **Catherine Tardy**, selbst in ein früheres Leben zurückführen.
- Wilfrid wollte sich und andere davon überzeugen, dass die Erinnerungen aus diesen Rückführungen nicht nur **Phantasien** darstellen, sondern **realen Begebenheiten** entsprechen. Er machte daher noch 1989 eine erste Reise nach Nepal.
- Danach führte er noch im selben Jahr Gérard zurück.
- 1991 führte Wilfrid seinen Freund Philippe noch ein zweites Mal zurück.
- 1992 **recherchierte** er in den Archiven der indischen Bibliothek des britischen Museums und
- ließ sich danach von Simonin Bérangère ein zweites Mal zurückführen.
- 1991 reiste seine Cousine Françoise nach Nepal und 1992 nach Delhi und Mathura in Indien, um **Nachprüfungen** anzustellen.
- 1993 unternahmen Wilfrid und Philippe eine Reise nach Bangladesh, um auch dort die Ergebnisse der Rückführungen **nachzuprüfen**.

Wilfrid Pochat ist also Rückgeführter, Rückführer und Nachprüfer in einer Person. Rückführungen und Nachprüfungen sind nicht zeitlich getrennt, sondern greifen ineinander. Die Ergebnisse aufeinanderfolgender Rückführungen derselben Person werden ebenfalls nicht getrennt voneinander dargestellt. Das Tonbandprotokoll wird nicht wiedergegeben, sondern interpretierend berichtet. Die Erkenntnisse aus zwischenzeitlich durchgeführten Recherchen fließen also in die Rückführungen und die Berichte darüber ein.

8.3.1 Ergebnis zweier Rückführungen an Philippe

In den **Rückführungen** sieht sich Philippe als kleinen Jungen, der mit seinen Eltern, die unter britischem Schutz stehen, von der indischen Provinz Punjab nach Sirmabad oder Sramabad umzieht. Er beschreibt Einzelheiten der Villa, die er dort mit seinen Eltern bewohnt. Seine Familie gehört zur reichen Oberschicht. Der Bruder seiner Mutter, sein Onkel also, ist ein politisch einflussreicher Mann, den er in seinem Büro in einem großen Haus besucht. Empfangen wird er von einem Schotten. Im Büro seines Onkels sieht er eine Landkarte. Es wird klar, dass er sich im Osten Indiens befindet. Vermutlich zeigt die Karte das Mündungsgebiet des Ganges in Bengalen.

In einem Tempel trifft er auf einen Mann, den er anspricht. Diesen sieht er später auf seiner Geburtstagsfeier wieder, weil er von einer Gouvernante und dem Hausherren hereingelassen wird. Der Mann ist ein hinduistischer Wanderprediger, ein Guru aus dem Norden Indiens, dem er sich nun aus freien Stücken, und ohne seinen Eltern Bescheid zu sagen, auf seinem Weg anschließt.

Mit knapp 30 Jahren zieht es ihn aber doch wieder zurück zu seinem Elternhaus und zu der Frau, Chatia, die er heiraten soll.

Mit 32 Jahren sieht er sich wieder bei seinem Onkel, als er von einem englischen Beamten ein Auto kaufen will. Es ist ein zweisitziger Rolls-Royce. Er sieht den Kaufvertrag mit seinem Namen, **Chahanghir Ramandi,** und das Datum des **12. Januar 1903**.

Eine unbestimmte Zeit danach stirbt der junge Mann am Fieber.

Chatia, die er heiraten sollte, ist **heute seine Frau** Marice und der **Guru ist heute Wilfrid**.

8.3.2   Ergebnis der beiden Rückführungen an Wilfrid

Zu Beginn der **Rückführung** sieht sich Wilfrid als 10-jährigen Jungen, der sich Gedanken über Themen macht, die seine Eltern nicht berühren, weil sie mit den praktischen Dingen des Lebens ausgefüllt sind. Dies führt dazu, dass er schon in jungen Jahren in einen Ashram zu einem indischen Meister gebracht wird, wo er sich endlich zu Hause fühlt. Er beschreibt Einzelheiten des Ashrams, seine Kleidung, wie er unterrichtet wird und beginnt, seinem Meister zu widersprechen. Nach einigen Jahren löst er sich von seinem Meister, um selbst als Wanderprediger das Gelernte an andere weiterzugeben.

Nach einiger Zeit der Wanderschaft, in der er sich einsam fühlt, trifft er in einem Hindutempel einen jungen Mann, der ihn anspricht. Obwohl sie sich nicht gut unterhalten können, weil sie nicht dieselben Sprachen sprechen, entsteht doch eine besondere Bindung. Er folgt dem jungen Mann, der offensichtlich aus reichem Hause stammt. Er kommt dabei zu einem Palast, in dem ein Fest zu Ehren des jungen Mannes gefeiert wird. Er wird von den Wächtern abgewiesen. Es gelingt ihm aber, so auf sich aufmerksam zu machen, dass eine Gouvernante mit dem Hausherrn zum Tor kommt und ihn herein bittet. Er trifft dort auf den jungen Mann und kommt mit ihm ins Gespräch.

Er lädt ihn ein, ihn auf seiner Wanderschaft zu begleiten. Der junge Mann kommt noch am gleichen Abend mit, ohne sich von seinen Eltern zu verabschieden. Wilfrid schildert nun, wie er seinem neuen Schüler die Armut des Landes zeigt und ihn in die hinduistische Philosophie einweist. Nach mehreren Jahren wird das Heimweh des jungen Mannes zu stark und er (Wilfrid als frühere Person) erkennt, dass er seinen Schüler wieder zu seiner Familie zurückkehren lassen muss.

Danach entwickelt er sich zu einem engagierten Verfechter der Unabhängigkeit Indiens von England. Er bildet eine Interessengruppe der Hindus. Bei einem Aufruhr in einer Stadt in Bengalen wird er ermordet, indem ihm von einem Moslem ein **Messer von hinten in den Rücken gestoßen** wird.

Im Jenseits angekommen trifft er auf seinen Lehrmeister und weiß, dass dieser **heute Gérard** ist.

Es ist offensichtlich, dass er Philippes Geschichte aus der Sicht des Gurus wiedergegeben hat.

8.3.3 Ergebnis der Rückführung an Gérard

Gérard sieht sich in dieser **Rückführung** als 13-jähriger dunkelhäutiger Junge, der in einem Ashram in Delhi von einem erblindeten Meister als Yogi ausgebildet wird. Er studiert die Vedas. Nach der Ausbildung geht er ins Gebirge in sein Haus, in das seine Schüler kommen. Von dort aus kann er die Bergkette des Himalaya sehen. Unter seinen 12 Schülern sticht einer besonders heraus, weil er die Lehre besonders gut versteht, aber sehr eigensinnig ist. 14 Jahre bleibt er bei ihm und löst sich erst mit 28 Jahren als letzter der 12, um als Wanderprediger alleine nach Süden, Richtung Nordindien zu ziehen. Die beiden bleiben in telepathischem Kontakt. Daher weiß er, dass sein Schüler in Nordindien nach schwerer Zeit einen jungen Mann gefunden hat, den er unterrichtet.

Er selbst lebt danach noch 15 Jahre in einer Höhle im Gebirge, bis er **an Herzschwäche stirb**t. Er schildert seinen Tod mit Elementen, die man von **Nahtod-Erfahrungen** kennt. Sein besonderer **Schüler ist heute Wilfrid**, Catherine eine der anderen Schüler, der nach China ging.

Auch diese Schilderung passt zu den bisherigen und ergänzt sie.

8.3.4 Nachprüfungen

Wilfrid Pochat war sich darüber klar, dass die Übereinstimmungen der Geschichten untereinander daher rühren konnten, dass die Rückführungen nicht völlig unabhängig voneinander durchgeführt wurden. Aber die Geschichten enthielten einige Elemente, die nicht in der jeweils anderen vorkamen. Er nahm sich vor, diese nachzuprüfen, um zu zeigen, dass es um reale Erinnerungen geht und nicht um das Nacherzählen einer vorbekannten Geschichte.

Auf das Problem, dass Ergebnisse von zwischenzeitlich durchgeführten Recherchen wiederum in die Rückführungen einfließen konnten, geht Pochat nicht ein.

Mit viel detektivischem Spürsinn und sinnvollen Vermutungen schätzt Pochat Jahreszahlen und stellt eine wahrscheinliche Chronologie der seinerzeitigen Ereignisse zusammen:

Gérard Truchet = Yogi (1842 - 1917)

Wilfrid Pochat = Guru (1866 - 1919)

Philippe Robert = Chahangir Ramandi (1877 - 1909)

1858: mit 16 J. ist der Yogi der Diener eines alten blinden Meisters.

1862: mit 20 J. verlässt der Yogi den Meister und zieht gen Norden.

1877: mit 35 J. richtet sich der Yogi in einem verlassenen Ashram ein.

1880: mit 14 J. betritt Chahangirs zukünftiger Guru den Ashram des Yogi.

1883: mit 6 J. verlässt Chahangir mit der ganzen Familie den Punjab und geht nach Bengalen.

1890: mit 13 J. sieht Chahangir seinen Onkel mütterlicherseits zum ersten Mal in einer Großstadt.

1893: mit 27 J. verlässt Chahangirs zukünftiger Guru seinen Yogi, der anschließend den Ashram schließt.

1895: mit 18 J. trifft Chahangir seinen zukünftigen Guru.

1903: mit 26 J. trennt sich Chahangir von seinem Guru.

1909: mit 32 J. stirbt Chanangir an den Folgen eines hohen Fiebers.

1917: mit 75 J. stirbt der Yogi.

1919: mit 53 J. wird Chahangirs Guru erstochen.

Erste Reise (nach Nepal)

Nur wenige nachprüfbare Angaben, wie Namen von Personen und Orten und dazugehörige Zeitangaben fanden sich in den Rückführungen. Um überhaupt ein Reiseziel ausmachen zu können, bediente sich Wilfrid Pochat der Hilfe eines nicht näher beschriebenen **Mediums**, das angeblich Einblick in frühere Leben anderer Personen zu geben in der Lage war. So kam die geographische Einschränkung auf den Westen Nepals zustande. Zusätzliche Hilfe erhielt Pochat durch eine Sensitive, die den Ort über einer Landkarte **auspendelte**, der dem Ashram des Gurus am nächsten liegt.

Pochat reiste also 1989 nach Pokhara in Nepal und fragte sich anhand der Beschreibung „seines" Ashrams bei Einheimischen durch. So kam er zu einem abgelegenen Haus, das er sofort als das passende Gebäude **identifizierte**. Der Eingang, die Lage der Fenster, die Steintreppe, die zum Ashram führte, seine Lage auf einem Hügel und die umgebende Landschaft, alles passte. Von heute noch dort lebenden Mönchen bekam er bestätigt, dass zur geschätzten Zeit in der Vergangenheit eine Gemeinschaft von heiligen Männern dort **existierte**, die seiner Erinnerung entsprach. Jemand konnte sich sogar an einen Yogi erinnern, der dort das vedische Wissen von einem blinden Meister aus Delhi erlernt hatte.

Zweite Reise (nach Bengalen)

Auch für die 2. Reise im Jahr 1993, die Wilfrid Pochat und Philippe Robert zusammen unternahmen, ließ sich Wilfrid Pochat die richtigen Reiseziele **auspendeln**. So wurde als nächste größere Stadt in der Nähe des Familiensitzes der Ramadis die Stadt Patuakhali ausgemacht und das Dorf Mirxagani oder Murzagunj als direkter Nachbarort.

Auf die gleiche Weise wurde **medial ermittelt**, dass das Büro des Onkels von Chahangir in Kalkutta lag und Wilfrid Pochat als Guru in der Stadt Jessore ermordet worden war.

Anhand der Photos großer Gebäude in Kalkutta reduzierte Philippe die Vorauswahl auf drei Möglichkeiten. Als Philippe und Wilfrid durch Kalkutta fuhren, **erkannte** Philippe den Palast des Vizekönigs von Indien, das „Raj Bawan", als das **einzig richtige**. Er spürte an seiner Gänsehaut, dass er auf den Stufen zum Eingang des Palastes im früheren Leben über seinen Autokauf gesprochen hatte. An den beiden anderen Gebäuden hatte er kein besonderes Gefühl. Als zusätzliches Argument fanden die beiden heraus, dass früher eine schottische Garde den Palast bewacht hatte. Dies entsprach der Erinnerung, beim Besuch des Onkels von einem Schotten empfangen worden zu sein.

In Patuakhali suchen die beiden Forschungsreisenden anhand einer Zeichnung des Familiensitzes der Ramadis, die Philippe aus dem Gedächtnis hergestellt hatte. Sie finden zwei Einheimische, die das Gebäude unabhängig voneinander zu erkennen glauben und ihnen den Weg dorthin weisen. Es steht in Mutzagunj, wie **ausgependelt**. Dort angekommen **erkennen** sie an den 4 Säulen, den 3 abgerundeten Türen und der Flussbiegung im Hintergrund, dass es das richtige Gebäude ist. Allerdings gibt es keine Wasserbecken und keinen Park mehr. Sie bringen in Erfahrung, dass vor 100 Jahren dort eine Hindufamilie eingezogen war, die Steuern erhoben und auch Steuern an die britische Regierung abgeführt hatte. So bestätigte sich Philippes Erinnerung, dass sein Vater vom Schutz durch die Engländer profitiert hatte.

Es soll noch ein zweites Gebäude ähnlicher Art in der Gegend geben, erfuhren die beiden Reisenden. Aber sie haben keine Zeit und keine Motivation, diesem Hinweis nachzugehen, weil sie glauben, bereits fündig geworden zu sein.

Weiteren Spuren, insbesondere denen der historischen Personen, forschen die Beiden nicht nach. Es sei zu schwierig, weil viele Unterlagen in den politischen Wirren der nachfolgenden Zeit verloren gegangen seien, argumentiert Wilfrid Pochat.

Die präzisen Angaben zum Autokauf enthalten leider Fehler. Ein Rolls-Royce passender Bauart wurde zwischen 1904 und 1906 gefertigt. Wilfrid Pochat sieht sich daher gezwungen, das Kaufdatum für den Gebrauchtwagen von 1903 auf geschätzt 1909 zu ändern.

8.3.5 Beurteilung

Die Rückführungen sind arm an nachprüfbaren Fakten, wie Namen von Orten und Personen und dazugehörigen Zeitangaben. Daher muss das, was Wilfrid Pochat und Philippe Robert in ihrer Nachprüfung finden konnten, mäßig überzeugend bleiben. Man fragt sich, ob sie nicht ähnliche Übereinstimmungen gefunden hätten, wenn sie das **Pendel** zu anderen Orten in Nepal, Indien und Bangladesh geführt hätte.

Wilfrid Pochat ist dennoch für seine nicht geringen Anstrengungen zur Nachprüfung der Rückführungen zu loben. Er gehört mit zu den Pionieren der Forschung zu Rückführungen. Es erfordert einen großen Aufwand, einen 70 bis 130 Jahre zurückliegenden internationalen Fall aufzuklären. Pochats Möglichkeiten reichten dazu nicht aus. Er hätte vielen weiteren Spuren nachgehen müssen.

Wichtiger aber ist es noch, dass er - verständlich bei Vorläufern einer neuen Forschungsrichtung - methodisch fehlerhaft vorging bzw. durch die Umstände bedingt vorgehen musste: Rückführer und Nachprüfer müssen getrennte Personen sein. Wenn Nachprüfungen überhaupt zeitlich zwischen Rückführungen liegen, dürfen keine Informationen quer fließen, was bei einer Personalunion nicht vermeidbar ist. Die zurückgeführten Personen, die Rückführer und die Nachprüfer dürfen nicht unkontrolliert Informationen untereinander austauschen können. Die Rückführung ist wortgetreu zu dokumentieren, nicht - wie hier - nur sinngemäß und mit Wissen aus Recherchen angereichert.

Nicht zuletzt muss darauf hingewiesen werden, dass es sich im vorliegenden Fall nicht um reine Rückführungen handelte, weil auch Medien und Pendler maßgeblich daran mitbeteiligt waren.

8.4   Tabelle der Kernaussagen über das Jenseits

In der folgenden, langen Tabelle finden sich alle von mir für bemerkenswert erach-
teten Aussagen als „**Kernaussagen**" von ungezählten Klienten, die von 75 **Reinkarnationstherapeuten** in ein Zwischenleben zurückgeführt worden sind und über
ihre Eindrücke berichtet haben. Die Berichte finden sich in 48 Büchern von 32 Autoren bzw. Herausgebern, welch Letztere in der unten folgenden Aufzählung 1 genannt sind. (Bei Michael Newton *297* trifft man auf Berichte von 30 seiner Schüler, die in
Aufzählung 1 nicht in Form eigener Veröffentlichungen berücksichtigt sind. In den beiden
Büchern der Herausgeberin Lucas *251, 252* sind 13 Reinkarnationstherapeuten (nicht ihre
Schüler) vertreten, von denen ebenfalls keine eigenen Bücher in Aufzählung 1 vorkommen. So kommt der Unterschied zwischen 75 Therapeuten und 32 Autoren bzw. Herausgebern zustande: 32+30+13=75)

Als voneinander unabhängige Autoren, die also nicht dieselbe „Schule" durchlaufen haben,
kann man 41 Reinkarnationstherapeuten bzw. Autoren bezeichnen. Diese Zahl ergibt sich,
wenn man von den 75 die 33 „Schüler" Newtons und den einen „Schüler" von Jameison
abzieht (75-33-1=41).

Aufzählung 1: Berücksichtigte **Autoren** bzw. **Herausgeber** (insgesamt 32)

Aufbau: *Nummer in der Literaturliste am Ende des Buches* - Autor/Herausgebername -
(Anzahl der Kernaussagen bzw. Zitate des Autors bzw. des Herausgebers selbst)

13 Backman (73)	*204* Huffman (12)	*445* Sutphen (1)
61 Cannon, Alexander (3)	*212* Jameison (48)	*462, 463* Tomlinson (62)
63, 64, 65 Cannon, Dolores (79)	*216* James (25)	*465* Tramont (46)
103 Denning (13)	*218* Jarmon (8)	*482, 483* Wambach (37)
140 Fiore (25)	*251, 252* **Lucas** (30)	*488, 489, 490* Weiss (46)
147 Freedman (21)	*276, 277* Modi (106)	*492* Wendel (1)
151 Fuckert (57)	*291, 292* Netherton (12)	*497* Whitton (46)
157 Goldberg (36)	*294, 295, 297* **Newton** (114)	*539* Williston (52)
173, 174, 177, 178 Hardo (81)	*317, 318* Ramster (41)	*543* Winkler (21)
196 Hickman (31)	*373* Sigdell (29)	*545* Woolger (21)
201, 202 Holzer (23)	*400* Steiger (6)	

Aufzählung 2: **Herausgeber**

Bezeichnung der Autoren der Herausgeberin **Lucas**:
- 6 Autoren in Liste 1 mit jeweils eigener Veröffentlichung vertreten[310]: Lucas,
  HD, EF, IH, JW, RW

---

[310] *103* Denning, Hazel, =   "HD" bei *251, 252* (Lucas)
    140 Fiore, Edith, =   "EF" bei *251, 252* (Lucas)
    196 Hickman, Irene, =   „IH" bei *251, 252* (Lucas)
    497 Whitton, Joel, =   „JW" bei *251, 252* (Lucas)

- 13 Autoren zusätzlich zur Liste 1: TD, ER, LIF, RB, EP, AC, CS, HM, KN, BL, BF, MH, CE (Namen im Klartext findet man anhand der in der folgenden Tabelle angegebenen Seitenzahlen in der Literatur.)

Bezeichnung für Autoren des Herausgebers **Newton** (gleiche „Schule"):
- 4 Autoren in Liste 1 mit jeweils eigener Veröffentlichung vertreten[311]: *294, 295, 296, 297* (Newton, Michael), *13* (Backman, Linda), *151* (Fuckert, Dorothea), *462, 463* (Tomlinson, Andy)
- 30 Autoren ohne Eigenveröffentlichung in obiger Liste; insgesamt 33 „Schüler" von Newton in *297* Newton): A, M, B, R, K, DB, P, C, D, Q, H, AN, SP, W, JM, S, LM, LP, F=Fuckert, T=Tomlinson, CP, NH, DA, CS, MS, Y, CA, SD, Z, TH, CK, GC. (Namen im Klartext findet man anhand der in der folgenden Tabelle angegebenen Seitenzahlen in der Literatur.)

Aufzählung 3: "**Schule" Jameison**

212 Jameison, Bryan, *373* Sigdell, Jan Erik

Aufbau der unten folgenden Tabelle der Kernaussagen:

Kernaussagen: *Nummer. Aussagen von Kindern nach Band 1 (kursiv)*   oder:
Aussagen Rückgeführter bzw. nachträgliche Ergänzungen zu den Kinderaussagen (Normalschrift)

A: Zahl der Aussagen von Kindern

B: Zahl der Autoren
(Zahl davon aus gleicher Schule)
Zahl der Autoren unterschiedlicher Schule

Kernaussagen, die sich zu **widersprechen** scheinen oder tatsächlich unvereinbar miteinander sind, sind durch eine fettgedruckte Umrandung gekennzeichnet.

Tabelle der Kernaussagen:

Nr	Kernaussagen	A	B	Literatur-Nr. nach Verzeichnis ab S. 895 "s" Seitennummer in der Literatur — weitere
	Der Übergang nach dem Tod			
1.	*1. Außerkörperliche Erfahrung kurz vor dem Tod.*	2		

---

545 Woolger, Roger, J., =   "RW" bei *251, 252* (Lucas)
[311] *462, 463* Tomlinson, Andy, =   „T" bei *297* (Newton)
151 Fuckert, Dorothea, =   „F" bei *297* (Newton)

2.	Mit dem Tod wird die Silberschnur getrennt, welche Körper und Seele verbunden hat.		5 (0) 5	64s16, 200 157s261 178s180 277s159 462s23
3.	Um nach dem Tod leichter aus dem Körper heraustreten zu können, splittet sich die Seele in viele kleine Teile.		2 (0) 2	277s163 462s16
4.	Nach dem Tod verlässt die Seele den Körper.		16 (6) 11	13s8, 47, 207—151s46, 172—177s88, 98— 196s77—252sJW213—251sRW240, TD464— 277s155-158, 160, 161, 187, 190, 191—297sB42, P79, NH205—295s15—318s249—490s84— 482s73, 112, 126, 160, 163, 165, 166, 170, 178, 182, 185, 186, 189—539s170, 183, 186—545s38, 229, 274
5.	Die Seele kann bis zu 4–5 Stunden nach dem Tod im Körper bleiben.		1 (0) 1	277s161, 163, 194
6.	Kurz nach dem Tod schwebt die Seele nach oben.		29 (13) 17	13s6, 34, 53, 85, 103, 107, 112, 145, 182— 140s223, 224, 228, 236—147s168—151s56, 118, 137, 173, 179—173s143—177s85, 88, 103, 106, 132, 184, 207, 223—178s59, 383, 152, 180— 196s64—212s9, 73, 138, 143, 161, 236—216s36, 50, 66, 72, 84, 116, 126—252sJW214, RW224, 227, 432—251s507, 513, RW248—276s115, 124—277s159, 166-168, 186, 218—292s124, 185—294s15-17—297sK59, Q109, JM152, LP177, CP196, NH203, CS220, MS226, CA253, TH279, 280—295s26, 29—318s250—400s127– —482s105, 106, 109, 151, 152, 161, 184, 202— 489s64, 96—490s42, 46, 51, 53—539s174, 176, 187—545s141, 170, 270, 280, 287
7.	Nach dem Tod nimmt man Geräusche, Töne oder Musik wahr.		9 (3) 7	13s11—140s223—151s137, 138, 181— 157s261—178s80, 180—251sTD464— 252sJW214, 215—277s178, 185, 186—294s26
8.	*9. Kurz nach dem Tod ist man (wieder) gesund und schmerzfrei.*	6	18 (4) 15	13s11, 70—64s13—65s77—s14033, 217-219, 225—157s257, 259, 260—177s88, 129, 160— 178s35, 383—212s138, 143—251sTD464— 276s124—277s155, 156, 177—291s141— 292s124—294s18—297sQ109, NH205,— 317s50, 131—318s244—465s201, 224— 490s85—492s44, 149, 218—539s169, 170, 174,

			177, 178, 187, 193, 196—545s141
9.	Nach dem Tod kann man seelisch bedingte Schmerzen haben.	1 (0) 1	482s173
10.	*11. Kurz nach dem Tod ist man* (zunächst) *traurig.*	2 (4) 12	13s70, 106, 107—147s187—196s62, 69—252s466, JW209, IH230—277s168—294s18, 29—297sD99—317s56, 134—462s15, 28—465s225—482s152, 166, 168, 172, 179, 194, 201, 202, 209—539s179, 180, 187, 193—545s49, 274
11.	Nach dem Tod kann man Auflehnung gegen das Schicksal verspüren.	1 (0) 1	482s174
12.	*10. Schon bald nach dem Tod ist man* (wieder) *zufrieden. Es gibt keinen Grund, den Tod zu fürchten.* Man fühlt sich frei.	5 (12) 22	13s6, 11, 49, 104, 112, 126, 153, 207—64s4, 5, 10, 13, 15, 21, 23, 106—65s109—140s33, 138, 175, 218, 219, 223, 225, 227—147s185—151s46, 110, 119, 173, 183—157s258, 260, 262, 263—174s418, 442—173s143—177s73, 117, 138—178s58, 102, 180—196s69—201s123—204s67—212s73, 228—216s37—251sEF269, ER416—252s466, JW203, 212, 214, RW228—276s115—294s18, 25, 28, 33—297sA21, K59, JM152, LM172, LP177, NH205, CA252, CG295—317s129, 132—318s244, 250—400s92, 95,—462s29—463s16, 74—465s55, 222, 223—482s106, 108, 109, 150, 151, 161, 168, 171, 177, 183, 186, 190, 193, 199, 201, 206—483s44, 65—489s96—490s67, 85—539s169, 170, 175, 176, 181, 183, 185, 186—545s280
13.	Die Seele kann den Körper bereits kurz vor dem Tod verlassen, um Leiden zu vermeiden.	10 (4) 7	13s201—64s13—140s236—212s40—277s155, 158-160—294s18—297sC90, S158—295s88, 245—482s192—545s170, 171
14.	*3. Das Geschehen auf der Erde wird nach dem Tod* (von der Seele) *beobachtet.*	33 (8) 26	13s53, 70, 106, 145—64s4-6, 11—65s74, 107, 108, 161—140s33, 137, 174, 218, 219, 222, 223, 227, 234—147s187—157s260, 117—173s49—177s67, 85, 88, 98, 106, 117, 119, 129, 132, 147, 148, 160, 166, 184, 190, 196, 213, 218, 238, 325—178s58, 92, 101, 152, 164, 179, 180—196s62, 78, 180—201s24, 123, 225-230—202s334—212s9, 10, 73, 78, 80, 83, 138, 143, 161, 228, 236, 258—216s42, 50, 60, 65, 72, 84, 92, 116, 120,

				125—218s207—251s510, EF268, 272, IH396, 398, ER415, TD464, 473, HD207—252s463, JW213, 214, 219, 220, IH230, LIF363—276s114, 124, 143, 236, 239—277s156, 159, 160, 161, 167, 168, 191—291s141—292s124, 185—294s15-17, 19, 20—297sP79, SP133, S158, CA252, SD260, Z272—295s36—317s46, 49, 106, 109, 130-132—318s58—400s92, 95, 127—462s14, 17, 23—463s16, 74, 79, 106, 111—465s202—482s25, 43, 78, 105, 112, 150, 151, 165, 166, 172, 177, 180, 182, 187, 190, 193, 199—489s64, 96, 147—490s42—497s49, 149, 194, 218—539s87, 170, 171, 173-178, 180, 182, 183, 186, 187, 196, 200—545s38, 141, 170, 193, 274
15.	Nach dem Tod kann man die Gedanken der Lebenden lesen.		2 (0) 2	157s261 177s103, 238
16.	Nach dem Tod kann man hören.		2 (0) 2	140s175 177s103 251sEF286
17.	Nach dem Tod ist die Wahrnehmung erhöht.		1 (0) 1	539s169
18.	Nach dem Tod kann man noch immer denken.		2 (0) 2	196s36 212s10
19.	*4. Der Körperlose versucht, Lebende anzusprechen oder zu berühren. Dies bleibt aber unbemerkt, ohne Reaktion.*	4	10 (0) 10	64s11—65s82, 83, 109, 160—201s25, 124,—276s114, 236—277s156, 160, 164, 167, 168—294s15-17—295s26, 29, 36, 41, 49—317s49, 106, 109, 130, 132—318s249—400s127—465s201—482s73, 163—497s49—539s183, 187
20.	Nach dem Tod kann die Seele materielle Gegenstände durchdringen.		2 (0) 2	277s156, 160 276s236 465s201
21.	Nach dem Tod hat man einen Körper anderer Art.		2 (0) 2	157s260 539s191

22.	Dieser andere Körper kann durch Wände gehen.	1 (0) 1	157s260
23.	Dieser andere Körper kann sich unendlich schnell bewegen.	1 (0) 1	157s261
24.	*5. Der Körperlose bleibt* (vorerst) *nahe der Sterbestelle* bzw. dem Körper	12	13 (2) 12	13s47—64s179—65s73, 107, 161—201s157—216s32, 50, 60, 65, 72, 84, 116, 120, 125—218s190—252sIH230, HD237—277s156, 160, 167, 168—294s19—295s15, 49, 60—373s377—400s97—465s202, 226—482s152, 163
25.	Nach dem Tod bleibt die Seele längere Zeit bei den Trauernden.	8 (0) 8	65s82—177s178—196s34, 62—204s75—212s300—294s20—295s49—465s204—539s176, 177
26.	*6. Dem Körperlosen ist* (mitunter) *nicht klar, dass er gestorben ist.*	4	8 (0) 8	64s19, 21, 173, 174—65s159—147s63, 169—157s257—252sEF345—251sRB362—277s164—−317s110—463s80
27.	Es gibt erdgebundene Seelen.	2 (0) 2	64s79 252sEF345
28.	Es gibt erdgebundene Geister, d. h. Seelen, die sich nicht von der Erde lösen können und nicht ins Licht (Jenseits) gehen.	10 (3) 8	64s172, 175, 177—147s169, 185—151s161—157s257, 259, 262—178s19, 323, 332—252sJW204—251sRB362—294s46—295s20, 61, 63, 68, 69—463s78, 79—465s199-201, 203, 204, 207, 208, 210-212
29.	Es gibt erdgebundene Seelen, die reinkarnieren, ohne zuvor ins Licht (Jenseits) gegangen zu sein.	2 (0) 2	465s189 147s64
30.	Es gibt keine (ewige) Hölle, in die die Seele kommen könnte.	7 (3) 5	151s223—177s191, 320—212s299—295s17, 71–−297s11, Z269, 273, 275, 276—489s61—545s281
31.	Es gibt eine Hölle im Jenseits.	4 (0) 4	174s416—196s61—252sRW224—277s21—276s233—

32.	Nicht Gott verdammt Seelen in die Hölle, sondern Satan/Dämonen verführen sie dorthin.		1 (0) 1	277s21, 98
33.	Dunkle Wesen versuchen, die Seele daran zu hindern, nach dem Tod ins Licht zu gehen.		1 (0) 1	277s156, 157, 164, 191 276s233
34.	Es gibt bösartige Wesenheiten.		2 (0) 2	373s361 545s264
35.	Dämonen und Teufel sind von Menschen gemacht. Sie existieren nicht wirklich.		4 (2) 3	196s63 252sIH230 295s76, 107 297sZ273 543s54, 57
36.	Negative Kräfte kommen aus uns selbst.		1 (0) 1	294s48 295s76
37.	*2. Flug durch eine Röhre oder einen Tunnel nach dem Tod.*	4	16 (6) 11	13s54, 126—140s223, 231—151s93, 173—157s261—173s144—177s85—212s107—252sJW209, 212—277s157, 166, 167—292s185—294s17, 23, 25, 27—297sK59, CP196—295s15, 57, 245—317s49, 77, 131, 132—318s218, 250—373s378—462s15, 24—463s111—482s73—497s49
38.	Nach dem Tod hat man ein Lichterlebnis.		13 (2) 12	13s11, 103, 112, 150, 153—140s224, 228—147s168, 170, 172, 183—151s94, 119, 153, 173, 178—157s259, 262—252s464, 466, 469, JW204, 209, 212, 214, RW24, 226, IH231, HD238—318s250—482s160, 180, 185—539s170, 196—545s281
39.	Nach dem Tod sieht man ein Licht und schwebt darauf zu.		9 (5) 5	13s34, 53—151s174, 180, 183—201s125—212s10, 231—276s124—294s19, 23, 43—297sA21—295s15, 42, 57, 245—463s74, 106, 108, 111, 137—465s144, 149, 224-226—539s181
40.	Nach dem Tod geht die Seele ins Licht oder wird von Lichtwesen dorthin gezogen.		10 (2) 9	13s85, 203—157s258, 262—174s418, 442, 458––177s67, 132—178s35, 102, 180—212s78—218s190—276s114—277s158, 160, 163-168, 186, 189, 190, 194, 196, 218—373s378—482s73, 152—489s61, 96—490s46, 51, 53, 67,

				84—539s187, 193, 216
41.	Die Seele ist im Kern ein intelligentes Lichtwesen.		2 (0) 2	212s304 251sEP535
42.	Vor Beginn der Inkarnationen waren die Seelen eins mit dem Licht.		2 (2) 1	212s304 373s349
43.	Erst nachdem die Seele ins Licht gegangen ist, kann sie wiedergeboren werden.		2 (0) 2	295s69 465s201
44.	Es gibt Seelen, die reinkarnieren, ohne zuvor ins Licht (Jenseits) gegangen zu sein.		1 (0) 1	373s378
45.	*18. Man sieht oder kommuniziert mit Lichtgestalten. Das Licht strahlt Liebe aus. Man befindet sich an einem Platz von Licht und Liebe.*	5	23 (2, 12) 11	13s47—140s223—151s73, 138, 183—201s126, 231, 232—204s72—212s231, 299—252s469, RW224—277s165, 168—297sK59, P81, W142, JM152; DA215, CS220, F244, TH281—295s47–—318s252—373s378—462s20, 28, 32—463s106, 108, 137—497s51—539s185—545s282
46.	Nach dem Tod wird die Seele in die Energiehülle eines Führers oder Seelengefährten eingehüllt und erlebt dies als reine Ekstase.		4 (3) 2	13s54 151s180 178s180 177s129, 230 295s86
47.	Gott wird als ein Lichtball aus reiner Liebe wahrgenommen.		1 (0) 1	277s21, 157, 236
48.	Hinterbliebene können durch ihre Trauer die Seele daran hindern, ins Licht (Jenseits) zu gehen.		2 (0) 2	212s300 462s17
49.	*7. Der Körperlose kommt nach dem Tod zu einem*	7	11 (5)	13s9, 49, 54, 104, 112, 141, 163, 178, 182— 64s63, 65—63s130—151s171, 172, 174— 177s178, 230—204s72, 358, 372—276s120,

	„Treff", der meist der Erholung oder Heilung dient.		7	125—277s171, 173, 174, 176, 178, 183, 185, 186, 192, 218—294s53, 67, 68, 70, 73—297sF245—295s16, 86, 94—317s49, 110—462s31, 40—463s111, 114—497s194
50.	*8. Nach dem Tod kann man sich ausruhen und erholen.*	2	28 (12) 17	13s10, 49, 52, 53, 70, 73, 80, 111, 126, 182—64s6, 20, 22, 53—65s145, 146, 165, 169—63s130—151s171, 174—177s73, 184, 327—178s82, 92, 93, 180, 426—201s127—204s72, 358, 372—216s42—218s190—252s256, RW224—276s120, 125—277s172, 180, 184-186, 188, 191, 194-196, 202, 218—297sA21, DB68, P80, D100, Q109, JM152, LP177, DA216—295s16, 17, 89, 103—318s58, 251—317s47, 49, 50, 109, 132, 133—373s358, 378—462s27-34, 62—463s108—465s143, 222—490s46, 86—497s53—539s179, 200—543s49
51.	Nach dem Tod machen einige Seelen einen Reinigungsprozess durch (z. B. "Lichtdusche").		3 (0) 3	151s171, 174 177s178, 230, 231 277s172-178, 183, 185-187, 189-194, 196 276s115
52.	*12. Nach dem Tod begegnet man einem alten, weisen Mann oder einem Mann in Weiß, einem König, Jesus, Engeln oder evtl. einem Gott, von dem man geführt wird.* Auch einem Geist- oder Seelenführer oder Ältestenrat begegnet man.	26	46 (29) 18	13s9, 11, 22, 42, 47-50, 52-54, 56-61, 70, 73, 76, 86, 104, 107, 110, 112, 182, 199, 216—64s20—140s225—151s17, 18, 56, 57, 120, 140, 156, 171, 172, 176, 179, 189, 203—157s259, 263—177s67, 98, 104, 129, 132, 223, 236, 325—178s59, 213, 332, 180—201s127—202s335—216s39—218s190—251sRW248—252sJW205, 219, RW224, 225, HD238, EF344—276s114—277s8, 112, 165, 171, 180, 182, 183, 187, 188, 211, 215, 216—294s28, 29, 36, 68—295s15, 21, 47, 56, 138, 147—297s158, A21, B43, R52, K59, P83, C92, D99, Q110, AN126, SP132, W143, JM152, LM170, LP177, 181, T187, CP197, NH203, 206, 207, DA216, CS220, MS226, Y235, 238, CA253, SD260, 264, Z272, CK287, 288—318s58—462s21, 22, 61, 66—463s111, 122—465s145, 204, 221, 222, 225, 226—488s209, 213—539s169, 176—545s264, 282, 287
53.	*13. Nach dem Tod begegnet man einer „Gestalt", die einen führt.*	6	13 (5) 9	13s34, 126—140s227—151s46—177s158, 178, 230—178s191—297sP80, Z272, TH280, 281—317s47, 78, 131—318s250—462s24, 33-35—465s221—490s67—497s50—539s176, 190, 216

54.	*14. Nach dem Tod begegnet man Verstorbenen* und auch noch Lebenden, *manchmal sogar zukünftigen Verwandten, Freunden oder Bekannten.* Man wird von ihnen begrüßt.	22	33 (12) 22	13s7, 9, 34, 47, 49, 52, 70, 74, 77, 78, 110, 126, 201—64s11, 19, 21—65s75, 105, 109—140s175, 223-225, 228, 229, 237—147s168—151s138, 146, 153, 171, 183, 185-187, 189—157s259, 262—173s49, 144—177s67, 70, 98, 132, 138, 170, 183, 184, 190, 207, 218, 230, 325——178s18, 35, 64, 80, 82, 92, 93, 96, 101, 106, 129, 180, 198—201s125—212s231—216s37, 42, 84, 116—218s205—251s510, EF268, RB361—252s241, 243, 245, 246, 248-251, 254, 464, 466, EF344, JW204, RW224, 226, 433, HD238—276s114, 144—277s156, 160, 162, 167, 175, 196—292s185—294s31-37—297sB42, DB68, LP177, 178, DA215, MS226, CA253, TH281, GC295—295s15, 55, 147—317s49, 50, 107, 131, 133—318s250—462s18—465s100, 143, 202, 204, 207, 224-226—482s73, 107, 152, 163, 165—490s53, 84—497s44, 221—539s169, 193, 194, 199, 200—545s229, 281
55.	Inkarnierten Seelen begegnet man im Jenseits nach dem Tod nicht.		1 (0) 1	373s379
56.	Inkarnierte sind in der jenseitigen Seelengruppe unsichtbar.		1 (0) 1	177s223
57.	Nach dem Tod kann die Seele des Verstorbenen mit den Hinterbliebenen kommunizieren.		1 (0) 1	13s103
58.	Bewusstsein und das Wesen der Persönlichkeit bleiben nach dem Tod erhalten.		5 (0) 5	64s4, 15 277s148, 155, 156, 158, 166, 171 292s184, 173, 187 297sLM172 497s57, 218
59.	Einsichten in Fehler der Lebensführung oder unerfüllte Wünsche kurz vor dem Tod bleiben nach dem Tod bestehen und bestimmen die Wahl des nächsten Lebens.		8 (0) 8	103s121, 128, 130 212s222 251sHD209, 211, RB376, IH392 252s427 292s184, 187 539s179 545s259, 278, 279

60.	62. Die eigentliche Heimat ist die geistige Welt. Man fühlt sich dort wieder zu Hause.	5 24 (12) 13	13s47, 70, 104, 163, 178—64s85, 241—140s225—151s46—177s73—251s510, EP535—252sJW202—277s154, 157—294s11, 25, 55, 71, 225—297s16, R54, DB70, D100, AN126, SP133, DA216, SD258, TH280—295s15, 354—318s250—462s77, 78—463s106, 118—465s222—482s151, 153—490s125—497s65, 73, 149—539s182
	Im Jenseits		
61.	17. Man befindet sich nach dem Tod in Räumen, schönen Landschaften.	21 21 (9) 13	13s49, 52, 54, 73, 77, 126—64s80, 201—151s73, 119, 139—173s144—177s73, 98, 117, 129, 138, 184, 183—178s35, 64—204s72, 373—212s299––252s282, JW204, RW224—276s120, 121—277s8, 170, 175, 184, 186-188, 191—294s28—297sA21, Q109, JM152, DA216, CS220—295s64, 89, 90, 131, 147, 265—318s58, 60—317s49, 54—462s21—465s224—489s96—488s209, 213—497s54—539s190—545s282
62.	19. Man bewegt sich ganz leicht mittels „Gedankenkraft" und kann fliegen.	8 11 (2) 10	64s135—65s77, 107, 109—177s67, 213—178s198—201s230—251sTD473—277s160, 169, 191—297sTH281—295s284—318s58—317s51—490s67—497s44—539s190
63.	20. Man verständigt sich ohne Worte telepathisch mit anderen Wesen.	4 18 (10) 9	13s49—151s72—157s259, 262—173s144—177s178, 213—201s230—252sJW215—277s199, 202—294s40, 68—297sR52, K59, 60, C92, AN129, T189, CP197—317s49—462s61—463s115, 138—465s99, 221, 224—497s44—539s176, 190, 191, 199
64.	Identitäten, Gedanken und Motive können im Jenseits nicht verborgen werden.	5 (0) 5	64s77—157s259—177s228, 239—294s55, 58, 114, 118, 225—295s193, 256—465s99
65.	Jenseitige Lehrer können ihre Gedanken verbergen.	1 (0) 1	294s130
66.	Fortgeschrittene Seelen können ihre Gedanken verbergen.	1 (0) 1	295s231

67.	Private Kommunikation geschieht durch Berührung.	1 (0) 1	294s40
68.	*48. Man ist oder lebt im Jenseits mit anderen zusammen in Gruppen.* Gruppenmitglieder sind etwa gleich entwickelt oder haben gemeinsame Ziele.	11 32 (22) 11	13s10, 22, 34, 42, 48, 54, 67, 74, 76, 77, 79, 86, 110, 126, 139, 141, 158, 159, 178, 216—147s182—151s17, 18, 46, 57, 94, 104, 130, 154, 171, 172, 176, 187, 189—173s144—178s63, 206, 66s67, 183, 207, 213, 223, 238, 241, 315, 329—212s324—252sHD236, EF344—276s121––277s86-90, 106, 114, 200, 216—294s37, 71, 76, 79-82, 129, 151—297s16, A25, B44, R50, 51, C90, AN126, SP133, W142, LP177, I188, CP199, NH207, CS221, MS226, Y235, 236, SD263, Z272, CK287, GC295—295s16, 17, 135, 176, 247, 258, 285—462s73, 76, 124—463s36, 116, 139—465s222—483s77, 86—488s118—539s113
69.	Nach dem Tod wird die Seele in ihrer Gruppe feierlich empfangen.	8 (7) 2	13s70, 110, 126—151s182—178s251, 325—295s17, 18, 116—297sB44, D100, W142, Z280
70.	Nicht alle Seelen gehen nach dem Tod in ihre Seelengruppe.	1 (0) 1	277s92
71.	Die Jenseitigen können die Art ihrer Erscheinung für andere Jenseitige bestimmen.	4 (2) 3	13s50, 56—177s223—178s214—294s31, 36, 38, 40, 41, 82, 115, 149—295s140—465s99
72.	*22. Man ist (wieder) jünger, meist so alt, wie in seinen „besten Jahren".*	1 10 (4) 7	64s11—177s223—178s64, 80, 214—212s73—251s510—276s115—277s156, 165, 182, 189—297sQ109, JM152, CS221—295s17—465s224
73.	*38. In der geistigen Welt kann man ein allumfassendes Wissen haben.*	6 13 (3) 11	64s5—157s261—216s43—252sJW202, 205, RW228, IH231—294s24, 66, 224, 227—297sR54—295s51—317s129, 130—318s250—463s133—465s201—489s96—497s51, 77—539s189
74.	*39. Die Inhalte dieses Wissens oder die Lebensaufgabe werden mit der Geburt vergessen.*	6 2 (0) 2	64s43 294s64

75.	26. *Man erfüllt eine Aufgabe im Jenseits.*	6	9 (3) 7	64s132, 192—65s75, 82, 108—201s232—216s39—277s91, 103—294s131, 135—297sZ272, CK288—295s98, 285, 291—317s109—465s145
76.	Lernen und Entwicklung der Seele sind Aufgaben im Jenseits.		14 (6) 9	13s22, 89, 121, 126, 130, 215—65s82, 109, 145––151s132, 174—173s144—177s74, 75—178s212—252s464, 466, 469, JW202, 206, 219, IH23—276s121—277s13, 74, 103, 201, 202, 205, 209, 210, 212, 215, 218—294s83, 95-109, 131—297sLP178, 181, SD262—295s324—462s64—490s143, 144—539s198, 216
77.	Einige Privilegierte müssen im Jenseits nicht lernen.		1 (0) 1	13s139
78.	Eine Aufgabe im Jenseits ist die Betreuung anderer Seelen; z. B. ankommender Verstorbener oder der Lebenden auf der Erde.		11 (5) 7	13s8, 54, 71—64s90—65s108, 183, 190—151s182—277s201—294s22, 33, 65, 95-98, 151—297sCP197—295s138, 182—317s109, 110—462s39, 41—465s222, 227—489s109—543s51
79.	Im Leben begleiten uns spirituelle Helfer, die wir auch um Hilfe anrufen können.		8 (4) 5	13s8—151s165, 180, 188—212s299—252sJW204—277s201, 202—294s95-98—297sF245—295s48—462s153, 154—543s51
80.	Jenseitige können Lebende beeinflussen, indem sie ihnen Gedanken, Intuitionen oder Träume eingeben.		4 (0) 4	178s383 277s96 276s239 294s157, 221 295s32, 37-41, 44, 49 539s194
81.	Eine Aufgabe ist es, im Jenseits zu lehren, z. B. über Erfahrungen aus dem eigenen früheren Leben.		7 (6) 2	13s53, 178—276s121—277s95, 103, 201, 209, 214, 215—294s127, 131—295s287—297sQ110, AN128, CS221—462s86, 87
82.	27. *Man hat eine Aufgabe im irdischen Leben zu erfüllen.*	6	18 (10) 9	13s11, 23, 24, 87, 89, 90, 93, 95, 193, 201, 204—65s183—103s89, 127—151s132, 171, 178-180, 188-190, 194, 203—173s144—216s32, 36—277s91, 154—297s10, R54, K60, 61, DB71, C92, H116, JM153—295s18, 102, 105—462s58, 147––465s145, 207, 222—497s69—543s49, 54

83.	47. *Lernen und Weiterentwicklung ist das Ziel auf Erden.*	7	24 (11) 14	13s61, 78, 84, 85, 88, 111, 215—64s10, 22, 84, 111, 229, 232, 236—65s110, 146, 176—103s10––151s143—177s315—178s63—196s35, 73—216s51—252sJW202—277s74, 91, 154—297s10, 16, B44, P82, AN126, SP134, W142, CS222, SD259—295s21, 79—317s127—318s60, 254, 265—373s349—463s142—483s84—489s118—490s47, 88—488s118, 214––497s34, 100—539s111, 210, 216—543s49, 54
84.	Schwierige Leben führen zu größeren Lernfortschritten als einfache: Lernen durch Leiden.		3 (0) 3	13s13, 161, 182 177s99, 132, 304, 308, 334, 340 489s84 490s178 488s214, 154
85.	Lernen ist im Leben auch ohne Leiden und Kampf möglich.		4 (0) 4	151s143—252sRW226—488s160—539s217—545s286
86.	Ziel des Lebens ist es, die Beziehung zu anderen Menschen zu vervollkommnen.		9 (2) 8	64s10, 232—178s219—277s91, 110—294s153––297sSD263—318s60—483s86—489s147—490s69—543s49
87.	Ziel des Lebens ist es, Liebe zu lernen.		11 (4) 8	64s232, 235—177s123, 334, 343—178s219, 206, 207—277s91, 110—297sY239, Z272, 273, TH283—295s20—318s201—483s88—488s210—543s49
88.	Ziel des Lebens ist es, die Einheit mit anderen Menschen zu verstehen.		1 (0) 1	483s93
89.	Endziel aller Entwicklung ist die Verschmelzung mit Gott, das Erreichen einer Gottähnlichkeit oder von Vollkommenheit.		14 (2) 13	13s182—64s84, 89, 90, 96, 101, 188—65s174—140s240—151s178—157s266—196s24, 28, 34, 35—204s108—277s91, 154, 236—294s131, 138, 165—297sSP138—295s20, 21, 221—373s350—489s118—490s47—539s112—543s49
90.	Es ist kein Ziel des Lebens, die eigenen Talente zu entwickeln.		1 (0) 1	483s93
91.	Es ist kein Ziel des Lebens, Reichtum, Macht und Status zu erreichen.		3 (0) 3	147s182 297sP80 483s93

92.	23. *Es gibt eine hierarchische Ord-nung* hinsichtlich geistiger Bewusst-heit.	11	11 (2) 10	64s37, 78, 84, 88f—157s266—177s326—178s332—204s75—294s91-94, 110—295s18, 19, 158, 285—318s59—318s252—462s119—465s143—490s68, 177—497s70—543s50
93.	Im Jenseits gibt es keine hierarchische Gliederung.		1 (0) 1	13s137
94.	Die Seele kann von sich aus nur in niedrigere Ebenen des Jenseits gehen oder hineinblicken; für höhere muss sie sich qualifizieren.		2 (0) 2	64s37, 78, 100, 102, 193—318s59
95.	Weniger entwickel-te Seelen sind in ihrer Bewegungs-freiheit zwar nicht auf bestimmte Ebe-nen im Licht einge-schränkt. Sie sam-meln sich aber in unteren Schichten.		1 (0) 1	277s94
96.	24. *Man fühlt sich eins mit allen ande-ren Wesen.* Alle sind gleich.	6	4 (0) 4	64s69 297sM36 483s76 489s109
97.	Wir sind alle mit-einander verbunden.		7 (4) 4	13s175—151s148, 191—212s335—297sSP134—295s25, 52—462s60, 119—543s49
98.	Wir alle sind Teile Gottes.		3 (0) 3	277s20 294s149 490s53
99.	Zwischen den See-len im Jenseits gibt es keine Feindschaf-ten oder Verurtei-lungen wegen böser Taten auf der Erde.		4 (2) 3	13s79 177s326 196s29 294s72, 120
100.	25. *Man hat* (im Jenseits) *kein Zeit-empfinden.*	4	10 (3) 8	64s8, 192—65s105, 178—151s46, 57, 72, 173, 174—157s261—252sRW219, 227—294s166—297sCP197—295s15, 58—318s250—465s55—497s47, 195—539s187, 197, 199

101.	Im Jenseits gibt es Bibliotheken und Schulen, meist im Stil griechischer Tempel.		16 (8) 9	13s111, 121, 130, 159, 201—64s36, 62, 75, 179—151s181—173s144—177s331—252s462, 466, 469, JW206, RW224—277s6-14, 107, 201, 210, 211, 215, 222—294s82—297sB43, AN126, W142, LP177—295s58, 137-141, 148, 154—318s59, 269—462s57, 59, 62, 89-92, 123—488s213—497s69—545s282
102.	In den jenseitigen Bibliotheken gibt es „Lebensbücher" oder „Lebensvideos".		7 (4) 4	151s181—252sRW224—277s6—294s84—297sAN126—295s57, 141, 148, 155—462s57, 58—488s213—545s282
103.	Sämtliche Ereignisse aller Leben sind in der Akasha-Chronik verzeichnet.		4 (0) 4	64s70 151s57, 172 277s9, 104 465s193
104.	*15. Es findet eine Prüfung oder Bewertung des vergangenen Lebensweges statt.*	6	18 (7) 12	13s9—64s12—65s176—157s259, 262—173s144—178s80, 82, 270, 326—252s464, JW205, 212, RW224, 227, HD238—276s116—277s95, 172, 178-185, 188-190, 193, 195, 196, 202, 218—294s52—297sB43, R52, DB66, T187, NH205—295s16, 21, 65, 185ff, 285—318s59—373s378—463s32, 138—497s59—543s49
105.	*16. Gute Taten sind* (für die weitere Entwicklung der Seelen) *nötig; man wird dazu ermahnt.*	4	5 (0) 5	65s109, 176 177s191 201s126, 128 276s188 497s59f
106.	Die Wiedergeburt wird sorgfältig geplant. Weise, die nicht mehr inkarnieren müssen, helfen durch Beratung (Ältestenrat).		24 (2, 8) 16	13s71, 72, 80, 95, 96—64s20, 39, 40, 41, 75, 130, 181, 192, 232—103s89, 111, 116—147s168—151s130, 173, 187—177s99, 239, 304, 315, 332, 333—178s156, 181, 206, 207, 212, 216, 322, 350, 420—212s214, 215—252s247, JW206, 212, RW224, IH229, HD234, EF344—276s121, 186—277s93, 100-102, 104, 107, 112, 189, 193, 199, 200, 210—294s60, 64, 133, 174, 183, 187—297s16, A23, 26, B44, 45, R54, JM153, T188, 189—295s254-256, 314, 331—317s134, 135—373s380—462s37, 74, 77, 97, 115, 116, 124—463s36, 122, 127, 142, 144—465s203—483s45, 65, 165—497s63, 195, 222—539s180
107.	Das jenseitige Wertesystem beruht auf absoluter Liebe.		9 (7) 3	13s13, 88—151s168—252s250—276s115—297sAN128, SP138, CA253, GC295—295s20

108.	Die Bewertung des vergangenen Lebens findet vor Richtern, Geistführern oder dem Ältestenrat statt, die aber nicht verurteilen.	22 (15) 8	13s23, 56-59, 61, 71, 79, 111, 126, 131, 199, 203—63s130—173s144—177s230, 231, 328—216s33, 37, 39, 51, 67, 85—252s242, 247, 249, 250, 252, 255, JW204-206, 212, 215, 219—276s116, 125—277s179, 193, 195, 196—294s50, 54, 55, 66, 100—297sB43, K60, SD264, MS227, CS222, NH208, LP181, LM170, JM153, C92, DB66, 69, 70-72, TH282—295s21, 156, 187-191, 195-204—462s54, 55, 62, 63, 65-68—463s32, 35, 112—497s58, 195, 220—545s264, 282
109.	Die Beurteilung des vergangenen Lebens geschieht durch das eigene Gewissen und kann sehr schmerzhaft sein.	17 (5) 13	13s52, 54—64s114, 117—140s240—157s265—174s417—177s103, 107, 238, 321—204s68—251sRB376, HD207—252sJW205, RW226—276s116, 125—277s21, 179, 185, 188, 190, 191, 193, 196—294s52, 120—297sK60, T188, NH206—373s378—462s50, 51, 71—465s203, 204, 227—497s59, 220, 222—545s285
110.	Das vergangene Leben wird in der Seelengruppe bewertet.	2 (0) 2	177s329 295s18
111.	Man sieht einen Lebensfilm als Rückschau auf das vergangene Leben.	11 (2) 10	64s11—151s56—177s74, 178, 213, 238—178s82—252s462, JW205, EF344—276s125—277s179, 180, 182, 183—297sB43—318s59, 269—445s36—490s177—497s61
112.	Den Lebensfilm muss sich nicht jeder ansehen.	1 (0) 1	462s51
113.	Die jenseitige Bewertung des vergangenen Lebens führt zu Schuldgefühlen, die den Wunsch nach Wiedergeburt auslösen, um die Schuld auf Erden abzutragen.	3 (0) 3	178s403 177s70, 99, 104, 238, 326 252sJW206 373s378
114.	Im Jenseits ist die Seele nicht fähig, Emotionen zu empfinden.	2 (0) 2	212s306 251sTD474
115.	Es gibt keine einfache Erlösung von der Schuld aus früheren Leben.	4 (0) 4	212s53, 302 276s166 294s55 497s55

116.	Die Lebensplanung berücksichtigt karmische Aspekte aus früheren Leben.	12 (2) 11	64s117, 228, 232—61s180—103s10—147s182– –173s51—177s67, 70, 99, 104, 183, 223, 231, 238—178s206, 213, 270, 314, 418f, 420— 212s193, 317—252s252, JW202, 206, 215, 220– –276s121, 146, 166, 167, 185, 186—277s21, 95- 97, 103-105, 109, 112, 113, 199, 210, 215— 295s17, 21, 228—373s379, 380—490s178— 497s64, 67, 195, 221
117.	Nach grausamer Handlung kommt die Seele nicht in ihre Gruppe Gleichgesinnter, sondern reinkarniert vorher, um Karma abzutragen.	1 (0) 1	294s51
118.	Nach sehr grausamen Handlungen auf Erden darf die Seele nicht reinkarnieren.	1 (0) 1	295s93
119.	Nach einem Selbstmord wird man im Jenseits nicht bestraft, muss aber auf Erden seine verpatzte Lektion wiederholen.	7 (0) 7	103s162 212s222, 319 252sJW206 251sRB374 276s164-166 294s57 539s169, 181
120.	Selbstmörder, deren Seelen erdgebunden geblieben waren, standen unter dämonischem Einfluss.	1 (0) 1	276s230
121.	Es gibt keine Erbsünde und kein In-Ungnade-Fallen, das die Seele zur Reinkarnation zwingt.	1 (0) 1	294s170
122.	Es gibt kein jüngstes Gericht und keinen strafenden Gott.	1 (0) 1	151s223
123.	Die Lebensplanung wird auf Erden nicht strikt eingehalten.	6 (2) 5	64s42, 232—212s333—277s93, 102, 107— 294s222—295s320—462s129, 130—497s68, 69, 150

124.	Die Seele weiß, in welche Familie bzw. Lebensumstände sie hineingeboren wird.		9 (2) 8	64s228—65s85, 198—103s127—201s233—212s39, 310, 320—294s185—295s21, 188, 228, 316, 318, 322—318s36—373s379, 404—462s97, 101—539s110, 197
125.	Die Seele kann den Zeitpunkt der Wiedergeburt wählen.		3 (0) 3	13s92, 111 490s86, 143 539s196
126.	*45. Man kann den Körper, d. h. das Baby bzw. die Mutter wählen.*	41	25 (2) (10) 15	13s78, 91, 129, 130, 161, 193—103s10, 111, 127, 128—140s240—147s182—151s57, 172—173s51, 144—177s104, 338—178s215—196s75—212s39, 312—216s33, 61—252s241, 247, 465, JW202, 206, IH229—276s121, 186, 187—277s93, 105, 108, 109, 199, 210, 215—294s60, 64, 174, 192, 202, 209—297sR54, S162, LP181, Y236, F244, CA254, CK288—295s21, 188, 228, 316, 318, 322—318s61—373s379—462s97, 105-107, 109, 111, 113, 147—463s125, 127, 142—483s44—488s117—497s45—539s111, 196
127.	Die Seele genießt immer einen freien Willen.		2 (0) 2	13s24, 170, 216—157s259, 265
128.	Die Seele hat keine Wahl darüber, in welchen Körper bzw. welche Familie sie wiedergeboren wird.		5 (2) 4	147s169, 176 216s51, 92 251sTD474 294s201 462s102, 104, 105
129.	Mit den eigenen Bezugspersonen bzw. deren Seelen lebt man in mehreren Leben in unterschiedlichen Verkörperungen zusammen.		35 (2) (13) 22	13s70, 72, 74, 145, 147, 201, 216—64s19, 43, 181, 186, 189, 228, 232—65s110—103s99, 102––140s34, 145—147s95, 105, 168—151s17, 123, 130, 158, 182, 188, 215—157s73, 79—173s47—177s75, 104, 129, 170, 183, 207, 214, 223, 231, 232, 147, 196, 218, 226, 237, 240—178s18, 35, 55, 64, 82, 92, 102, 106, 114, 308, 378—196s37-39, 44, 70—212s14, 119, 241, 244, 324—216s35, 85, 111—218s189, 206—252s463, JW215, 220—251s508, IH392, 395, HD200, RB366—276s117—294s33, 35, 39, 76, 112, 199, 201, 203, 228—297sR50, 51, 53, D101, Q108, SP133, W142, CP196, NH204, Y236, CK287—295s54, 140, 248, 257—318s264—317s51—373s379—462s74, 123—463s36, 117—465s100,

			204, 225—482s186, 187, 189, 192, 194, 201—483s94, 99—488s118, 121—497s34—539s114, 200, 215—543s80
130.	Ungelöste Probleme zwischen Lebenden führen dazu, dass deren Seelen in neuen Leben wieder zusammenkommen müssen.	8 (0) 8	103s162—140s241—177s123, 315—196s37—252sJW206—373s408—490s178—488s139—539s111
131.	*46. Man kann sich bezüglich der Wiedergeburt beraten oder darüber verhandeln.*	16 14 (6) 9	64s38-41, 56—151s224—177s332—178s206, 212—196s74—216s36, 38, 50, 67—252s242, JW205, IH229—277s95—294s52, 174, 176, 202, 204, 215, 224—297sA23, MS226, TH282—295s188, 228—462s97, 119, 129, 136, 139, 141—463s36, 122, 127, 142—483s44, 64, 169—497s63, 73
132.	Die Seele wählt im Jenseits die Umstände für das folgende Leben bzw. stimmt entsprechenden Vorschlägen des Ältestenrats zu. Menschen sind also selbst für ihre Lebenssituation verantwortlich.	16 (2) (4) 12	13s23, 60, 62, 91, 111, 126, 129, 161, 170—64s112, 146, 237—103s126, 128—140s240—151s178, 224—157s259, 262, 264, 265—177s67, 70, 99, 326, 334—178s215, 310, 314—204s107—212s311—252sJW208—276s121—277s21, 183, 189, 193, 200—292s230—294s183, 190, 194—295s329, 331—297sSD265—373s380—490s179—497s79, 150, 195, 221
133.	*55. Man sieht oder erkundet die Situation im künftigen Elternhaus noch vor der Konzeption und der Geburt.*	34 9 (5) 5	13s193—64s228, 231—65s85—201s233—212s39—294s177-181, 184-186, 224—297sY238, CA254—295s21, 320, 330—462s97, 101, 105, 106—463s126, 143—497s38
134.	Die Seele kann vom Jenseits aus zukünftige Lebenspartner bzw. Lebensläufe oder die Zukunft der Menschen auf der Erde schauen.	10 (6) 5	13s78—65s78, 107, 166, 190, 195—178s182—212s192, 310—294s28, 84, 177—297sA23, 24, DB70, SD259—295s21, 157, 314f, 329—462s123—543s137
135.	Ereignisse auf der Erde sind geplant.	7 (6) 2	65s190, 195—294s187—295s330—297sD99, JM153, LM170, TH281—462s52, 97

136.	Geplante Handlungen auf Erden werden im Jenseits geprobt.		3 (0) 3	177s336 252sJW206 277s201, 211
137.	Man wird in eine bestimmte Lebenssituation hineingezwungen.		1 (0) 1	497s151
138.	In der Seelengruppe werden Vereinbarungen für das kommende Erdenleben getroffen.		10 (7) 4	13s72—173s144—177s241, 315, 334—178s215—252sHD236—277s93—297sA26, M32, DB69, C87, 90, LM171, TH281
139.	*52. Man verabredet sich für ein Wiedersehen auf Erden.*	7	7 (2) 6	64s228—212s39, 245, 312—252sHD234, 238—294s213f—462s144—463s129, 142—483s77, 86—497s64, 195
140.	Es werden Erkennungszeichen gesetzt, damit sich verabredete Seelen im Leben finden.		2 (2) 1	294s216, 217-223 297sDB69 295s21, 247 462s121
141.	Gruppen verabreden sich für einen gemeinsamen Tod.		2 (0) 2	64s17 462s74
142.	Seelen planen auch ihren Tod.		5 (0) 5	177s311—212s214, 215, 221—252s426—277s95, 104, 107, 113, 189, 193, 200—490s86
143.	Folgt die Seele nicht dem Rat der Weisen bezüglich des nächsten Lebens, so wird man nicht bestraft, bereut es aber später.		2 (0) 2	252s250, JW206, 215
144.	Eine nicht im Jenseits geplante menschliche Verbindung ist nicht von Dauer.		1 (0) 1	497s168
145.	Man wird viele Male wiedergeboren.		11 (0) 11	13s74, 201—64s24, 84, 90—65s85, 110, 166, 174, 199—140s240—151s100, 130, 148, 162—177s261—178s378—204s74—252sRW228—276s186, 187—277s153—318s60, 255—539s208, 213, 220—543s54

146.	Es gibt wiederholte Versuche der Seele, bei einer bestimmten Mutter zu inkarnieren.		1 (0) 1	212s40
147.	*49. Die Wiedergeburt stellt eine Prüfung dar.*	4	7 (4) 4	13s138—177s74, 120, 180—178s379—277s110—294s214—295s234—297sSD265—462s116, 130—497s69, 75
148.	Im Jenseits Gelerntes und der Lebensplan müssen auf der Erde praktisch umgesetzt werden, um die Seele zu vervollkommnen.		8 (0) 8	64s46—177s340—196s24, 28, 34—201s129—202s335—252sJW202—317s128, 135—490s128—497s69—543s54
149.	Die Gedanken der Seele bestimmen die Realität im Jenseits.		9 (4) 6	13s34, 163—64s21, 36—65s109—252sJW204—277s8—294s31, 68—297sR52—295s128, 265—462s40, 57—465s227—539s190, 198
150.	*21. Man sieht mehrere Orte oder Perspektiven zugleich (Omnipräsenz, Rundumsicht).*	1	2 (0) 2	497s149 539s182
151.	*28. Es gibt auch Tiere im Jenseits.*	2	7 (3) 5	13s85—140s223—277s73—295s90, 266, 267-271—297sB42—317s51—465s140-142, 144, 224
152.	*29. Man trägt Kleider, wie auf Erden.*	2	7 (2) 6	13s63—64s38—140s229—178s64—216s34—277s167—294s82, 115
153.	Man trägt keine Kleider, wie auf Erden.		1 (0) 1	216s43
154.	*30. Kleider waschen ist nicht nötig.*	1		
155.	*31. Man kann Hunger und Durst empfinden, und es gibt Essen.*	6	4 (2) 3	177s129 252s251 295s261 297sDB69
156.	*32. Man muss nicht unbedingt essen.*	1	2 (0) 2	277s199, 202 539s185, 196

157.	33. Man kann arbeiten, spielen und Sport treiben: malen, musizieren, tanzen, schreiben, forschen, bildhauern, etc..	3	8 (4) 5	13s201 151s182 177s117, 331 277s186 295s274, 275, 277-282 297sJM152, MS228 539s200
158.	34. Man muss aber nicht arbeiten, spielen oder Sport treiben.	1		
159.	35. Man kann schlafen.	2		
160.	36. Man muss nicht schlafen.	1	1 (0) 1	277s186, 199, 202
161.	37. Wasser macht nicht nass.	1	2 (0) 2	294s54 318s59
162.	Ein Wassereimer leert sich nicht beim Ausschütten.		1 (0) 1	277s174
163.	40. Seelen entstehen neu.	3	2 (2) 1	294s112, 113, 136—295s120f, 285, 288— 297sCP199
164.	Seelen gibt es schon immer		1 (0) 1	212s305
165.	Seelen sind alle zugleich entstanden.		1 (0) 1	465s189

Die Wiedergeburt

166.	41. Man wird unfreiwillig oder nach Überredung wieder auf die Erde zurückgeschickt.	15	16 (3) 14	13s85, 132—61s180—64s56—65s85, 110— 103s10—196s29, 34, 71-74, 76—201s129— 202s335—216s36, 87, 92—251sTD476— 252sJW202, 207—277s117, 119—294s172— 317s50, 84, 101, 109, 134, 135—318s60, 265— 373s349, 379—462s104, 147—465s145, 148—

			483s44, 50, 65—497s73, 221
167.	42. Wenn man nicht (in ein neues Erdenleben) gehen will, wird man sanft dahin „geschubst" oder gedrängt.	4 6 (0) 6	64s57—173s51—196s73, 74, 77—252sJW206, 207—294s174—483s45—497s73
168.	Alle Seelen müssen reinkarnieren.	2 (0) 2	65s173 465s189
169.	Wiedergeburt ist nicht zwingend erforderlich, aber der effektivste Weg für die Entwicklung der Seele.	7 (4) 4	13s59, 63—64s89, 118—103s10—151s130, 162, 181, 224—294s176—295s20, 193—462s81, 104, 111, 118, 129—539s111
170.	43. Man kommt freiwillig wieder auf die Erde.	9 13 (2) 12	64s41, 120, 180—103s10—173s51, 144—178s419, 422—196s3—212s332—216s51, 61—252sJW202—277s117—292s184—294s124, 172—295s20, 21—462s106—465s149—483s44, 64, 65, 168—497s73
171.	Ab einer gewissen Entwicklungsstufe muss die Seele nicht mehr reinkarnieren.	8 (2) 7	13s56, 162, 176, 178, 179, 199, 216—64s188—151s178—177s261, 340, 341—178s353, 422—277s153, 236—294s108, 110, 150—295s294—488s126—543s51, 138
172.	44. Man kommt wieder auf die Erde (indifferent).	25 1 (0) 1	65s85, 110, 166
173.	Die Seele kann auch sofort nach dem Tod reinkarnieren.	3 (0) 3	64s120 252sJW204, 206 292s185
174.	50. Vor der Wiedergeburt versammelt man sich oder begegnet anderen, die wiedergeboren werden sollen.	12 4 (0) 4	61s179 196s29 277s95, 99, 100, 115, 117-119 462s144, 146 463s130
175.	51. Vor der Wiedergeburt finden symbolische Handlungen statt (Früchte essen, durch einen Fluss gehen).	5 2 (0) 2	277s99, 106, 107, 115 497s75

	Schwachstellen im Körper werden mit Schutzschilden abgedeckt.			
176.	*53. Auch Tiere werden wiedergeboren.*	2	3 (0) 3	212s327 277s73 465s140-142, 144
177.	Menschliche Seelen werden nicht als Tiere wiedergeboren.		7 (0) 7	64s98—177s258—204s76—292s229— 294s165—295s269—539s211—543s134
178.	Menschliche Seelen entwickeln sich aus tierischen.		6 (0) 6	64s96—151s181—174s369, 450f—177s257, 258—216s142, 145—291s164—292s229— 465s140-142, 144, 146
179.	Menschliche Seelen entwickeln sich nicht aus tierischen.		4 (0) 4	157s27, 268—212s303—277s73—294s141— 295s269
180.	Erinnerung an eine Existenz als Pflanze oder sogar als Mineral.		3 (0) 3	177s256 216s146 297sF245
181.	Vor der Wiedergeburt geht die Seele ins Licht.		1 (0) 1	147s174, 176
182.	Vor der Wiedergeburt ist die Seele im Hospital.		1 (0) 1	147s184
183.	Vor der Wiedergeburt geht die Seele durch ein Tal.		1 (0) 1	196s64
184.	Vor dem Eintritt in den Babykörper gleitet die Seele durch eine Art Röhre.		2 (0) 2	277s116, 118, 120 294s226
185.	Beim Herabschweben aus dem Licht in den neuen Körper kann etwas schief gehen: Dämonen oder Geister hängen sich an.		1 (0) 1	277s117

186.	Bei der Wiederge-burt kann die Seele den falschen Körper „erwischen".		1 (0) 1	196s69
187.	54. Auf dem Weg zur Erde und bei der Rückkehr nach dem Tod wird man von Jenseitigen begleitet und be-schützt.	15	14 (3) 12	140s175—151s179—157s259—173s142—177s170, 213, 231—178s30, 35, 102, 129—196s64—252s462, JW219, RW224, IH231—251sEF268—277s115, 119, 126, 157, 158, 160, 166, 167, 172—294s225—297sDB66—373s378—483s65—497s221—539s201—545s38
188.	56. Imaginäre Spielkameraden der heutigen Person sind jenseitige Freunde oder We-senheiten.	6	4 (2) 3	151s177—201s234—276s203—277s120—294s231—295s347
189.	Die Seele kann die Erde als Geistwesen besuchen.		2 (0) 2	177s213, 331 295s263, 288
190.	57. Die Seele kann sich als „Erschei-nung" zeigen.	3	5 (0) 5	64s11, 170, 178—65s109, 163, 164, 193—157s259—294s46—295s61, 264—490s144—539s175
191.	Der gerade Verstor-bene kann z. B. von Kindern als Geist wahrgenommen werden.		1 (0) 1	465s201
192.	58. Die Seele kann aus dem Jenseits Träume, auch An-kündigungsträume senden.	6	2 (2) 1	151s147 294s21 295s260 297sTH280
193.	59. Sie kann als Poltergeist wirken und Spuk hervorru-fen.	3	7 (3) 5	13s8—64s11, 169—65s83, 160, 162, 193—151s161—252sRW226—295s32, 64—373s357, 361—400s127
194.	Ein Teil der Energie der Seele bleibt bei der Wiedergeburt im Jenseits zurück.		9 (7) 3	13s6, 7, 52, 59, 64, 205, 216—151s129, 162—177s363—277s232—294s33, 134, 154—295s16, 25, 38, 66-68, 104, 111—297sDA216, MS226, F244—462s45-47, 135-143—463s128, 131
195.	Traumata fragmen-tieren die Seele.		1 (0) 1	276s119, 188 277s153

196.	Traumata wiederholen sich in verschiedenen Leben (**Alterssynchronizität**).	2 (0) 2	177s215 488s140
197.	Die Ursache von Krankheiten liegt in ungelösten Problemen aus früheren Leben.	2 (0) 2	177s304 277s148f, 183
198.	Ungelöste Probleme müssen in nachfolgenden Leben gelöst werden.	2 (0) 2	212s29, 235 252sJW206
199.	Es gibt mehrere, gleichzeitige (parallele) Leben ein- und derselben Seele.	7 (3) 5	13s95, 96, 144, 205-207—64s207—151s72— 277s229, 232-235—294s132, 134—295s16, 111, 114—465s135, 185, 188, 192—489s76
200.	Alle Leben laufen gleichzeitig ab.	2 (0) 2	252sJW203 489s76
201.	Leben können <u>nicht</u> gleichzeitig ablaufen.	1 (0) 1	212s301
202.	Es gibt „walk-ins", d. h. die Übernahme eines Körpers durch eine fremde Seele im Konsens mit der scheidenden Seele.	5 (0) 5	63s45 64s216 65s127 196s179 212s261 373s371 462s150, 151
203.	Es gibt <u>keine</u> „walk-ins".	1 (0) 1	295s79
204.	Es gibt „walk-throughs", d. h. zeitlich begrenzte "walk-ins".	1 (0) 1	465s193
205.	Es gibt Besetzungen.	17 (0) 17	174s208—177s112, 146—178s148, 383f— 196s176, 181—201s25—218s181-186— 252s320-326, 385-393, 418-421, LIF308-311, 357-374, AC327-343, EF345-356, CS375-380, HM382, RB394-398, KN399-403, HD411, 413- 417—276s114—277s164, 168, 180, 195— 373s357—463s175—465s198

206.	Es gibt keine Besetzungen.		2 (0) 2	201s174 295s76, 77, 107
207.	Es gibt viel mehr Seelen, die reinkarnieren möchten, als Körper auf der Erde.		3 (0) 3	64s219, 223, 234 465s187 489s76
208.	Es gab menschliches Leben auf heute nicht mehr existierenden Kontinenten (Lemuria, Atlantis).		4 (0) 4	157s37 251sEP545 294s147 465s150f
209.	Die Erde ist nicht der einzige Planet im Weltall, auf dem Seelen inkarnieren können.		14 (5) 10	13s165, 201—64s45—151s57, 100, 126, 162—157s84, 90—174s369—212s308—216s150, 154-163—276s186—277s12, 95, 128f, 200, 229—294s42, 137, 161—297sH116, LP182—295s21, 97, 118, 125, 290, 301-313, 326—465s151, 152, 163, 188—539s208, 212—543s91, 94, 134

Zurück auf der Erde

210.	Die Seele tritt schon zum Zeitpunkt der Konzeption in den Körper ein.		3 (0) 3	173s144 277s120, 122 539s196
211.	Nur ein Teil der Seele verbindet sich bei der Konzeption mit dem Körper. Die endgültige Verbindung passiert erst bei der Geburt.		5 (0) 5	147s179, 180 157s270 212s38 277s119, 126 489s44
212.	Die Seele verbindet sich mit dem Fötus meist erst Wochen bis Monate nach der Empfängnis.		15 (8) 8	13s131, 132—147s179—151s83, 110, 223—173s52—174s341—252sJW207—277s122-124––297sB43, H118, F244, SD258—295s21, 338—373s381—462s147, 150—463s130, 131—483s102, 117, 121—497s75—539s113
213.	Die Seele verbindet sich mit dem Körper des Babys in der Zeit zwischen Konzeption und erstem Atemzug.		6 (0) 6	64s225 216s164 277s122 294s227 465s189 543s133

214.	Die Seele geht manchmal erst nach der Geburt in den Körper des Babys.	3 (0) 3	64s233 65s110 157s270 277s122
215.	Während der Schwangerschaft hält sich die Seele des Kindes mal innerhalb und mal außerhalb des Fötus auf.	15 (2) (5) 10	13s131, 132—64s215, 229—147s179, 180—151s83, 111—157s270—196s78—212s38—277s122, 124, 125—294s227, 228—297sB43—373s381—462s148, 150—483s102, 108, 121—489s44—539s113
216.	Die Seele des Neugeborenen hält sich in einigen Fällen außerhalb des Körpers auf.	5 (0) 5	64s221, 229 277s123 294s230 483s113 543s133
217.	Die Seele des Ungeborenen nimmt bereits Gefühle und Gedanken der schwangeren Mutter wahr.	10 (2) (2) 8	13s132—64s214, 233—65s85—196s37—212s43, 47—216s165—252s253—277s121, 124, 188—373s381, 400—462s148, 149—483s102, 121
218.	Während Schwangerschaft und Geburt beobachtet die Seele des werdenden Kindes die Mutter und beeinflusst sie.	2 (0) 2	65s84, 110 252sJW207 497s75, 76
219.	Lebende können während der Schwangerschaft mit dem Ungeborenen kommunizieren.	6 (0) 6	252s312, 313, 315, CE276-280, 282, 284, BL288, 291-295, BF297, MH302-304, LIF306-308
220.	Das Neugeborene versteht gesprochene Worte.	1 (0) 1	201s234
221.	Als Baby kann man denken, aber nicht sprechen.	1 (0) 1	196s5
222.	Babys schreien aus Frust, sich nicht verständlich machen zu können.	1 (0) 1	64s234

223.	Die Geburt bedeutet für die Seele einen größeren Schock als der Tod.	4 (2) 3	151s173 157s257 196s68, 80 294s227
224.	*60. Als Embryo oder Baby hat man noch für kurze Zeit die volle Erinnerung an die „Zeit" vorher und sein bisheriges Bewusstsein.*	11 7 (2) 6	64s224, 234—65s87—196s7, 36—201s130— 277s123, 124—294s231—462s152—463s133— 539s113
225.	Als Baby hat man keine Erinnerung mehr an den vorherigen Zustand.	1 (0) 1	201s234, 235
226.	*61. Im Babykörper fühlt man sich beengt und gefangen.*	5 5 (2) 4	13s73, 132—147s180—277s126—462s148, 149— —483s102, 124

8.5 Beteiligung der Autoren an den Kernaussagen über das Jenseits

Bei genauer Betrachtung der Jenseitsaussagen in der Tabelle im Anhang 8.4, S. 808 findet man, dass die meisten **Kernaussagen**, nämlich 36 von den insgesamt 226, von nur 2 Autoren unterstützt werden. Bei dem im Text genannten Mittelwert von 5 Autoren zählt man nur noch 17 Aussagen aus. Der Statistiker würde sagen, dass es sich um eine „schiefe" Verteilungsdichtefunktion handelt, weil das Maximum der Kurve bei nur 2 Autoren, also unterhalb des Mittelwertes von 5 liegt. Anders ausgedrückt: Nur eine kleine Zahl von Kernaussagen wird durch besonders viele Autoren vertreten.

Fragt man hingegen, wie viele Kernaussagen von einer Mindestzahl von Autoren gestützt werden, so ergibt sich eine Verteilung, die hier graphisch veranschaulicht wird:

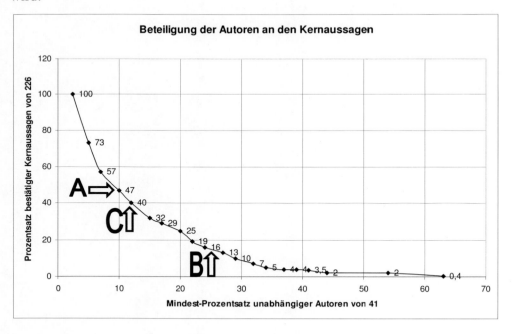

Die Kurve lässt sich wie folgt deuten:

Fordert man die gegenseitige Bestätigung einer Kernaussage z. B. durch mindestens 10%, bzw. vier oder mehr der 41 Autoren, wie durch den Pfeil „A" gekennzeichnet, so ist dies für 47% der 226 Kernaussagen, in absoluter Zahl also 106 Statements, gegeben. Der Pfeil „B" symbolisiert eine strengere Forderung. Hier sollen mindestens 25% aller unabhängigen Autoren bzw. 10 oder mehr eine Kernaussage unterstützen. Dann verbleiben noch 15% aller Kernaussagen bzw. 34 Behauptungen über das Jenseits, die als glaubhaft angesehen werden. (Mindestens die Hälfte aller Autoren steht hinter den Aussagen Nr. 12, 14, 54 und 129.) Beim Mittelwert von 5 unabhängigen Autoren, was dem Mindest-Prozentsatz von 12 entspricht (Pfeil „C"), liest man in der Kurve 40% bestätigte Kernaussagen ab, was 90 Aussagen entspricht. (Bei einer symmetrischen Verteilungsdichtefunktion hätten sich 50% oder in absoluter Zahl 113 Aussagen ergeben.)

8.6 Erfolgreiche Heilungen durch Rückführung in frühere Leben

In die folgenden Listen und Tabellen sind nur Fälle aus im Papierdruck vorliegenden Büchern aufgenommen worden, in denen von einer vollständigen oder fast vollständigen Heilung durch **Reinkarnationstherapie** (mit dem „Erinnern" eines oder mehrerer früherer Leben) berichtet wird. Fälle, in denen nur die Frühphase des heutigen Lebens betrachtet wurde oder in denen nur von einer Besserung des Leidens gesprochen oder gar nicht auf die Heilung eingegangen wird, sind nicht aufgeführt. Die Bemerkungen zu den Opfer- und Täterleben können und sollen in keiner Weise die Quellentexte ersetzen, weil wichtige Zusammenhänge nicht aufgeführt sind. Die Kurztexte dienen der Begründung von Aussagen in Kapitel 7.2.8 ab S. 638. Fälle aus Zeitschriften wurden nicht berücksichtigt, weil allein die Beispiele aus Büchern bereits ausreichen, um einen Überblick zu erhalten.

Die reinkarnationstherapeutisch geheilten Beschwerden wurden folgendermaßen gruppiert (links alphabetisch, rechts nach Häufigkeit geordnet):

Gruppe	Seite	Anzahl	Gruppe	Seite	Anzahl
Allergien	842	6	Ängste/Phobien	867	82
Alpträume	879	3	Schmerzen	850	61
Ängste/Phobien	867	82	Ehe- u. Beziehungsprobleme	881	21
Atemwege	842	12	Sexualprobleme	860	15
Depressionen	880	4	Atemwege	842	12
Ehe- u. Beziehungsprobleme	881	21	Internistisches	845	11
Essstörungen	844	5	Süchte	862	9
Haut	846	7	Zwänge	888	9
Internistisches	845	11	Schuldgefühle	885	8
Krebs	848	4	Haut	846	7
Minderwertigkeitsgefühle	886	4	Verschiedenes (körperlich)	865	7
Schlaf	849	3	Allergien	842	6
Schmerzen	850	61	Essstörungen	844	5
Schreibblockaden	887	2	Übergewicht	864	5
Schuldgefühle	885	8	Verschiedenes (psychisch)	889	5
Sexualprobleme	860	15	Depressionen	880	4
Süchte	862	9	Minderwertigkeitsgefühle	886	4
Übergewicht	864	5	Krebs	848	4
Verschiedenes (körperlich)	865	7	Alpträume	879	3
Verschiedenes (psychisch)	889	5	Schlaf	849	3
Workaholics	887	3	Workaholics	887	3
Wut, Ärger	879	3	Wut, Ärger	879	3
Zwänge	888	9	Schreibblockaden	887	2
Zysten	866	2	Zysten	866	2

8.6.1 Heilung somatischer (körperlicher) Symptome

<u>Legende zu den unten folgenden Tabellen: ab S. 842 und Kap. 8.6.2, ab S. 867</u>

Symptome = in **Fettdruck** = ursächliche Heilung;
Normaldruck = Besserung,
Kursivdruck = ohne Aussage über den Heilerfolg (bei Fällen mit mehreren Symptomen).

Opferleben = Meist werden nur Opferleben aufgedeckt.

Täterleben: Wenn auch ein Täterleben beschrieben wird, steht eine Bemerkung dazu unter dem Trennstrich „-------------„.

Opfer- und Täterleben: Eine Nummerierung deutet darauf hin, dass mehr als nur ein früheres Leben behandelt wurde.

Dauer Heilerfolg = Zeitdauer der Nachverfolgung und des Weiterbestehens des Heilerfolges (follow-up) in Tagen (Tg), Wochen (Wo), Monaten (Mo) oder Jahren (J);
xTg, xWo, xMo, xJ = unbestimmte Angabe,
                    wie „einige Tage/Wochen/Monate/Jahre später";
?   = unbestimmte Angabe, wie „später";
leer   = keine Angabe.

SME = schulmedizinischer Erfolg (einschließlich Psychotherapie);
%   = keine oder höchstens symptomatische Verbesserung;
/   = teilweiser Erfolg;
leer   = keine Angabe.

Quelle = Literaturangabe in der Form: Nummer der Literaturangabe im Literaturverzeichnis ab S. 895, Trennzeichen „s" für „Seite", Seitenzahl in der Quelle.

Quellen in **Fettdruck** zeigen an, dass dazu am Ende der Tabellen unter der entsprechenden Nummer des Falls (Nr. in der letzten Spalte) eine Bemerkung zu finden ist.

Abkürzungen: HL = heutiges Leben; FL = früheres Leben; FP = frühere Person

Symptome der HP	Opferleben ------------- Täterleben	Dauer Heil- erfolg	S M E	Quelle	Nr.
Allergien					
Allergie gegen Katzen	1. Die FP ist ein Jäger, der von einem Tiger angefallen und gefressen wird. 2. Die 5-jährige FP nimmt junge Kätzchen von der Mutter weg und wird von der Katzenmutter angefallen und zerkratzt.			251s396 196s68, 104	1.
Katzenallergie Übergewicht	Die FP erleidet großen Hunger auf einem Segelschiff. Beim Mundraub wird sie von einer Katze verraten und durch Prügel mit einer Lederpeitsche, englisch „cat-o'-nine", bestraft.		%	140s86 251s262	2.
Allergie gegen kaltes Wasser	1. Die FP ertrinkt. 2. Die FP ertrinkt beinahe. 3. Die FP ist mit ihren 4 Kindern auf einem Schiff, das untergeht. Sie kann 2 der Kinder nicht retten. ----------------- Als Galeerensklave meutert die FP auf einem Schiff und wirft den Kapitän ins Kielwasser. Der Kapitän ist Ehemann der HP.	xJ	%	251s401 196s102	3.
Allergien **Lungenentzündung u. Bronchitis** **Immunschwäche** **Depression**	1. Als Spanierin verliebt sich die FP in einen bereits verlobten Nobelmann und wird der Inquisition unterzogen. Sie wird von der Person gefoltert und getötet, die heute seine Mutter ist. Die HP soll die Beziehung zur Mutter und den Fehler des Täterlebens ausgleichen. 2. Die FP sollte Pianistin sein, genießt aber ihr Leben so, dass sie einen Autounfall mit Verbrennungen, Lungenschaden und Handverletzung erleidet. Weil sie nicht mehr Klavier spielen kann, begeht sie Selbstmord.		%	252s213 497s135	4.
Allergie **Nase „läuft"**	Weil die FP Pferde gestohlen hatte, wurde sie gesteinigt. Ein Stein traf ihre Nase. Die FP erstickte am eigenen Blut. Sie fühlte sich schuldig.		%	103s124	5.
Allergie gegen Weizen, Pollen, Korn, Heu	Die FP wird mit ihrem Baby von Soldaten in ein Kornfeld gejagt und da mit dem Schwert erschlagen. Sie liegt bewegungsunfähig mit dem Gesicht im Dreck, bis sie stirbt.	9J		276s146	6.
Atemwege					
Nasen- Nebenhöhlenentzündung	Die FP wird als Hexe durch Ertrinken hingerichtet.		%	168s217	7.

Symptome der HP	Opferleben ------------- Täterleben	Dauer Heil- erfolg	S M E	Quelle	Nr.
Nasennebenhöhlen infiziert und schmerzhafte Sinusitis	Die FP ist afghanischer Rebell, der verdächtigt wird, Verräter zu sein. Ihm wird ein Dolch ins Gesicht gestochen, woran er stirbt.	9J	%	276s144	8.
Nebenhöhlenvereiterung chronisch	Im 1. Weltkrieg an Senfgas erstickt.		%	545s272	9.
Chronischer Schnupfen	Die FP kann nicht über den Unfalltod ihrer Freundin weinen, weil ein Mann nicht weint.		%	279s89	10.
Asthma **Angst vorm Ersticken** **Verträgt nichts um den Hals** *Alpträume, Panikanfälle*	Die HP wird als kleines Mädchen vom Vater viel geschlagen und gewürgt. 1. Als Engländerin wird die FP auf der Guillotine vom Henker enthauptet, dessen Seele heute in ihrem Vater wohnt. 2. Als Italienerin verbringt die FP ein glückliches Leben mit einem Mann, dessen Seele heute in ihrem Großvater steckt.			488s134	11.
Asthma	Die FP wird bei einem Brand im Theater zu Tode getrampelt.	10J	%	196s54	12.
Asthma Hyperaktivität Alpträume	Die FP erstickt im brennenden Schulhaus.			147s160	13.
Asthma	Die FP wird als Hexe auf dem Scheiterhaufen vor vielen Zuschauern verbrannt und erstickt. ---------------- Die FP vergewaltigt, mordet, raubt und brandschatzt als germanischer Krieger.	1J	%	177s65	14.
Asthma **Mehlallergie**	1. Die FP ist Christ und wird den Löwen vorgeworfen und verbrannt. 2. Die FP kentert als Fischer mit seinem Boot und wird von Haien zerrissen. 3. Die FP kommt im KZ in die Gaskammer, stirbt aber erst im Massengrab. 4. Als Schmied wird die FP verleumdet und soll verbrannt werden. Man gießt heißes Pech über ihn und foltert ihn zu Tode. 5. Bei einem Überfall von Weißen auf das Indianerdorf wird die FP eingeklemmt und verbrennt bzw. erstickt im Feuer zu Tode.		%	120s225	15.
Atembeschwerde	Als 16-jährige, taubstumme Amerikanerin erstickt die FP an den Füßen gefesselt in einer brennenden Hemdenfabrik.			488s96	16.

Symptome der HP	Opferleben ------------- Täterleben	Dauer Heil- erfolg	S M E	Quelle	Nr.
Atemnot **Hustenanfälle**	1. Die FP beteiligt sich an der Erstürmung einer Burg. Pech wird ihr auf die Rüstung geschüttet und ein Speer dringt in die Brust ein. Sie stirbt. 2. Die FP als Perlentaucher wird unter Wasser gedrückt, und Wasser dringt in seine Lunge ein. 3. Die FP ist ein preußischer Soldat, der von einer Kanone im Brustbereich überrollt wird. Er stirbt erst nach 15 Minuten. 4. Die FP ist ein Indianerjunge, der dem Wassergott geopfert wird, indem er ins Meer geworfen wird. ---------------- 1. Die FP ist ein Häscher, der die Hexen einfängt. Seine Gemeinheit besteht darin, dass er den Frauen einen Sack über den Kopf stülpt, so dass sie kaum noch Luft bekommen. 2. Als Zauberpriester hat die FP Opfer umgebracht.			177s84	17.
Kehlkopfkrampf **Versagensangst**	1. Als junger Anführer verliert die FP den Stammeskrieg. Ein Pfeil durchbohrt Kehle und Brust. Er kann nicht mehr sprechen. 2. Uneheliche Schwangere wird vom geliebten Großvater und dem Ältestenrat öffentlich der Schande preisgegeben und vergewaltigt. Die Wut darüber bleibt ihr im Hals stecken.			**545s173**	18.

Essstörungen

Symptome der HP	Opferleben ------------- Täterleben	Dauer Heil- erfolg	S M E	Quelle	Nr.
Essstörung **Bulimie** **Menstruationsstö-** **rung** **Darmentzündung** **Depression** **Schlafstörung** **Gestörte Mutterbe-** **ziehung**	1. Die FP wird im KZ gefoltert: Gebärmutter und Darm werden mit Wasser gefüllt. Sie wird vergewaltigt und von ihrer Mutter aus Verzweiflung an den Elektrozaun geschickt, damit sie dort stirbt und der Hölle entkommt. 2. Man wirft der FP zu Unrecht vor, sie habe ihr Neugeborenes getötet. Sie wird als Hexe auf dem Scheiterhaufen verbrannt. 3. Die FP ist missgebildet und wird zur Rettung vor dem Opfertod als Baby in einem Körbchen auf dem Fluss ausgesetzt und ertrinkt. 4. Die FP ist als Welpe deformiert und wird von seiner Fuchs- oder Wolfsmutter erstickt.	8Mo	%	291s126	19.

Symptome der HP	Opferleben ------------- Täterleben	Dauer Heil-erfolg	S M E	Quelle	Nr.
Magersucht Anorexia nervosa Aversion gegen Eierspeisen	1. Die FP ist vermutlich an Magenkrebs gestorben und hat ein Völlegefühl und Schmerzen. 2. Die FP ist an einer Vergiftung durch Eiersalat gestorben.			147s76	20.
Magersucht	Als Nonne gibt die FP all ihr Essen an Flüchtlinge und opfert so ihr eigenes Leben.		/	147s76, 78	21.
Magersucht	Als Mutter gibt die FP im KZ ihr Essen an ihre 2 Kinder und verhungert selbst.	xJ		147s77, 78	22.
Magersucht Anorexia nervosa **Angst vor Waffen**	Die FP ist ein skrupelloser, dickleibiger Zuhälter, der vor Mord nicht zurückschreckt. Sie wird ihrerseits erschossen. Die HP fand diese FP unterbewusst so abstoßend, dass sie nicht so dick wie sie sein wollte.	?		**157s126**	23.
Internistisches					
Leberproblem Gallenkoliken Wutausbrüche	Der FP als Kreuzfahrer dringt ein Speer durch die Leber. Er erkennt seine Schuld und ist wütend über seine moralische Verirrung. Seine Wut steckt in der Leber.	xJ		251s186-188	24.
Darmentzündung (Colitis ulcerosa)	Die FP sieht als achtjährige holländische Jüdin bei Massenmorden der Nazis zu, wobei sich ihr Magen verkrampft. Sie wird selbst erschossen, stirbt aber erst durch Ersticken, als andere Leichname auf sie fallen.		%	**251s243**	25.
Darmentzündung (Colitis ulcerosa)	1. Die FP wird an einen Pfahl gebunden und in der Wüste alleine gelassen. Sie stirbt dort. 2. Die FP ist mit der Führung eines Gutshofes überfordert und bekommt Magenprobleme. 3. Die FP wird zum Alkoholiker und entwickelt Magengeschwüre. 4. Die FP nimmt an einem Hungerstreik im Gefängnis teil und stirbt dabei.	4Wo	%	157s168	26.
Nierenkrankheit unbekannter Genese	Die Krankheit im HL sollte die HP zwingen, sich mit der Vergangenheit zu beschäftigen und die Verbindung zur Schwester zu heilen. ------------- Als Bruder schläft die FP mit der Schwester. Er verrät dies und stellt sie damit bloß. Sie begeht Selbstmord. Er stürzt sich daraufhin in den Bürgerkrieg und kommt darin um.		%	Fall (69),S. 571; 252s216 497s186	27.

Symptome der HP	Opferleben ------------- Täterleben	Dauer Heil- erfolg	S M E	Quelle	Nr.
Magengeschwür Einsamkeit **Depression**	Die HP ist ein ungewollter Junge. Nur der Vater liebt ihn, lässt ihn aber alleine. Im FL war er eine Frau, die ihren Bruder liebte und heiraten wollte. Der Bruder muss- te in den Bürgerkrieg, wo er starb. Sie lebte noch lange allein. Der Bruder ist ihr heutiger Vater.	1J		196s137	28.
Chronische Bron- chitis	Die FP wurde im 2. Weltkrieg von Soldaten in einem kalten Eisenbahnwaggon ohne Essen und Wasser ins KZ gefahren. Sie hatte Hustenanfälle im Zug und im KZ (und in der Rückführung).	12J	%	421s121 139s67	29.
Krankheiten im Hals-, Kehlkopf- und Kieferbereich **Kieferklemme, Schluckzwang**	Als Sängerin bei einem französischen Adeli- gen wird die FP überfallen, zum Singen gezwungen und ihr anschließend der Kopf mit einem Schwert abgeschlagen. ------------- Als Indianermädchen stiehlt die FP Edel- steine aus einer Kultstätte und versteckt sie im Mund, als sie erwischt wird. Ihr Mund wird gewaltsam geöffnet. Sie wird in eine Schlangengrube geworfen und dort von einer Schlange erwürgt.	xJ	%	129s138	30.
Magenverstimmung Andauernder Hun- ger	1. Die FP wird vom Ehemann in den Magen geboxt und später muss sie hungern. 2. In anderem FL sieht sie, wie Tiere ihren Magen aus ihrem Leichnam fressen.		%	464s98	31.
Chronische Magen- verstimmung	Der Vater zwingt die FP, ihren Lieblingsha- sen zu essen.		%	539s79	32.
Magenschmerzen **Spricht mit den Bienen**	1. Im Kampf mit einem anderen Stamm wird der FP ein Speer durch den Magen gesto- chen, woran sie stirbt. 2. Die FP verhungert als alte Frau. 3. Weil die FP als Schmied Figuren herge- stellt hat, die als gotteslästerlich angesehen werden, werden ihm die Hände amputiert. Er geht in eine verlassene Gegend und stirbt dort. 4. Die FP ist passionierter Bienenzüchter.			147s**193**	33.
Magenschmerzen	Der FP wird als Strafgefangenem in Mexiko vom Gefängniswärter in den Magen getreten			139s60	34.
Haut					
Haut Lipom auf dem Rücken	Die FP erhält Stockhieb mit Todesfolge auf die Stelle am Rücken, an der heute das Li- pom (Fettpolster) sitzt.			369s232 371s138 373s339	35.

Symptome der HP	Opferleben ------------ Täterleben	Dauer Heilerfolg	S M E	Quelle	Nr.
Durchblutungsstörung der Hände	Die FP wird als Hexe angesehen, an einen Pfahl gebunden und dabei die Durchblutung der Hand unterbunden.			276s181	36.
Neurodermitis an Armen	Die FP verbrennt sich die Arme, als sie die kleine Schwester aus dem brennenden Haus rettet. Sie ist dabei nicht gestorben.		%	170s44	37.
Nicht schwitzen können	Die FP muss als Diener am russischen Hof Wache stehen und durfte nicht weggehen. Er musste aber so dringend seine Blase entleeren, dass er zur Toilette rannte. Dafür wurde er getötet. Das Unterbewusstsein der HP sagte: Das Ablassen von Körperexkrementen ist tödlich.	?	%	246s58	38.
Schuppenflechte (Psoriasis) **Jucken in Gegenwart von Frau und Kind**	1. Die FP ist französischer Feldherr, der vom Pferd stürzt, an Haut und Haaren von heißem Teer verbrannt wird und stirbt. 2. Die FP verbrennt in flüssiger Lava von einem Vulkanausbruch. Im HL schmerzte die Haut bei der Geburt. ---------------- Die FP ist ein irischer Fischer, der Felder und Häuser anzündet. Durch Ungeschicklichkeit verbrennt auch sein eigenes Haus mit Frau und 2 Kindern. Diese sind auch heute seine Frau und Kinder.	6Mo	%	177s194	39.
Schuppenflechte Psoriasis	1. Als Sennerin in der Schweiz wird die FP von einem Bauernsohn entjungfert und vergewaltigt. 2. Als Philosophiestudent im alten Griechenland wird die FP von Neidern vergiftet. ---------------- 1. Als 25-jähriger Soldat zur Zeit der Kreuzzüge vergewaltigt die FP in Palästina eine Siebzehnjährige. Mit 34 wird er an einen Pfahl gebunden und mit Speeren in den Unterleib gestochen. Er leidet, bis er ins Herz gestochen wird und sterben kann. 2. Als Stammeshäuptling vergiftet die FP den ältesten Sohn, damit ein anderer Sohn die Nachfolge antreten kann. 3. Siehe Täter- und Opferleben von Fall 146. Es handelt sich um dieselbe HP.	6Mo	%	**178s83, 426**	40.

Symptome der HP	Opferleben ------------- Täterleben	Dauer Heil- erfolg	S M E	Quelle	Nr.
Hämorrhoiden ausgelöst durch Verzehr von Milch und Milchproduk-ten	Die FP wird als Bauernsohn beim Melken überfallen. Weil er kein Lösegeld bezahlen kann, wird ihm der mit Milch benetzte Stiel der Mistgabel in den After gestoßen. ---------------- Die FP ist Tibeter und zwingt abhängige Knaben zum Analverkehr.		%	177s200	41.
	**Krebs**					
Brustkrebs	1. Die FP als holländische Magd wird vom Bauern zu Sexdiensten gezwungen. Die Bauersfrau verbrennt der Magd mit dem heißen Bügeleisen Brust und Bauch, um sie so sexuell unattraktiv zu machen. 2. Aus der FP als Findelkind wird ein armer Wanderprediger in Israel. 1. Als reicher afrikanischer Stoffhändler wird die FP von einem Diener bestohlen. Er hackt ihm zur Strafe die rechte Hand ab und macht ihn zum Bettler. 2. Als schwedischer Soldat bekommt die FP vom Freund die Verlobte ausgespannt. Er tötet den Freund und schickt die Verlobte weg. Später hängt er sich auf.	3J	%	174s394	42.
Brustkrebs	1. Soldaten drohen, die HP durch die Brust zu erschießen. 2. Die HP erlebt als Kind mit, wie ihr Vater droht, die Mutter durch die Brust zu erste-chen. 3. Die FP wird in die Brust gestochen und stirbt.			348s115	43.
Krebs metastasiert **Rückenschmerzen**	Vater und Bruder der FP zwingen die 16-jährige, den Haushalt zu führen und treten und schlagen sie. Sie stirbt an Schlägen in den Nacken. ---------------- 1. Als selbstsüchtige reiche Frau benutzt sie andere, bereut dies kurz vor dem Tod und nimmt sich nach dem Tod vor, alles wieder gut zu machen. 2. Um der Gefangennahme im Krieg zu entgehen, springt die FP von einer Brücke. Sie glaubt, für die Sünde des Selbstmordes bezahlen zu müssen.	7J	%	251s210	44.

Symptome der HP	Opferleben ------------- Täterleben	Dauer Heil- erfolg	S M E	Quelle	Nr.
Krebs	Als Priesterin ist die FP gezwungen, das Blut von Menschenopfern zu trinken, was sie verabscheut.	xJ	/	139s63	45.
Schlaf					
Schlafproblem **Schlaflosigkeit**	Auf dem Treck nach Westen wird die FP, ein Mann, von Indianern verfolgt und kann tage-lang nicht schlafen, um nicht getötet zu wer-den. Später wird er steckbrieflich gesucht, weil er eine Postkutsche ausgeraubt hat. Als Sheriff wird er auch verfolgt und erschossen, weil er nicht wachsam genug war.		%	140s160 251s266	46.
Schlaflosigkeit	Die FP ist ein konföderierter Soldat, der während des Wachdienstes einschläft und von einem Unionssoldaten entdeckt und getötet wird. („Schlaf ist tödlich")			157s57	47.
Schmerzen am Unterbauch bei Sex *im rechten Arm* *in der Schulter* *rechter Mittelfinger steif* Krämpfe in der Hand **Schlafstörung** *Erektionsstörung* **Angst vor sexuellem Versagen**	1. Als napoleonischer Soldat verstümmelt er sich die rechte Hand, um nicht mehr Gegner erschießen zu müssen. Später wird sein Kör-per durch eine Explosion zerfetzt. 2. Als Landarbeiter wird die FP von der Bäuerin verführt. Der Bauer verstümmelt das Glied des Knechts, so dass er impotent wird. 3. Als Tochter eines Köhlers wird die FP immer wieder vom Vater vergewaltigt. Die-ser tötet das Baby der Tochter. Sie stürzt sich von einer Klippe in den Tod. ------------------ 1. Im Alten China ist die FP ein Henker, der seine Opfer mit der rechten Hand erwürgt. 2. Als Krieger Dschingis Khans raubt, tötet und vergewaltigt er nach Herzenslust. Ein Bär reißt ihm die rechte Schulter aus und tötet ihn. 3. Als reicher Spanier lässt er sich mit Ge-walt Jungfrauen bringen und vergewaltigt sie. Eine stößt ihm eine Schere an der heute schmerzenden Stelle in den Bauch und tötet ihn so.	5Wo		178s39, 427	48.

Symptome der HP	Opferleben ------------- Täterleben	Dauer Heil- erfolg	S M E	Quelle	Nr.
	Schmerzen				
Kopfschmerzen	1. Als Weißer wird die FP dabei erwischt, wie sie mit einem Indianermädchen schläft. Mit einem Band um den Schädel wird ihm der Kopf zerquetscht. 2. Als Indianer wird die FP von Weißen mit einem Metallband um den Kopf auf dem Bahngleis gefesselt und mit dem Kopf zuerst von der Lokomotive überfahren. 3. Weil die FP mit der Tochter eines Mannes umherzieht, erschießt der Mann die FP. 4. Als Indianer kämpft die FP um die Häupt- lingswürde und wird mit einem Stein auf den Hinterkopf geschlagen, fällt in den Fluss und ertrinkt. Die HP erfährt als Fetus, dass seine Mutter im 7. Monat Kopfschmerzen hat.		%	292s121 346s180	49.
Kopfschmerzen Frigidität	Als junge Frau ließ sich die FP von Soldaten entführen und diente als Dirne. Nach 6 Jah- ren kehrte sie nach Hause zurück und fand niemanden mehr aus ihrer Familie. Von 3 Männern wird sie vergewaltigt, mit einem Knüppel auf den Kopf geschlagen und stirbt daran. Einer der Männer war ihr heutiger Vater.	2Mo	%	140s16	50.
Schmerzen in Kopf und Schulter	Die FP wird als Ritter mit dem Schwert enthauptet.	?	%	212s76	51.
Kopfschmerzen (Migräne)	Als spanisches Mädchen wird die FP ab ihrem 4. Lebensjahr vom Vater sexuell miss- braucht. Wenn er ihr den Penis in den Mund steckt, bekommt sie keine Luft mehr und hat Druck im Kopf. --------------- Als geistig minderbemittelter Knecht verge- waltigt die FP ein Mädchen, wobei er ihren Mund zuhält, damit es nicht schreien kann. Sie verspürt Druck im Kopf. Der Vater des Mädchens ertappt den Knecht und schlägt ihm mit einem Eisen auf den Kopf, so dass er stirbt.	?		174s431	52.
Kopfschmerzen **Arbeitswut**	Weil die FP als 7-jähriges Straßenmädchen Essen gestohlen hat, wird sie ins Arbeitshaus gesteckt, als lebensunwert beschimpft und in den Kopf getreten, woran sie stirbt.	1,5J		212s155	53.

Symptome der HP	Opferleben ------------- Täterleben	Dauer Heil- erfolg	S M E	Quelle	Nr.
Kopfschmerzen (Migräne) Arthritis **Als Pilot Angst, die rechte Tragfläche zu verlieren Wutausbrüche**	1. Die FP wird von Felsbrocken erschlagen. 2. Als Pilot wird der FP von den eigenen deutschen Truppen im 2. Weltkrieg in die rechte Tragfläche des Flugzeugs geschossen, so dass es abstürzt. 3. Die FP verletzt sich in einem Unfall beide Knie, die sich daraufhin entzünden. 4. Der Kopf der FP wird vom Horn eines Tieres aufgespießt			488s79	54.
Kopfschmerzen	Weil die FP ein hyperaktives Kind ist, werden ihm Elektroschocks am Kopf verabreicht. Das Kind stirbt dabei an Gehirnblutung.	10J	%	212s80	55.
Kopfschmerzen Wut, Verzweiflung	--------------- Die FP ist ein Nazi-Versorgungsoffizier in einem KZ. Er erschießt eine schwangere Gefangene und tötet sich selbst durch Kopfschuss, als die US-Befreier anrücken und seine Soldaten den Gehorsam verweigern.	?	%	212s81	56.
Kopfschmerzen Migräne Orgasmusstörung beim Mann	Als Beschneider durchtrennt die 33-jährige FP unabsichtlich den Nerv am Penis eines Freundes und bestraft sich im HL dafür mit eigener Gefühllosigkeit, die mit 33 Jahren nach einer Blinddarmoperation beginnt. Den Onkel im FL ermordet die FP, weil sie von ihm gehänselt wird. Zur Strafe wird die FP getötet, indem ein großer Stein auf ihren Kopf fallen gelassen wird.	10J		212s 204	57.
Kopfschmerzen Migräne	Die FP, ein Rowdy, sieht seine heiß Geliebte an der Seite eines anderen Mannes. In Eifersucht prügelt er diesen, schlägt die Frau und rennt nach Hause. Dort gibt er sich die Kugel in den Kopf, kurz bevor seine Geliebte kommt, um zu erklären, dass sie ihn nur eifersüchtig machen wollte, damit er sie heiratet.	xMo		212s 235	58.
Kopfschmerzen Migräne	Die FP wird bei einem Einbruch vergewaltigt, auf den Kopf geschlagen und stirbt daran.		/	147s130	59.
Kopfschmerzen Migräne	Die FP fällt als südamerikanische Indianerin auf der Flucht auf der Kopf und stirbt daran.			147s130	60.
Kopfschmerzen Migräne	Die FP fällt von einer Klippe, schlägt mit dem Kopf auf, fällt ins Wasser und ertrinkt.			147s130	61.

Symptome der HP	Opferleben ------------- Täterleben	Dauer Heil- erfolg	S M E	Quelle	Nr.
Kopfschmerzen Migräne Bläschen im Mund (Aphthen) Ständig kalte Füße	Die FP ist 1940 als deutscher Spion in einem kalten, japanischen Gefängnis eingesperrt und wird durch Elektroschocks am Mund gefoltert. Sein Schädel wird eingeschlagen. ----------------- Die FP ist erbost über die Schwangerschaft der früheren Geliebten und trampelt auf ihrem Bauch herum und tötet dadurch sie und das Kind.	xTg		177s87	62.
Kopfschmerzen Nur in Gegenwart ihres Mannes	Die FP wird als Cäsars Bodyguard von der Person ermordet, die in ihrem Täterleben (s. u.) ihr Sklave war. ---------------- Als Priesterin treibt sie eine goldene Nadel durch den Kopf eines ihrer Sklaven und missbraucht so ihre Macht. Der Sklave ermordet sie später in ihrem Opferleben (s. o.). Er ist ihr heutiger Ehemann. Erst die Erinnerung an das Interim im Jenseits führt zur Heilung.			252s229 196s57	63.
Halsschmerzen Hals-Engegefühl Beziehungsproblem zu Männern	Die FP wird als Nonne von ihrem Vater aus dem Kloster geholt und verheiratet. Als sie sich in der Hochzeitsnacht dem stinkenden und ungeliebten Mann verweigert, wird sie geschlagen und gewürgt. ---------------- Die FP hat Frauen vergewaltigt, eine Prostituierte gewürgt und ihr die Kehle durchgeschnitten. Die FP wurde dafür gehängt.			177s172	64.
Kopfschmerzen Nackenschmerzen	1. Als Indianerin wird die FP oft von ihrem Mann geschlagen, meist auf den Kopf. 2. Jungs treiben die Schaukel der FP so stark an, dass sie abstürzt, den Kopf verletzt und stirbt.	3J		465s79	65.
Nackenschmerzen	Die FP wird auf dem Schafott geköpft.			57s19	66.

Symptome der HP	Opferleben ------------- Täterleben	Dauer Heil- erfolg	S M E	Quelle	Nr.
Schmerzen im Kopf Kiefer, Nacken, Rücken und in den Schultern	1. Als Seherin sagt die FP einmal die richtige Pflanzzeit falsch voraus und wird dafür geköpft. 2. Die FP gibt als Junge seiner Spielkameradin eine Pflanze zu essen, an der sie stirbt. Dafür wird er geköpft. 3. Die FP wird verdächtigt, eine Hexe zu sein und an den Pranger gestellt. Dies führt zu Krämpfen in Nacken, Schultern, Kiefer und Rücken. Sie wird später gehängt. 4. Die FP hat etwas gestohlen und wird dafür so geschlagen, dass sich die Haut am Rücken löst. Sie wird bewusstlos und stirbt. Der Auslöser für das Auftreten der Beschwerden im HL war, dass sie an der Schulter hart angefasst wurde.		%	147s131	67.
Schmerzen in Kopf und Rücken **Minderwertigkeits- gefühl** **Schuldgefühle**	1. Die FP fällt als italienischer Akrobat vom Seil, schlägt mit dem Kopf auf und stirbt. 2. Als Hirtenjunge wird die FP von Kühen auf Kopf und Körper getrampelt und stirbt. 3. Der Ehemann schlägt den Kopf der FP gegen einen Holzpfosten, woran sie stirbt. ------------- Als römischer Soldat ermordet die FP mindestens 50 Menschen, vergewaltigt und raubt. Sie stirbt durch einen Messerstich in den Bauch und bereut nichts.	1J		**177s155**	68.
Schmerzen in der rechten Schulter beim Heben des Armes	Die FP wird im Kampf mit einem Speer durch die Schulter an die Wand gespießt. Sie stirbt unter großen Schmerzen.			147s137	69.
Schmerzen im Her- zen	Die FP wird von hinten durch das Herz erschossen.		%	**274s53**	70.
Schmerzen an der Hand	Im HL mit 3 Jahren die Hand verbrannt. --------------- Die FP wird auf dem Scheiterhaufen als Seherin und Hexe verbrannt. Sie zeigt mit der Hand auf die Frau, die für ihre Ermordung verantwortlich ist, und schwört Rache über alle kommenden Zeiten. Das erkennt sie als falsch und bestraft sich mit Schmerzen. Erst diese Erkenntnis brachte die Heilung.	15J	%	Fall (71), S. 648; **252s183** **103s48**	71.

Symptome der HP	Opferleben ------------- Täterleben	Dauer Heil- erfolg	S M E	Quelle	Nr.
Schmerzen im Bauch **Ekel gegen Sex**	Die FP wird als Tochter vom Vater sexuell missbraucht. In der späteren Ehe ekelt sie sich vor Sexualität. -------------- Als dummer Knecht vergewaltigt die FP ein Mädchen und wird ertappt. Der Vater des Mädchens rammt ihm ein Messer in den Bauch woran er stirbt.	1J		178s43	72.
Schmerzen im Bauch	Als französischem Soldat im 1. Weltkrieg wird der FP ein Bajonett in den Bauch ge- stoßen. Er stirbt erst Stunden später. Auslöser für die Entstehung der Schmerzen im HL war ein Film mit ähnlicher Todesart.	10J	%	212s86	73.
Schmerzen im Bauch	Als Sultanstochter wird die FP von Wüsten- banditen ausgeweidet und stirbt langsam.	xWo	%	212s87	74.
Schmerzen im Bauch **Angst, ausgelacht zu werden** **Angst vor Alleinsein** **Vorstellung, nicht schön genug zu sein**	Die FP ist die geliebte Tochter eines einfluss- reichen holländischen Politikers, an dem sich seine Feinde rächen, indem sie seiner Toch- ter mit Eisenstangen auf den Bauch schlagen lassen. Sie stirbt in den Armen des Vaters. ----------------- Die FP ist Ungar, dem seine Geliebte vom Freund ausgespannt wird. Der Freund lacht ihn deswegen aus. Die FP sticht seinem Freund mit dem Messer in den Bauch. Da der Freund schön war, hält er das für den Grund seiner Niederlage und hält sich selbst für hässlich. Durch den Meineid eines ande- ren Freundes wird die FP nicht verurteilt, lebt lange und leidet unter dem Alleinsein.	6Mo		**177s188**	75.
Schmerzen im Bauch seit sie (mit 19 J.) den ersten Freund hat	Die FP hat Bauchschmerzen vor Hunger im KZ. Sie wird mit 19 Jahren von einem SS- Mann im KZ schwanger. Dieser kann nicht verhindern, dass sie ins Gas gehen muss. Sie gibt sich die Schuld am Tod ihres Babys.	xWo	%	212s187	76.

Symptome der HP	Opferleben ------------ Täterleben	Dauer Heil- erfolg	S M E	Quelle	Nr.
Schmerzen im Bauch **Menstruations-schmerzen** *Schmerzen an Rücken, Knie, Hüfte.* *Angst vor Hilflosigkeit*	1. Die FP stürzt in Tirol ab und verletzt sich schwer am Oberschenkel und Rücken. Ein Almhirte hilft ihr nicht, stattdessen befriedigt er sich selbst sexuell. 2. Als Soldat schießt er einen feindlichen Soldaten in den Bauch und wird selbst von einem Bauchschuss tödlich getroffen. Im HL wird sie vom Freund ihres Freundes sexuell missbraucht und fühlt sich dabei wie gelähmt und hilflos. ---------------- Als Hohe Priesterin in Ägypten schneidet sie im Opferritual Männern den Bauch auf.	xMo	%	178s56, 425	77.
Krämpfe, Schmerzen und Aggressivität jeweils eine Woche vor der Menstruation	1. Als Betteljunge wird er gefoltert und sein Glied wird durch ein glühendes Kohlestück verstümmelt. Er ist entmannt und geht gezwungenermaßen auf den Strich. 2. Als Waisenmädchen wird sie zur Prostitution gezwungen. Sie hasst dies und bekommt Krämpfe jeweils 1 Woche vor der Regel. ---------------- Als römischer Sklavenhändler vergewaltigt er Frauen und Knaben.	8Mo		178s60, 425	78.
Schmerzen im Bauch **Menstruations-störung**	Eine problematische Schwangerschaft der FP soll vom Arzt durch Abtreibung beendet werden, um das Leben der Mutter zu retten. Der Priester aber verhindert dies, so dass sie stirbt.		%	Fall (38), S. 523; **218s37** **424s140**	79.
Schmerzen im Bauch **Durchfälle**	1. Die FP treibt ihr Ungeborenes ab. 2. Die FP stirbt als Selbstmordattentäter. 3. Die FP kommt bei einem Flugzeugabsturz ums Leben. 4. Wegen unbeabsichtigter Tötung wird die FP bestraft, indem sie verbrannt wird.	1J	%	464s101	80.
Schmerzen im Oberbauch	Die FP wird in den Oberbauch gestochen und getötet.	2J	%	464s96	81.
Schmerzen im Unterbauch **Schlafstörung** **Orgasmusstörung**	Als junger Diener in Schottland steht er seiner Herrin jede Nacht mehrmals sexuell zur Verfügung. Er darf nicht masturbieren und bei ihr keinen Samenerguss zulassen. Das führt zu Unterleibsschmerzen und Schlafstörungen.	2Mo	%	178s117	82.
Schmerzen im Unterbauch	Die FP stirbt im Mittelalter vermutlich an einer Eileiterschwangerschaft.		%	488s85	83.

Symptome der HP	Opferleben ------------- Täterleben	Dauer Heil- erfolg	S M E	Quelle	Nr.
Bauchkrämpfe Übermäßige Menst- ruationsblutung Depression	Obwohl eine Deutsche und reich, wird die FP ins KZ geworfen und dort vergewaltigt. Der Schwangeren wird der Bauch aufge- schnitten und der Fetus getötet.	9J		276s142	84.
Bauchkrämpfe Blutungen Prämenstruelle Symptome Beziehungsproblem mit Ehemann	Die FP wird in England vergewaltigt und begeht Selbstmord. Der Vergewaltiger ist heute ihr Ehemann.			276s176	85.
Regelschmerzen	Die FP hat einen Autounfall und erhält eine Bauchoperation. Arztfehler werden vertuscht und sie stirbt.		%	477s134	86.
Schmerzen beim Geschlechtsverkehr Blasenschwäche	Als 10-Jährige wird die FP von mehreren Soldaten vergewaltigt. Als Folge hatte sie dieselben Probleme, wie im HL.		%	147s136	87.
Menstruations- schmerzen **Vaginalkrämpfe** **Angst vor Sex** Hautausschlag	1. Als kleine Vietnamesin muss sie als Le- bensunterhalt Männer oral befriedigen. 2. Mit 10 Jahren wird die FP in Irland ver- gewaltigt. In ihrer Ehe ab 15 Jahren wird sie misshandelt und entzieht sich den Qualen durch den Sprung von einer Klippe. --------------- 1. Als Pascha in Marokko lässt die FP Mäd- chen und Knaben entführen und missbraucht sie sexuell. 2. Als Burgherr missbraucht die FP etwa 50 Knaben.	4Mo		178s128 , 424	88.
Schmerzen an Rü- cken, *Hals, Bauch;* *Angst, von hinten ermordet zu werden* **Sexualproblem Angst vor Sex**	1. Als germanische Seherin wird die FP von 5 römischen Soldaten vergewaltigt, mit Mes- sern in Bauch und Rücken gestochen und schließlich ihr die Kehle durchgeschnitten. 2. Die FP wird zwangsweise entjungfert und als keltische Priesterin vergewaltigt. 3. Auf einem Gut in Österreich wird die FP als Siebenjährige vom Bruder sexuell miss- braucht. -------------- Im Auftrag des Pharao vergewaltigt die FP zahlreiche schwarze Sklavinnen.			178s77, 425	89.

Symptome der HP	Opferleben ------------- Täterleben	Dauer Heil- erfolg	S M E	Quelle	Nr.
Schmerzen an Schulter, Rücken und Nacken Höhenangst Angst vor Risiko *Angst vor dem Er- trinken*	1. Als Soldat steht die FP gefesselt auf einem Turm. Sie wird mit einer Lanze in den Rü- cken gestochen und fällt in das Wasser des Burggrabens. 2. Als verarmter Franzose wird die FP zu Unrecht eines Verbrechens beschuldigt und öffentlich gehängt.			488s73	90.
Schmerzen in Na- cken und Schultern **Schlafstörung**	1. Beim Einnehmen einer feindlichen Fes- tung erhält die FP als englischer Soldat einen Hieb mit einem Degen auf den Hals (an der heute schmerzenden Stelle), an dem er ein- sam stirbt. 2. In etlichen weiteren FL erleidet die FP den Verlust geliebter Menschen.		%	489s63, 67, 86, 184	91.
Schmerzen im Na- cken Nackenverspan- nung	Die FP wird zu Unrecht als Viehdieb ange- sehen und vom Mob erhängt. Sein Todes- kampf dauert 12 Minuten. Ihr heutiger Ehe- mann ist der frühere Anführer des Mobs.	xMo	%	212s77	92.
Schmerzen im Na- cken bei Drehung nach rechts	Als Bauer wird die FP bei einem Überfall rechts am Hals geschlagen und muss der Ermordung von Frau und Kindern hilflos zusehen, bevor er nach Stunden stirbt. Aus- löser für die Schmerzen im HL ist eine Be- rührung am Nacken.		%	212s84	93.
Nackenschmerzen Duldet nichts um die Beine Beziehungsproblem mit dem Freund	Im FL wird der FP in Verbindung mit einer Vergewaltigung der Nacken gebrochen.	xMo	%	403s115	94.
Chronische Rü- ckenschmerzen	Als römischer Soldat wird die FP in den Rücken getroffen und so getötet.		%	403s19	95.
Chronische Rü- ckenschmerzen	Die FP ist ein brauner Junge, der von einer Kokospalme auf eine Kokosnuss fällt und sich dabei den Rücken verletzt. Die Hei- lungsversuche seiner Familie führen dazu, dass er fortan gebückt gehen muss.		%	147s129	96.
Rückenschmerzen	Als junges Mädchen wird die FP auf einen Marsch durch die Wüste gezwungen. Sie muss dabei einen Kochtopf auf dem Rücken tragen, der ihr solche Schmerzen verursacht, dass sie Selbstmord begeht.	20J	%	227s111	97.

Symptome der HP	Opferleben ------------- Täterleben	Dauer Heil- erfolg	S M E	Quelle	Nr.
Schmerzen **am Rücken**	1. Die FP stürzt auf einem Abhang und bricht sich die Lendenwirbel. 2. Als katholischer Priester hat die FP Affären mit Frauen. Eine liebt er und kommt in Gewissenskonflikte zwischen Kirche und Liebe. Er springt vom Turmfenster und stirbt. ---------------- Die FP will eine Frau gegen deren Willen heiraten, weil diese reich ist. Die FP erwürgt den Liebhaber der Frau und schlägt die Frau, bis sie bleibende Schäden davonträgt.	1J		177s176	98.
Chronische Schmerzen an Schulter und Brustkorb	In der Schlacht wird die Schulter der FP von einem Speer durchbohrt und ein Pferd trampelt auf ihre Brust. Die FP stirbt so in der Schlacht. 1. Die HP bleibt bei der Geburt mit der Schulter stecken. 2. Als Kind wird sie im Sand begraben und wäre beinahe erstickt.	20J	%	168s339 167s340	99.
Schmerzen in Schultern, Armen und unterem Halsansatz	Die FP wird als 10-Jährige von ihren pockenkranken Eltern auf die Straße gesetzt, um sie vor Ansteckung zu schützen. Sie begeht Mundraub und wird dafür in den Kerker geworfen und gefoltert. Man drückt ihr einen glühenden Schürhaken an das obere Ende des Rückens. Sie stirbt.		%	463s157	100.
Schmerzen in der Hüfte	Die FP wird als Sklave in Ägypten mit einem Stift in der Hüfte gefesselt, damit sie nicht von der Galeere fliehen kann.			346s198	101.
Schmerzen an allen Gelenken Arthritis	Die FP predigt gegen das Dogma der Kirche und wird dafür durch 4 Pferde an jeder Extremität geviertelt.		%	276s122	102.
Schmerzende Gelenksteifigkeit Lupus erythematodes ähnlich Arthritis in Armen und Beinen	Die FP trägt als russischer Anarchist eine Bombe, die zu früh hochgeht. Ihm werden Arme und Beine abgerissen. Er stirbt langsam mit dem Gedanken, nie mehr Arme und Beine benutzen zu können.	2J	%	251s238 545s167	103.

Symptome der HP	Opferleben ------------- Täterleben	Dauer Heil- erfolg	S M E	Quelle	Nr.
Schmerzen **an den Beinen**	Als Heilerin wird die FP von der Kirche und dem Mob der Straße verfolgt. Sie stolpert und fällt hin. Ihr werden die Beine abgeschnitten und sie verblutet zu Tode. Zangengeburt im HL hinterlässt ein Gefühl der Hilflosigkeit, nicht auf eigenen Beinen stehen zu können.	xJ		251s439	104.
Schmerzen **an den Beinen**	Die FP fällt in der Ritterrüstung vom Pferd und bricht sich das Becken und ein Bein. Später stirbt sie daran. Sie hatte den Unfall durch ihre Prahlerei selbst herbeigeführt..	3J	%	227s114	105.
Schmerzen überall an Kopf, Rücken Knien, Bauch-krämpfe Einsamkeitsgefühl Depression während der Periode	Als spanische Zigeunerin fiel die FP schwanger vom Pferd. Sie bekommt Fieber, Schmerzen überall und heftige Blutungen. Sie stirbt traurig und alleine und gibt sich die Schuld am Tod ihres Babys.		%	276s149	106.
Schmerzen in Bauch (colitis ulce-rosa), Nacken, Rücken, Schulter, Händen, Hüften und im Kopf Nebenhöhlenprob-leme, Hörverlust Depression	In 16 FL wird die FP im Bauchbereich verletzt. Die HP ist selbst von 5 fremden Seelen besetzt. Für die anderen Symptome, außer den Bauchschmerzen wurden ebenfalls Verwundungen im FL gefunden. ---------------- Als Indianerhäuptling lässt die FP einen Nachbarstamm foltern und töten und das Dorf niederbrennen. (Er hat andere besessen gemacht und verleitet, Böses zu tun.)		%	**276s470**	107.
Schmerzen an **Füßen,** **Fußgelenken** **Händen** **und Knien**	Die FP kommt als Heilerin in den Kerker und wird von einem sadistischen Geistlichen gefoltert und vergewaltigt. Sie wird an Händen und Füßen gefesselt, ihre Füße werden zerquetscht, sie wird an einen Pfahl gebunden und verbrannt. ------------------ Die FP ist ein Folterknecht in Deutschland, der Fuß- und Handgelenke in Eisen legt, Füße zerquetscht und Frauen vergewaltigt.	4Mo	%	Fall (65), S. 566; 177s211	108.

Symptome der HP	Opferleben ------------- Täterleben	Dauer Heil- erfolg	S M E	Quelle	Nr.
Verspannte Schulter Beziehungsproblem zur Mutter	Im HL war die Nabelschnur um den Hals gewickelt. Die Mutter der HP ist die Wiedergeburt des gestorbenen Babys. ---------------- Als verarmter holländischer Maler vernachlässigt die FP über ihrer Arbeit Frau und Kind. Das Baby stirbt und die Frau trennt sich von ihm. Er erhängt sich.			Fall (68), S. 570; 251s242 545s112	109.
Sexualprobleme					
Orgasmusunfähigkeit Scheideninfektionen Schmerzen und Krämpfe im Unterbauch	1. Die FP wird in Kauerstellung in einen Käfig gezwängt, wodurch der Unterleibsschmerz begründet ist. Sie erleidet die Zwangsbeschneidung der Klitoris und verliert jegliches Interesse an Sex. 2. Nach Sex verunglückt die FP und stirbt. Die HP bekommt unterbewusst mit, dass die schwangere Mutter Ekelgedanken und Schmerzen beim Sex hat.		%	292s93	110.
Frigidität	1. Die FP wird von der Gesellschaft zur Prostitution gezwungen. 2. Nachdem der Geliebte gestorben ist, wird die FP mit einem Mann verheiratet, den sie nicht liebt und dem sie sich verweigert. 3. Die FP wird von einem Geistlichen mit einem Kind von ihm sitzen gelassen. Jener Priester ist ihr heutiger Ehemann.	6Mo		178s47 178s427	111.
Frigidität	Die FP hat ein uneheliches Kind, das ihr genommen wird. Sie wird zur Strafe vom eigenen Vater in die Prostitution und später wegen Syphilis in die Gosse getrieben. Dort stirbt sie an Lungenentzündung. Die HP setzte ihren 1. Orgasmus unbewusst mit einer Schwangerschaft gleich, die gemäß ihrer Erfahrung aus dem FL schlimme Folgen haben kann.	xMo		212s199	112.
Frigidität Panikattacke statt Orgasmus	In einer Sekte vor 3000 Jahren beim 1. Sex mit dem höchsten Priester wird der FP erstmals ein Orgasmus erlaubt. Dabei stirbt sie an einer Gehirnblutung. Orgasmus bedeutet für sie nun unterbewusst Todesgefahr.	xMo		212s202	113.
Frigidität	Die FP wird vergewaltigt und von ihrem Mann daher verstoßen. Dieser Mann ist heute wieder der Ehemann, an dem sie sich durch ihre Frigidität rächt.			157s58	114.

Symptome der HP	Opferleben ------------ Täterleben	Dauer Heil- erfolg	S M E	Quelle	Nr.
Vaginalverkramp- fung	Das Dorf der FP wird von Soldaten geplün- dert und niedergebrannt, die Frauen werden vergewaltigt und z. T. ermordet. Die Männer des Dorfes halten die überlebenden Frauen für die Schuldigen an dem Massaker. Die FP fühlt sich schuldig und begeht Selbstmord. Krampf = Schutz gegen Vergewaltigung.	1Wo	%	212s210	115.
Sexualproblem in der Ehe	Die heutigen Eheleute hatten im FL ein Vater - Tochter - Verhältnis. Die Erinnerung daran entsteht durch ein Geschenk von Ohrringen und löst beim Sex das Gefühl von Inzest aus.			212s239	116.
Sexualproblem in der Ehe	Die heutige Frau war im FL die Mutter ihres Ehemannes. Nachdem die Erinnerung durch das Geschenk einer Kette ausgelöst wird, verliert der Ehemann das sexuelle Interesse an der Frau.			212s240	117.
Sexuelle Hemmung	Die FP ist katholischer Priester in Italien.			140s4 251s251	118.
Sexualproblem mit dem Ehemann Sex nur mit Verge- waltigungsvor- stellungen Angst, jemanden zu verletzen.	1. Die FP wird vom damaligen Vater verge- waltigt. 2. Als Baby sieht die FP ihre Mutter in Folge ihrer Geburt zu Tode verbluten. 3. Die FP beginnt eine Affäre, als ihr Mann krank und kurz davor ist zu sterben. Sie gibt sich die Schuld an seinem Tod.		%	**421s115** **346s174**	119.
Potenzproblem	1. Die FP wirft ihre Schwiegermutter (= heutige Frau) aus ihrer Burg in Deutschland. Diese lässt daraufhin ihn mit Frau und Kind ermorden. 2. Die FP verliert Frau (= heutige Frau) und Kind im Kindbett und gibt sich die Schuld daran. Um das nie mehr erleben zu müssen, ist er heute zeitweise impotent. 3. Die FP erschießt aus Unachtsamkeit den Freund (= heutige Frau) auf der Jagd. Sie fühlt sich schuldig und wird vom Freund abgewiesen, bevor er stirbt. Die HP wurde vom Ehemann seiner Gelieb- ten im Bett mit ihr überrascht und mit dem Tode bedroht. Diese Erinnerung ans HL führte bereits zur fast kompletten Heilung.	xJ		157s70	120.

Symptome der HP	Opferleben ------------- Täterleben	Dauer Heil- erfolg	S M E	Quelle	Nr.
Sexualproblem **vorzeitige Ejakulation**	1. Die FP wird als Sklave von Afrika nach Amerika verschleppt und dort unter Androhung von Peitschenhieben gezwungen, Frauen möglichst schnell zu schwängern. Als er überfordert ist und nicht schnell genug „kommen" kann, wird er aussortiert. Er gerät in ein Feuer, dem er nicht schnell genug entkommen kann und so stirbt. 2. In 2 weiteren FL wird er als Junge bei Sexspielen entdeckt und muss „schnell machen". In der pränatalen Phase des HL bekommt er mit, dass seine Mutter hofft, den Sex mit ihrem Mann schnell hinter sich zu bekommen. Bei der Geburt hört er den Arzt sagen: „Vielleicht kommt er schnell".		%	292s85	121.
Unfruchtbarkeit	Die FP sieht zu, wie die Tochter einer Freundin von einer Kutsche überfahren wird und gibt sich die Schuld am Tod des Kindes.	xJ	%	212s191	122.
Unfruchtbarkeit (Menstruation bis 37 J. ausgeblieben) **Beziehungsunfähigkeit** Essstörung	Als 10-Jährige wird die HP im Krankenhaus vergewaltigt. --------------- Als männlicher Gefangener im KZ lebt die FP als Spitzel für die SS und vergewaltigt dort Frauen, besonders eine 10-Jährige. Er wird von einem ehemaligen Häftling ermordet, nachdem das KZ befreit worden ist.		%	Fall (67), S. 568; 212s208	123.
Unfruchtbarkeit **Asexualität** **Frausein ablehnen** **Menstruation seit 16 J. ausgeblieben**	Als Jüdin wird die FP im KZ von Soldaten missbraucht. Die HP wird vom Vater vergewaltigt. --------------- Als Wächter über Christen in Rom vergewaltigt die FP ihre „Schützlinge", bevor sie in die Arena in den Tod geschickt werden.	xJ		373s327 369s225	124.
Süchte					
Sucht nach Alkohol	Die FP war in mehreren Leben in durch Alkohol belasteten Beziehungen, in denen es Gewalt und Mord gab. Die Einsicht hierin führte zur Heilung.		%	488s174	125.
Sucht nach Alkohol	Im Gefängnis bekommt die FP nur Vergorenes (alkoholisches) und wird ermordet. In mehreren FL war die FP in Situationen, die sie in den Alkohol getrieben haben. Im HL wird die FP von Geburt an von der Mutter abgelehnt.		%	292s113 346s178	126.

Symptome der HP	Opferleben ------------ Täterleben	Dauer Heil- erfolg	S M E	Quelle	Nr.
Sucht nach Alkohol	Als junger konföderierter Soldat im amerikanischen Bürgerkrieg wird die FP tödlich verwundet. Es gibt nur Alkohol, um die Schmerzen zu stillen - und der geht vor dem Tod aus.	xJ	%	479s92	127.
Sucht nach Tabak Zigarettenabhän- gigkeit	Die Klientin gebar im HL ihre Tochter unter großen Problemen und raucht seither. Dies entstand durch die unbewusste Erinnerung an ihren Vater im FL, der Pfeife rauchte und sie gut trösten konnte, als sie todkrank war.	8J	%	251s416	128.
Sucht nach Tabak	Der FP, einem Indianer, wird generell zu rauchen verboten.			147s119	129.
Sucht nach Tabak	Die FP und ihre ganze Familie kauen Tabak gewohnheitsmäßig. Die FP stirbt im Prärie-feuer.	3J	%	147s119	130.
Sucht nach Marihuana	Die FP ist indianische Heilerin. Sie kann eine Epidemie nicht beherrschen und fühlt sich nutzlos. Um zu vergessen, nimmt sie Marihuana und stirbt im Drogendelirium.			147s120	131.
Glücksspielsucht	1. Die FP und ihr Vater sind berufsmäßige Glücksspieler. Der Vater gerät in einen Streit, in dem ihm die FP hilft, aber dabei ertrinkt. 2. Die FP ist Prostituierte, deren Zuhälter Glücksspieler ist und an dessen Spielen sie Freude hat. 3. Die FP nimmt als Pferdezüchterin an Pferdewetten teil. Nach dem Tod ihres Mannes bedauert sie sehr, nicht mehr an Kartenspielen beteiligt zu werden.			147s122	132.
Nägelbeißen	Die FP ist eine Bäuerin, die viel im Garten arbeitet und dabei Erde unter die Nägel bekommt. Sie beißt ihre Fingernägel kurz.		%	147s124	133.

Symptome der HP	Opferleben ------------- Täterleben	Dauer Heil- erfolg	S M E	Quelle	Nr.
	Übergewicht				
Übergewicht **Adipositas**	Im FL wird sie als Fünfjährige von einem Fremden vergewaltigt, der sie noch öfter verfolgt. Auf der Flucht vor dem Fremden verursacht sie später einen Unfall mit der Kutsche und dabei den Tod ihrer Tochter. Die Selbstvorwürfe führen zur Programmie-rung, niemals mehr ein Kind haben zu wol-len. Fettleibigkeit soll sie unattraktiv ma-chen. Im HL erlebt sie auch eine Vergewaltigung. -------------- Als Schmied in Glasgow zwingt er seinen Gehilfen, ihn oral zu befriedigen. Später wird er vom Gehilfen mit einem Messerstich in den Rücken ermordet.		%	178s68	134.
Übergewicht **Essstörung** **Depression**	Die HP wird von Vater und Onkel sexuell missbraucht und zu oralem Verkehr gezwun-gen. 1. Weil die FP einen Jungen geheilt hat, wird sie vom Richter als Hexe zur Verbrennung verurteilt. Der Richter ist ihr heutiger Vater. 2. Die FP ist ein 14-jähriger Franzose, der Äpfel aus dem elterlichen Garten isst und so an einer Epidemie erkrankt und stirbt. Die damaligen Eltern sind auch die heutigen.		%	488s140	135.
Übergewicht	1. Die FP ist eine abgemagerte Frau im KZ, mit der Experimente gemacht werden. Sie verhungert. 2. Als Prostituierte in New Orleans zieht sich die FP eine Geschlechtskrankheit zu, die zum Verhungern führt. Im HL schützt sich die HP durch Überge-wicht vor dem Verhungern.	1J	%	488s162	136.
Übergewicht	Die FP wird als Indianerin wegen ihrer Schönheit geraubt, vergewaltigt, misshandelt und sie wird dick. Auch im HL will sie nicht mehr sexuell anziehend sein und ist daher übergewichtig.	4J	%	488s165	137.
Übergewicht	Die FP hat als Tischler in Portugal viel ge-hungert.			170s47	138.

Symptome der HP	Opferleben ------------- Täterleben	Dauer Heil- erfolg	S M E	Quelle	Nr.
	**Verschiedenes (körperlich)**				
Unruhe **Zappelphillip** (Leichte Gehirnschä- digung)	Die FP verbrennt als Junge beim Atombom- benabwurf in Hiroshima. Alles um ihn her- um und sein Körper erzittern. Er kann den verbrennenden Körper nicht still halten. Ihm ist bis heute nicht klar, dass er nicht überlebt hat. Und ebenso geht es vielen anderen, die mit ihm so plötzlich gestorben sind. Sie trauen sich nicht, ins Licht zu gehen, weil sie glauben, dass dies todbringend ist.		%	251s354	139.
Wiederholte Fehl- geburten	Die FP und ihr Baby sterben im Kindbett nach schwerer Geburt. Dies gilt es im HL zu vermeiden.	1J		212s130	140.
Gefühllosigkeit und Steifheit in der un- teren Gesichtshälfte Angst, erdrosselt zu werden	Als Fischer muss die FP einen Brand auf dem Segelschiff löschen und verbrennt sich dabei den Bart, so dass sein Gesicht entstellt ist. Aus Verzweiflung darüber erhängt er sich. Auslöser im HL war ein Feuer am Herd, als die HP 4 Jahre alt war.	3Wo	%	212s89	141.
Eingeschränkte Beweglichkeit des linken Armes	Die FP ist an den Armen aufgehängt, gefol- tert und ohne Wasser und Essen sich selbst überlassen worden. Sie stirbt unter großen Schmerzen.		%	147s137	142.
Hörverlust	1. Die FP wird als Glöckner in England taub. 2. Eine Kanone explodiert neben der FP, einem Piraten, und tötet ihn. ------------------ Die FP überfällt als Indianer ein Dorf und tötet sinnlos Menschen. Sie bekommt einen Pfeil von Ohr zu Ohr quer durch den Kopf geschossen und stirbt daran.		%	276s151	143.
Blindheit 3 Wochen lang **Klaustrophobie**	Die 11-jährige FP überrascht ihren Vater dabei, als er sich Morphin in den Arm spritzt. Sie wird von ihm geschlagen und längere Zeit eingesperrt. Im HL begann die Blindheit, als die HP zufällig sieht, dass ihr Freund Drogenpillen schluckt.		%	**157s100**	144.
Selbstmordgefähr- dung *Depression*	1. Die 12-jährige FP springt im 4. Stock aus dem Fenster und stirbt. 2. Die FP schlägt sich als Teenager absicht- lich den Kopf an einer Wand auf und stirbt.		%	136s65	145.

Symptome der HP	Opferleben ------------- Täterleben	Dauer Heil- erfolg	S M E	Quelle	Nr.
Zysten					
Zyste **Bauchkrämpfe** **Blutungen** **Angst vor Sex** **Minderwertigkeits- gefühl**	1. Die 17-jährige Animierdame wird wieder-holt vergewaltigt und stürzt sich schließlich vom Turm hinab. 2. Als 16-jährige Novizin wird der FP vom Abt auf den Schambereich geschlagen. ------------- 1. Siehe Täterleben von Fall 40. Es handelt sich um dieselbe HP. 2. Als französischer Baron zwingt die FP eine Jungfrau zum Sexualverkehr. Später stürzt er vom Pferd und verstirbt. 3. Als Wikinger plündert, tötet und vergewal-tigt die FP. Später wird er von einem Speer im Bauch tödlich getroffen.	2J	%	**178s83, 426**	146.
Zyste im Unterleib	1. Wegen zweier unehelicher Kinder, eines davon ungewollt, wird die FP zu Tode ge-steinigt. 2. Als Hausmädchen wird die FP vom Dienstherren sexuell missbraucht, geschla-gen und am Kopf unglücklich getroffen, so dass sie stirbt. -------------- Als Landstreicher vergewaltigt die FP ca. 30 Frauen und erwürgt ein Mädchen.	1J		178s37	147.

Bemerkungen zu den Fallnummern: (%)

18, 23, 25, 70, 144: Im HL war kein Trauma zu finden, das die Symptome erklären konnte.

33: Insgesamt 14 FL mit einigen Plausibilitätsprüfungen.

40: Hängt mit Fall 146 zusammen.

67: Fall mit „passendem Auslöser" für das Auftreten der Schmerzen.

68: Ein Fall mit sehr vielen Symptomen (mehr als oben genannt).

71: Erst das Aufdecken ihrer Geisteshaltung im Täterleben führte zur Heilung.

75: Fall mit vielen Symptomen, die alle eine Erklärung in FL finden.

79: Obwohl jüdisch, rezitierte die HP in der Hypnose ein katholisches Bußgebet.

107: Sehr umfangreicher Fall über 21 FL.

119: Der Psychiater, Dr. Edelstein, glaubt nicht an Reinkarnation und suchte daher nach einer normalen Erklärung. Er konnte keine finden.

146: Hängt mit Fall 40 zusammen.

8.6.2 Heilung psychischer Symptome

Legende siehe Tabelle 8.6.1, ab S. 841

Symptome der HP	Opferleben ------------ Täterleben	Dauer Heil- erfolg	S M E	Quelle	Nr.
Ängste/Phobien					
Angstattacken Angst vor Men- schen Angst, entdeckt zu werden Hass gegen schwangere Frauen Rote Flecken im Gesicht	Im HL hatt ihre Mutter im 3. Monat eine Abtreibung an ihr versucht. ---------------- Die FP ist Christin in Rom zur Zeit der Christenverfolgung. Sie hält ihren Bruder für einen Verräter und vergiftet ihn daher - zu Unrecht, denn er war kein Verräter. Ihr Geliebter wandte sich von ihr ab. Weil sie mit ihm beim vorehelichen Sex beobachtet wurde, wird sie zur Strafe gebrandmarkt. Für den Mord am Bruder wird sie auf dem Scheiterhaufen verbrannt.			251s460	148.
Angst, dominiert zu werden Unsicherheit	Die FP ist Lehrling bei einem Meister, der ihn erniedrigt und sexuell missbraucht. Als sich die FP dagegen auflehnt, kommt es zum Kampf, bei dem sie erstochen wird.			**157s112 Kapitel 7.2.3.1.1, S. 406**	149.
Angst vor Männern, vor Wald, vor Gruppen von Menschen zu spre- chen Asthmaanfälle Bei Sex Blutge- schmack im Mund	Im 18. Jahrhundert steckt ein Mann mit Spitzbart der Vierjährigen seine Finger in die Vagina und leckt die blutigen Finger ab. Als die FP 17 Jahre alt ist, überfällt sie der Spitzbart im Wald zusammen mit 2 anderen Männern und sie vergewaltigen die Frau. Mit 28 Jahren wird die FP wieder von dem Spitzbart überfallen und gezwungen, seinen Penis in den Mund zu nehmen und seinen Samen zu schlucken. Obwohl sie keine weiteren Erfahrungen mit anderen Männern hat, wird sie bezichtigt, eine Hexe zu sein, die die Männer verführt. Sie kommt auf den Scheiterhaufen, wird von der Zuschauermenge verhöhnt und erstickt im Feuer. ---------------- Als Kölner Tuchhändler vergewaltigt die FP im 17. Jahrhundert 10 Frauen.	 3J		 178s97, 423	150.

Symptome der HP	Opferleben ------------- Täterleben	Dauer Heil-erfolg	S M E	Quelle	Nr.
Angst, vergewaltigt zu werden *2 Abtreibungen Übergewicht*	1. Die FP ist eine 18-jährige Frau, die heimlich ausreitet. Einmal verirrt sie sich und ist gezwungen, in einem Gasthaus zu übernachten. Dort wird sie dreimal vergewaltigt und am Ende erwürgt. 2. Als Ehefrau mit 2 Kindern wird die FP von ihrem Mann so gemein behandelt, dass sie mit Pillen Selbstmord begeht. Daher die Abtreibungen aus Angst der HP vor Kindern. ----------------- Die FP vergewaltigt eingesperrte Sklavinnen.	1J		251s366	151.
Angst, sich zu ver-irren	Die FP ist Navigator auf einem U-Boot, macht einen Fehler, wodurch das Boot in feindliche Gewässer kommt und versenkt wird.			488s231	152.
Angst vor Wasser, Dunkelheit, Tod Depression *Schlafstörung*	1. Die FP fällt als Junge bei nächtlichem Sturm aus dem Boot und ertrinkt. 2. Es werden noch 3 weitere FL mit schwerem und eines mit glücklichem Leben geschildert.			489s35, 56, 72	153.
Angst vor Wasser, **Ersticken,** **Fliegen,** **Dunkelheit,** **Tod,** **Enge** **Schlafstörung** **Alpträume**	1. In einer großen Flut kommt die FP als Mutter um. Ihr Kind wird ihr dabei aus den Armen gerissen. 2. Als Spanierin wird die FP krank an einer Art Seuche, die aus dem Wasser kommt. 3. Die FP führt ein glückliches Leben in vorchristlicher Zeit und stirbt alt. 4. Die FP bekommt von hinten die Gurgel aufgeschnitten. 5. Als Bäuerin mit zwei Söhnen stirbt die FP an Altersschwäche. 6. Die FP lebt als Dienstmagd zufrieden vermutlich in Virginia Ende des 19. Jahrhunderts. 7. Die FP ist Besatzungsmitglied auf einem Segelschiff. Sie stirbt alt an Herzinfarkt. 8. Die FP lebt wieder als Dienstmagd in reichem Hause und stirbt mit Schmerzen in der Brust. 9. Die FP lebt ein trauriges Leben in einer Höhle und stirbt an einer Seuche wie Lepra. 10. Als Pilot eines Kriegsflugzeuges stirbt die FP durch Schüsse in Brust, Nacken und	4J	%	**488s24 - 123**	154.

Symptome der HP	Opferleben ------------ Täterleben	Dauer Heil- erfolg	S M E	Quelle	Nr.
	Bein. Im HL ist die HP beinahe ertrunken. Ihr Vater berührt sie unsittlich und hält ihr den Mund zu, so dass sie keine Luft bekommt.				
Wasserphobie Alpträume über das Stehlen; zwanghafte Gedanken, der HP würden Kinder weggenommen werden, obwohl sie keine hat.	Die FP wird als Mutter von 2 Kindern und Heilerin von Quäkern der Hexerei angeklagt und ertränkt. ---------------- Die FP bestiehlt Quäker und wird von ihnen aufgehängt.	1J	%	463s15	155.
Wasserphobie	Die FP kentert in einem kleinen Boot und ertrinkt.			147s160	156.
Angst vor verlassen und verrückt zu werden, vor Ungeziefer, Zurückweisung, Kontrollverlust Selbstmordabsicht Schlafstörung Schmerzen am ganzen Körper Pickel im Gesicht Depression Untergewicht	Im KZ wird die FP geschlagen, vergewaltigt und sie hungert. Ihr wird Säure ins Gesicht geschüttet, um zu sehen, ob die Haut dann heller wird. Die FP verhungert.			276s147	157.
Angst vor Messern	Die FP wird von Nazis mit dem Fallbeil hingerichtet, weil sie homosexuell ist.	3Mo		353s133	158.
Angst vor Wasser	Die FP geht mit der Titanic unter.			67s72 301s19	159.
Angst vor tiefem Wasser, Ozeanreisen und kleinen Booten	Die FP ist Opfer des Untergangs der Titanic.			Fall (34), S. 354; **346s97, 127**	160.
Angst vor Spritzwasser	Die FP wird als Dreijährige vom Bruder kopfüber über einen Gebirgsbach gehalten und steht Todesängste aus. Auslöser im HL ist ein Bad mit dem Bruder, bei dem ihr Wasser ins Gesicht gespritzt wurde.	xWo		212s94	161.

Symptome der HP	Opferleben ------------- Täterleben	Dauer Heil- erfolg	S M E	Quelle	Nr.
Angst, auf hoher See zu ertrinken	Die FP ertrinkt in 3 FL: 1. Als Sklave auf der Flucht. 2. Als Besatzungsmitglied auf der Titanic. 3. Beim Abschuss einer kanadischen Militärmaschine 1940 über dem Pazifik.			Kap. 7.2.3.1.8. 4, S. 353; 403s26	162.
Angst, auf See verloren zu gehen **Trieb, über Bord zu springen**	1. Die FP ist mit dem Vater in einem Boot, das an Felsen zerschellt. Sie soll aus dem Boot springen, gehorcht aber nicht und ertrinkt. 2. Die FP ertrinkt als Fischer. 3. Die FP ertrinkt als Matrose.	6Wo		140s5	163.
Spinnenphobie	1. Als Heuschrecke wird die FP von einer Spinne gefangen und getötet. 2. Als Teilnehmerin einer Expedition wird die FP von Eingeborenen gefangen, verurteilt und gefesselt in ein Loch geworfen, in dem viele große Spinnen sitzen, die sie töten. ------------- Als Frau eines einflussreichen römischen Regierungsangestellten hält sie ihren Mann dazu an, Christen in der Arena den Löwen vorzuwerfen, weil sie das „witzig" findet.	6Mo	%	174s449	164.
Schlangenphobie	Die FP wird von einer Schlange gebissen und stirbt.			479s90	165.
Angst vor Vögeln	Als weißer Mann vergewaltigt die FP eine junge Indianerin. Deren Angehörige setzen ihn zur Vergeltung in der Wüste aus. Er liegt mit aufgeschnittenem Bauch auf dem Boden und muss miterleben, wie Vögel ihn ausweiden. Auslöser war im HL die Berührung mit den Flügelfedern einer Möve. ------------- Die FP war Folterer der Inquisition und stach den Opfern die Augen aus.	xMo		212s99	166.
Angst vor Federn	Die FP wird als 12-jährige von 3 Männern geopfert, die im Federschmuck über sie gebeugt sind, als sie ihr den Bauch aufschlitzen.			**67s205**	167.
Angst vor Pferden	Die FP wird auf der Flucht vom Pferd geworfen, gefangen und gehängt. Sie stirbt im Hass auf Pferde.			479s96	168.

Symptome der HP	Opferleben ------------ Täterleben	Dauer Heil-erfolg	S M E	Quelle	Nr.
Angst vor Hunden *Angst vor Dunkel-heit*	Als vierjährige Spanierin wird die FP in ein Verließ geworfen. Die Mitgefangenen kanibalisieren sie, um nicht selbst zu verhungern. Weil die heutige Mutter immer vor Hunden gewarnt hatte, verwechselt die HP Hunde mit den Menschen, die sie im FL bei lebendigem Leib aufgegessen haben.	xJ		**212s101**	169.
Angst vor Hunden	Die FP ist ein indischer Schäferjunge, der von Wölfen angefallen und getötet wird.			177s93	170.
Angst vor Ratten **Angst vorm Tod** **Probleme an Armen und Beinen**	1. Die Mutter im FL wird vom Pferd getreten, als sie schwanger ist. Die Folge ist ein verkrüppelter Arm der FP. 2. Die FP ist Frau eines Köhlers, der gegen die Obrigkeit aufbegehrt und sich versteckt hat. Sie wird gefangen und geschlagen, um zu erfahren, wo ihr Mann zu finden ist. Im Gefängnisturm bedrohen sie Ratten. Sie verhungert dort.			251s468	171.
Angst vor Ratten	Die FP wird in den Hungerturm gesperrt und muss sich vor ihrem Tod der Ratten erwehren, um nicht von ihnen angefressen zu werden.	%		37s5	172.
Angst vor Raupen	1. Als Arzt kann die FP einen Patienten mit einer Beinwunde nicht retten, die von Maden befallen ist. 2. Als kleines Mädchen wird die FP von einem Jungen im Spiel mit einer Made gejagt. Sie rutschte aus, fiel in eine Schlucht und starb. 3. Während einer Raupenplage bekommt die 10-jährige FP Raupen in ihr Haar. 4. Als Junge brennt die FP Raupennester aus. Teile fallen brennend auf seinen Rücken und verletzen ihn.	5J		147s**52, 54, 60**	173.
Angst vor Feuer	Die FP ist im 2. Weltkrieg im 4. Stock eines brennenden Miethauses gefangen. Sie kann nicht gerettet werden, weil die Leitern zu kurz sind.	1J		212s104	174.
Angst vor Feuer	Die FP wird auf dem Scheiterhaufen verbrannt und muss lange leiden, bevor sie stirbt.			279s96	175.
Phobie vor Feuer	Die FP verbrannte im 1. Stock eines Farmhauses.			479s88	176.

Symptome der HP	Opferleben ------------ Täterleben	Dauer Heil- erfolg	S M E	Quelle	Nr.
Angst vor engen Räumen	1. Im 2. Weltkrieg wurde die FP als Soldat auf Fronturlaub im Keller ihres Wohnhauses verschüttet und erstickte mitsamt der Familie. 2. Als Goldgräber wird die FP in der Grube verschüttet und stirbt. Im HL entsteht Panik, als sich der Fünfjährige unter dem Deckbett eingesperrt fühlt.			212s106	177.
Höhenangst	Die FP wird eine Klippe hinuntergestürzt.	?		212s109	178.
Höhenangst *Zwang zur körperlichen Ertüchtigung*	Die FP ist passionierter, deutscher Bergsteiger, der in die Zwangslage kommt, seinen besten Freund zu Tode fallen lassen zu müssen, indem er das Seil kappt, wenn er nicht auch mit in den Tod stürzen will.	xMo	%	**212s114**	179.
Höhenangst **Angst beim Anblick von Bergen**	Als Schweizer Junge von 5 Jahren fiel die FP in eine Gletscherspalte und starb in Angst und unterkühlt nach etlichen Stunden.			212s144	180.
Höhenangst	Die FP rutscht bei der Reparatur eines Kirchendachs aus und fällt zu Tode.		%	251s270	181.
Höhenangst	Die FP stürzt bei der Parade von Königin Victoria vom Balkon und stirbt.			**225s155**	182.
Angst vor Stufen und Treppen	Die FP ist in 2 FL durch einen Unfall vom Pferd gefallen und war danach ein Krüppel. Die HP will nicht mehr „aufsteigen", um nicht zum Krüppel fallen zu können.			212s110	183.
Angst vor Menschenmengen	Die FP ist ein Junge von 5 Jahren, der an der Hand seines Vaters in einer Menschenmenge von Reisenden kurz von seinem Vater getrennt wird und Todesangst bekommt. Dieselbe Situation wiederholt sich im HL auf einem Flughafen.	10J	%	212s120	184.
Angst und Atemnot bei engem Kontakt mit anderen Personen	Als jüdischer Vater liegt die FP mit Frau und 2 Kindern eng in einem Boot, das auf dem Rhein in Richtung auf die Schweiz zutreibt. Sie wollen aus Nazideutschland fliehen, werden aber entdeckt und im Boot erschossen.	8Wo	%	353s101	185.
Angst, vor mehreren Menschen zu sprechen	Die FP raubt einen Mann aus und ersticht ihn. Sie wird dafür zum Tode verurteilt, öffentlich gedemütigt und gehängt.			251s245	186.

Symptome der HP	Opferleben ------------- Täterleben	Dauer Heil- erfolg	S M E	Quelle	Nr.
Angst, vor mehreren Menschen zu sprechen Angst, sich zu blamieren **Sprachfehler**	Als Handwerker stottert die FP und wird deswegen gehänselt. Als er sich wütend wehrt, wird er erschlagen. ---------------- Als Vater hat die FP eine geistig behinderte Tochter, die nicht richtig sprechen kann. Als sie 12 Jahre alt ist, erstickt er sie mit einem Kissen und wird dafür gehängt.	xTg		177s97	187.
Atemnot beim Sprechen vor Gruppen	Die FP ist eine alte Frau, die von religiösen Verfolgern vor einer Menschenmenge aufgehängt wird. Kurz vor dem Tod hat sie Erstickungsgefühle.			463s75	188.
Bühnenangst Steifer Hals Durchblutungsstörung in Händen und Füßen	Die FP ist ein Wanderprediger in Nah-Ost, der so viel Zuspruch sieht, dass der Kalif seine Macht gefährdet findet. Der FP werden Hände und Füße abgehackt, sie wird gekreuzigt und anderntags geköpft.			251s247 545s309	189.
Bühnenangst **Prüfungsangst**	Die FP versagt bei einem Konzert.	6Wo	%	120s242	190.
Versagensangst	Die FP ist ein Maler in Italien, der seinen Pinsel von Geistern führen lässt. Seine Kunst wird moralisch verurteilt und verbrannt. Sein Lebenswerk ist zerstört. Er stirbt am Suff.	3,5J		465s71	191.
Versagensangst **Angst vor Kritik**	Die FP wird als römischer Gladiator besiegt und schwört sich, nie wieder solch eine Blamage erleben zu wollen.			279s102	192.
Angst zu versagen und sich zu blamieren **Angst, als Pianistin sich zu verspielen**	1. Als deutscher Politiker des 19. Jahrhunderts widerspricht sich die FP in ihren Reden so, dass die Karriere beendet ist. 2. Die FP ist Pianistin, die sich öffentlich verspielt und damit blamiert. ---------------- Die FP ist ein bestechlicher, römischer Richter, der mit seiner Rhetorik erreicht, dass ein Unschuldiger hingerichtet wird.	1J		177s108	193.
Der ewige Verlierer	Die FP ist ein mittelalterlicher, reicher Landbesitzer, der überfallen wird und seine Frau dabei verliert. Das Unterbewusstsein der HP verbindet reich sein mit dem Verlust der Familie.			246s60	194.
Angst vor Gewitter	Als ein Gewitter aufkommt, rennt die FP, ein Mann, über das offene Feld zur Hütte, in der seine Geliebte lebt. Auf dem Weg wird er vom Blitz erschlagen, während die Geliebte es mit dem Landherren treibt.			212s214	195.

Symptome der HP	Opferleben ------------- Täterleben	Dauer Heil- erfolg	S M E	Quelle	Nr.
Angst vor Gewitter	1. Das Haus der FP brennt durch Blitzschlag ab, sie verliert Hab und Gut und wird arm. 2. Als ein Gewitter aufzieht, geht die FP nicht mit der Freundin zurück ins Haus. Die Freundin wird vom Blitz erschlagen. Die FP gibt sich die Schuld am Tod und erschießt sich.			157s150	196.
Angst, es könne sich eine Tragödie er- eignen	Die FP entwirft als Renaissance-Architekt große Kuppeldächer z. B. für Kirchen. Als eine zusammenstürzt und Tote zu beklagen sind, gibt er sich die Schuld. Die Geburt im HL geriet zur Tragödie, weil Mutter und Kind beinahe gestorben wären.			251s443	197.
Angst, zu spät zu kommen	Die FP kommt von einem Ausritt zu spät, um ihre schwangere Frau vor Mördern zu retten. Ihre Selbstvorwürfe führen dazu, dass sich die FP erschießt.			470s222	198.
Angst, dass die Zeit nicht reicht	Die FP ist in mehreren FL früh gestorben. Im HL wurde sie älter, was das Problem löste.	4J		465s69	199.
Angst, Verantwor- tung zu überneh- men **Entscheidungsun- fähigkeit**	Die FP ist Herrscher eines kleinen Staates, der sich entscheidet, in den Krieg zu ziehen. Die Schlacht geht verloren, er fühlt sich schuldig und schwört sich, nie mehr so viel Verantwortung zu übernehmen.			276s178	200.
Agoraphobie oder Angst, das Haus zu verlassen	Die FP verliert mit 6 Jahren beide Eltern durch einen Unfall mit der Pferdekutsche und kommt in ein Waisenhaus, in dem sie sich eingesperrt fühlt. Sie hat Angst, auf die Straße zu gehen. Später arbeitet sie als Kin- dermädchen und heiratet den verwitweten Vater der Kinder. Sie fühlt sich auch in die- ser Ehe eingesperrt.	6J	%	Fall (73), S. 651; **251s414**	201.
Agoraphobie oder Angst, das Haus zu verlassen **Angst vor Fremden**	1. Die FP wird von Fremden überfallen, die ihr die Geldbörse rauben. 2. Fremde versuchen erfolglos die FP zu vergewaltigen.			147s62	202.
Agoraphobie	Die FP wird als Farmer in Neuseeland auf einem Spaziergang unerwartet vom Blitz erschlagen. Der Seele der FP wird nicht klar, dass sie gestorben ist. Sie sieht die Szene unter sich, ohne die Todesursache zu erken- nen.			147s64	203.
Agoraphobie	Die FP liegt im Koma. Als der Körper stirbt, befindet sich die Seele gerade außerhalb und erkennt nicht, dass sie gerade gestorben ist.			147s64	204.

Symptome der HP	Opferleben ------------- Täterleben	Dauer Heil- erfolg	S M E	Quelle	Nr.
Agoraphobie oder Angst vor offenen Plätzen	Die FP wird als Hexe und Hure auf dem Marktplatz mit Fußtritten in den Magen malträtiert und so getötet. --------------- Im alten Griechenland hetzte die FP eine Meute Menschen auf einen Nachbarn, wodurch er getötet wurde.		%	228s45	205.
Klaustrophobie **Panik beim Thema „Herz"** *Schlafstörung*	1. Die FP wird als Pockenkranke in ein Verließ geworfen. 2. In einer Eifersuchtsszene wird ein Messer auf die FP geworfen, das sie ins Herz trifft. Sie verblutet.			120s256	206.
Angst vor Krankheit **Hypochondrie**	Als 14-jähriger muss die FP im Mittelalter mit ansehen, wie ihre Eltern und Geschwister und viele andere an der Pest sterben. Zum Ende der Seuche stirbt auch sie.			170s50	207.
Hypochondrie über Krankheit am linken Auge	Die FP wird in einem Kampf am linken Auge schwer verwundet und stirbt daran.			147s97	208.
Angst vor Ärzten und Krankenhäusern	Die FP ist Jüdin, die im KZ zu medizinischen Versuchen missbraucht wird und daran stirbt.			479s91	209.
Angst vor dem Zahnarzt	Die FP bekommt vom Schmied mit rostiger Zange ohne Betäubung Zähne gezogen.	xJ		**157s107**	210.
Angst zu verdursten	Die FP wird als Bote im spanischen Bürgerkrieg gefasst, gefoltert und gefesselt sich selbst überlassen. Er verdurstet.	1J		162s123	211.
Angst, aus dem Haus zu gehen	Die FP kann als Arzt die Pest nicht heilen und wird daher aus der Stadt gejagt. Die Leute meiden ihn.			463s84	212.
Trennungsangst **Orgasmushemmung**	1. Die FP hat als 9-jährige bereits die Mutter verloren und lebt bei der ungeliebten Großmutter. Als sie 14 Jahre ist, zwingt sie der Vater, zur Cousine umzuziehen, um dort zur Schule zu gehen. Sie sieht ihren Vater nicht mehr, weil er stirbt, und schwört sich, niemals mehr jemanden zu verlassen. 2. Nach dem Tod ihrer Mutter wird die FP mit 15 Jahren vergewaltigt und schwört sich, nichts mehr mit Sex zu tun haben zu wollen.	8J		**251s502**	213.
Angst, den Ehemann zu verlieren, Eifersucht	Die FP wird mit ihren 2 Kindern vom Ehemann verlassen, der unbedingt zur Armee gehen will.			170s121	214.

Symptome der HP	Opferleben ------------- Täterleben	Dauer Heil- erfolg	S M E	Quelle	Nr.
Angst vor Schwangerschaft **Schuldgefühl** **Minderwertigkeitsgefühl**	Die FP bringt ein uneheliches Kind zur Welt und bekommt dafür von ihrem Vater die Kehle durchgeschnitten. Auch das Baby wird vom Vater getötet. ---------------- Die FP lässt die Frau sitzen, die er geschwängert hat. Sie wird ermordet.			212s126	215.
Angst vor Sex	Die FP starb aufgrund eines unprofessionellen Schwangerschaftsabbruchs.			212s129	216.
Angst vor weibl. Nähe od. Zuneigung **Unechte Homosexualität**	Die FP ist ein Waisenknabe, der sich aus der Not heraus zum Strichjungen entwickelt. Er wird vom Ehemann in flagranti erwischt, entmannt und bekommt den Bauch aufgeschlitzt. Die Frau wird ebenfalls ausgeweidet und dann enthauptet. Das Unbewusste sagt: „Sex ist tödlich".	xMo		212s257	217.
Angst, Auto zu fahren, speziell auf der Autobahnauffahrt	Die FP fährt als römischer Wagenlenker über einen Felsbrocken und wird von den Pferden zu Tode geschleift.			212s141	218.
Angst als Mitfahrer im Auto, speziell bei Kurvenfahrt	Die FP ist schwanger und wird von ihrem Mann auf holprigem, kurvenreichem Weg ins Dorf zur Hilfe gefahren und wird im Wagen herumgeschleudert. Sie stirbt auf der Fahrt.	xWo		212s142	219.
Flugangst	Die FP wird im 2. Weltkrieg im Flugzeug verwundet, als dieses beschossen wird. Die FP stirbt noch vor dem Absturz des Flugzeugs.	6Mo		**227s148**	220.

Symptome der HP	Opferleben ------------- Täterleben	Dauer Heil- erfolg	S M E	Quelle	Nr.
Angst vor eigenem Jähzorn, lebendig begraben zu werden, beim Geschlechts- verkehr (nur bei eigener Frau), die Frau zu verletzen; **Schuldgefühle; Selbstverachtung; Neigung zu Selbst- mord; Aufwachen bei leisen, nicht bei lauten Geräuschen; Rötlicher Ausschlag auf den Oberar- men;** Vorstellung, eine Frau im weißen Gewand wird ermor- det	1. Als italienisches Bauernmädchen wird die FP grausam behandelt. 2. Als Robert Macready hat die FP Schuld- komplexe und sexuelle Neurosen. Sie wird vom Pferdefuhrwerk überfahren. --------------- 1. Als zukünftiger Ritter Hildebrand von We- sel lässt sich die FP dazu verführen, wegen unberechtigter Vorwürfe seine Geliebte zu ermorden, die von ihm schwanger ist. Die FP verdrängt die Schuld und wird zum erbar- mungslosen Kreuzritter, der eine Mutter mit Kind ersticht und Frauen in Ritterrüstungen der Wüstensonne aussetzt und verdursten lässt. Die FP stürzt die eigene Mutter zu Tode, weil diese sich sexuell genähert hat. Dabei wurden die Oberarme der FP zer- kratzt. 2. Als Puritaner verletzt die FP ihre Frau mit einem Eisenrohr in der Scheide, woran diese stirbt. Andere Frauen lässt sie als Hexen zum Tode verurteilen und scheut nicht vor fal- scher Zeugenaussage zurück.		%	**497s112 257s5- 318**	221.
Panische Angst erzeugt Druck über dem Herzen **Trunksucht**	1. Die FP wird als Mädchen vom Vater ge- schlagen, weil sie mit einem Jungen geschla- fen hat. Aus Angst und Trotz wird sie zur Hure, und später von ihrem Freier erwürgt. 2. Die FP muss dabei zusehen, wie Vater und Mutter erschlagen werden. Sie wird zur Sklavin eines Armeniers, der sie so schlecht behandelt, dass sie Selbstmord begeht. 3. Die FP ist eine Schottin mit einer Tochter. Ihr Mann trinkt, versorgt sie nicht und schlägt sie schließlich zu Tode. 4. Die HP wird als Kind ungewollt in elterli- chen Streit mit einbezogen und sieht mit an, wie ihr Vater Selbstmord begeht, indem er sich vergiftet. Alle 3 FL sind von Gewalt geprägt. Immer sind dieselben Seelen beteiligt.	xMo	%	Fall (5), S. 123; **196s1-46**	222.

Symptome der HP	Opferleben ------------- Täterleben	Dauer Heil- erfolg	S M E	Quelle	Nr.
Angst, schwanger zu werden; Angst vor scharfen Messern; Angst vorm Vater; Schuldgefühle; Schmerzen im Unterleib; Psychokinese (Blutflecken)	Die HP wird von der Mutter misshandelt und sexuell missbraucht. Auf unerklärliche Weise entsteht ein roter Fleck an der Wand. ---------------- 1. Die FP lässt ihr geliebtes, behindertes Kind einmal allein zu Haus. In dieser Zeit gerät das Haus in Brand und das Kind stirbt. Sie gibt sich die Schuld daran. Ein Priester hält sie für vom Teufel besessen und treibt diesen in einer Zeremonie aus, bei der Lammblut an die Wand geschüttet wird. 2. Die FP entläuft aus dem Waisenhaus, wird Prostituierte und gebiert ein uneheliches Kind. Der Pfarrer veranlasst, ihr das Kind wegzunehmen. Dabei kommt es zum Gerangel und die FP erschießt unabsichtlich ihr Kind Dabei entsteht ein Blutfleck an der Wand. Die FP wird vergewaltigt und ihr wird die Haut mit Jagdmessern abgezogen. Einer der Folterer lebt als ihr heutiger Vater.	xJ		497s201	223.
Angstattacken bei Vollmond	Siehe Kapitel 7.2.3.1.9, S. 359	6J	%	218s148	224.
Phobie vor Aufenthalt im Dunkeln	Die FP wird vom Ku-Klux-Klan als 19-jährige weiße Südstaatlerin in eine Abfalltonne gesteckt und Müll auf sie gekippt, bis es dunkel um sie ist. Dann wird die Tonne angezündet.	3J	%	303s59	225.
Angst vorm Sterben	Die HP ist terminal krebskrank und wird durch mehrere FL und das Interim geführt.			479s110	226.
Angst vorm Sterben	Die HP sieht in der Rückführung alle Körper, die sie in FL inne hatte und was sie in jedem FL gewonnen hat. Das beruhigt die HP.			246s62	227.
Angst vorm Tod	Die FP wird als 26-jähriger napoleonischer Soldat verwundet und erlebt einen langen Todeskampf.			545s273	228.
Ängstlichkeit	-------------- Der FP war im amerikanischen Bürgerkrieg von den Yankees Familie und Haus zerstört worden. Sie wird daraufhin ein furcht- und gnadenlos agierender Soldat der Konföderierten, der als Vater einer neuen Familie alt stirbt.	xWo		212s64	229.

Symptome der HP	Opferleben ------------- Täterleben	Dauer Heil- erfolg	S M E	Quelle	Nr.
Alpträume					
Alpträume	Die FP wird als Waisenmädchen in die Prostitution getrieben. Sie lebt in Kellerräumen, wo sie mit 20 Jahren erstochen wird.	2J		Fall (22), S. 160; **346s101** **283s35**	230.
Alpträume häufig	Die 15-jährige FP wird in England mit einem über 40-jährigen Mann verheiratet, wird aber nicht schwanger. Sie entkommt mit einem Seemann nach Spanien und bringt eine Tochter zur Welt. Der gehörnte Mann findet die FP und hetzt die Dorfbewohner gegen sie auf. Sie wird zu Tode gesteinigt. Der alte Mann steht über ihr, wie in ihrem Alptraum.	20J	%	147s148	231.
Alpträume **Angst vor Waffen und Pferden**	1. Als Druidin muss die FP vor marodierenden Wikingern fliehen. Sie stirbt alt. 2. In einem Flashback und einer Rückführung sieht sich die HP als irischer Arzt, der auf einem Kriegsschiff Dienst tun muss Er erhält einen Bauchschuss und stirbt. 3. Die Ungarin kann ihren geliebten Fußsoldaten nicht heiraten, weil er in der Revolution 1849 stirbt. 4. Die FP ist ein militanter Student in Ungarn, der mit 24 Jahren vom Pferd in den Bauch getreten wird und stirbt. ------------- Als druidische Priesterin bringt die FP ein Menschenopfer dar. Sie wird alt.			**465s53**	232.
Wut, Ärger					
Wutausbrüche	Die FP kommt mit 12 Jahren im brennenden Haus um und ist auf ihre Eltern zornig, die sie nicht retten.			136s85	233.
Ärger mit der Mutter **Magenschmerzen**	Die HP wurde von der Mutter misshandelt. Die FP wird von ihrem Mann verlassen, weil sie ihm keinen Erben schenken kann. Er ermordet sie durch einen Messerstich in den Bauch. Die heutige Mutter ist die Wiedergeburt dieses Mannes.	?	%	251s505	234.

Symptome der HP	Opferleben ------------- Täterleben	Dauer Heil- erfolg	S M E	Quelle	Nr.
Ärger mit dem Vater **Übermäßiges Er- folgsstreben**	Die FP heiratet nicht, weil ihr Vater über sie bestimmen kann und die Heirat nicht will. Nach dem Tod des Vaters übernimmt sie mit ihrer Schwägerin den Hof. Sie wirtschaften ihn herunter, so dass sie als Stubenmädchen Geld verdienen muss. Sie ist unzufrieden mit ihrem Leben und schwört sich vor dem Tod, nie mehr arm sein zu wollen. Der heutige Vater ist die Wiedergeburt des Vaters aus dem FL und dominiert sie auch heute.			251s511	235.
Depressionen					
Depression	Die FP wird als 12-jähriges Mädchen im KZ in die Gaskammer geschickt und stirbt dort.			251s241	236.
Depressive Gedan- ken	Die FP wird als konföderierter Soldat ange- schossen und leidet Wochen, bis er stirbt. Das führt zu Frustration, Ärger und Depres- sion der FP in dieser Leidenszeit.	4J		465s70	237.
Depression **Stimmungsschwan- kungen** Fettleibigkeit	Im HL wiederholt die Seele der FP das Mus- ter des FL mit der gleichen Rollenverteilung. Die Depression hat sie, weil ihr Mann er- trunken und sie nun mit dem Sohn alleine ist. Sie hat Selbstmordgedanken. Das Überge- wicht hat sie als Schutz vor Liebes- beziehungen, die Schmerzen bringen könn- ten. --------------- Die FP, Frau eines Fischers, trauert stark darüber, dass ihr Mann nicht mehr von der See zurück kommt, und vernachlässigt dar- über ihren Sohn und begeht Selbstmord.	xJ		251s391	238.
Depression **Angst, Fehler zu machen**	Der FP werden ihr Mann und 2 Söhne durch Tod im Krieg genommen. Als auch die ein- zige Tochter wegzieht, versinkt die FP in Bitternis und Selbstmitleid. Dies behindert ihre Weiterentwicklung und führt zu Depres- sion. Sie begeht schließlichSelbstmord --------------- Die FP hält eine Frau aus ihrer Studenten- gruppe für eine Mörderin und ermordet sie. Die FP fällt später selbst einem Racheakt zum Opfer. Im Tod sieht sie ein, dass sie die Frau hätte vor ein Gericht bringen müssen, statt sie zu ermorden.			252s208 497s170	239.

Symptome der HP	Opferleben ------------- Täterleben	Dauer Heil- erfolg	S M E	Quelle	Nr.
Ehe- u. Beziehungsprobleme					
Eheprobleme **Hassliebe**	2 sich gegenseitig bestätigende Erinnerungen ---------------- 1. Die FP1 läuft von zu Hause fort und gerät in die Fänge der sadistisch veranlagten FP2, einem Bordellbesitzer. Für diesen wird es immer schwieriger, sexuelle Befriedigung zu erlangen, so dass er die FP1 sogar ermordet. 2. In einem anderen FL soll die FP1 von der FP2 gequält werden, aber sie wehrt sich. FP1 entzündet die Kleider von FP2. Als FP2 ins Wasser springt, drückt FP1 den Kopf von FP2 unter Wasser. 3. Die FP2 beabsichtigt die FP1 zu vergewaltigen, wird aber vorher gefasst und die Klippen hinuntergestürzt.			292s103	240.
Eheproblem **Sie geht fremd**	Die FP lebt allein mit ihrem Vater, der ihren heimlichen Liebhaber nicht tolerieren will. Nachdem die FP schwanger ist, stellt der Vater dem Liebhaber nach und wird von diesem getötet. Der Liebhaber verschwindet in Panik auf Nimmerwiedersehen. Ihr heutiger Mann ist der Vater von damals und ihr Liebhaber heute ist der gleiche, wie im FL.	1J		251s315	241.
Eheproblem **Er geht fremd**	Als Nachrichtenoffizier der Royal Air Force verliebt sich die FP in eine Italienerin, der er die Ehe nach dem Ende des 2. Weltkriegs verspricht. Er kann das Versprechen nicht einhalten, weil er von der SS zu Tode gefoltert wird Die heutige Geliebte ist die Wiedergeburt der Italienerin. ---------------- 1. Als Mathematikprofessor in Oxford verspricht die FP ihrer außerehelichen Geliebten, gut für sie und ihre Kinder zu sorgen. Der Prof. stirbt vorzeitig und kann das Versprechen nicht einhalten. Die heutige Frau ist die Wiedergeburt der früheren Geliebten. 2. Als Gesandter der Zarin hat die FP ein inzestuöses Verhältnis zur Schwester. Er verzweifelt darüber, dass diese sich erhängt. Sie ist die gleiche Seele wie die heutige Geliebte.	xMo		497s154	242.

Symptome der HP	Opferleben ------------- Täterleben	Dauer Heil- erfolg	S M E	Quelle	Nr.
Ehe- und Bezie- hungsproblem	Die FP ist ein japanisches Mädchen, das sich in einen Angehörigen des „falschen" Clan verliebt hat. Zur Strafe nimmt ihr Bruder ihre Därme aus. Dieser Bruder ist heute ihr Ehe- mann und ihr heutiger Bruder der damalige Geliebte. Daher hatte die HP vor der Rück- führung Liebe zum Bruder und Distanz zum Ehemann empfunden.	3J		251s202 103s100	243.
Beziehungsproblem zwischen unverhei- ratetem Paar	Die HPen passen nicht zusammen, können sich aber nicht voneinander trennen. Der heutige Mann ist im FL ein Schafhirte, der eine Frau liebt, die noch vor der Hoch- zeit krank wird und in seinen Armen stirbt. Die FP verspricht vor dem Tod, im nächsten Leben wieder mit ihr zusammen zu sein.	xJ		218s140	244.
Beziehungsunfähig- keit	Die HP hat Schuldgefühle, wonach sie die Liebe eines Mannes nicht verdient. Die FP hat den Verlobten nach einem Streit weggeschickt und fühlt sich schuldig, weil er danach ausgeraubt und ermordet wurde.			212s169	245.
Beziehungsunfähig- keit Die HP hat immer neue Frauen	Als niederer Indio in Südamerika kann die FP keine Frau haben und schwört sich, ein- mal zu den Oberen zu gehören, um auch Frauen haben zu können. Dies verwirklicht die HP.			170s52	246.
Beziehungsproblem zwischen Mutter und Tochter	Die HP hat eine uneheliche Tochter. ----------------- Die FP verdammt in mehreren FL jene Müt- ter, die ein uneheliches Kind bekommen.	xMo		212s179	247.
Beziehungsproblem zu Männern	Die FP ist durch ein Tier malträtiert worden und körperlich behindert. Daher kann sie nicht der Anführer des afrikanischen Stam- mes werden. So sieht es auch der Vater. Weil die FP dies nicht akzeptieren will, wird sie verjagt, verfolgt, erschlagen und ins Meer geworfen. Der damalige Vater ist auch heute wieder der Vater und daher stammen die Probleme in der Beziehung zu Männern.	xJ	%	251s418	248.
Beziehungsproblem zu Männern **Einsamkeitsgefühl**	Im HL hat die HP Angst vor dem Vater, weil dieser Mutter und Bruder missbraucht. 1. Die FP lässt sich von einem Reiter entfüh- ren, bleibt aber allein und einsam. 2. Die FP fühlt sich als Schafhirtin einsam, als sie römische Soldaten sieht, die sie be- neidet.	6Mo		465s72	249.

Symptome der HP	Opferleben ------------- Täterleben	Dauer Heil- erfolg	S M E	Quelle	Nr.
Beziehungsproblem zu Männern **Beziehungen halten nur Wochen** **Kinderwunsch** Übergewicht	Die FP kann keine Kinder bekommen, wor- über der Ehemann sehr enttäuscht ist. Er ist heute Vater des Kindes der HP. Damit hat sich die HP bewiesen, Kinder bekommen zu können. Sie glaubt unterbewusst immer noch, Männer nur enttäuschen zu können.			157s94	250.
Beziehungsproblem zur Mutter	Mit 5 Jahren muss die FP ihre Mutter pfle- gen, weil sie Tuberkulose hat. Obwohl die FP alles tut, was die Mutter möchte, stirbt diese dennoch. Das Kind fühlt sich im Stich gelassen. Diesen Vorwurf überträgt die HP auf ihre Mutter.	xJ		251s420	251.
Beziehungsproblem **Ablehnung durch die Mutter**	Die FP ist eine Frau im bürgerlichen Wien um 1770. Sie vergiftet die Frau ihres Gelieb- ten, um ihn ohne Skandal heiraten zu kön- nen. Das Opfer ist die heutige Mutter.	3J		**177s243**	252.
Beziehungsproblem mit dem Ehemann **Unbeherrschtheit**	Die FP ist jüdische Tochter christlicher El- tern in Rom, die bewacht und schließlich den Löwen zum Fraß vorgeworfen werden. Ob- wohl Jüdin, wird auch die FP ins Gefängnis geworfen. Dort erkennt sie den Bewacher der Familie, mit dem sie gespielt hatte und hofft, von ihm gerettet zu werden, was ihm aber nicht möglich ist. Der Bewacher ist im HL ihr Ehemann.	1J	%	103s103	253.
Beziehungsproblem zur Ehefrau **Einarmigkeit**	Die FP wird bei einem Autounfall getötet, den sie verursacht hat, weil sie vor ihrer Freundin angeben wollte, wie schon in 5 FL vorher. Die HP hat nur 1 Arm. Der Defekt soll sie daran hindern, wieder angeben zu können.	25J		103s108 251s208	254.
Beziehungsproblem mit all ihren Män- nern **Minderwertigkeits- komplex**	Die FP wird während ihrer Schwangerschaft von ihrem Geliebten sitzen gelassen. Wegen Mordverdachts wird sie verfolgt und begeht in ausweglos erscheinender Situation Selbstmord.	3J		129s123	255.

Symptome der HP	Opferleben ------------- Täterleben	Dauer Heil- erfolg	S M E	Quelle	Nr.
Problematische Dreiecksbeziehung	Die FP wird vom Mann mit ihrem Baby sitzen gelassen und ist nun eine Ausgestoße- ne im Dorf. Einmal lässt sie ihr Baby alleine, wobei es sich schwere Verbrennungen zu- zieht. Ihr Schuldgefühl treibt sie in den Selbstmord. Die HP ist mit einem abhängigen Mann ver- heiratet, der die Wiedergeburt des verlasse- nen Babys ist. Ihre heutige Hassliebe gilt der Wiedergeburt des Mannes, der sie einst ver- lassen hat.			251s394 196s134	256.
Beziehungsproblem **Wut**	1. Die FP wird als Baby ausgesetzt und von einer Pflegemutter groß gezogen. Als Ju- gendlicher wird er in Arabien grundlos von einem Fremden erstochen und ist wütend darüber. Der Mörder ist als die gefürchtete Mutter von heute wiedergeboren. 2. Die Ehefrau der glücklich verheirateten FP verschwindet grundlos. Die FP verzweifelt darüber, gibt sich die Schuld und ist wütend auf sich.	xMo	%	303s69	257.
Eifersucht	Im HL betrügt ihr Mann sie mit einer ande- ren Frau. --------------- Die FP hat Sex mit einem verheirateten Mann und wird entdeckt. Sie hat Schuldge- fühle, die dazu führen, dass sie keine Bezie- hung mit einem anderen Mann mehr eingeht und früh stirbt.			251s309	258.
Verhaltensstörung Frau will die Hand des Ehemanns nicht halten, obwohl sie ihn liebt	Die FP liebt einen Seemann, dessen Schiff nach 10 Jahren Ehe nicht mehr zurückkehrt. Vermutlich ist es untergegangen. Auf dem Sterbebett schwört die Frau, ihm für ewig treu zu bleiben. Vor der Rückführung wusste die Frau nicht, dass ihr heutiger Ehemann jener geliebte Seemann von damals ist.	xWo		212s240	259.
Eheliche Gewalt	Die FP hat sich in ihren Bewacher verliebt und wird dafür den Löwen vorgesetzt, der ihr eine Hand abbeißt. Sie fühlt sich schuldig bis heute und unterwirft sich daher ihrem heuti- gen Mann, den sie am Tag nach der Rück- führung verlassen konnte.	2J		103s150	260.

Symptome der HP	Opferleben ------------- Täterleben	Dauer Heil- erfolg	S M E	Quelle	Nr.
	**Schuldgefühle**				
Schuldgefühle	Die FP wird als Heilerin zu Unrecht für den Tod eines kranken Kindes verantwortlich gemacht und als Hexe verbrannt. Sie nimmt den Schuldvorwurf auf sich.			251s204 103s1	261.
Schuldgefühle Berufliche Misser- folge	Die FP war drei Mal ein Bettler und zwei Mal Mönch gewesen, immer arm und ver- achtet. ----------------- Die FP erlebt sich als spanischer Inquisitor, der sein Lebensziel vergisst und viele Men- schen umkommen lässt. Sie erkennt ihre Schuld.	2J	%	252s235 103s84	262.
Schuldgefühle Erschöpfung	1. Die FP führt selbstloses Leben als Mönch oder Arzt. 2. Die FP führt ein Leben als Soldat, der gefangen und zu Tode gefoltert wird. ----------------- 1. Die FP ermordet zu Jesus und Herodes Zeit in Palästina ein Kind und entwickelt später Schuld- und Reuegefühle. 2. Die FP missbraucht in Atlantis ihre Macht, indem sie Familien auseinanderreißt und ausweist. 3. Als die FP noch nie in einem Körper war, war sie so mit der Ausübung von Macht beschäftigt, dass sie sich aus dem Licht ent- fernte. Das war der Ursprung ihrer Schuld. Die Auflösung erfordert Anerkennung des Fehlers und Ändern des Verhaltens. Selbst- bestrafung oder „gut sein" nutzt nichts.	xMo		251s532	263.
Schuldgefühl nach Abtreibung	In vielen FL war die FP Mutter, obwohl sie andere Talente und Ziele hatte. Daher trieb sie im HL ab, entwickelte aber danach Schuldgefühle. Diese wurde sie los, als sie entdeckte, dass der abgetriebene Fötus zum Zeitpunkt der Abtreibung nicht beseelt war.			212s128	264.
Schuldgefühl, überhaupt zu leben Selbstmordversu- che	Die FP muss als 16-jährige zuschauen, wie ihr Vater und Bruder von Nazis ermordet werden. Sie selbst kommt ins KZ und wird als Pianistin und Dirne bevorzugt behandelt. Als sie mit ansehen muss, wie ihre Mutter ins Gas geschickt wird, während es ihr rela- tiv gut geht, entwickelt sie Schuldgefühle und begeht Selbstmord.	xTg		212s183	265.

Symptome der HP	Opferleben ------------- Täterleben	Dauer Heil- erfolg	S M E	Quelle	Nr.
Schuldgefühl **Beziehungsproble-me**	Die FP entscheidet sich als Stammesführer, mit dem Feind zu kämpfen, statt sich zu ergeben. Wegen der Übermacht des Feindes sterben alle. Er hat seinen Stamm geopfert, im Versuch, seine Macht zu erhalten und empfindet dies als seine große Schuld.			251s205	266.
Schuldgefühl und Traurigkeit beim Thema Bürgerkrieg	Die FP ist eine Südstaatenmutter, deren Sohn im amerikanischen Bürgerkrieg fällt. Sie stirbt in Bitternis darüber, dass ihr Sohn noch immer im Land der Yankees begraben liegt. Im FL hat sie nie richtig getrauert.	5J		147s145	267.
Schuldgefühl, ver-antwortlich zu sein für die Arthritis des Vaters	Die HP ist nicht gut auf den Vater zu spre-chen und spannt, als sie 7 Jahre alt ist, ein nasses Laken über das Bett der Eltern. 13 Jahre später bekommt der Vater Arthritis. ---------------- Die FP darf nur heiraten und Treuhandgeld ausgezahlt bekommen, wenn ihre Tante zu-stimmt. Sie tut dies aber nicht, worauf die FP das Bett der Tante nass macht, damit sie bald krank wird und stirbt. Die Tante bemerkt es, wird wütend und bekommt einen Schlag-anfall. Die FP muss nun die Tante pflegen.	xJ	%	346s168 162s172	268.
	**Minderwertigkeitsgefühle**				
Minderwertigkeits-gefühl **Selbstmitleid** **Mangelnde Leis-tungsbereitschaft**	1. Weil die FP als Soldat feige war, wird sie vor den Kameraden gedemütigt. 2. Die FP tritt aus der katholischen Kirche aus, bedauert dies als Fehler, steht aber nicht zu ihrer Einsicht. 3. Die FP wird als englischer Soldat in Neu-England von den Amerikanern verachtet. 4. Als Soldat muss die FP hilflos mit anse-hen, wie Unionssoldaten ihr Haus mitsamt der Familie niederbrennen.			251s541	269.
Minderwertigkeits-gefühl **Scham über zu schmale männliche Hüfte**	Die FP ist eine junge Frau, die in einen Stu-denten verliebt ist und erwartet, durch ihn in eine gehobene Stellung zu kommen. Sie wird schwanger und vom Studenten alleine gelas-sen. Sie versucht eine Abtreibung und stirbt dabei.	8J	%	346s170 162s177	270.

Symptome der HP	Opferleben ------------- Täterleben	Dauer Heil- erfolg	S M E	Quelle	Nr.
Mangel an Selbst- vertrauen **Abhängigkeit von der dominierenden Mutter**	Da die FP alleinstehend ist, sehen nordameri- kanische Pilger sie als schlechte Mutter an und nehmen ihr die Kinder mit dem Verspre- chen weg, sie zurück bekommen zu können, wenn sie die Lebensgewohnheiten der Pilger angenommen hat. Die FP passt sich vergeb- lich an und verfällt in Traurig- und Hilflosig- keit.			463s90	271.
Entscheidungs- schwäche **Rebellion gegen ihr Verhalten** **Übermäßig ange- passt sein**	1. Im alten Griechenland verspricht die FP als Sohn der Mutter auf dem Totenbett, Priester zu werden, obwohl er das nicht will. Er verweigert sich der Initiationsprüfung und wird getötet. 2. Die FP wird in der Inquisition als Hexe gefoltert und verbrannt. 3. Die FP betrügt als Mann laufend seine Frau und wird dafür vom Bruder erstochen.		%	129s146	272.

Schreibblockaden

Schreibblockade	Die FP schreibt die Namen der Ketzer für die spanische Inquisition auf. Als ihr Freund be- troffen ist und stirbt, wird sie sich ihres Tuns bewusst und gibt sich die Schuld. Die HP ist so alt wie die FP beim Tod des Freunds.	xWo		212s175	273.
Schreibsperre	Die FP ist als französischer Edelmann in eine Verschwörung eingebunden. Ein Brief, den er geschrieben hat, wird abgefangen und dies führt dazu, dass alle Verschwörer umge- bracht werden. Er hat große Schuldgefühle.		%	120s272	274.

Workaholics

Workaholic	In einem FL wird die FP zu Tode geprügelt, weil sie nicht hart genug arbeitet. Im HL wird die HP vom Vater angetrieben, der die Inkarnation eines früheren Sklaven ist, den der Sklaventreiber gequält hatte. ----------------- Als Sklavenaufseher treibt die FP die Skla- ven bis zur Erschöpfung und prügelt sie zu Tode.	xWo	%	Fall (66), S. 568; 212s153	275.
Workaholic	Als Arzt in Deutschland missbraucht die FP Gefangene zu Experimenten. Das Schuldge- fühl darüber treibt ihn im HL zur Wieder- gutmachung an.			103s153	276.
Workaholic	Die FP kann ihre Familie nicht versorgen, so dass sie verhungert.	?		157s58	277.

Symptome der HP	Opferleben ------------ Täterleben	Dauer Heil- erfolg	S M E	Quelle	Nr.
	Zwänge				
Zwang, nett zu sein **Angst, die Haltung zu verlieren**	Die FP wird als afrikanischer Krieger gefangen genommen und als Sklave nach Amerika gebracht. Sein Herr dort behandelt ihn grausam. Einmal begehrt die FP auf und hätte ihn beinahe getötet. Dafür wurde er zu Tode gepeitscht. „Nicht nett sein" verband die HP mit Todesgefahr.			212s139	278.
Zwang, die Hände zu waschen	Die FP hat die Aufgabe, Seuchentote auf Wagen zu laden und wegzufahren. Der Zwang wurde ausgelöst, als die HP ihren überfahrenen Hund von der Straße holte.			212s152	279.
Zwang, Winterja- cken zu kaufen	Die HP wohnt im warmen Florida und besitzt zahllose warme Winterjacken, die z. T. nie getragen worden sind. Die FP ist ein 6-jähriger, heimatloser, verkrüppelter und geistig zurückgebliebener Straßenjunge in Paris, der hungert und friert. Ein Dieb ersticht ihn, weil er seine abgetragene Weste haben will. Er stirbt frierend.	xJ		212s157	280.
Zwang, Garn zu kaufen	Die HP hortet Unmengen an Wolle und Garn. Die FP ist eine schottische Schafbäuerin, die davon lebt, Pullover zu stricken und zu verkaufen. Als sie alt und alleine ist, wird es schwer, genügend Wolle zu bekommen. Sie bekommt Arthritis, hungert und stirbt einsam.	5J		212s159	281.
Zwang zu außer- ehelicher Affäre trotz guter Ehe	In 2 FL kommt der Geliebte der FP nicht mehr aus dem Krieg zurück. Die FP begeht mit dem Gedanken Selbstmord, nicht ohne den Geliebten leben zu können, der heute wieder der Geliebte ist. Ihre gute Ehe sollte die Loslösung vom Geliebten ermöglichen.	12J		103s159	282.
Zwanghafter Ge- danke „hilf mir"	1. Die FP kommt in Atlantis bei einem Erdbeben um. 2. Die FP wird als Heilerin durch die Straßen gezerrt und verbrannt. 3. Die FP versinkt als Forscher in Südamerika im Treibsand.	3,5J		465s66	283.

Symptome der HP	Opferleben ------------- Täterleben	Dauer Heil- erfolg	S M E	Quelle	Nr.
Zwanghafte Suche nach einem Ver-missten	Als kleines Waisenmädchen kommt die FP im KZ Auschwitz täglich an den Zaun, um nach dem Vater zu schauen, der in einer Schlange steht. Eines Tages bleibt er für immer aus, aber die FP kommt weiter täg-lich, bis sie im Winter krank wird und am Zaun stirbt.			147s91	284.
Zwanghafte Nach-stellungen **Stalking**	1. Als Eingeborener Amerikaner darf die FP ihre Geliebte nicht heiraten, weil der Vater des Mädchens es nicht erlaubt. Er kämpft mit dem Rivalen und verliert bzw. stirbt. Im Sterben schwört er sich, niemals mehr einem anderen Mann durchgehen zu lassen, ihm sein Mädchen wegzunehmen. 2. Der FP wurde die Freundin entführt, ver-gewaltigt und getötet. Die FP fühlt Schuld, weil sie die Frau nicht beschützen konnte.			147s96	285.
Tendenz, andere zu manipulieren **Schlaflosigkeit** **Übergewicht** *Schmucksammler*	Die FP ist ein Gold- und Silberschmied, der Freude daran hat, seinen Lehrling zu ernie-drigen und sexuell zu missbrauchen. Als sich der Lehrling wehrt, kommt es zum Kampf, in dem die FP den Unbotmäßigen ersticht.			**157s112** Kapitel 7.2.3.1.1, S. 406	286.

Verschiedenes (psychisch)

Symptome der HP	Opferleben ------------- Täterleben	Dauer Heil- erfolg	S M E	Quelle	Nr.
Entscheidungsun-fähigkeit	In 6 FL trifft die FP eine ungute Entschei-dung, die jeweils zum Tod führt. Die FP will anderen gefallen, statt auf das eigene Gefühl zu vertrauen.	?	%	251s273	287.
Homosexualität	---------------- Die FP ist die Frau eines Stammesführers, der seine Frau verlässt, um mit einem jungen Burschen zu leben. Die FP verflucht ihren Mann und wird später ermordet. Die HP wurde nach der Rückführung heterosexuell.			346s171 162s193	288.

Symptome der HP	Opferleben ------------- Täterleben	Dauer Heil- erfolg	S M E	Quelle	Nr.
Hyperaktivität	1. Weil die FP als amerikanischer Vater seinen Sohn ermordet hat, ist er zum Tod auf dem elektrischen Stuhl verurteilt. Das Gerät muss zweimal eingeschaltet werden, bis die FP tot ist. 2. Als Junge fasst die FP einen Elektrozaun an und bleibt daran hängen. Mit einem Gehirnschaden muss er hilflos miterleben, wie die Ehe seiner Eltern darüber kaputt geht. Die HP weiß, dass sie von den Eltern ungewollt ist. Sie missversteht die Aussage der Großmutter, angesichts der ungewollten Schwangerschaft „nicht ruhig bleiben zu können".		/	292s129	289.
Vorurteil gegen Schwarze	Die HP ist eine Weiße. Die FP ist Mitglied eines primitiven schwarzafrikanischen Stammes.			479s107	290.
Übersteigertes Verantwortungsgefühl Perfektionsdrang	Als Frau in Palästina leidet die FP unter dem Verlust von Jesus durch die Kreuzigung, für dessen Leiden sie sich mitverantwortlich und mitschuldig fühlt. -------------- Die FP erlebt den Untergang von Lemuria und Atlantis und handelt selbstsüchtig, erkennt aber ihr Verhalten als Fehler.	xJ		251s544	291.

Bemerkungen zu den Fallnummern: (%)

145: Die Nachprüfung bestätigt 20 Aussagen der HP unter Hypnose.

149, 167, 169, 210, 213, 220, 221, 286: Ein erklärendes Trauma im HL ist nicht bekannt.

154: Die Erinnerungen an die Kindheit des HL bewirkten noch keine Heilung.

160: Fall wurde erfolgreich nachgeprüft.

173: Die HP hat ein Geburtsmal an der Stelle auf dem Rücken, an welche die brennenden Teile gefallen waren.

179: Das Verhalten im HL passt zu den Umständen im FL. Kein Vorfall im HL, der die Höhenangst erklären könnte.

182: Bei Königin Victorias goldenem Thronjubiläum stürzten mehrere Zuschauer zu Tode.

201: Der Rückführer Reynolds stellte Nachprüfungen an und fand in London Unterlagen zur FP mit dem richtigen Namen und Geburtsdatum. Das Waisenhaus fand sich mit dem angegebenen Namen im angegebenen Ortsteil von London. Es besteht heute nicht mehr.

222: Die Erlebnisse der HP würden ausreichen, um die Symptome zu erklären. Die Erinnerung daran reicht aber nicht zur Heilung.

230: Fall mit gut gelungener Nachprüfung.

232: Viele Angaben zu den FL konnten als prinzipiell stimmig nachgewiesen werden.

252: Fall mit **Fernwirkung**. Die nicht von der Rückführung betroffene Mutter reagierte nach der Rückführung erstmals positiv.

8.7   Beispiele erfolgreicher Heilungen von Besetzungen

In die folgende Liste sind nur Fälle aus Büchern aufgenommen worden, in denen von einer vollständigen oder fast vollständigen Heilung durch die **Befreiung von Besetzungen** durch die **Geister** von **Verstorbenen** berichtet wird.

In insgesamt 15 Büchern von 13 Autoren wurden 139 Beispiele gefunden. Literatur:

16, S. 18, 91, 413, 424, 426, 429

17, S. 1, 8, 20, 44, 54, 57, 176, 178, 180, 185, 187, 189, 191, 192

73, S. 20, 25, 36, 41, 57, 60, 101, 104, 106, 113, 122

90, S. 235

102, S. 20, 88, 108, 147, 153, 157, 159

141, S. 56 (3x), 60, 61, 62 (2x), 65, 75, 89, 119

208, S. 59, 68, 88, 103

233, S. 110, 129, 150

252, S. 320, 335, 339, 364, 375, 384, 386, 389, 411, 412, 414

276, S. 24, 70, 81, 199, 202 (2x), 203, 221, 262 (4x), 264 (2x), 268, 269, 270, 271, 273, 277, 278

313, S. 28, 51, 58, 130, 134, 151

347, S. 171

377, S. 35, 79

499, S. 53, 54, 56, 120, 129, 130, 139, 141, 142 (2x), 144, 185, 213, 221, 230, 231, 2x233, 239, 271, 288, 312, 320

498, S. 41, 48, 51, 93, 97, 99, 120, 124, 129 (3x), 130, 136, 209, 234, 239

9   Leseempfehlungen

Wenn Sie, lieber Leser, noch mit der Frage „hadern", ob es Reinkarnation überhaupt gibt, sollten Sie nicht gleich zu Büchern über **Rückführungen** greifen, sondern zuerst die Literatur studieren, die sich mit den am meisten überzeugenden Fallberichten beschäftigt, die es gibt. Das sind die Spontanerinnerungen kleiner Kinder an ihre früheren Leben und deren Nachprüfung. Die Originalquellen sind Prof. Ian Stevensons Bücher[312]. Eine Zusammenschau des Wissensstandes darüber finden Sie in Band 1 dieser Buchreihe (*185*).

Über Rückführungen in frühere Leben gibt es viele Bücher, oft allerdings nur in der amerikanischen Version. Ich beschränke mich hier auf eine Auswahl deutschsprachiger Ausgaben aus dem Literaturverzeichnis Kapitel 10, ab S. 895, die nach meinem Geschmack kenntnisreich geschrieben und daher informativ sind. Im Stichwortverzeichnis Kapitel 11, ab S. 933 finden Sie unter „Personen/Autoren (erwähnte)" die Stellen im Buch, an denen über den unten aufgeführten Autor bzw. sein Buch berichtet wird. Die folgende Liste ist alphabetisch geordnet, nicht in wertender Ordnung. In einigen Fällen sind die betreffenden Bücher nur antiquarisch (am besten im Internet[313]) oder in der Bücherei per Fernleihe zu erhalten: Der Einsteiger ins Thema beginnt am besten mit einem der **fett** gedruckten Titel.

Hardo, Trutz (1998a) Wiedergeburt / Die Beweise, *Peter Erd, München, ISBN: 3-8138-0484-4; (erweit. Neuaufl. 2012, ISBN: 978-3-89845-352-3, S. 109), Lit.: 175*

Hardo, Trutz (2002) Das große Karmahandbuch / Wiedergeburt und Heilung, *Silberschnur, Güllesheim, ISBN: 3-89845-014-7, Lit.: 177*

Hardo, Trutz (2004) Das große Handbuch der Sexualität / Was Trancerückführungen offenbaren, *Silberschnur, Güllesheim, ISBN: 3-89845-074-0, Lit.: 178*

Hardo, Trutz (2014) Frei von Ängsten und Phobien / Ursachen aufdecken und auflösen / Rückführung als neuer Weg in der Angsttherapie, *Silberschnur, Güllesheim, ISBN: 978-3-89845-447-6, Lit.: 180*

Lasch, Eli Erich (2004) Sie sind wieder da / Eine andere Sicht unserer Geschichte, *Buchagentur Günter Heiß, Singen, ISBN: 3-9808795-7-7, Lit.: 239*

---

[312] Bibliographische Daten im Internet auf http://www.reinkarnation.de/html/deutsch.html oder hier im Literaturverzeichnis Kapitel 10, ab S. 895.

[313] Z. B. über www.eurobuch.com

Netherton, Morris; Shiffrin, Nancy (1984) Bericht vom Leben vor dem Leben / Reinkarnationstherapie / Ein neuer Weg in die Tiefe der Seele, *Hannemann, Nienburg, ISBN: 3-88716-017-7, Lit.: 292*

Newton, Michael (1997) Die Reisen der Seele / karmische Fallstudien, *Astrodata, Wettswil, Schweiz, ISBN: 3-907029-50-X, Lit.: 294*

Newton, Michael (2001) Die Abenteuer der Seele / Neue Fallstudien zum Leben zwischen den Leben, *Astrodata, Wettswil, Schweiz, ISBN: 3-907029-71-2, Lit.: 295*

Sigdell, Jan Erik (2006) Reinkarnationstherapie / Emotionale Befreiung durch Rückführung, *Heyne, München, ISBN: 3-453-70032-5; Neuauflage in Vorbereitung, Lit.: 373*

Wambach, Helen (1984a) Seelenwanderung, Wiedergeburt durch Hypnose, *Goldmann, München, ISBN: 3-442-11746-1, Lit.: 482*

Wambach, Helen (1984b) Leben vor dem Leben, *Heyne, München, ISBN: 3-453-01214-3, Lit.: 483*

Weiss, Brian L. (2005) Die zahlreichen Leben der Seele / Die Chronik einer Reinkarnationstherapie, *Goldmann Arkana, München, ISBN: 978-3-442-21751-9, Lit.: 490*

Whitton, Joel L.; Fischer, Joe (1989) Das Leben zwischen den Leben / Ein Forschungsbericht aus der Welt jenseits unserer physischen Existenz, *Goldmann, München, ISBN: 3-442-11882-4, Lit.: 497*

Wiesendanger, Harald (2003) Zurück in frühere Leben/ Möglichkeiten der Reinkarnationstherapie, *LEA-Verlag, Schönbrunn, ISBN: 3-930147-14-9, Lit.: 502*

Woolger, Roger J. (1992) Die vielen Leben der Seele. Wiedererinnerung in der therapeutischen Arbeit, *Hugendubel, München, ISBN: 3880345597, Lit.: 545*

10   Literaturverzeichnis (Bände 2a + 2b)

1. Alkastar (2014) Allan Kardec Studien- und Arbeitsgruppe, *Northeim,
    http://www.alkastar.de/seiten/interessantes/mediumistisches-heilen.php oder
    http://www.spiritismus-dsv.de/index.php/spiritistische-gruppen.html oder
    http://www.marinho-goebel.de/medien/Downloads/captacao.pdf*

2. Allen, Miles Edward (2005) Heaven Confirmed / The most convincing evidence yet
    compiled for the survival of our soul; Titel seit 2007: The Survival Files: The Most
    Convincing Evidence Yet Compiled for the Survival of Your Soul, *Momentpoint Press,
    Newburyport, MA, USA, ISBN: 0-9710448-9-9, Fall 19, S. 168*

3. Allen, Miles Edward (2010) Fall 21, The Numbers of the Beast,
    *www.aeces.info/Top40/Cases_8-25/case21_numbers-beast.pdf, aus der Serie
    "Top 40 Cases": http://www.aeces.info/Top40/top40-main.shtml*

4. Allen, Miles Edward (2012a) The Strangers were Lovers, Case 60,
    *http://www.aeces.info/Top40/Cases_51-75/case60_strangers-lovers.pdf oder Allen
    (2012b), S. 251 und Unsolved Mysteries: Psychics, DVD, Disk 3, ASIN: B00068CUOU*

5. Allen, Miles Edward (2012b) The Afterlife Confirmed / Even More Convincing Evi-
    dence From The Survival Files, *Momentpoint Media, ISBN: 978-1- 470-15994-8;
    www.aeces.info/Top40/Cases_51-75/case63_stewart-max.pdf*

6. Allen, Miles Edward (2013) Defending Bridey's Honor / The Reality of Reincarnation,
    Momentpoint Media, ISBN: 978-1-490312101

7. Allen, Miles Edward (2014) Astral Intimacy / Fifty Spirits Speak About Life, Love,
    and Sex After Death, *Momentpoint Media, ISBN: 978-1-503285132 (= (2015) The
    Realities of Heaven: Fifty Spirits Describe Your Future Home)*

8. Allgeier, Kurt (1984) Du hast schon einmal gelebt / Wiedergeburt? Erinnerungen in der
    Hypnose, *Goldmann, München, ISBN: 3-442-11717-8*

9. Allgeier, Kurt (1988) Niemand stirbt für ewig/ Vorstellungen und Wandlungen der
    Reinkarnation: Tod, Metamorphose und Wiedergeburt, *Diana, Zürich, ISBN: 3-
    905424-73-2*

10. Allison, Ralph B.; Schwarz, Ted (1999) Minds in many Pieces / Revealing the Spiritual
    Side of Multiple Personality Disorder, *CIE Publ., Los Osos, CA., ISBN: 0-9668949-0-1*

11. Almeder, R. (1992) Death and Personal Survival. The Evidence for Life After Death,
    Rowman & Littlefield, Boston, ISBN: 0-8226-3016-8

12. Bache, Christopher, M. (1996) Das Buch von der Wiedergeburt / Das Gesetz der ewi-
    gen Wiederkehr - alles über Reinkarnation aus der Sicht der modernen Wissenschaft,
    Scherz, München, ISBN: 3-502-19034-8

13. Backman, Linda (2009) Bring Your Soul to Light / Healing Through Past Lives and the
    Time Between, *Llewellyn Publ., Woodbury, Minnesota, ISBN: 978-0-7387-1321-2*

14. Bahri, Charu (2011) Reinkarnationstherapie – eine alte Heilmethode, *Nexus 36, S. 16 –
    23*

15. Baker, Robert A. (1982) The Effect of Suggestion on Past-Lives regression, *American
    Journal of Clinical Hypnosis, Band 25, Nr. 1, S. 71 - 76*

16. Baldwin, William J. (1993) Spirit Releasement Therapy / A Technique Manual, *Human
    Potential Foundation Press, HPFP, Falls Church, VA, USA, ISBN: 1-88-265800-0*

17. Baldwin, William J. (2003) Healing Lost Souls / Releasing Unwanted Spirits from your
    Energy Body, *Hampton Roads, Charlottsville, VA, ISBN: 1-57174-366-9*

18. Banerjee, H. N.; Oursler, Will (1974) Lives Unlimited / Reincarnation East and West,
    Doubleday, New York, ISBN: 0-385-03912-3

19. Banerjee, H. N. (1979) The Once and Future Life / An Astonishing 25-Year Study on
    Reincarnation, *Dell Publishing, New York, ISBN: 0-440-16554-7*

20. Banerjee, H. N. (1980) Americans Who Have Been Reincarnated, *Macmillan Publish-
    ing, New York, ISBN: 0-02-506740-0*

21. Barnes, William (2000) Thomas Andrews Voyage into History / Titanic Secrets Re-
    vealed Thru the Eyes of her Builder, *Edin Books, Gillette, New Jersey, USA, ISBN: 1-
    887010-12-2*

22. Barnes, William; Baranowski, Frank (2005) My Life and Death / A Past Life Interview
    with Titanic's Designer, *Edin books, USA, ISBN: 1-887010-14-9 (4 Hörbuch-CDs)*

23. Barrington, Mary Rose (2002) The Case of Jenny Cockell: Towards a Verification of an
    Unusual "Past Life Report", *Journal of the Society for Psychical Research, Vol. 66.2,
    No. 867, S. 106-112*

24. Bauer, Dietrich; Hoffmeister, Max; Görg, Hartmut (1991) Gespräche mit Ungeborenen
    - Kinder kündigen sich an, *Urachhaus, Stuttgart, ISBN: 978-3-87838-465-3*

25. Bauer, Eberhard; Schetsche, Michael (2003) Alltägliche Wunder / Erfahrungen mit dem
    Übersinnlichen - wissenschaftliche Befunde, *Ergon, Würzburg, ISBN: 978-3-89913-
    845-0*

26. Baumgart, Günter (2014) Wie gelingt es, die Seele von alten Verletzungen zu befreien?,
    Interview mit Jan Erik Sigdell, *Zeitschrift Bio, Tutzing, Nr. 2, S. 105-107. Auch
    hier: http://www.christliche-reinkarnation.com/PDF/Bio.pdf*

27. Becker, Carl B. (1993) Paranormal Experience and Survival of Death, *State Univ. of New York Press, ISBN: 0-7914-1476-0*

28. Beckwith (2014) *https://en.wikipedia.org/wiki/James_Carroll_Beckwith und http://www.nga.gov/exhibitions/horo_beckwith.shtm; seine Gemälde http://www.kunst-gemalde.com/deutsch/olgemalde-132639.htm und http://www.allpaintings.org/v/Academic+Art/James+Carroll+Beckwith ; Selbstportrait http://www.the-athenaeum.org/people/detail.php?ID=553*

29. Beek, Herbert van der (2009) Remote Regression and Past-Life Therapy For Children up to 9 Years, *The Journal of Regression Therapy, V. 19, S. 59*

30. Bender, Hans (1980) Wege der Forschung / Parapsychologie / Entwicklung, Ergebnisse, Probleme, *Wissenschaftliche Buchgesellschaft, Darmstadt, ISBN: 3-534-00628-3*

31. Bernstein, Morey (1990) Protokoll einer Wiedergeburt / Die spektakuläre Geschichte der Bridey Murphy zeigt: Der Mensch lebt nicht nur einmal / Der Bericht über die wissenschaftlich untersuchte Rückführung in ein früheres Leben, *Scherz, München, ISBN: 3-502-13059-0*

32. Beta, Katharina (2001) Katharsis / Aus dem Wasser geboren / Autobiographie, *Ullstein, München, ISBN: 978-3-548-36281-6 Inteview (18.5.2010) SWR1 „Leute", http://www.swr.de/swr1/bw/programm/leute/beta-katharina-aerztin/-/id=1895042/did=6304864/nid=1895042/1y3uxlu/index.html*

33. Bhuvaneswar, C.; Spiegel, D. (2013) An eye for an I: A 35-year-old woman with fluctuating oculomotor deficits and dissociative identity disorder, *International Journal of Clinical and Experimental Hypnosis, 61, S. 351-370; http://www.hypnose-kikh.de/content.php?m=6&e=4&id=112&utm_medium=email&utm_campaign =Newsletter%2014&utm_content=Newsletter%2014+CID_00d38aec806a15e eeee495dc742bdfc4&utm_source=Emailmarketingsoftware&utm_term=Newsl etter-Archiv*

34. Bick, Claus (1983) Neuro-Hypnose / Skalpell der Seele, *Ullstein, Frankfurt/M, ISBN: 3-548-34150-0*

35. Bild der Wissenschaft (2013) Vorübergehend belebt, *nur im Internet: http://www.wissenschaft.de/erde-weltall/astronomie/-/journal_content/56/12054/2196073/Vor%C3%BCbergehend-belebt/*

36. Bild von James Johnston (2012) *http://www.oneternalpatrol.com/johnston-j-e.htm*

37. Bittner, Andreas (2006) Dying Right - Sterben, aber richtig!, *Engelsdorfer Verlag, Leipzig, ISBN: 978-3867030120*

38. Björkhem, John (1954) Die verborgene Kraft / Parapsychologie als Wissenschaft. Telepathie und Hellsehen. Psychometrie. Wunderheilungen. Hypnose und Verbrechen. Automatische Schrift. Telekinese und Materialisation. Erklärungsversuche, *Walter, Freiburg, ISBN: keine*

39. Blythe, Henry (1957) The Three Lives of Naomi Henry / An Investigation into Reincarnation, *The Citadel Press, New York, ISBN: keine; Library of Congress Card No. 57-9013*

40. Bongartz, W.; Flammer, E.; Schwonke, R. (2002) Die Effektivität der Hypnose / Eine meta-analytische Studie, *Psychotherapeut Nr. 2, S. 67 - 76*

41. Bongartz, Walter u. Bärbel (2014) Arbeitsweise der Hypnotherapie, *http://www.hypnose-kikh.de/content.php?m=2&e=1&id=15*

42. Bongartz, Walter u. Bärbel (2014a) Indikation, *http://www.hypnose-kikh.de/content.php?m=2&e=2&id=16*

43. Booth, Richard (2007). Past life narratives as healing stories in psychotherapy. In S. Krippner, M. Bova, L. Gray, & A. Kay (Eds.), Healing tales: The narrative arts in spiritual traditions, Puente Publ., Charlottesville, VA:, S. 33-51

44. Bowman, Carol (1998) Ich war einmal... / Kinder erinnern sich an frühere Leben und wie Eltern damit umgehen können, *Heyne Millennium, München, ISBN: 3-453-13857-0*

45. Bowman, Carol (2003) Return from Heaven / Beloved Relatives Reincarnated within Your Family, *Harper Torch, New York, ISBN: 0-06-103044-9, (Erstausgabe 2001), www.childpastlives.org*

46. Brandon, Joan; Tilton, George (2011) The Art of Hypnotism, *Literary Licensing, Llc; Fawcett, Greenwich, Connecticut, ISBN: 1258043637; Nachdruck von (1956) Successful Hypnotism, Stravon Publishers*

47. Braude, Stephen E. (1990) Review of D.S. Rogo, The Infinite Boundary, *Journal of the American Society for Psychical Research 84, S. 160-168*

48. Braude, Stephen E. (1992) Survival or Super-PSI, *Journal of Scientific Exploration, Vol. 6, No. 2, S. 127-144*

49. Braude, Stephen E. (2003) Immortal Remains / The Evidence for Life after Death, *Rowman & Littlefield, ISBN: 0-7425-1472-2*

50. Brown, Rick (1990) The Reincarnation of James / The Submarine Man, *Transcriptions Ultimate, Glendora, CA, USA, ISBN: 1-57100-145-X*

51. Brown, Rick (1991) The Reincarnation of James, the Submarine Man, *The Journal of Regression Therapy, Vol. (1), No. 1, Dec. 1991, S. 62-71 im Internet nur noch im Cache zu finden unter: http://webcache.googleusercontent.com/search?q=cache:-*

NLY3vhExS0J:www.ial.goldthread.com/james.html+%22reincarnation+of+james%22
&hl=en&gl=us&prmd=ivns&filter=0

52. Browne, Sylvia (2004) Von Geistern, Spuk, Gespenstern und dem Wiedersehen im Jenseits, *Goldmann, Arkana, München, ISBN: 978-3-442-21701-4*

53. Browne, Sylvia (2006) Past Lives, Future Healing / A Psychic Reveals How You Can Heal the Present Through Exploring Your Past Lives, *Piatkus, London, ISBN: 0-7499-2655-4*

54. Brownell, George B. (1981, 2. Ausg. 1949) Reincarnation, *Sun Publishing Comp., Santa Fe, N.M., USA, ISBN: keine*

55. Bucolo-Trappen (2013) Heilung durch frühere Leben / Frühere Leben als Ursache für heutiges Leid, *neobooks.com, ASIN: B00DNXF0H4*

56. Büchner, Doreen (2010) Wer tötete Rosie Miller?, *Books on Demand, Norderstedt, ISBN: 978-3-8391-4538-8*

57. Büchner, Doreen (2011) Das Volk vom Rhein / Rückführungen in frühere Leben / Fallbeispiele aus der Praxis 2, *Books on Demand, Norderstedt, ISBN: 978-3-842371-41-5*

58. Büchner, Doreen (2012) Die Hexe von Heimbach / Rückführungen in frühere Leben / Fallbeispiele aus der Praxis, Band III, *Books on Demand, Norderstedt, ISBN: 978-3-8423-7628-1*

59. Büchner, Doreen (2014) Schülerliste, *http://www.doreen-buechner.de/Liste-gepr-Rueckfuehrungsbegleiter-Doreen-Buechner.html*

60. Campbell Bread, Rosa (1931) Soul of Nyria / The Memora of a Past Life in Ancient Rome, *Rider & Co., London, ISBN: keine*

61. Cannon, Alexander (1953) The Power Within / The Re-Examination of Psychological and Philosophical Concepts in the Light of Recent Investigations and Discoveries, *E.P. Dutton & Co., USA*

62. Cannon, Alexander (1935) Powers that be, *E.P. Dutton & Co., USA*

63. Cannon, Dolores (1993) A Soul Remembers Hiroshima, *Ozark Mountain Publ., Huntsville, AR, ISBN: 0-9632776-6-9*

64. Cannon, Dolores (2001) Between Death & Life: / Conversations with a Spirit, *Ozark Mountain Publ., Huntsville, AR, ISBN: 0-9632776-5-0*

65. Cannon, Dolores (2012) Five Lives Remembered, *Ozark Mountain Publ., Huntsville, AR, ISBN: 978-1-886940-64-2*

66. Carman, Elizabeth M. and Neil J. (1999) Cosmic Cradle / Souls waiting in the Wings for Birth, *Sunstar Publ. Ltd., Fairfield, Iowa, USA, ISBN: 1-887472-71-1*

67. Carpenter, Sue (1995) Past Lives / True Stories of Reincarnation, *Virgin Books, London, ISBN: 0-86369-906-5*

68. Cecil (1985) Is it possible to recall past lives through hypnosis? *http://www.straightdope.com/columns/read/522/is-it-possible-to-recall-past-lives-through-hypnosis*

69. Cerminara, Gina (1963) Erregende Zeugnisse von Karma und Wiedergeburt, *Hermann Bauer, Freiburg, ISBN: 3-426-04111-1 (Original: 1950 Many Mansions)*

70. Cerminara, Gina (1967) Die Welt der Seele / Der Sinn des Lebens - Karma und Wiedergeburt, *Hermann Bauer, Freiburg, ISBN: keine*

71. Challmes, Joseph, J. (1974) The Countless Lives of Kalvin Widener / During Hypnotic Sessions this Baltimore Car Salesman Possesses an Uncanny Knowledge of the Distant Past, *Fate Magazin, Vol. 27, No. 4, S. 50-55*

72. Chamberlain, David (1990) Woran Babys sich erinnern / Die Anfänge unseres Bewußtseins im Mutterleib, *Kösel, ISBN: 3-466-34310-0*

73. Chaplin, Annabel (1977) The Bright Light of Death, *DeVorss, California, ISBN: 0-87516-230-4*

74. Chari, C. T. K. (1962) "Buried Memories" in Survival Research, *International Journal of Parapsychology, Vol. 4, S. 40-65*

75. Cheek, David B. (1992) Are Telepathy, Clairvoyance and „Hearing" Possible in Utero? Suggestive Evidence as Revealed During Hypnotic Age-Regression Studies of Prenatal Memory, *Pre- and Perinatal Psychology Journal, 7(2), S. 125 - 137*

76. Christliche Gemeinde Büsdorf, (2013) *http://www.gott-und-christus.de/stimmen_hilfe.html http://www.gott-und-christus.de/karte.html*

77. Christopher, Eric J. (2000) Exploring the Effectiveness of Past-Life Therapy, *The Graduate College University of Wisconsin -- Stout, http://www2.uwstout.edu/content/lib/thesis/2000/2000christophere.pdf*

78. Chua, Casey (2009) Can A Past-Life Character Speak In a Foreign Language A Weight Loss Case: A Past-Life Regression Case of "MeiLing" Who Spoke in Mandarin, *The Journal of Regression Therapy, V. 19, S. 37*

79. Cladder, Johannes M. (1986) Past-Life Therapy with Difficult Phobics, *The Journal of Regression Therapy, Vol. I No. 2, S. 28 - 34*

80. Clark, Rabia Lynn (1995) Past Life Therapy / The State of the Art, *Rising Star Press, Austin, TX, ISBN: 0-9646141-0-3*

81. Cockell, Jenny (1994) Unsterbliche Erinnerung / Seit sie denken kann, ist Jenny davon überzeugt, dass sie schon einmal gelebt hat – als Mary, eine junge Irin, die 20 Jahre vor Jennys Geburt starb und mehrere Söhne und Töchter hinterließ. Die Sorge um diese Kinder lässt Jenny nicht mehr los, und so begibt sie sich auf die Suche nach ihnen ..., *Bastei-Lübbe, Bergisch Gladbach, ISBN: 3-404-61306-6*

82. Cockell, Jenny (2008) Journeys Through Time / Uncovering my Past Lives, *Piatkus, London, ISBN: 978-0-7499-0969-7*

83. Cornell, Tony (2002) Investigating the Paranormal, *Helix Press, New York, ISBN: 0-912328-98-3*

84. Costa, Joseph (2005) Bad Stomach or Karmic Pains? *The Journal of Regression Therapy, V. 16, S. 25 - 28*

85. Coudris, Mirabelle und René (1995) Gespräche mit dem Ungeborenen / Der spirituelle Wegweiser für eine bewußte Schwangerschaft, *Heyne, ISBN: 3-453-08743-7*

86. Crabtree, Adam (1985) Multiple Man: Explorations in Possession and Multiple Personality, *Collins Publ., Toronto, ISBN: 0-00-217225-9*

87. Crabtree, Adam (1988) Animal Magnetism, Early Hypnotism, and Psychical Research, 1766 – 1925: An Annotated Bibliography, *White Plains, NY: Kraus International Publications, http://esalenctr.org/display/animag.cfm*

88. Crabtree, Adam (2012) Hypnosis Reconsidered, Resituated, and Redefined, *Journal of Scientific Exploration, Vol. 26, No. 2, S. 297–327*

89. Cranston, Sylvia; Williams, Carey (1984) Reincarnation / A New Horizon in Science, Religion, and Society, *Julian Press, New York, ISBN: 0-517-55496-8*

90. Crapanzano, Vincent; Garrison, Vivian (1977) Case Studies in Spirit Possession, *John Wiley & Sons, New York, London, ISBN: 0-471-18460-8*

91. Cunningham, Janet (1994) A Tribe Returned, *Deep Forest Press, Crest Park, CA, ISBN: 1-882530-09-8*

92. Cunningham, Janet (1998) Ancient Egyptian Mythology: A Model for Consciousness, *The Journal of Regression Therapy, Volume XII, Number 1, December, S. 48 - 55*

93. Cunningham, Paul (2009) An Experimental Investigation of Past-Life Experiences, *Rivier Univ., Nashua, USA; www.rivier.edu/faculty/pcunningham/Research/Web%20Page%20Past-Life%20Experiences%204-29-11.pdf*

94. Currie, Ian (1985) Niemand stirbt für alle Zeit / Bericht aus dem Reich jenseits des Todes, *Goldmann, München, ISBN: 3-442-11729-1*

95. Cutomo, Carola (1989) Medialität Besessenheit Wahnsinn, *Flensburger Hefte, Flensburg, ISBN: 3-926841-19-2*

96. Delanne, Gabriel (1927) Documents pour servir à l'étude de la réincarnation, *Editions Jean Meyer, Paris ; http://spirite.free.fr/ouvrages/reincardelanne/reincar.htm*

97. Demarmels, Ursula (2007) Wer war ich im Vorleben / Die positive Wirkung spiritueller Rückführungen, *Südwest-Verlag; Random House, München, ISBN: 978-3-517-08299-8*

98. Demarmels, Ursula (2009) SWR-Doku über die heilige Elisabeth,
    Teil 1: https://www.youtube.com/watch?v=XYCgFrb4RZE,
    Teil 2: https://www.youtube.com/watch?v=Cri88p7KPlc,
    Teil 3: https://www.youtube.com/watch?v=0WNG7hsBoP4
    CD für private Zwecke anforderbar unter sendemitschnitt@swr.de

99. Denis, Leon (1953) Le Problème de l'Etre et de la Destinèe / Les Témoignages, Les Faits - Les Lois, *Èdition Jean Meyer (B. P. S.), Paris*

100. Denning, Hazel (1987) Restoration of Health Through Hypnosis, *The Journal of Regression Therapy, Vol. II No. 1, S. 68*

101. Denning, Hazel (1988) Rescripting: An Opinion, *The Journal of Regression Therapy, Vol. III, No. 1 Spring, S. 58 - 62*

102. Denning, Hazel (1996) True Hauntings / Spirits With a Purpose, *Llewellyn Publ., St. Paul, Minnesota, ISBN: 1-56718-218-6*

103. Denning, Hazel (1998) Life without Guilt / Healing Through Past Life Regression, *Llewellyn Publ., St. Paul, Minnesota, ISBN: 1-56718-219-4*

104. Denning, Hazel (2012) Interview, *http://www.pastlifetimes.net/psychic_phone_ readings_psychic_research_hazel_denning.htm*

105. Dethlefsen, Thorwald (1984) Das Leben nach dem Leben / Gespräche mit Wiedergeborenen, *Goldmann, München, ISBN: 3-442-11748-8*

106. Dethlefsen, Thorwald (1984a) Das Erlebnis der Wiedergeburt / Heilung durch Reinkarnation, *Goldmann, München, ISBN: 3-442-11749-6*

107. Dethlefsen, Thorwald (1985) Schicksal als Chance, *Goldmann, München, ISBN: 3-442-11723-2*

108. Dickinson, G. Lowes (1911) A Case of Emergence of a Latent Memory under Hypnosis, *Proceedings of the Society for Psychical Research, Nr. 25, S. 455 - 467*

109. Dokumentationen und Mannschaftslisten (2012)
    http://www.navsource.org/archives/08/SS-174_Shark.pdf oder
    http://www.history.navy.mil/library/online/sublosses/sublosses_shark1.htm oder
    http://www.pigboats.com/subs/174.html

110. Donahue, James (2012) The Wreck Of The Brig Annie Jane,
http://www.isleofbarra.com/for-visitors/vatersay/the-annie-jane.html

111. Donner, Susanne (2014) Seelische Leiden: verblüffend verwandt, *Bild der Wissenschaft, Nr. 10, S. 64 - 67*

112. Doore, Gary (1994) Gibt es ein Leben nach dem Tod? / Neue Antworten auf alte Fragen von Stanislav Grof, Stanley Krippner, Sogyal Rinpoche, Rupert Sheldrake, Ken Wilber u.a., *Kösel-Verlag, München, ISBN: 3-466-34303-8*

113. Doubrawa, Erhard; Blankertz, Stefan (2013) Einladung zur Gestalttherapie / Eine Einführung mit Beispielen, *Peter Hammer, ISBN: 978-3-7795-0303-3*

114. Drösser, Christoph (2009) Männliche Kriegsfolgen / Stimmt es, dass nach einem Krieg mehr Jungen als Mädchen geboren werden?, *Zeit-Online, http://www.zeit.de/2009/05/Stimmts*

115. Dubuc, Pierre (1996) Learning Through Happy Past Lives, *The Journal of Regression Therapy, Vol. X No. 1, S. 35*

116. Ducasse, C. J. (1960) How the Case of The Search for Bridey Murphy Stands Today, *Journal of the American Society for Psychical Research, Vol. 54, No. 1, S. 3 - 22*

117. Ducasse, C. J. (1961) A Critical Examination of the Belief in a Life After Death, *Charles C. Thomas Publ., Springfield, Ill. USA, ISBN: 1425301223*

118. Dywan, Jane; Bowers, Kenneth (1983) The Use of Hypnosis to Enhance Recall, *Science, Vol. 222, S. 184-185*

119. EARTh (2012) European Association for Regression Therapy Associated Regression Therapists World-wide, *http://www.earth-association.org/worldwide-associated-therapists-list.html#germany*

120. Ebertin, Baldur R. (1989) Reinkarnation und neues Bewusstsein, *Bauer, Freiburg, ISBN: 3-7626-0331-6*

121. Eberwein, Werner (1996) Abenteuer Hynose / Heilung durch Trance, *Kösel, München, ISBN: 3-466-34359-3*

122. Ebon, Martin (1973) Reincarnation in the Twentieth Century, *A Signet Book, New American Library of Canada, Scarborough, Ontario, ISBN: keine*

123. Eder, Carol (1994) I Died on the Titanic: Fact or Fiction?, *The Journal of Regression Therapy, Vol. VIII No. 1, S. 100*

124. Edwards, Paul (2002) Reincarnation / A Critical Examination, *Prometheus Books, Amherst, New York, ISBN: 1-57392-921-2*

125. Eisenbeiss, Wolfgang; Hassler, Dieter (2006) An Assessment of Ostensible Communi-
cations with a Deceased Grandmaster as Evidence for Survival, *JSPR, Vol. 70.2, No.
883 April 2006, S. 65 - 97*

126. Eisenbeiss, Wolfgang (2009) Geistlehre aus dem Jenseits / Warum so viele Christen
ihre Kirche verlassen, *August von Goethe Literaturverlag, Frankfurt/M, ISBN: 978-3-
8372-0450-6*

127. Ellen, Arthur; Jennings, Dean (1973) Ich hypnotisierte Tausende / Aus dem Tagebuch
eines Hypnotiseurs, *Ramon F. Keller, Genf, ISBN: 3-7205-1093-x*

128. Ellenberger, Henri F. (2005) Die Entdeckung des Unbewussten / Geschichte und Entwicklung der dynamischen Psychiatrie von den Anfängen bis zu Janet, Freud, Adler
und Jung, *Diogenes, Zürich, ISBN: 978-3-257-06503-9*

129. Fassbender, Ursula (1988) Reinkarnation / Berichte aus einem früheren Leben / Fallbeispiele, Erfahrungen, Perspektiven, *Heyne, München, ISBN: 3-453-02594-6*

130. Fenwick, Peter; Fenwick, Elizabeth (1999) Past Lives / An Investigation into Reincarnation Memories, *Headline Book Publ., London, ISBN: 0-7472-5548-2*

131. Fenwick, Peter, Fenwick Elizabeth (2008) The Art of Dying / A Journey to Elsewhere,
Continuum, London, ISBN: 978-08264-9923-3, S. 160 - 163

132. Fernsehsendung VOX (2005) Wer war ich? Reise in ein früheres Leben, Rückführung
durch Doreen Büchner, *Deutsche Erstausstrahlung: 04.06.2004 VOX, Teil I, 22.11.05,
VOX, 22:15, Teil II, 29.11.05, VOX, 22:15, Teil III, 06.12.05, VOX, 22:15, Teil IV,
13.12.05, VOX, 22:15, Teil V, 20.12.05, VOX, 22:15, Teil VI, 27.12.05, VOX, 22:15,
Wiederholt 2006*

133. Fernsehsendung Pro7 (2007) Galileo Mystery / Wiedergeburt, Wahn oder Wirklichkeit?, *http://www.myvideo.de/watch/744048/GalileoSpezial_1_8_ Wiedergeburt_
Wahn_oder_Wirklichkeit*

134. Fersehsendung ATV+ (2005) Wer warst Du? Zeitreisen in ein früheres Leben, Rückführer Rud Grandt, Ursula Demarmels

135. Findeisen, Barbara (1988) Rescripting in Prenatal, and Early Childhood Regression
Work, *The Journal of Regression Therapy, Vol. III, No. 1 Spring,
S. 41 - 47*

136. Finkelstein, Adrian (1985) Your Past Lives and the Healing Process / A Psychiatrists
Look at Reincarnation and Spirit Healing, *Coleman Publ., Farmingdale, N.Y., ISBN: 0-
87418-001-5*

137. Finkelstein, Adrian (2006) Marilyn Monroe Returns / The Healing of a Soul / The Incredible Story of the Reincarnation of Mailyn Monroe, *Hampton Roads, Charlottesville, VA, USA, ISBN: 978-1-57174-555-2*

138. Fischinger, Lars A. (2003) Der Blick ins Jenseits / Was wir über das Leben nach dem Tod wissen, *Hugendubel, München, ISBN: 3-7205-2478-7*

139. Fisher, Joe (1990) Die ewige Wiederkehr / Vom Sinn der Reinkarnation - Mit einem Vorwort des Dalai Lama, *Goldmann, München, ISBN: 3-442-12062-4*

140. Fiore, Edith (1979) You have been Here Before / A Psychologist Looks at Past Lives, *Ballantine, New York, ISBN: 0-345-33822-7*

141. Fiore, Edith (1997) Besessenheit und Heilung / Die Befreiung der Seele, *Silberschnur, Güllesheim, ISBN: 3-931-652-08-4*

142. Flournoy, Theodor (1914) Die Seherin von Genf / mit Geleitwort von Max Dessoir, Experimentaluntersuchungen zur Religions- und Sprachpsychologie, Herausg. G. Vorbrodt, *Heft 2, Felix Meiner, Leipzig, ISBN: keine* (Amerikanische Ausgabe: (1994) From India to the Planet Mars / A Case of Multiple Personality with Imaginary Languages, *Princeton Univ. Press, Princeton, New Jersey, ISBN: 0-691-00101-4)*

143. Fontana, David (1999) Evidence Inconsistent with the Super ESP-Hypothesis, *Journal of the Society for Psychical Research, Vol. 63, No.: 855, April 1999, S. 175-177*

144. Fontana, David (2005) Is there an Afterlife? / A Comprehensive Overview of the Evidence, *O-Books, Ropley, Hants, UK, ISBN: 1-903816-90-4*

145. Freedman, Thelma B. (1995) Past-Life Therapy for Phobias: Patterns and Outcome, The Journal of Regression Therapy, Vol. IX No. 1, S. 23

146. Freedman, Thelma B. (1997) Past-Life and Interlife Reports of Phobic People: Patterns and Outcome, The Journal of Regression Therapy, Vol. XI No. 1, S. 106

147. Freedman, Thelma B. (2002) Soul Echoes / The Healing Power of Past-Life Therapy, *Citadel Press Books, Kensington Publ., New York, ISBN: 0-8065-2209-7*

148. French, Christopher C. (2003). Fantastic Memories: The Relevance of Research into Eyewitness Testimony and False Memories for Reports of Anomalous Experiences. Journal of Consciousness Studies, Vol. 10, No. 6-7, S.153-174

149. Friedman Rivera, Heather S. (2012) Measuring the Therapeutic Effects of Past-Life Regression, *The Journal of Regression Therapy, V. 21, S. 17*

150. Friedman Rivera, Heather S. (2012a) Healing the Present from the Past / The Personal Journey of a Past Life Researcher, *Balboa Press, Bloomington, IN, ISBN: 978-1-4525-*

6446-3;

http://www.plrinstitute.org/wp-content/uploads/2013/01/HTP-slides.pdf

151. Fuckert, Dorothea (2013) Seelenreise in das Leben zwischen den Leben / Wie himmli-
sche Erinnerungen heilen können, *Goldmann Verlag, München, ISBN: 978-3-442-
22008-3*

152. Gater, Dilys (1997) Past Lives / Case Histories of Previous Existence, *Robert Hale,
London, ISBN: 0-7090-5947-7*

153. Gauld, Alan; Cornell, A.D. (1979) Poltergeists, *Routledge & Kegan Paul, London,
ISBN: 0-7100-0185-1*

154. Gauld, Alan (1995) A History of Hypnotism, *Cambridge Univ. Press, Cambridge,
ISBN: 0-521-48329-8*

155. Glaskin, Gerald (1987) Windows of the Mind: Consciousness Beyond the Body: The
Christos Experience, *Prism Press, Stadt, ISBN: 907061818*

156. Godoy, Herminia Prado; Carmalho, N. S.; Maeda, Lucia T. (2000/2001)
Results Achieved with Two Groups of Subjects Who Underwent Treatment by Regression Therapy, 1998, *The Journal of Regression Therapy, Bd. 14, S. 35 - 52*

157. Goldberg, Bruce (1988) Past Lives Future Lives / The hypnotherapist who taught hun-
dreds to transcend time and revolutionize their lives now shares his most astonishing
case histories, *Random House, Ballantine, New York, ISBN: 0-87877-059-3*

158. Goldberg, Bruce (1997) The Search for Grace / The best documented Case of Reincarnation, *Llewellyn, St. Paul, Minnesota, ISBN: 1-56718-318-2*

159. Goldberg, Bruce (2012) *http://www.drbrucegoldberg.com/*

160. Goldberg, Bruce (2015) *http://www.drbrucegoldberg.com/Reincarnation.htm*

161. Gosztonyi, Alexander (2009) Grundlagen und Praxis der Rückführungstherapie / Das
Schicksal des Menschen aus Sicht der Reinkarnationslehre, *Windpferd, Oberstdorf,
ISBN: 978-3-89385-595-7*

162. Grant, Joan; Kelsey, Denys (1975) Wiedergeburt und Heilung, *Ingse, Zug, Schweiz,
Edition Sven Erik Bergh, ISBN: 3880650330 (engl. Many Lifetimes, 1967)*

163. Gravitz, Melvin A. (2002) The Search for Bridey Murphy: Implications for Modern
Hypnosis, *American Journal of Clinical Hypnosis, 45:1, S. 3 - 10*

164. Gresch, Hans Ulrich (2010) Hypnose Bewusstseinskontrolle Manipulation: Bewusstseinskontrolle durch Persönlichkeitsspaltung, *Elitär Verlag, ISBN: 978-9988127527,
http://www.buergerstimmen.de/wissenschaft/
science_183.htm#endn0906081631431top*

165. Griffin, David Ray (1997) Parapsychology, Philosophy, and Spirituality / A Postmodern Exploration, *State Univ. of New York Press, ISBN: 0-7914-3316-1*

166. Grof, Stanislav (1987) Das Abenteuer der Selbstentdeckung / Heilung durch veränderte Bewusstseinszustände, *Kösel, München, ISBN: 3-466-34172-8*

167. Grof, Stanislav (1998) Geburt, Tod und Transzendenz / Neue Dimensionen in der Psychologie, *Rowohlt Taschenbuch Verlag, Hamburg, ISBN: 3-499-18764-7*

168. Grof, Stanislav (2008) Impossible / Wenn Unglaubliches passiert / Das Abenteuer außergewöhnlicher Bewusstseinserfahrung, *Kösel, München, ISBN: 978-3-466-34516-8*

169. Gucciardi, Isa (1997) What is the Nature of Parallel Lives?, *The Journal of Regression Therapy, Vol. XI No. 1, S. 92 - 95*

170. Günter, Jan-Henrik (2007) Die Seele heilen mit Reinkarnationstherapie, *Kailash, Random House, München, ISBN: 978-3-7205-6014-6*

171. Gyngazov, Pavel (2005) Regression Therapy Data and the Notion of Karma, *The Journal of Regression Therapy, V. 16, S. 36 - 40*

172. Hallett, Elisabeth (2002) Stories of the Unborn Soul / The Mystery and Delight of Pre-Birth-Communication, *Writers Club Press, Lincoln NE, New York, ISBN: 0-595-22361-3*

173. Hardo, Trutz (1997) Entdecke Deine früheren Leben, *Peter Erd, München, ISBN: 3-8138-0436-4*

174. Hardo, Trutz (1998) Das große Handbuch der Reinkarnation / Heilung durch Rückführung, *Peter Erd, München, ISBN: 3-8138-0477-1*

175. Hardo, Trutz (1998a) Wiedergeburt / Die Beweise, *Peter Erd, München, ISBN: 3-8138-0484-4; (erweit. Neuaufl. 2012, ISBN: 978-3-89845-352-3, S. 109)*

176. Hardo, Trutz (2000) Reinkarnation aktuell / Kinder beweisen ihre Wiedergeburt, *Silberschnur, Güllesheim, ISBN: 3-931652-59-9 (neuer Titel 2014: Ich hab schon mal gelebt!, ISBN 978-3-89845-430-8)*

177. Hardo, Trutz (2002) Das große Karmahandbuch / Wiedergeburt und Heilung, *Silberschnur, Güllesheim, ISBN: 3-89845-014-7*

178. Hardo, Trutz (2004) Das große Handbuch der Sexualität / Was Trancerückführungen offenbaren, *Silberschnur, Güllesheim, ISBN: 3-89845-074-0*

179. Hardo, Trutz (2012) Kurzfassung: Trutz Hardo über seine Praxis der Reinkarnationstherapie, *http://www.naturheilpraxis-am-wald.de/erfahrungsberichte/trutz-hardo-reinkarnation-erfahrungsbericht.html*

180. Hardo, Trutz (2014) Frei von Ängsten und Phobien / Ursachen aufdecken und auflösen / Rückführung als neuer Weg in der Angsttherapie, *Silberschnur, Güllesheim, ISBN: 978-3-89845-447-6*

181. Hardo, Trutz (2014a) Liste von diplomierten Rückführungsleitern *http://www.trutzhardo.de/liste_R%FCckf%FChrungsleiter.htm*

182. Hardo, Trutz (2014b) Liste der ausgebildeten Clearingleiter, *http://www.trutzhardo.de/liste%20_clearingsleiter.htm*

183. Harris, Melvin (1986) Are "Past-Life" Regressions Evidence of Reincarnation?, *Free Inquiry, S. 18 - 23*

184. Harris, Melvin (2003) Investigating the Unexplained / Psychic Detectives, The Amityville Horror-Mongers, Jack the Ripper, Other Mysteries of the Paranormal, *Prometheus Book, New York, ISBN: 1-59102-108-1*

185. Hassler, Dieter (2011) ... früher, da war ich mal groß. Und ... Indizienbeweise für ein Leben nach dem Tod und die Wiedergeburt, Band 1: Spontanerinnerungen kleiner Kinder an ihr "früheres Leben", *Shaker Media, Aachen, ISBN: 978-3-86858-646-6*

186. Hassler, Dieter (2013) A New European Case of the Reincarnation Type, *Journal of the Society for Psychical Research (JSPR), Vol. 77.1, No. 910, S. 19 - 31*

187. Hassler, Dieter (2014) Kind erinnert sich, sein eigener Opa gewesen zu sein, *http://www.reinkarnation.de/html/reinkarnationsforschung_kinder2.html#Herbert*

188. Hassler, Dieter (2014a) Der Unfall-Junge kommt zurück, *http://www.reinkarnation.de/html/reinkarnationsforschung_kinder2.html#MarioLinks*

189. Hassler, Dieter (2014b) Ein neuer europäischer Fall vom Reinkarnationstyp, *Zeitschrift für Anomalistik, Bd. 14, Nr. 1, S. 25 - 44*

190. Hassler, Dieter (2015) Spukforscher spielen mit verstorbenem Jungen?, *http://www.reinkarnation.de/html/spuk.html#SpukSteinewerfenWerkstatt*

191. Hassler, Dieter (2015a) Spuk in einem Geschenkladen, *http://www.reinkarnation.de/html/spuk.html#SpukGeschenkladen*

192. Hassler, Dieter (2015b) Spuk, *http://www.reinkarnation.de/html/spuk.html*

193. Heald, Martin (1997) Destiny / The True Story of One Man's Journey Through Life, Death and Rebirth, *Element Books, Shaftsbury, Dorset, ISBN: 1-86204-129-6*

194. Heinrich, Birgit (2014) In Trance / Wie sich Hypnose anfühlt - Ein Selbstversuch, *Erlanger Nachrichten, 3. - 5. Oktober, Magazin am Wochenende*

195. Hickman, Irene (1994) Remote Depossession, *Hickman Systems, Kirksville, MO, USA, ISBN: 0-915689-08-1 oder 0-915687-08-1*

196. Hickman, Irene (2009) Mind Probe Hypnosis / The Finest Tool to Explore the Human Mind, *Sterling, New Delhi, ISBN: 978-81-207-2076-3*

197. Hilgard, Ernest R. (1977) Divided Consciousness: Multiple Controls in Human Thought and Action, *Wiley-Interscience Publ., New York, London, Sydney, Toronto, ISBN: 0-471-39602-8*

198. Hinze, Sarah (1997) Coming from the Light / Spiritual Accounts of Life Before Life, *Pocket Books, New York, London, ISBN: 0-671-00159-0*

199. Hoffmann, Alfred (1993) Past-Life Induced Anorexia: A Case Study, *The Journal of Regression Therapy, Vol. VII No. 1, S. 110 - 112 (Magersucht geheilt)*

200. Holzer, Hans (1963) Gespensterjäger, *Hermann Bauer KG, Freiburg, ISBN: ohne*

201. Holzer, Hans (1970) Born Again / The Truth about Reincarnation, *Doubleday, New York, ISBN: ohne; Library of Congress No.: 71-119920*

202. Holzer, Hans (1994) Life Beyond / Compelling Evidence for Past Lives and Existence After Death, *Contemporary, Lincolnwood (Chicago), Ill., USA, ISBN: 0-8092-3577-3*

203. Howard, E. Lee (1935) My Adventure into Spiritualism, *MacMillan, New York, ISBN: keine*

204. Huffman, Robert W.; Specht, Irene (1988) Many Wonderful Things, *DeVorss, Marina del Rey, California, ISBN: 0-87516-027-1 (Copyright von 1957)*

205. Hulme, A. J. Howard; Wood, Frederic H. (1937) Ancient Egypt Speaks / A Miracle of "Tongues", *Rider, London, ISBN: keine*

206. IARRT 2012 International Association for Regression Research and Therapies http://www.iarrt.org/index.html

207. IBRT (2014) International Board for Regression Therapy, *http://ibrt.org/*

208. Ireland-Frey, Louise (1999) Freeing the Captives / The Emerging of Treating Spirit Attachment, *Hampton Roads, Charlottesville, VA, ISBN: 1-57174-136-4*

209. Iseman, Esther M.; Spitzer, Roger E. (2000) Evidence for The Thesis That Souls Repeatedly Incarnate And That Individuals Have Composite Souls From Multiple Past-Lives, *The Journal of Regression Therapy, V. 14, S. 26 - 33*

210. Iverson, Jeffrey (1977) Leben wir öfter als einmal / Die Tonbandprotokolle des Hypnosetherapeuten Arnall Bloxham, *Hirthammer, München, ISBN: 3-921288-48-7*

211. Jacobson, Nils-Olof (1973) Leben nach dem Tod / Über Parapsychologie und Mystik, *Econ, Düsseldorf, ISBN: 3-430-15004-3*

212. Jameison, Bryan (2002) The Search for Past Lives / Exploring Reincarnation's Mysteries & the Amazing Healing Power of Past-Life Therapy, *Driftwood Publ., San Diego, CA, ISBN: 0-9609478-5-X*

213. James, Robert T. (1993) Regressed Past Lives and Survival After Physical Death: Unique Experiences?, *The Journal of Regression Therapy, Vol. VII No. 1, S. 40 - 58*

214. James, Robert T. (1995) Verifiable Past Lives: Readily Available?, *The Journal of Regression Therapy, Vol. IX No. 1, S. 9*

215. James, Robert T. (1996) "Anything Else But" Past Lives, *The Journal of Regression Therapy, Vol. X, No. 1, S. 49 - 57*

216. James, Robert T. (2004) Passport to Past Lives / The Evidence, *iUniverse, New York, Lincoln, NE, USA, ISBN: 0-595-31022-2, (www.hypnoti.st)*

217. Janov, Arthur (1973) Der Urschrei / Ein neuer Weg der Psychotherapie, *S. Fischer, Frankfurt/M, ISBN: 3-10-036701-4*

218. Jarmon, Robert G. (1997) Discovering the Soul / The Amazing Findings of a Psychiatrist and His Patients / Inspiring cases of people's souls revealing the true causes of their problems - and the astonishing healing that resulted. *A.R.E.Press, Virginia Beach, ISBN: 0-87604-370-8*

219. Jay, Reverend Carroll E. (1977) Gretchen, I am / A 19th Century Girl Lives again Through a Ministers wife. Is ist Reincarnation or Spirit Possession?, *Wyden Books, new York, ISBN: 0-671-22959-1*

220. Jenkins, Simon (2015) *https://www.youtube.com/watch?v=h3pSby2i4jU*

221. Kaisch, Kenneth (1988) Rescripting: A Family of Therapeutic Techniques, *The Journal of Regression Therapy, Vol. III, No. 1 Spring, S. 33 - 40*

222. Kampman, Reima (1973) Hypnotically Induced Multiple Personality: An Experimental Study, *Acta Universitatis Ouluensis, Series D, Media No. 6, Psychiat. No. 3, S. 7 - 116*

223. Kampman, Reima; Hirvenoja, Reijo (1978) Dynamic Relation of the Secondary Personality Induced by Hypnosis to the Present Personality, in Frankel und Harold (ed.) Hypnosis at its Bicentennial, *Plenum Press, New York, London, S. 183 - 188*

224. Kardec, Allan (2004) Der Spiritismus in seinem einfachsten Ausdruck, *Lichttropfen, Alkastar, Northeim, ISBN: 978-3-937837-06-X*

225. Keeton, Joe; Petherick, Simon (1995) The Power of the Mind: Healing Through Hypnosis and Regression, *Robert Hale Ltd, London, ISBN: 0-7090-3817-8*

226. Kelly, Emily Williams (2013) Science, the Self, and Survival After Death / Selected Writings of Ian Stevenson, *Rowman & Littlefield, Lanham, Boulder, New York, ISBN: 978-1-4422-2114-7*

227. Kelsey, Denis (2011) Reinkarnation, Psychiatrie und Leben im Alltag / Heute und damals, *Telescope, Mildenau, ISBN: 978-3-941139-99-2*

228. Kersken, Sigrid (1993) Karma und Reinkarnation / Die Schritt für Schritt Reihe, *Kersken-Canbaz, Bergen/Dumme, ISBN: 3-89423-068-1*

229. Kline, Milton V. (1956) A Scientific Report on "The Search for Bridey Murphy", *Julian Press, New York*

230. Knight, Zelda (1995). The healing power of the unconscious: How can we understand past life experiences in psychotherapy?, *South African Journal of Psychology, 25(3), 90-98*

231. Köstinger, Gabriele (2003) Poltergeister / Ein Buch für Gläubige & Ungläubige / Ein Tatsachenbericht über Gespräche mit Verstorbenen und über die Befreiung von Störgeistern aus Wohnung, Haus und Hof, *Silberschnur, Güllesheim, ISBN: 3-89845-036-8*

232. Komianos, Athanasios N. (2009) The Significance of Cross-Verification of Reviewed Past Lives, *The Journal of Regression Therapy, V. 19, S. 12 - 21*

233. Komianos, Athanasios N. (2011) Rapid Entity Attachment Release / A breakthrough in the world of spirit possession and releasement, Hypnoscopesis, Corfu, ISBN: 978-1-4467-7216-4; *http://www.hypnoscopesis.gr/en/*

234. Komianos, Athanasios N. (2015) ...and now please... Focus on Your Birthmark..., *http://www.earth-association.org/articles/and-now-please-focus-on-your-birthmark-by-athanasios-komianos/*

235. Kurzfilm (2012) *http://zomobo.net/play.php?id=qOx8meQQ2Eg* oder *http://www.yourepeat.com/watch/?v=qOx8meQQ2Eg&feature=youtube_gdata*

236. Laack, Walter van (2003) Wer stirbt, ist nicht tot, *van Laack GmbH, Aachen, ISBN: 3-936624-00-3*

237. Lane, Barbara (1997) Echoes from the Battlefield / First-Person Accounts of Civil War Past Lives, *A.R.E. Press, Virginia Beach, ISBN: 0-87604-355-4*

238. Lane, Barbara (1997a) Echoes from Medieval Halls / Past Life Memories from the Middle Ages, *A.R.E. Press, Virginia Beach, ISBN: 0-87604-390-2*

239. Lasch, Eli Erich (2004) Sie sind wieder da / Eine andere Sicht unserer Geschichte, *Buchagentur Günter Heiß, Singen, ISBN: 3-9808795-7-7*

240. Lawton, Ian (2008) The Bloxham Tapes Revisited / Why Cryptomnesia is not the Complete Explanation, *Journal of Regression Therapy 28:1, S. 38,* http://www.ianlawton.com/plr1.htm

241. Lawton, Ian (2011) the big book of the soul / rational spirituality for the twenty-first century, *Rational Spirituality Press, rspress.org, ISBN: 978-0-9549176-3-0*

242. Lehnert, Markus (2015) Kontraindikationen, *http://www.spirituelle-hypnose.net/h%C3%A4ufig-gestellte-fragen.html*

243. Leonardi, Dell (1975) The Reincarantion of John Wilkes Booth / A Case Study in Hypnotic Regression, *Devin-Adair, Old Greenwich, Connecticut, ISBN: 0-8159-6716-0*

244. Leuwer, Horst (2011) Angst und Liebe, Trauer und Freude, Verzweiflung und Hoffnung / Nun erkenne, wer Du wirklich bist / Das neue Buch zur Rückführungstherapie, *Welt und Erbe, Kerpen-Loogh, Eifel, ISBN: 978-3-938078-08-2*

245. Liebsch, Marika (2012) *http://www.planet-wissen.de/alltag_gesundheit/essen/tischetikette/geschichte_der_gabel.jsp*

246. Linn, Denise (1997) Past Lives, Present Dreams / How to use reincarnation for personal growth, Ballentine, *Random House, New York, ISBN: 0-345-40002-X*

247. Locher, Theo; Lauper, Guido (1977) Schweizer Spuk und Psychokinese / Kommentierte Fälle aus jüngster und früherer Zeit, *Aurum, Freiburg, ISBN: 3-591-08035-7*

248. Lopes de Mello, Luciane (1997) Regression by Self-Hypnosis: A Warning, *The Journal of Regression Therapy, Vol. XI No. 1, S. 80*

249. Lucadou, Walter von (1997) Psi-Phänomene / Neue Ergebnisse der Psychokinese-Forschung, *Insel Taschenbuch, Frankfurt/M, ISBN: 3-458-33809-8*

250. Lucadou, Walter von; Poser, Manfred (1997a) Geister sind auch nur Menschen / Was steckt hinter okkulten Erlebnissen? Ein Aufklärungsbuch, *Herder Spektrum, Freiburg, ISBN: 3-451-04562-1*

251. Lucas, Winafred Blake (1993) Regression Therapy / A Handbook for Professionals / Vol. 1: Past Life Therapy, *Deep Forest Press, Crest Park, California, ISBN: 1-882530-01-2*

252. Lucas, Winafred Blake (1993a) Regression Therapy / A Handbook for Professionals / Vol. 2: Special Instances of Altered State Work, *Deep Forest Press, Crest Park, California, ISBN: 1-882530-02-0*

253. Lynn, Steven Jay; Rhue, Judith W.; Myers, Bryan P.; Weekes, John R. (1994) Pseudomemory in Hypnotized and Simulating Subjects, *International Journal of Clinical and Experimental Hypnosis, Vol. 42, No. 2, S. 118-129*

254. Lynn, S. J.; Lock, T. G.; Myers, B.; & Payne, D. G. (1997). Recalling the Unrecallable: Should Hypnosis Be Used to Recover Memories in Psychotherapy? *Current Directions in Psychological Science, Vol. 6, No. 3, S. 79-83*

255. Mack, Peter (2012) Life-Changing Moments in Inner Healing, *From the Heart Press, http://www.fromtheheartpress.com/, ISBN: 978-0-9567887-9-5*

256. Macmillan, Malcolm (2011) The Case of Bridey Murphy; Chicago American und Life Article: *http://socrates.berkeley.edu/~kihlstrm/BrideyMurphy/BrideyMurphyIndex.htm*

257. Macready, Robert (1980) The Reincarnations of Robert Macready / with an Introduction by Joel L. Whitton, *Zera Books, Kensington Publishing Corp., New York, ISBN: 0-89083-703-1*

258. Maesen, Ronald van der (1998) PLT for Gilles De La Tourette's Syndrome, A Research Study, *The Journal of Regression Therapy, Volume XII, Number 1, S. 97 - 104*

259. Maesen, Ronald van der (1999) Past Life Therapy for People who Hallucinate Voices, *The Journal of Regression Therapy, Volume XIII, Number 1, S. 38 - 42*

260. Maesen, Ronald van der (2014) Doctoral dissertation of Ronald van der Maesen, 2006, *http://www.earth-association.org/articles/by-other-authors/doctoral-dissertation-of-ronald-van-der-maesen-2006.html*

261. Markowitsch, Hans J. (1997) Neurophysiologie des menschlichen Gedächtnisses im Dossier 4: "Kopf oder Computer", *Spektrum der Wissenschaft, www.origenes.de/wissen/st/PETSTUDY.pdf, Engl. Orig.: Cognitive Neuropsychiatry, 1997, 2 (2), 135 – 158*

262. Marriott, Judith (1984) Hypnotic Regression and Past Lives Therapy: Fantasy or Reality?, *The Australian Journal of Clinical Hypnotherapy and Hypnosis, Vol. 5, No. 2*

263. Martin, Asa Roy (1942) Researches in Reincarnation and Beyond, *Eigenverlag, Sharon, Pennsylvania*

264. Masayuki, Ohkado; Akira, Ikegawa (2014) Children with Life-between-Life Memories, *Journal of Scientific Exploration, Vol. 28, No. 3, S. 477–490*

265. Masayuki, Ohkado; Satoshi, Okamoto (2014a) A Case of Xenoglossy Under Hypnosis, *Edgescience, 17, S. 7 - 12*

266. Matlock, James G. (2014). Lecture 11: Fantasy and fact in age regression to "previous lives". *Online-Seminar angeboten durch: The Alvarado Zingrone Institute for Research and Education (http://theazire.org/moodle), in Buchform 2015 oder 2016*

267. Mays, Robert G.; Mays, Suzanne B. (2013) Investigation of George Ritchie's NDE (OBE), *http://selfconsciousmind.com/ritchie*

268. McCure, Kevin (1997) Past Life Therapy, *Reincarnation International, No. 13, S. 24*

269. McHugh CCHt, Greg (2007) Remote Work / Remote Regression and Remote Spirit Releasement / A Manual for Clinical Hypnotherapists, *www.gregmchugh.com/documents/REMOTEMANUAL3rdEd.pdf*

270. McLuhan, Robert (2010) Randi's Prize / What Sceptics Say About the Paranormal, Why They are Wrong & Why it Matters, *Matador in Troubador Publ. Ltd., Leicester, UK, ISBN: 978-184876-494-1*

271. McManus, Diana (2014) Proof of Reincarnation, *http://www.pastlifetherapy.org/proof.html*

272. Meckelburg, Ernst (1998) Die Titanic wird sinken, *Langen Müller, München, S. 75-80, ISBN: 3-7844-2707*

273. Meier, Bruno (1999) Wiedergeburt als Erfahrung, *Zytglogge, Bern, ISBN: 3-7296-0303-5*

274. Meinhold, J. Werner (1989) Der Wiederverkörperungsweg eines Menschen durch die Jahrtausende / Reinkarnationserfahrungen in Hypnose, *Aurum, Freiburg, ISBN: 3-591-08276-7*

275. Mills, Antonia (1994) Nightmares in Western Children: An Alternative Interpretation Suggested by Data in Three Cases, *The Journal of the American Society for Psychical Research, Vol. 88, S. 309 - 325*

276. Modi, Shakuntala (1997) Remarkable Healings / A Psychiatrist Discovers Unsuspected Roots of Mental and Physical Illness, *Hampton Roads Publishing Company, Inc, Charlottesville, VA, ISBN: 978-1-57174-079-3*

277. Modi, Shakuntala (2000) Memories of God and Creation / Remembering from the Subconscious Mind, *Hampton Roads Publishing Company, Inc, Charlottesville, VA, ISBN: 1-57174-196-8*

278. Moody, Raymond A. (1977/1986) Leben nach dem Tod / Die Erforschung einer unerklärten Erfahrung, *Rowohlt, Hamburg, ISBN: 3-498-04252-1* (Orig. Life After Life, 1975)

279. Moody, Raymond A. (1991) Leben vor dem Leben, *Bertelsmann, Gütersloh, BN: 036368*

280. Moody, Raymond; Perry, Paul (2011) Zusammen im Licht: Was Angehörige mit Sterbenden erleben, *Goldmann, München, ISBN: 978-3-442-21951-3, S. 23, 36, 38, 97, 121, 127f, 137, 161, 169; als Video: http://www.youtube.com/watch?v=DvNDrZv8HwE*

281. Moore, Marcia; Douglas, Mark (1968) Reincarnation / Key to Immortality, *Arcane Publ., York Cliffs, Maine, CCCN: 67-19603*

282. Moser, Fanny (1980) Spuk / Ein Rätsel der Menschheit, *Fischer, Frankfurt, ISBN: 3-596-26714-5*

283. Moss, Peter; Keeton, Joe (1980) Encounters with the Past / How Man can Experience and Relive History, *Doubleday, Garden City, New York, ISBN: 0-385-15307-4*

284. Müller, Dr. Karl H. (1982) Informationen aus dem Jenseits / Eine Studie über mediale Mitteilungen, *Turm-Verlag, Bietigheim, ISBN: 3-7999-0207-4*

285. Muller, Karl E. (1970) Reincarnation - based on Facts, *Psychic Press Ltd., London, ISBN: 0853840105*

286. Murray Rose (2015) Past Lives: Discover the Link Between Lifetimes, *http://www.angelfire.com/ca2/rosemurray/Pastlive.html*

287. Nanninga, Rob (2008) Reïncarnatie onder hypnose / De Australische tv-documentaire van Peter Ramster, Skepter, *Jaargang 21, nummer 2, http://www.skepsis.nl/ramster-video.html, engl. Zusammenfassung von Titus Rivas http://www.childpastlives.org/vBulletin/archive/index.php/t-17721.html*

288. Naegeli-Osjord, Hans (1983) Besessenheit und Exorzismus, *Otto Reichl, Remagen, ISBN: 3-87667-065-9*

289. Naegeli, Hans 81994) Umsessenheit und Infestation / Die leichteren Formen der Besessenheit, *Fischer, Frankfurt/M, ISBN: 3-89406-999-6*

290. Nahm, Michael; Hassler, Dieter (2011) Thoughts about Thought Bundles: A Commentary on Jürgen Keil's Paper "Questions of the Reincarnation Type", Journal of Scientific Exploration, Vol. 25, No. 2, S. 305–326

291. Netherton, Morris; Muthesius, Charlotte (2002) Zeitreisen unseres Unterbewussten, *Eigenverlag, http://www.reinkarnationstherapie.de*

292. Netherton, Morris; Shiffrin, Nancy (1984) Bericht vom Leben vor dem Leben / Reinkarnationstherapie / Ein neuer Weg in die Tiefe der Seele, *Hannemann, Nienburg, ISBN: 3-88716-017-7*; *Interview mit Netherton: http://www.earth-association.org/videos/videos-directly-related-to-regression-therapy/interview-with-morris-netherton.html ; Geschichte über MacCullum: http://www.aeces.info/Top40/Cases_8-25/case20_death-garment.pdf*

293. Netherton, Morris (2014) Strangers in the Land of Confusion, *Past Life Therapy Center, Los Angeles; www.pastlifetherapycenter.com, ASIN: B00IK56OA2*

294. Newton, Michael (1997) Die Reisen der Seele / karmische Fallstudien, *Astrodata, Wettswil, Schweiz, ISBN: 3-907029-50-X*

295. Newton, Michael (2001) Die Abentheuer der Seele / Neue Fallstudien zum Leben zwischen den Leben, *Astrodata, Wettswil, Schweiz, ISBN: 3-907029-71-2*

296. Newton, Michael (2005) Leben zwischen den Leben / Die Hypnotherapie zur spirituellen Rückführung, *Edition Astroterra, Astrodata, Wettswil, Schweiz, ISBN: 978-3-907029-77-0*

297. Newton, Michael (2009) Erinnerungen aus dem Zwischenreich: Leben zwischen den Leben. Erzählungen persönlicher Transformation, *Edition Astroterra, Astrodata, Wettswil, Schweiz, ISBN: 978-3907029824*

298. Norsic, Donald (1998) To Save Russia / A Ruler Returns to Free his People. A Captivating Story of Love and Duty that Transcend Death / The Reincarnation of Nicholas II, *Sunstar Publ., Fairfield, Iowa, ISBN: 1-887472-33-9*

299. Obst, Helmut (2009) Reinkarnation / Weltgeschichte einer Idee, *C.H.Beck-Verlag, München, ISBN: 978-3-406584244*

300. O'Connell, Donald N.; Shor, Ronald E.; Orne, Martin T. (1970) Hypnotic Age Regression: An Empirical and Methodological Analysis, *Journal of Abnormal Psychology, Monograph, Vol. 76, No. 3, Teil 2, S. 1 - 32*

301. O'Hara-Keeton, Monica (1996) I Died on the Titanic / A Fascinating Investigation through Hypnotic Regression, *Pharaoh Press, Non Fiction, UK, ISBN: 0-907768-86-5*

302. Ohne Autor (2012) Experiential Quests into Past Lives *http://www.unexplainedstuff.com/Afterlife-Mysteries/Experiential-Quests-into-Past-Lives-Bridey-murphy.html*

303. Oppenheim, Garrett Ph.D. (1990) Who were You before You were You? / The Casebook of a Past-Life Therapist, *Hearthstone Book, Carlton Press, NY, ISBN: 0-8062-3575-6*

304. Osis, Karlis; McCormick, Donna (1982) A Poltergeist Case without an Identifiable Living Agent, *The Journal of the American Society for Psychical Research, Vol. 76, S. 23-51*

305. O'Sullivan, Michael (1998) Arts Beat, Making Titanic Claims, *The Washington Post, Washington DC, 12. Febr.*

306. Palmer, Terence (2013) The Science of Spirit Possession: A 21st-Century Approach for Research and Intervention within the Conceptual Approach of F. W. H. Myers, *Lambert Academic Publ., Saarbrücken, ISBN: 978-3- 659-43484-6; Besprechung in JSPR 2014, Vol. 78.1, No. 914, S. 52-55*

307. Parczyk, Ulf (2014) Links zu Kollegen, *http://praesenz-web.de/links*

308. Parker, Adrian; Wiklund, Nils (2004) Underhållande TV-ockultism – eller bristande etik?, *Psykologtidningen, Nr. 17, S. 4-6*

309. Playfair, Guy Lyon (1976) Phantastische PSI-Phänomene aus dem Land, wo Wunder alltäglich sind, *Hermann Bauer KG, Freiburg, ISBN: 3-7626-0199-2*

310. Playfair, Guy Lyon (2006) New Clothes for Old Souls / Worldwide Evidence für Reincarnation / with an Appendix by Erlendur Haraldsson, *Druze Heritage Foundation, London, ISBN: 1-904850-09-X*

311. Pochat, Wilfrid (1993) Renaitre Loin de L'Inde, *http://misraim3.free.fr/divers/renaitre_loin_de_l_inde.pdf, http://www.numeyoga.com/renaitre/renaitre.htm*

312. Powers, Rhea (1990) Reinkarnation oder die Illusion der persönlichen Identität, *Ch. Falk, Seeon, ISBN: 3-924161-31-3*

313. Powers, Rhea (1998) Heimkehren ins Licht, *CH. Falk, Seeon, ISBN: 3-924161-11-9*

314. Puhle, Annekatrin (2004) Das Lexikon der Geister / Über 1000 Stichwörter aus Mythologie, Volksweisheit, Religion und Wissenschaft, *Atmosphären Verlag, München, ISBN: 3-86533-011-8*

315. Pyun, Young Don; Kim, Joo Yun (2009) Experimental Production of Past-Life Memories in Hypnosis, *International Journal of Clinical and Experimental Hypnosis, Vol. 57, No. 3, S. 269-278*

316. Radin, Dean (1997) The Conscious Universe / The Scientific Truth Of Psychic Phenomena, *HarperCollins Publishers, San Francisco, ISBN: 0-06-251502-0*

317. Ramster, Peter (1980) The Truth about Reincarnation / Actual stories of Australian men and women who have revealed past lives under hypnosis, *Rigby, Sydney, Melbourn, Brisbane, ISBN: 0-7270-1267-3*

318. Ramster, Peter (1992) The Search for Lives Past / Amazing New Evidence, *Somerset Film and Publishing, Bowral, N.S.W., Australia, ISBN: 0-646-0021-7*

319. Ramster, Peter (2012) *http://www.earth-association.org/videos/videos-directly-related-to-regression-therapy/reincarnation-through-regression-by-peter-ramster.html, mit deutschen Untertiteln https://www.youtube.com/watch?v= yOaPlcS-gfE&list=PLCCA0C28A623A9409 und http://peterramster.com/*

320. Ramster (2012a) Film Teil 1, *http://www.youtube.com/watch?v=HayY1yyXnn0*

321. Ramster (2012b) Film Teil 2, *http://www.youtube.com/watch?v=fOVpFznmoTs (Cynthia Henderson, Frankreich)*

322. Ramster (2012c) Film Teil 3, *http://www.youtube.com/watch?v=wmK-XMWZMdw (Cynthia Henderson, Frankreich)*

323. Ramster (2012d) Film Teil 4, *http://www.youtube.com/watch?v=OUNZuNVE2C8 (Helen Pickering, England)*

324. Ramster (2012e) Film Teil 5, *http://www.youtube.com/watch?v=xU4zu8MmXFA (Helen Pickering, England)*

325. Ramster (2012f) Film Teil 6, *http://www.youtube.com/watch?v=0KNT5sTUUD0 (Helen Pickering, England; Jenny Green, Düsseldorf)*

326. Ramster (2012g) Film Teil 7, *http://www.youtube.com/watch?v=flWVgUAclPQ (Jenny Green, Düsseldorf)*

327. Ramster (2012h) Film Teil 8, *http://www.youtube.com/watch?v=iPBPZyLjaPk (Jenny Green, Düsseldorf; Gwen McDonald, England)*

328. Ramster (2012i) Film Teil 9, *http://www.youtube.com/watch?v=F_JrakDTonc (Gwen McDonald, England)*

329. Ramster (2012j) Film Teil 10, *http://www.youtube.com/watch?v=BtKznL1JfrQ (Gwen McDonald, England)*

330. Ramster (2012k) Film Teil 11, *http://www.youtube.com/watch?v=rfqewOtYRlI (Gwen McDonald, England + Ende + Jenny sieht ihren Vater aus dem früheren Leben)*

331. Ramster, Peter (2014) Full documentary, *https://www.youtube.com/watch?v=p9IZFw6qIX4*

332. Ramster, Peter (2014a) Helen Pickering, Film, *http://www.veooz.com/videos/vHL7~yS.html*

333. Ramster, Peter (2014b) Helen Pickering, Text, *www.aramaiglobal.org/files/Recall-of-Helen-Pickering.pdf*

334. Ramster, Peter (2014c) Cynthia Henderson, *www.aramaiglobal.org/files/Cynthia-s-Past-Life-Recall.pdf*

335. Ramster, Peter (2014d) Gwen McDonald, *http://www.aramaiglobal.org/files/Gwen.pdf*

336. Ramster, Peter (2014e) Jenny Green, *https://www.youtube.com/watch?v=axhU4gcn1sI&list=UUiKoewtbcyaq0TYmY7uqjow*

337. Ramster, Peter (2014f) Gwen McDonald, *https://www.youtube.com/watch?v=qOx8meQQ2Eg*

338. Reinkarnations-Verband (2014) Therapeutenliste, *http://rivverband.com/therapeuten.html*

339. Reiter, Gayla (2007) Spiritual "Splinter" Removal, *The Journal of Regression Therapy, V. 17, S. 63 - 66 (Panik-Attacken u.a.m.)*

340. Rieder, Marge (1993) Mission to Millboro, *Blue Dolphin, Nevada City, ISBN: 0-931892-59-7*

341. Rieder, Marge (1996) Return to Millboro / The Reincarnation Drama Continues, *Blue Dolphin, Nevada City, ISBN: 0-931892-28-7*

342. Ritchie, George G.; Sherrill, Elizabeth (2000) Rückkehr von Morgen, *Larmann, Marburg, ISBN: 3-88224-837-8 (Orig.: Return from Tomorrow 1978)*

343. Ritchie, George G. Jr. (2000a) Ordered to Return / My Life After Dying, *Hampton Roads Publishing, Charlottesville, ISBN: 1-57174-096-1*

344. Ritchie, George G. (2013) Die Nahtod-Erfahrung des Gefreiten George Ritchie, *https://www.youtube.com/watch?v=FUgshPqwMDQ http://www.youtube.com/watch?feature=player_embedded&v=2iqh8XB5k2w#!*

345. Rochas, Albert de (1914/1980) Die aufeinanderfolgenden Leben / Gibt es Wiedergeburt? Dokumente zum Studium der Frage nach dem Buch von Albert de Rochas, *Baumgartner, Warpke-Billerbeck (Hann.); Französische Urschrift von 1911: http://fr.scribd.com/doc/55618507/Vies-Success-Ives*

346. Rogo, D. Scott (1985) The Search for Yesterday / A Critical Examination of the Evidence for Reincarnation, *Prentice Hall Inc., New Jersy, ISBN: 0-13-797028-5*

347. Rogo, D. Scott (1987) The infinite Boundary / A Psychic Look at Spirit Possession, Madness, and Multiple Personality, *Dodd, Mead & Co., New York, ISBN: 0-396-08968-2*

348. Rohlfs, Nothart (1999) Wie wir wurden, wer wir sind / Kontroverse Sichtweisen zum Thema Reinkarnation und Karma, *Urachhaus, Stuttgart, ISBN: 3-8251-7214-7*

349. Rohrbeck (2005) Gefunden: Die Kinder aus dem vergangenen Leben / Der ungewöhnliche Lebensweg der Engländerein Jenny Cockell: Ein endgültiger Beweis für die Reinkarnation? *Sonderdruck aus der GralsWelt, Ditzingen, auch zu finden unter der Internetadresse: http://www.gral.de/aktuell/gefunden_die_kinder_aus_dem_vergangenen_leben*

350. Sagan, Samuel (1997) Entity Possession / Freeing the Energy Body of Negative Influences, *Destiny Books, Rochester, Vermont, ISBN: 0-89281-612-0*

351. Sanderson, Alan (2015) Spirit Release in Clinical Psychiatry -What Can We Learn?, *Journal of Regression Therapy, V. 23, S. 26 - 33; oder im Internet: http://www.rcpsych.ac.uk/pdf/Alan%20Sanderson%20Spirit%20Release%20in%20Clinical%20Psychiatry.pdf; Fall "Clara" ausführlich hier: http://spiritrelease.com/cases/clara.htm; weitere Fälle: http://spiritrelease.com/cases/index.htm*

352. Saunders, Lyn. A. (2004). Past-life recall: A phenomenological investigation of facilitated and nonfacilitated recall experiences and their contribution to psychospiritual de-

velopment, *unveröffentlichte Doktorarbeit, Institute of Transpersonal Psychology, Palo Alto, CA, ProQuest Dissertations & Theses, Ann Arbor, MI*

353. Schäfer, Hajo (2007) Reinkarnation jüdischer und homosexueller Opfer des National-sozialismus / nach Originalabschriften der Tonbandaufnahmen von acht jüdischen und sieben homosexuellen Opfern, *BoD, Norderstedt, ISBN: 978-3-8334-8819-1*

354. Schank, Susan (2013) My Search for the Girl with the Blue Eyes, , *http://susanquay.xanga.com/647476085/my-search-for-the-girl-with-the-blue-eyes/*

355. Schiebeler, Werner (1991) Der Tod, die Brücke zu neuem Leben / Beweise für ein persönliches Fortleben nach dem Tod. Der Bericht eines Physikers, *Silberschnur, Neu-wied, ISBN: 3-923-781-26-1*

356. Schiebeler, Werner (1993) Leben nach dem irdischen Tod / Die Erfahrungen von Ver-storbenen, *Silberschnur, Neuwied, ISBN: 3-923-781-40-7*

357. Schiebeler, Werner (1993a) Nachtodliche Schicksale / Gegenseitige Hilfe zwischen Diesseits und Jenseits, *Wersch, Ravensburg, ISBN: 3-928867-03-23*

358. Schiebeler, Werner (1997) Die Zuverlässigkeit medialer Durchgaben und die Prüfung der Geister, *Schweizerische Vereinigung für Parapsychologie, ISBN: keine*

359. Schiebeler, Werner (1999) Besessenheit und Exorzismus / Wahn oder Wirklichkeit? Aus parapsychologischer Sicht, *WerSch, Ravensburg, ISBN: 3-928867-07-5*

360. Schlotterbeck, Karl (1987) Living Your Past Lives: The Psychology of Past Life Re-gression, *Ballantine, New York, ISBN: 0-345-34028-0*

361. Schmidt-Leukel, Perry (1996) Die Idee der Reinkarnation in Ost und West, *Eugen Diederichs Verlag, München, ISBN: 3-424-01335-8*

362. Schröter-Kunhardt, Michael (1996) Reinkarnationsglaube und Reinkarnations-therapie: transpersonale Fiktion, *Transpersonale Psychologie und Psychothe-rapie 1, S. 67-83; http://docs.exdat.com/docs/index-148099.html?page=14*

363. Schwimmer, George (1993) A. R. Martin: Pioneer In Past-Life Regression, *The Journal of Regression Therapy, Vol. VII No. 1 December, S. 20 - 33*

364. Scotsman (2004) A SWEDISH man has stunned experts by claiming to have lived as boy in Dunbar 150 years ago, *http://www.scotsman.com/news/scotland/top-stories/i-ve-been-here-before-150-years-ago-1-920454*

365. Semkiw, Walter (2003) Return of the Revolutionaries / The Case for Reincarnation and Soul Groups Reunited, *Hampton Roads Publ. Charlottesville, VA, ISBN: 1-57174-342-1*

366. Semkiw, Walter (2009) Born Again / Reincarnation Cases Involving International Celebrities / India's Political Legends and Film Stars, *Ritana Books, New Delhi, ISBN: 978-81-85250-37-3*

367. Semkiw, Walter, 2012, *http://www.iisis.net/index.php?page=semkiw-reincarnation-robert-snow-past-life&hl=en_US*

368. Sigdell, Jan Erik (1995) Are facts important to a soul?, *Reincarnation International, London, No. 5, S. 13-15. Auch http://www.christliche-reinkarnation.com/ ReincInt/05FactsSoul.htm*

369. Sigdell, Jan Erik (1998) Rückführung in frühere Leben / Emotionale Befreiung durch Reinkarnationstherapie ohne Hypnose, *Scherz, München, ISBN: 3-502-14665-9*

370. Sigdell, Jan Erik (2001) Reinkarnation / Christentum und das kirchliche Dogma, *Ibera / European University Press, Wien, ISBN: 3-85052-109-5*

371. Sigdell, Jan Erik (2004) Rückführung in frühere Leben / Praxisbuch, Weshalb wir wieder geboren werden, Chancen der Reinkarnationstherapie, Mit Rückführungs-CD, *Ansata, München, ISBN: 3-7787-7275-9*

372. Sigdell, Jan Erik (2004a) Spirit Releasement Therapy, *The Journal of Regression Therapy, 15, S. 53 - 57*

373. Sigdell, Jan Erik (2006) Reinkarnationstherapie / Emotionale Befreiung durch Rückführung, *Heyne, München, ISBN: 3-453-70032-5; Das Buch ist im Internet mit einem Passwort vom Autor Sigdell herunterladbar unter: http://www.christliche-reinkarnation.com/PDF/Regressionstherapie.pdf*

374. Sigdell, Jan Erik (2007) Durch den Tod ins Leben / Wie wir die Furcht vor dem Tod überwinden und unsere Unvergänglichkeit erkennen, *Ansata, München, ISBN: 978-3-7787-7321-5*

375. Sigdell, Jan Erik (2007a) The Fallacies of Freud: Thoughts about Effective Regression Therapy, *The Journal of Regression Therapy, Riverside, CA, Vol. 17, S. 58-64. Auch: http://www.christliche-reinkarnation.com/Freud.htm*

376. Sigdell, Jan Erik (2008) Wiedergeburt und frühere Leben / Was Sie schon immer über Reinkarnation wissen wollten, *Heyne, München, ISBN: 3-453-70086-4, (Erweiterte Neuausgabe 2015 bei Aurora, Hanau, ISBN: 978-3-95447-175-1)*

377. Sigdell, Jan Erik (2012) Unsichtbare Einflüsse / Befreiung von anhänglichen Seelen und aufdringlichen Wesenheiten, *Amra, Hanau, ISBN: 978-3-939373-45-2*

378. Sigdell, Jan Erik (2014) *http://www.christliche-reinkarnation.com/Special/ KURSPROG2.htm, Liste von Schülern wird auf Anfrage verschickt.*

379. Sigdell, Jan Erik (2014a) Links zu anderen Rückführern, *http://www.christliche-reinkarnation.com/LinksGER.htm*

380. Sigdell, Jan Erik (2014b) Liste der Gründungsmitglieder von EARTh, *http://www.christliche-reinkarnation.com/EARThLinks.htm*

381. Sigdell, Jan Erik (2014c) Vortrag über Reinkarnation und Reinkarnationstherapie in München am 6.Aug., *http://www.christliche-reinkarnation.com/PDF/VORTRAG.pdf*

382. Sigdell, Jan Erik (2015) Biased evaluations of regression experiences / How reincarnation disbelievers subjectively interpret data, *http://www.christliche-reinkarnation.com/PDF/Biasedev.pdf; eingereicht bei "The Journal of Regression Therapy" (vermutlich 2016)*

383. Sigdell, Jan Erik (2015a) Entgegnung Schröter-Kunhardt, *http://www.christliche-reinkarnation.com/Schroe-Kunh.htm#4*

384. Sizemore, Chris; Pittillo, Elen (1977) I'm Eve, *Doubleday, New York, ISBN: 385120621*

385. SMAR-RT (2014) Regression Therapy Research, *http://www.smar-rt.com/regression-therapy-research.htm*

386. SMAR-RT (2014a) Society for Medical Advance and Research with Regression Therapy, Mitgliederliste, *http://www.smar-rt.com/members.htm*

387. Snell, Joy (2002) Der Dienst der Engel / Erlebnisse einer Krankenschwester an Kranken- und Sterbebetten, *Turm-Verlag, Bietigheim, ISBN: 3-7999-0171-X, S. 7, 15, 18*

388. Snow, Robert L. (2000) Als ich Carroll Beckwith war, *Heyne, ISBN: 3-453-18101-8*

389. Snow, Robert L. (2012) *http://www.police-writers.com/snow.html, Contact Information: rlsnow@comcast.net*

390. Sorge, Martin (1981) Reise gegen die Zeit / Ergebnisse neuester Jenseits- und Reinkarnationsforschung, *Ariston, Genf, ISBN: 3-7205-1205-3*

391. Spanos, Nicholas P. (1987) Past-Life Hypnotic Regression: A Critical View, *Skeptical Inquirer, Amherst, NY, S. 174-180, ISSN: 0194-6730*

392. Spanos, Nicholas, P.; Menary, Evelyn; Gabora, Natalie J.; DuBreuil, Susan C.; Dewhirs, Bridget (1991) Secondary Identity Enactments During Hypnotic Past-Life Regression: A Sociocognitive Perspective, *Journal of Personality and Social Psychology, Vol. 61, No. 2, S. 308-320*

393. Spanos, Nicholas P. (1994) Multiple Identity Enactments and Multiple Personality Disorder: A Sociocognitive Perspective, *Psychological Bulletin, Vol. 116, No.1, S. 143-165*

394. Speer, Claus (2015) Seelentausch, *http://www.origenes.de/nte/seelentausch/amnesie.htm*

395. Spiegel (1950) Biologie, Lebensgeheimnis, Nach Krieg mehr Buben, *Der Spiegel Nr. 33, S. 33, 34*

396. SpiegelOnline (2013) "Alma"-Teleskop: Superspäher startet Fahndung nach Leben im All, *http://www.spiegel.de/wissenschaft/weltall/alma-teleskop-der-eso-in-chile-geht-in-den-anden-in-betrieb-a-888174.html*

397. SRTA (2014) Spiritual Regression Therapy Association, Therapeutenliste, *http://www.regressionassociation.com/past-life-regression-therapists.htm#past-life-regression-therapists-germany oder http://www.spiritual-regression-therapy-association.com/past-life-regression-therapists.htm*

398. Stead, Estelle (1980) Die Blaue Insel / Mit der Titanic in die Ewigkeit / Ein Blick in das Leben im Jenseits / Eine Beschreibung des Übergangs jäh aus dem Leben gerissener Menschen, *Schroeder Verlag, Flensburg, ISBN: 3-87721-012-0*

399. Stearn, Jess (1968) The Second Life of Susan Ganier, *Leslie Frewin, London, ISBN: 0-910-0410-1 (=The Search for the girl with the Blue Eyes)*

400. Steiger, Brad; Williams, Loring G. (1976) Other Lives / Startling case histories of people who claim reincarnation, with documentation and transcripts, *Award Books, New York, ISBN: keine*

401. Steiger, Francie; Steiger, Brad (1981) Discover your own Past Lives, *Dell Book, New York, ISBN: 0-440-13864-7, S. 176, 179*

402. Steiger, Brad (1996) You have Lived Before and You will Live Again / Dramatic Case Histories of Reincarnation, *Blue Dolphin, Nevada City, ISBN: 0-931892-29-5*

403. Steiger, Brad (1996a) Returning from the Light / Using Past Lives to Understand the Present and Share the Future, *Signet, London, New York, ISBN: 0-451-18623-0*

404. Stemman, Roy (1994) Proof - the elusive factor, *Reincarnation International, No 3, S. 24*

405. Stemman, Roy (1994a) The case of a Crimean hero, *Reincarnation International, No 2, S. 27*

406. Stemman, Roy (1994b) Roundhead returns to where he fought for Cromwell, *Reincarnation International, No 4, S. 16; dazu Video auf youtube ab 28:38: https://www.youtube.com/watch?v=CjdSp1vHtZw*

407. Stemman, Roy (1994c) Past life search leads to family reunion, *Reincarnation International, No. 1, S. 10*

408. Stemman, Roy (1994d) The return of Bridey Murphy, Reincarnation International, No. 1, S. 18 - 21

409. Stemman, Roy (1994e) I died on the Titanic, Reincarnation International, No. 2, S. 6

410. Stemman, Roy (1995) 19th century William Boyd makes surprise appearance, *Reincarnation International, No 5, S. 31*

411. Stemman, Roy (1995a) Multiple reincarnation at Millboro?, *Reincarnation International, No 5, S. 7*

412. Stemman, Roy (1995b) Her memories of past lives span seven centuries, *Reincarnation International, No 5, S. 8*

413. Stemman, Roy (1995c) Tessa's life in Exeter, *Reincarnation International, No 6, S. 27*

414. Stemman, Roy (1995d) Did Lincoln's assassin die?, *Reincarnation International, No 6, S. 36*

415. Stemman, Roy (1995e) Massacred tribe returned to be healed, *Reincarnation International, No 6, S. 7*

416. Stemman, Roy (1995f) Pharaoh's past-life drama unfolds in Great Pyramid, *Reincarnation International, No 7, S. 10*

417. Stemman, Roy (1996) Detailed knowledge of 17th century Exeter, *Reincarnation International, No 8, S. 26*

418. Stemman, Roy (1996a) TV audience is taken "back to the present", *Reincarnation International, No 8, S. 20*

419. Stemman, Roy (1996b) I was shot down during WWII, *Reincarnation International, No. 10, S. 19*

420. Stemman, Roy (1997) Echoes from the battlefield, *Reincarnation International, No 11, S. 20*

421. Stemman, Roy (1998) Reincarnation / Amazing True Cases from Around the World, *Piatkus, London, ISBN: 0-7499-1787-3*

422. Stemman, Roy (1999) Titanic memories, *Life & Soul Magazin, No 18, S. 10*

423. Stemman, Roy (1999a) Tsar memory, *Life & Soul Magazin, No. 16, S. 10*

424. Stemman, Roy (2012) The Big Book of Reincarnation / Examining the Evidence that we have all Lived Before, *Hierophant Publ. San Antonio, ISBN: 978-0-9818771-6-7*

425. Stemman, Roy (2013) The Diary of a Sceptical Believer, *http://www.paranormalreview.com/*

426. Stemman, Roy (2013a) *E-Mail an mich am 11.2.2013*

427. Stevens, E. Winchester (1878) The Watseka Wonder / A Startling and Instructive Psychological Study and well Authenticated Instance of Angelic Visitation / A Narrative of the Leading Phenomena Occurring in the Case of Mary Lurancy Vennum, *Religio-Philosophical Publ. House, Chicago, ISBN: 548820856*

428. Stevenson, Ian (1957) A Scientific Report on "The Search for Bridey Murphy", Edited by Milton V. Kline. Pp224. The Julian Press Inc., New York, *Journal of the American Society for Psychical Research, Vol. 51, No. 1, S. 35 - 37*

429. Stevenson, Ian (1960) A Review and Analysis of Paranormal Experiences Connected with the Sinking of the Titanic, *JASPR, Vol. LIV, Oct. 1960, No. 4, S. 153-171*

430. Stevenson, Ian (1965) Seven More Paranormal Experiences Associated with the Sinking of the Titanic, *JASPR, Vol. LIX, July 1965, No. 3, S. 211-225*

431. Stevenson, Ian (1974) Xenoglossy / A Review and Report of a Case, *University Press of Virginia, Charlottesville, oder Vol. 31 of Proceedings of the American Society for Psychical Research oder John Wright & Sons Ltd., Bristol, ISBN: 0-7236-0347-2*

432. Stevenson, Ian (1974a) Some Questions Related to Cases of the Reincarnation Type, *Journal of the American Society for Psychical Research, 68, 395-416*

433. Stevenson, Ian (1976) Reinkarnation, 20 überzeugende und wissenschaftlich bewiesene Fälle, *Aurum Verlag, Freiburg, ISBN: 3-59108019-5. Copyright 1966, USA*

434. Stevenson, Ian (1983) Cryptomnesia and Parapsychology, *Journal of the Society for Psychical Research, Vol. 52, N0. 793, S. 1 - 30*

435. Stevenson, Ian (1984) Unlearned Language / New Studies in Xenoglossy, *University Press of Virginia, Charlottesville, ISBN: 0-8139-0994-5*

436. Stevenson, Ian (1989) Wiedergeburt, Kinder erinnern sich an frühere Erdenleben, *Aquamarin Verlag, Grafing, ISBN: 3-922936-82-2*

437. Stevenson, Ian (1994) A Case of the Psychotherapist's Fallacy: Hypnotic Regression to "Previous Lives", *American Journal of Hypnosis, No: 36:3, S. 188-193*

438. Stevenson, Ian (1997) Reincarnation and Biology / A Contribution to the Etiology of Birthmarks and Birth Defects, Vol. 1 Birthmarks, Vol. 2 Birth Defects and other Anomalies, *Praeger, Westport, Connecticut, London, ISBN: 0-275-95284-3*

439. Stevenson, Ian (2005) Reinkarnation in Europa / Erfahrungsberichte, *Aquamarin, Grafing, ISBN: 3-89427-300-3*

440. Stevenson, Ian (2012) Hypnotic Regression to Previous Lives, A Short Statement, *http://www.medicine.virginia.edu/clinical/departments/psychiatry/sections/cspp/dops/regression-page*

441. Stolt, Carl-Magnus; Björkhem-Bergen, Linda (2004) Hypnosis in Sweden during the twentieth century – the life and work of John Björkhem, *History of Psychiatry, 15(2) S. 193–200, www.sagepublications.com*

442. Sudduth, Michael (2009) Super-Psi and the Survivalist Interpretation of Mediumship, *Journal of Scientific Exploration, Vol. 23, No. 2, S. 167-193*

443. Sudduth, Michael (2013) A Critical Response to David Lund's Argument for Postmortem Survival, *Journal of Scientific Exploration, Vol. 27, No. 2, S. 283-322*

444. Sutherland, Cherie (1998) Tröstliche Begegnungen mit verstorbenen Kindern / Eltern berichten, *Scherz, München, ISBN: 3-502-14705-1*

445. Sutphen, Dick; Taylor, Lauren Leigh (1983) Past-Life Therapy in Action, *Valley of the Sun Publ., Malibu, CA, ISBN: 911842-32-2; Rückführung S. 83, "Donner-Party": http://home.arcor.de/Bjelgo/index1.html; Geschichte der "Donner-Party": https://de.wikipedia.org/wiki/Donner_Party*

446. Sutphen, Dick (1990) Earthly Purpose / The Incredibly True Story of a Group Reincarnation / Discover Whether You are one of the 25.000 Souls who Pledged to Reincarnate in a Bright New Age, *Pocket Books, New York, ISBN: 0-671-69219-4*

447. Sutphen, Dick (1976) You Were Born Again To Be Together / Documented cases of reincarnation that prove love is immortal, *Pocket Books, New York, ISBN: 0-671-80511-8*

448. Sutphen, Richard (2012) Internetangebot, *http://www.richardsutphen.com/*

449. Szmukler-Moncler, Sege (2015) Crossed Past-life Memory Material, an Anomaly to the Cryptomnesia, Confabulation, Imagination and Fantasy Theory Advocated by Scientific Materialism, *Journal of Regression Therapy, V. 23, S. 41 -53*

450. Tanous, Alex; Ardman, Harvey (1976) Beyond Coincidence / One Man's Experience with Psychic Phenomena, Doubleday, New York, ISBN: 0-385-11242-4

451. Tanous, Alex; Cooper, Callum E. (2013) Conversations with Ghosts, *White Crow Books, Guildford, UK, ISBN: 978-1-908733-55-9*

452. Tarazi, Linda (1990) An Unusual Case of Hypnotic Regression with Some Unexplained Contents, *The Journal of the American Society for Psychical Research, Vol. 84, No. 4, S. 309 - 344, ISSN 0003-1070*

453. Tarazi, Linda (1997) Under the Inquisition / An Experience Relived, *Hampton Roads, Charlottesville, ISBN: 1-57174-058-9*

454. TenDam, Hans (1990) Exploring Reincarnation, *Arkana, London, ISBN: 0-14-019204-2*

455. TenDam, Hans (1995) Analysis of a Past-Life Therapy Practice, The Journal of Regression Therapy, Vol. IX No. 1, S. 39

456. TenDam, Hans (1996) Deep Healing / A Practical Outline of Past Life Therapy, *Tasso Publ., Amsterdam, ISBN: 90-7556-802-9*

457. Tepperwein, Kurt (1985) Die hohe Schule der Hypnose / Praktische Lebenshilfe für jedermann, *Goldmann, München, ISBN: 3-442-10962-0*

458. The Titanic Historical Society (2011) Stahl der Titanic, *http://www.titanic1.org/articles/brittle-steel.html*

459. Thigpen, Corbett H.; Cleckley, Hervey M. (1957) The Three Faces of Eve, *Reader's Digest Ass., Pleasantville, N. Y., ISBN: keine*

460. Thomason, Sarah Grey (1984) Do You Remember Your Previous Life's Language in Your Present Incarnation?, *American Speech, Vol. 59, No. 4, pp. 340-350*

461. Titanic Inquiry Project (2011) Vernehmungsprotokolle der Überlebenden der Titanic-Katastrophe, *http://www.titanicinquiry.org*

462. Tomlinson, Andy (2007) Exploring the Eternal Soul / Insights from the Life Between Lives, *O-Books, Winchester, UK; John Hunt Publ. Ltd.; Ropley, Hants, UK, ISBN: 978-1-84694-069-9*

463. Tomlinson, Andy (2008) Healing the Eternal Soul / Insights from Past Life and Spiritual Regression, *O-Books, Winchester, UK, ISBN: 978-1-90504-741-3*

464. Tomlinson, Andy (2011) Transforming the Eternal Soul / Further Insights from Regression Therapy / Contributions by Members of the Spiritual Regression Therapy Association, *From the Heart Press, http://www.fromtheheartpress.com/, ISBN: 978-0-9567887-0-2*

465. Tramont, Charles V. (2009) From Birth to Rebirth / Gnostic Healing for the 21st Century, *Swan Raven & Co., Columbus, NC, ISBN: 978-0-893183-42-4 s. a. https://www.youtube.com/watch?v=DoviGedAUA8*

466. Tramont, Charles V. (2009a) *http://www.abh-abnlp.com/bbc/tramont-speaker.htm*

467. Tucker, Jim B. (2005) Life Before Life / A Scientific Investigation of Children's Memories of Previous Lives, *St. Martin's Press, New York, ISBN: 0-312-32137-6*

468. Tucker, Jim B. (2013) Return to Life / Extraordinary Cases of Children Who Remember Past Lives, *St. Martin's Press, New York, ISBN: 978-1- 250-00584-7*

469. Underwood, Peter; Wilder, Leonard (1975) Lives to Remember / A case book on reincarnation, *Robert Hale, London, ISBN: 0-7091-5224-8*

470. Vallieres, Ingrid (2002) Praxis der Reinkarnationstherapie / Konsequenzen und Reichweite, *Edition Hannemann, Naglschmid, Stuttgart, ISBN: 3-925342-24-9*

471. Venn, Jonathan (1986) Hypnosis and the Reincarnation Hypothesis: A Critical Review
and Intensive Case Study, *Journal of the American Society for Psychical Research, Bd.
80, S. 409 - 425*

472. Vereinigung Deutscher Wissenschaftler (2014) Potsdamer Manifest oder Potsdamer
Denkschrift 2005, *http://vdw-ev.de/index.php/de-DE/projekte-der-vereinigung-
deutscher-wissenschaftler-vdw-ev/potsdamer-manifest1*

473. Verny, Thomas; Kelly, John (1981) Das Seelenleben des Ungeborenen / Wie Mütter
und Väter schon vor der Geburt Persönlichkeit und Glück ihres Kindes fördern können,
Rogner&Bernhard, München, ISBN: 3-8077-0175-3

474. Video Brown, Rick (2012) *http://www.earth-association.org/videos/videos-directly-
related-to-regression-therapy/reincarnated-submariner.html*

475. Video Brown, Rick (2014) (mit deutschen Untertiteln)
*https://www.youtube.com/watch?v=-zVoTsmFleo&index=13&list=
PLCCA0C28A623A9409*

476. Video Snow, Robert L. (2014) *http://www.youtube.com/watch?v=s3wewwJuxUk und
mit deutschen Untertiteln: http://www.youtube.com/watch?v=hsyLs5mdvFc*

477. Vinmann, Ulrike (2004) Reinkarnationstherapie zur Heilung der Seele / Die Ursprünge
psychischer Verletzungen erkennen und überwinden, *Aquamarin, Grafing, ISBN: 3-
89427-270-8*

478. Wade, Jenny (1998). The Phenomenology of Near-Death Consciousness in Past-Life
Regression Therapy: A Pilot Study, Journal of Near-Death Studies, Vol. 17, No. 1, S.
31-53

479. Wagner McClain, Florence (1986) A Practical Guide to Past Life Regression / What we
did yesterday shaped today. What we do today shapes tomorrow, Llewellyn, St. Paul,
Minnesota, ISBN: 0-87542-510-0

480. Waldock, M.J. (2012) *http://www.pastlives.co.uk/article-peterramster.html*

481. Waldvogel, B.; Strasburger, H. (2007) Blind und sehend in einer Person: Ein Fallbe-
richt und seine Bedeutung für die Psychoneurobiologie des Sehvermögens, *Der Ner-
venarzt, 78, S. 1303-1309; http://www.hypnose-
kikh.de/content.php?m=6&e=4&id=112&utm_medium=email&utm_campaign
=Newsletter%2014&utm_content=Newsletter%2014+CID_00d38aec806a15e
eeee495dc742bdfc4&utm_source=Emailmarketingsoftware&utm_term=Newsl
etter-Archiv*

482. Wambach, Helen (1984a) Seelenwanderung, Wiedergeburt durch Hypnose, *Goldmann, München, ISBN: 3-442-11746-1*

483. Wambach, Helen (1984b) Leben vor dem Leben, *Heyne, München, ISBN: 3-453-01214-3*

484. Wambach, Helen; Snow, Chet (1986) Past-Life Therapy: The Experiences of Twenty-Six Therapists, *The Journal of Regression Therapy, Vol. I No. 2, S. 17 - 27*

485. Ward, Paul von (2008) The Soul Genome / Science and Reincarnation, *Fenestra Books, Tucson, Arizona, USA, ISBN: 978-1-58736-995-7*

486. Website (2013) Reincarnation: The Bloxham Tapes Revisited. Why Cryptomnesia is not the Complete Explanation, *http://nexusilluminati.blogspot.de/ 2011/05/reincarnation-bloxham-tapes-revisited.html*

487. Webster, James (2009) The Case Against Reincarnation / A Rational Approach, *Grosvenor House Publ., Guildford, Surrey, Engl., ISBN: 978-1-906645-93-9*

488. Weiss, Brian L. (1995) Heilung durch Reinkarnationstherapie / Ganzwerdung durch die Erfahrung früherer Leben, *Knaur, München, ISBN: 3-426-86066-x*

489. Weiss, Brian L. (2001) Die Liebe kennt keine Zeit / Eine wahre Geschichte, Ullstein, München, ISBN: 3-548-25374-1

490. Weiss, Brian L. (2005) Die zahlreichen Leben der Seele / Die Chronik einer Reinkarnationstherapie, *Goldmann Arkana, München, ISBN: 978-3-442-21751-9*

491. Weiss, Brian L.; Weiss, Amy E. (2012) Miracles Happen / The Transformational Healing Power of Past Life Memories, *Hay House, London, ISBN: 978-1-78180-002-7*

492. Wendel, Mathias; York, Ute (1993) Maskenball der Seele / Neue Wege der esoterischen Reinkarnations-Therapie, *Knaur, München, ISBN: 3-426-86027-9*

493. Wendel, Mathias (2012) Unterschiede bei Reinkarnationstherapien und Zulassung, *http://www.reinkarnationstherapie-ausbildung.com/ reinkarnationstherapie/unterschiede/index.html und http://www.reinkarnationstherapie-ausbildung.com/psychotherapiezulassung/ index.php*

494. Wendel, Mathias (2014) Schülerliste, *http://www.muenchenerschule.de/reinkarnationstherapeuten/index.php*

495. Whitton, Joel L. (1976) Hypnotic Time Regression and Reincarnation Memories, *New Horizons 2(2), S. 34 - 39*

496. Whitton, Joel L. (1978) Xenoglossia: A Subject with Two Possible Instances, *New Horizons, 2(4), S. 18 - 26*

497. Whitton, Joel L.; Fischer, Joe (1989) Das Leben zwischen den Leben / Ein For-schungsbericht aus der Welt jenseits unserer physischen Existenz, *Goldmann, München, ISBN: 3-442-11882-4*

498. Wickland, Carl A. (1934) The Gateway of Understanding, *National Psychological Institute, Los Angeles, CA, ISBN: keine*

499. Wickland, Carl A. (1994) Dreißig Jahre unter den Toten, *Otto Reichl, Der Leuchter, St. Goar, ISBN: 3-87667-001-2 (Original USA 1924)*

500. Wiencke, Markus (2007) Wahnsinn als Besessenheit / Der Umgang mit psychisch Kranken in spiritistischen Zentren in Brasilien, *IKO, Frankfurt/M, ISBN: 978-3-88939-826-0*

501. Wiesendanger, Harald (1994) Das große Buch vom geistigen Heilen / Möglichkeiten, Grenzen, Gefahren, *Scherz, München, ISBN: 3-502-13851-6*

502. Wiesendanger, Harald (2003) Zurück in frühere Leben / Möglichkeiten der Reinkarna-tionstherapie, *LEA-Verlag, Schönbrunn, ISBN: 3-930147-14-9*

503. Wikipedia (2011) RMS Titanic, *http://de.wikipedia.org/wiki/Titanic*

504. Wikipedia (2012a) Animalischer Magnetismus,
http://de.wikipedia.org/wiki/Animalischer_Magnetismus

505. Wikipedia (2012b) St. James' Palace, *http://en.wikipedia.org/wiki/St._James_Palace*

506. Wikipedia (2012c) Alexander Cannon (psychiatrist)
http://en.wikipedia.org/wiki/Alexander_Cannon_%28psychiatrist%29

507. Wikipedia (2012d) Abraham Lincoln's Assassination
http://rogerjnorton.com/Lincoln72.html

508. Wikipedia (2012e) John Wilkes Booth *http://de.wikipedia.org/wiki/John_Wilkes_Booth*

509. Wikipedia (2012f) Assassination of Abraham Lincoln
http://en.wikipedia.org/wiki/Assassination_of_Abraham_Lincoln

510. Wikipedia (2012g) Knights of the Golden Circle
http://en.wikipedia.org/wiki/Knights_of_the_Golden_Circle

511. Wikipedia (2012h) Russisch-Japanischer Krieg *http://de.wikipedia.org/wiki/Russisch-Japanischer_Krieg*

512. Wikipedia (2012i) Die Romanows *http://de.wikipedia.org/wiki/Romanow*

513. Wikipedia (2012j) Oktoberrevolution
http://de.wikipedia.org/wiki/Sturm_auf_den_Winterpalast

514. Wikipedia (2012k) Nikolaus II
http://de.wikipedia.org/wiki/Nikolaus_II._%28Russland%29#Februarrevolution_und_Abdankung_1917

515. Wikipedia (2012l) Alexander Fjodorowitsch Kerenski
http://de.wikipedia.org/wiki/Alexander_Fjodorowitsch_Kerenski

516. Wikipedia (2012m) Ermordung der Zarenfamilie
http://de.wikipedia.org/wiki/Ermordung_der_Zarenfamilie#Verlegung_nach_Jekaterinburg

517. Wikipedia (2012n) Gabel *https://de.wikipedia.org/wiki/Essbesteck#Gabel*

518. Wikipedia (2013) Goldsworthy Lowes Dickinson
http://en.wikipedia.org/wiki/G._Lowes_Dickinson

519. Wikipedia (2013a) Irene Hickman D.O., *http://www.thehickmanacademy.co.uk/en-GB/Irene-Hickman*

520. Wikipedia (2013b) Hickman Healing Foundation, *http://hickman-healing-foundation.org/drirene.html*

521. Wikipedia (2013c) Magazine for Hypnosis and Hypnotherapy,
http://www.hypnos.co.uk/hypnomag/hickman.htm

522. Wikipedia (2013d) Trutz Hardo, *http://de.wikipedia.org/wiki/Trutz_Hardo*

523. Wikipedia (2013e) US Civil War Reincarnation (1)
https://www.youtube.com/watch?v=pA86Q0VvqFs,
US Civil War Reincarnation (2) https://www.youtube.com/watch?v=Sw2z8lci1hs

524. Wikipedia (2013f) Marge Rieder *http://www.ial.goldthread.com/clips/rieder.wmv*

525. Wikipedia (2014a) Gestalttherapie, *http://de.wikipedia.org/wiki/Gestalttherapie#Beispiel:_Der_.E2.80.9Eleere_Stuhl.E2.80.9C*

526. Wikipedia (2014b) Bewusstsein, *http://de.wikipedia.org/wiki/Bewusstsein*

527. Wikipedia (2014c) DNA, *http://de.wikipedia.org/wiki/Desoxyribonukleins%C3%A4ure*

528. Wikipedia (2014d) morphisches Feld, *http://de.wikipedia.org/wiki/Morphisches_Feld*

529. Wikipedia (2014e) Unterbewusstsein, *http://de.wikipedia.org/wiki/Unterbewusstsein*

530. Wikipedia (2014f) Hypnotische Trance,
http://de.wikipedia.org/wiki/Hypnotische_Trance

531. Wikipedia (2014g) Symboldrama, *http://de.wikipedia.org/wiki/Katathym-Imaginative_Psychotherapie*

532. Wikipedia (2014h) Indizien, *http://de.wikipedia.org/wiki/Indiz*

533. Wikipedia (2014i) Indizienbeweis, *http://de.wikipedia.org/wiki/Indizienbeweis*

534. Wikipedia (2014j) Demographics of the United States,
http://en.wikipedia.org/wiki/Demographics_of_the_United_States

535. Wikipedia (2014k) Kalifornien,
http://de.wikipedia.org/wiki/Kalifornien#Bev.C3.B6lkerung

536. Wikipedia (2014l) Trutz Hardo, *http://de.wikipedia.org/wiki/Trutz_Hardo*

537. Wikipedia (2015) Agoraphobie, *http://de.wikipedia.org/wiki/Agoraphobie*

538. Williams, Kevin (2013) Near-Death Experiences and the Afterlife *http://www.near-death.com/ritchie.html*

539. Williston, Glenn; Johnstone, Judith (1995), Discovering Your Past Lives / Spiritual Growth through a Knowledge of Past Lifetimes, *Thorsons, Harper Collins Publ., London, ISBN: 1-85030-729-5*

540. Wilson, Colin (1987) Nach dem Tode / Aussagen, Zeugnisse, Beweise, *Knaur, München, ISBN: 3-426-04167-7*

541. Wilson, Ian (1981) Mind out of Time? / Reincarnation Claims Investigated, *Victor Gollancz LTD, London, ISBN: 0-575-02968-4*

542. Wilson, Ian (1989) The After Death Experience / Ian Wilson is an excellent debunker, *Corgi Books, London, ISBN: 0-552-13429-5*

543. Winkler, Arthur (1976) Reincarnation and the Interim Between Lives, *Esoteric Publ., Cottonwood, Az, USA, ISBN: 0-89861-006-0*

544. Woolger, Roger (2012) Artikel, *http://www.earth-association.org/articles/by-earth-honorary-member-roger-woolger-phd*

545. Woolger, Roger J. (1992) Die vielen Leben der Seele. Wiedererinnerung in der thera-peutischen Arbeit, *Hugendubel, München, ISBN: 3880345597*

546. Zammit (2012) *http://www.ocoy.org/2008/11/proofs-of-reincarnation*

547. Zolik, Edwin S. (1958) An experimental investigation of the psychodynamic implica-tions of the hypnotic "previous existence" fantasy, *Journal of Clinical Psychology, S. 179 - 183*

548. Zolik, Edwin S. (1962) "Reincarnation" phenomena in hypnotic states, *International Journal of Parapsychology, S. 66 - 78*

11   Stichwortverzeichnis / Liste der Kurzbeispiele
(Bände 2a + 2b)

Seiten bis 504 in Band 2a. Seiten ab 505 in Band 2b.

Kurzbeispiele nach Nummern gelistet:

Legende:

(1) Nummer des ersten Kurzbeispiels

(x) * Stern hinter der Klammer kennzeichnet ein Kurzbeispiel Nr. x, in dem auch
Aussagen zum Jenseits bzw. aus der Zwischenlebenszeit gemacht werden

(x)   Name (g) Beispiel Nr. x, das gelöst werden konnte

(Erken.) Erkennung. Wiedererkennen von Dingen od. Personen aus dem FL

(Krypt.) Kryptomnesie als Erklärung für einen Fall

(Ng)   Nachprüfung gelungen (Fall ungelöst, aber viele richtige Angaben)

(Phant.) Phantasie als Erklärung für einen Fall

Stichwortverzeichnis: Seiten bis 504 in Band 2a. Seiten ab 505 in Band 2b.